François Bluche
Im Schatten des Sonnenkönigs

FRANÇOIS BLUCHE

Im Schatten
des Sonnenkönigs

Alltagsleben
im Zeitalter Ludwigs XIV.
von Frankreich

VERLAG PLOETZ FREIBURG · WÜRZBURG

Ins Deutsche übersetzt von Christine Diefenbacher.
Die Originalausgabe dieses Werks erschien unter dem Titel
François Bluche, La vie quotidienne au temps de Louis XIV
bei Hachette, Paris
© Hachette 1984

872181

Alle Rechte vorbehalten. Printed in Germany
© der deutschen Ausgabe: Verlag Ploetz Freiburg/Würzburg 1986
Herstellung: Freiburger Graphische Betriebe 1986
ISBN 3-87640-253-0

Inhaltsverzeichnis

Prolog 1

Der König 2
Das Königreich 6

1. Kapitel: Der Hof 10

Der Hof – ein Hort der Gegensätze 11
Die Schattenseiten im Leben des Sonnenkönigs 15
Die Etikette 19
Planeten kreisen um die Sonne 23
Ein königlicher Würdenträger: der „premier gentilhomme" (Erster Kammerherr) 28
Prestige und Funktion des Versailler Hofes 32
Das Ideal des „honnête homme" 34

2. Kapitel: Vom Hof zur Stadt 39

Schwertadel, Amtsadel und Geldadel 40
Der Dienst beim König – ein echter Schmelztiegel 42
Feine Standesunterschiede 47
Der Hof als Vorbild 51
Die Spielsucht 54
Königliche und bürgerliche Gaumenfreuden 56
Mode über alles 60
Die Wohnkultur 65

3. Kapitel: Paris 68

Die „französische Krankheit": der Ämterkauf 70
Die Elendsviertel von Paris 74

„Lieutenance de police" – die Pariser Stadtpolizei 77
D'Argensons Reform der Sitten 80
Vom Millionär zum Habenichts – die Bewohner von Paris 84
Die Metropole der Vergnügungen 88
Das Zeitalter der ergreifenden Predigten 91
Die Pariser und ihre Vorliebe für das Theater 96
„Comédie française" und „Comédie italienne" 98
Harlekins Heimsuchungen 102
Ludwig XIV. als Mäzen 105
Öffnet den Louvre für das Volk! 107
Die schönen Nachmittage von Auteuil 111

4. Kapitel: Von der Wiege bis zur Bahre 115

Die durchschnittliche Lebenserwartung 116
Die Abschnitte des Lebens 118
Die Kindheit 120
Standesgemäße Verbindungen und Mesalliancen 124
Die Heirat der „Geldsäcke" („sacs d'argent") 126
Die Eheschließung 128
„Clysterium donare, Postea seignare, Ensuita purgare" – Medizin
im Zeitalter des Sonnenkönigs 131
Medizinkritik, natürliche Heilkunst und Wundermittel 135
„Il faut mourir, madame, et tout à l'heure" – der Tod im Zeitalter
des Sonnenkönigs 138
Mustergültige Testamente 141

**5. Kapitel: Das „grand siècle" als Epoche großer
Frömmigkeit** 144

Das Jahrhundert der Heiligen 145
Die französischen Bischöfe 147
Das Grabmal eines heiligen Bischofs 151
Das priesterliche Hirtenamt: schlechte und gute Seelsorger 153
Das Klosterleben – Theorie und Praxis der Ordensregel 157
Die Frömmigkeit und das tägliche Leben 160

Inhalt VII

„Ad majorem Dei gloriam aliqua pugna" – der fromme Kampf
der Glaubenskongregationen 164
Wallfahrtsorte, Kirchgang und Wunderglaube 168
Die Mission in Frankreich selbst 173
Exerzitien des Glaubens 177

6. Kapitel: Das öffentliche Schulwesen 180

Die Schulen in der Diözese Montpellier 181
Schulen für arme Mädchen 184
Die Ausbreitung der Priesterseminare 186
Die hohen Schulen 191
Die Oratorianer 194
Der Schulalltag 198

7. Kapitel: Soldaten und Matrosen 202

Sie eilten zu den Fahnen 203
Die Rekrutierung zusätzlicher Soldaten 208
Die Offiziere und ihre Soldaten 211
Fünfhunderteinundvierzig Tage auf See 215
„Dieu nous garde du chevalier de Forbin!" – „Gott schütze uns
vor dem Chevalier de Forbin!" 220

8. Kapitel: Die Provinzen des Königreichs 224

Unterwegs – Reisen im Frankreich Ludwigs XIV. 225
Die Provinz – nah und fern zugleich 227
Die Intendanten 231
Frankreichs Eroberungen und Annexionen – Ludwig XIV. als geschickter Außenpolitiker 236
Pierre-Ignace Chavatte – ein Franzose wider Willen 240
Das Wunder Europas – die Kanäle des Midi 243
Die Städte: Rangfolge, Bedeutung, Institutionen 246
Rouen – eine ruhige Stadt 250

9. Kapitel: Das Leben der kleinen Leute 254

Die Arbeiter von Saint-Gobain 255
Arbeitsrhythmus und Entlohnung 259
Ritus, Ordnung, Revolte – die geheime Organisation der Gesellen 263
Handwerksmeister und Gesellen 268
Sie wanderten von Ort zu Ort 272

10. Kapitel: Die bäuerliche Welt 276

Das Dorf der Heiligen 279
In der tiefsten Provinz 280
Vorbildliche Kirchgänger 284
Reichtum in Bauernhand 287
Der Landadel 291
Die letzten Aufstände der Bauern 295
Die Dorfgemeinschaft 298
Die Arbeit im Wechsel der Jahreszeiten 301
Zwischen Wohnhaus und Kneipe 302
Dörfliche Feste 305

11. Kapitel: Andersgläubige und Außenseiter 308

Glanz und Elend der Galeeren 309
Der Protestantenhaß 313
Die Protestantenverfolgung 316
Das Justizwesen: Verbrechen und Strafe 321
Die ersten Sklavenhändler 323
Das Armen- und Arbeitshaus 328
Der Alltag im Spital von Mantes 330

12. Kapitel: An der Schwelle zur Aufklärung 334

Erste Ansätze einer Hygiene 334
Der Verrat der Kleriker 337

Von Ninon de Lenclos bis Thérèse de Lambert – die Stellung der
Frau im Zeitalter Ludwigs XIV. 343
Die Literatur auf ihrem zweiten Höhepunkt 346
Montesquieus „Lettres persanes" – ein Stück zeitgenössische Gesellschaftskritik 350

Schlußbemerkung 355

Anmerkungen 359

Prolog

> Frankreich: „Le plus beau royaume après celui du ciel."
> GROTIUS[1]

> Ludwig XIV.: „Un des plus grands rois qui furent jamais."
> LEIBNIZ[2]

Im Jahr 1751 erschien „Das Zeitalter Ludwigs XIV." von Voltaire. Neunzehn Jahre hatte er gebraucht, um diese Abhandlung zu verfassen, an der ihm so viel gelegen war. Der Dichter-Philosoph hatte sehr viel Zeit darauf verwendet und sein Werk anschließend mit großer Sorgfalt abgefaßt. Heutzutage ist völlig in Vergessenheit geraten, daß dieses Buch einen der Höhepunkte der französischen Literatur ausmacht; welcher andere Schriftsteller wäre zu einem Satz fähig gewesen wie etwa: „Il faut avouer que Louis eut toujours dans l'âme une élévation qui le portait aux grandes choses" („Man muß zugeben, daß Ludwig stets von einer sehr edlen Gesinnung erfüllt war, die ihn zu großen Taten schreiten ließ")? Hundert Jahre vor dem großen Historiker Jules Michelet war es außerdem der erste Versuch eines Franzosen, eine Universalgeschichte zu schreiben. Es handelt sich noch heute um die beste und sachlichste Darstellung der Epoche der französischen Vorherrschaft über Europa, die jemals verfaßt worden ist. Als Historiker schlüpfte Voltaire vor allem in die Rolle eines Beobachters. Beim Tod des Sonnenkönigs war er bereits über zwanzig Jahre alt, und sein scharfer Verstand war schon voll ausgebildet.

Voltaires Ansatz ist allgemein bekannt. Seiner Auffassung nach hat die Menschheit im Lauf ihrer Geschichte vier Höhepunkte erlebt: das Zeitalter von Perikles und Alexander, dasjenige Cäsars und des Augustus, die Epoche der Mediciherrschaft in Florenz und schließlich „jenes, das man nach Ludwig XIV. benennt, und vielleicht ist es von allen vieren dasjenige, das der Vollkommenheit am nächsten steht."[3]

Obwohl uns somit der bedeutendste französische Autor auf den hervorragendsten französischen König hinweist, reagieren wir eher abwehrend und neigen oft aus Gewohnheit, Bequemlichkeit oder Trägheit dazu, die Person Ludwigs XIV. ebenso wie seine Herrschaft negativ zu beurteilen. Diese Betrachtungsweise geht auf einige aus Frankreich geflüchtete Protestanten zurück sowie namentlich auf Fénelon und Saint-Simon, die ihre schriftstellerische Begabung leider dazu benutzten, ihre persönlichen Differenzen mit Ludwig XIV. zu begleichen; Michelet hat an diese Tradition angeknüpft, die in den Werken von Lavisse fast wissenschaftlichen Charakter gewann und der die anderen, weniger umfassenden Geschichtswerke fast ausnahmslos verpflichtet sind.

Erfreulicherweise orientieren sich die informierten Leser heutzutage eher an André Corvisier als an Ernest Lavisse oder an Jules Michelet, und auch eher an Voltaire als an Saint-Simon oder Fénelon. Dank Pierre Goubert hat ein nennenswerter Leserkreis erfahren, daß die französischen Bauern keineswegs durchweg jenes düstere Antlitz tragen mußten, das ihnen seit La Bruyère für gewöhnlich zugeschrieben wird. André Corvisier verdanken wir die Erkenntnis, daß der Kriegsminister Louvois durchaus kein Unmensch war. Jean Meyer hat anhand beweiskräftiger Zahlen dargelegt, daß Jean Baptiste Colbert – ganz gleich, ob man seine Person positiv oder negativ bewertet – jedenfalls ein hervorragender Politiker gewesen ist. Meyer pflichtete Voltaire bei, auf dessen Werk man bei der Beschäftigung mit der Zeit des Sonnenkönigs immer wieder zurückgreifen muß und der als einer der ersten weniger Wert auf Colberts Aussehen oder Benehmen als vielmehr auf seine enormen wirtschaftspolitischen Leistungen gelegt hat. Der Kreis dieser Sachkundigen ist aber leider viel zu klein. Es ist nun einmal eine bedauerliche Tatsache, daß die Tradition, das Zeitalter Ludwigs XIV. unter negativen Vorzeichen zu sehen, immer wieder auflebt. Aus diesem Grund sehen wir uns dazu veranlaßt, diese verzerrende Betrachtungsweise zu korrigieren.

Der König

Ludwig hat eine strenge Erziehung genossen, er wurde mit den Problemen der allgemeinen Unsicherheit, des Bürgerkriegs und des Elends konfrontiert. Sein Pate Mazarin, ein glänzender Diplomat, hat ihn in der hohen Kunst des Regierens unterwiesen. Der Kardinal legte besonderen Wert darauf, daß Politik und Kriegführung nicht zum Selbstzweck werden dürften, sondern sich stets in ein umfassendes Konzept einzufügen hätten.

Ludwigs Lateinkenntnisse entsprachen nicht ganz denen eines eifrigen Jesuitenschülers; er hat sich jedoch sein ganzes Leben lang ständig weitergebildet, seinen Vorlesern große Aufmerksamkeit geschenkt und allmählich einen nahezu unfehlbaren Kunstgeschmack entwickelt.

Der König war zweifelsohne intelligent. So ließ er sich mit seinem Urteil lieber etwas Zeit, um sich dann beispielsweise zugunsten Couperins zu entscheiden, statt etwa unmittelbar nach einem Musikwettstreit eine Wahl zu treffen und womöglich einen Mißgriff zu riskieren.

Voltaire berichtet, daß von allen großen Schriftstellern der damaligen Zeit lediglich La Fontaine nicht die Gunst des königlichen Mäzens genoß. Dennoch hat Ludwig die Aufnahme La Fontaines in die Académie française stillschweigend geduldet. Boileau und vor allem Racine hat er zu seinen Vertrauten gemacht und sie mit mehr Gunstbeweisen und Privilegien bedacht als manchen Angehörigen des Hochadels. Er hat verhindert, daß die Académie noch zu Lebzeiten Furetières einen Nachfolger für dessen Sitz wählte. Mit Lully und Molière verkehrte er auf vertrautem Fuße, obwohl der erstgenannte einen zweifelhaften Lebenswandel führte und der andere sein enormes Talent darauf verwandte, äußerst bissige Stücke zu schreiben und überdies exkommuniziert war. Ludwig XIV. ließ sich von seinem vortrefflichen Geschmack leiten und hat die heutzutage als klassisch geltenden Autoren nach Kräften unterstützt. Seinem tiefen, feinen sowie unbegrenzten und stets aufgeschlossenen Kunstverständnis folgend, hat er zielstrebig eine ganze Schar von vielseitigen Künstlern (Le Brun, Mansart), Gärtnern (Le Nôtre, La Quintinie), Architekten (Le Vau, Bruant, Claude Perrault, Robert de Cotte), Malern (Rigaud, Mignard), Bildhauern (Girardon, Coysevox), Dekorateuren (Bérain) und Tischlern (André-Charles Boulle) an seinen Hof gezogen.

In Zusammenarbeit mit Colbert unterstützte der König Gelehrte und Dichter und gründete die Académie des sciences, die Académie des inscriptions sowie die Académie d'architecture. Die Académie de France in Rom verdankt ihm ebenso ihre Entstehung wie das Observatoire. Den Familienbetrieb der Gobelins machte Ludwig weltweit zur größten Herstellungsstätte von Kunstgegenständen sowie zur größten Dekorateurschule. Er pflegte einen klaren, verständlichen Stil und zeigte eine ausgesprochen großherzige, folgerichtige Denkart. Seine in Dangeaus „Journal" und in den „Mémoires" von Sources überlieferten Aussprüche haben Vorbildcharakter. Sie zeugen von Großmut, Gerechtigkeitssinn, Genauigkeit, Milde und Feinfühligkeit, lassen aber nirgendwo auf Großtuerei, Herrschsucht oder unmäßigen Stolz schließen. Spanheim – mit der ihm eigenen deutschen Schwerfälligkeit – und Saint-Simon, dem der König seinen Austritt aus der Armee verübelte, haben die Nachwelt von der geistigen Trägheit, ja fast Beschränktheit Ludwigs XIV. zu überzeugen versucht. Derart aus der Luft gegriffene Beurteilungen sind jedoch ganz offensichtlich unhaltbar. Im übrigen haben sowohl der Abbé de Choisy als auch Mme de La

Fayette – zwei ausgewiesene Experten in Sachen Intelligenz – die überdurchschnittliche Geistesgabe ihres königlichen Herrn betont.

Ludwigs Regierung läßt sich als eine einzige Reihe von Erfolgen beschreiben. Während seiner Herrschaft entstanden in Frankreich große Manufakturbetriebe, erfuhr die Handelsschiffahrt einen beachtlichen Aufschwung und wurden überseeische Territorien (Santo Domingo, Louisiana, Pondichéry und Senegal) erworben; Flandern, der Hennegau, die Freigrafschaft Burgund sowie das Unterelsaß hat Ludwig XIV. seinem Königreich einverleibt. Paris konnte seine Befestigungen schleifen; die Hauptstadt genoß den Schutz des französischen Friedens und eines Gürtels unbezwinglicher Festungen. Die Mehrzahl der Kriege wurden auf fremdem Boden, zur See oder in den Kolonien ausgetragen. Die Armee stieg sogar zur wichtigsten industriellen Grundlage Frankreichs auf – Vauban ließ enorme Befestigungsanlagen errichten, die Bewaffnung wurde ständig vervollkommnet, die Seestreitkräfte so sehr ausgebaut, daß sie weltweit an zweiter oder gar an erster Stelle rangierten; der systematische Ausbau der Streitkräfte ließ neue Arbeitsplätze und Werkstätten entstehen und versetzte Frankreich in die Lage, sich gegen die größten Koalitionen erfolgreich zu behaupten.

Hat Ludwig XIV. den Krieg zu sehr geliebt? Er hat – vor Friedrich dem Großen und vor Clausewitz – bewiesen, welche Vorteile sich ergeben können, wenn politische Macht und militärischer Oberbefehl in einer Hand vereint sind. Im Verlauf seines letzten großen Kampfes, des Spanischen Erbfolgekriegs, gelang es Ludwig XIV., sich aus der habsburgischen Umklammerung zu befreien, einen Bourbonen (seinen Enkel Philipp) auf den spanischen Thron zu setzen, die spanischen Kolonien zu erwerben und (in den Jahren 1709 bis 1712) einen überzeugenden Beweis der ungeheuren Treue zu erhalten, mit der das französische Volk an seinem König hing. Voltaire hat den Großvater Philipps V. von jeder Schuld freigesprochen und behauptet, daß es keinen legitimeren Krieg gegeben habe. Zählt man die Kriegsjahre unter Ludwig XIV. zusammen – was immer wieder gerne getan wird –, so darf man übrigens nicht vergessen, die Endsumme zu halbieren, da während des Winterhalbjahrs die Waffen ruhten.

Man macht Ludwig XIV. immer wieder den Vorwurf, er habe zuviel Geld für großangelegte Bauwerke ausgegeben; doch die Gebäude, die aus seiner Zeit stammen, sind uns ans Herz gewachsen. Clagny und Marly können wir freilich nur noch auf Gemälden und alten Stichen bewundern. Der Dôme des Invalides, das Hôpital de la Salpêtrière, die Place Vendôme und die Place des Victoires, die Porte Saint-Denis, die Porte Saint-Martin, Saint-Louis-en-l'Ile, der Pont-Royal, die Boulevards, die Cour carrée, die

Kolonnaden am Louvre und der Grand Trianon sind hingegen erhalten. Man ist sehr stolz auf Versailles, veranstaltet dort mit Vorliebe Tagungen oder Empfänge für ausländische Staatsoberhäupter und bewundert die großartigen Wasserspiele. Wenn man nun dem Bauherrn all dieser Sehenswürdigkeiten aber gleichzeitig große Verschwendungssucht zuschreibt, so zeugt das nicht gerade von Logik.

Auf der Negativseite müssen die abträglichen Folgen einer Religionspolitik angeführt werden, die sich gegen mehrere Seiten scharf abgrenzte. Freilich stand Ludwig XIV. mit seiner Ablehnung des Protestantismus keineswegs allein: sie war in ganz Frankreich zu beobachten und hing auf das engste mit der Gegenreformation zusammen, die damals Triumphe feierte. Die Verfolgung der Jansenisten, die für gewöhnlich weniger beklagt wurde als die Aufhebung des Edikts von Nantes, erzeugte tiefgehende Spannungen, die sich unter anderem in jenen Konflikten entluden, die die Krone während des achtzehnten Jahrhunderts mit dem Parlament auszutragen hatte.

Muß man denn immer wieder auf Fouquets Kerkerhaft zurückkommen (er war mit den Herzögen von Enghien verwandt und durfte daher nicht standrechtlich erschossen werden), auf Ludwigs zahlreiche Mätressen (natürlich ist nie geraten, seine Frau zu betrügen!) sowie auf die nie erfolgte Fertigstellung des riesigen Aquädukts auf dem Gelände von Schloß Maintenon? Es scheint viel eher angebracht, darauf hinzuweisen, daß diese vierundfünfzig Regierungsjahre durch eine relative Mäßigung gekennzeichnet waren: der König machte seine Minister zu seinen Freunden, verdienstvolle, aber in der Schlacht unterlegene Generäle erhielten den Marschallstab, und jeder, der sich die Ungnade des Königs zugezogen hatte, durfte auf dessen Milde hoffen. Selbst der Herzog von Saint-Simon konnte nicht umhin, zuzugeben, daß Ludwig XIV. innerhalb von fünfzig Jahren nur ganze sechsmal dem Staatsrat seinen Willen aufzwang. Der als absoluter Monarch regierende Sonnenkönig wußte sehr wohl, daß ‚absolut' losgelöst von allen Gesetzen bedeutete, aber nicht etwa ‚schrankenlos'. Er hatte eine starke emotionale Bindung an den Staat, fühlte sich aber keinen Augenblick lang als dessen Verkörperung, sondern vielmehr als sein Förderer, oberster Richter und erster Diener. Ludwig nahm bereits die wichtigsten Grundzüge des „aufgeklärten Absolutismus" des achtzehnten Jahrhunderts vorweg, nämlich Mäzenatentum, Verwaltungsreformen, Ankurbelung der Wirtschaft, nachgiebigen Pragmatismus sowie die philosophische Begründung der Macht. Und bei alledem artete seine Herrschaft nie in Despotismus aus.

Das Königreich

In den Augen einiger Ausländer war Frankreich von so überwältigender Schönheit, daß sie es gelegentlich – wie beispielsweise Hugo Grotius im Jahre 1625 – sogar mit dem himmlischen Königreich verglichen.[4] Auf seinem Boden lebten über zwanzig Millionen Menschen, für damalige Zeiten eine sehr beachtliche Einwohnerzahl. Der demographische Einbruch der sogenannten „kleinen Eiszeit" brachte, wie in vielen anderen Ländern, so auch in Frankreich, das Bevölkerungswachstum zum Stehen: zwischen 1690 und 1700 stagnierten die Einwohnerzahlen; insgesamt jedoch konnte Frankreich von 1675 bis 1705 trotz mehrerer Krisen einen Bevölkerungszuwachs von einer Million Menschen verzeichnen. Wenn Vauban um 1700 die französische Bevölkerung auf etwa 19 094 000 Personen veranschlagte, so hat er sie um einiges unterschätzt. Die Bretagne, das Aunis, das Saintonge und das Angoumois, die Auvergne, das Lyonnais und das Beaujolais waren mit circa über 800 Einwohnern pro Quadratmeile verhältnismäßig dicht besiedelt; in der Normandie, der Ile-de-France, der westlichen Picardie, im Artois und in Flandern lebten auf einer Quadratmeile sogar über 1000 Menschen; nur das übrige Frankreich zeigte eine geringere Bevölkerungsdichte.

Mehr als vier Fünftel der Franzosen lebten auf dem Lande; die Landbevölkerung war am stärksten allen nur erdenklichen Übeln ausgesetzt: dem Hagel, der Kälte, Mißernten, der Raffgier von Wucherern und schließlich der Plünderung durch Kriegstruppen; nicht von ungefähr fand man die ärmsten Untertanen fast stets auf dem Lande. Die Landbevölkerung ist daher das Barometer für die körperliche und geistige Gesundheit des ganzen Königreichs. Die Stimmung der Landbewohner entschied über Erfolg oder Mißerfolg einer Regierung; es gilt jedoch, den einzelnen Stimmen mit großer Aufmerksamkeit zu lauschen und sie nicht etwa mißzudeuten. In den nur allzu berühmten „Remontrances", die Fénelon 1694 Ludwig XIV. widmete und die der Zensur anheimfielen, findet sich ein Satz, den die Nachwelt viel zu leichtfertig übernommen hat: Fénelon erwähnt darin, daß es nun, nach einer langen Zeit völliger Ruhe, plötzlich wieder häufig zu Aufständen komme. Er spielt damit auf einen besonders harten Winter an, in dem Unruhen infolge der steigenden Brotpreise ausbrechen. Der Erzbischof hatte jedoch nicht erkannt, daß diese Brotknappheit weniger durch den Krieg als vielmehr durch klimatische Umstände ausgelöst worden war. Auch Fénelon muß zweifellos geläufig gewesen sein, daß der König sich unaufhörlich um seine notleidenden Untertanen kümmerte. Der gesamte

Verwaltungsapparat war eingeschaltet worden. Die Intendanten derjenigen Provinzen, die Überschüsse erwirtschaftet hatten, wurden aufgefordert, sie abzugeben. Die drohende Hungersnot führte auch zu einer verstärkten französischen Präsenz zur See: Jean Bart und andere Seehelden seines Schlags erhielten in erster Linie die Aufgabe, feindliche Getreideschiffe zu überfallen und für Frankreich bestimmte Transporte zu überwachen.

Fénelon kannte auch nicht die genaue zeitliche Abfolge der echten Volkserhebungen, die erst kürzlich von der modernen Geschichtsschreibung erarbeitet worden ist. Diese Chronologie ist sehr aussagekräftig (siehe Tabelle weiter unten): In den achtunddreißig Jahren vor dem Tod Mazarins ereigneten sich in Frankreich sechs umfassende Aufstände, unter anderem die Fronde, ein auf das gesamte Königreich übergreifender Bürgerkrieg, der ausländische Mächte zum Eingreifen veranlaßte und somit eine europäische Dimension gewann. Während der vierundfünfzig Jahre, die Ludwig XIV. allein regierte, kam es ebenfalls zu sechs Erhebungen, die aber allesamt von kürzerer Dauer und eher lokal begrenzt waren. Zwar erregte der Aufstand der Camisarden – ebenso wie die Fronde – das Interesse des Auslands und wirkte sich dadurch auf das ganze Land aus, die Revolte selbst blieb aber dennoch auf einen bestimmten Landstrich des Languedoc beschränkt. Ludwig XIV. bekam die Lage besser und schneller in den Griff als Richelieu oder Mazarin; gleichwohl lassen sich einige interessante Details feststellen. Die Hälfte aller Aufstände zwischen 1661 und 1715 brach innerhalb eines kurzen Zeitraums von zehn Jahren aus. Die drei restlichen verteilten sich über fünfundvierzig Jahre. Ein Vierteljahrhundert – fast eine

---

Die Volkserhebungen in Frankreich

- 1624: Bauernaufstand der ‚Croquants'
- 1635–1637: weiterer Aufstand der ‚Croquants'
- 1639: sogenannter Aufstand der ‚Nu-pieds' (= Barfüßer)
- 1643: Bauernaufstand (Croquants) im Rouergue
- 1648–1653: bürgerkriegsähnliche Wirren der Fronde
- 1658: Erhebung der ‚Sabotiers' (Holzschuhmacher) in der Sologne
- 1662: Revolte des ‚Lustucru' (= Arme Leute) im Boulonnais
- 1663–1665: Audijos-Aufstand in den Landes und in der Chalosse
- 1670: Revolte unter de Roure im Vivarais
- 1675: bretonische Aufstände der ‚Bonnets rouges' (= Rote Mützen) oder des ‚papier timbré' (= Stempelpapier)
- 1702–1705: Camisardenunruhen
- 1707: Erhebung der ‚Tard-avisés' im Quercy

ganze Generation – trennte die Unruhen in Rennes, Nantes und Bordeaux („Révolte bretonne des bonnets rouges" oder „du papier timbré") von der Camisardenerhebung in den Cevennen. Der Aufstand der „Tard-avisés" sollte schließlich der letzte vor 1788 sein: Ludwig XIV. bescherte seinen Nachfolgern auf dem französischen Thron einen fast hundert Jahre anhaltenden Frieden.

Diesen entscheidenden Fortschritt erzielte Ludwig XIV. durch den systematischen Ausbau des königlichen Verwaltungsapparates, die Wahrung eines gewissen Lebensstandards – der gelegentlich sogar etwas angehoben wurde – sowie durch die gezielte Förderung einer positiven, loyalen Einstellung gegenüber dem Staatswesen. Weder die Bürger in den Städten noch das einfache Volk auf dem flachen Lande wollte neue bürgerkriegsähnliche Wirren. Aus diesem Grund kam es auch 1709, trotz des harten Winters, der ganz Westeuropa in schwere Mitleidenschaft zog, zu keinerlei Unruhen; den meisten Einberufungen zur Armee wurde Folge geleistet, und als der König sich in seinem berühmten Aufruf vom 12. Juni an das Volk wandte, fanden seine Worte ungeheuren Widerhall.

Dieser Umstand läßt sich sicherlich zum Teil auf religiöse Vorstellungen zurückführen. Schließlich predigte die Kirche die Unterordnung unter die weltliche Gewalt, die Priester hatten die Aufhebung des Ediktes von Nantes gutgeheißen, und das durch die Gegenreformation in seinem Glauben bestärkte Volk stellte sich hinter seinen König.

Obwohl das Alltagsleben in starkem Maße durch die ungeheure Religiosität geprägt war – das ganze Jahrhundert atmete förmlich den Geist der Gegenreformation, was auch in diesem Buch immer wieder deutlich werden wird –, verlief es deshalb keineswegs eintönig. Bis zum Ende der Regierungszeit Ludwigs XIV. gestaltete es sich vielmehr recht farbenfreudig; Frohsinn und Gesang waren keineswegs vergessen. Während die Krise ihren Höhepunkt erreichte (1703 bis 1711), veröffentlichte Sieur Ballard, königlicher Notenschreiber („noteur de la chapelle du Roi"), drei Bände „Brunettes", in denen er laut eigener Aussage die schönsten französischen Gesänge zusammengestellt hatte. „A la claire fontaine" und „Jeanneton prend sa faucille" räumte er dabei einen besonderen Stellenwert ein. Angeblich auf Vergil zurückgehende, strenge Konventionen wurden durch Ballards guten Geschmack abgemildert. Auch bei ihm, der zeitlich zwischen Honoré d'Urfé („L'Astrée") und Fabre d'Eglantine einzuordnen ist, findet sich jedoch sehr häufig in Liebesgedichten das Motiv des Schäfers und der schönen Schäferin:

„Mon père veut me marier	Dem schönsten Schäfer fürs Leben
Avec le plus joli berger.	Zur Frau will mein Vater mich geben,
Je saute, je danse,	Die Freude läßt mich tanzen und springen,
Je vais en cadence,	Im Takt mich bewegen und singen,
Et je dis mes chansons,	Während ich die Spindel drehe
Filant ma quenouillette	Und nach meinen Schafen sehe.
Et gardant mes moutons."[5]	

Im Frankreich Ludwigs XIV. herrschten zwar gewiß keine so idyllischen Zustände; es war eine not- und entbehrungsreiche Epoche, in der man emsig arbeitete und in der viele großartige Kunstwerke entstanden, in der man sehr fromm war und in der unzählige Kriege geführt, aber auch Reformen ins Werk gesetzt sowie wichtige Gesetze erlassen wurden und außerdem häufig große Milde waltete. Es liegt auf der Hand, daß das Bild dieses Zeitalters nicht in düsteren Farben gemalt werden darf.

1. Kapitel: Der Hof

> Cour, lieu où habite un Roi ... Cour, signifie aussi le Roi et son Conseil ... Cour, signifie encore tous les officiers et la suite du Prince ... Cour, se dit encore des manières de vivre à la Cour.[6]
> FURETIÈRE

> Les Français changent de mœurs selon l'âge de leur roi.[7]
> MONTESQUIEU

Ludwig XIV. höchstpersönlich verfaßte zwischen 1690 und 1699 eine Denkschrift mit dem Titel „Manière de montrer les jardins de Versailles", aus der hervorgeht, wie er den Park verstanden haben wollte und in welcher Reihenfolge er zu besichtigen sei: der Besucher sollte zunächst auf die Terrasse vor dem Mittelbau des Schlosses hinaustreten, um von dort aus einen Blick auf die gesamten Anlagen, die Wasserbecken und die Springbrunnen zu werfen. Dann sollte er auf die Anhöhe gehen, auf welcher sich die „Fontaine de Latonne" befand, und von dort aus die Rampen, die königliche Allee, die Apollostatue sowie den Kanal betrachten, um sich danach umzudrehen und einen Blick zurück auf das Schloß zu werfen. Anschließend – so empfahl es der König – sollte der Besucher sich nach links wenden, zwischen den Statuen einhergehen, dabei den Rasen des „tapis vert" bewundern und die südlichen Anlagen betrachten; schließlich sollte er die Galerie der Orangerie betreten, um von dort aus einen Blick auf die Orangenbäume und auf den „Lac des Suisses" zu werfen.

Diese Denkschrift Ludwigs XIV. zeichnet sich durch eine klare Form aus; trotzdem ist sie sehr ansprechend und anschaulich, und es spiegelt sich in ihr der Stolz des königlichen Verfassers. Sämtliche Details werden ausführlich behandelt, und der Stil ähnelt dem der Randbemerkungen, mit denen Ludwig XIV. Vorlagen von Louvois oder Kostenvoranschläge von Colbert zu versehen pflegte. Die fest vorgeschriebene Reihenfolge der Besichtigung – die wohl so manchem Begleiter aufgezwungen wurde – ließ keinen Raum für die geringste Improvisation oder für gedankenverlorenes Schlendern. Die Gäste sollten nicht etwa durch die Betrachtung eines angeblich naturbelassenen Gartens zum Träumen angeregt werden, sondern sich einem genau festgelegten Rundgang unterziehen, der eher einer Prozession glich; jede einzelne Geste, jeder Schritt war genau vorprogrammiert und wie in einer gut durchdachten Choreographie auf alle übrigen Elemente abgestimmt. Man wollte dem Besucher schließlich keine wildwachsende Natur vor Augen führen, deren es im nordamerikanischen Neu-Frankreich oder in Louisana in Hülle und Fülle gab. Die Anlagen, in denen Ludwig XIV. und seine Gäste sich zu ergehen pflegten, hatte ebenfalls der König selbst entworfen, wobei ihm Le Nôtre bei der Gestaltung des eigentlichen Parks und de la Quintinie bei der der Kräuter- und Obstgärten mit Rat und Tat zur Seite standen.

Trotz des schlichten Gewands, in das die königliche Beschreibung mit ihren fünfundzwanzig Abschnitten gekleidet ist, spiegelt sie doch deutlich die Genugtuung des Schöpfers wie den Stolz des Besitzers wider. Ludwig XIV. liebte die frische Luft, Bäume, Blumen und Früchte. Er hat seinen persönlichen Geschmack in diesem Park verwirklicht und ein wahres Kunstwerk geschaffen, an dem sich keineswegs nur ein kleiner Personenkreis oder gar nur der König erfreuen durfte. Der Zutritt zu den Parkanlagen war jedermann gestattet, es herrschte ein ständiges Kommen und Gehen. Einigen auserwählten Gästen – unter anderem dem englischen Königspaar, dem Kurfürsten von Bayern sowie der Frau des Ministers Desmarets – ließ der König die Ehre einer persönlichen Führung zuteil werden. Als Seine Majestät in fortgeschrittenem Alter an Gicht litt, ließ er sich in einer Art Wägelchen durch den Park schieben. Dem bedeutendsten König der damaligen Welt lag weitaus mehr daran, die Schönheit der Gärten von Versailles oder Marly zu genießen, als seine Gebrechlichkeit zu verhehlen. Gelegentlich widmete er sich wie ein der Geschäftswelt entflohener Bürger sogar der Fischerei, so zum Beispiel am 12. Oktober 1708, an dem er allerdings – laut Dangeau – mit seinem Fang nicht sehr zufrieden war.

Genau dieselben Gegensätze, die die Person des Königs bot, spiegelten sich auch im Bild des Hofes wider, an dem eine Unzahl von Menschen beschäftigt war und eine privilegierte, glänzende Gesellschaft verkehrte; auch bei Hofe gab es Licht- und Schattenseiten, und es wimmelte von Gegensätzen und Widersprüchen.

Der Hof – ein Hort der Gegensätze

Der Einfachheit halber spricht man meistens ganz allgemein von *den* Adligen bei Hofe. Es gilt allerdings zwischen Hofadel (noblesse *de* cour) und am Hofe weilendem Adel (noblesse *à la* cour) zu unterscheiden, da man sonst beispielsweise einen Herzog, Pair und Maréchal von Frankreich sowie Hauptmann der königlichen Garde auf eine Stufe mit einem Landedelmann aus dem Limousin stellen würde, der sich nur vorübergehend am Hof aufhält. Zum Hofadel gehört allenfalls der Kreis jener Privilegierten, die entweder aufgrund ihrer Herkunft – wie die Herzöge – oder aufgrund ihres hohen Amtes – wie die Minister – ständig am Hofe weilten und daher unmittelbaren Zugang zum König hatten. Innerhalb dieses Kreises rangierte die königliche Familie an erster Stelle, das heißt, der Kronprinz (le Dauphin), die übrigen Söhne und Enkelsöhne des französischen Königs, die Prinzen von Geblüt (Condé, Conti) und die legitimierten Prinzen (Maine, Toulouse, Vendôme). Dann folgten die Würdenträger (personnes titrées): geistliche und weltliche Pairs (die angesehensten unter diesen Herzögen und Pairs hatten den Rang eines ausländischen Fürsten) sowie die übrigen Herzöge. Ab 1700 erweiterte sich dieser Kreis noch um einige spanische Granden, da man engere Beziehungen zu diesem verbündeten Königreich zu knüpfen wünschte. Dann kamen schließlich die Inhaber hoher Ämter: die Kronbeamten – wie etwa der Großkämmerer (grand chambellan) oder der Truchseß (grand écuyer) –, die Vorsteher der königlichen Verwaltung und die Minister sowie von den ständig zur königlichen Tafel zugelassenen Personen die wichtigsten, wie etwa der große Zeremonienmeister (grand maître des cérémonies) oder der Großjägermeister (grand veneur).

Der eigentliche Kern des Hofadels bestand also aus einem ganz eng umrissenen Kreis. Lediglich diese Personengruppe gehörte zur unmittelbaren Umgebung des Königs. Ein gewisser Aufstieg war durchaus möglich; so machte Ludwig XIV. den Heiliggeistorden zu einem Instrument seiner Regierung: wer das Cordon bleu, das Abzeichen dieses Ordens, erhielt, rückte in eine Art Zwischenstellung zwischen dem Kreis der Herzöge und der übrigen Adelswelt auf.

In der Auswahl der ihn unmittelbar umgebenden Personen war der König völlig frei. Das entscheidende Moment bestand darin, das Vertrauen Ludwigs zu erwerben, der die Verdienste des einzelnen abwog und seine Gunst nach Belieben gewährte oder entzog. Dies bedeutete, daß am Hof zwei Rangfolgen nebeneinander existierten: einerseits die offizielle Hierarchie nach Herkunft oder Amt und andererseits die tatsächliche Rangordnung, die sich danach richtete, welches Vertrauen man jeweils beim König genoß. Der Erste Kammerdiener Bontemps war über alle geheimen Zusammenkünfte Ludwigs XIV. mit seinen Mätressen bestens informiert; dessen Schwägerin Liselotte von der

Pfalz brauchte hingegen eine Zeitspanne von zwanzig Jahren, um herauszubringen, daß er in aller Heimlichkeit wieder geheiratet hatte. Wenn man die Memoiren des Herzogs von Saint-Simon liest, so drängt sich bisweilen der Eindruck auf, die Herzöge hätten sich ständig in der Umgebung des Königs aufgehalten, so wie in den altfranzösischen Heldenepen (chansons de geste) der altehrwürdige Karl der Große stets von seinen Pairs umringt wird. Ganz im Widerspruch hierzu ist jedoch belegt, daß im Jahre 1715 von insgesamt fünfzehn Marschällen lediglich sieben aus Herzogsfamilien stammten, während die übrigen von niedrigerer Herkunft waren; anders ausgedrückt: von den vierzig Herzogshäusern stellte nicht einmal jedes fünfte einen Marschall. Der bloße Wille des Königs hob laufend die durch Geburt bedingten Standesunterschiede auf. Laut Saint-Simon waren die Herzöge nahezu mit den Göttern auf dem Olymp vergleichbar, während die Minister durchweg als Emporkömmlinge niedrigster Herkunft geschildert werden. Diese angeblich bäuerlichen Emporkömmlinge, die in Wahrheit dem Amtsadel (noblesse de robe) und keineswegs etwa dem verachteten Dritten Stand angehörten, genossen beim König immerhin so viel Vertrauen, daß sie von manchem Angehörigen des Hochadels umschmeichelt wurden. Selbst der stolze und aufsässige La Rochefoucauld, der während der Fronde auf der Seite der Aufrührer kämpfte, schloß einen Brief an Jean-Baptiste Colbert mit höchst unterwürfigen Worten, in denen er den Empfänger seiner tiefsten Dankbarkeit versicherte und sich gar als dessen bescheidenen und gehorsamen Diener bezeichnete.

Wenn man sich die Erniedrigungen vergegenwärtigt, die manche Adlige auf sich nahmen, um sich Zutritt zum Hof zu verschaffen und sich dort eine feste Position zu erobern, so könnte man zu dem Schluß kommen, das Dasein bei Hofe habe sich wie ein einziges Fest gestaltet, das man sich ähnlich vorzustellen habe wie das, das im Jahr 1664 unter dem Motto „Plaisirs de l'île enchantée" stattfand und in der bildenden Kunst sowie in der Literatur einen ewigen Niederschlag fand. Dieser Eindruck täuscht jedoch: bei Hofe ging es keineswegs immer fröhlich zu. Spätestens seit Ludwig XIV. 1683 zum zweiten Mal geheiratet hatte, gab sich die gesamte Hofgesellschaft – zumindest nach außen hin – sehr fromm. Dangeau berichtet, daß der König am 3. April 1684 im Laufe des Lever die versammelte Hofgesellschaft an die Erfüllung ihrer Osterpflichten gemahnte, und der Maréchal de Tessé prangert im April 1713 in einem Brief die bei Hofe vorherrschende Frömmelei und Heuchelei heftig an.

Im übrigen durfte keineswegs jedes Mitglied der Hofgesellschaft an den Vergnügungen teilnehmen. Der König wählte einen kleinen Kreis von Personen aus, die ihn auf die Jagd begleiten durften, und suchte sich seine Spielpartner stets selbst aus; für den, auf den die Wahl fiel, bedeutete dies eine große, aber gleichzeitig sehr kostspielige Ehre. Die alle paar Wochen in den königlichen Prunkräumen stattfindenden Empfänge (appartements), auf denen sich unzählige Menschen drängten, erforderten großen Aufwand, ohne deshalb die auf sie gesetzten Hoffnungen zu erfüllen: Wer unbedingt gesehen werden wollte, ging prompt in der Masse unter; außerdem schienen sich diese monotonen Abende, an denen weder musiziert noch ein Theaterstück aufgeführt wurde, besonders lang hinzuziehen. Obendrein war die finanzielle Lage des einzelnen im allgemeinen sehr angespannt. Ein paar besonders reiche Aristokraten ließen sich während der sechziger oder der achtziger Jahre einen Herrschaftssitz in der Nähe von Versailles errichten und verfügten folglich über ein oder zwei Schlösser in der Provinz sowie jeweils über einen Herrensitz in Versailles und Paris. Am anderen Ende der Skala rangieren die Adligen, die auf höchst unbequeme Weise immer wieder nach Paris zurückfahren mußten, die sogenannten „galopins".

Zwischen diesen beiden Extremen gab es die Gruppe der „logés", der in Versailles untergebrachten Angehörigen des Ersten Standes. Wer dort wohnte, genoß ein bestimmtes gesellschaftliches Ansehen. Im Schloß untergebracht zu werden galt bald als ein erstrebenswertes Privileg, ganz gleich ob die Unterbringung von Amts wegen oder aufgrund königlicher Gunst erfolgte; diejenigen, die die „logés" um dieses Privileg beneideten, waren sich nicht darüber im klaren, welche Unannehmlichkeiten es mit sich brachte. Es herrschte eine qualvolle Enge. In den riesigen, von Mansart entworfenen Schloßflügeln wurden noch während der Bauarbeiten sämtliche Räume restlos belegt. Hochangesehenen Aristokraten standen ganze zwei Räume zur Verfügung. Kochen war völlig unmöglich, und Ankleidezimmer gab es auch zu wenige. Auf den Gängen roch es stark nach Urin, und in sämtlichen Räumen herrschte Eiseskälte.

Die Schattenseiten im Leben des Sonnenkönigs

Über zwanzig Jahre lang bemühte sich Ludwig XIV., auch ein Privatleben zu führen. Hierin liegt unter anderem die tiefere Ursache dafür, daß er die Königin vernachlässigte, eine fromme Spanierin aus dem Hause Habsburg, die ihm keine ebenbürtige Gesprächspartnerin war. Ludwigs Bemühungen schlugen jedoch immer fehl, obgleich er seine Mätressen mit derselben Treffsicherheit auszuwählen verstand wie seine Architekten oder Musiker. Die anmutige und impulsive Duchesse de la Vallière, die sich außer durch ihre Jugend auch noch durch Selbstlosigkeit auszeichnete, die überaus schöne und ungemein geistreiche Marquise de Montespan sowie die Respekt einflößende und sehr gebildete Madame de Maintenon, die Witwe des berühmten Scarron, waren allesamt außergewöhnliche Frauen. Ihre Eroberung nahm jedoch fortwährend einen großen Teil der Zeit und der Mittel des Königs in Anspruch. Zu Ehren von Fräulein de la Vallière ließ er Versailles durch Le Vau und Le Nôtre erbauen, für die Montespan Clagny und das „Trianon de porcelaine", während das heute erhaltene „Grand Trianon" zu Ehren der Maintenon entstand. Um sich mit seinen Mätressen treffen zu können, mußte Ludwig XIV. ein regelrechtes Versteckspiel betreiben; er mußte den Herzog von Saint-Aignan in seine Herzensangelegenheiten einweihen und war auf die Verschwiegenheit seines Kammerdieners Bontemps angewiesen. Wer bei einer Indiskretion ertappt wurde – wie Vardes, Bussy-Rabutin oder Lauzin –, zog sich den Zorn des Königs zu.

Verstohlene Zusammenkünfte allein machen aber noch kein Privatleben aus. Ludwig XIV. wollte einen ständigen Gesprächspartner und war der Heimlichtuerei überdrüssig. Die Marquise de Sévigné lobte Madame de Maintenon zu Recht dafür, daß sie dem König zunächst (wohl ab 1674) als seine Mätresse und dann als seine nicht standesgemäße Ehefrau (1683 bis 1715) seinen sehnlichen Wunsch nach einer Privatsphäre erfüllte.

Um eine vertraute Atmosphäre zu schaffen, hielt sich Ludwig XIV. hin und wieder zu Versailles nicht im Schloß, sondern im Sommerhaus „Grand Trianon" auf oder nahm etwa nur eine kleine Gruppe sorgfältig ausgewählter Begleiter mit in das wundervolle Schloß Marly; aus demselben Grund beauftragte er auch Mignard damit, eine Reihe kleinerer, an seine eigentlichen Wohnräume angrenzender Räume ganz neu und auf das behaglichste einzurichten.

Seltsamerweise erreichte Ludwig XIV. die so sehr ersehnte Intimität jedoch erst, indem er sich mit großer Ausdauer, Sorgfalt und Hingabe seinen Aufgaben als König widmete. Er forderte seine Zeitgenossen ganz bewußt heraus, indem er in einer Epoche, in der der Begriff ‚Beruf' (métier) fast ausschließlich für technische, wenn nicht gar manuelle Tätigkeiten gebraucht wurde, die Ausübung der Regierungsgeschäfte ebenfalls als Beruf bezeichnete.[8]

Bekanntlich hatte Ludwig XIV. nach dem Tode Mazarins beschlossen, künftig keinen ersten Minister mehr zu ernennen, sondern selbst zu regieren. Damit löste er großes Erstaunen aus. Bereits im Jahre 1661 wurde man jedoch gewahr, daß er auch wirklich das Zeug dazu hatte und gut zu regieren verstand. Madame de La Fayette berichtet, daß er sich gründlich und unter enormem Zeitaufwand in sämtliche Angelegenheiten einarbeitete. Colbert erhielt eine Wohnung im Louvre zugewiesen, da der König seine wichtigsten Mitarbeiter stets bei der Hand haben wollte.

So entspricht denn auch das weitverbreitete Klischee eines Ludwig XIV. in keiner Weise der Wirklichkeit, der über lauter Vergnügungen – Jagden, Spaziergängen, Bällen, Ballettvorführungen, Spielen, Theater und sonstigen Zerstreuungen – die Regierungsgeschäfte völlig vernachlässigte. Der Marquis de Dangeau, der detailliert über das Geschehen in Versailles berichtet, schildert ganz deutlich, welch zentrale Rolle die Regierungsgeschäfte in Ludwigs Tagesablauf spielten. Zum Jahr 1684 und 1686 macht er so genaue Angaben, wie man sie sich nicht besser wünschen könnte. Dangeau zufolge gestaltete sich der Alltag des Königs folgendermaßen: Jeden Morgen zwischen halb zehn und halb ein Uhr tagte unter seinem Vorsitz ein spezieller Rat. Sonntags trat der Staatsrat (conseil d'Etat) zusammen, dem sämtliche Staatsminister – Colbert de Croissy, Le Tellier, dessen Sohn Louvois sowie Claude Peletier – angehörten. Montags tagte entweder der conseil des dépêches oder erneut der conseil d'Etat; im ersteren Fall versammelte der König den Kanzler, die Minister, Staatssekretäre sowie den Vorsitzenden des conseil des finances und den obersten Finanzbeamten, den Generalkontrolleur, um sich, und alle Teilnehmer wurden über den Inhalt des Briefwechsels zwischen der Regierung und den Intendanten der einzelnen Provinzen unterrichtet. Traf der zweite Fall zu (tagte also der Staatsrat auch am Montag), so wurden im Beisein des Königs wichtige Fragen der Innen- und Außenpolitik erörtert.

Dienstags saß Ludwig dem königlichen Finanzrat vor (dem im Zuge der Abschaffung des Amts eines Oberintendanten gegründeten conseil royal des finances), dem der Kanzler und der Präsident des Finanzrates (conseil des finances), der Generalkontrolleur (contrôleur général) sowie zwei eigens für diese Aufgabe abgestellte Mitglieder des Staatsrates angehörten. Mittwochs und donnerstags beriet erneut der gesamte conseil d'Etat. Am

Freitagvormittag standen Gespräche auf dem Programm, die fälschlicherweise als „conseil de conscience" (Gewissensrat) bezeichnet wurden: Ludwig XIV. empfing nacheinander den Erzbischof von Paris und seinen Beichtvater, um sich mit ihnen über Probleme der katholischen Kirche zu beraten.

Der normale Arbeitstag des Königs bestand aber keineswegs nur aus diesen morgendlichen Besprechungen. Nachmittags oder abends setzte er in den sogenannten „liasses" gemeinsam mit einem einzigen Minister oder höchstens zwei Ratgebern seine Arbeit fort, wobei er sich für gewöhnlich in den Räumen der Maintenon aufzuhalten pflegte, die sich mucksmäuschenstill verhielt und – scheinbar in eine Handarbeit vertieft – aufmerksam zuhörte. Damals besprach Ludwig XIV. meist zweimal pro Woche mit Colberts Sohn und Nachfolger de Seignelay Angelegenheiten, die die Seestreitkräfte betrafen, und befaßte sich etwa drei- bis viermal wöchentlich in Gegenwart von Louvois, des seinerzeit berühmtesten und mächtigsten Ministers in ganz Europa, mit Fragen der Kriegsflotte oder des Bauwesens. Es wäre also völlig falsch zu glauben, daß Ludwig XIV. sich die meiste Zeit Vergnügungen hingegeben und sich nur zwischendurch mit der Regierung befaßt habe. In Wirklichkeit war es gerade umgekehrt: die Ausflüge, Jagden oder Empfänge fanden in den Pausen zwischen Ratssitzungen und Audienzen statt.

Gegen Ende der Regierung Ludwigs XIV. wurden die Beratungen seltener, was sich aber auf die Arbeit des Königs positiv auswirkte und außerdem bedeutete, daß er seinen höchsten Beamten mehr Ermessensspielraum bewilligte. So trat etwa im August des Jahres 1709 der conseil d'Etat sonntags und mittwochs – gelegentlich auch noch dienstags oder donnerstags in außerordentlicher Sitzung – zusammen, der conseil des finances nur noch dienstags.

Laut Dangeau wurden in diesem Monat – während sich Ludwig XIV. achtzehn Tage in Marly und dreizehn Tage in Versailles aufhielt – neben zahlreichen Audienzen mindestens sechzehn Ratssitzungen abgehalten, wovon zehn auf den conseil d'Etat, fünf auf den Finanzrat sowie eine auf den conseil des dépêches entfielen; hinzu kamen noch fünfundzwanzig ‚liasses', also, wie erwähnt, Arbeitssitzungen, in denen sich der König – von ein oder zwei Ministern unterstützt – mit einzelnen Angelegenheiten befaßte.

Falls die Sachlage es erforderte, widmete Ludwig XIV. den ganzen Tag den Regierungsgeschäften. Am 6. August desselben Jahres (1709) erhielt er die Nachricht, daß der direkt von dem belagerten Tournai kommende Ravignan in Marly eingetroffen sei. Unmittelbar nach der allmorgendlichen Messe empfing der König den soeben angekommenen Boten in den Räumen der Marquise de Maintenon in Gegenwart des Staatssekretärs im Kriegsministerium Voysin sowie des Marschalls de Boufflers. Gegen elf Uhr traf er in seinem Vorzimmer auf den Kanzler Pontchartrain, den Herzog von Beauvilliers, den Generalkontrolleur Desmarets sowie auf Le Peletier de Souzy und auf d'Aguessau, beide Mitglieder des conseil d'Etat – die alle geduldig auf ihren König warteten, um unter seinem Vorsitz zum conseil des finances zusammentreten zu können. Ludwig XIV. gönnte sich keine Pause, sondern eröffnete sofort die Sitzung, die etwa bis zwölf Uhr dauerte. Dann zogen sich Souzy und d'Aguessau zurück, Torcy und Voysin stießen neu hinzu, und es wurde ein conseil d'Etat abgehalten. Erst nach ein Uhr nahm der König sein Mittagsmahl ein, um anschließend bis fünf Uhr mit dem Generalkontrolleur Desmarets zu beraten, da er vormittags keine Zeit für ihn allein gehabt hatte. Erst um fünf Uhr nachmittags gönnte Ludwig XIV. sich schließlich eine Pause. In Begleitung der Maintenon, der jeder Winkel des Parks vertraut war, erging er sich in den Gärten und zeigte Madame de Voysin – die ebenfalls mit von der Partie war – voller Stolz die Wasserspiele. Um acht Uhr abends stürzte er sich erneut in die Arbeit: er empfing Torcy und Voysin bei Madame de Maintenon sowie anschließend Voysin und Ravignan, der – mit königlichen Instruktionen versehen – sofort wieder zur Armee des Herzogs von Villars zurückkehren sollte. An manchen Tagen ging es in Marly also äußerst geschäftig zu!

Dangeau und Sourches berichten, daß Ludwig entgegen seiner sonstigen Gewohnheit hin und wieder bis Mitternacht gearbeitet habe, wobei ihm entweder ein Minister – Barbezieux, Chamillart, Torcy – oder einer der unersetzlichen Berater – Chamlay in Fragen des Krieges und Bonrepaus in sämtlichen die Marine betreffenden Angelegenheiten – zur Seite standen. Der König wollte weder über den Zerstreuungen, die das Hofleben bot, die Regierungsgeschäfte vernachlässigen, noch andererseits Festveranstaltungen platzen lassen, indem er sich wegen wichtiger Staatsangelegenheiten fernhielt. Aus diesem Grund unterbrach er zum Beispiel am 22. Februar 1705 in Marly eine Arbeitssitzung mit Chamillart für eine halbe Stunde und eröffnete in aller Eile einen Maskenball; während sich die Gäste amüsierten, kehrte der König in die Räume der Maintenon zurück, um die Besprechung fortzusetzen. Man hat verschiedentlich zu Recht geäußert, Ludwig XIV. habe von seinem Urgroßvater Philipp II. von Spanien eine wahre Staatsbesessenheit sowie eine mit fortschreitendem Alter zunehmende Begeisterung für peinlich genaues Arbeiten und sorgfältige Kontrolle geerbt.

Im Unterschied zu seinem Großvater litt bei Ludwig XIV. jedoch das Hofleben nicht unter diesen vielen Arbeiten, und anders als im Escorial kamen in Versailles die Feste nicht zu kurz.

Die Etikette

Saint-Simon ging in seinen Memoiren immer wieder mit solcher Ausführlichkeit auf die bei Hofe geltenden Vorrechte, Privilegien und Rangfolgen ein, daß die gesamte Geschichtsschreibung ein verfälschtes Bild wiedergibt. Hier gilt es einiges richtigzustellen: zunächst muß man der Tatsache Rechnung tragen, daß Saint-Simon nur vom Hofleben ab dem Jahre 1691 berichtet, das folglich ausschließlich Versailles zum Schauplatz hatte. Der König residierte aber erst seit dem Frühjahr 1682 in Versailles. 1661 bewohnte er Fontainebleau; in den Jahren 1662 bis 1665 hielt er sich vorwiegend in Paris auf, während zwischen 1666 und 1673 sowie in den Jahren 1676, 1678, 1679, 1680 und 1681 Saint-Germain sein bevorzugter Aufenthaltsort war. Die Jahre 1674, 1675 und 1677 verbrachte er überwiegend in Versailles. Saint-Simon hat jedoch bestenfalls die zweite Hälfte der Selbstregierung aus nächster Nähe miterlebt.

Es unterliegt keinem Zweifel, daß sich auch der Hof veränderte. Während der junge Ludwig XIV. in den sechziger Jahren im Louvre sowie in den siebziger Jahren in Saint-Germain residierte und sich vorwiegend Kriegsspielen und Liebesabenteuern widmete, hatte das Leben bei Hofe im Vergleich zur Zeit Heinrichs IV. eine spürbare Verfeinerung erfahren und die aus der Epoche Ludwigs XIII. stammenden Unregelmäßigkeiten abgelegt, ohne deshalb ein erstarrtes Bild zu bieten. Der König unterwarf zwar die ausländischen Botschafter während der Audienzen einem strengen Zeremoniell, verwehrte aber niemand den Zutritt. Weder der Louvre noch die Tuilerien waren für die Unterbringung einer großen Zahl von Höflingen eingerichtet. Der Hof entwickelte bereits eine gewisse Ausstrahlung und übte auch schon eine große Anziehungskraft aus, hatte aber noch eine bescheidene Größenordnung.

Auch nach 1682 machte man sich bei Hofe keineswegs ständig irgendwelche Vorrechte streitig. In Furetières „Dictionnaire universel" von 1690 findet sich keine Definition dessen, was wir heute unter Protokoll oder Etikette verstehen. Der Begriff „Zeremoniell" besaß noch keine große Aussagekraft. Die Worte „cérémonie" und „préséance" waren Furetière noch nicht einmal einen eigenen Lexikoneintrag wert. Dangeau und Sourches berichten von einigen Streitigkeiten, in denen es um Fragen des höfischen Alltags ging; aus ihrer Darstellung geht jedoch deutlich hervor, daß diesen Fragen bei weitem nicht jene Bedeutung beigemessen wurde, die ihnen laut Luynes unter Ludwig XV. zukommen sollte. Sourches schildert beispielsweise eine erbitterte Auseinandersetzung, die der Herzog von la Rochefoucauld am 27. August 1699 mit dem Marquis von Heudicourt hatte; laut Sourches handelte es sich keineswegs um einen Streit mit politischen Dimensionen, sondern lediglich um eine Frage der Rangfolge. Der Streit drehte sich um das Problem, welche Jagdhunde den Vorrang hätten, die des Großjägermeisters (grand veneur) La Rochefaucauld oder die des Großjägermeisters bei der Wolfsjagd (grand louvetier) Heudicourt, falls sich ihre Fährten kreuzten. Ludwig XIV. entschied die Streitfrage zugunsten La Rochefoucaulds. Dies bedeutete gleichzeitig, daß der grand veneur einen höheren Rang besaß als der grand louvetier.

Das Besondere des französischen Hofes lag in dem Umstand begründet, daß der König nicht nur automatisch der oberste Richter in sämtlichen Rangstreitigkeiten war und dadurch entscheidenden Einfluß auf die Handhabung der Regeln nahm, sondern daß er diese obendrein eigenhändig entworfen hatte. Die das Hofleben regelnde Etikette war nicht am spanischen oder deutschen Vorbild orientiert, sondern besaß einen spezifisch französischen Charakter. Ludwig XIV. erließ detaillierte Bestimmungen für sämtliche Bereiche, ganz gleich ob es sich um Freudenfeste und die damit verbundene Prachtentfaltung, um das religiöse Leben, um Trauerfeiern oder um Vergnügungen handelte. Jeder einzelne erhielt eine bestimmte Rolle und einen festen Platz zugewiesen. Gelegentlich zog der König zu diesem Zwecke Erkundigungen ein. Sein Bruder, Monsieur, erwies sich – da er sonst nicht viel zu tun hatte – als ein ausgezeichneter Experte in sämtlichen Fragen der Rangordnung. Gerade auf diesem Gebiet verfügte der König über die größte Entscheidungsfreiheit. Entgegen einem sich hartnäckig haltenden Vorurteil war das Protokoll am Hofe Ludwigs XIV. weitaus weniger steif als dasjenige ausländischer Höfe. In Madrid, London und Wien galt es strenge Gebräuche einzuhalten: dort mußte man vor dem Herrscher niederknien und sich auf recht gefährliche Weise wieder im Rückwärtsgang entfernen. In Versailles pflegte man hingegen nicht auf die Knie zu fallen, sondern verneigte sich, beziehungsweise machte einen Knicks, was wesentlich angenehmer war. Falls man im Schloß überraschend dem König begegnete, war es üblich, ihm unter einer leichten Verbeugung den Weg freizumachen.

Dafür hat Ludwig XIV. in anderer Hinsicht die Stellung des Königs durch alle nur erdenklichen Mittel hervorgehoben, und zwar nicht aus Stolz, sondern aus politischen Erwägungen. Im spanischen Escorial stand die Kapelle im Mittelpunkt; auch die deutschen Residenzen, die sich im Jahrhundert der Aufklärung angeblich am alles beherrschenden französischen Vorbild orientierten, wiesen den Sakralbauten eine besondere Stellung zu. In Versailles dagegen waren die ersten Kapellenbauten äußerlich überhaupt nicht zu erkennen. Der letzte, unter Mansart und de Cotte entstandene Sakralraum wurde in einem Seitenflügel untergebracht. In Versailles lag aber nicht die Schloßkapelle, sondern das Schlafzimmer des Königs im Zentrum. Dies war das alles beherrschende Prinzip. In den übrigen Ländern – etwa in Spanien – bot die bis ins letzte Detail durchdachte Anordnung der Räume innerhalb der Paläste ein genaues Abbild der Rangabstufungen innerhalb der höfischen Gesellschaft. Ein unbedeutender Höfling gelangte nur bis ins erste Vorzimmer, während ein wichtiger auch noch den nächsten Raum betreten durfte; ein spanischer Grande schließlich durfte bis zum Allerheiligsten vordringen. In Spanien ging der königliche Herrscher seinen Untertanen entgegen und ließ dabei den rangniedrigsten unlogischerweise die – wenn auch unbeabsichtigte – Ehre zuteil werden, daß er gerade ihretwegen die weiteste Strecke zurücklegte. Im Gegensatz hierzu wurden in Frankreich – ganz gleich ob in den Tuilerien (in denen bereits ein ausgeprägtes Hofzeremoniell herrschte), in Saint-Germain oder in Versailles – in Gegenwart des Königs alle Rangunterschiede zunichte. Ein äußerst stolzes und bis ins letzte ausgeklügeltes Zeremoniell gestattete einer großen Zahl von Höflingen den Zutritt zum königlichen Schlafgemach, wobei Zeitpunkt und Begleitumstände des Betretens ausschließlich vom Willen des Herrschers abhingen. Die gesellschaftliche Stellung des einzelnen spielte zwar eine gewisse Rolle, das ausschlaggebende Kriterium war jedoch das Maß an Vertrauen und Gunst, das er beim König genoß.

Ein ganz bekanntes Beispiel hierfür stellte das „Lever" Ludwigs XIV. dar. Die höfische Gesellschaft zerfiel in mehrere Gruppen, die nacheinander eintreten durften. Die Reihenfolge war genauestens festgelegt. Zunächst fand das „petit lever" statt, dem die Kammerdiener sowie ein kleiner Kreis besonders Privilegierter beiwohnten. In den Genuß dieser „grandes entrées" gelangte man entweder kraft Amtes (wie die Inhaber der wichtigsten Hofämter) oder durch die besondere Gunst des Königs (wie die für ehelich erklärten Prinzen). Kurz darauf folgten die „premières entrées", die nur von geringer Dauer waren und an denen die Fürsten von Condé, Villeroy, Beringhen, die Vorleser Seiner Majestät sowie die Erzieher des Kronprinzen teilnehmen durften. Als nächste Gruppe konnten dann weitere Prinzen und hohe Adlige eintreten, darunter der Befehlshaber der Leibgarde und der Haushofmeister. Daran schloß sich die „entrée libre" an, in deren Verlauf manche Höflinge ihrem Ansehen entsprechend sogar einzeln aufgerufen wurden, bevor die übrigen Einlaß fanden. Somit gab es augenscheinlich fünf verschiedene Gruppen von Menschen, die nacheinander eintreten durften. In Wirklichkeit existierte jedoch mindestens noch eine sechste Gruppe, da die Mitglieder der königlichen Familie (der Kronprinz sowie die übrigen legitimen Söhne und Enkel des Königs) noch vor den „grandes entrées" und den „premières entrées" die königlichen Schlafgemächer betreten durften; dabei mußten sie weder warten noch das Vorzimmer passieren, sondern konnten durch eine Hintertür hereinkommen, woraus die Bezeichnung „entrées par les derrières" abgeleitet wurde.

Ludwig XIV., in dessen Augen sämtliche bei Hof gewährten Privilegien persönlich und jederzeit widerruflich waren, behielt sich das Recht vor, die ihn umgebenden Personen stets neu auszuwählen; er erteilte immer wieder anderen Menschen die Gunst, mit ihm speisen, ihn nach Marly begleiten oder ihm bestimmte Dienste erweisen zu dürfen. Ein allabendlich in Versailles besonders begehrtes Vorrecht bestand darin, dem König während seiner letzten Verrichtungen mit Hilfe einer Kerze zu leuchten. Saint-Simon hat uns genau überliefert, wie sich dieser an sich unbedeutende, für den Auserwählten aber wichtige Vorgang abzuspielen pflegte:

Während der König sein Abendgebet verrichtete, hielt der Almosenier (aumônier de quartier) den Leuchter, um ihn anschließend, sobald der König sein Gebet beendet hatte, dem ersten Kammerdiener zu überreichen. Bevor er sich nun seiner Kleider entledigte, pflegte der König unter den Anwesenden denjenigen Würdenträger auszuwählen – am 9. Mai 1702 fiel seine Wahl gar auf den Nuntius persönlich! –, der während dieser Zeitspanne den Leuchter halten durfte. Saint-Simon berichtet, daß die Wahl fast immer auf einen der Vornehmsten fiel und einen großen Gunstbeweis bedeutete. Sobald Ludwig XIV. sich dann ausgezogen hatte – was recht bald geschehen war – und man sein Schlafgemach verließ, ergriff der erste Kammerdiener wieder den Leuchter und überreichte ihn nach Belieben jemandem, der noch dableiben und dem „petit coucher" beiwohnen durfte; das Zubettgehen des Königs erfolgte nämlich ebenfalls in Form einer ganzen Reihe einzelner Zeremonien, die beinahe den morgendlichen entsprachen.

Ebenso wie die künstlerische Ausgestaltung der königlichen Schlösser, die Anlage des Parks in Versailles, die öffentlichen Gebäude und die gesamte Regierung des Sonnenkönigs besaß jede Einzelheit des Hofzeremoniells Symbolcharakter. Das Schlafgemach Ludwigs XIV. stand den ganzen Tag über – vom „petit lever" bis zum „petit coucher" – im Zentrum des Hofgeschehens, ja des Königreiches; allmählich begann der König sich jedoch daran zu stören, daß in diesem Raum ein ständiges Kommen und Gehen herrschte. Sämtlichen Vorkehrungen zum Trotz neigten die Mitglieder der Hofgesellschaft dazu, unter dem Vorwand, dem König und der königlichen Familie die ihnen gebührende Ehre erweisen zu wollen, dieses Schlafgemach als einen Ort des öffentlichen Geschehens zu betrachten (womit sie zweifelsohne recht hatten). Daraufhin errichtete man zunächst eine Balustrade, um das Bett des Königs abzuschirmen; dann wurde an dieser Balustrade ein ständiger Wachposten aufgestellt, um darzulegen, daß der König – ohne sich irgendwie zurückzuziehen – in seinem Schlafgemach über einen gewissen – sei er auch noch so kleinen – Raum verfügen wollte, der nicht jedermann frei zugänglich war. Selbst die Mitglieder der königlichen Leibgarde und die Kammerdiener pflegten sich außerhalb dieser kleinen Abschrankung zu bewegen und aufzuhalten.

Wer ein geschultes Auge besaß (während der „appartements" wurden die Besucher weit weniger streng kontrolliert als heute) und über eine rasche Auffassungsgabe verfügte, mußte unweigerlich erkennen, daß in dieser Raumaufteilung das Selbstverständnis des damaligen Königtums zum Ausdruck kam: der König sollte kein zurückgezogenes Dasein führen, ohne sich jedoch deshalb mit dem Volk auf eine Stufe zu stellen; er sollte vielmehr würdevoll regieren und sich um die Anliegen seiner Untertanen kümmern. Hinzu kam noch der Symbolgehalt des Baldachins über dem königlichen Nachtlager; er besagte, daß Frankreich über den Schlaf des Königs wachte.

Planeten kreisen um die Sonne

Der König verstand sich darauf, das Hofleben vollständig zu beherrschen, ohne es zu ersticken. Bei Hofe wurde großer Wert auf einen gewissen Umgangston gelegt, und mancher Höfling mußte sich erst noch seine Hörner abstoßen oder wurde in seinen exzessiven Neigungen gebremst, ohne daß seine Persönlichkeit darunter gelitten hätte. Die Söhne und Enkel Ludwigs XIV. sowie die übrigen Mitglieder der königlichen Familie, die Prinzen von Geblüt und die legitimierten Söhne des Königs, hatten freilich durchaus ihren eigenen Kopf und waren wenig geneigt, ihre Eigenheiten abzulegen.

Der Kronprinz („dauphin") Ludwig (Louis de France, geb. 1661, gest. bereits 1711), der mit „Monseigneur" angeredet wurde, war allseits beliebt, vor allem bei der Pariser Bevölkerung (die seinen Vater nur selten zu sehen bekam) und bei dem einfachen Volk. Sobald das Gerücht umging, daß der Dauphin leidend sei, brachen die Marktfrauen nach Versailles auf, um sich nach seinem Befinden zu erkundigen. Auch bei der Armee war er so beliebt, daß sich rangniedrige Offiziere und Soldaten förmlich überschlugen, um ihm ihre Hochachtung und Zuneigung zu beweisen. Der Dauphin glich sehr stark seinem Vater. Er war von lebhaftem Verstand, aber keineswegs ein Bücherwurm. Ganz wie Ludwig XIV. umgab er sich gerne mit geistreichen Menschen. Ferner teilte er dessen Sammelleidenschaft für Gemälde, Antiquitäten und Münzen.

Ludwig XIV. hatte Versailles und Marly seine persönliche Note gegeben, Monseigneur vervollkommnete die Innenausstattung von Meudon. Außerdem verband beide ihre Vorliebe für gutes Essen, Reiten, Jagd und Kriegführung. Allein der Dauphin fühlte sich nicht an die königliche Pflicht zur Zurückhaltung gebunden. Er pflegte riesige Mengen an Speisen in sich hineinzustopfen, frönte fast täglich seiner Jagdleidenschaft und widmete sich mit Hingabe der Körperertüchtigung: er nahm regelmäßig an Turnierspielen (carrousel) teil – zum Beispiel 1682 –, in Marly wirkte er beim Kolbenspiel (mail) mit und setzte sich den nicht geringen Risiken endloser Parforcejagden aus. Ein Mann mit solchen Veranlagungen drängte danach, seinen Mut im Krieg unter Beweis zu stellen. 1688 und 1689 setzte der Thronerbe sein Leben dermaßen leichtfertig aufs Spiel, daß der König sich gezwungen sah, seinen übertriebenen Heldenmut zu bremsen. Überdies spotteten die Zeitgenossen hinter vorgehaltener Hand über eine weitere Gemeinsamkeit zwischen Vater und Sohn. Mademoiselle de Choin, die der Dauphin in Meudon mit denselben Ehrerbietungen bedachte wie Ludwig XIV. die Marquise de Maintenon, war ebenso wie letztere eine weltgewandte Frau, mit der man eine geistreiche Unterhaltung führen konnte und die eine gute Bildung genossen hatte. Angesichts dieser glänzenden Lebensumstände versteht es sich von selbst, daß Monseigneur sich keineswegs zurückgesetzt fühlte oder gar zur Verbitterung oder zu Verschwörungen neigte. Ab 1688 nahm er an den Sitzungen der conseils „des finances" und „des dépêches" teil, und 1691 wurde er Mitglied des Staatsrats. Im Verlauf des Spanischen Erbfolgekrieges trat der Dauphin unentwegt für die Interessen seines Sohnes, Philipps V. von Spanien, ein, wobei er manchmal sämtliche übrigen Stimmen gegen sich hatte. Man mag bedauern, daß die göttliche Vorsehung diesen Menschen, der vielleicht die Anlagen zum besten aller Könige besaß, nie auf den Thron gelangen ließ.

Die Prinzen der dritten Generation waren keineswegs blassere Persönlichkeiten. Der Herzog von Burgund (gest. 1712) und der Herzog von Anjou (der spätere Philipp V.) verbanden die barocke Frömmigkeit ihrer Mutter Marianne, einer Tochter des Kurfürsten Ferdinand Maria von Bayern, mit dem starken Charakter und der königlichen Würde des Hauses Bourbon. Ludwig von Burgund bereitete seinem Erzieher und Ratgeber Fénelon einige Schwierigkeiten. Dennoch setzte man allgemein große Hoffnungen in diesen äußerst frommen „Telemach", zumal seine Tugenden immer wieder von einer Umgebung besungen wurden, die unter anderem aus den Herzögen von Chevreuse und von Beauvilliers, dem Erzbischof von Cambrai, der Partei der „dévots" und dem Herzog von Saint-Simon bestand. Der Maréchal de Berwick – sein Onkel – berichtet, Ludwig habe aufgrund seiner tiefen Frömmigkeit sämtliche Widerwärtigkeiten und Demütigungen, die er hinnehmen mußte, geduldig ertragen; er besitze einen gesunden Menschenverstand sowie eine rasche Auffassungsgabe, pflege gern zu lesen und sich mit verdienstvollen und gebildeten Menschen zu unterhalten. Laut Berwick tat er dies, um einst, wenn die Reihenfolge einmal an ihm sei, gut regieren und seine Untertanen glücklich machen zu können. In Wahrheit konnte im Jahre 1712 niemand mit Gewißheit sagen, welcher Charakterzug – seine Neigung zur Willkürherrschaft oder seine Frömmelei – bei diesem zweiten Dauphin einst die Oberhand gewinnen würde: so sehr waren damals bei ihm die guten Eigenschaften seines königlichen Großvaters bereits zu Lastern pervertiert.

Der Herzog von Anjou seinerseits lieferte Spanien und Frankreich, ja der ganzen Welt einen deutlichen Beweis dafür, wieviel Mut und Hartnäckigkeit ein einziger Mensch entwickeln konnte:

Von seiner jungen Gemahlin, einem jesuitischen Beichtvater und einer Mätresse unterstützt (man könnte fast den Eindruck gewinnen, als ob Ludwig XIV. auch diese Neigung weitervererbt hätte), legte Philipp V. von Spanien während des gesamten Spanischen Erbfolgekriegs eine außergewöhnliche Willenskraft und überdurchschnittlichen Weitblick an den Tag. Selbst nachdem er geschlagen und aus seiner Hauptstadt vertrieben worden war, gab er seine Sache keineswegs verloren. Als er Gefahr lief, von Frankreich im Stich gelassen zu werden, verlor er nicht etwa die Nerven, sondern faßte den Entschluß, den Kampf in Indien fortzusetzen. Er verstand es, hervorragende Befehlshaber wie Vendôme und Ducasse für seine Sache zu gewinnen, große Verdienste entsprechend zu belohnen und seine Untergebenen dauerhaft an sich zu binden. In den Jahren 1709 und 1710, in denen der endlos scheinende Konflikt den Höhepunkt erreichte und nicht nur Philipps Krone, sondern das Schicksal ganz Europas auf dem Spiel stand, zeigte der einstige Herzog von Anjou vielleicht sogar mehr Größe als sein berühmter Großvater.

Inmitten solcher Corneillescher Helden wirkte „Monsieur", der Bruder des Königs, eher wie eine Figur aus einer Tragödie von Jean Racine. Philipp von Orléans (geb. 1640, gest. 1701) war gewiß kein Durchschnittsmensch. Er glich so sehr einem Prinzen aus dem Hause Valois, daß er hervorragend in das sechzehnte Jahrhundert gepaßt hätte. Er besaß die Aufgeschlossenheit, die Bildung, die Raffinesse, den Mut und die etwas förmliche Frömmigkeit eines Heinrich III., aber auch dessen Ambiguität sowie seine gefährliche Unentschlossenheit.

Da es Philipp nicht vergönnt war, Frankreich zu regieren, herrschte er in Saint-Cloud. Da er sich nicht mit seinem Bruder messen konnte, spezialisierte er sich auf Fragen der Etikette. Er erwies sich auch nicht als ein guter Befehlshaber, strengte sich aber 1677 bei Cassel nach Kräften an. Dabei hatte er das Glück, daß auf seiner Seite der berühmte Maréchal de Luxembourg kämpfte, während die gegnerischen Truppen vom weniger erfolgreichen Wilhelm von Oranien angeführt wurden. Philipp von Orléans war alles andere als ein Heiliger, legte aber eine ganze Sammlung von Rosenkränzen an, gab sich äußerst fromm und versäumte keine Predigt. Da er auch in Gefühlsangelegenheiten unentschlossen war, fühlte er sich während seines ganzen Lebens zwischen seinem Busenfreund, dem Chevalier de Lorraine, und seinen beiden Gemahlinnen – der 1670 verstorbenen Henriette d'Angleterre und seiner zweiten Frau Elisabeth-Charlotte de Bavière (Liselotte von der Pfalz) hin und her gerissen.

Diese beiden Schwägerinnen des Königs schienen bisweilen – so grundverschieden sie auch waren – das Ausmaß an Persönlichkeit zu besitzen, das Philipp von Orléans fehlte. Dessen erste Frau – eine Enkelin König Heinrichs IV. – wurde vor allem durch die Trauerrede berühmt, die Bossuet anläßlich ihres Begräbnisses verfaßte („Madame se meurt! Madame est morte!"[9] – „Madame stirbt! Madame ist gestorben!"). Sie besaß einen solchen Charme, daß der König sich im Jahr 1661 um ein Haar auf ein Abenteuer mit ihr eingelassen hätte. Madame de la Fayette – auf deren Urteil man sich durchaus verlassen kann – bewunderte wiederholt ihre außerordentliche Klugheit; aufgrund ihrer Fähigkeiten wurde sie sogar mit einer geheimen Mission an den englischen Hof gesandt.

Liselotte von der Pfalz, die bei Hofe ebenfalls „Madame" genannt wurde und deren enormen Leibesumfang auch der geschickte Maler Rigaud nicht wegretuschieren konnte, war, ebenso wie Philipps erste Gattin, in ihren königlichen Schwager verliebt. Sowohl Ludwig XIV. als auch Liselotte hielten sich gerne an der frischen Luft auf und waren leidenschaftliche Reiter und Jäger. Im November 1709 hatte sie bereits an mehr als tausend Hochwildjagden teilgenommen und war dabei sechsundzwanzigmal vom Pferd gestürzt. Die Zuneigung, die die Pfälzerin für Ludwig hegte, führte zwangsläufig dazu, daß sie die Marquise de Maintenon – die sie als „alte Zot" oder als „alte rompompel" zu beschimpfen pflegte – mit ihrem ganzen Haß verfolgte. Dies verzieh ihr der König nie, ebensowenig wie die ungeheure Offenheit, deren sie sich in ihren Briefen befleißigte, aus denen ihm der Polizeipräsident La Reynie oder Minister Louvois regelmäßig einige Passagen vorlasen.

Aus diesen Briefen, die an Liselottes deutsche Verwandten gerichtet waren, ging hervor, daß Frankreich ein frivoles Land sei und am Hof von Versailles der totale Sittenverfall herrsche! ... Die füllige Prinzessin aus dem Hause Wittelsbach mochte Sauerkraut, Biersuppe, ihre Wohnung in Versailles, das Theater, Spaziergänge und Parforcejagden; darüber hinaus schienen ihr noch das Gesangbuch und die lutherischen Choräle ihrer Kindheit etwas zu bedeuten. Alles andere schien sie dagegen zu hassen; sie verachtete „Monseigneur" und „Monsieur", haßte den Duc de Maine (den sie, nicht gerade liebenswürdig, „le boiteux" [Hinkebein] oder „le bâtard" [Bastard] nannte) und war, was den König anbetraf, krankhaft eifersüchtig. Die für das „grand siècle" typische Frömmigkeit, die katholischen Priester, Messen, die länger dauerten als eine Viertelstunde, der Katholizismus selbst – zu dem sie anläßlich ihrer Heirat übergetreten war –, die Stadt Paris, Schloß Marly, der Krieg, das Spiel und die französische Küche fanden in Liselottes Augen auch keinen größeren Gefallen. Sie beklagte sich über den ausschweifenden Lebensstil der Franzosen. Ihre Briefe dürfen jedoch keineswegs für bare Münze genommen werden: bald bezichtigte sie den ganzen Hof der übertriebenen Frömmelei, bald schilderte sie ihn als eine regelrechte Lasterhöhle. Außerdem brauchte sie volle zwanzig Jahre, um herauszubekommen, daß Ludwig XIV. heimlich wieder geheiratet hatte – eine Tatsache, die, nachdem man fünf bis sechs Jahre an ihr herumgerätselt hatte, ein offenes Geheimnis war.

Ein königlicher Würdenträger: der „premier gentilhomme" (Erster Kammerherr)

Um 1690 notierte der spanische Gesandte Ezéchiel Spanheim, daß am französischen Hofe eine große Unterwürfigkeit herrsche; die Höflinge seien geradezu übereifrig, und jeder einzelne sei sehr bemüht, die ihm übertragenen Aufgaben peinlich genau und möglichst gut zu erfüllen. Die Mitglieder des königlichen Hofstaates waren keineswegs bloß Statisten, obwohl sie fest zum Erscheinungsbild des Hofes gehörten und wesentlich zu dessen Prachtentfaltung beitrugen; in ihrer Gesamtheit bildeten sie vielmehr einen riesigen, für damalige Zeiten einzigartigen Verwaltungs- und Dienstleistungsapparat. Allem Anschein zum Trotz gab es in der Umgebung Ludwigs XIV. gewöhnlich keine Posten, die dem jeweiligen Inhaber eine fette Pfründe eintrugen, ohne daß dieser eine Gegenleistung erbracht hätte. Der ständig kritisierende Müßiggänger Saint-Simon entsprach keineswegs der Idealvorstellung eines Höflings in den Augen Ludwigs XIV., der sich systematisch mit Offizieren, Botschaftern und hohen Verwaltungsbeamten zu umgeben wünschte. Das zentrale Problem des Versailler Hofes lag nicht etwa im Müßiggang, sondern vielmehr recht häufig in der Ämterhäufung. Ein typisches Beispiel bot der Herzog von Beauvilliers (geb. 1648, gest. 1714). Dieser von allen geachtete, sehr fromme „honnête homme" war nicht nur Herzog und Pair, sondern auch ein Schwiegersohn Colberts. Er nahm ziemlich früh seinen Abschied von der Armee, was aber nicht bedeutete, daß er nicht weiterhin dem König dienen wollte. Im Verlauf der beachtlichen Karriere, die er bei Hofe und innerhalb des Verwaltungsapparates machte, erhielt Beauvilliers so viele Ämter und Posten übertragen, daß man ohne weiteres zwei Personen vollauf mit ihnen hätte beschäftigen können. 1685 hatte Ludwig XIV. ihn zum Vorsteher des „Conseil royal des finances", 1689 zum Statthalter des Herzogs von Burgund und 1691 schließlich zum Staatsminister ernannt. Aber damit nicht genug: seit dem Tod Saint-Aignans – seines Vaters – im Jahre 1687 hatte er auch noch das heißbegehrte und mit vielen Pflichten verbundene Amt des „premier gentilhomme de la chambre" (Erster Kammerherr) inne.

In diesem Posten pflegten sich mehrere Würdenträger gegenseitig abzulösen – in Versailles übte man es für gewöhnlich alle vier Jahre aus. Es verpflichtete in erster Linie zu ganz alltäglichen Diensten: wenn Seine Majestät mit kleinem Gedeck – das bedeutete im Schlafgemach – speiste, pflegte sie vom Ersten Kammerherrn bedient zu werden. Wenn sich der König abends zur Nachtruhe begab, erkundigte sich der premier gentilhomme, wann er denn am nächsten Morgen geweckt zu werden wünschte. Außerdem vertrat er – falls deren Abwesenheit es erforderte – sowohl den Großmeister („grand maître") als auch den Garderobenmeister („maître de la garde-robe"). Beim Lever überreichte zwar für gewöhnlich der Großkämmerer (grand chambellan) Seiner Majestät das Hemd sowie das zum Frühstück bestimmte Brot, das Glas hingegen durfte der Erste Kammerherr herbeibringen. Und wenn Seine Majestät die „chaise d'affaires" – den Nachtstuhl – verlangte, so war es die Aufgabe des premier gentilhomme, die notwendigen Vorkehrungen zu treffen. Vor allem an den Tagen, an denen Ludwig XIV. sich einer ärztlichen Behandlung unterzog, pflegte er sehr lange Zeit auf diesem speziellen Stuhl zu verbringen; er nutzte dies zu zwanglosen Audienzen – laut Furetière existierte bei Hofe der Begriff eines „brevet d'affaires"; wer ein solches besaß, durfte, wenn die übrigen sich zurückgezogen hatten und der König auf besagtem Stuhle saß, das Schlafgemach Ludwigs XIV. betreten. Dieser benötigte außerdem einen Morgenrock, Pantoffeln, ein heißes Handtuch sowie eine Decke. Alle diese Utensilien – einschließlich der für die Körperhygiene bestimmten Wäschestücke – brachte ebenfalls der Erste Kammerherr.

Ferner hatte er die – in unseren Augen zweifellos ehrenvollere – Aufgabe, im Schlafgemach sowie dessen Vor- und Nebenzimmer für die Sicherheit des Königs zu sorgen. Desgleichen übernahm er es, Seiner Majestät ausländische Gäste oder nicht ständig bei Hofe verweilende Untertanen vorzustellen. Während der Audienzen hatte der Erste Kammerherr einen festen Platz hinter dem König. Auf dessen Verlangen konnte er die Söhne und Enkel Ludwigs XIV. sowie die Prinzen von Geblüt herbeibeordern. Sobald ein Trauerfall eintrat, mußte er alles Notwendige veranlassen; daneben hatte er sich aber auch um Musik, Ballett und Theateraufführungen zu kümmern. Ihm unterstand die gesamte Dienerschaft (Kammerherren, Kammerdiener, Türsteher etc.) und die Pagen, die Dangeau als ungestüme junge Menschen beschreibt, deren nie enden wollende Streiche ständig für Unstimmigkeiten sorgten. Der premier gentilhomme kümmerte sich außerdem um die Zusammenstellung der königlichen Mahlzeiten, um das Tafelsilber, die Wäsche Ludwigs XIV. und des Dauphin, um die Truhen und Schränke im königlichen Schlafgemach und achtete darauf, daß an kirchlichen Festtagen stets genug Kerzen für die Leuchter vorrätig waren. Somit verfügte er innerhalb des Hofstaates über eine wichtige Verwaltungsposition und übte außerdem eine beträchtliche finanzielle Kontrolle aus.

Der Erste Kammerherr war selbstverständlich im Schloß untergebracht.

Während seines Dienstjahres mußte er ständig anwesend sein. Auch in der königlichen Kutsche hatte er einen angestammten Platz, und zwar hinter dem Truchseß („grand écuyer") und dem Großkämmerer („grand chambellan"), aber vor dem Hauptmann der Leibgarde („capitaine des gardes") und dem Großgarderobenmeister („grand maître de la garde-robe"). Sofern er den König in einen Krieg begleitete, pflegte der premier gentilhomme sofort nach dem Großkämmerer Quartier zu beziehen. Für jenes Jahr, in dem er Dienst tat, bezog er ein Gehalt von 38 500 Livres, wovon er sechs Pagen und zwei weitere Bedienstete unterhalten mußte; während der übrigen drei Jahre brachte ihm sein Amt etwa 30 000 Livres ein.

Das Amt des premier gentilhomme war aber nicht etwa wegen des hohen Gehalts so begehrt – es war auch mit enormem Aufwand verbunden, und selbst die täglich anfallenden Kosten für eine angemessene Lebensführung verschlangen riesige Summen. Die Position des Ersten Kammerherrn war vielmehr deshalb äußerst reizvoll, weil er – ebenso wie der Großmeister, der Großkämmerer, der Truchseß und der Hauptmann der Garde – dank seines Amtes beim König sehr viel auszurichten vermochte. Da er sich ständig in der unmittelbaren Umgebung des Herrschers aufhielt, hatte er Gelegenheit, sich fortwährend mit diesem zu unterhalten, im geeigneten Augenblick ein Gesuch einzureichen, für andere Personen eine Gunst oder eine Audienz zu erwirken. Schon die Wahl zu diesem Amt – die wie bei den übrigen hohen Chargen durch den König persönlich erfolgte – bedeutete eine beachtliche Auszeichnung; wenn der Gewählte die Gunst, die er beim König genoß, auch noch dauerhaft zu mehren verstand, so konnte er zu einem der einflußreichsten Männer im ganzen Königreich werden.

Ludwig XIV. pflegte seine Untergebenen nämlich weniger nach der Bedeutung des von ihnen bekleideten Amtes zu beurteilen; er achtete vielmehr darauf, wie nahe sie ihm standen und welchen Eifer sie bei der Erfüllung ihrer Aufgaben an den Tag legten. So verdankte beispielsweise der aus ganz einfachen Verhältnissen stammende Jean Racine seinen Aufstieg in die besondere Gunst des Königs dem Umstand, daß er gleichzeitig Hofhistoriograph und königlicher Kammerherr (gentilhomme de la chambre) war.

Ludwigs XIV. Vorleser d'Usson de Bonrepaus erwarb bei seinem königlichen Herrn eine solche Vertrauensstellung, daß er – ohne jemals einen entsprechenden Titel zu tragen – zu einer Art oberstem Befehlshaber der Marine avancierte. Der selbstgefällige Herzog von Saint-Simon dagegen, der dermaßen stolz auf seine Pairswürde war, erhielt seine wenigen und recht kurzen Audienzen beim König nur dank der Vermittlung des aus ganz einfachen Verhältnissen emporgekommenen Leibarztes (archiatre) bewilligt. Von Madame de Motteville wissen wir, daß bereits Ludwig XIII. Sympathie für seine Bediensteten hegte. Rund die Hälfte der Freunde des Sonnenkönigs standen in seinem Dienst: Boileau, Fagon, La Porte, Lauzun, Pellisson, Präsident de Périgny, Präsident Rose, Racine, Saint-Aignan und Villeroy. Auch ganz einfache Bedienstete zählten mitunter zu den Freunden Ludwigs XIV.; dies galt etwa für die männlichen Mitglieder der Familie Antoine, die nacheinander das Amt des königlichen Waffenträgers (porte-arquebuse du Roi) innehatten und mit liebevoller Sorgfalt jegliches Detail über die Krankheit und den Tod ihres verehrten Herrn aufzeichneten[10]. In der Mehrzahl der Fälle handelte es sich jedoch um Diener mittleren Ranges, wobei die ersten Kammerdiener (premiers valets de chambre) aus der Familie Bontemps als typisches Beispiel gelten konnten: sie waren in sämtliche Geheimnisse eingeweiht, angefangen beim Privatleben des Sonnenkönigs bis hin zu den verborgenen Schachzügen der europäischen Politik; sie genossen das vollständige Vertrauen ihres Herrn und rechtfertigten es, indem sie sich nie auch nur die geringste Indiskretion zuschulden kommen ließen.

Als Ludwig XIV. im August des Jahres 1686 von Quartanfieber (fièvre quarte) befallen wurde, legte sich sein Diener Bontemps aus Solidarität sogleich mit einer ähnlichen Krankheit (fièvre double-tierce) zu Bett und litt unter heftigen Fieberattacken. Der Marquis de Sourche berichtet ferner, daß die beiden seit dieser Krankheit eine ganz besonders enge Freundschaft verband. Als sein hochbetagter Diener fünfzehn Jahre später einen Schlaganfall erlitt, zeigte der König sich darob sehr beunruhigt und wünschte ausdrücklich ständig über dessen Zustand auf dem laufenden gehalten zu werden, selbst während er sich in den Gemächern der Marquise de Maintenon befand. Als Bontemps schließlich am 17. Januar 1701 verstarb, bedachte ihn Ludwig XIV. mit einem Nachruf von seltener Herzlichkeit, in welchem er besonders betonte, daß der Verstorbene niemals jemand bei ihm angeschwärzt habe und daß kein Tag vergangen sei, ohne daß er ihm nicht von irgendeiner Person etwas Positives berichtet habe. Dieses gute Einvernehmen gereichte sowohl dem Diener als auch seinem Herrn zur Ehre.

Prestige und Funktion des Versailler Hofes

Der Hof Ludwigs XIV. diente keineswegs nur der bloßen Prachtentfaltung und stellte auch keinen überflüssigen Luxus dar. Wenn der König Versailles liebevoll ausgestaltete und die Struktur seines Hofes ganz gezielt beeinflußte, so geschah dies in der fortwährenden Absicht, das Prestige des französischen Königshofes zu steigern, gute Verwaltungsbeamte heranzuziehen und den riesigen Apparat funktionstüchtig zu erhalten.

Das Prestige des französischen König offenbarte ein besonderes Zeremoniell, das anläßlich des Empfangs der Botschafter aus Siam, der Moskauer Gesandten oder der dem Dogen von Genua gewährten Audienz beobachtet sowie in zeitgenössischen Berichten, Gemälden, Wandteppichen, Kupferstichen und Gedenkmünzen festgehalten wurde. Diese Versuche, einige außergewöhnliche Momente der französischen Geschichte zu verewigen, zeigen, welche Bedeutung ihnen seitens Ludwigs XIV. und seiner Untertanen beigemessen wurde. Selbst wenn ein ausländischer Machthaber geduldig wartete, bis ihm eine Audienz gewährt wurde, wenn Gesandte durch die in Versailles übliche Prachtentfaltung förmlich erschlagen wurden, so handelte es sich hierbei letzten Endes um ein Anknüpfen an eine bei außergewöhnlichen Zusammenkünften seit jeher bestehende Tradition, die allerdings eine ungeheure Steigerung erfuhr. Ludwig XIV. bemühte sich unentwegt und durchaus erfolgreich um besonderes und vor allem dauerhaftes Prestige. Warum hat er – entgegen Colberts Rat – Versailles Paris vorgezogen?

Der Sonnenkönig übersiedelte nach Versailles, weil er dort – ohne Rücksicht auf bereits Bestehendes – etwas völlig Neuartiges schaffen konnte, während er sich im Louvre und in den Tuilerien ständig in Bahnen bewegte (und sie überformte), die ihm seine Vorgänger auf dem französischen Königsthron vorgezeichnet hatten. Um dem Eindruck vorzubeugen, daß seine schöpferische Gestaltungskraft mit dem Schloßbau von Versailles erloschen sei, entwarf Ludwig anschließend nacheinander Clagny, Trianon und Marly und betätigte sich auch auf dem Gebiet der Technik, indem er die „machine de Marly", ein Pumpwerk auf dem Gelände von Marly, und den Aquädukt bei Schloß Maintenon konzipierte.

Ein Prestigeobjekt besonderer Art stellte die „flotte du grand canal" dar, die von Besuchern jeglicher Herkunft – die an bestimmten Tagen mit königlicher Erlaubnis scharenweise nach Versailles kamen – bestaunt wurde und von den Höflingen zu Vergnügungsfahrten benutzt werden durfte. Diese Miniaturschiffe, die außer zu Spazierfahrten auch zu Konzerten und Lichterfesten verwendet wurden, symbolisierten die vor kurzem errungene Seeherrschaft Frankreichs. Ludwig XIV. verfolgte mit Wohlgefallen den Ausbau seiner Miniaturflotte und konnte auf diese Weise das überaus große Interesse bekunden, das er seit jeher seiner Kriegsflotte entgegengebracht hatte; dazu mußte er nicht einmal nach Brest reisen, da die kleinen Schiffe im Park von Versailles getreue Nachbildungen der damaligen Kriegsschiffe waren. Der König pflegte gerne zu Spazierfahrten „an Bord" zu gehen, bis ihm sein Leibarzt Fagon schließlich derartige Unternehmungen mit Rücksicht auf sein Rheumaleiden untersagte.

Im Jahre 1687 verkehrten auf dem Großen Kanal („grand canal") mehrere Jachten und Schaluppen, einige venezianische Gondeln (worunter sich eine große, sehr aufwendig verzierte Gondel befand), ferner die (1685 an Ort und Stelle von Schiffszimmerleuten aus dem Umkreis von Jean Bart konstruierte) Barke „La Dunkerquoise", eine Galeere namens „La Réale" (die auch in Versailles gebaut worden war) und schließlich das „grand vaisseau" (das ebenfalls im Jahr 1685 vom Stapel gelaufen war). Zweiundzwanzig Werftarbeiter aus Le Havre und Marseille hatten dieses Schiff unter der Aufsicht des Marquis de Langeron, seines Zeichens Inspektor der königlichen Werften, an Ort und Stelle aus Schiffsholz angefertigt, das man eigens zu diesem Zweck aus Amsterdam eingeführt hatte. Es zeigte die Ausmaße einer leichten Korvette, war aber wie ein größeres Kriegsschiff gebaut und sogar mit dreizehn Geschützen bestückt, die die Gebrüder Keller 1686 speziell für dieses Schiff gegossen hatten.

Die Gondolieri waren äußerst kostbar gekleidet: sie trugen Gewänder aus Damast, Taft und purpurrotem Brokat, die mit goldenen und silbernen Borten und teuren Knöpfen („boutons à queue") besetzt waren, Strümpfe aus roter Seide sowie Mützen und leichte Schuhe. Aber auch die Matrosen, die von den königlichen Näherinnen mit Flaggen, Wimpeln, Mützen, Blusen und Hosen beliefert wurden, waren ebenfalls prächtig herausgeputzt. Besonders auffällig waren ihre Strumpfbänder aus Purpurseide. Für ihre Unterbringung hatte man in einiger Entfernung von der Anlegestelle eine dorfähnliche Siedlung namens „Petite Venise" (Klein-Venedig) angelegt. 1687 wohnten dort einundfünfzig Seeleute: ein Kapitän, ein Maat, der Rudermeister der Galeere samt seinem Stellvertreter, vier Schiffszimmerleute und zwei Kalfaterer, der Magazinverwalter Sieur Jean Merceron, sechsundzwanzig Matrosen sowie vierzehn venezianische Gondolieri, die alle ein Gehalt von mindestens 900 und höchstens 1440 Livres bezogen.

Gelegentlich wurde die Besatzung der Miniaturflotte durch den Einsatz von drei Schiffsmannschaften der Küstenwacht verstärkt, die dann für begrenzte Zeit ihre Ruderkraft zur Verfügung stellten.

Bis 1715 blieb diese „Spielzeugflotte" – deren Besatzung nur eine ganz unbedeutende Verringerung erfuhr – das augenfällige Symbol für Frankreichs Berufung zur Seemacht.

Während der Schiffsverkehr auf dem Großen Kanal eine Art ständige Flottenschau darstellte, waren die vom König angeregten baulichen Veränderungen und Neuschöpfungen einer permanenten Weltausstellung vergleichbar. Ludwigs XIV. ununterbrochene Bautätigkeit ließ viele Arbeitsplätze entstehen und bescherte den Künstlern wichtige Aufträge: der Herrscher ließ das Schloß von Versailles erweitern, die Fassade mit reichem Schmuck ausstatten und das Innere modernisieren; im Park wurde der Trianon „de porcelaine" durch den Grand Trianon ersetzt. Architekten, Gärtner, Bildhauer – 1693 standen laut Nolhac allein siebzig Bildhauer im Dienste des Königs –, Stukkateure, Dekorateure, Kunsttischler, Schreiner, Ziselierer, Bronzegießer, Maler und Kupferstecher wetteiferten in ihrem Bemühen, die Gunst eines Auftraggebers zu gewinnen, der einen beachtlichen Kunstgeschmack besaß und für Neuerungen sehr empfänglich war. Der „escalier des ambassadeurs" (Botschaftertreppe), die Pavillons in den Gärten von Marly, die silbernen Gerätschaften und der Spiegelsaal (galerie des Glaces) trugen mindestens ebensoviel zum Ruhm Ludwigs XIV. und des französischen Volkes bei wie eine gewonnene Schlacht oder die Besetzung einer Provinz. Da dem König daran gelegen war, daß diese Kunstwerke sämtlichen Untertanen, ja der ganzen Welt sowie späteren Generationen bekannt würden, gewährte er dem Kunsthistoriker André Félibien, dem die königliche Antiquitätensammlung unterstand und der Mitglied der Académie des inscriptions war, eine Pension, woraufhin dieser die königlichen Kunstschätze in mehreren Beschreibungen – „Description sommaire du château de Versailles" (1674), „Description des tableaux, statues et bustes des maisons royales" (1677) – verherrlichte und rechtfertigte.

Das Ideal des „honnête homme"

Die Funktion des französischen Königshofes beschränkte sich nicht darauf, den Kunstgeschmack der Besucher entscheidend zu prägen, das Ausland in Staunen zu versetzen und in ganz Europa ein gewisses Mäzenatentum anzuregen, sondern er erfüllte darüber hinaus noch eine weitere, ja bedeutendere Aufgabe: er war die Schule der Nation. Zwischen dem Hof in

Versailles und der Stadt Paris herrschte fortwährend ein reger Austausch. Die Höflinge besaßen in der Hauptstadt eigene Häuser, zu denen stets auch ein Hof und ein Garten gehörten. Wer in der unmittelbaren Umgebung des Königs lebte, war deshalb keineswegs von der Provinz abgeschnitten; Hof und Provinz waren vielmehr durch dauerhafte und wechselseitige Beziehungen miteinander verbunden. Aus dem „Dictionnaire universel" kann man erfahren, daß der Hof dazu diente, die Sitten der Provinzbewohner zu verfeinern („La cour polit bien les gens de province"), daß Edelleute aus der Provinz entweder in Paris, am Hof oder in der Armee Weltgewandtheit zu erlangen pflegten („Les provinciaux se dérouillent bientôt à Paris, à la cour, à l'armée") und daß man bei Hofe die richtige Art der Lebensführung erlernte („La cour est une bonne école, où on apprend à vivre").[11] Jene Provinzbewohner, die in Saint-Germain, in den Tuilerien oder in Versailles diese besondere Ausbildung genossen hatten, dienten dann ihrerseits in der Verwaltung, der Armee, in Paris oder in der Provinz selbst als Vorbild. Im übrigen konnte man durchaus auch mehrere hundert Meilen von der Hauptstadt entfernt auf hervorragend gebildete Adlige stoßen, deren Manieren und Umgangston sich in keiner Weise von den bei Hof üblichen unterschieden. Sie hatten ein Amt übernommen, das die Entfernung vom Hofe erforderlich machte; so lebten sie zwar in großer Entfernung vom König, ohne daß sie deshalb vom Hofgeschehen abgeschnitten gewesen wären. Während all der Jahre, in denen der Graf von Grignan in der Provence das Amt eines Gouverneurs ausübte, erhielt er dank der Briefe seiner Schwiegermutter – der Madame de Sévigné – fast tagtäglich Nachricht über alles, was sich bei Hof ereignete.

Der Jesuit Dominique Bouhours vertrat in seinem Werk „Entretiens d'Ariste et d'Eugène" (1671) die Ansicht, Frankreich habe schon während des Kriegs mit dem Haus Habsburg und folglich bereits vor dem Abschluß des Pyrenäenfriedens (1659) das ungeheure kulturelle Niveau erreicht, aufgrund dessen es im folgenden Jahrhundert zur geistigen Vormacht in Europa wurde. An dieser These ist einiges wahr. Auch bevor im Jahr 1684 eine französische Übersetzung von Balthazar Gracians Werk „Oraculo manual" erschien, ja noch bevor der gesamte Hof von Paris nach Versailles übersiedelte, huldigte man in Frankreich bereits dem Ideal der „honnêteté" (diesem schillernden Begriff entspricht im Deutschen etwa der Ausdruck „Ehrenhaftigkeit"). Der französische Hof selbst war ebensowenig im Jahr 1682 aus dem Nichts geschaffen worden. Laut Furetière war der Hof seit dem Ableben Ludwigs XIII. die Schule der Nation. Artigkeit, Anstand, ein gepflegtes Äußeres, gutes Aussehen, Willfährigkeit, Weltgewandtheit,

Weltkenntnis, gute Umgangsformen – kurz gesagt Höflichkeit sowie das gewisse Etwas, das die „honnêteté" ausmachte, waren die typischen, bei Hof gefragten Eigenschaften, auch wenn man sie eine Zeitlang eher im Salon der Marquise de Rambouillet oder in den Häusern einiger preziöser Damen anzutreffen schien.

Das Ideal des „honnête homme" – eine Schöpfung der höfischen Gesellschaft – setzte auch eine gewisse Askese voraus und liefert ein glänzendes Beispiel für eine allumfassende Schulung. (Bereits Boileau schrieb „Pour paraître honnête homme, en un mot, il faut l'être" – entweder man war eben ein „honnête homme", oder man war es nicht). Auch ein „honnête homme" freilich mußte noch an sich arbeiten, aber die bloße Lektüre von Anstandsbüchlein – auch nicht die der 1677 erschienenen Werke „Des agrémens", „De l'esprit" und „De la conversation" des Chevalier de Méré – reichte nicht aus, um dieses hochgesteckte Ziel zu erlangen. Man mußte vielmehr praktische Erfahrung im Umgang mit Menschen sammeln. In Frankreich gab es einige spezifische Umgangsformen, und man muß gerechterweise hervorheben, daß der gebürtige Italiener Mazarin und die Spanierin Anna von Österreich auf ihre früheren Gewohnheiten verzichteten und von bislang gehegten Vorurteilen Abstand nahmen, um auf diese Weise die Entwicklung des französischen Bildungsideals der „honnêteté" zu fördern. In der Tat war der französische „honnête homme" zu keiner Zeit eine Dublette oder eine schlichte Kopie des italienischen „cavaliere" oder des spanischen „caballero" aus der Epoche Philipps IV. oder Karls II. Er war auch ganz anders geartet als der deutsche „Kavalier" und hatte vor dem englischen „gentleman" einen Vorsprung von rund hundert Jahren. Trotz dieser starken nationalen Prägung wurde das Ideal des „honnête homme" von vielen anderen Ländern übernommen. Während man jedoch recht schnell feststellen konnte, ob jemand ein „honnête homme" war oder nicht, lassen sich die Inhalte dieses Ideals nur sehr schwer definieren; selbst in einem ganzen Buch könnte dieses Thema nicht erschöpfend behandelt werden.

Der „honnête homme" zeichnete sich in erster Linie durch gute Umgangsformen, eine feine Geselligkeit und eine breite Bildung aus. Er wußte genau, was sich ziemte oder nicht, jeder Verstoß gegen die guten Sitten erfüllte ihn mit Abscheu, und ihm waren sämtliche Anstandsregeln vertraut. So gehörte es sich beispielsweise, in Gegenwart hoher Adliger oder von Damen die Kopfbedeckung nicht wieder aufzusetzen und eine ehrerbietige Haltung einzunehmen. Furetière berichtet ferner, daß ein Königlicher Rat („conseiller") nicht bei der Aufführung einer Komödie mitwirken durfte, selbst wenn er dies nur tat, um dabei Zerstreuung zu finden. Es schickte sich auch nicht, daß eine ältere Frau grelle Farben trug. In Frankreich pflegten lediglich Prinzessinnen einen Handkuß zu erhalten[12], es war aber durchaus üblich, nach spanischem Vorbild „je vous baise les mains" („Küß die Hand") zu sagen. Im Reich der guten Sitten gab es keine Rechte, dafür aber eine ganze Reihe Pflichten („devoirs"). Besonders kultivierte Menschen besaßen hierfür ein so feines Gespür, daß sie den Sitten ihrer Zeit um zwei Jahrhunderte vorauseilten. Indem sie zu der Einsicht gelangten, daß hustende und spuckende Menschen in einer Versammlung äußerst lästig seien, legten sie ähnlich strenge Maßstäbe an wie die alten Römer: eine ganz logische Entwicklung, da Takt und guter Geschmack bekanntlich Hand in Hand gehen.

Wissenschaft und Sprache waren gleichermaßen von dem ständigen Bemühen um einen guten Stil beherrscht. Der Umgangston bei Hof war bei weitem nicht mehr so schroff wie unter Heinrich IV. Frankreichs Elite verharrte nicht länger in Unwissenheit. Das Bürgertum verlor sein Bildungsmonopol. In den Schulen der Jesuiten und Oratorianer wuchsen mehrere Generationen von Schülern heran, die teils dem Adel, teils aber auch dem einfachen Volk entstammten. Eine natürliche Folge hiervon war, daß fortan nicht mehr wie bisher lediglich die Literaten gebildet waren, sondern auch der Schwertadel und die höchsten Mitglieder der französischen Gesellschaft,[13] die – laut Bouhours – unter Ludwigs Vorgängern auf dem Königsthron durch Unwissenheit geglänzt hatten. Auf dem Gebiet der Bildung vollzog sich ein geradezu revolutionärer Wandel; bereits 1671 schrieb Bouhours, er erkenne eine ganze Anzahl höchst gebildeter und gelehrter Herzöge, Grafen und Marquis, die ebensogut mit der Feder umzugehen verstünden wie mit dem Schwert und die – mit derselben Sachkenntnis, mit der sie gewöhnlich die Errichtung eines Lagers oder die Formierung einer Armee zur Schlacht betrieben – ein Ballett zu entwerfen oder eine Geschichte zu verfassen wüßten.

Da man im Frankreich Ludwigs XIV. aus seinem Geist Kapital schlagen konnte, durfte der „honnête homme" seine Bildung und sogar seine Intelligenz ungeniert zur Schau stellen. Eine wichtige Einschränkung galt es allerdings zu beachten: jegliche Pedanterie war strengstens untersagt. So erwies sich beispielsweise Saint-Evremond dadurch, daß er es sorgsam vermied, sein Publikum zu langweilen, als ein vollendeter „honnête homme". Im Falle dieses Ideals gingen jedoch – wie es für Epochen kultureller Blüte typisch ist – Inhalt und Form eine äußerst harmonische Verbindung ein. Der „honnête homme" war gutgesinnt (aufgrund seiner Frömmigkeit war er ein guter, dank seiner Offenheit und Großzügigkeit ein edler Mensch) und beredt (Furetière beschreibt ihn als fähigen Redner, der die Gebote der Höflichkeit achtet).

Ein echter „honnête homme" mußte sich zusätzlich noch durch Tapferkeit auszeichnen und ein Ehrenmann sein – was oft auf dasselbe hinauslief (Furetière betrachtet den Ehrbegriff als geschlechtsspezifische Angelegenheit und definiert Tapferkeit als typisch männliche sowie Keuschheit als typisch weibliche Tugend). Lange Zeit vor Montesquieu wußte man bereits, daß die Monarchie auf dem Prinzip der Ehre beruhte, daß es ohne Ehrbegriff keinen Adel gäbe und daß das Streben nach Ehre ein – wenn auch elitäres – gottgefälliges Verhalten sei. „Honnêteté" setzte keineswegs von ungefähr sowohl eine besondere moralische Qualität als auch eine gewisse Bildung und Umgänglichkeit voraus.

Hier könnte man nun einwenden, daß bisher das Moment der Geburt keine Berücksichtigung fand. Vertrat man im Zeitalter der Aufklärung nicht mit gutem Recht die Ansicht, ein wahrhaft gebildeter Mensch könne ebensogut dem Bürgertum entstammen oder Schriftsteller sein, während der „honnête homme" des siebzehnten Jahrhunderts stets Sproß eines angesehenen Geschlechts war? Das Kriterium der Geburt soll hier nicht außer acht gelassen werden, aber es rangiert ganz absichtlich an letzter Stelle. Pierre Gaxotte hat trefflicherweise darauf aufmerksam gemacht, daß Valentin-Esprit Fléchier der Sohn eines Lebensmittelhändlers und Racine das Kind eines einfachen Beamten war (eines „employé des gabelles", das heißt, eines Salzsteuer-Eintreibers), während Colbert einer Kaufmannsfamilie entstammte und Boileaus Vater lediglich Schreiber gewesen ist. Das bedeutete noch lange nicht, daß der Sohn eines Lakaien sich wie ein „honnête homme" gebärden durfte (jedes Jahrhundert pflegt gewisse Vorurteile); Furetière zitiert in diesem Zusammenhang das Sprichwort „la caque sent toujours le hareng" – die Heringstonne riecht immer nach Hering. Racines Beispiel lehrt uns jedoch, daß auch jemand, der nicht der Aristokratie entstammte (das heißt, kein „homme de condition" war), sich aber durch eine besonders gewissenhafte Amtsführung – oder möglicherweise durch eine besondere Begabung – hervorgetan hatte, durchaus zum „homme de qualité" (Person von Stand) avancieren konnte: der von Ludwig XIV. in den Adelsstand erhobene Autor und Vorleser Seiner Majestät genoß das Vorrecht der „premières entrées", von dem der Herzog von Saint-Simon stets ausgeschlossen blieb. Und dennoch konnten alle beide als „honnêtes hommes" gelten. Dies zeigt ganz deutlich, welch ungeheuren Einfluß die Person des Sonnenkönigs ausübte – bis hin auf die feinsten gesellschaftlichen Abstufungen.

2. Kapitel: Vom Hof zur Stadt

> Il y a un petit nombre de personnes qui se prennent si bien à toutes les actions de la vie, et qui parlent de si bon air, que pour se rendre honnête homme et de bonne compagnie, il vaudrait mieux les observer et les entretenir de temps en temps, que de vieillir à la cour.[14]
> ANTOINE GOMBAUD, CHEVALIER DE MÉRÉ

Der im siebzehnten Jahrhundert gebräuchliche Ausdruck „la cour et la ville" (Hof und Stadt) wird heutzutage oft dahingehend mißverstanden, daß man die unscheinbare Konjunktion „et" (und) im Sinne einer Gegenüberstellung interpretiert. In einigen Fällen hatte die feststehende Redewendung „Der Hof und die Stadt" in der Tat fast die Bedeutung „Adel und Bürgertum" (was übrigens keineswegs immer einen Gegensatz darstellte); dem Schwert tragenden Adel, der sich vor allem dem Kriegshandwerk und der Jagd widmete, schien das überwiegend vom Handel lebende Bürgertum gegenübergestellt zu werden. Um jeglicher Begriffsverwirrung vorzubeugen, empfiehlt es sich, stets zu bedenken, daß in diesem Zusammenhang nicht etwa von Rouen, Beauvais, Nantes oder Romorantin die Rede ist, sondern vielmehr von Paris – ein Umstand, der alles in einem anderen Licht erscheinen läßt. Zwischen der Residenz und Beauvais bestanden zwar auch einige Verbindungen, die sich zum Teil schon dadurch ergaben, daß einige bei Hof weilende Adlige dort begütert waren. Zwischen den Residenzen in Saint-Germain, in den Tuilerien und in Versailles einerseits und Paris andererseits herrschte dagegen andauernd ein äußerst reger Austausch; vor allem in bezug auf den Sittenkodex und auf die gesellschaftliche Komponente war häufig nicht der geringste Unterschied erkennbar.

Die breit angelegte Straße, die die Residenz mit der Hauptstadt verband und auf der ständig ein dichtes Gewühl von Reitern, Wagen, Postkutschen und Fuhrwerken herrschte, war ein augenfälliges Symbol für die organische Verbindung, die zwischen diesen beiden, für die Nation lebensnotwendigen Einrichtungen bestand. Wir wollen nun unseren Blick vom Hof abwenden, um uns mit Paris zu beschäftigen und darzulegen, daß Residenz und Hauptstadt untrennbar miteinander verbunden waren.

Schwertadel, Amtsadel und Geldadel

Die Einteilung der französischen Gesellschaft in drei Stände (Geistlichkeit, Adel und Dritter Stand) war im „grand siècle" bereits ein überständiger Brauch. Lediglich in jenen Landstrichen, in denen es noch Provinzialstände gab, vor allem in der Bretagne und im Languedoc, besaß diese Einteilung noch eine Funktion: dort pflegten Ständevertreter feierlich zusammenzutreten und bestimmte Verwaltungsaufgaben zu übernehmen. Ferner war allgemein bekannt, daß ein Verbrecher niedriger Herkunft mit dem schmachvollen Tod durch den Strang bestraft wurde, während ein aristokratischer Übeltäter eleganter – mit dem Schwert – hingerichtet wurde. Der Scharfrichter indes beschäftigte sich nicht mit der Herkunft der Delinquenten, es oblag vielmehr dem Gericht, festzustellen, ob ein Verbrecher edler Abstammung war oder nicht – eine Aufgabe, die sich allerdings oft genug als unlösbar herausstellte. Es gab nämlich echte Adlige, die aus unerfindlichen Gründen bei der Aufstellung umfassender Adelskalender (1666–1674, 1696–1715) unberücksichtigt blieben, während andererseits mancher erschwindelte Adelstitel Aufnahme fand.

Wer bestimmte Ämter mindestens zwanzig Jahre lang innehatte, konnte in den Adelsstand aufsteigen und sich dadurch vom Makel seiner niedrigen Herkunft reinwaschen (im Volksmund wurden diese Posten daher bisweilen spöttisch als „savonnettes à vilain" – Seife des gemeinen Mannes – bezeichnet); bei anderen Ämtern betrug die erforderliche Zeitspanne mindestens vierzig Jahre, was bedeutete, daß eine Erhebung in den Adelsstand erst in der zweiten Generation möglich wurde. Mit Ausnahme Colberts und dessen Bruder de Croissy waren sämtliche Staatssekretäre Ludwigs XIV. vornehmer Herkunft; und dennoch konnten sie nicht umhin, das Amt eines königlichen Sekretärs zu übernehmen, dessen Ausübung manchem Pariser Bürger – nach dem Vorbild Jourdains – als krönender Abschluß seines gesellschaftlichen Aufstiegs den Übergang in die Aristokratie ermöglichte.

Wer der Trennungslinie zwischen Adel und Bürgertum zuviel Bedeutung beimißt, läuft Gefahr, die gesellschaftlichen Verhältnisse im Frankreich des siebzehnten Jahrhunderts von Grund auf zu verkennen. Ein ganz einfacher Kleriker war nämlich keineswegs höher gestellt als die Angehörigen der vornehmsten Adelsgeschlechter, und ein völlig verarmter Aristokrat galt nicht mehr als ein reicher und mächtiger Bankier, der noch nicht in den Adelsstand aufgestiegen war. Andererseits geht aus der 1695 anläßlich der Erhebung der sogenannten Kopfsteuer („Capitation") vorgenommenen

Einteilung des französischen Volkes in zweiundzwanzig Steuerklassen und 569 besondere Gruppen klar hervor, daß der französische Adel keine in sich geschlossene Klasse bildete. Während mancher erst kürzlich in den Adelsstand erhobene Bürger – vor allem hohe Finanzbeamte und Steuerpächter – der ersten Klasse zugeteilt wurde, rangierten einige verarmte Adlige nahezu am anderen Ende der Gesellschaftspyramide. Die siebte Klasse umschloß sowohl aristokratische Inhaber von Ehrenämtern – Marquis, Grafen, Vicomte und Barone – als auch Steuereinzieher. Der zehnten Klasse gehörten außer über ganze Pfarreien gebietenden Landadligen auch die Pariser Notare an. Innerhalb der fünfzehnten Klasse nahmen privilegierte Weinhändler oder die Angestellten der königlichen Rechnungskammer bisweilen eine bessere Stellung ein als manche Hochgeborene, die immerhin Burgen besaßen und Lehen verwalteten. In der neunzehnten Klasse schließlich fanden sich sowohl Aristokraten, die weder eine Burg ihr eigen nannten noch Lehen verwalteten, als auch Dorfbüttel und Universitätspedellen![15]

Der Adelsstand setzte sich somit aus Menschen zusammen, die sich bezüglich ihrer Abstammung, ihres Vermögens und ihrer Lebensführung sehr stark voneinander unterschieden. Die einzige Gemeinsamkeit bestand in den Privilegien, die die gesamte Aristokratie genoß, sowie in einer ihr eigenen Lebensauffassung. Dem Adel – und somit dem zweiten Stand im Staat – anzugehören bedeutete, daß die betreffende Familie samt allen Nachkommen von der direkten Steuer der Taille befreit war, daß ihre Mitglieder Ämter bekommen konnten, ohne sie kaufen zu müssen, daß sie Adelstitel tragen durften (écuyer = Knappe und chevalier = Ritter) sowie das Recht besaßen, stets das Prinzip der Primogenitur anzuwenden (in Ländern mit Gewohnheitsrecht) und in Ritterorden aufgenommen zu werden.[16] Die Aristokratie zeichnete sich ferner dadurch aus, daß sie Tapferkeit, Ehrenhaftigkeit und Treue für überaus wichtige Tugenden hielt. Adlig zu sein bedeutete jedoch weder, daß der Betreffende zwangsläufig Nachkomme eines mittelalterlichen Rittergeschlechts war, noch daß er automatisch über die Landbevölkerung seiner Umgebung herrschte oder sich unbedingt dem Kriegshandwerk widmete; es bedeutete auf gar keinen Fall, daß er von vornherein dazu geeignet gewesen wäre, an den Hof zu gehen und Seiner Majestät vorgestellt zu werden.

Diese Einteilung nach Steuerklassen, an der sich die Zusammensetzung der französischen Gesellschaft um die Mitte der Regierungszeit Ludwigs XIV. ablesen läßt, zeigte – mit geringfügigen Abweichungen – in nahezu sämtlichen oberen Klassen durchgängig eine dreifache Abstufung in die Gruppen Hofadel (oder hohe Offiziere), Amtsadel und Bankiers (Vorsteher staatlicher, staatlich geförderter und privater Geldinstitute). Die erste Klasse umschloß neben den Prinzen von Geblüt auch die Minister und Steuerpächter; zur zweiten Klasse zählten nicht nur die Herzöge, sondern auch der erste Präsident des Parlaments (Pariser Gerichtshof) sowie die mit der Verwaltung von Nebeneinkünften betrauten Schatzmeister (trésoriers des revenus casuels); die dritte Klasse setzte sich aus den Mitgliedern des Heiliggeistordens (Ordre du Saint-Esprit), aber auch aus Präsidenten des Parlaments (Gerichtshöfe) und aus Heeresversorgern zusammen.

Aus dem bisher Gesagten ergibt sich, daß Ludwig XIV. nach Mazarins Tod innerhalb von vierunddreißig Jahren die französische Gesellschaft einem umfassenden Wandel unterzogen hatte; wer nach Höherem strebte, mußte sich nicht mehr unbedingt um einen Adelsbrief bemühen, und innerhalb der Aristokratie war der Geburtsadel nicht mehr automatisch höher angesehen als der Amtsadel; persönliche Verdienste konnten fortan durchaus eine vornehme Abstammung aufwiegen; der Dienst für den König verlieh schließlich das größte Ansehen. Schwertadel, Amtsadel und Geldadel bildeten drei Stände oder Berufsgruppen; diese Dreiteilung war auch in gesellschaftlicher Hinsicht von Bedeutung; alle drei symbolisierten in allererster Linie den Dienst für den König und bildeten somit die drei Säulen des Staates.

Der Dienst beim König – ein echter Schmelztiegel

Zur Zeit Richelieus war „Dienst" (service) stets gleichbedeutend mit Waffendienst. Etwa um die Mitte der Regierungszeit Ludwigs XIV. – um 1688 – hatte der Begriff dank der stetigen Bemühungen des Königs eine deutliche Erweiterung und Aufwertung erfahren. Ein deutliches Beispiel hierfür liefert Furetière – der Vater der französischen Lexikographie –, dessen Werk sehr aufschlußreiche Definitionen enthält. Unter „Dienst" verstand er Hilfeleistungen, die man – in Kriegs- und in Friedenszeiten – für den König, den Staat oder das Vaterland erbrachte.[17] Gewiß diente man – ebenso wie unter Heinrich IV. und Ludwig XIII. – in erster Linie dem König. Dies war schon immer so gewesen. Nun sollte es aber keinerlei Unterscheidung zwischen dem Staat, ja dem Allgemeinwohl und dem Gehorsam gegenüber dem König geben: fortan ließen sich König und Staat nicht mehr getrennt betrachten, wie es die Aufständischen der Fronde zu tun vorgaben, sondern bildeten eine untrennbare Einheit. „Service" bedeutete laut Furetière auch

Dienst an der Waffe, und wer sich werben ließ, trat automatisch in den Dienst des Königs („Aller servir le Roi, c'est s'enrôler, prendre parti dans les troupes").

Im sechzehnten und in der ersten Hälfte des siebzehnten Jahrhunderts hätte es der Verfasser eines solchen Nachschlagewerkes sicherlich bei dieser Definition bewenden lassen – nicht so Furetière. Aus dem „Dictionnaire universel" erfährt man, daß der Ausdruck „dienen" auch innerhalb des Amtsadels verwendet wurde; so pflegte man beispielsweise zu sagen, dieser oder jener Botschafter habe sich durch das Aushandeln eines günstigen Vertrags verdient gemacht, oder ein anderer Staatsdiener habe sich durch die gewissenhafte Ausübung einer Intendantur große Verdienste erworben. Furetière hob nach den Verdiensten des Geburts- auch die des Amtsadels hervor, er bezeugte damit den Wandel innerhalb der Sozialstruktur und die einigende Kraft, die fortan dem Dienst für den König zukam. Bei der Behandlung des Ausdrucks „serviteur" (Diener) ging er sogar noch einen Schritt weiter, indem er sowohl Beamte als auch Offiziere als „gute Diener" (de bons serviteurs) des Königs bezeichnete.[18] Hierbei handelt es sich keineswegs um ein Versehen, sondern um eine Art Eingebung, um die freie Wiedergabe eines Gedankengangs. Um 1690 konnte man bereits, ohne daß man Gefahr lief, seinen Gesprächspartner zu erzürnen, den Amtsadel vor dem Geburtsadel nennen; damals mochte man sich schon damit abgefunden haben, daß diese beiden Stände dank des gemeinsamen Dienstes für den König oft miteinander verschmolzen, was dem Dienst durchaus zugute kam.

Ludwig XIV. hat nie behauptet, daß er den Staat verkörpere („L'Etat c'est moi" – „der Staat bin ich"). Hingegen berichtet Dangeau, daß der Sonnenkönig kurz vor seinem Tode geäußert habe, er, der König, gehe, der Staat aber werde ewig bestehen. Im Zusammenhang mit der Entlassung von de Pomponne schrieb er 1679: „Das Staatsinteresse muß hier die erste Rolle spielen."[19] Beinahe täglich hat er alle drei Gruppierungen – Schwert-, Amts- und Geldadel – gefördert, um dadurch seinen Untertanen vor Augen zu führen, daß ein moderner Staat fähige Offiziere, tüchtige Verwaltungsbeamte und vermögende Bankiers benötige.

Das Hauptaugenmerk Ludwigs XIV. galt der Armee. Der König war Oberbefehlshaber sämtlicher Streitkräfte und führte bisweilen auch selbst eine Armee an. In den kleinen Ansprachen, mittels deren Seine Majestät auf dem Weg zur Messe, beim Speisen oder beim Zubettgehen der nächsten Umgebung Neuigkeiten zu erzählen oder Kommentare zu liefern pflegte, nahm das militärische Tagesgeschehen breiten Raum ein. Wer dem König zu gefallen suchte, zog als erster in den Krieg und kehrte als letzter aus ihm zurück. Am 6. Januar 1696 warf Ludwig XIV. dem Herzog de la Ferté vor, er verhalte sich genau umgekehrt.[20] Wer bei Hofe gut angeschrieben sein wollte, mußte dienen, auch wenn lediglich ein langsames Fortkommen möglich schien: der Herzog von Saint-Simon hat sich durch seinen frühen Abschied von der Armee aller Chancen beraubt. Andererseits ist überliefert, daß Ludwig XIV. einige erfolgreiche Offiziere zu Generälen beförderte und eine ganze Reihe altgedienter Oberstleutnants, die nicht genug besaßen, um sich ein Regiment kaufen zu können, zum Oberst oder Brigadier ernannte. Wenn der König bisweilen auch diesen oder jenen befreundeten Höfling vielleicht ein wenig zu sehr bevorzugte, so pflegte er tapfere Soldaten doch auf so deutliche Weise auszuzeichnen, daß keinerlei Zweifel an der Vorrangigkeit des Waffendienstes aufkommen konnte.

Louis-François de Boufflers (geb. 1644, gest. 1711)[21] erhielt unzählige Kommandos übertragen und zog die Belohnungen geradezu magnetisch an. Im Alter von achtzehn Jahren begann er seine militärische Laufbahn als Gardekadett und mit fünfundzwanzig war er bereits Oberst; er befand sich fast ununterbrochen im Einsatz, kämpfte stets in vorderster Linie und zog sich dabei zahlreiche Verwundungen zu. 1675 wurde er zum Dragonerbrigadier befördert, 1677 zum Feldmarschall, und 1681 stieg er schließlich gar zum ‚lieutenant général' auf[22]. In dieser Eigenschaft übernahm Boufflers mehrere Male das Oberkommando. Am 31. Dezember 1688 fand er auf königlichen Wunsch hin Aufnahme in den Heiliggeistorden (Ordre du Saint-Esprit). Anschließend wurden ihm weitere Kommandos übertragen, bei deren Ausübung er wiederum mehrere Verwundungen erlitt. Am 27. März 1693 erhielt der damals neunundvierzigjährige Boufflers den Marschallstab, und 1694 wurde er zum Statthalter von Flandern ernannt. Im darauffolgenden Jahr trotzte er in Namur volle zwei Monate lang den Belagerungstruppen des Prinzen von Oranien. Er legte eine solche Tapferkeit an den Tag, daß Ludwig XIV. im September 1695 Boufflers Ländereien per Urkunde zum Herzogtum erhob. 1703 verlieh ihm Philipp V. wegen seines erfolgreichen Eingreifens in den Spanischen Niederlanden das Goldene Vlies. Im Jahr darauf machte ihn Ludwig XIV. zum Kommandanten der königlichen Leibgarde. All diese Ehrungen schmälerten die Kampflust des Marschalls nicht im geringsten. 1708 begab er sich unverzüglich nach Lille, der Hauptstadt seiner Statthalterschaft, um es so lange wie möglich gegen den Feind zu verteidigen. Wider alle Erwartung gelang es ihm, die Stadt vierundsiebzig Tage lang zu halten und sie schließlich nur auf wiederholtes Drängen aufzugeben.[23] Eine derart ehrenvolle Kapitulation war so viel wert wie mancher Sieg. Im Dezember 1708 erreichte der Herzog von Boufflers den Gipfel seines Ruhmes: der König machte ihn zum Pair von Frankreich. Nach dieser allerhöchsten Auszeichnung konnte er keine weitere Ehrung mehr erhoffen, was ihn aber keineswegs davon abhielt, seinem König weiterhin gute Dienste zu erweisen. Am 11. September 1711 kam er bei Malplaquet Villars zu Hilfe und trug dazu bei, dieser blutigen Schlacht eine günstige Wendung zu geben; dadurch konnte er anschließend ein geordnetes Heer zurückführen, das nicht den Verlust einer einzigen Kanone zu beklagen hatte. Der Tod ereilte ihn 1711, als er in höchstem Ansehen stand. Es war ein offenes Geheimnis, daß der Marschall von Boufflers zeitlebens kein besonderer Stratege war. Liselotte von der Pfalz fand ihn sogar leicht dümmlich. Aber sämtliche Zeitgenossen – vom höchsten Mitglied der Hofgesellschaft bis hin zum einfachen Soldaten – waren sich darin einig, daß dieser Marschall die treueste Ergebenheit und größte Tapferkeit verkörperte. Alle freuten sich mit ihm, wenn er eine Auszeichnung erhielt. Jede Ehrung dieses hervorragenden Kämpfers kam einer Auszeichnung aller tapferen Franzosen gleich.

Es lag in der Natur der Dinge, daß der König mit dem Amtsadel auf weniger vertrautem Fuße verkehrte. Abgesehen von den Ministern, vom Polizeichef und hin und wieder dem Ersten Präsidenten des Pariser Gerichtshofes verkehrten ja nur wenige Rechtsgelehrte bei Hofe. Die Mitglieder des Kronrates (conseil d'Etat) zählten hier höchstens halb mit, da die Sitzungen der einzelnen Gremien zwar im Erdgeschoß des Versailler Schlosses abgehalten wurden, die Mitglieder sich aber außerhalb der Sitzungen stets in Paris aufzuhalten pflegten; dort lagen ihre Büros, gingen sie ihrer Arbeit nach, stellten sie ihre Untersuchungen an, pflegten sie ihre Kontakte und suchten sie sich zu vergnügen. Sie verbrachten einen Großteil ihrer Zeit damit, zwischen Hauptstadt und Residenz hin und her zu pendeln.

Den Ersten Präsidenten des Pariser Gerichtshofes (Parlament) behandelte der König mit der größten Achtung, zumal wenn er das Format eines Lamoignon besaß. Ludwig XIV. pflegte die Intendanten zu empfangen, bevor sie ihr Amt in der Provinz antraten. Stand die Ernennung eines Conseillers d'Etat an, so traf Ludwig XIV. persönlich die Wahl zwischen mehreren Bewerbern, deren Verdienste er zuvor eingehend untersucht hatte. Seit der Fronde legte er mit gutem Recht gegenüber den Mitgliedern des Gerichtshofes (Parlament) ein gewisses Mißtrauen an den Tag, aber wenn es sich um besonders heikle Missionen handelte, zögerte er nicht, die zuverlässigsten Mitglieder dieses Personenkreises heranzuziehen, die zwar recht verschlossen, aber auch von beachtlicher Bildung waren. So war beispielsweise Jean Jacques Chaillou d'Amelot lange Zeit Frankreichs Botschafter am Hofe Philipps V. und bekleidete einen der – neben dem Botschafter in Rom – wichtigsten diplomatischen Posten der damaligen Zeit. Vor allem seine Verwaltungsbeamten wählte der König mit Vorliebe aus dem Kreis derjenigen Personen, die an den Gerichtshöfen beschäftigt waren, an welchen Angehörige des Amtsadels und Vertreter der schreibenden Zunft fortwährend miteinander verkehrten. Der Amtsadel bildete das unentbehrliche Reservoir, aus dem die künftigen Intendanten und andere bedeutende Staatsdiener geschöpft wurden. Die wachsende Bedeutung, die Verwaltungsfachleuten zukam, wurde häufig durch die Einheirat in höhere Gesellschaftsschichten besiegelt: Colbert verheiratete seine drei Töchter mit Herzögen.

Über diesem ständigen Wettstreit zwischen dem Hofstaat und der oberen Schicht des Amtsadels darf jedoch nicht außer acht gelassen werden, daß auch die Finanzwelt eine immer wichtigere Rolle spielte. Der Höhepunkt dieser Entwicklung fiel in die Jahre zwischen 1661 und 1716, in denen jeweils bedeutende Vertreter der Finanzwelt vor Gericht zur Rechenschaft gezogen wurden. Das Ancien régime hatte diesen modus vivendi gewählt, da es zwar gern die Bankiers für seine Zwecke einspannte, jedoch in der ständigen Angst lebte, daß diese zu viel Macht gewinnen könnten. Im übrigen war die Finanzwelt niemals sakrosankt. Während besonders fromme Kreise (les dévots) etwa die Aufführung des „Tartuffe" um eine beträchtliche Zeitspanne hinauszögerten, suchte die Pariser Hochfinanz 1708 vergeblich, die Aufführung von Lesages „Turcaret" zu unterbinden.

Von diesen Einschränkungen abgesehen, hatten die Bankiers einen festen Platz in den höchsten Gesellschaftsschichten erobert. Im Jahr 1695 wurden die größten von ihnen im Rahmen der Erhebung der Kopfsteuer in die erste Klasse eingeteilt, wo sie hinter dem Kronprinzen, aber noch vor den Herzögen rangierten. Als Nicolas-Desmarets 1708 Generalkontrolleur der Finanzen wurde – und zwar weniger als Neffe Colberts, sondern als Kandidat der Finanzwelt und als derjenige königliche Beamte, dem die Geschäftsleute das größte Vertrauen entgegenbrachten –, bewiesen die Bankiers vollends, welchen Nutzen der Staat aus ihrer Existenz ziehen konnte und daß ihr sozialer Aufstieg nun endgültig gesichert war. In politischer Hinsicht bezeugten sie ihre Dankbarkeit dadurch, daß sie dem König treue Dienste in der Verwaltung leisteten, die damals noch keineswegs völlig in staatlicher Hand war; was ihre gesellschaftliche Stellung anging, gelang es ihnen, den Makel ihrer niedrigen Herkunft vollends abzustreifen. Die höchsten Ämter in der Finanzverwaltung – der oberste Steuerpächter („fermier général"), der oberste Rechnungsbeamte („grand officier comptable") und der Hauptsteuereinnehmer („receveur général") – standen von nun an durchaus auch den Aristokraten offen; auf der anderen Seite konnten jene Bankiers, denen der soziale Abstieg drohte und die entweder noch bürgerlichen Standes oder erst kürzlich geadelt worden waren, dem vorbeugen: sie kauften sich in das Amt eines königlichen Sekretärs ein, mit dem automatisch ein Adelstitel verbunden war.

Zwischen den Vertretern des Schwertadels, des Amtsadels und der Finanzwelt herrschte keineswegs völlige Gleichheit; anders als in den zeitgenössischen Komödien dargestellt, gab es in Wirklichkeit keine scharfe Abgrenzung zwischen den einzelnen Ständen und Gruppierungen und genossen die einen nicht automatisch Vorrang vor den anderen. Es oblag vielmehr jedem einzelnen, eine einmal gewonnene Stellung zu festigen. Ein Angehöriger des Amtsadels, der sich als echter „honnête homme" auswies, konnte gewiß sein, daß man ihm überall mit Achtung begegnete. Ein gebildeter und in den besten Kreisen verkehrender Bankier konnte durchaus hoffen, einen der vornehmsten Aristokraten des Hofstaates zum Schwiegersohn zu bekommen. Sébastien Merciers Beschreibung der Verhältnisse des Jahres 1787 traf folglich durchaus auch schon auf Paris um 1707 zu: bereits damals fand man in der vornehmen Gesellschaft kaum überspannte Persönlichkeiten vor; die Eigenliebe wurde durch würdevolle Vertrautheit übertüncht, und der Vertreter des Amtsadels, der Bischof, der hohe Offizier, der Bankier sowie der Höfling schienen sich einander angeglichen zu haben; auch ein aufmerksamer Betrachter konnte allenfalls feine Nuancen feststellen, nie jedoch ins Auge springende Kontraste.[24]

Feine Standesunterschiede

Diese Abweichungen zwischen den einzelnen Gruppen der vornehmen Gesellschaft wurden in der Generation, in der der eigentliche Aufstieg erfolgte, besonders deutlich. Wenn man jeweils einen altgedienten Hauptmann und einen alten Rat, einen General und einen Gerichtspräsidenten, einen Marschall und einen Steuerpächter gegenüberstellt, erkennt man diese Unterschiede auf den ersten Blick. Der alte Hauptmann behielt zeitlebens seine alten Lagergewohnheiten bei; der Gerichtspräsident trug außer seiner Amtstracht nur schwarze oder allenfalls graue Kleidung; der schwerreiche Bankier, der seine erst kürzlich vorgenommene Erhebung in den Adelsstand noch nicht ganz verarbeitet hatte, stellte bei jeder passenden und unpassenden Gelegenheit demonstrativ sein Wappen zur Schau.

In der zweiten Generation hingegen herrschte ein überaus starker Nachahmungstrieb. Die Beamtensöhne kleideten sich wie Aristokraten, schmückten sich mit dem Schwert und gingen auf die Hetzjagd. Die Nachkommen der Höflinge, der Schreiber, des Dienstadels und der Bankiers besuchten dieselben Ritterakademien. Hierbei handelt es sich um private Institutionen, an welchen den Heranwachsenden – gegen beträchtliches Entgelt – die notwendigen Kenntnisse vermittelt wurden, um das Leben eines Edelmannes führen zu können; die Ausbildung umfaßte etwas militärischen Unterricht sowie Tanzen, Fechten und Reiten.

In der Tat stand die damalige Zeit ganz im Zeichen des Pferdes, ganz so wie sich in unserem Jahrhundert alles um das Auto dreht. Es kam keineswegs von ungefähr, wenn zunehmend Begriffe aus der Welt des Reiters in den Bereich der verfeinerten Sitten übertragen wurden. So beschränkte sich Furetière nicht etwa darauf, unter dem Stichwort „cavalier" lediglich die Grundbedeutung anzuführen – ein „cavalier" im eigentlichen Sinne war ein zum Krieg gerüsteter Adliger, der das Schwert umgegürtet hatte –, sondern er fügte noch hinzu, daß man mit diesem Begriff auch einen gewandten Mann zu bezeichnen pflege, der einer Dame den Hof mache.[25] Sämtliche zeitgenössische Lexika räumten den Themen Jagd und Reiten sowie den Grundbegriffen der Reitkunst auffallend viel Platz ein; ebenso verhält es sich mit den Stichworten Kavallerie, königliche Gendarme, Musketiere oder Dragoner, auf die wir hier nicht weiter eingehen wollen, ganz zu schweigen von der Unsumme bildhafter Ausdrücke, die man diesem Bereich entnahm. Im übrigen entsprach laut Furetière der Schönheitskanon, mit dem man eine Dame zu beurteilen pflegte, denselben Kriterien, die man üblicherweise bei der Begutachtung eines Pferdes beachtete: gemäß dem damaligen Geschmack mußten Brust, Kruppe und Mähne eines guten Pferdes den entsprechenden Partien einer wohlproportionierten Frau gleichen, das heißt, es mußte eine breite Brust, eine runde Kruppe und eine lange Mähne vorweisen.[26]

Was Pferde anbelangte, waren die Prinzen und der Hochadel mit Abstand die besten Experten (der Kronprinz war der reinste Zentaur) – als ob sich ein jahrhundertealter Vorsprung einiger Familien in dieser Kennerschaft nicht mehr wettmachen ließe. 1694 schlossen der Fürst von Elbeuf (aus dem Hause Lothringen) und der Marquis von Chémerault eine aufsehenerregende Wette ab: Elbeuf behauptete, er sei in der Lage, mit einer sechsspännigen Kutsche innerhalb von weniger als zwei Stunden von Paris nach Versailles und wieder zurück zu fahren. Der Einsatz belief sich auf zehntausend Francs. Man vereinbarte ferner, daß Elbeuf vor Antritt der

Feine Standesunterschiede 49

Fahrt die Straße räumen lassen dürfe. Eine ganze Anzahl Höflinge setzten jeweils auf einen der beiden Wettgegner. Am ersten März, dem festgesetzten Tag, säumte bereits ab acht Uhr eine riesige Menschenmenge die Straße zwischen der Porte de la Conférence und Versailles. Um zehn Uhr traf Elbeuf die Fahrt an und trieb seinen Kutscher zu allerhöchster Eile. Die Hinfahrt dauerte nur eine knappe Stunde, die flinken Stuten hatten bereits einen Vorsprung von einigen Minuten herausgeholt. Elbeuf war seiner Sache nun völlig sicher und bestieg selbst den Kutschbock, um die Karosse eigenhändig nach Paris zurückzulenken. Sechs Minuten vor zwölf kam er in der Hauptstadt an und hatte die Wette gewonnen.

Auch bei der Parforcejagd taten sich die vornehmsten Aristokraten besonders hervor. Monseigneur nahm Tag für Tag an gefährlichen und ausgiebigen Hetzjagden teil. Der König und sein Großjägermeister veranstalteten kürzere und weniger anstrengende Jagden (als Ludwig XIV. im Alter an Gicht litt, pflegte er in einer ganz leichten und eigens zu diesem Zweck angefertigten Kutsche teilzunehmen), die jedoch stets von Erfolg gekrönt war. Unter den geladenen Gästen befanden sich auch einige Damen. Am 23. Januar 1699 kleideten sie sich anläßlich einer Jagd in den Wäldern von Marly versuchsweise wie Männer und trugen ebenfalls rote Jagdröcke. Zeitgenössische Quellen berichten, die ungewohnte Kleidung habe der Gräfin von Estrées und der Gräfin von Ayen nicht gut gestanden, während die Herzogin von Burgund ganz reizend darin ausgesehen habe. Am 25. August des Jahres 1708 wurde in Fontainebleau erstmals eine Kantate aufgeführt, die ausschließlich die Jägerei zum Gegenstand hatte. Es handelte sich hierbei um „La Chasse du cerf" (die Hirschjagd) von Jean-Baptiste Morin, ein unterhaltsames und mit mythologischen Elementen durchsetztes Werk – die Jagdgesellschaft wurde von niemand Geringerem als der Göttin Diana höchstpersönlich angeführt –, dem ein großer Erfolg beschieden war. Die Jagd nimmt einen glücklichen Verlauf, zwischen den Arien, Duetten, Chorgesängen und Orchesterstücken ertönen regelmäßig Jagdsignale: das Wecken (le réveil), Sammeln (le rendez-vous), der Rapport (le rapport) und das Zeichen zum gemeinsamen Frühstück (le déjeuner) schaffen eine jagdtypische Atmosphäre. Dann folgt unter Fanfarenklängen die eigentliche Jagd mit der ihr eigenen Liturgie. Morin, im Waidwerk ebenso bewandert wie als Komponist, baute auf geschickte Weise alle Jagdsignale der – typisch französischen – Parforcejagd in sein Werk ein: „laissez-courre" (das Zeichen zum Loskoppeln der Hunde), „lancé" (die Hunde werden zum Aufstöbern ermutigt), „vue" (das Wild wird erstmals gesichtet), „défaut" (man ist auf falscher Fährte), „seconde vue" (erneutes Stellen des Wildes), „hallali courant" (das Wild ist dem Ende nahe), „hallali par terre" (das ermattete Wild liegt am Boden) und schließlich „curée" (Teile des Wildbrets werden der Meute überlassen). Am Schluß der Jagd ertönt ein letztes „Hallali, hallali. C'est fait, il est pris".[27]

Bei einer oberflächlichen und allzu raschen Lektüre des Briefes, den Madame de Sévigné am 12. Juli 1675 an ihre Tochter, die Gräfin von Grignan, richtete, sieht man zunächst ebenfalls eine wahrhaftige Hirschjagd vor sich; die Mutter berichtet von einer formvollendeten Jagd, die sie auf die Herren Bellièvre und von Mirepoix mache. Wie sie schreibt, suchten sich die beiden Verfolgten zwar ständig zu entziehen, indem sie sich ablösten, einen großen Vorsprung herausholten und manche List anwandten, hatten damit aber keinen Erfolg: die Jäger blieben ständig auf ihrer Fährte; die Verfolger hätten ein gutes Gespür und seien unerbittlich. Wer den Brief aufmerksam liest, wird jedoch bemerken, daß es sich keineswegs um eine echte Jagd handelte, sondern um ein Gerichtsverfahren: der Graf von Grignan prozessierte gegen die beiden „Gejagten". Die Marquise de Sévigné, die auf der Seite ihres Schwiegersohnes stand, war dermaßen über die Prozeßgegner aufgebracht, daß sie wie bei einer Parforcejagd das Halali blies.

Die Hofgesellschaft war in gleicher Weise entwurzelt; der Beamtenadel und die Finanzwelt hingegen waren in der unmittelbaren Umgebung von Paris begütert. Ein Brief des Grafen von Tessé, der bei Hofe lebte, liefert ein extremes Beispiel für die Entwurzelung des Schwertadels. Im November 1710 beschloß er, das Gut aufzusuchen, nach dem er sich nannte. Ganz erschüttert berichtete Tessé der Herzogin von Burgund, er habe den Herrensitz – den er seit zweiunddreißig Jahren nicht mehr betreten habe –, ohne Türen, Fenster und Glasscheiben vorgefunden; lediglich eine kahle Turmstube sei halbwegs bewohnbar, und sein Schloß befinde sich offensichtlich im gleichen beklagenswerten Zustand wie seine Finanzen.[28]

Aufgrund einer über zweihundert Jahre alten Tradition lagen die Anwesen der Pariser Verwaltungsbeamten in der Umgebung der Hauptstadt. Während der zwei Monate dauernden Ferien pflegten sie sich im Herbst auf ihr Gut zu begeben, um dort keineswegs nur auszuspannen und frische Luft zu schöpfen, sondern gleichzeitig nach dem Rechten zu sehen. In Basville bei Dourdan übten sich die Herren von Lamoignon in einer geradezu herzoglichen Lebensführung, kümmerten sich aber gleichzeitig durchaus erfolgreich um die zum Gut gehörende Landwirtschaft. An einem Oktoberabend des Jahres 1671 wollte der bekannte Theologe Abt Antoine Arnauld auf dem Wege von Paris nach Tours in einem Gasthof zu Chartres absteigen. Plötzlich tauchte der Abt von Feuquières mit einem Gefährt des Herrn von Basville auf. Der Gerichtspräsident hatte ihm aufgetragen, Arnauld auf seinen Landsitz einzuladen. Die gastfreundlichen Grundherren unterhielten ein hervorragendes Informationsnetz; sie wurden sofort unterrichtet, wenn sich eine bedeutende Persönlichkeit auf der Durchreise befand! Die beiden Äbte kamen um zehn Uhr abends in Basville an, als man sich dort gerade zu Tisch begab. Im Anschluß an das Abendessen begannen die meisten Gäste ihrer Spielleidenschaft zu frönen. Lamoignon selbst spielte jedoch nicht mit, sondern widmete sich seinem hohen Gast. Arnauld rühmt in seinen Memoiren die Milde, Offenheit und den Sachverstand seines Gesprächspartners, der sich auf jeden Gast einzustellen verstehe; auf dem Landsitz lege er jene Gemessenheit ab, zu der ihn in Paris sein Amt zwinge, und sei ein in jeder Hinsicht vollkommener Gastgeber.[29]

Der Hof als Vorbild

Die Hofgesellschaft widmete sich gleichermaßen überaus frommen wie besonders lasterhaften Beschäftigungen, und in der Hauptstadt schien man das Gebaren der Höflinge unverzüglich nachzuahmen. Der Begriff „fromme Werke" ist in diesem Zusammenhang mehr als nur eine abgedroschene Redensart. Es gab unter den Höflingen durchaus fromme und gottesfürchtige Menschen. Die Allerheiligenpredigten der Hofgeistlichen, in denen regelmäßig zu einem heiligen, gottgefälligen Lebenswandel aufgefordert wurde, fanden durchaus Widerhall. Bourdaloue, Bossuet, Fléchier und all die übrigen Prediger betonten regelmäßig, man könne auch bei Hofe ein gottgefälliges Dasein führen und sein Seelenheil retten. Männer wie der Marschall von Bellefonds und der Herzog von Beauvilliers bemühten sich, dieses Ideal im Alltagsleben zu verwirklichen. Andere, grundverschiedene Herren wie der Minister Le Peletier, Passage – ein verdienstvoller Edelmann aus der Dauphiné und Oberleutnant der Armee – oder Le Vayer, der Intendant von Soissons, zogen sich vorzeitig aus dem Gesellschaftsleben zurück und widmeten sich ausschließlich frommen Werken; Schwertadel, Beamtenadel und Rechtsgelehrte fanden hier brüderlich zur Andacht zusammen. La Rochefoucauld notierte in seinen „Reflexionen", lediglich die klügsten Menschen verstünden sich darauf, die ihnen verbleibende Zeitspanne zur Sicherung ihres Seelenheils zu nutzen.[30]

Am anderen Ende der Skala konnte man eine Zügellosigkeit beobachten, die zwar nicht immer zu entschuldigen, aber stets leicht zu erklären war: der Übergang von der feudalen Anarchie der Fronde zur moralisierenden und beinahe militärischen Disziplin, die am neuen Hofe herrschte, vollzog sich nicht ganz reibungslos. Die Spannungen, die dieser Prozeß auslöste, mußten sich unweigerlich von Zeit zu Zeit entladen. Ludwig XIV. schränkte zwar die Zahl dieser Sicherheitsventile zielstrebig ein, bremste einige Exzesse und förderte harmlosere Arten des Spannungsabbaus; aber keine Macht der Welt wäre in der Lage gewesen, die Söhne aus dem Beamtenadel und der Finanzwelt davon abzuhalten, nach den vornehmen Herren in Versailles zu schielen, besonders wenn es sich darum handelte, auf unerwünschte Weise miteinander zu rivalisieren.

Um 1680 grassierte bei Hofe denn auch prompt das „italienische Laster". Es erreichte ein derartiges Ausmaß, daß man – kaum war der königliche Hof nach Versailles übersiedelt – im Frühjahr 1682 eine aufsehenerregende Säuberungsaktion durchführte. Die dabei der Sodomie Bezichtigten waren keineswegs verweichlicht, sondern bekleideten militärische Posten und hatten beispielsweise beim Turnierspiel (carrousel) des Kronprinzen einige Siege davongetragen. Und sie waren alles andere als von niedrigem Rang. Zu ihnen gehörten ein Fürst von la Roche-sur-Yon, der Fürst von Turenne, der Graf von Brionne und der Graf von Marsan, die beide aus dem Hause Lothringen stammten. Sie pflegten so nahen Umgang mit den Söhnen Ludwigs XIV., daß dieser argwöhnte, sie wollten den Dauphin zu einem der ihren machen, ganz zu schweigen vom jungen Grafen von Vermandois, einem legitimierten Sohn des Königs, der voll geständig war.[31] Alle fielen der königlichen Ungnade mit sorgsam bemessenen und relativ gemäßigten Sanktionen anheim.[32] Das Laster kam aber keineswegs aus der Mode. Im März 1684 prangerte Bourdalouse diesen Mißstand erneut in einer berühmten Predigt „Sur l'impureté" (Über die Unreinheit)[33] an, und Liselotte von der Pfalz wetterte jahrelang gegen diese Verworfenheit, von der auch ihre eigene Familie betroffen war.

Was die Unsitte der Duelle anbelangte, so setzte der König – zumindest in der Theorie – seinen Willen nachhaltiger durch. Dies wird allgemein anerkannt. Man war sehr bald bereit – wie etwa Furetière – einzugestehen, daß Ludwig XIV. dieses Unwesen mit Stumpf und Stiel ausgerottet habe. In den Memoiren, die er als Leitfaden für seinen Sohn verfaßte, schrieb der König gegen Ende der Darstellung des Jahres 1661: „Ich legte die letzte Hand an die nützliche Verordnung über die Duelle, deren Wirkung so schnell und so tiefgreifend war, daß ein Übel fast völlig ausgerottet wurde, gegen das meine Vorgänger trotz ihrer besten Vorsätze nur vergebens hatten ankämpfen können."[34] Es herrschten in Paris jetzt zwar andere Zustände als unter Ludwig XIII., unter dessen Regierung man in jedem abgelegenen Winkel der Hauptstadt unweigerlich auf Zweikämpfer gestoßen war, die irgendeinen Ehrenhandel austrugen; Dangeau berichtet außerdem, daß ein Edelmann namens von Gabaret, der gegen das Duellverbot verstoßen hatte, trotz seiner hohen Verdienste zeitlebens Spanien nicht verlassen und nach Frankreich zurückkehren durfte; François von Grossolles, Marquis von Flamarens, war 1663 an dem berüchtigten Duell beteiligt gewesen, bei dem er an der Seite von Chalais, d'Antin und Noirmoutiers gegen Argenlieu, Saint-Aignan und die Brüder La Frette angetreten war, und floh ebenfalls nach Spanien, wo er im Jahre 1706 den Tod fand.[35] Wer könnte jedoch mit absoluter Gewißheit behaupten, daß kein einziges Duell mehr stattfand? Innerhalb der Armee bestanden viel zu viele enge Freundschaften, dank deren die Delinquenten gedeckt wurden. Ja selbst bei Hofe kam es noch zu Duellen! Im Dezember 1691 gerieten die Herren von la Vauguyon und von Courtenay derart heftig aneinander, daß sie mitten im königlichen Schloß den Degen zückten. Auf ein derartiges Vergehen stand die Todesstrafe oder zumindest das Abhacken der Hand. Beide wurden für zwei Monate in die Bastille geworfen und mußten anschließend für über fünf Monate ins Exil.

Ludwig XIV. war gut genug über das Leben bei Hofe unterrichtet, um zu wissen, daß er durch allzu viele und strenge Verbote gerade jene verjagen würde, die er gern um sich scharen wollte. Billard, Kolbenspiel, Jagd oder Schlittenfahrten reichten nicht aus, um ungeduldige Hitzköpfe an den Hof zu fesseln. Aus diesen Überlegungen heraus ließ er sich – auch nachdem Frau von Maintenon ihm das Theater abspenstig gemacht hatte – nie dazu hinreißen, Darbietungen bei Hofe zu untersagen. Aus genau demselben Grund duldete und förderte er bisweilen gar das Spiel. Allzu oft wurde behauptet, Ludwig habe es nur geduldet, um sich die Aristokraten gefügig zu machen, die – nachdem sie ihr gesamtes Vermögen leichtsinnig verspielt hätten – völlig von der Gunst, von Pensionen und sonstigen Gefälligkeiten Seiner Majestät abhängig gewesen seien. Das ist sicherlich übertrieben, aber es steht fest, daß dem Spiel – ungeachtet der mit ihm verbundenen Gefahren – eine außerordentlich wichtige Funktion zukam: es vertrieb in Versailles die tödliche Langeweile und ermöglichte es den Parisern, den Hof in Versailles nachzuahmen.

Die Spielsucht

Furetière berichtet von einem Sprichwort, welches besage, daß beim Schachspiel die Narren dem König am nächsten stünden und das durchaus auch auf den französischen Königshof bezogen werden könne.[36] Die größte, ja vielleicht gar die einzige – aber verzehrende – Sucht, derer man am Königshof frönte, war die Spielwut. Bis in die letzten Regierungsjahre Ludwigs XIV. hinein fesselte und begeisterte das Spiel große Bevölkerungskreise, auch in ärmeren Gegenden oder in Phasen wirtschaftlichen Niedergangs.

Der Graf von Tessé schrieb 1713, daß sich in den Räumlichkeiten der bettlägerigen Herzogin von Berry alle Tage eine große Menschenmenge einfinde, um Spiele zu veranstalten, bei denen es um Beträge von schwindelnder Höhe gehe. Ungeachtet der Verfügungen des Polizeipräsidenten La Reynie fand dieses schlechte Vorbild in Paris sofort zahlreiche Nachahmer. Auch in der Hauptstadt hatte sich die Spielwut bereits zu einem unheilbaren Übel entwickelt, so daß es keineswegs verwundert, wenn Dancourt in seinem 1687 erschienenen Stück „Désolation des joueuses" (Der Jammer der Spielerinnen) jemanden behaupten läßt, ein bestimmtes Kartenspiel namens „lansquenet" (Landsknecht) sei ebenso lebensnotwendig wie der tägliche Schlaf.[37]

In Montesquieus „Lettres Persanes" (Persische Briefe) stellt Usbek – eine der Hauptfiguren – im Jahre 1714 fest: „Das Spiel ist in Europa sehr modern. Spieler ist ein Beruf. Dieser Titel gilt an Stelle von Geburt, Vermögen, Ehrlichkeit; er versetzt jeden, der ihn trägt, unbesehen in den Rang ehrlicher Leute." Frauen seien dem Spiel besonders verfallen, führt Usbek fort, und zwar die älteren noch mehr als die jüngeren: „Oft sah ich neun oder zehn Damen, oder vielmehr neun oder zehn Jahrhunderte, um einen Tisch geordnet, sah sie in ihren Hoffnungen, ihren Befürchtungen, ihren Freuden, vor allem auch in ihren Wutausbrüchen. Man hätte meinen können, sie würden überhaupt nie mehr Zeit finden, sich zu beruhigen, und das Leben würde eher von ihnen weichen als die Verzweiflung."[38]

Die zur Zeit Ludwigs XIV. am weitesten verbreiteten Spiele waren meist nicht sehr anspruchsvoll, was ihrer Beliebtheit aber keineswegs abträglich war, sondern sie im Gegenteil noch steigerte. Im Jahre 1675 war das in Paris verbotene Kartenspiel „hoc" oder „hoca" in Versailles der große Renner. Frau von Sévigné berichtete, bei Hofe würden enorme Summen verspielt.[39] Es handelte sich hierbei um eine Mischung aus verschiedenen anderen Spielen, nämlich dem Piquet – bei dem es möglichst viele Karten einer

Die Spielsucht 55

Farbe zu sammeln galt[40] –, dem Brelan – bei dem es darum ging, entweder drei Asse, drei Könige, drei Buben etc. auf der Hand zu haben – und der Séquence, bei der die Spieler sich bemühten, eine ganze Folge in einer Farbe zusammenzubekommen. Laut Furetière rührte der Name des Spiels daher, daß es sechs Karten gab, die ihrem Besitzer den einen sicheren Sieg bescherten (faire hoc), da mit ihrer Hilfe alle übrigen Karten übertrumpft werden konnten: die vier Asse, die Pikdame und der Karobube. Dieses Spiel trug zwei verschiedene Bezeichnungen und existierte in zwei Varianten, nämlich als „hoc Mazarin" und als „hoc de Lyon".[41]

Drei Jahre später spielte alle Welt Bassette. An einem einzigen Abend konnte man dabei ein Vermögen verlieren, was den König – laut Auskunft der Frau von Sévigné – auf das äußerste erzürnte, weshalb er es im März 1679 schließlich verbot. Es funktionierte folgendermaßen: ein sogenannter Bankier verfügte über ein komplettes Kartenspiel; jeder Teilnehmer versah sich – aus einem anderen Stapel – mit einer Karte, auf die er eine beliebige Summe setzte. Der Bankier zog dann stets zwei Karten kurz nacheinander. War eine von ihnen mit einer bereits auf dem Tisch liegenden Karte identisch, so galt es zwei Fälle zu unterscheiden: wenn die erste Karte einer der übrigen entsprach, so konnte der Bankier einen Gewinn verbuchen, handelte es sich jedoch um die zweite, so verlor er.[42] Dieses Glücksspiel, bei dem allein der Zufall ausschlaggebend war, stammte aus Venedig, von wo es der Botschafter Justiniani mitgebracht hatte.

Bald darauf wurde das Bassettespiel durchs Reversi abgelöst, ein in Spanien beheimatetes Glücksspiel. Im Verlauf seiner Reise nach Straßburg im Jahre 1681 organisierte der König höchstpersönlich unter seinen Begleitern Reversispiele, in denen es um sehr hohe Summen ging; als Croupier fungierten jeweils Monsieur – der Bruder des Königs –, der Marquis von Dangeau – ein berühmter Spieler –, der Graf von Roye sowie ein gewisser Edelmann namens Langlée, ein allseits bekannter Schüler Dangeaus. Der Marquis von Sourches lieferte eine ausführliche Rechtfertigung für dieses Tun: Ludwig XIV. habe diese Spielrunden keineswegs etwa deshalb organisiert, weil er persönlich das Spiel besonders liebte oder einen Zeitvertreib suchte, sondern vielmehr um der Königin und dem Gefolge eine kurzweilige Unterhaltung zu bescheren, über der sie die Strapazen der langen Reise vergaßen. Dafür spricht auch die Tatsache, daß er selbst sich nicht am Spiel beteiligte, sondern allabendlich lange Gespräche mit Frau von Maintenon führte und sich stets erst eine Viertelstunde vor dem Essen auf ein kurzes Spiel zur Königin begab.

Auch im Jahre 1689 war das Reversi noch sehr beliebt. Zwischen 1693 und 1695 ging man dann zum Lansquenet über, das sich sehr schnell durchsetzte.[43] Die Spielregel war denkbar einfach: jedermann erhielt eine Karte ausgeteilt, auf die er eine beliebige Summe setzte; anschließend mußten die Spieler reihum eine Karte ziehen; erwischten sie hierbei zufällig ein Doppel ihrer eigenen, so hatten sie verloren, kam jedoch die entsprechende Karte eines anderen Teilnehmers hoch, so hatten sie gewonnen.[44]

Reversi und Bassette waren zuerst bei Hofe aufgekommen und von dort in die Hauptstadt gelangt; das Lansquenetspiel nahm genau die umgekehrte Entwicklung. Um 1680 erfreute es sich an den Akademien und unter den Bediensteten großer Beliebtheit, 1687 beherrschte es – wie bereits erwähnt – ganz Paris, und fünf Jahre später war es bei Hofe ganz groß in Mode: ein bedauerliches, aber stichhaltiges Beispiel für den ständigen Austausch, der zwischen den beiden führenden Gesellschaftsgruppen Frankreichs stattfand. Vom Spieltisch bis zur Tafel, auf der Mittagsmahl und Abendessen serviert wurden – ganz zu schweigen von den in Adelskreisen üblichen festlichen Mitternachtsbanketten (médianoche), die im Bürgertum schlicht Mitternachtsschmaus (réveillon) genannt wurden –, war es meist nur ein kleiner Schritt. Auch anhand dieses Themas lassen sich Hof und Hauptstadt ohne weiteres in einem gemeinsamen Kapitel abhandeln.

Königliche und bürgerliche Gaumenfreuden

Der vorzügliche Ruf der französischen Küche, wie wir ihn auch heute noch kennen, wurde unter dem Sonnenkönig begründet. Man spricht gemeinhin von der königlichen Kochkunst, obwohl diese zunächst eher fürstlich oder aristokratisch genannt werden müßte – nahm sie doch ihre Anfänge keineswegs im Königsschloß selbst, sondern vielmehr im Umkreis des Hofes, in den Palais der vornehmsten Aristokraten. Ihr Manifest, der „Cuisinier français" (Der französische Koch) aus dem Jahre 1651, wurde von einem Adligen namens La Varenne verfaßt, dem Küchenmeister des Marquis von Huxelles, Generalleutnant des Königs in der Provinz. In den folgenden vierzig Jahren nahm die Kochkunst einen ungeheuren Aufschwung; auch was die kulinarischen Künste anging, übte Frankreich damals eine Vorherrschaft über ganz Europa aus. Im übrigen hatte die Zahl der Feinschmecker erheblich zugenommen. Rezepte, die die Probe in den Küchen Seiner Majestät, der Prinzen von Geblüt, der Minister und der Herzöge bestanden hatten, wurden fortan der französischen oder gar der ausländischen Öffentlichkeit feilgeboten.

Seit Juli 1691 konnte man um dreiunddreißig Sous ein in Kalbsleder gebundenes Buch erstehen, das einen reißenden Absatz fand. Es war der französischen Kochkunst gewidmet und hatte – von den viel zu hoch angesetzten Gewürzmengen einmal abgesehen – für ihre künftige Entwicklung etwa dieselbe Bedeutung wie der „Discours de la Méthode" von Descartes, der das Ende der Scholastik brachte, für die Philosophie; es markierte die Wende vom Mittelalter zur Neuzeit. Dieses Werk war beim königlichen Hofbuchhändler Charles de Sercy erhältlich, dessen Ladenschild die Devise „La bonne foi couronnée" (Ehrlich währt am längsten) trug. Sein Verkaufsstand war in Höhe des sechsten Pfeilers des Großen Saales (grand-salle), gegenüber der Treppe, die zum Schwurgericht führte. Das Buch trug den verlockenden Titel „Le cuisinier roïal et bourgeois, qui apprend à ordonner toute sorte de Repas, & la meilleure maniere des Ragoûts les plus à la mode & les plus exquis. Ouvrage tres-utile dans les Familles, & singulièrement necessaire à tous Maîtres d'Hôtels, & Ecuïers de Cuisine. Avec Privilege du Roi." (Leitfaden der königlichen und bürgerlichen Küche, enthält Grundrezepte für alle nur denkbaren Gerichte sowie für die beliebtesten und ausgesuchtesten Ragouts. Ein höchst nützliches Buch für den Privathaushalt und unentbehrliches Nachschlagewerk für jeden Haushof- und Küchenmeister. Mit königlichem Privileg).[45]

Das anonym erschienene Buch war von einem aus Limoges stammenden Koch namens Massialot verfaßt worden. Er schlug Rezepte für jahreszeitlich angepaßte Speisen vor, bis hin zu schmaler Kost („repas en maigre") oder vegetarischen Gerichten („repas en racine") für die Fastentage. Einige der aufgeführten Rezepte fanden durchaus Anwendung, sei es im Auftrag des Königs, des Herzogs von Orléans oder seines Sohnes, des Marquis von Arcy, auf Wunsch von Louvois in Meudon (am 25. August 1690) oder von Seignelay (am 11. Mai desselben Jahres).

Obgleich sich ein Privatmann derart aufwendige Speisen nur schwerlich zu leisten vermochte, konnte er aus der aufmerksamen Beschäftigung mit dem auserlesenen Menü, das beispielsweise ein Minister seinen königlichen Gästen auftischen ließ, durchaus interessante Anregungen gewinnen. An jenem Tag waren Monseigneur (der Kronprinz), Monsieur (der Bruder des Königs), Madame (die Schwägerin des Königs), Mademoiselle (die Nichte des Königs), der Herzog von Chartres, die Fürstin von Conti und das gesamte königliche Gefolge beim Marineminister zu Gast. Bereits am Vortag, dem 10. Mai, herrschte im Schloß von Sceaux eine emsige Betriebsamkeit, einige Mahlzeiten wurden schon im voraus zubereitet. Hierzu benötigte man einen ganzen Stab von sechsunddreißig Küchenbediensteten sowie achtzig Pfannen, zwanzig Kochtöpfe und dreißig Bratspieße. Massialot hat es sorgsam vermieden, die ungeheure Menge all der Hühner, Poularden, Tauben und Rebhühner anzugeben, die für die Zubereitung der Suppen, Kraftbrühen, Bouillons, Soßen und Ragouts genau erforderlich waren – die zahlreichen Vorspeisen und Zwischengerichte uneingerechnet.

Das Festessen in Sceaux bestand aus zwei großen Gängen. Man eröffnete mit fünf verschiedenen Suppen: Taubenkraftbrühe, Suppe mit gefülltem Hühnerfleisch, Truthahnsuppe mit Chicorée, Gänsebrühe mit Spargelspitzen, mit Erbsen etc. Es folgten vierzehn Vorspeisen, unter anderem ein Kalbsrücken, gespickt mit verschiedenen Fleischstücken, garniert mit Koteletts, Rostbraten und allerfeinstem Ragout. Anschließend servierte man sechzehn weitere Vorspeisen, in erster Linie gebratene Tauben in Basilikumsoße, mit Schinken garnierte Hühnchen, gebratene Rebhühner in spanischer Soße, zartes Schaffleisch mit Morcheln sowie gefüllte Hammelkeulen. Der zweite Gang sah zunächst sechzehn Platten, auf denen die verschiedensten Bratensorten angerichtet waren: Geflügel, Wild, Frischlingsfleisch, Spanferkel usw. sowie zehn Salate. Hierauf wurden zehn kleine Zwischenspeisen aufgetragen, unter anderem gefüllte Kalbsohren, Fleischpastete mit Milch, Zucker und Mandeln, zwei riesige Portionen Schinkenpastete, weitere Poularden und – elf neue Vorspeisen: mit gegartem Kapaun gefüllte Blätterteigpastetchen, gefüllter Kamm, Schweinshaxen nach Art St. Menehould und andere erlesene Speisen.

Es war zwar nicht üblich, daß ein und derselbe Gast von allen Gerichten kostete, aber man stelle sich einmal vor, welche Versuchung all diese herrlichen Speisen für den Kronprinzen bedeutete, der ein bekannter Schlemmer und Nimmersatt war. Außerdem mußte er sich ja über den erst drei Wochen zurückliegenden Tod seiner Gemahlin hinwegtrösten ...

Angesichts seines enormen Erfolgs ernannte Massialot sich bald selbst zum König der Köche und betonte nachdrücklich, daß Frankreich durch die Kochkunst ebenso wie die Höflichkeit oder zahllose weitere Qualitäten sämtliche anderen Nationen übertreffe. Seiner Ansicht nach kamen eine ganze Reihe der Gerichte, aus denen sich die noblen Menüs zusammensetzten, auch durchaus für den Privathaushalt in Frage. Um jedoch auch jenen Küchen etwas zu bieten, die nicht ganz so großzügig wirtschaften konnten wie die der vornehmsten Aristokraten – etwa das gehobene Bürgertum in der Provinz –, erstellte Massialot eine Art Lexikon („Instruction en forme de dictionnaire"): die vierhundertundsiebzehn Seiten starke Rezeptsammlung enthielt fünfzehn Rebhuhngerichte, neun Arten der Schnepfenzubereitung, acht Rezepte für Wachtel-, neun für Trauerenten- und vier für

Drosselfleisch sowie neunzehn Arten, Lamm- und Hammelfleisch zu verarbeiten, nicht weniger als dreizehn Anleitungen für Gerichte aus Rindfleisch, zwölf Kalbfleisch-, sieben Hirsch-, vier Hirschkuh, drei Reh- und zwei Wildschweinrezepte. Der Autor pries sein eigenes Werk voller Stolz als eine Zusammenstellung teils völlig neuartiger, teils bereits bekannter Rezepte, die er aber gründlich überarbeitet, sorgsam durchdacht und wesentlich verständlicher abgefaßt habe. Es war sicherlich tröstlich zu wissen, daß ein immer größerer Leserkreis nun siebzehn verschiedene Arten, den Hecht zuzubereiten, neun Karpfen-, neun Aal- und Muschelrezepte, acht Krabbenspeisen, sechs Gerichte für Butt und Schleie sowie fünf Barsch- und Spierlingrezepte kennenlernen würde. Doch damit nicht genug. Die Sammlung enthielt noch eine ganze Reihe von sogenannten einfachen Rezepten für weniger hochwertiges Fleisch wie Hühnchen, Tauben und gar Schlachtfleisch, die für den durchschnittlichen Bürger bestimmt waren. Es handelte sich um die bescheidene Summe von dreiundzwanzig Hühnchengerichten, siebzehn Speisen aus Kapaunen und Poularden sowie neun Truthahn-, acht Kaninchen- und sieben Hasenfleischrezepten.

Diese seitenlangen Aufzählungen, die den modernen Leser auf eine harte Geduldsprobe stellen – so degeneriert ist unsere Eßkultur! –, ließen den Franzosen im Zeitalter des Sonnenkönigs das Wasser im Munde zusammenlaufen. Angesprochen war ein breites Spektrum der französischen Bevölkerung, vom Ersten Haushofmeister Seiner Majestät, Herrn von Livry, bis zum bescheidensten Vertreter des mittleren Bürgertums (auch auf dem Gebiet der Kochkunst wurde freilich der einfache Bürger vor dem Zeitalter der Aufklärung und dem Wirken eines Kochs wie Brillat-Savarin schlicht ignoriert). Sie alle hatten nun einen neuen Bereich ausfindig gemacht, in dem es mit dem Nachbarn oder Standesgenossen zu wetteifern, mitzuhalten galt; dies war – neben anderen – ein sicheres Indiz für eine Verfeinerung der Sitten und Gebräuche, die immer breitere Bevölkerungsschichten erfaßte und in deren Rahmen dem Versailler Hof stets eine zentrale Rolle zukam. Bei der Lektüre von Massialots Werk – die uns durch eine hervorragend überarbeitete Neuauflage wesentlich erleichtert wird – stellt man außerdem fest, daß offensichtlich weder der Krieg gegen die Heilige Liga (ligue d'Augsburg) noch die Mißernten nach strengen Wintern in Frankreich eine solche Hungersnot aufkommen ließen, daß ein derartiges Schwelgen in kulinarischen Genüssen als bloße Provokation aufgefaßt worden wäre.

Mode über alles

Die Erscheinungsformen, in denen sich das Phänomen Mode manifestiert, mögen im Lauf der Zeit noch so oft wechseln, das zugrundeliegende Prinzip, ein raffiniertes Zusammenwirken von Nachahmungstrieb und Eitelkeit, ändert sich nie. Schon La Fontaine lästerte über seine allzu eitlen Zeitgenossen:

„Tout bourgeois veut bâtir comme les grands seigneurs,
Tout petit prince a des ambassadeurs,
Tout marquis veut avoir des pages."[46]
„Der Bürger tät' es gern dem hohen Adel gleich,
das kleinste Fürstentum spielt Königreich,
und jeder Graf gibt sich als Fürsten."[47]

1671 kam die neue Madame, die jungvermählte Schwägerin des Königs, Liselotte von der Pfalz, an den französischen Hof; ihre für französische Verhältnisse ungewöhnliche, an der deutschen Mode orientierte Aufmachung und vor allem der Zobel, den sie nie abzulegen schien, trugen ihr unzählige spöttische Bemerkungen ein. Im Lauf der folgenden fünf Jahre wuchs aber deutlich das Ansehen, das sie bei ihrem Schwager genoß. Im Dezember 1676 traf sie jeden Samstag mit ihm bei der Marquise von Montespan zusammen, um am Mitternachtsbankett teilzunehmen. Da es sehr kalt war, beschloß sie kurzerhand, ihren Zobel anzulegen, worüber nun niemand mehr zu lächeln wagte. Ganz im Gegenteil: Bezeichnenderweise hatten sich nämlich fast alle Hofdamen einen Zobel nach demselben Muster anfertigen lassen, der damit urplötzlich hochmodern wurde! Zwei Jahre später ahmten sämtliche Hofdamen die Frisur der Damen von Valence und von Montargis nach. Auch die korpulente Pfälzerin ging durchaus mit der Mode: sie begann – wenn auch sichtlich ohne große Begeisterung –, sich Truthahnfedern ins toupierte Haar zu stecken, eine Modeerscheinung, die nicht lange auf den Hof beschränkt blieb; die Pariserinnen zogen sehr schnell nach, während es in der Provinz wesentlich länger dauerte, bis sich diese Neuheit durchgesetzt hatte.

Was den Tabak anbelangt, der Mitte des sechzehnten Jahrhunderts bei Hofe aufkam, so hatte er mittlerweile eine solche Verbreitung gefunden, daß Colbert einen Großsteuerpächter (fermier générale) mit der Erhebung der Tabaksteuer betraute; die neu eingeführte Tabaksteuer bildete eine beachtliche Einnahmequelle für den Staat.

Allenfalls ein scharfsinniger Zeitgenosse hätte eindeutig bestimmen können, welche der besonders beliebten Tabaksorten – „nicotiane" („Rauchrohr" oder Nicotiana)[48], „petun" oder das niesreiz-lösende Johanniskraut – zuerst bei Hofe oder zuerst in der Hauptstadt in Mode gekommen waren. Man kannte jedoch nicht nur verschiedene Tabaksorten, sondern auch dreierlei Arten, diese zu sich zu nehmen: sie wurden entweder geschnupft, gekaut oder in der Pfeife geraucht. Das Pfeifenrauchen erfreute sich besonders unter den Seeleuten großer Beliebtheit, und zwar keinesweges nur bei einem so rauhen Gesellen wie Jean Bart; Furetière berichtet, daß sowohl Menschen von vornehmster Herkunft als auch Soldaten auf hoher See unweigerlich Pfeife rauchten.[49] Das Tabakkauen war dagegen ausschließlich Sache der niederen Bevölkerungsschichten, vor allem der einfachen Matrosen. In besseren Gesellschaftskreisen pflegte man freilich zu schnupfen. Dies geht aus Molières Stück „Dom Juan" ganz deutlich hervor; Sganarelle verteidigt den Tabakgenuß wie folgt: „Aristoteles und die ganze Philosophie können sagen, was sie wollen, nichts geht übern Schnupftabak. Wer ein anständiger Mensch ist, muß schnupfen. Wer ohne Schnupftabak leben kann, der verdient nicht, daß er überhaupt lebt."[50]

Gegen Ende der Regierung Ludwigs XIV. pflegten bei Hofe sogar die Damen zu schnupfen, und zwar nicht gerade wenig. Liselotte von der Pfalz schilderte diese Unsitte 1701 auf recht drastische Weise und beklagte sich über einige Damen vornehmer Abstammung, die auf so ekelerregende Art schnupften, daß man sich nur mit Grauen abwenden könne. Sie berichtete mit ungeheurer Empörung, daß die Frauen bei Hofe mit Nasen herumliefen, die aussähen, als ob sie in den Schmutz gefallen wären, und daß sie sich überdies völlig ungeniert aus den Tabaksdosen der Männer zu bedienen pflegten.[51] Solche Beispiele regten aber lediglich zur Nachahmung an. Wem die „nicotiane" zu teuer war, der füllte seine Tabaksdose statt dessen mit dem Kraut der Betonie, das ebenfalls einen Niesreiz auslöste.

Auch bei Kleidung und Schmuck herrschte ein ständiges Nebeneinander von Neuschöpfungen und Kopien. Man schloß ganz allgemein von der Kleidung auf den gesellschaftlichen Status eines Menschen. Scarron führte zu diesem Thema aus, es genüge keineswegs, saubere und ordentliche Kleider zu tragen, was für einen „honnête homme" ja ohnehin eine Selbstverständlichkeit sei; die Kleidung müsse vielmehr gleichzeitig abwechslungsreich sein und etwas hermachen, da man die Menschen aufgrund ihrer Kleidung zu beurteilen pflege und der Träger seidener Gewänder mehr geachtet werde als jemand, der in ein Gemisch aus Wollstoff und Halbseide

gekleidet sei; dieser wiederum werde zuvorkommender behandelt, als jemand, der nur ein Gewand aus einfachem Tuch trage.[52].
Ludwig XIV. hätte als vernünftiger Monarch, der er war, eigentlich einen „grand conseil de modes" (Modegericht) ins Leben rufen müssen. Eine solche Neuschöpfung wäre den Staatsinteressen durchaus entgegengekommen, da sie automatisch die Schaffung vieler neuer Stellen bedeutet hätte. Man hätte Anwälte (procureurs de modes) und Beisitzer (auditeurs de modes) ernennen müssen. Als Richter hätten – so Furetière[53] – die oberflächlichsten und extravagantesten Personen beiderlei Geschlechts aus dem Hofstaat fungieren können, die in ihrer Kontrollfunktion wiederum von Gerichtsdienern (huissiers porteurs de modes) und Modekorrektoren (correcteurs de modes) unterstützt werden sollten. Letztere sollten die Entwicklung der Mode genau überwachen und allzu großer Extravaganz Einhalt gebieten, indem sie zum Beispiel verhinderten, daß die Hüte hoch wie ein Butterfaß oder flach wie die Mützen der Handwerksburschen wurden. In den Sitzungsräumen des Modegerichts sei ein großes Plakat oder Wandgemälde anzubringen, worauf sämtliche Regeln, die es bei der Kleidung zu beachten gelte, ausführlichst festgehalten werden müßten: Länge der Beinkleider, Ärmel und Überzieher, Beschaffenheit der Stoffe, Pelzverbrämung, Spitzenbesätze und weiterer Zierrat. Diese – mit größtmöglicher Sorgfalt zu erstellende – Tafel wäre sowohl für das reiche Bürgertum (besonders in der Provinz) als auch für das Ausland, namentlich für die Deutschen, von unschätzbarem Wert, da man in diesen Personengruppen zwar viel Geld für Garderobe auszugeben pflege, aber nicht genügend Sachverstand und Fingerspitzengefühl besitze, um das Richtige zu treffen.

Auch in der französischen Mode des „grand siècle" galt das ungeschriebene Gesetz, daß die Kleidung der Männer mindestens ebenso aufwendig oder noch prunkvoller als diejenige der Frauen zu sein habe. Einige Kleidungsstücke des Sonnenkönigs waren ein Vermögen wert. Die Luxusgesetze konnten zwar nicht verhindern, daß in bezug auf die Kleidung ein unsinniger, verschwenderischer Aufwand getrieben wurde, sollten jedoch das Bürgertum vor einem verderbenbringenden, eitlen Wetteifern bewahren. Allein für Perücken wurden bisweilen ganze Vermögen ausgegeben. Grundsätzlich galt es zwei verschiedene Arten von Perücken zu unterscheiden; Jean Quentin stellte – mit königlichem Privileg – Perücken in Manufakturen her; dagegen wurden die schönen Perücken der Hofgesellschaft nach dem Vorbild der königlichen Kopfbedeckung von gesuchten Spezialisten in kunstvoller Handarbeit gefertigt; dabei galten jene als besonders gelungen, die die größten Locken vorweisen konnten.

Die Damen der vornehmen Gesellschaft widmeten nahezu den gesamten Vormittag der Schönheitspflege. Allein das Frisieren dauerte über eine Stunde. Laut Choisy pflegte man bis 1666 in der Stirn ganz kleine und an den Schläfen große Locken zu tragen, während das übrige Haar – mit Bändern durchwirkt oder Perlen geschmückt – kunstvoll hochgesteckt wurde.[54] Frau von Sévigné berichtete, daß die Herzogin von Nevers im Jahre 1671 eine aufsehenerregende neue Frisur einführte, bei der das gesamte Haar kurz geschnitten und über Nacht stets auf eine Unmenge Lockenwickler aufgedreht zu werden pflegte, was der Herzogin unbeschreibliche Qualen verursachte. Frau von Sévigné störte sich ganz offensichtlich an der mangelnden Fülle dieser Frisur, deren Aussehen sie mit einem verschrumpelten Krautkopf verglich.[55] Einige Tage darauf sandte die Sévigné, nachdem sie sich ausführlich mit Frau von Troche beraten hatte, ihrer Tochter die Beschreibung einer hochmodernen Haartracht, von der sie glaubte, daß sie der Gräfin stehen werde; um jeglichem Mißverständnis vorzubeugen, ließ sie eigens eine Puppe frisieren, um sie dann ihrer Tochter als Modell zu schicken. 1687 klagte die Prinzessin von Ursins, sowohl bei Hofe als auch in der Hauptstadt sei es um Mode und Haartracht schlechter bestellt denn je.[56]

Die Frisuren wuchsen unaufhörlich in die Höhe, bis irgendwann eine rückläufige Entwicklung einsetzte. Dieses Auf und Ab wiederholte sich mehrmals: „Manchmal klettern die Haaraufbauten unmerklich in die Höhe, und eine Umwälzung läßt sie plötzlich fallen. Es gab eine Zeit, da verschob ihre ungeheure Höhe das Gesicht einer Dame in ihre scheinbare Mitte. Ein andermal nahmen die Füße diesen Platz ein: die Absätze bildeten ein Piedestal, das sie in den Lüften hielt. Wer könnte es glauben? Die Architekten wurden so oft gezwungen, die Türen höher, niedriger, breiter zu machen, je nachdem der Kopfputz der Frauen diese Änderung von ihnen verlangte, und ihre Kunstregeln wurden solchen Launen unterworfen. Manchmal sieht man auf einem Gesicht eine unglaubliche Menge von Schönheitspflästerchen, und andern Tags sind sie alle verschwunden."[57] Das Anbringen der Schönheitspflästerchen war in der Tat eine Wissenschaft für sich, in der die Grundsätze militärischer Taktik zu beachten waren. Wenn eine hübsche Dame sich – von einer ganzen Bedienstetenschar umgeben – zurechtmachte, so glich sie einem Oberbefehlshaber, der sich vor der herannahenden Schlacht mit seinem Stab beriet: „Ein Armeegeneral verwendet nicht mehr Aufmerksamkeit darauf, seinen rechten Flügel oder seine Reserve zu postieren, als sie darauf verwendet, eine Mouche (Schönheitspflästerchen) anzubringen, die verfehlt sein kann, von der sie aber einen Erfolg erhofft oder voraussieht."[58]

Die Schönheitspflästerchen waren – laut Auskunft Furetières[59] – kleine runde Gebilde aus Samt oder Heftpflaster, welche die Damen entweder nur zur Zierde im Gesicht anbrachten, oder aber um ihren schneeweißen Teint zu betonen. Die runden Pflästerchen hießen „mouches", die länglichen dagegen „assassines". Im Jahre 1712 störte sich Liselotte von der Pfalz daran, daß die Herzogin von Berry nicht weniger als zwölf Schönheitspflästerchen trug und ermahnte sie unter Hinweis auf ihre gesellschaftliche Position zu etwas mehr Zurückhaltung.

Das Schönheitspflästerchen war jedoch nur eine Waffe aus dem reichhaltigen Arsenal weiblicher Verführungskünste. Vor allem in bereits fortgeschrittenem Alter benutzten modebewußte Damen verschiedene Sorten Schminke, die schädliche Substanzen enthielt und höchstens die Kasse der herstellenden Quacksalber füllte, die Haut ihrer Kundinnen jedoch nachhaltig schädigte. Auch die Hüte wurden mit reichem Schmuck bedacht. Dank Liselotte von der Pfalz wissen wir, daß man 1691 häufig mit Diamanten besetzte Spangen auf den Hüten trug, mit denen man unter anderem die Hutfeder befestigte. Besonders schönheitsbeflissene Damen scheuten keine Qualen und zwängten sich in Korsette und Reifröcke, von denen Furetière berichtet, sie seien teilweise aus Stahl gefertigt. Die eine setzte ihre ganze Ehre darein, stets besonders schöne Fächer zu besitzen, während eine andere wiederum furchtbar stolz darauf war, daß sie die weitaus schönsten Spitzentücher im Dekolleté trug.

Die Farbgebung der Gewänder entsprach keineswegs unseren heutigen Vorstellungen. Kräftige Farben erfreuten sich besonderer Beliebtheit, und zwar gleichermaßen bei jung und alt. Auch Frau von Maintenon besaß – entgegen der ländläufigen Meinung – eine durchaus farbenfrohe Garderobe.[60] Die Vorliebe für leuchtende Farben machte also keinen Halt vor dem Alter, obwohl sie durchaus mit gewissen Gefahren verbunden war: Furetière berichtet, daß in kräftigen Farben gehaltene Damenröcke eine magische Anziehungskraft auf Hunde auszuüben schienen, die lästigerweise ohnehin dazu neigten, diese mit einem Baum zu verwechseln und ihr Bein an ihnen zu heben.[61] Wenn die Damen einen Höflichkeitsbesuch abstatten wollten, pflegten sie sich hingegen in Schwarz zu kleiden. Ein bestimmter schwarzer Farbton namens „noir d'ivoire brûlé" war recht begehrt, am häufigsten wurde jedoch nach wie vor Samtschwarz getragen.

Wenn man sich all diesen Aufwand vor Augen hält, so bekommt man eine Ahnung davon, wie teuer einen Ehemann allein die Garderobe seiner Frau damals zu stehen kam.[62] Die vornehmen Damen pflegten sich jedoch nicht erst nach ihrer Verheiratung besonders aufwendig zu kleiden. Im Jahr

1693 erhielt Fräulein von Cosnac, eine reiche Erbin, den stolzen Betrag von fünftausend Livres für ihre Garderobe bewilligt, den selbst die Prinzessin von Ursins als großzügig bezeichnete.[63]

Die Wohnkultur

Obgleich die in Paris zur Zeit des Sonnenkönigs errichteten herrschaftlichen Wohnhäuser durchweg prachtvolle Bauten waren, beherbergten sie nicht unbedingt die vornehmsten Familien. Jene der Pomponne de Bellièvre bewohnte ein Haus in der rue de Bourdonnais, das ihre Vorfahren im fünfzehnten Jahrhundert erbaut hatten. Frau von Sévigné mietete das aus der Epoche Franz' I. stammende Hôtel Carnavalet. Seit die regulären Titel ‚Marquis' und ‚Graf' überwiegend an hohe Verwaltungsbeamte und Bankiers verliehen wurden, begannen diese Herrschaften auch, häufig großartigere und prächtiger ausgestattete Häuser zu bauen, als der alte Feudaladel besaß. In der Provinz bereicherte der Amtsadel die Landschaft mit malerisch gelegenen Landsitzen, an denen überall das frischerworbene Wappen prangte.

In Paris hatten die Bankiers oft schönere Häuser als mancher Herzog oder Parlamentspräsident. Colbert zufolge wurden Häuser, Möbel, silberne Gerätschaften und anderer Zierrat fast ausschließlich für die Bankiers hergestellt, die für derlei Artikel riesige Summen auszugeben pflegten.[64] In La Bruyères „Caractères" (Charaktere) tritt unter anderem ein schwerreicher Bankier namens Périandre auf, der sich allein aufgrund seines riesigen Vermögens für einen Mann von Stand hält und ein Haus bauen läßt, das seinem enormen Geltungsbewußtsein Ausdruck verleiht: „Er hat ein prächtiges Haus; es ist ringsum von dorischen Säulen umgeben; nicht ein einfaches Portal, eine Säulenhalle nimmt einen auf. Ist es der Sitz eines Privatmanns? Ist es ein Tempel? Man könnte daran irre werden."[65] Sofern der Platz dazu ausreichte, wurde vor dem Haus ein Hof und auf seiner Rückseite ein Garten angelegt. In der Pariser Vorstadt Faubourg Saint-Honoré, die in Ludwigs XIV. letzten Regierungsjahren entstand, sowie im ältesten Vorort, dem Faubourg Saint-Germain, lagen einige Gärten von beachtlicher Größe. Allerdings stand den Bankiersfamilien lediglich der Faubourg Saint-Honoré offen, im Faubourg Saint-Germain durften sie keinen Grundbesitz erwerben.

Der Amtsadel ließ sich vorwiegend im Marais und seiner unmittelbaren Umgebung nieder, zwischen dem Quartier Saint-Martin und dem Quartier

Saint-Antoine. In seinem Auftrag ließ Bullet das Hôtel Le Peletier de Saint-Fargeau in der Rue Culture-Sainte-Catherine, das Hôtel Poulletier sowie das Hôtel de Mesmes erbauen.[66] Die Hochburg des Schwertadels war – und ist zum Teil noch heute – der Faubourg Saint-Germain. Die Finanzwelt war eher in der Pfarrei Saint-Roch, der Rue Richelieu, der Rue Saint-Honoré, der Place Vendôme und am Faubourg Saint-Honoré alias du Roule zu Hause.

Die Häuser, die der Schwertadel, der Amtsadel und die Finanzwelt errichten ließen, unterschieden sich in Bauweise und Ausstattung kaum voneinander, höchstens insofern, als die Bankiers besonders große Summen in ihre Bauten investierten. Bullet, Mansart und Robert von Cotte arbeiteten für alle drei Gruppen von Auftraggebern gleichzeitig. Diese Übereinstimmung in Baustil und Konstruktion sorgte für ein allmähliches Angleichen der drei sozialen Gruppierungen und schloß sie weitaus enger zusammen, als die räumliche Aufteilung sie trennte.

Der Einfluß von Versailles, der sich eher an den Landsitzen dieser privilegierten Familien ablesen ließ als an ihren Stadthäusern, zeigte sich in einer neuen Raumaufteilung. Während der letzten zwanzig Regierungsjahre Ludwigs XIV. ahmte man überall die Änderungen nach, die der Sonnenkönig in Versailles hatte vornehmen lassen: man fügte nun den weitläufigen Empfangsräumen kleinere Gemächer an, die im achtzehnten Jahrhundert eine wichtige Rolle spielen sollten. Des weiteren legte man plötzlich Wert auf eine große Lichtfülle, ein Umstand, der ebenfalls das Aufkommen eines neuen Stils ahnen ließ. Einige Architekten nahmen sich den Spiegelsaal von Versailles zum Vorbild und ließen unzählige neue Fenster einbrechen, womit sie bei Vertretern der älteren Generation, die noch die letzten Jahre Ludwigs XIII. miterlebt hatte, eine maßlose Verwirrung stifteten.

Ab 1700 begann sich dann der Stil der „Régence" (Regentschaft) abzuzeichnen. Typisch hierfür ist das Hôtel de Rohan in der Rue vieille du Temple, das fast wie ein offenes Gefäß das Tageslicht in sich aufnimmt. Es besitzt riesige Fensterflächen, die von sehr leichten Pfeilern unterbrochen werden.[67] Das Hôtel de Torcy, das Boffrand 1714 im Faubourg Saint-Germain erbauen ließ, hat zur Straße hin nicht weniger als dreizehn Fenster. In eben dieser Epoche wurden auch zahlreiche Treppenhäuser errichtet, die oben in eine Laterne mit großen Fensteröffnungen[68] ausliefen. Auch in den älteren Häusern mit ihren wesentlich kleineren Fenstern und stärkeren Pfeilern wurde mit Hilfe zahlreicher Kunstgriffe für mehr Helligkeit gesorgt. Große Wandspiegel erfreuten sich zunehmender Beliebtheit, zumal man das Spiegelglas fortan nicht mehr aus Venedig beziehen mußte: königsliche Manufakturen in Revilly – im Faubourg Saint-Antoine –, in Saint-Gobain und in Tourlaville produzierten ebenso schöne Ware.[69] Kronleuchter aus böhmischem Kristall kamen immer mehr in Mode, und auf Anrichten sowie Konsolen fanden zahlreiche Armleuchter Platz. Mit Hilfe von Stearinkerzen, die man nun – nach Versailler Vorbild – in wohlhabenden Kreisen anstelle der trüben Talglichter zu verwenden begann, konnte ein Innenraum taghell erleuchtet werden.

All die hübschen Kleinigkeiten, mit denen Bérain nicht nur die Räume Seiner Majestät und des Kronprinzen ausstattete, lockerten die regelmäßige Architektur der Innenräume etwas auf, angefangen bei der Wandtäfelung bis hin zu Pfeilern und Türgesimsen. Chinesische oder nach chinesischem Muster gefertigte Kunstgegenstände waren besonders beliebt. Auch das Mobiliar machte eine sichtbare Wandlung durch: es nahm immer feinere Formen an und richtete sich unaufhörlich nach dem Zeitgeschmack, den es gleichzeitig mitformte. Im Jahr 1680 bevorzugte man in Paris wie zu Versailles wuchtige, ausladende und monumentale Formen und besaß dementsprechend klobige Möbel.[70]

Um 1700 kündigte sich bereits der Stil des achtzehnten Jahrhunderts an. Die Möbel nahmen nun schwungvollere, kurvenreichere Formen an: die Schränke erhielten geschwungene Türen, Tische und Sitzgelegenheiten geschweifte Füße, alles tendierte zu geschwungenen, abgerundeten Linien, eine Entwicklung, von der auch die Rückenlehnen erfaßt wurden. Dies waren – in groben Zügen – die Neuerungen im Schreinerhandwerk, das in Paris auf eine sehr lange Tradition zurückblicken konnte. Aber auch innerhalb der Kunsttischlerei – ein Handwerk, zu dem vor allem Ausländer weitaus leichter Zugang fanden –, setzte eine vergleichbare Entwicklung ein: auch hier ging man dazu über, geschwungene und gleichzeitig höhere Füße herzustellen, die das auf ihnen ruhende Möbelstück besser zur Geltung brachten. Der für Ludwig XIV. arbeitende André-Charles Boulle erfand ein neues Möbelstück, die Kommode, und wurde sofort mit Aufträgen überhäuft.

Ohne zu ahnen, daß nach dem Ableben des alten Königs der Hof nach Paris zurückkehren werde, schien die Hauptstadt ganz offensichtlich Versailles langsam zu überrunden.

3. Kapitel: Paris

> Hors de Paris, il n'y a pas de salut pour les honnêtes gens.
> MOLIÈRE[71]
>
> On dit que Paris est le paradis des femmes, le purgatoire des hommes, et l'enfer des chevaux.
> FURETIÈRE[72]

Seine vielen Einwohner machten Paris zur größten Stadt der damaligen Christenheit. Außerdem hatte die Kapitale Frankreichs gegen Ende des sechzehnten Jahrhunderts Italien in dessen Vormachtstellung abgelöst und bildete seither unbestritten auch das geistige Zentrum Europas. Mehr als ein Sechstel, ja vielleicht sogar ein Fünftel der führenden Wissenschaftler und Schriftsteller aller Nationen hatten die Seinemetropole zum Wohnsitz auserkoren. Die berühmten Gründungen Ludwigs XIV., die Akademien, die königliche Bibliothek, das Observatorium und der königliche Garten, wurden Treffpunkte der geistigen Elite Frankreichs. Da man im Zeitalter des Sonnenkönigs noch keine nationalistischen Gedanken hegte, konnten sich bedeutende Geistesgrößen aus aller Herren Länder in Paris niederlassen, und der König war bemüht, die Besten unter ihnen dauerhaft an die Hauptstadt zu binden, eine Tradition, die sich bis zur Französischen Revolution hielt.

Paris war jedoch nicht nur ein wichtiges Zentrum der internationalen Wissenschaft, sondern auch die Hauptstadt des französischen Königreiches. Ludwig XIV. hat niemals ernsthaft mit dem Gedanken gespielt, statt Paris Versailles zur Hauptstadt zu erheben. Die obersten Verwaltungsbehörden saßen in Paris: die Intendanten der Finanzen, des Handels, der „Conseil des parties"[73], die Steuerpächter und nahezu alle Steuereinzieher, die meisten Mitglieder des Staatsrates, eine ganze Reihe der „Maîtres des requêtes"[74] und die obersten Gerichtshöfe (Parlament, Rechnungskammer, „grand conseil", Steuergericht [Cour des aides] und jener Gerichtshof, der über Münzvergehen zu entscheiden hatte [Cour des monnaies]). Die eigentliche Regierung saß teils in Paris, teils in Versailles; sämtliche Minister und Staatssekretäre sowie der Generalkontrolleur der Finanzen verfügten in der Hauptstadt über ein privates Wohnhaus und über Amtsräume; der Kanzler des französischen Königreiches (Chancelier de France) amtierte abwechselnd in Paris und in Versailles, wie es ihm gerade beliebte.[75]

Diese Institutionen übten auf die breite Masse selbstverständlich eine große Anziehungskraft aus. Allein im Justizpalast wimmelte es ständig von Schaulustigen, die durch die vielen Buden angelockt wurden, oder dem Plädoyer eines bekannten Anwaltes lauschen wollten. Auf engstem Raum verkehrten dort Prinzen, Herzöge – das Parlament war gleichzeitig das Standesgericht der Pairs –, Prozeßführende, Schaulustige, Juristen und Justizangestellte. Das Gerichtspersonal verursachte nicht wenig Lärm und war alles andere als verschwiegen. In der großen Galerie führten die Anwälte Gespräche mit potentiellen Klienten oder erteilten kleinere Auskünfte. Der frühere Palast der Könige von Frankreich beherbergte seit dem ausgehenden Mittelalter eine Vielzahl von Institutionen: das Parlament von Paris, die Rechnungskammer, den Steuergerichtshof, das Münzgericht, die Zehntkammer, die „Maîtres de requêtes de l'hôtel du Roi", die drei Gerichte der „Table de marbre" (Admiralitätsgericht, Connétablie, Forst- und Wassergerichtsbarkeit), das „Bureau des finances" (Gericht in Finanz- und Domänensachen), das Steueramt, die Bailliage von Paris, die „Maîtrise particulière des eaux et forêts" (Oberforstamt) und noch weitere Gerichte.

Eine ausführliche Beschreibung all dieser Einrichtungen und ihrer Aufgaben böte genügend Stoff für ein eigenes Buch. Allein schon die sogenannte „Basoche", das bunt zusammengewürfelte Volk der Gerichtsgehilfen und -schreiber, wäre eine gründliche Studie wert. Diese jungen Leute bildeten eine Gemeinschaft, die ebenso hierarchisch aufgebaut war wie die Zünfte. Sie bezeichneten ihre Organisation in aller Bescheidenheit als „Royaume de la Basoche" (Königreich der Basoche) und ihren Anführer als Kanzler. Wenn sie das Ergebnis ihrer Beratungen schriftlich fixierten, verwandten sie eine feststehende Schlußformel: „Prononcé en la chambre de saint Louis, l'audience de la Basoche tenante"[76] (Ergangen in der Kammer des Heiligen Ludwig, in einer Sitzung der Basoche). Diese „Verhandlungen" ähnelten oft einer erheiternden Pose und dienten ursprünglich dazu, die noch unerfahrenen Gerichtsschreiber auf ihre Tätigkeit vorzubereiten. Selbst die hochnäsigsten Gerichtspräsidenten, die eifrigsten Jansenisten unter den Parlamentsmitgliedern und die humorlosesten Richter duldeten diese Parodien nicht nur, sondern mußten unwillkürlich über sie lächeln.

Die „französische Krankheit": der Ämterkauf

Der Justizpalast beherbergte Hunderte von Amtsträgern. Da waren einmal die selbständigen Anwälte oder Verteidiger, von vornehmer oder von niedriger Herkunft, künftige Beisitzer oder künftige Staranwälte, vielbeschäftigte Advokaten und die große Zahl derer, die verzweifelt nach Mandanten Ausschau hielten. Sie alle pflegten – anders als die Staatsanwälte (Procureurs) – ihre Posten nicht käuflich zu erwerben; im Jahre 1692 ließ sich ein Anwalt die Mitgliedschaft im flandrischen Parlament (Gericht) dreitausend Pfund kosten[77]. Die Präsidenten, Räte und ihre Stellvertreter, ja selbst die Schreiber, Gerichtsdiener, Zahlmeister, die mit der Erhebung von Geldbußen und Sporteln betrauten Angestellten und sogar die Schankwirte des Justizpalastes mußten ihr Amt allesamt – kaufen.

In Paris, der Hauptstadt des französischen Königreiches, konnte man gegen entsprechende Summen frischgeschaffene oder freigewordene Chargen erwerben. Die Börse, an der die verfügbaren Ämter gehandelt wurden, lag im Viertel von Saint-Roch: es war das Haus des Herrn Bertin in der Rue Royale; Bertin war der „Trésorier général des parties casuelles" (der für den Ämterverkauf zuständige Schatzmeister). Neue Posten konnte nur der König – kraft königlichen Rechtes – schaffen, wobei ihm der Generalkontrolleur der Finanzen zur Seite stand. Diese beiden zogen auch den größten Gewinn aus dem Postenschacher. Sogar die Inhaber jener Ämter, die nach freier Übereinkunft gekauft worden waren, mußten alljährlich die „Paulette", eine fünfprozentige Steuer, an den König entrichten. Sobald die Staatskasse leer war – vor allem während des Krieges gegen die Augsburger Liga – wurde eine Unmenge käuflicher Chargen völlig neu geschaffen, die meist schon allein aufgrund der hohen Zahl, in der sie ausgegeben wurden, völlig unsinnig waren. Um 1695 konnte man um vierzehntausend Francs das Amt eines vereidigten Pariser Holzlieferanten erwerben, der mit seinem Handwägelchen durch die Straßen der Hauptstadt zog; wer neuntausend Francs zahlte, konnte vereidigter Reisigbündler in Rouen werden; der Posten eines Eichers in Dünkirchen kostete sechstausend, derjenige eines Getreideabmessers in Rouen fünfhundertundfünfzig Francs; gegen eine Summe von vierhundertundvierzig Livres avancierte man gar zum „langueyeur de porcs" (Schweinezungenbeschauer) in Angers, dessen verantwortungsvolle Tätigkeit bekanntlich darin bestand, Schweine durch Schläge zum Herausstrecken der Zunge zu bewegen, um dann nachzuschauen, ob diese etwa sinnig[78] sei.

In der königlichen Finanzverwaltung hatte man natürlich sofort erfaßt, welche schier unerschöpfliche Einnahmequelle diese Abertausende noch so unbedeutender öffentlicher Posten bildeten. Bald wurde ein Edikt erlassen, das die Inhaber zur Entrichtung einer Bestätigungsabgabe verpflichtete, bald wurde ihnen eine zusätzliche Gebühr abverlangt, in Wahrheit eine beschönigende Umschreibung für eine nachträgliche Erhöhung der Kaufsumme, die jedoch nicht an den die Charge verkaufenden Amtsvorgänger, sondern an den Staat abzuführen war. Bisweilen wurde ein einziger Posten mit zwei Personen besetzt: im Pariser Salzspeicher – der Verwaltungseinrichtung, Gerichtsort und Lagerplatz in einem war – gab es zwei Salzmeister, einen „Grenetier ancien et mi-triennal", der sein Amt nur jedes zweite Jahr versah, sowie einen „Grenetier alternatif et mi-triennal", der jeweils in den Jahren Dienst tat, in denen sein Kollege nicht arbeitete. Der Generalkontrolleur verfolgte bei der Schaffung einer ganzen Anzahl neuer Posten häufig den Hintergedanken, eine wohlhabende und namhafte Körperschaft werde schon aus Sorge um ihre aufmerksam gehüteten Privilegien versuchen, die betreffenden Chargen samt und sonders aufzukaufen. Pontchartrain soll zu König Ludwig XIV. gesagt haben, sobald Seine Majestät eine neue Charge einführe, erschaffe der liebe Gott gleichzeitig einen Menschen, der dumm genug sei, das betreffende Amt zu kaufen. Ganz gleich, ob sie nun dumm sein mochten oder pfiffig, die Käufer ließen jedenfalls nie lange auf sich warten.

Der Besitz einer Charge schien mit einem gewissen Ansehen verbunden: in Frankreich bedeutete er vor allem eine Steigerung der persönlichen Ehre und Würde. Bestimmte, zur Zeit des Spanischen Erbfolgekrieges geschaffene Ämter – unter anderem das eines „Lieutenant d'épée dans les bailliages", eines „Chevalier d'honneur" an ausländischen Höfen – brachten ihren Inhabern nichts als die mit ihnen verbundene Ehre ein. Diese Pfründen waren jedoch dem Schwertadel vorbehalten, da man vor ihrem Erwerb die Ahnenprobe ablegen mußte; war dieses Hindernis erst einmal überwunden, so befand man sich im Besitz eines Amtes, das lediglich Ansehen, aber keinerlei Pflichten nach sich zog. Die Posten wurden auf Lebenszeit verliehen, der Inhaber konnte seine Charge jederzeit wieder verkaufen oder bis zu seinem Ableben behalten, wonach sie an die Krone zurückfiel. Diese konnte einen Würdenträger nur dann seines – gekauften – Amtes entheben, wenn er sich eines Vergehens schuldig gemacht hatte oder gar des Hochverrats angeklagt war. Gegen festgesetztes Entgelt durfte man einen Nachfolger – im allgemeinen einen Sohn, Schwiegersohn oder Neffen – bestimmen. Denn eine Charge war gleichzeitig auch Kapitalanlage und Handelsobjekt. Die mangelnde Abgrenzung zwischen staatlicher Verwaltung und privatem

Eigentum reizt uns natürlich zur Kritik. Daß ein Amt in der Verwaltung nur gegen Entgelt verliehen wurde, hatte jedoch auch durchaus positive Folgen: der Inhaber neigte viel eher dazu, sich mit seinem Amt zu identifizieren und es so gewissenhaft wie möglich auszuüben.[79]

Im übrigen waren mit den käuflichen Chargen zahlreiche Privilegien verbunden – ihre Inhaber stiegen bisweilen in den Adel auf oder erhielten den Titel eines Knappen (écuyer), waren häufig von der Kopfsteuer (taille) und in einigen Fällen auch von der Salzsteuer (gabelle) sowie von Truppeneinquartierungen befreit. Lediglich mit ganz einfachen Ämtern war nicht eine automatische Ernennung zum königlichen Rat (conseiller du Roi) verbunden, ein Titel, den laut Furetière nahezu alle Beamte des Königreiches trugen.[80] Es nimmt daher nicht wunder, daß die vermögenden oder auch nur durchschnittlich begüterten und nicht allzu wohlhabenden, bürgerlichen Doppelgänger von Molières bekanntem Herrn Jourdain[81] alles daransetzten, eine käufliche Charge zu erwerben. Mancher Bürger, der von den Zinsen seines Kapitals lebte, wünschte sich einen wohlklingenden Titel beizulegen, andere wiederum wollten auf diese Weise von ihrem wahren Beruf ablenken; der Titel eines königlichen Seilers oder Unterhändlers galt ungleich mehr als etwa nur die einfache Berufsbezeichnung eines Kerzenherstellers oder Kleinkrämers. Dieser Snobismus war für Industrie und Handel allerdings nicht gerade förderlich, eher entzog er ihnen qualifizierte Kräfte; hierin muß die Wurzel des „mal français", der französischen Krankheit,[82] gesucht werden. Gleichwohl war jeder Kaufmann bestrebt – und träumte jeder Schüler davon – ein Amt zu kaufen, um auf diese Weise den gesellschaftlichen Aufstieg anzugehen.

Laut Furetière bildete ein Ämterkauf oft auch die Voraussetzung zu einer Heirat; dies führe dazu, daß den Franzosen (die von Natur aus gern einer Frau den Hof machten und sich sehr leicht verliebten) derart viel am Kauf eines Amtes gelegen sei, daß sie jeden Preis akzeptierten und selbst das bescheidene Amt eines Sägemüllers, Salz- oder Kohlenträgers teuer bezahlten.[83]

Der kleine Däumling (Le Petit Poucet) in Perraults gleichnamigem Märchen verdankte seinen kometenhaften Aufstieg, außer glücklichen Zufällen, vor allem seiner Schlauheit; auch er hatte sehr rasch begriffen, welchen Nutzen man aus einer Charge ziehen konnte. Er sorgte für seine gesamte Familie, kaufte für Vater und Brüder neugeschaffene Ämter und brachte sie auf diese Weise in guten Positionen unter, während er sich gleichzeitig einen richtiggehenden kleinen Hofstaat aufbaute (Perraults Märchensammlung „Contes de ma mère l'Oie" [Die Märchen meiner Mutter Gans] erschien im Jahre 1697).[84] Blaubarts siebte Frau (Barbe-Bleue) wiederum „verwendete einen Teil des Reichtums, um für ihre beiden Brüder den Hauptmannsrang zu kaufen."[85] Der Gedanke liegt nahe, daß auch der zum Edelmann aufsteigende gestiefelte Kater (le Chat botté) sowie die beiden vornehmen, bei Hofe weilenden Schwager Aschenputtels (Cendrillon) sich in Ämter eingekauft haben, und zwar in solche, die ihren hochgesteckten Zielen angemessen waren.

In der Tat wurde das Phänomen der Ämterkäuflichkeit – das sich im ausgehenden Mittelalter herausgebildet und während der Bürgerkriege des sechzehnten und siebzehnten Jahrhunderts spürbar verstärkt hatte – dadurch etwas abgemildert, daß stets eine große Anzahl verschiedenster Chargen zur Auswahl stand. Um 1695 kostete das Amt eines außerordentlichen Kriegsschatzmeisters (trésorier de l'extraordinaire des guerres) rund zwei Millionen Francs, ein Betrag, der außer einem beträchtlichen Vermögen auch die Aufnahme umfangreicher Kredite erforderte; wer Präsident des Pariser Parlaments werden wollte, mußte fünfhunderttausend Francs aufbringen; gegen eine Summe von sechsundsechzigtausend Livres konnte man Untergebener des Generalkontrolleurs der Finanzen werden; wer zehntausendfünfhundert Francs zahlte, konnte einen Posten in der Heeresverwaltung (contrôleur des guerres) erhalten, während die Leitung einer Polizeiabteilung in einem Pariser Stadtviertel neunhundert und die Stelle eines königlichen Polizeidieners in Marseille zweihundert Francs kostete. Als der Beruf eines Barbiers und Perückenmachers 1689 zu einem käuflichen Amt erhoben wurde (Pontchartrain litt wahrhaftig nicht unter Phantasiemangel!), mußten hierfür in Rouen bis zu zweitausend Livres, in Orléans „nur" tausend, in Verdun fünfhundert, in Beauvais vierhundert und in Grenoble dreihundert Livres aufgewandt werden; in Châlons-sur-Marne war es für hundertfünfzig zu haben, in Chalon-sur-Saône für hundert, in Bourg-en-Bresse für vierzig und in Pau für dreißig Livres; in Riom kostete es nur zwanzig und in Andely schließlich zehn Livres. In letzteren Fällen kam die Entrichtung der erforderlichen Summe allerdings eher dem Erwerb einer Konzession gleich, da der König nie daran dachte, sämtliche Friseursalons zu verstaatlichen.

Dem für sämtliche Abgaben aus Ämterkäufen zuständigen „Trésorier général des parties casuels" Bertin brachte seine Charge alljährlich zwanzigtausend Livres ein – ein Gehalt, wie es ein Staatsminister des Sonnenkönigs zu beziehen pflegte!

Die Elendsviertel von Paris

Paris, dessen Einwohnerzahl in den Jahren 1620 bis 1660 auf das Doppelte angestiegen war[86] und sich nun auf rund eine halbe Million belief, schien eine in vieler Hinsicht wunderschöne, gleichwohl Schrecken erregende Stadt zu sein. Die große Bevölkerungsdichte löste einige Besorgnis aus, zumal die Einwohnerzahl höher angesetzt wurde, als sie tatsächlich war: Vauban ging 1694 von siebenhundertzwanzigtausend Seelen aus. Während der letzten Regierungsjahre Ludwigs XIV. empfand man in der königlichen Verwaltung die Hauptstadt – deren heutige Faubourgs (Vorstädte) bereits allesamt angelegt, wenn auch noch unterschiedlich erschlossen waren – mit Fug und Recht als eine riesige Ansiedlung. Aus diesem Grunde versuchte man im Lauf des achtzehnten Jahrhunderts immer wieder, dem ungeheuren Wachstum Einhalt zu gebieten, und untersagte mehrmals den Bau neuer Häuser.[87] Die übergroße, nur schwer zu kontrollierende und in gewisser Weise unmenschlich wirkende Kapitale war den Verwaltungsbehörden ein ständiger Dorn im Auge.

Paris war in der Tat gleichzeitig eine wunderschöne und eine schreckliche Stadt. Furetière charakterisierte sie als ein wahres Wunderland; aus zeitgenössischen Liedern geht jedoch ganz deutlich hervor, daß die Lebensumstände in der Hauptstadt alles andere als märchenhaft waren: „Maudit pays / Méchante ville, / Où l'on est par trop habile" (Verflucht sei das Land / Verflucht sei die Stadt / in der es zu viele Schlauberger hat). Es herrschte ein ungeheurer Verkehr: „C'est courir au trépas / Sitôt qu'on fait un pas" (Bei jedem Schritt / marschiert der Tod gleich mit). Ferner bei Tag und Nacht ein Höllenlärm: „Tous les diables ensemble, / Me semble, / Feraient moins de bruit. / Peut-on dormir la nuit? / Ce sont cris furieux, / En tous lieux, / D'ivrognes, d'oublieux, / Des concerts amoureux" (Alle Teufel der Welt – so will mir scheinen, / könnten sich nicht zu solchem Lärm vereinen. / Wird man Schlaf finden in der Nacht? Von überall her hört man Schreie Betrunkener dringen, / während Kavaliere ihren Damen ein Ständchen bringen).

Die Hauptstadt schien ausschließlich Spitzbuben zu beherbergen, welche die Provinzler zu ruinieren oder auszunehmen suchten: die Anwälte wurden häufig des Diebstahls bezichtigt, während man sich von den Freudenmädchen erzählte, daß sie an Syphilis litten:

„Au cabaret tout est poison;
Le meilleur médecin
Est un grand assassin
Et les joueurs
Sont tous pipeurs ...
Quittons donc cette ville infâme."[88]

Die Kneipen taugen nichts,
der beste Arzt ist hier zu meiden,
denn durch den Tod heilt er die Leiden
und die Spieler, die Deiner warten,
sie haben stets gezinkte Karten ...
Kommt, wir verlassen diese verruchte Stadt!

Auch fünfzehn Jahre, nachdem la Reynie das Amt des obersten Polizeichefs von Paris übernommen hatte, waren die Straßen der Hauptstadt noch keineswegs sicher; laut Furetière wurde man laufend von irgendwelchen Spitzbuben oder Raufbolden belästigt. Die herrschende Auffassung suchte die Wurzel des Übels in der Struktur von Paris selbst, da man eine so große Stadt nur sehr schwer unter Kontrolle bringen und sämtliche Gauner und Beutelschneider aus ihr vertreiben könne.

Das Diebsgesindel vermochte im Großstadtdschungel mühelos unterzutauchen. Die Gauner hielten fest zusammen und bildeten bereits das, was man später „das Milieu" nannte; Furetière war davon überzeugt, daß das ganze lichtscheue Gesindel unter einer Decke steckte. Die Verbrecherwelt hatte eigene Bräuche und Institutionen entwickelt, ja sie kannte sogar eine spezielle Sprache, das „Argot" (der Ausdruck kam damals auf). Das Dictionnaire Universel definiert „Jargon" (Kauderwelsch) als eine durch zahlreiche Entlehnungen aus dem Griechischen gekennzeichnete Kunstsprache, deren sich die einzelnen Mitglieder einer Diebesbande und die Zigeuner stets dann bedienten, wenn sie von ihrer Umwelt nicht verstanden werden wollten.[89] Mehrere Banden der verschiedensten Nachtschwärmer hausten in unmittelbarer Nachbarschaft: Gauner, Messerstecher, Kuppler (im Jargon „ribauds" oder „ruffians"), professionelle Schnorrer („caimands") und bettelnde Kriegsversehrte („estropiats").

Kein Mensch sprach das Wort „putains" (Huren) aus – das als furchtbare Beleidigung galt –, aber ihre zahlreichen Kunden, die „putassiers", wußten sehr genau, wo sie zu finden waren, nämlich vor allem im Marais; man sprach daher auch von den Freudenmädchen als „demoiselles du Marais" (die Fräulein aus dem Marais). Die Prostitution war jedoch keineswegs auf ein bestimmtes Viertel beschränkt. Zuhälter und Kupplerinnen waren überall zugegen, und so manche vermeintliche „revendeuse" (Putzwarenhändlerin) war in Wirklichkeit damit beschäftigt, Frauen und Mädchen zur Prostitution zu verleiten. Die Pariser Gaunerbanden waren durchaus hierarchisch organisiert. Innerhalb der Verbrecherwelt genossen die Raufbolde, Haudegen, Messerstecher und Meuchelmörder eine deutliche Vorrangstellung, die auf Kommando schlugen oder töteten und mit ihrem Degen stets nur Unheil im Schilde führten, anstatt dem König zu dienen.[90]

Wer einen solchen Verbrecher zu dingen wünschte, brauchte sich lediglich an ihren Treffpunkt, den vielbestaunten Pont-Neuf, zu begeben. In der nächsten Umgebung der Statue Heinrichs IV. wimmelte es nur so von Beutelschneidern, Gaunern, Raufbolden, herumstreunendem Gesindel („cagnards"), Zuhältern und Prostituierten, die man nach ihrem Versammlungsort auch „Les courtisans du cheval de bronze" (die Hofleute des bronzenen Pferdes) zu nennen pflegte. Wer dieses Viertel durchstreifte, setzte sich zwar einigen Risiken aus, aber er lief garantiert nicht Gefahr, sich zu langweilen; das war angesichts der unzähligen Gaukler, Taschenspieler und Sänger glattweg unmöglich. Zu den Sehenswürdigkeiten des Pont-Neuf zählte unter anderem Sieur Philippot (geb. 1595, gest. 1670), der sich in aller Bescheidenheit „L'illustre Savoyard" (der berühmte Savoyarde) nannte. Dieser blinde, lärmende Mensch pflegte den geschlagenen Tag über freche Lieder und eine wahre Flut zeitkritischer Witze von sich zu geben.[91] Seine Werke wurden viel gekauft. Noch als Siebzigjähriger pflegte er, auf dem Gipfel seines Ruhmes stehend, zu deklamieren:

„Je suis l'illustre Savoyard,
Des chantres le grand capitaine ...
Je suis l'Orphée du Pont-Neuf ...
Et que chacun de vous se pique
De bien acheter mes chansons."[92]

Ich bin der berühmte Savoyarde,
der größte Sänger aller Zeiten ...
ich bin der Orpheus des Pont-Neuf ...
und ihr sollt alle darauf aus sein
meine Lieder zu erwerben.

Philippot wurde zu einem so festen Bestandteil des Pont-Neuf, daß man die Lücke, die durch seinen Tod entstand, wieder auffüllte. Der frühere Kutscher des Herrn von Verthamon übernahm nicht nur Philippots Platz, sondern auch dessen Funktion, die darin bestand, die Stimme des einfachen Volkes zum Sprechen zu bringen.[93] In einer Epoche, in der es nur wenige und zudem streng zensierte Zeitungen gab, bediente man sich eben der Musik, um den Inhalt von Flugblättern und Schmähschriften zu verbreiten.

Man sollte sich jedoch davor hüten, das Pariser Gaunervolk an Umfang und Bedeutung zu überschätzen. Während Scarron 1655 in seiner „Gazette burlesque" noch mit Fug und Recht behaupten konnte, man werde in Paris andauernd bestohlen („Dans Paris, séjour de nos rois, / On vole comme dans un bois")[94], traf diese Feststellung für das Jahr 1695 schon nicht mehr ganz zu. Das war darauf zurückzuführen, daß 1667 eine moderne und für die damalige Zeit bahnbrechende Einrichtung ins Leben gerufen worden war: die „Lieutenance de police" (eine oberste Polizeibehörde) - eine jener Neuerungen, die dazu beitrugen, daß das französische Königreich schließlich eine der effektivsten Verwaltungen in ganz Europa besaß.

„Lieutenance de police" – die Pariser Stadtpolizei

Offiziell erhielt Colbert erst im Jahre 1669 das Ministerium für Paris übertragen, inoffiziell hatte er es schon seit mehreren Jahren inne. Im Rahmen der städtischen Reform von 1667 (die darauf abzielte, träge Schöffen aus dem wohlhabenden Bürgertum einer strengen königlichen Kontrolle zu unterstellen), hatte Colbert den König für die Einrichtung einer „Lieutenance de police" gewinnen können; ausschließlich für die Hauptstadt zuständig, wurde sie mit einem sehr energischen Mann besetzt. Gabriel-Nicolas de la Reynie erhielt zunächst den Auftrag, die Stadt von zwielichtigen Elementen zu befreien, Ordnung und Sicherheit wiederherzustellen. Dies gelang ihm dank der Unterstützung einiger Mitarbeiter und einer engen Zusammenarbeit mit einigen Kriminalbeamten aus dem Châtelet[95]. Weder der König noch irgend jemand im Ministerium konnte jedoch voraussahnen, daß La Reynie dieses Amt volle dreißig Jahre lang ausüben und die Institution selbst über dreihundert Jahre bestehen würde; bei der Umwandlung zur Polizeipräfektur („Préfecture de police") änderte sich lediglich die Bezeichnung, der Inhalt blieb derselbe.

Wie alle neuen Einrichtungen konnte sich auch La Reynies Amt – zu einer Zeit, da die moderne Verwaltung noch in den Kinderschuhen steckte –

nur sehr langsam durchsetzen; obendrein hatte Ludwig XIV. den Polizeichef keineswegs mit unbeschränkten Vollmachten ausgestattet. La Reynie hatte nichts von jenem finsteren Tyrannen an sich, als den man ihn während der Romantik gewöhnlich darstellte. Um wirksam gegen herumlungernde Strolche und Gauner vorgehen zu können, mußte er fortwährend harte Kompetenzstreitigkeiten durchstehen. Sieben Jahre lang kämpfte er gegen seinen Vorgänger, den im Châtelet residierenden „Lieutenant civil", an, der – zumindest auf dem Papier – weiterhin sein Vorgesetzter war. Während der dreißig Amtsjahre hatte La Reynie manchen Zusammenstoß mit anderen Behörden, wie beispielsweise dem „Bureau de la ville" (Vorstufe der heutigen „Mairie", des Pariser Rathauses) oder dem „Bureau des finances". Ferner mußte er sich manche Anmaßungen des ihm übergeordneten Pariser Parlaments gefallen lassen.

Außerdem war La Reynie keineswegs für die ganze Stadt zuständig: die Seineufer, die Kaianlagen, Häfen, Festungen und Stadtmauern unterstanden weiterhin der Stadt. Überdies gab es in der Kapitale noch eine ganze Reihe herrschaftlicher Gerichtsbarkeiten, deren ungeheure Vielfalt und enge Verzahnung zunächst dem Aufbau einer modernen Verwaltung im Wege zu stehen schien. Bis zum Ausbruch der Französischen Revolution im Jahre 1789 unterstanden die Gebiete des Erzbischofs, des Kapitels von Notre-Dame, der Abteien Sainte-Geneviève, Saint-Marcel, Saint-Germain-des-Prés, Saint-Martin-des-Champs und auf dem Montmartre sowie der Priorate des Temple und Saint-Jean-de-Latran nicht der Aufsicht der städtischen Polizei. Sie hatten einen besonderen rechtlichen Status und besaßen eigene Amtsträger – im allgemeinen einen Vogt (bailli), dem mehrere Polizeidiener unterstanden –, eine eigene Strafordnung – jede Gerichtsbarkeit hatte ihr eigenes Gefängnis – sowie ein nicht dem Châtelet unterstehendes Notariatswesen. Wer sich ein Bild von der Situation machen möchte, mit der La Reynie in Paris konfrontiert wurde, der stelle sich die heutige französische Hauptstadt von rund zehn selbständigen Territorien durchsetzt vor, die in etwa dem Fürstentum Monaco, der Republik San Marino oder dem Vatikanstaat entsprechen.

La Reynie gelang es zwar, den zentralen Unterschlupf der Pariser Verbrecher – die sogenannte „cour des miracles" – aufzustöbern und die Stadtstreicher zu vertreiben, er mußte jedoch tatenlos zusehen, wie ganze Scharen von Spitzbuben den Ordnungshütern entgingen und im Temple Asyl fanden; auch die Schmuggler und Schieber brauchten sich lediglich in den Schutz des Montmartre oder von Saint-Germain-des-Prés zu begeben, um sich seinen Nachforschungen zu entziehen.

Von diesen Einschränkungen abgesehen, kam La Reynies Amt eine wichtige Rolle bei der Aufklärung schwerwiegender Verbrechen zu; in der Giftmordaffäre suchte er den König zur Fortsetzung der Ermittlungen und zum Aufbieten aller zur Verfügung stehenden Druckmittel zu bewegen. Überdies erfüllte es noch zahlreiche Verwaltungsaufgaben. Die Straßen der Hauptstadt wurden zusehends sauberer; Furetière berichtet von sogenannten „boueurs" (Straßenreinigern), die dafür bezahlt wurden, daß sie zweimal in der Woche die Straßen und öffentlichen Plätze vom Unrat befreiten.[96] Trotz dieses enormen Fortschritts hielt sich die Sauberkeit der Pariser Straßen immer noch in deutlichen Grenzen – im siebzehnten Jahrhundert hatte man eben auch andere Vorstellungen von Reinlichkeit als heute. Den Inhalt des Nachtgeschirrs pflegte man nach wie vor einfach auf die Straße zu leeren. Dieser Brauch war selbst in den angesehensten Familien so stark verwurzelt, daß er im Jahre 1701 einem Mitglied des Pariser Parlaments namens Petit das Leben kostete, als er sich dabei unvorsichtigerweise zu weit zum Fenster hinauslehnte. Laut Aussage des Marquis von Sourches wollte Petit eigenhändig sein Nachtgeschirr entleeren, verlor dabei das Gleichgewicht und stürzte so unglücklich auf den Kopf, daß er seinen Verletzungen erlag.[97] Die Straßen der Hauptstadt wurden auch zunehmend sicherer. Die Bürger begannen sich allmählich weniger gefährdet zu fühlen – ein Umstand, der wohl nicht so sehr auf die tatsächlich rückläufige Zahl der verübten Verbrechen als vielmehr auf das wachsende Ansehen der städtischen Polizei zurückzuführen war.

Fontenelle hegte soviel Bewunderung für La Reynies Nachfolger Marc-René de Voyer d'Argenson – der von 1697 bis 1717 Polizeichef von Paris war –, daß er die „Lieutenance de police" in einem Bravourstück verherrlichte; eben dieses, eher literarische als rechtswissenschaftliche Stück nahm Ferrière sogar in sein höchst anspruchsvolles „Dictionnaire de droit et de pratique" auf[98]. Danach hatte die „Lieutenance" ein ungeheuer breites Aufgabenfeld: sie mußte die Nahrungsmittelversorgung der riesigen Stadt garantieren, die sehr leicht durch irgendwelche unvorhergesehene Zwischenfälle gefährdet werden konnte; es galt die Preisgestaltung der Kaufleute zu kontrollieren und gleichzeitig den Handel zu fördern; die Lieutenance hatte daneben die – oft kaum lösbare – Aufgabe, Streitigkeiten zwischen einzelnen Bürgern zu schlichten und jedem zu seinem Recht zu verhelfen; ferner galt es, all die schwarzen Schafe ausfindig zu machen, die in der riesigen Menschenmenge sehr leicht untertauchen konnten; sie waren entweder aus der Hauptstadt zu entfernen oder nur unter der Bedingung zu dulden, daß sie Arbeiten übernahmen, zu denen sich entweder sonst niemand bereit fand oder zu denen sie besonders gut geeignet waren; das aus solchen Erwägungen in der Stadt gelittene Gesindel mußte jedoch ständig kontrolliert und von der restlichen Bevölkerung ferngehalten werden; dabei beherzigte man die Devise, daß es in manchen Fällen besser sei, bestimmte Vorkommnisse einfach zu irgnorieren als sie zu ahnden; die Lieutenance hatte es sich zum Ziel gesetzt, wenige, aber effektive Strafen zu verhängen; die Nachforschungen machten auch nicht vor dem Familienleben der Bürger halt: man versuchte auf Schleichwegen sorgfältig gehütete Geheimnisse zu ergründen, von denen jedoch normalerweise erst dann Gebrauch gemacht wurde, wenn man sich etwas davon versprach; die Ordnungshüter sollten auf eine ganz unauffällige Weise allgegenwärtig sein; schließlich mußten sie auch noch für einen reibungslosen Ablauf des Verkehrs sorgen und stets zur Stelle sein, wenn man sie benötigte.

Der Pariser Polizeipräsident sah sich folglich tagtäglich mit einer großen Fülle von Problemen konfrontiert. Seine Gerichtsbarkeit erstreckte sich auch auf das Druckereiwesen und den Buchhandel, deren Erzeugnisse er zu zensieren hatte. Zweimal pro Woche leitete er persönlich die Verhandlungen in der „Chambre de police", die sich auf Beschwerden hin mit gewerblichen Streitfragen befaßte. Der Polizeipräsident war insbesondere für auf frischer Tat ertappte Verbrecher zuständig. Der König übertrug ihm häufig zusätzliche Aufgaben im Bereich der Nahrungsmittelversorgung.

Was an dieser immerhin geraume Zeit vor Beccaria verfaßten Beschreibung besonders ins Auge fällt, ist das konstante Bemühen, Verbrechen weniger zu bestrafen, als vielmehr von vornherein zu verhindern, was aber keineswegs bedeutete, daß man die Zügel schleifen ließ. Die moderne Verwaltung des Sonnenkönigs, die sich stets den Gegebenheiten anzupassen verstand, konnte es sich leisten, Gnade vor Recht ergehen zu lassen.

D'Argensons Reform der Sitten

Marc-René d'Argenson begnügte sich nicht etwa damit, Verbrechen und Vergehen zu ahnden oder zu verhindern. Er war überdies verpflichtet, den für Paris zuständigen Minister (damals Pontchartrain selbst) ständig über alle Vorkommnisse zu informieren, der diese Berichte wiederum persönlich Seiner Majestät vorzulegen pflegte. Gelegentlich ließ der König daraufhin – aus purer Neugierde[99] – zusätzliche Informationen einholen. Dem seinerseits von achtundvierzig Kommissaren unterstützten Polizeichef gelang es stets, Majestät zufriedenzustellen. D'Argensons Berichte sind heute eine hervorragende Quelle zum Alltagsleben der Pariser Bevölkerung, da in ihnen beispielsweise alle damaligen Liebeshändel und Streiche Niederschlag fanden. Was die Kontrolle der Sitten anbelangte, so war d'Argenson nicht nur bemüht, die offene Prostitution einzudämmen, sondern er fühlte sich darüber hinaus berufen, Personen, die ganz offensichtlich einen lasterhaften Lebenswandel führten, unter strenge Kontrolle zu nehmen. So ließ er im Jahre 1703 „la nommée Forgerot" (die sogenannte Forgerot) beobachten, die weder eine Prostituierte noch eine ehrbare Frau war, sondern vielmehr eine Art Manon Lescaut[100], eine schamlose Person, die anständige Männer verhexte. Sie war aus ihrem Geburtsort Abbeville verjagt worden und hatte sich anschließend in den Städten Flanderns von mehreren Offizieren aushalten lassen; 1697 war sie schließlich in Paris gescheitert. D'Argenson zufolge hatte sie sich nacheinander in sämtlichen Stadtvierteln niedergelassen, um dort ihr ausschweifendes Leben zu führen, und war bereits fünf- oder sechsmal zu einer Geldstrafe verurteilt worden; dann setzte sie sich in den Kopf, einen anständigen jungen Mann ehelichen zu wollen, der nur dank d'Argensons Einschreiten vor einer solchen Torheit bewahrt werden konnte. In der Folgezeit schien sie verheiratete Männer zu bevorzugen und gab sich auch mit niedrigen Geistlichen sowie vier oder fünf Mönchen ab. Bei diesem zügellosen Lebenswandel ließ es sich nicht verhindern, daß sie einige Male schwanger wurde, ohne daß die Polizei jemals in Erfahrung bringen konnte, was aus den Kindern wurde. D'Argenson wurde schließlich beim König vorstellig, weil er in Erfahrung gebracht hatte, daß die Forgerot einen verheirateten Mann und Familienvater in ihren Fängen hielt, der ihr sein ganzes Vermögen opferte, während seine Familie elend darbte. Der Polizeichef wünschte dieses mannstolle Weib endgültig in sicheren Gewahrsam zu bringen und erwirkte auch die Ausstellung eines Haftbefehls (lettre de cachet), mit dessen Hilfe die Forgerot zwangsweise ins „Hôpital général" (Armen- und Zuchthaus) eingewiesen werden konnte.

Im selben Jahr ließ d'Argenson eine als gefährlich und niederträchtig bezeichnete, unter dem Namen Anasthasie bekannte Prostituierte hinter Schloß und Riegel bringen. Er schilderte den romanhaften Werdegang dieses heruntergekommenen Freudenmädchens in allen Details, und man muß zugeben, daß ihre Lebensgeschichte nicht gerade alltäglich war. Anasthasie war die Tochter eines Hafenrichters auf Malta und verdankte ihre ersten Erfahrungen dem Chevalier Colbert. Dieser verheiratete sie – um sie loszuwerden – mit einem Wirt aus Beaucaire. Das Pärchen übersiedelte bald darauf nach Marseille, wo der Ehemann und Wirt den Zuhälter seiner Frau spielte. Die Dame verstand es zunächst, den Schutz einiger einflußreicher Gönner zu erwerben, den sie sich allerdings aufgrund ihres heftigen Temperaments schnell verspielte. So sank sie sehr bald von einer ausgehaltenen Frau zu einer gewöhnlichen Prostituierten ab. Die Polizei konnte nicht herausbekommen, ob der Schankwirt kurz darauf aus Kummer starb oder er vergiftet worden war (N. B. dies ist ein typischer Beleg dafür, daß sich die Romantik bereits im siebzehnten Jahrhundert – etwa bei Saint-Simon – ankündigte: gemäß den damaligen Vorstellungen pflegte man stets entweder an Kummer oder an Gift zu sterben). Die Witwe betätigte sich zunächst als Kupplerin – sie verkaufte unter anderem ihre älteste Tochter an einen Galeerenleutnant –, um schließlich wieder das Leben einer einfachen Dirne zu führen. Der bildliche Ausdruck „descendre la pente du vice" (immer tiefer in die Lasterhaftigkeit absinken) traf auf ihren Fall wirklich zu, denn während sie sich zunächst mit anständigen jungen Leuten abgab, suchte sie sich ihre Kunden bald unter ausländischen Kaufleuten, Soldaten und Lakaien und lebte schließlich mit einem auf dem Schiff „L'Héroïne" untergebrachten Galeerensträfling namens La Grange zusammen. Auf dessen ausdrücklichen Wunsch und mit seinem Vorwissen begann sie sich jedoch angesichts ihrer Mittellosigkeit wieder um vornehmere Kunden zu bemühen; es gelang ihr, kurzfristig wieder aufzusteigen und mehrere wohlhabende Kaufleute auszunehmen. Nach einem aufsehenerregenden Skandal zog sie es vor, ihre Dienste in Tarascon, Beaucaire und Aix-en-Provence feilzubieten; in Aix fand sie recht freundliche Aufnahme seitens des Präsidenten Califer, von dem man sich erzählte, daß er eine Schwäche für solche Personen hegte. Anschließend scheint sie nach Lyon gezogen zu sein, wo es ihr gelang, ehrbare Bürger zu verführen, darunter einen Apotheker und einen Bankier. Eines ihrer Opfer geleitete sie dann nebst zwei Mädchen, die vielleicht ihre Töchter, mit Sicherheit jedoch ebenfalls Prostituierte waren, nach Paris. Anasthasie und ihre beiden Schülerinnen mieteten eine Wohnung, direkt gegenüber der Kaserne der Musketiere; dies hielten sie für einen günstigen Platz, da es hier von jungen Männern nur so wimmelte. D'Argenson vertrieb die drei zwar bald durch polizeiliches Urteil aus der unmittelbaren Umgebung der Musketiere, aber sie ließen sich nur eine kurze Wegstrecke entfernt – noch innerhalb desselben Vororts Faubourg Saint-Antoine – wieder nieder. Um von ihrer wahren Beschäftigung abzulenken, gab Anasthasie sich fortan als die Ehefrau eines italienischen Schauspielers namens Cyntio aus, mit dem sie jedoch nie gesehen ward; außerdem behauptete sie, ihre beiden Töchter seien mit hochgestellten Offizieren verheiratet, die – sobald sie es ermöglichen könnten – nachziehen würden. Im Schutz dieser Tarnung dachte sie sich tagtäglich neue Betrügereien aus und suchte mittels raffinierter Tricks oder dank der Beihilfe ihrer Beschützer und Gönner einer Bestrafung zu entgehen. Schließlich war d'Argenson mit seiner Geduld am Ende. Im geschilderten Fall handelte es sich ja nicht um eine gewöhnliche Prostituierte, sondern um eine äußerst gefährliche und niederträchtige Gewohnheitsverbrecherin.

Aus diesem Bericht kann man ersehen, daß die damalige Verwaltung von den sogenannten „Lettres de cachet", der Möglichkeit des Königs, direkt in die Rechtsprechung einzugreifen und eine beliebige Person umgehend verhaften zu lassen, nur mäßigen Gebrauch machte.

Solche Haftbefehle wurden meist auf Bitten von Familienangehörigen gegen Personen erlassen, die einen besonders liederlichen Lebenswandel führten. Bisweilen erbat der Polizeichef auch die Ausfertigung eines Haftbefehls mit der Begründung, daß das Glück und der Friede einer ganzen Familie auf dem Spiel stehe. Ein typisches Beispiel hierfür war der Fall Dormoy: der Ehemann war ein ruhiger und anständiger Bürger, aber seine Frau führte ein ausschweifendes Leben und war im Jahr 1702 schließlich bei ihrem achten Liebhaber namens Billaut angelangt, der als sehr streitlustig galt. Dieser Mann übte eine so große Macht über Frau Dormoy aus – die ohnehin alles andere als sittsam war –, daß sie laut Polizeibericht drei Monate lang Tag und Nacht bei ihrem Liebhaber zubrachte, über die Vorhaltungen ihres Geistlichen spottete, ihre Nachbarn beschimpfte und lauthals verkündete, sie kenne nur eine Religion, nämlich diejenige, die darin bestehe, ihren Ehemann zu verachten und ein völlig ungezwungenes Leben zu führen. Dem Liebhaber gelang es dank geheimer Verbindungen und raffinierter Schliche mehrmals, ein Eingreifen der Polizei in letzter Minute zu verhindern. Der Ehemann seinerseits war ein seltsamer Mensch, wie man ihn jedoch häufig anzutreffen pflegte: obwohl er ziemlich aufgebracht war, beteuerte er gleichzeitig, daß er seine treulose Frau trotz der ganzen Ehebrüche, die sie in den letzten fünfzehn Jahren nachweislich begangen hatte, und trotz der Vergeblichkeit aller Ermahnungen immer noch liebe. D'Argenson bat den König, einen Haftbefehl zu erlassen, denn es gelte eine maßlose Unverschämtheit zu bestrafen und einem bedauernswerten Ehemann beizustehen. Die Bitte des Polizeichefs wurde erfüllt und Frau Dormoy auf königlichen Befehl in ein Kloster gesteckt.[101]

D'Argenson – von dem Saint-Simon berichtet, er habe ein schreckliches Gesicht, das denen der drei Höllenrichter gleiche[102] – hat offensichtlich die ungeheure Macht niemals mißbraucht, die mit seinem Amt verbunden war.

Vom Millionär zum Habenichts – die Bewohner von Paris

Ebenso wie dem Polizeichef in der Hauptstadt Personen von gänzlich verschiedenem Lebenswandel bekannt waren, gab es im riesigen Paris auch Menschen, die in den unterschiedlichsten Verhältnissen lebten. Vor der grundlegenden Umwandlung der Pariser Straßen durch Baron Haussmann ließen sich die vornehmen Viertel jedoch weniger leicht auf den ersten Blick von den einfacheren Wohngegenden unterscheiden, als man heutzutage annehmen möchte. Zunächst muß man darauf hinweisen, daß rund ein Viertel der gesamten Stadt geistlichen Institutionen gehörte.[103]

Dank der fünfzig Pariser Pfarreien mit all ihren Geistlichen – ihren vielen Vikaren und noch zahlreicheren ständigen Priestern –, dank der Abteien, Priorate, Klöster und Konvente, die rund ein Viertel der Stadtfläche bedeckten, fanden sich auch in den allerärmsten Bezirken einige Geistliche; dies hob das soziale Niveau etwas an und bot gleichzeitig Möglichkeiten zur Versorgung nicht erbberechtigter Söhne. Im übrigen gab es so viele Anlässe zu Jubiläen, Prozessionen und religiösen Umzügen, daß die Kleriker als fester Bestandteil zum alltäglichen Straßenbild gehörten. Die von Natur aus sehr schaulustigen Pariser wußten im Unterschied zu den Provinzbewohnern ganz genau, daß es ein Gebot der Frömmigkeit war, sich einem Priester und seinem Meßdiener anzuschließen, wenn diese ans Lager eines Sterbenden eilten, um ihm die Letzte Ölung zuteil werden zu lassen; auf diese Weise erhielt man tagtäglich Gelegenheit, an einer Prozession teilzunehmen.

Es gab Viertel – wie das der Place Maubert und des Faubourg Saint-Marcel –, die durchweg von Armen bewohnt wurden. Andere wiederum – zum Beispiel der riesige Faubourg Saint-Antoine – sahen zumindest sehr ärmlich aus. In diesem Viertel standen recht häßliche, rasch aus dem Boden gestampfte Häuser, deren Erhaltungszustand oft zu wünschen übrig ließ. Aber seine Bewohner waren bei weitem nicht so arm, wie der äußere Eindruck vermuten ließ. Ab 1665 fanden mehrere hundert Menschen Arbeit in der Manufaktur von Reuilly – eine der Sehenswürdigkeiten von Paris.[104] Seit rund hundert Jahren konnte man dort das bunte und fröhliche Treiben eines weltoffenen Handwerkervölkchens beobachten (viele der hier ansässigen Kunsttischler stammten aus dem Ausland). Schreiner und Kunsttischler – die zwar derselben Zunft angehörten, sich aber dennoch als Konkurrenten betrachteten – pflegten sich fortwährend lauthals zu zanken. Von einem der hier ansässigen Kunsttischler, dem begabten André-Charles Boulle, wird gleich noch einmal die Rede sein, denn ab 1672 wohnte er in einem vornehmeren Viertel.

Es gab Wohngegenden, in denen ganz eindeutig eine bestimmte Bevölkerungsgruppe vorherrschte: das Marais-Viertel und die Insel Notre-Dame (île Saint-Louis) schienen die Hochburg des Amtsadels und der Faubourg Saint-Germain die Zitadelle der Feudalaristokratie zu sein, während die Finanzwelt offensichtlich den Faubourg Saint-Honoré bevorzugte. Es gab jedoch auch andere Bezirke – etwa die Rue Saint-Honoré, das reiche Viertel Saint-Eustache und die Umgebung der Markthallen –, in denen nahezu alle Bevölkerungsschichten vertreten waren. Eine Rolle für sich spielten die Buchhändler und Verleger, die sich hauptsächlich auf dem linken Seineufer in der Nähe der Universität niedergelassen hatten und überwiegend in der langgezogenen Rue Saint-Jacques, der „Intellektuellenstraße", wohnten. In den westlichen Vierteln des linken Seineufers wohnten viele Adlige, am Lauf der Bièvre siedelten zahlreiche Gerber, im Maubert-Viertel hausten Massen armer Leute, und die Gegend um die Salpêtrière war das reinste Elendsviertel; im Zentrum des linken Seineufers war das lärmende Volk der Schüler zu Hause, die oft rechte Hungerleider waren und bisweilen auf die schiefe Bahn gerieten. Ferner befanden sich dort zahlreiche geistliche Institutionen, von denen die Abtei Saint-Germain-des-Prés, das Kloster Val-de-Grâce, die Abtei Saint-Victor und das Kartäuserkloster besonders ins Auge stachen.

Die Geschäftsleute hingegen – die „gens de négoce" (Adlige, die sich am Großhandel beteiligten und ihren Stand beibehalten konnten), die „gens de marchandise" (Kaufleute, die sich dem – für die Aristokratie nicht standesgemäßen – Detailhandel widmeten und folglich allesamt bürgerlicher Herkunft waren) sowie vor allem die Mitglieder der sechs großen Kaufmannsgilden (les Six-Corps) – wohnten mitten in der Stadt, nördlich der Seine. In der Gegend um die Saint-Roch-Kirche, das Oratorianerkloster oder die Saint-Eustache-Kirche wimmelte es nur so von Millionären, den sogenannten „Millesoudiers"; hiermit pflegte man laut Furetière jene reichen Menschen zu bezeichnen, von denen man annahm, daß sie jeden Tag tausend Sous (mille sous) – das entsprach rund fünfzig Livres – ausgeben konnten und die folglich Jahreseinkünfte in Höhe von mindestens 18 250 Francs beziehen mußten.[105]

Die in den sechs großen Gilden (Six-Corps) zusammengeschlossenen Händler betrachteten sich als die Aristokratie der gesamten Kaufmannschaft, obwohl jede einzelne Vereinigung das reinste Sammelsurium bildete, das neben schwerreichen, mit überseeischen Waren handelnden Kaufleuten auch ganz kleine Krämer umfaßte. Besonders auffallend war dieser Kontrast innerhalb der Vereinigung der Kurzwarenhändler, der zahlenstärksten und mächtigsten unter den sechs großen Gilden. Bei den großen Kurzwarenhändlern konnte man die herrlichsten seidenen oder mit Gold und Silber durchwirkten Stoffe kaufen sowie alle möglichen Waren aus dem In- und Ausland: Stoffe, Leder, Pelze, Wandteppiche, Borten, Seidentücher, Geschmeide, Arzneien, Metalle, Waffen, Eisen- und Messingwaren, Stahlwaren sowie alle denkbaren Erzeugnisse der Schmiede- und Gießkunst.[106] Die kleinen Kurzwarenhändler hingegen boten ganz alltägliche Waren feil, deren größter Wert vielleicht in dem Lächeln lag, mit dem sie die hübsche Krämerin ihren Kunden überreichte.

Die übrigen fünf großen Gilden waren die der Pelzhändler, der Lebensmittel-, der Tuch- und der Strumpfhändler sowie der Goldschmiede. Die Weinverkäufer waren bestrebt, als siebte Gilde anerkannt zu werden, und die Buchhändler versuchten es ihnen nachzutun und praktisch eine achte Gilde zu begründen. Die Mitgliedschaft in einer solchen Berufsgenossenschaft – die ihre eigenen Geschworenen wählte und über eine Wache verfügte – schien so manchem Kaufmann wichtiger als der Erwerb großer Reichtümer: bot sie doch die Möglichkeit, Beisitzer im Handelsgericht zu werden, eine bürgerliche Charge innerhalb der Stadtverwaltung zu erwerben (den Posten eines „Dizainiers" beziehungsweise „Cinquanteniers" – des Vorstehers einer zehn beziehungsweise fünfzig Mann umfassenden Einheit bei der städtischen Polizei – beziehungsweise eines Stadtrates) oder gar eines jener Ämter (die vier Schöffenämter) zu kaufen, mit denen die Erhebung in den Adelsstand verbunden war.

Am anderen Ende der Skala rangierten die mehr oder weniger gutgehenden Betriebe des Kleingewerbes: die Krämer, Trödler und die „gagne-petit" (Kleinverdiener); diese Bezeichnung ist ein wenig irreführend, da sie keineswegs für sämtliche Kleinsthändler gebraucht wurde, sondern lediglich für einen ganz speziellen Vertreter dieser Gruppe, nämlich einen armen Wanderburschen, der – als gelernter Messerschmied – mit einem Schleifrad ausgerüstet durch die Straßen der Hauptstadt zog und Messer schliff.[107] Bei den (fast gleichnamigen) „gagne-deniers" handelte es sich um kräftige Männer, die ihre Dienste als Lastenträger feilboten.

Als im Jahre 1691 die Zahl der Zünfte, Gilden und sonstiger Berufsgenossenschaften per Edikt von hundertfünf auf hundertneunundzwanzig erhöht wurde, überging man die Betriebe des Klein- und Kleinstgewerbes, obwohl man ihnen in Paris auf Schritt und Tritt begegnete. Auch innerhalb dieser Berufsgruppe gab es noch weitere Abstufungen: unter den sogenannten „grisettes" (Verkäuferinnen) der Hauptstadt gab es beispielsweise die kleinen Obstverkäuferinnen und Trödlerinnen, die ihre Waren in Läden, Buden oder an stets am selben Platz errichteten Marktständen verkauften; daneben gab es noch einfachere Frauen, die mit ihren Waren durch die Straßen zogen oder sich auf den Markt stellten, wo sie jedoch keinen eigenen Stand besaßen, sondern ihre Ware in jenem Korb präsentierten, in dem sie sie mitgebracht hatten und der gemeinhin „inventaire" (Güterverzeichnis) genannt wurde.[108] Zusammen mit den Gehilfen der kleineren Händler, den Handwerksburschen und den Manufakturarbeitern (Paris war kein großes Industriezentrum, aber es besaß schon eine florierende Luxusindustrie, die niedliche und unnachahmliche Ziergegenstände mit dem begehrten Markenzeichen „article de Paris" herstellte) bildeten diese Verkäuferinnen das einfache Volk der großen Stadt.

In jenen Vierteln, die weder überwiegend von reichen Familien noch nahezu ausschließlich von ärmeren Menschen bewohnt wurden, lieferte die vertikale Aufteilung der Häuser ein getreues Spiegelbild des Gesellschaftsaufbaus, den man sozusagen am Treppenhaus ablesen konnte. Das Erdgeschoß soll in diesem Zusammenhang nicht behandelt werden, da es ohnehin meist irgendwelche Geschäfte beherbergte.

Die vornehmsten Wohnungen lagen für gewöhnlich in der ersten Etage; dort pflegten Adlige zu leben – ein alter Rat, eine adlige Witwe, ein Edelmann aus der Provinz, der eines Prozesses wegen in der Hauptstadt weilte – oder Großgrundbesitzer sowie Beamte aus dem gehobenen Bürgertum – ein städtischer Zahlmeister, ein für die Kriegskasse zuständiger Finanzbeamter („Contrôleur des guerres") – oder auch ein beim Parlament angestellter Rechtsanwalt.

Im zweiten Stock wohnte normalerweise entweder ein Schatzmeister der Krone („Trésorier de France") oder der für eine bestimmte „élection" (mittlere Verwaltungseinheit) zuständige Beisitzer. Im entsprechenden Stockwerk des Nachbarhauses befand sich unter Umständen das Büro eines Rechtsanwaltes, das zwar oft schmutzig war, aber höchst selten Geldverlegenheit signalisierte. Ein zeitgenössischer Roman läßt eine Hauptperson als Wahrheit verkünden, es gebe zwar viele Rechtsanwälte, die so manchen Edelmann um sein ganzes Hab und Gut gebracht hätten, aber keinen einzigen Adligen, der einen Rechtsanwalt ruiniert habe.[109]

Die dritte Etage bewohnte der Kaufmann, dem der Laden im Erdgeschoß gehörte. Mußte er eine große Familie unterbringen, so wurde jeder Winkel der betreffenden Wohnung ausgenutzt: ein winziges Ankleidezimmer verwandelte sich in die Kammer der Hausangestellten, und der Ladengehilfe hauste in einem winzigen Verschlag.

Im vierten Stock befand sich meist auf der einen Seite das Zimmer einer sehr frommen und sparsamen alten Jungfer, die ganz für die Kirchengemeinde lebte, und auf der gegenüberliegenden Seite die Kammer eines alten Polsterergesellen; der mittlere Raum war an einen bei der „Chambre des comptes" (Rechnungshof und Finanzgericht) beschäftigten Schreiber vermietet (genauso wie die beim Parlament angestellten Gerichtsschreiber – wie bereits erwähnt – das Königreich der Basoche bildeten, bezeichnete sich das bei der „Chambre des comptes" beschäftigte Schreibervolk bekanntlich als „Kaiserreich von Galiläa" [„Empire de Galilée"]).[110]

Die fünfte Etage gehörte den Arbeitern. Trotz der Mansardenfenster waren die Zimmer nicht unbedingt dunkel, da dank der hohen Lage recht viel Licht in die kargen, ärmlich ausgestatteten Räume eindrang. Manchmal gab es noch einen Speicher, der vom obersten Treppenabsatz aus über eine Leiter zu erreichen war und lediglich durch winzige Dachluken beleuchtet wurde. Dieser Dachboden wurde zu den unterschiedlichsten Zwecken benutzt: bald diente er als Abstellraum – der Speicher wurde damals auch häufig „garde-meuble" (Möbellager) genannt –, bald als Warenlager oder als Stapelplatz für das Brennholz; manchmal befanden sich auf dem Dachboden aber auch dürftig abgeteilte Kammern, in welchen bisweilen ein Laufbursche, ein bei Gelegenheit als Zuhälter fungierender Schürzenjäger samt seiner Geliebten sowie der Weihwasserspender aus der Kirche von nebenan in engster Nachbarschaft hausten.

Diese vertikale Gliederung hatte den großen Vorteil, daß die Dame aus der zweiten Etage der kranken Frau im vierten Stock einen Teller Suppe bringen konnte, ohne sich deshalb außer Haus begeben zu müssen; hierbei handelte es sich um einen alten Brauch, der sogar zwei Jahrhunderte später die tiefgreifenden Umwälzungen der Ära Haussmann überdauerte, wie aus dem ersten Teil des 1881 erschienenen Romans „Le crime de Sylvestre Bonnard" (Das Verbrechen Sylvestre Bonnards) deutlich hervorgeht!

Die Metropole der Vergnügungen

In dieser Stadt, in der alles schon einmal dagewesen zu sein schien, mangelte es keineswegs an Unterhaltungsmöglichkeiten. Sébastien Mercier beschrieb in seinem „Tableau de Paris" aus dem Jahre 1781 einen reichen Mann, der jedesmal, wenn er seine Kopfsteuer entrichtet hatte, die Straßen von Paris als sein persönliches Eigentum betrachtete; er pflegte sie dann voller Vorfreude auf die Vergnügungen zu durchstreifen, die ihn dort erwarteten.[111] Ähnliches traf bereits neunzig Jahre früher auf die französische Hauptstadt zu. Paris war – ebenso wie Rom – eine Stadt, in der es sich sehr gut spazierengehen ließ, und es war für seine wunderschönen Gebäude berühmt. Man konnte förmlich zusehen, wie die Stadt wuchs: allein unter dem Sonnenkönig wurden hundertdreiundzwanzig neue Straßen angelegt.[112] Die Stadtbehörden vollbrachten enorme Leistungen. Furetière berichtet, daß man die Straßen verbreitert habe, um einen reibungslosen Verkehr zu ermöglichen,[113] ferner sorgte man für eine bessere Beleuchtung der nächtlichen Straßen: Während der letzten Regierungsjahre des Sonnenkönigs gab es in Paris fünftausendfünfhundertzweiunddreißig Straßenlaternen, die zwar nicht gleichmäßig über die Stadt verteilt waren, aber dennoch so manchen Beutelschneider von seinem Vorhaben abschreckten. Paris war bereits eine Lichterstadt.

Auf Wunsch des Königs war seine Metropole fortan auch eine offene Stadt. Die „boulevards" (Bollwerke) wurden geschleift und dienten folglich nicht mehr zur Befestigung der Hauptstadt; sie verwandelten sich in die „Boulevards" (ein Wort, das auch im Französischen groß geschrieben wird), in jene bei den Bürgern äußerst beliebten, baumbepflanzten Promenaden, die die Innenstadt mit den nördlichen Vorstädten verbanden; anstelle der befestigten Stadttore wurden nach römischem Vorbild Triumphbogen errichtet, auf denen man die großen Erfolge des Sonnenkönigs verewigt hatte: die Porte Saint-Antoine, die von Pierre Bullet errichtete Porte Saint-Martin, die nach Plänen von François Blondel gebaute Porte Saint-Denis sowie die Porte Saint-Honoré. Im Westen der Hauptstadt lud der weitläufige Cours-la-Reine zu wunderschönen Spaziergängen ein; in den Tuilerien pflegten sich die „muguets" (Maiglöckchen) ein Stelldichein zu geben; mit diesem Spitznamen bezeichnete man gefallsüchtige junge Männer, die eine Dame zu erobern suchten und sich zu diesem Zweck besonders schön herausstaffiert hatten.[114] Auf dem Cours-la-Reine pflegten sich die modisch gekleideten Damen und Herren voller Stolz in ihren Kutschen zu zeigen. Diese Prachtstraße erfüllte dieselbe Funktion, die zwei Jahrhunderte später der Stadtwald (Bois de Boulogne) übernehmen sollte; sie war so breit, daß mindestens auf einer Strecke von einer Drittelmeile fünf oder gar sechs Kutschen nebeneinander fahren konnten:

„Lors d'un pas doux et coulant
Les carrosses vont branlant
Portière contre portière ..."[115]

Wenn die Kutschen der Damen und Herren
in langsamer Fahrt die Straße versperren
und so dicht nebeneinander fahren,
daß die Türen sich berühren ...

Am entgegengesetzten Ende der Stadt – im Osten – erging sich das einfache Volk auf dem Cours Saint-Antoine oder im großen Park des Arsenals. Gasthäuser, Bierschenken, Kneipen und die sogenannten „Bouchons" (Wirtshäuser) dienten der Pariser Bevölkerung zur Entspannung oder als beliebte Ausflugsziele im Umkreis von einer Meile. Im Jahre 1670 scheint es in ganz Paris – einschließlich der Vororte – rund eintausendachthundertsiebenundvierzig Wirtshäuser gegeben zu haben. Allein im Faubourg Saint-Germain befanden sich zweihundertundvier zum Teil sehr schön eingerichtete und sehr gut besuchte Gasthäuser; die hundertneunundneunzig Kneipen im Faubourg Saint-Antoine hingegen waren allesamt beim einfachen Volk sehr beliebt und überdies billig. Die größten Schriftsteller des Jahrhunderts haben diese Stätten gerühmt, an denen man seinen Durst zu löschen, zu diskutieren, zu spielen und Trinklieder zu singen pflegte. Molière suchte regelmäßig das Wirtshaus „Aux bons enfants" (Zu den artigen Kindern) in der gleichnamigen Straße auf. La Fontaine – der sich nicht im geringsten um das Gerede der Leute kümmerte – hielt sich stundenlang in der Wirtschaft „A la croix de Lorraine" (Zum lothringischen Kreuz) in der Nähe der Place de Grève auf. Boileau verkehrte im „Boussingault", und Racine bevorzugte das Gasthaus „Au mouton blanc" (Zum weißen Schaf). 1686 eröffnete ein aus Sizilien stammendes Genie namens Procoppio in der Rue de Tournon das prunkvolle und einladende Café Procope, welches bald darauf in die Rue des Fossés-Saint-Germain und damit gleichzeitig in die unmittelbare Nachbarschaft der Comédie Française übersiedelte. Dieses Café kann man heute noch in der Rue de l'Ancienne-Comédie aufsuchen (Hausnummer 13) – es ist aber nicht etwa noch einmal umgezogen, sondern die Straße hat den Namen gewechselt.

Während die Pariser Cafés auf ein spezielles Publikum hin ausgerichtet waren – manche wurden überwiegend von der breiten Masse, andere ausschließlich von wohlhabenden Leuten besucht –, boten die Jahrmärkte ein buntes Treiben, an dem jedermann teilnahm. Im Faubourg Saint-Denis wurde alljährlich ab dem zehnten August zwei Monate lang die Foire Saint-Laurent abgehalten, auf der man vor allem Glas- und Töpferwaren sowie wertvolles Porzellan erwerben konnte, das unter enormen Kosten aus fernen Ländern herbeigeschafft worden war. Der zweite große Jahrmarkt, die

Foire Saint-Germain, wurde stets einen Tag nach Lichtmeß (das heißt, am dritten Februar) eröffnet und am Palmsonntag beendet. Den ganzen Tag schob sich ein großer Besucherstrom zwischen den Buden hindurch. Man bewunderte und bestaunte die verschiedensten Luxusartikel und ergötzte sich – ebenso wie auf der Foire Saint-Laurent – an den Darbietungen der Spielleute und Gaukler. Abends ließen sich vornehme Leute in ihren Kutschen zum Jahrmarkt fahren, um dort maskiert und im Kerzenschein ein Liebesabenteuer zu suchen.[116] Dufresny und Regnard hat diese besondere Atmosphäre im Jahre 1695 zu einer Komödie mit dem Titel „La Foire Saint-Germain" inspiriert; in diesem Dreiakter nutzt ein schönes Mädchen namens Angélique den Jahrmarkt, um sich den lästigen Nachstellungen ihres schamlosen Vormunds sowie eines lächerlichen Verehrers aus der Provinz zu entziehen und in den Armen ihres feurigen Liebhabers Schutz zu suchen.

An dieser Stelle könnte man sehr leicht einwenden, daß der Besuch von Wirtshäusern und Jahrmärkten recht oberflächliche, ja anstößige Vergnügungen mit sich bringe; dies ändert jedoch nichts daran, daß sie sich großer Beliebtheit erfreuten und im Alltagsleben des siebzehnten Jahrhunderts – das heutzutage allzu gerne als eine fast ausschließlich durch den Jansenismus geprägte, an Vergnügungen äußerst arme Epoche dargestellt wird – für Abwechslung und Frohsinn sorgten. In Wahrheit wurde das siebzehnte Jahrhundert geprägt durch ein ständiges Nebeneinander von erbaulichen sowie ernsthaften Beschäftigungen und Vergnügungen; die Zöglinge der Jesuiten wurden in den Kollegien – entgegen einem hartnäckigen Vorurteil – durchaus auch in der Schauspielkunst unterrichtet. Mit demselben Recht kann man religiöse Gebräuche und ausschließlich unterhaltende Schauspiele in einem gemeinsamen Kapitel behandeln; im folgenden sollen daher zwei sehr beliebte Schauspielformen dargestellt werden: Kanzelrede und Komödie.

Das Zeitalter der ergreifenden Predigten

Stellen wir uns einmal vor, wir lebten im Paris des Jahres 1682 und schrieben den Monat April. Die Fastenzeit neigt ihrem Ende zu und wird allenthalben mit ungeheurem Eifer eingehalten. Der „Mercure galant" schreibt, Versailles und Paris – das restliche Jahr über Hochburgen der Vergnügungen und der Galanterie – zeichneten sich während der Fastenzeit durch eine ganz besondere Frömmigkeit aus; nie zuvor hätten die Fastenprediger ein so zahlreiches und aufmerksames Publikum gefunden wie in diesem Jahr.[117] Dies belegt ganz deutlich, wie empfänglich man in diesem Zeitalter barocker Frömmigkeit – quer durch alle Bevölkerungsschichten – für Übungen in Frömmigkeit war.

Die außerordentliche Frömmigkeit wirkte sich selbst auf die Intimsphäre aus; die Marquise von Sévigné mokiert sich hierüber in einem Brief von 1676; ihr zufolge hatte der Graf von Fiesque bereits zwei bis drei Stunden lang mit seiner Geliebten, der Frau von Lyonne, geschäkert und Zärtlichkeiten ausgetauscht, als diese – von der Marquise nicht gerade nett als „La Souricière" (die Mausefalle) betitelt – ihn urplötzlich wissen ließ, welche Sorge es ihr bereite, daß er offenbar nicht allzu fromm sei.[118]

Im Zeitalter Ludwigs XIV. begeisterte man sich geradezu für eine schönes Leichenbegängnis, ergreifende Grabreden, verherrlichende Darstellungen der Heiligenviten und für die bei Hofe und in der Stadt gehaltenen Predigten (da die Predigten mehrmals gehalten wurden und die Geistlichen in regelmäßigem Wechsel ihr Amt sowohl in Versailles als auch in der Hauptstadt versahen, handelte es sich um genau dieselben Predigten). In manchem Jahr kam es sogar vor, daß die Fastenzeit oder der Advent in Paris festlicher begangen wurde als in Versailles. 1670 wurde während der Fastenzeit Monsieur, der Bruder Ludwigs XIV., der eine gute Predigt durchaus zu würdigen wußte, sogar Mascaron, dem damaligen Hofprediger, untreu; er lauschte statt dessen den Worten Bourdaloues, der zu diesem Zeitpunkt in der Jesuitenkirche Saint-Louis predigte; am 7. April erschien der Königsbruder in Begleitung seiner Frau Henriette d'Angleterre. Im darauffolgenden Jahr, in dem Mascaron immer noch im Louvre predigte, wohnte Monsieur samt seiner ihm erst kürzlich angetrauten zweiten Gemahlin der Messe in der Kirche Saint-Eustache bei; nachmittags suchten beide Saint-Jean-en-Grève auf, wo sie erneut den Worten des Père Bourdaloue lauschten. Während einer einzigen Fastenzeit wurden bis zu zweiunddreißig Predigten gehalten; den Auftakt bildete der Sonntag Quadragesima und das Ende der Osterdienstag: Innerhalb dieses Zeitraums hielt man – abgesehen von den ohnehin üblichen Sonntagspredigten – im Durchschnitt zwei wöchentliche Gottesdienste und in der Karwoche noch weitaus häufiger. Im Jahre 1671 war Bourdaloue Fastenprediger in Notre-Dame, ein Amt, das ihm dreihundertzwanzig Francs einbrachte.[119] Neben Notre-Dame waren Saint-Sulpice, Saint-Eustache, Saint-Séverin und Saint-Germain-l'Auxerrois die bedeutendsten Gotteshäuser von Paris.

Die allergrößte Auszeichnung bestand darin, in der königlichen Hofkapelle predigen zu dürfen. In seinen Memoiren beklagt sich Abbé Le Gendre

Das Zeitalter der ergreifenden Predigten

darüber, daß seine Zeitgenossen die Geistlichen im allgemeinen nur danach zu beurteilen pflegten, in welchen Gotteshäusern sie bereits gesprochen hätten.[120] Jeder begabte Kanzelredner war bemüht, während möglichst vieler Fastenzeiten bei Hofe predigen zu dürfen; dies wurde zum Ursprung einer Rangliste, die heute leider in Vergessenheit geraten ist, aber für das Jahr 1715 ein überraschendes Ergebnis liefert: Bossuet rangierte nur auf dem sechsten Platz – zusammen mit Dom Cosme –, denn er hatte bis zu diesem Zeitpunkt lediglich viermal in der Fastenzeit bei Hofe gepredigt; den ersten Platz nahm der Jesuit Gaillard ein (er hatte während zwölf ganzer und einer halben Fastenzeit bei Hofe gepredigt, das bedeutete, er konnte zwölfeinhalb sogenannte „Stations" vorweisen), gefolgt von dem Oratorianer Mascaron und dem Jesuiten Bourdaloue (jeweils zwölf „Stations"), dem Jesuiten La Rue (neuneinhalb) und dem Oratorianer Le Boux (fünfeinhalb).[121]

Alle Hofprediger – ganz gleich, ob es sich um Bossuet, Mascaron, Dom Cosme oder um Bourdaloue handelte – pflegten ihre Botschaft in alles andere als gefällige Worte zu kleiden, um auf diese Weise die Gunst der vornehmsten Familien Frankreichs zu gewinnen. Sie ließen sich von ihrem persönlichen Naturell, ihren Fähigkeiten leiten und boten die größte geistliche Beredsamkeit auf, um das Laster anzuprangern und zur Bußfertigkeit aufzurufen. Gemäß einer alten Tradition wurde zu Beginn und am Schluß einer jeden Predigt Seiner Majestät gehuldigt; abgesehen davon unterschied sich jedoch eine Predigt, die Bourdaloue in Saint-Louis oder in Saint-Gervais hielt, in ihrem Inhalt nicht im geringsten von jener, die der König und die Hofgesellschaft zu hören bekamen. Selbstverständlich konnte jemand, der es unbedingt wollte, aus seinen Worten manche Anspielung auf des Königs zahlreiche Mätressen heraushören, aber dies war keineswegs Absicht. Der Jesuit pflegte vielmehr genau dieselben Aussagen, die er zuvor in einer der Pariser Kirchen gemacht hatte – oft wortwörtlich – in Gegenwart des Königs zu wiederholen. Bourdaloue machte regen Gebrauch von der ihm und seinesgleichen zugestandenen Freiheit, ohne sie gegen seinen königlichen Herrn auszuspielen.

Wenn der König sich eine Predigt anhörte, so war er gezwungen, still dazusitzen und gute Miene zum bösen Spiel zu machen; da sein Privatleben – vor 1683! – nämlich alles andere als mustergültig war, mußte er peinlich darauf bedacht sein, wenigstens in der Öffentlichkeit kein allzu schlechtes Bild zu bieten. Bevor Ludwig zum zweiten Mal heiratete, kam es jedoch des öfteren vor, daß er während der Fastenzeit oder im Advent Predigten nicht beiwohnte. Am 6. März 1672 nahm er einen Trauerfall zum Vorwand, um die Predigt im Louvre absetzen zu lassen; am 25. März predigte Bourdaloue vor der Königin und den Prinzen aus dem Hause Orléans – der König hatte Wichtigeres zu erledigen, stand man doch kurz vor dem Krieg gegen Holland![122] Im selben Jahr löste der begabte Redner einen Zwischenfall aus, der sich in Windeseile überall herumsprach und sowohl bei Hofe als auch in Paris für große Belustigung sorgte. Frau von Sévigné berichtet, daß der Marschall von Gramont von einer Fastenpredigt Bourdaloues derart ergriffen wurde, daß er an einer Stelle, die es ihm ganz besonders angetan hatte, vor Begeisterung zu dem Ausruf „– Mordieu, il a raison!" (Tod und Teufel, er hat vollkommen recht!)[123] hinreißen ließ; Madame brach daraufhin in lautes Gelächter aus, und es erhob sich ein derartiger Tumult, daß die Fortsetzung der Predigt gefährdet schien.

Wie stellten es die Hofgeistlichen – Mascaron, Gaillard, Fléchier und Massillon – denn nur an, ihre Predigten so abwechslungsreich zu gestalten, daß sie sie immer wieder – manchmal zwei oder drei Jahre hintereinander – vor demselben erlauchten Publikum halten konnten? Die Antwort ist ganz einfach: sie bemühten sich erst gar nicht darum, etwas Neues zu bieten. Mascaron zum Beispiel wiederholte in einer Fastenzeit seine Predigten aus dem Vorjahr fast Wort für Wort, zumindest diejenigen, die dem König besonders gut gefallen hatten, und variierte lediglich in den Komplimenten, mit denen er Ludwig XIV. bedachte. Ebenso wie der König sich an Molières „Le Bourgeois gentilhomme" (Der Bürger als Edelmann) nie satt sehen konnte, bat man bei Hofe und in der Stadt begabte Kanzelredner in erster Linie um die Wiederholung einer bereits gehaltenen und berühmt gewordenen Predigt; der Jesuit La Rue mußte unzählige Male seine beiden Predigten „Le Pécheur mourant" (Der sterbende Sünder) und „Le Pécheur mort" (Der tote Sünder) wiederholen. Die Begeisterung schlug so hohe Wellen, daß der ehrwürdige Pater die Wiederholung der genannten Predigten durch Anschlag bekannt gab.[124]

Es versteht sich von selbst, daß in einer Epoche das Predigeramt sehr begehrt war, in der die Predigten einen solchen Widerhall fanden und man sich dermaßen für sie begeisterte – Frau von Sévigné beispielsweise notierte, Bourdaloue prangere blindlings alle möglichen Laster an und sage die unverhüllte Wahrheit, so daß kein einziger Zeitgenosse vor ihm sicher sei.[125] So mancher, der diese Laufbahn ergriff, wollte in erster Linie weniger Geistlicher und Seelsorger als vielmehr ein berühmter Redner werden. Der Abbé Louis Le Gendre, 1655 als jüngerer Sohn einer Familie des gehobenen Bürgertums in Rouen geboren, hatte, zunächst gezögert, ob er lieber dem Jesuitenorden beitreten oder Staatsanwalt werden sollte; er fand sozusagen einen Kompromiß indem er in den geistlichen Stand eintrat und einen großen Ruf als Prediger erlangte. Letztlich dadurch wurde er Sekretär des Pariser Erzbischofs von Harlay.

Herrn Le Gendre verdanken wir eine Liste der um 1675 berühmtesten Kanzelredner, welche er als junger, aufgeweckter Priester über seine Mitbrüder anfertigte; mit ein paar – oft bissigen – Worten beschrieb er die Besonderheiten jedes einzelnen. Fléchier wird darin für folgerichtige Gedankengänge, klaren Stil, gewandtes Auftreten und sorgfältig ausgearbeitete Predigten gelobt; seine Lobreden und Traueransprachen seien besonders gut. Von Abbé Anselme – der wie ein Schulmeister aussehe – und von Abbé Boileau – der einem Bauern gleiche – wird berichtet, daß sie sich zunächst als Lobredner versucht hätten, bevor sie regelmäßig in den bedeutendsten Kirchen der Hauptstadt predigten; nichtsdestoweniger hatte Le Gendre an ihnen auszusetzen, daß sie ihre Predigten allzu kunstvoll gestalteten. Das krasse Gegenteil hierzu war der Kapuzinerpater Séraphin: er verfaßte Predigten von übertriebener Einfachheit. Laut Le Gendre bestand sein einziges Talent darin, daß er eine kräftige Stimme hatte und sich zu den gröbsten Beleidigungen hinreißen ließ. Chaussemer, ein Dominikaner aus dem Pariser Kloster Saint-Jacques, besaß offenbar im Gegenteil eine recht klägliche Stimme, pflegte aber seine Predigten erfreulich klar zu gliedern. Dom Jérôme, ein reformierter Zisterzienser aus dem Kloster der Feuillants, war ein beim Pariser Volk beliebter Redner und fundierter Theologe, der selbst von seinen Neidern und Feinden geschätzt wurde; Le Gendre zufolge gebärdete er sich aber während seiner Predigten stets wie ein Schulmeister, so daß man sich wie ein Schüler vorkam, dem gerade eine Lektion erklärt wird. Bourdaloue seinerseits war ein so hervorragender Kanzelredner, daß es an ihm nicht das geringste auszusetzen gab, es sei denn, daß er etwas zum Gestikulieren neigte. Seine Predigten wurden ins Lateinische, Italienische, Spanische und Deutsche übertragen und selbst von den Protestanten geschätzt. Sein Ordensbruder und Rivale La Rue hingegen zog aufgrund seines guten Aussehens, seiner kräftigen, wenn auch etwas rauhen Stimme und seines großen Wissens zwar viele Menschen an, taugte jedoch eher zum Lehrer als zum Kanzelredner und beherrschte das Lateinische besser als das Französische. Von Gaillard, einem ebenfalls bekannten Jesuiten, den Ludwig XIV. bewunderte und Frau von Sévigné lobend erwähnte, behauptete Le Gendre, er verdanke seinen großen Erfolg ausschließlich seinen höfischen Umgangsformen und seiner mangelnden Charakterstärke, denn alles andere an ihm sei pures Mittelmaß.[126]

Diese leider nicht ganz vollständige Beschreibung – Soanen, Maure und

Massillon, die drei berühmtesten Oratorianer der Jahre 1688–1704, wurden nicht aufgenommen – gibt Aufschlüsse über die erstaunlich unterschiedlichen Methoden der Kanzelredner, Inhalt und Form ihrer Predigten zu gestalten: Dieser überzeugte durch seine enormen theologischen Kenntnisse, der nächste durch seinen Glaubenseifer. Während der eine mit Zornesausbrüchen bestach, faszinierte sein Rivale das Publikum gerade mit Sanftmut. Manche Kirchgänger hatten einen bestimmten Prediger mehr oder minder zufällig bei der Einkleidung oder Profeß einer jungen Verwandten oder anläßlich einer Lobrede kennengelernt; irgend etwas an ihm – sein Gesicht, seine Gestik, sein Blick oder seine Stimme – hatte sie so gepackt, daß sie ihm fortan überallhin folgten; sie bildeten damit den Grundstock seines ständig wechselnden Publikums und trugen zur Steigerung seines Ruhmes bei. Andere Kirchenbesucher waren wählerischer. Manche, wie beispielsweise Monsieur, hielten Ausschau nach einem Prediger, der nicht nur überdurchschnittlich begabt, sondern gleichzeitig auch tief religiös sein sollte. Wieder andere glaubten die formvollendetsten Predigten zu hören und achteten in Wahrheit doch in erster Linie auf den Inhalt. Die aufgeklärtesten Denker des Jahrhunderts – Frau von Sévigné und der König persönlich – favorisierten völlig verschiedene Geistliche. Die Marquise von Sévigné erkannte nicht, daß sich zwischen Bourdaloue einerseits und einem Gaillard oder Abbé Anselme andererseits eine tiefe Kluft auftat.[127] Was Ludwig XIV. anging, der sich als ein guter Kenner der Literatur ausgewiesen hatte, so war er nahezu mit allen großen Kanzelrednern zufrieden und verlieh ihnen der Reihe nach den Ehrentitel des besten Predigers im ganzen Königreich. Damals war der Glaube stärker als sämtliche Spielarten des Konformismus oder der Vornehmtuerei.

Die Pariser und ihre Vorliebe für das Theater

Wie alle Geistlichen und Moralprediger der damaligen Zeit wetterten auch die Kanzelredner gegen das Theater. Besonders fromme Zeitgenossen gaben vor, die Theaterfeindlichkeit eines Pierre Nicole zu teilen, der behauptete, daß die Romanschreiber und die Verfasser von Theaterstücken ihr Publikum psychisch vergifteten und sich zahlreicher geistiger Morde schuldig gemacht hätten.[128] In diesem Punkt befolgten die Pariser keineswegs die Ratschläge eines Nicole oder Bossuet, obgleich sie doch eifrige Katholiken waren, zur Zeit der „Ligue" unter Führung des Hauses Guise aktiv den Protestantismus bekämpft und die Aufhebung des Edikts von Nantes mit

Begeisterung begrüßt hatten. Im Gegenteil: man schwärmte für das Theater und wußte nicht recht, ob man eher die vollkommen von Lully und Quinault beherrschte Oper oder die Komödie vorziehen sollte, welcher Molière, Freund und Schützling Ludwigs XIV., zum großen Durchbruch verholfen hatte.

Auch Lully war mit dem König freundschaftlich verbunden. Seit 1672 besaß er kraft königlichen Patents ein monopolartiges Recht auf sämtliche musikalischen Aufführungen. Im darauffolgenden Jahr ließ er mit „Cadmus et Hermione" die erste wirklich französische Oper aufführen. Boileau spottete sogleich über dieses Werk und beanstandete, daß sämtliche Aussagen, bis hin zu Wutausbrüchen, in derselben, melodisch sanften Tonlage in Szene gesetzt würden. Die Zusammenarbeit zwischen Lully und Quinault (die durchaus eine eigenständige Untersuchung wert wäre) war ebenso glücklich und vollkommen wie in späteren Zeiten zwischen Mozart und Da Ponte oder Richard Strauss und Hugo von Hofmannsthal. In einem Brief vom 29. Januar 1674 schrieb Frau von Sévigné, man pflege nach wie vor häufig in die Oper zu gehen, obwohl das erste Stück („Cadmus") besser gefallen habe als das derzeit gespielte („Alceste") und obwohl Molière fälschlicherweise glaube, seine Komödien hätten der Oper bereits den Rang abgelaufen: ihrer Ansicht nach kam der echte Musikliebhaber in einer Oper stets auf seine Kosten.

Im Jahr 1677 erlebte der betagte Corneille zu seiner großen Freude, daß seine Stücke in Paris plötzlich wieder sehr gefragt waren.[129] Die alten Tragödien im Stile Ludwigs XIII. waren in der Tat um einiges besser als die zeitgenössischen Stücke. Der Staatsanwalt Vollichon verließ einmal seine Praxis, um sich einen ganzen Tag lang nur zu vergnügen, indem er zunächst das Theater besuchte und sich anschließend im Wirtshaus von einem Klienten freihalten ließ. Von dem Schauspiel war er ganz begeistert und behauptete, ein besseres Stück sei noch nie gespielt worden; die Zuschauer seien so zahlreich gewesen, daß man kaum Einlaß gefunden habe. Da seine Tischgenossen ihn baten, er möge doch schildern, was er gesehen habe, oder doch wenigstens sagen, welches Stück ihm denn so gut gefallen habe, faßte er den Inhalt des Schauspiels so zusammen: ein Mensch namens Cinna plane einen Kaiser umzubringen und verschwöre sich zu diesem Zweck mit einem Gleichgesinnten namens Maxime. Ihr Vorhaben werde jedoch vorzeitig entdeckt, und es stelle sich schließlich heraus, daß der Anlaß für alle Intrigen ein junges Mädchen sei, das die herrlichsten Pointen von sich gebe. Der Kaiser sitze ganz behaglich in einem Sessel und höre geduldig zu, wie sich die beiden entlarvten Verschwörer mit geschickten Argumenten verteidigten. Das ganze Theaterstück stecke voller überraschender Zwischenfälle. Zum Schluß lasse der Kaiser Gnade vor Recht ergehen, und alle drei würden ganz dicke Freunde. Alles, was Vollichon auszusetzen hatte, war, daß das Stück nicht – nach dem Vorbild des nach wie vor unerreichten „Cid" – fünf oder sechs Reime enthalte. Hier bedauerte eine Zuhörerin lebhaft, daß Vollichon nicht mit der Eingangsrede zu den Theaterstükken beauftragt werde, da er den Inhalt einer Tragödie so vortrefflich wiederzugeben verstehe.[130]

Auch die Tragödie – selbst wenn sie einen erbaulichen Inhalt besaß – gefiel den allerfrömmsten Zeitgenossen nicht mehr als das, was man heutzutage unter einer Komödie versteht. Unter dem Druck seiner Umgebung ging der König allmählich dazu über, diese Schauspiele – die es seinen Untertanen in der Hauptstadt so angetan hatten – wenn nicht gar zu verbieten, so doch zumindest einzuschränken. Die einst so beliebte italienische Truppe durfte nicht mehr auftreten, und die französischen Ensembles – deren Abschaffung in der Hauptstadt eine zweite Fronde ausgelöst hätte – verfügten schließlich nur noch über eine einzige Bühne; sie war aber dafür von allerhöchster Qualität – schließlich handelte es sich um die heute noch existierende „Comédie française" ...

„Comédie française" und „Comédie italienne"

Man mußte sich ins Unabänderliche fügen. Jene Comédie française, deren dreihundertjähriges Bestehen im Jahre 1980 mit großem Pomp gefeiert wurde, ist weniger eine Gründung des Sonnenkönigs als vielmehr das Ergebnis einer seit jeher leicht restriktiven Politik. Überhaupt kam die „Maison de Molière" erst sieben Jahre nach dem Tode des berühmten Komödienautors zustande. Und dennoch spielte Molière in der Entwicklung der französischen Bühnen eine entscheidende Rolle. Im Jahre 1670 faßte der Saal im Palais-Royal – obwohl er kleiner war als die Räume, die Molières Rivalen im „Théâtre du Marais" oder im „Hôtel de Bourgogne" zur Verfügung standen – bis zu eintausendfünfhundert Zuschauer. Allein im Parkett brachte man zahlreiche Menschen unter, da es hier nur Stehplätze gab. Der Zuschauerraum hatte siebenundzwanzig Abstufungen; an beiden Seitenwänden befand sich jeweils ein Balkon, und gegenüber der Bühne gab es drei Logenränge, ganz zu schweigen davon, daß einige Marquis und andere Vornehmen am Rande der eigentlichen Bühne zu sitzen pflegten. Allerdings war der große Saal meist nur zu einem Drittel besetzt.

Am 10. Februar 1673 fand die Uraufführung des „Malade imaginaire" (Der eingebildete Kranke) statt. Die dreiaktige Komödie mit musikalischen und tänzerischen Einlagen brachte mit Monsieur Argan die letzte Hauptrolle Molières auf die Bühne – nachdem er bereits Mascarille, Scapin, Sganarelle, Orgon, Arnolphe, Sosie, Alceste, George Dandin, Pourceaugnac, Harpagnon, Monsieur Jourdain, Chrysale, Dom Garcie de Navarre, Lycarsis, Moron, Don Pedre, Lycas, Clitidas und Zéphyre ersonnen und teilweise auch persönlich gespielt hatte.[131] Den ersten vier Vorstellungen wohnten durchschnittlich rund fünfhundertundvierzig Besucher bei, wohl weil die Eintrittspreise – wie damals für Uraufführungen üblich – doppelt so hoch waren wie bei den restlichen Vorstellungen. Bekanntlich erlitt Molière während der vierten Vorstellung einen Schwächeanfall, dem er gegen zehn Uhr abends in seiner Wohnung in der Rue Richelieu erlag.

Molières Schauspieltruppe trat an den eigentlichen Spieltagen auf, also sonntags, dienstags und freitags; an den dazwischenliegenden Abenden, die als weniger günstig galten, stand die Bühne den italienischen Schauspielern zur Verfügung. Im Jahre 1671 hatte Molières Truppe vom König – der sie schätzte – die Erlaubnis erhalten, kleinere Stücke auch in französischer Sprache aufzuführen; sie konzentrierte sich jedoch vorwiegend auf jene Gattungen, denen sie ihren Erfolg verdankte, das heißt auf pantomimische Darstellungen und auf spaßige Possen.

1670 hatten sie den Darsteller des erfolgsgekrönten Pantalon verloren und durch keinen anderen ersetzt. Der unvergleichliche Scaramouche und der Doktor (Lolli) ernteten jedoch ebenfalls großen Beifall. Mit Domenico Biancolelli verfügten sie über den besten Harlekindarsteller des ganzen Jahrhunderts. Er pflegte in sämtlichen Possen die zentrale Rolle zu spielen und sich auf der Bühne zu verdoppeln, ja zu vervielfachen; einige Stücke – wie die „Quatre Arlequins" aus dem Jahre 1667 – wurden ihm buchstäblich auf den Leib geschneidert.[132] Aus Rücksicht auf den Publikumsgeschmack gingen die italienischen Schauspieler zunehmend zur französischen Sprache über und bestellten schließlich sogar Stücke bei französischen Autoren, um ihr Repertoire aufzufrischen: Charles Dufresny und selbst Jean-François Regnard schrieben zu Beginn ihrer Karriere recht exotisch anmutende Schwänke für die Comédie italienne. Ab 1683 begann die Französisierung, ein schleichender Verrat an der Commedia dell'arte, allmählich Früchte zu tragen; der „Mercure galant" schrieb damals voller Begeisterung, die italienischen Schauspieler seien so erfolgreich wie nie zuvor, sie hätten sich in letzter Zeit mehr den französischen Gegebenheiten angepaßt und das Nützliche auf so geschickte Weise mit dem Angenehmen verbunden, daß man von ihren Stücken einiges lernen könne; die Spieler der italienischen Truppe verstünden sich besonders gut auf die Aufführung von Komödien.[133]

Molières Truppe, die nun ohne ihren berühmten Chef auskommen mußte und mehrere Schauspieler – Baron, die Beauvals und La Thorillière – an das Hôtel de Bourgogne verlor, schrumpfte bald auf einen Kernbestand von vier Männern und ebenso vielen Frauen zusammen. Der treu ergebene La Grange, ein Schützling von Monsieur, dem Bruder des Königs, versuchte in enger Zusammenarbeit mit Armande Béjart, den guten Ruf der Truppe aufrechtzuerhalten und ein Verebben der Zuschauerzahlen zu verhindern. Die Lage war um so heikler, als Ludwig XIV. sich nur noch für Lully interessierte. Bereits im August 1672 war den Schauspieltruppen untersagt worden, mehr als zwölf Geiger und sechs Sänger zu engagieren; im Jahre 1673 wurde die zulässige Zahl auf sechs Geiger und zwei Sänger herabgesetzt. Die Gunst des Königs gehörte nun ganz Lullys Opern, zu denen Quinault die Texte verfaßte. Nachdem Ludwig im April 1673 großen Gefallen an ihrem Werk „Cadmus et Hermione" gefunden hatte, wies er Lully als Belohnung den Saal im Palais-Royal an.[134] Die französische Oper hatte die „comédie-ballet" Molières abgelöst.

Daraufhin mietete La Grange zusammen mit dem besten Schauspieler aus dem Théâtre du Marais die Salle Guénégaud in der Rue Mazarine an. Sie war günstig gelegen, besaß sämtliche für Opern erforderliche Einrichtungen und bot auch mehr Platz für Zuschauer als der Saal im Palais-Royal. Ihr einziger Nachteil bestand darin, daß es sich um ein ehemaliges Ballspielhaus handelte und der Raum folglich einen rechteckigen Grundriß hatte. Nach zähen Verhandlungen mit den restlichen Mitgliedern des Théâtre du Marais erreichte Colbert schließlich die Vereinigung der beiden Schauspieltrupps. Ab Sommer 1673 konnten die Pariser die Aufführungen der „Troupe du Roi à l'hôtel Guénégaud" (im Hôtel Guénégaud spielende Truppe des Königs) besuchen. Freilich erhielt sie trotz ihres Titels nicht mehr die jährliche Zuwendung in Höhe von sechstausend Francs, die Molières Truppe bezogen hatte, solange ihr vom König geschätzter Leiter lebte.

Die neu begründete Truppe spielte weiterhin Stücke von Molière, mußte sich daneben aber auch dem sehr schnell wechselnden Zeitgeschmack anpassen und ihr Repertoire entsprechend erweitern. Aus diesem Grund führten sie zum Beispiel „Circé" – eine sogenannte „pièce à machines" (ein auf technischen Effekten beruhendes Spiel) von Thomas Corneille auf, das finanziell ein großer Erfolg wurde; ferner spielten sie kleine Farcen, die der

Schauspieler Rosimond oder Antoine von Montfleury verfaßt hatten. Zu Beginn des Jahres 1678 strömten die Pariser scharenweise ins Hôtel Guénégaud, um die Farce „La Dame médecin" (Der weibliche Arzt) von Montfleury anzuschauen. In fünfzehn Vorstellungen wurden über fünftausend Zuschauer gezählt; der überwiegende Teil dieses Publikums – 67% aller Anwesenden – belegte allerdings die billigen Plätze im Parkett, während nur rund 11% der Besucher teurere Karten erstanden hatten. Der besondere Reiz des Werks lag in der brillanten Sprache, im schnellen Szenenwechsel und in den Angriffen auf die Ärzteschaft. Der aus einem Stück des Spaniers Tirso de Molina entlehnte Stoff war aber einfach reizvoll: die Arzttochter Angélique, die von ihrem Vater vor dessen Ableben in den Grundlagen der Medizin unterwiesen worden war, entdeckt, daß die angebliche Melancholie ihrer Nebenbuhlerin nur vorgetäuscht ist, und gibt sich daraufhin als ihren eigenen Bruder aus, um auf diese Weise in die Nähe ihres Geliebten zu gelangen.[135] Diese Farce war zwar nicht mit Molières „Malade imaginaire" vergleichbar, bot aber doch eine willkommene Abwechslung zum „Médecin malgré lui" (Der Arzt wider Willen) und gab den Schauspielern in der Rue Mazarine Gelegenheit, ein neues Stück aufzuführen, ohne ständig auf Komödien von Molière zurückgreifen zu müssen.

Das Pariser Publikum, das sehr viel vom Theater verstand, hatte zwar nichts dagegen einzuwenden, daß besonders beliebte Stücke regelmäßig wiederholt wurden, es war aber gleichzeitig für Neuheiten empfänglich. 1674 wurden erstmals „Les Aventures de Panurge" (Die Abenteuer des Panurge) aus der Feder eines gewissen Pousset von Montauban aufgeführt, dessen Stil lebhaft an Rabelais erinnert; im Jahr darauf fand die Uraufführung von „Don César d'Avalos" von Thomas Corneille statt, 1678 die von „Le Cavalier par amour", das aus der Feder eines gewissen Vaumorière stammte, und 1680 war die Premiere des Stücks „Les Carrosses d'Orléans", dessen Autor La Chapelle ebenso schnell in Vergessenheit geriet wie all die anderen. Um mehr Abwechslung in das Theaterleben zu bringen, zettelten die Schauspieler aus dem Hôtel Guénégaud mit ihren Rivalen im Hôtel de Bourgogne die sogenannte „Guerre des tragédies" (Tragödienkrieg) an. Als man dort die „Iphigénie" von Racine spielte, brachte Molières ehemalige Truppe eine im Stil Corneilles verfaßte Tragödie gleichen Namens von Le Clerc und Coras auf die Bühne. Im Jahre 1677 feierte man im Hôtel Guénégaud große Erfolge mit „Phèdre et Hippolyte", einer Parodie auf Racine, die Pradon im Auftrag der Herzogin von Bouillon geschrieben hatte; die spannungsreiche Tragödie machte Racines Meisterstück zunächst schwer zu schaffen. Im Jahre 1677 ging man jedoch ins Theater, um sich zu amüsieren, und scherte sich keinen Deut darum, was die Nachwelt einmal von diesem oder jenem Autor halten werde.

1679 glückte La Grange, der zweifellos ein guter Geschäftsführer war, ein genialer Schachzug: es gelang ihm, den Star der gegnerischen Truppe, die Schauspielerin Champmeslé, aus dem Hôtel de Bourgogne abzuwerben. Damit war eine Grundvoraussetzung für die Vereinigung der beiden Trupps geschaffen. La Grange wurde deswegen mehrmals bei Hofe vorstellig. Der König erteilte kurz darauf seine Zustimmung, und am 18. August 1680 wurden beide Gruppen auf königlichen Befehl zusammengelegt, um – wie es in der entsprechenden Ordonnanz hieß – noch bessere Aufführungen zu ermöglichen.[136] Dieser historische Augenblick war die Geburtsstunde der Comédie française, des französischen Staatstheaters.

Harlekins Heimsuchungen

Die italienische Schauspieltruppe führte jedoch weiterhin ihre eigenen Stücke auf. Deren Personen freilich trugen fortan französische Namen; die Zofe hieß manchmal Marinette, meistens jedoch Colombine; der Graubart wurde bald Brocantin, bald Sottinet oder Roquillard genannt; Polichinelle wurde durch Pierrot ersetzt. Bei dieser von Regnard konzipierten und ab 1673 mit dem Franzosen Jératon besetzten Rolle handelte es sich nicht mehr um jene ganz in Weiß gekleidete und auch weiß geschminkte Figur, wie wir sie uns aufgrund von Watteaus Gemälden vorstellen: Pierrot war nun ein Jüngling, der sich bewußt naiv, tölpelhaft und frech gab, in Wahrheit jedoch eine beachtliche Portion gesunden Menschenverstands besaß. Die Figur des Arlequin blieb ihrem italienischen Vorbild am nächsten. Die italienische Truppe widmete ihm zahlreiche Stücke: „Arlequin Protée" (Harlekin der Unbeständige), „Arlequin Mercure galant" (Harlekin der Kuppler), „Arlequin Grapignan", „Arlequin lingère du Palais" (Harlekin als Wäschefrau im Palast), „Arlequin chevalier du Soleil" (Harlekin der Ritter der Sonne) und „Arlequin empereur de la Lune" (Harlekin, der Kaiser vom Mond). Als 1689 der Hauptdarsteller dieser Rolle, Domenico Biancolelli, genannt Dominique, verstarb, wurde sie von Evariste Gherardi übernommen, der dieses Repertoire zusammengestellt und der Nachwelt überliefert hat.[137]

Das Pariser Publikum, welches die Aufführungen der italienischen Schauspieltruppe besuchte, um sich von seinen Alltagssorgen ablenken zu lassen, spürte, daß sich diese Spaßmacher in genialer Weise auf ihr Geschäft verstanden. Einst hatte Molière sich bei ihnen manche Anregung geholt, und geraume Zeit später, als sie ihre Farcen überarbeiteten und umgestalteten, übernahmen sie ihrerseits einiges von Molière. Dann dienten sie Jean-François Regnard – dem neuen Molière – als Versuchsbühne, bevor er sich an die Veröffentlichung seiner Meisterwerke („Le Légataire universel" [Der Alleinerbe], 1691, und „Le Joueur" [Der Spieler], 1708) wagte. Regnard verstand sich darauf, aus bunten Possen, lächerlich anmutenden Plädoyers, fernöstlichen Themen und Opernparodien Satiren auf die zeitgenössische Gesellschaft und die in ihr herrschenden Sitten zu machen, in denen er die Angehörigen des Amtsadels und der Finanzwelt sowie die dem Spiel, dem Tabak und den Frauen zugetanen Offiziere verspottete und sich über die Launen der Mode und die „aktuellen" Schminkweisen mokierte.[138]

Regnards Satiren hatten jedoch – unabhängig davon, ob als Theaterstück oder als Erzählung konzipiert – stets nur ganz bestimmte Personenkreise und Berufsstände zur Zielscheibe. Die Behörden sahen tatenlos zu, wie eitle Bankiers, pedantische oder unwissende Ärzte, mandantenjagende Anwälte, betrogene Grundherren und ehebrecherische Marquisen bloßgestellt wurden. Sobald in den Satiren jedoch bedeutende Bischöfe und andere Geistliche, Staatssekretäre, Gerichtspräsidenten oder auch nur ein einfacher Rat aus dem Parlament verspottet worden wäre, hätte die Truppe gewiß Schwierigkeiten bekommen. Die italienischen Schauspieler jedenfalls fühlten sich durch ihre Erfolge so ermutigt, daß sie zur systematischen Satire aller Gesellschaftsschichten übergingen und den Zorn der Behörden erregten, die ohnehin bereits 1688 auf sie aufmerksam geworden waren; 1695 nahm die Verwaltung Anstoß an dem Stück „Le Retour de la foire de Bezons" und ordnete an, daß künftig sämtliche Vorstellungen von einem Polizeibeamten besucht werden sollten. Zwei Jahre später wies der für Paris zuständige Minister Pontchartrain den Polizeichef d'Argenson an, die italienischen Schauspieler aus der Hauptstadt entfernen und ihr Theater schließen zu lassen. Der Anlaß hierfür war die bissige Komödie „La Fausse Prude" (Die falsche Prüde), mit der sie in vier Vorstellungen rauschenden Beifall geerntet hatten. Die Vermutung lag nahe, daß mit der Hauptperson Frau von Maintenon gemeint war, obwohl ihr Name niemals fiel und der – anonyme – Autor diesen Sachverhalt wohl selbst unter der Folter geleugnet hätte; nichtsdestotrotz bezog das Pariser Publikum das Stück nur allzu gerne auf die zweite Gemahlin des Sonnenkönigs ...

So kam es, daß ab dem 4. Mai 1697 in Paris nur noch ein einziges Theater existierte: die Comédie française. Wenn man bedenkt, daß der König um

1670 Molières Truppe sechstausend Francs zukommen ließ, die Schauspieler im Hôtel de Bourgogne zwölftausend erhielten, jene des Théâtre du Marais zwar leer ausgingen, die italienischen Komödianten dafür jedoch mit sechzehntausend Francs unterstützt wurden, so bedeutete die Reduzierung dieser verschiedenen Bühnen auf eine einzige doch eine erhebliche Ausgabenminderung. Außerdem stellte sie einen Sieg der Partei der Devoten dar, in der sich seit rund zwanzig Jahren die Vertreter der unterschiedlichsten religiösen Richtungen zusammengefunden hatten (der Jansenist Nicole, der vorsichtig taktierende Bossuet, die Marquise von Maintenon und viele andere); ein Ziel vereinte sie alle: die Abschaffung des Theaters. Der König, der einst dem Theater sehr zugetan war, hatte diese Vorliebe zunächst auf die Opern Lullys sowie auf Ballettvorführungen eingeengt und den Theatergegnern nur unter großer Mühe den Wind aus den Segeln nehmen können. Jenen, die ihn zu sehr bedrängten, pflegte er zu erwidern, daß selbst seine fromme Mutter Anna von Österreich, nachdem sie sowohl ihr Gewissen als auch die Gelehrten von der Sorbonne zu Rate gezogen hatte, stets das Theater geliebt und gefördert habe. Mit zunehmendem Alter wurde der Sonnenkönig jedoch immer frommer und begann sich an den Frechheiten des Italieners Mezzetin zu stören. Die Reduzierung der verschiedenen Bühnen auf ein einziges Theater bot gleich mehrere Vorteile: zum einen konnte es viel leichter überwacht werden, und zum anderen kam es zwar den Neigungen des Pariser Publikums entgegen, hielt es aber gleichzeitig davon ab, über Dinge oder Personen zu spotten, die dem König am Herzen lagen.

Und dennoch lebte in Paris die Tradition der italienischen Schauspieler durchaus fort. Im Jahre 1706 existierten sieben stets gutbesuchte Volksbühnen, die sich bescheiden als Jahrmarktsgaukler ausgaben. Ungeachtet der Eifersüchteleien der Comédie française und der restriktiven Reglementierung bewahrten diese Schausteller die Tradition des italienischen Theaters; sie widmeten sich der Pantomime, technischen Effekten, bunten Possen, fremdartigen Stücken, Gauklereien und sogar Satiren, mit denen sie das Pariser Publikum entzückten. Der große König, dem ganz Europa zu Füßen lag, hatte in dem unbesiegbaren Arlequin einen Gegner gefunden, der ihm durchaus gewachsen war.[139]

Ludwig XIV. als Mäzen

Der König griff auch anderweitig in das zeitgenössische Kulturgeschehen ein, indem er – ebenfalls überwiegend in Paris – vielen Künstlern eine Pension aussetzte; dies taten die französischen Könige zum großen Teil in der Absicht, das restliche Europa in Staunen zu versetzen, was ihnen auch mindestens ein Jahrhundert lang glückte. Da es kein Ministerium für kulturelle Angelegenheiten gab, wurden die entsprechenden Funktionen vom Oberintendanten der königlichen Bauwerke übernommen; er hatte unter anderem Künstler vorzuschlagen, die er für förderungswürdig hielt. Diese wichtige Aufgabe wurde nur ausgesuchten Männern wie Colbert, Louvois oder Mansart übertragen. Ersterer stattete dieses Amt mit weitreichenden Befugnissen aus und verschaffte ihm großes Ansehen. Gewiß, Colbert war bestrebt, den Ruhm seines königlichen Herrn zu mehren – aber was hätte er unter einem anderen König getan? Im Jahre 1666 gründete er die Académie des sciences (Akademie der Wissenschaften), die Académie de peinture, sculpture et architecture en la ville de Rome (Akademie der Malerei, Skulptur und Architektur in der Stadt Rom), und 1667 richtete er das Pariser Observatorium ein – Institutionen, die schon bald weltweite Berühmtheit erlangten.

Bereits ab 1664 verwendeten der König und sein Minister einen Teil des Geldes, das der Oberintendantur der königlichen Bauwerke zustand, dazu, Schriftstellern und Naturwissenschaftlern eine finanzielle Unterstützung zu gewähren. Bis 1690 bezogen durchschnittlich zweiundvierzig Künstler und Wissenschaftler eine jährliche Pension. Die Tatsache, daß ein Herrscher Schriftsteller oder Forscher unterstützte, war keineswegs neu, aber bisher waren noch nie über einen so langen Zeitraum hinweg – und einigermaßen regelmäßig – so viele Gelder geflossen. Das Mäzenatentum diente auch politischen und propagandistischen Zwecken: Ludwig XIV. und Colbert erregten weltweit Aufsehen und Bewunderung, weil sie zehn Jahre lang stets auch zehn berühmte Ausländer – Humanisten, Rhetoriker, Gelehrte, Philologen, Schriftsteller und Dichter, Geschichtsschreiber, Geographen, Mathematiker, Physiker und Astronomen – jeweils über zwölf Monate hinweg unterstützten. Selbst Protestanten – wie beispielsweise die Holländer Isaac Vossius oder Nicolas Heinsius – wurden vom Allerchristlichen König mit Pensionen bedacht.[140]

Für die aus Frankreich stammenden Wissenschaftler und Künstler, die die meisten Pensionen erhielten, waren diese Gelder aus der königlichen Schatulle von großer Wichtigkeit, erlaubten sie doch zahlreichen Autoren und Gelehrten ein freies, ungehindertes Schaffen, bei dem sie auf keinen privaten Gönner Rücksicht nehmen oder gar um Almosen betteln mußten. Bislang hatten lediglich Mönche oder begüterte Laien unter so günstigen Umständen arbeiten können. Dank der königlichen Pensionen konnten sich nun viele Schriftsteller unbeschwert ihren literarischen Vorhaben widmen. Als Gegenleistung für ein paar Oden oder eine Lobrede nach antikem Vorbild wurden sie aller materieller Sorgen enthoben.

Die höchsten Pensionen erhielten ausländische Gelehrte, die man auf Dauer nach Frankreich zu holen wünschte. Der berühmte holländische Physiker und Astronom Christian Huygens, der Mitglied der Académie des sciences wurde, erhielt die stattliche Summe von sechstausend Livres; der Astronom Giovanni Domenico Cassini bezog mit neuntausend Francs die umfangreichste Unterstützung. Von den Franzosen erhielt Eudes de Mézeray, der Autor des monumentalen Geschichtswerkes „Histoire de France", viertausend Livres pro Jahr, während die beiden Gelehrten Baluze und Du Cange zweitausend bezogen. Jean Chapelain bekam aufgrund seiner großen Verdienste eine Pension von dreitausend Livres; er war nicht nur ein fähiger Berater Richelieus, sondern bewies mit seinem Werk „La Pucelle" (Die Jungfrau von Orléans), daß er – ebenso wie Paul Valéry im zwanzigsten Jahrhundert – nicht nur ein begnadeter Dichter, sondern auch hochintelligent war.

Manche Pensionsempfänger bezogen jahrelang den gleichen Betrag, sei es, weil sie – wie der betagte Corneille – Stücke von bleibendem Wert geschaffen hatten, oder weil man es nicht für ratsam hielt, sie anzuspornen. Boileau erhielt zweitausend Francs, Benserade und Daniel Huet bekamen je eintausendfünfhundert, Molière und Thomas Corneille tausend Francs, und Fléchiers Pension belief sich lediglich auf achthundert Francs. In einigen anderen Fällen wurde die Pension im Laufe der Zeit erhöht. Ab 1667 bekamen der Schriftsteller Charles Perrault und der Mathematiker Carcavy zweitausend statt wie bisher eintausendfünfhundert Francs; Quinault, der einst mit ganzen achthundert angefangen hatte, erhielt ab 1672 zwölfhundert und ab 1674 eintausendfünfhundert Francs. Am häufigsten wurde Racines Pension erhöht – als ob Chapelain und Colbert beschlossen hätten, ihn fortlaufend für die Erfolge seiner Tragödien sowie für die wachsende Gunst zu belohnen, die er beim König genoß. In den Jahren 1664 und 1665 bezog der Autor des Stückes „La Thébaïde" (Die Thebais) jeweils sechshundert Francs. 1666 erschien „Alexandre", und Racines Pension erhöhte sich gleichzeitig auf achthundert Livres. 1668 und 1669 bezog der berühmte Verfasser der Tragödie „Andromaque" bereits zwölfhundert Francs, und in den Jahren 1670 bis 1678 erhielt der gefeierte Dramaturg – nachdem er die Werke „Britannicus", „Bérénice" und „Phèdre" auf die Bühne gebracht hatte – fünfzehnhundert Francs; 1673 wurde er Mitglied der Académie française und vier Jahre darauf königlicher Historiograph. Ab 1679 erhielt Racine, der in den folgenden Jahren noch die Tragödien „Esther" (1689) und „Athalie" (1691) schuf, mit zweitausend Francs die gleiche Gratifikation wie sein erbitterter Rivale Pierre Corneille.[141]

Obwohl er sich sehr für die Naturwissenschaften interessierte, förderte Colbert lange Zeit mehr Literaten als Forscher. Erst ab 1674 – dem Todesjahr Chapelains – tauchten auf den Listen der Pensionsempfänger mehr Wissenschaftler als Schriftsteller auf. Unter Colberts Nachfolger, dem Marquis de Louvois, wurde dieses Verhältnis zur Regel. Unter Ludwig XIV. war Frankreich sowohl in der Literatur als auch in den Naturwissenschaften führend. Der Sonnenkönig unterstützte nicht nur Huygens und Cassini, sondern auch Carcavy, Claude Perrault, Mariotte, Roberval, Borelli und La Hire sowie die in den königlichen Gärten beschäftigten Botaniker.

Die Royal Society in London sowie einige italienische Universitäten und Akademien entfalteten in etwa vergleichbare Aktivitäten. Aber kein Land konnte sich damals – und noch lange Zeit später – auf dem Gebiet des Mäzenatentums mit dem Frankreich Ludwigs XIV. messen. Daß Louvois sich Ende 1690 infolge der hohen Kriegskosten zur Streichung sämtlicher Pensionen gezwungen sah, schmälert Ludwigs Verdienst als Mäzen kaum, denn er hatte wichtige Impulse gegeben, die im darauffolgenden Jahrhundert zum Tragen kamen.

Öffnet den Louvre für das Volk!

Es war noch nicht lange her, daß die französischen Könige – nach dem Umzug in den Louvre – ihren früheren Palast den staatlichen Einrichtungen zur Verfügung gestellt hatten und der Palais de la Cité somit zum Palais de justice geworden war. Ludwig XIV. residierte zunächst lieber in den Tuilerien als im Louvre und zog anschließend Saint-Germain der Hauptstadt vor, das schließlich von Versailles abgelöst wurde; da er selbst nicht mehr im Louvre wohnen wollte, stellte er den größten Teil der Gebäude, die zumindest bis zur Vollendung des Versailler Schlosses als die schönsten Bauwerke der Welt galten, diversen Institutionen zur Verfügung.

Bereits im Jahre 1672, als die östliche Säulenhalle – die Claude Perrault zugeschrieben wird und laut Furetière von einzigartiger Schönheit war –

sich noch im Bau befand, erwirkte Charles Perrault, der Bruder des oben genannten Architekten, der Mitglied der Académie française und Erster Schreiber in der Oberintendantur der königlichen Bauwerke war, von Colbert die Erlaubnis für die Académie, im Louvre ihre Sitzungen abzuhalten. Die vierzig Mitglieder tagten zunächst in einem riesigen Vorzimmer, das die Sommerwohnung der Königinmutter von jenen Räumen trennte, in denen sie sich winters aufzuhalten pflegte, zogen aber bald in die zwischen dem „Pavillon de Beauvais" und dem „Pavillon de l'Horloge" liegenden Räume des von Jacques Lemercier erbauten Schloßflügels um; die Gemächer, in denen vormals der Conseil d'Etat zusammengetreten war, bildeten einen prunkvollen Rahmen für die Sitzungen der Akademie.

Einige Zeit später wurde auch die „Académie des inscriptions" in den Louvre verlegt und erhielt dort einen mit prächtigen Gemälden von Coypel und Rigaud ausgestatteten Versammlungsraum. Nachdem die Akademie für Malerei und Skulptur bereits zweimal umgezogen war, wurde sie am 15. März 1692 aufgrund königlicher Anordnung in jenen Gebäuden untergebracht, die Le Vau in den Jahren 1661 bis 1663 rund um den „Cour de la Reine" (Hof der Königin) errichtet hatte. Zehn Jahre später überließ ihr Ludwig XIV. auch noch den Salon Carré und die ehemalige Bibliothek als Ausstellungsräume für ihre Gemäldesammlungen. In der nur wenige Schritte entfernten Grande Galerie wurden 1699, 1704 und 1706 die Werke von Akademiemitgliedern in sogenannten „Salons" erstmals der Öffentlichkeit zugänglich gemacht.[142] Ebenfalls im Jahre 1692 wurde auch die Akademie für Architektur vom Palais-Royal in den Louvre verlegt und in jenen Gemächern untergebracht, die einst von der ersten Gemahlin Ludwigs XIV., Königin Maria Theresia, bewohnt worden waren.

Die Akademie der Wissenschaften übersiedelte 1699 zwar als letzte Vereinigung in den Louvre, erhielt dafür aber mit den ehemaligen Gemächern Seiner Majestät die prächtigsten Räumlichkeiten; ihre Versammlungen fanden im Saal Heinrichs II. statt. Im früheren Paradezimmer Ludwigs XIV. wurden der – von Claude Perrault sezierte – Elefant und das mit Stroh ausgestopfte Kamel aufgestellt, während das königliche Schlafzimmer – in dem sämtliche Herrscher von Heinrich II. bis zu Ludwig XIII. genächtigt hatten – sowie das unlängst von Le Brun eingerichtete benachbarte Ankleidezimmer unzählige Schränke enthielten, die man mit allerlei anatomischen Präparaten vollgestopft hatte.

In weniger weitläufigen Seitenflügeln und in nicht ganz so prunkvoll ausgestatteten Räumlichkeiten wurden zahlreiche Wohnungen eingerichtet, in welche sich – sofern sie nicht bereits an königliche Beamte vergeben waren – Höflinge (Vivonne, Frau von Thianges und Saint-Aignan) einnisteten. Hier wohnte auch der bedauernswerte Schloßvorsteher Seguin, der vor lauter Arbeit weder aus noch ein wußte: er war ständig damit beschäftigt, Menschen davonzujagen, die sich unbefugt im königlichen Palast niedergelassen hatten, sowie für Ordnung und Sicherheit zu sorgen, das überall herumliegende Baumaterial zu bewachen (der Louvre war eine ewige Baustelle, viele Gebäude waren nicht einmal überdacht), nicht genehmigten Untervermietungen auf die Spur zu kommen sowie die Prostituierten zu verjagen, die allerorts nach Freiern Ausschau hielten. Ludwig XIV. hatte nicht nur dem königlichen Bibliothekar Abbé de la Vau eine standesgemäße Wohnung im Louvre angewiesen, sondern er gewährte darüber hinaus noch zwei weiteren Geistlichen, den beiden Kapuzinerpatern Aignan und Rousseau, Kost und Logis; sie wurden bald nur noch „les capucins du Louvre" (die Kapuziner aus dem Louvre) genannt und widmeten sich mit großem Eifer der Herstellung medizinischer Heilmittel. Aus einem Artikel des „Mercure galant" von 1678 geht hervor, daß die beiden Forscher – ungeachtet der damit verbundenen Feuergefahren – im Louvre sogar ein Labor einrichteten, das sich aller Wahrscheinlichkeit nach in der sogenannten „Apothicairerie" (Apotheke) befand.

Am meisten Beachtung verdienten jedoch die Gelehrten und Künstler, die sowohl im Parterre als auch im Zwischengeschoß der Grande Galerie untergebracht wurden. In den achtziger Jahren des siebzehnten Jahrhunderts wohnten dort Bérain und Isaac Silvestre, der Geograph Sanson, der Waffenschmied Piraube, der Schwertfeger Renoir, der Kupferstecher Châtillon, der Bildhauer Girardon (er verfügte sogar über zwei aneinander angrenzende Wohnungen), der Chefredakteur der „Gazette de France" namens Renaudot, der Mechaniker Vigarani, der die berühmte „Salle des machines" entworfen hatte, der Medaillenpräger Chivron, der Uhrmachermeister Bidaux und schließlich der Kunsttischler André-Charles Boulle.[143] Dieser hatte die Nachfolge des verstorbenen Jean Massé als Kunsttischler Seiner Majestät angetreten und war wie sein Amtsvorgänger zum „logé" aufgestiegen (die im Louvre untergebrachten, dem einfachen Volk entstammenden und in keinerlei verwandtschaftlicher Beziehung zum König stehenden Künstler hielten ihre Unterkünfte für ebenso schön wie diejenigen der in Versailles wohnenden Aristokraten). Boulle wurde 1672 zum Kunsttischler Seiner Majestät ernannt, als Ludwig XIV. sich im Feld befand. Colbert, der sein Amt als Oberintendant der königlichen Bauwerke sehr ernst nahm, fragte auf schriftlichem Wege beim König an, ob der freigewordene Posten mit dem allenfalls mittelmäßigen Sohn des verstorbenen Amtsinhabers Massé besetzt werden solle, oder ob es nicht zweckmäßiger sei, André-Charles Boulle, den besten Kunsttischler weit und breit, zu berufen; da Ludwig XIV. sich erwartungsgemäß zugunsten des fähigeren Mannes entschied, wurde Boulle Kunsttischler Seiner Majestät und bezog die entsprechende Wohnung im königlichen Stadtschloß.

Die im Louvre untergebrachten Künstler neigten teilweise dazu, sich über Gebühr auszubreiten und Räumlichkeiten zu belegen, die ihnen gar nicht zugewiesen worden waren. So benutzte etwa Girardon Teile der königlichen Altertümersammlungen als Arbeits- und Ausstellungsräume und baute seine Skulpturen unter anderem in der Nähe einer kostbaren Mumie auf, die im Jahre 1698 die Bewunderung des Engländers Lister erregte.

Neben Teilen der königlichen Sammlungen – die den Kern des späteren Museums bildeten – beherbergte der Louvre auch die meisten im Besitz Ludwigs XIV. befindlichen Kunstschätze, die noch unter Mazarin sowie anschließend auf genaue Anweisungen Colberts hin unter enormen Kosten aus Italien herbeigeschafft worden waren. Des weiteren enthielt er die königliche Druckerei, die großen Lärm und Schmutz verursachte. All die vom König großzügigerweise in seinem Stadtschloß geduldeten Personen ließen sich dort auf Dauer nieder und fühlten sich wie zu Hause. Wenn die Stadt – wie zum Beispiel am 25. August 1682 aus Anlaß der Geburt des Thronfolgers – entlang der Seine großartige Feste und Feuerwerke veranstaltete, errichteten die im Louvre wohnenden Künstler in der Grande Galerie hölzerne Tribünen und schämten sich nicht, sie gegen bare Münze an Zuschauer zu vermieten. Andererseits waren sie auch an der Vorbereitung der Festlichkeiten beteiligt: 1682 beschloß der Dekorateur Bérain, zur Feier der Geburt des Herzogs von Burgund die gesamte zum Fluß hin gelegene Fassade festlich zu beleuchten, und 1704 half Girardon die Feier der Geburt des Herzogs von der Bretagne vorzubereiten.[144]

Die im Louvre untergebrachten Künstler gewöhnten sich schnell an die freigebige Gastfreundschaft des Sonnenkönigs, und die Einwohner von Paris betrachteten es schließlich als selbstverständlich, daß der größte Palast ganz Europas in erster Linie eine Hochburg der Künste wurde. Nichtsdestoweniger gab es auf der ganzen Welt kein zweites Beispiel für ein so großzügiges Mäzenatentum. Entgegen anderslautenden Legenden ließ es sich zur Zeit der sogenannten absoluten Monarchie für Künstler und Wissenschaftler aller Fachrichtungen in der französischen Hauptstadt ganz gut leben.

Die schönen Nachmittage von Auteuil

Der Sekretär des Pariser Erzbischofs Harlay, der Abbé Le Gendre, bezeichnete das Klima von Auteuil als sehr heilbringend. Im Jahre 1692 hatte er sich erkältet und wurde von einem heftigen Fieber befallen. Obwohl er nichts von den zeitgenössischen Heilkünsten hielt, zog er drei Ärzte zu Rate. Er wollte unbedingt wieder gesund werden, beschloß aber – aus Mißtrauen gegen die widersprüchlichen Ratschlägen der Mediziner –, seine Krankheit selbst zu heilen. Le Gendre lehnte jegliches Abführmittel und Aderlaß ab, aß nur sehr wenig und trank dafür um so mehr: er nahm große Mengen eines stark mit Wasser verdünnten Weines sowie zwischen den einzelnen Mahlzeiten möglichst heißes Wasser zu sich und hütete die ganze Zeit das Bett, ohne zu lesen, zu schreiben oder sich mit geschäftlichen Angelegenheiten zu befassen; er verordnete sich zwei Schwitzbäder und überwand schließlich die schwere Krankheit, ohne auch nur ein einziges Medikament eingenommen zu haben. Nach drei Wochen fühlte er sich bereits wieder so gut, daß er beschloß, nach Auteuil zu reisen, um dort an der frischen Luft vollständig zu genesen.

Auteuil war damals ein hübsches Dorf, lag etwa einen Kilometer vor den Toren der Hauptstadt und war aufgrund seiner guten Luft ein beliebter Aufenthaltsort. Das schönste Haus gehörte dem königlichen Schatzmeister Galpin – der überraschende Ähnlichkeiten mit Molières Monsieur Jourdain aufwies –, einem ehemaligen Kaufmann, der einst durch den gewinnbringenden Handel mit Gold- und Silberstoffen großen Reichtum erworben hatte. Sein Haus glich einem kleinen Palast und war mit so kostbaren Möbeln ausgestattet, daß ihn selbst vornehme Adlige darum beneideten. Den eigentlichen geistigen und gesellschaftlichen Mittelpunkt von Auteuil bildete jedoch das Landhaus von Nicolas Boileau-Despréaux, einem Mitglied der Académie française. Es sah weder besonders schön noch häßlich aus, verfügte jedoch über einen lieblichen Garten und war reizvoll gelegen. Die eigentlichen Wohnräume boten keinen Luxus, während im Empfangszimmer ein großer Wandteppich im italienischen Stil prangte. Auf einem Sims thronte das besonders hervorgehobene Porträt der Königin Christine von Schweden, während die restlichen Wände mit Bildern von Menippos,[145] Persius,[146] Juvenal[147] und anderen, vom Hausherrn besonders verehrten antiken Satirikern geschmückt waren. Sobald Boileau erfuhr, daß der Abbé Le Gendre in der Nähe weilte, lud er ihn ein, wenigstens die Nachmittage in seinem Landhaus zu verbringen.

Bei Boileau pflegte sich jeden Nachmittag ein Kreis von Schriftstellern und Literaten zu treffen, die den Eitelkeiten des Hofes wie den alltäglichen Sorgen des Bürgertums entrückt zu sein schienen. Es handelte sich um eine beachtliche Anzahl ausgesuchter Schriftsteller und literarisch gebildeter Frauen. Frau Deshoulières (gest. 1694) versprühte hier im Alter von fünfundfünfzig Jahren die letzten Funken ihrer Schönheit sowie ihres scharfen Geistes und stellte noch einmal ihre Tugend unter Beweis. Sie wurde wegen ihrer Klugheit und ihrer Dichtkunst geschätzt, und ihre Schäfergedichte erfreuten sich großer Beliebtheit. Auch der Abbé Regnier war häufig anwesend: er stand damals gerade im Begriff, die Vorbereitungen für die erste Auflage des seit langem sehnlich erwarteten, von der Akademie erarbeiteten Nachschlagewerkes (Le dictionnaire de l'Académie) abzuschließen. Liselotte von der Pfalz berichtet über dieses Jahrhundertwerk, daß allein die Bearbeitung des Buchstaben „Q" Jahre gedauert habe [148] und der arme Furetière deswegen aus der Académie française ausgestoßen wurde.

Jean Racine, der Vorleser Seiner Majestät – ebenso wie Boileau Hofhistoriograph –, war mit dem Hausherrn eng befreundet. Ferner verkehrten in Boileaus Haus weitere prominente Zeitgenossen wie der Schriftsteller André Dacier und der Jesuit Dominique Bouhours. Dacier, ein zum Katholizismus übergetretener Hugenotte, dem die königliche Buchsammlung im Louvre unterstand, hatte Horaz, Platon, Sophokles, Aristoteles sowie Plutarch übersetzt und war dabei, seine Aufnahme in die Académie française vorzubereiten. Er wurde stets von seiner Frau begleitet, die sich früher ebenfalls zum protestantischen Glauben bekannt hatte und aufgrund ihrer Homerübersetzung Berühmtheit erlangte. Anne Dacier beherrschte die griechische Sprache perfekt – weitaus besser als die lateinische, was sie jedoch keineswegs davon abgehalten hatte, drei Terentius-Komödien ins Französische zu übertragen. Dies veranlaßte den nichtsahnenden, von der in Boileaus Salon herrschenden Betriebsamkeit angesteckten Abbé Le Gendre dazu, die größte Torheit seines Lebens zu begehen. Als eines Tages die Rede auf Plautus, Terentius, Phaedra, Horaz sowie auf die Schönheit des klassischen Lateins kam, ließ er sich dazu hinreißen, seine Gedanken nicht in seiner Muttersprache, sondern auf Lateinisch zu äußern; wie er sagte, geschah dies nicht aus Unhöflichkeit, sondern in der Überzeugung, daß die zuhörenden Damen, die angeblich alle der lateinischen Sprache mächtig waren, seinen Ausführungen folgen könnten. Man zollte ihm auch Beifall, aber als Frau Dacier sich anschickte, ihm – ebenfalls in Latein – zu antworten, geriet sie mangels Gewohnheit zwei bis drei Mal ins Stocken, und sowohl Racine als auch Boileau sahen sich veranlaßt, Le Gendre zu ersuchen, sich doch wieder der französischen Sprache zu bedienen. Der Jesuit Bouhours, ein scharfzüngiger Schöngeist und damals gerade bei Galpin zu Gast, begleitete Le Gendre anschließend heim und hielt ihm dabei immer wieder seine Taktlosigkeit vor. Anscheinend hatte Le Gendres tölpelhaftes Benehmen – mehr als Frau Dacier – gerade Boileau und Racine verlegen gemacht, da auch ihre Lateinkenntnisse allenfalls mittelmäßig waren.

Nachdem dieses unangenehme lateinische Zwischenspiel überstanden war, begann man sich in Boileaus Salon erneut mit den Schönheiten der französischen Sprache zu befassen. Es verging kein Tag, an dem nicht irgendein literarisches Problem behandelt wurde. Bisweilen kam es zu pedantischen Erörterungen, die bei Hofe undenkbar gewesen wären und an denen man in der Hauptstadt Anstoß genommen hätte. Sobald diese Literaten unter sich waren, überschritten sie jedoch manchmal die Grenzen, welche der Anstand gebot. Diese Gefahr birgt jegliches Zusammentreffen von Spezialisten in sich. Sofern man den Erzählungen des Abbé Le Gendre Glauben schenken darf, pflegte Boileau seine Gäste gern mit Sentenzen von Persius, Horaz oder Juvenalis zu necken, um anschließend das Gespräch auf seine eigenen Satiren lenken zu können. Und diejenigen Besucher, die geglaubt hatten, daß ihr Gastgeber die Königin Christine von Schweden zutiefst verehre, wurden sehr schnell eines Besseren belehrt. Eines Tages äußerte Boileau mitten in einer Unterhaltung, er habe die Königin Christine nur deshalb den Porträts der römischen Satiriker Persius und Juvenal gegenüber gestellt, weil jene die bissigsten Männer ihrer Epoche gewesen seien, während Christine die größte Verleumderin ihres Jahrhunderts gewesen sei. Le Gendre gab daraufhin zu bedenken, man habe der schwedischen Königin ihre Boshaftigkeit mit gleicher Münze heimgezahlt, indem man oft genug über den weiblichen Zwitter gelästert habe. Da die Gesprächspartner sich an dieser Formulierung störten, erklärte der Abbé, was er damit gemeint hatte: die Königin von Schweden sei zwar unbestreitbar mit allen Schwächen des weiblichen Geschlechts behaftet gewesen, habe jedoch häufig beteuert, daß sie viel lieber ein Mann gewesen wäre.

Auch Régnier verteidigte die schwedische Königin und behauptete, sie sei eine Heldin gewesen. Boileau fragte spöttisch, ob Christines Heldentum denn etwa darin bestanden habe, daß sie ein Verhältnis mit dem spanischen Botschafter, dem gefallsüchtigen und nicht gerade durch Tapferkeit glänzenden Pimentel unterhalten habe; oder darin, daß sie einen anderen Liebhaber mit Grimm verfolgte und schließlich im Schloß von Fontainebleau hinterrücks erdolchen ließ; ob es denn von Heldenmut gezeugt habe, daß sie bei Zusammenkünften in Rom Obszönitäten von sich gab, die selbst abgebrühte Zeitgenossen noch erröten ließen. Der Abbé Régnier erwiderte,

Königin Christine habe heldenhaft zugunsten eines anderen abgedankt. Boileau wiederum behauptete, die schwedische Königin habe keineswegs aus Heldenmut auf ihren Thron verzichtet – diese Tat sei ganz allein ihrer Flatterhaftigkeit zuzuschreiben gewesen sowie dem Verlangen, ungehindert ihrer Reiselust frönen zu können.

Weder im Hôtel de Rambouillet noch in den berühmten Pariser Salons des achtzehnten Jahrhunderts hätte man solche ungezwungenen Äußerungen, endlosen Wortgefechte, Angriffe oder versteckten Anspielungen geduldet. Dies lag sicher auch daran, daß in Auteuil nahezu keine Frauen beteiligt waren. Ausgesprochene Blaustrümpfe wie Frau Dacier oder Frau Deshoulières waren kaum in der Lage, die Gespräche in angemessene Bahnen zurückzulenken. Die größte Schwierigkeit bestand darin, daß der Hausherr stets recht behalten wollte, weshalb der Disput über die Königin von Schweden schließlich damit endete, daß sich die Gesprächspartner – zumindest scheinbar – darauf einigten, daß Christine wohl kaum einer Heldin gleiche.[149] Immerhin verdanken wir diesem Vorfall eine so genaue Wiedergabe von Worten Boileaus, daß es einem fast vorkommt, als ob man ihn auf einem Tonband sprechen höre.

4. Kapitel: Von der Wiege bis zur Bahre

> – Quelles sont les fins principales du mariage?
> – La première est de donner des citoyens à l'Etat, des enfants à l'Eglise, des habitants au Ciel.[150]
> P. FELINE

Für einen Franzosen aus dem Jahre 1680 lagen die Dinge recht einfach: man pflegte sich nicht viele Gedanken über die menschliche Existenz zu machen, sondern war der festen Überzeugung, daß man zwar die irdische Existenz den leiblichen Eltern verdanke, daß aber letztlich Gott der Urheber allen Lebens sei.[151] Auch die Begrenztheit des menschlichen Daseins wurde als von Gott gegeben hingenommen. Man hatte aus der Heiligen Schrift den Schluß gezogen, daß der Mensch seit der Sintflut höchstens hundertundzwanzig Jahre alt werden könne. Gemessen an der Ewigkeit erschien dieses Leben jedoch eher wie ein Traum, der gleich einem flüchtigen Schatten vorüberhuschte. Religiöse Zeitgenossen glaubten im übrigen an ein ewiges Leben nach dem Tode und hofften inständig, daß ihre irdische Existenz nur eine Vorstufe zu einem weitaus besseren Leben im Jenseits darstelle. Sie bemühten sich daher, bereits auf Erden ein gottgefälliges, tugendhaftes Dasein zu führen. Den reichen Mitmenschen wurde regelmäßig ihr geradezu verschwenderischer Lebensstil vorgehalten. Wer ein vorbildliches Dasein führte, sollte darin fortfahren, wer jedoch vom Pfad der Tugend abgewichen war, sollte schleunigst umkehren. Jedermann sollte sich nach Kräften um einen frommen, christlichen Lebenswandel bemühen und nicht etwa wie ein Tier von einem Tag auf den anderen leben oder sich gar dem Laster ausliefern. Das oberste Ziel bestand in einem ausgesprochen religiösen, beschaulichen, genügsamen, ja mustergültigen Lebenswandel.

Die damals gebräuchlichen Sprichwörter spiegeln jedoch eine ganz andere, weitaus anspruchslosere Realität wider, obwohl sie sich auffallend genau mit den Forderungen der zehn Gebote decken: man sagte zum Beispiel „Telle vie, telle fin" (Wie gelebt, so gestorben); die Sprichwörter erinnerten auch häufig daran, daß das Leben jederzeit durch eine schwere Krankheit bedroht oder durch einen frühzeitigen Tod jäh beendet werden konnte: „Qui a temps, a vie" (Wer Zeit hat, hat noch lang zu leben), „On a toujours plus de biens que de vie" (Man hat immer mehr Güter als Leben), „Il faut faire vie qui dure" (Man muß sich um ein langes Leben bemühen); laut Furetière zeugte es von niedriger Herkunft, wenn jemand den Schwur „Merci de ma vie" (So will ich gleich des Todes sein) gebrauchte.

Die durchschnittliche Lebenserwartung

Unter dem Sonnenkönig galt das Leben als ein kostbares und sehr zerbrechliches Gut. Die Kirche war auf die Erhaltung sämtlichen Lebens bedacht und ging aus diesem Grunde unerbittlich gegen Kindstöter vor. Der Staat hatte es sehr bald der Kirche nachgemacht: ein altes, noch immer gültiges Gesetz aus der Zeit Heinrichs II. bestimmte, daß ledige Schwangere durch die Behörden zu überwachen und von einer willentlich herbeigeführten Fehlgeburt abzuhalten seien. Die Regierung maß dem Leben des einzelnen großen Wert bei. Colbert förderte das Bevölkerungswachstum ganz gezielt im Rahmen seines merkantilistischen Wirtschaftssystems. Im Jahre 1670 ließ er in der ganzen Stadt Tafeln anbringen, auf denen allmonatlich sämtliche Taufen, Hochzeiten und Bestattungen verzeichnet wurden. 1686 veröffentlichte Vauban „Méthode générale et facile pour faire le dénombrement des peuples"[152], eine Art praktischer Leitfaden zur Volkszählung. Die über das ganze Königreich verteilten Intendanten erstellten für den Herzog von Burgund eine Statistik der Gesamtbevölkerung.[153] Jedes Territorium, jeder Landstrich, jede Pfarrgemeinde, ja selbst jeder landwirtschaftliche Betrieb benötigte eine bestimmte Anzahl Menschen. Im Zeitalter Ludwigs XIV. pflegte sich die Bevölkerungszahl auf eine ganz erstaunliche Weise selbst zu regulieren.

In einer überwiegend von der Landwirtschaft lebenden Gesellschaft, die über keine größeren Reserven an Ackerboden mehr verfügte, durfte die Zahl der Lehen nicht ständig vermehrt werden, da die Erträge nur zur Ernährung einer festen Anzahl von Pächterfamilien ausreichten. Aus diesem Grund blieben viele Menschen ledig, und auch jene, die eine Familie gründeten, unternahmen dies verhältnismäßig spät[154] (in den Anbaugebieten des Pariser Beckens lag das durchschnittliche Heiratsalter der Männer bei etwa siebenundzwanzig und der Frauen bei vierundzwanzigeinhalb Jahren). Die Zahl der unehelich geborenen Kinder war – mit rund einem Prozent – erstaunlich gering, was deutliche Rückschlüsse darauf zuläßt, mit welcher Genauigkeit die religiösen Vorschriften befolgt wurden, beziehungsweise welche Macht die geistlichen Hirten über ihre Schafe ausübten. Anderseits pflegte man jedoch sorgsam darauf zu achten, daß kein Ackerland aufgegeben wurde, daß nicht ganze Landstriche der Brache anheimfielen oder ganze Höfe von Städtern aufgekauft wurden. Sobald der Tod ungewöhnlich viele Menschen dahinraffte, schien die Bevölkerung sich automatisch um den Ausgleich der entstandenen Lücken zu bemühen, und es kam schlagartig zu mehr Eheschließungen und folglich auch zu mehr Geburten.[155]

In den Jahren 1676, 1680, 1691 und 1705 starben auffallend viele Menschen; 1709 und 1710 lag die Sterberate noch höher, wurde aber von den Jahren 1693 und 1694 übertroffen. Während der Krise von 1709/1710 kamen rund eine Million vierhunderttausend Menschen um, während die Not von 1693 und 1694 rund zwei Millionen Franzosen das Leben kostete. Die strengen Winter und die Mißernten hatten zur Folge, daß viele Menschen verhungerten oder erfroren; sie wirkten sich jedoch vor allem indirekt sehr negativ auf die Bevölkerungsentwicklung aus, da sie zur Ausbreitung verschiedener Krankheiten beitrugen und die durch Hunger und Kälte geschwächten Menschen viel anfälliger waren. Obendrein litt das Volk sehr unter den vielen Kriegen – weniger wegen der Soldaten, die in ihnen umkamen, als wegen der Truppenbewegungen und der mit ihnen verbundenen Plünderungen.

Entgegen einem weitverbreiteten, vermutlich auf La Bruyère zurückgehenden Vorurteil forderten die Epidemien – aufgrund der mangelnden Hygiene, der räumlichen Enge, des oft schlechten Trinkwassers und der sich überall häufenden Müllberge – in den Städten deutlich mehr Opfer als auf dem flachen Land. Das Leben jedes einzelnen war ständig großen Gefahren ausgesetzt. Am meisten fällt jedoch auf, wie schnell sich die Bevölkerung von diesen Verlusten zu erholen pflegte. 1694 waren während des harten Winters und Frühjahrs ungewöhnlich viele Menschen gestorben; bereits im darauffolgenden Jahr zeichnete sich – in Form eines sprunghaften Anstiegs der Eheschließungen und folglich einige Zeit später auch der Geburten – bereits wieder eine Bevölkerungszunahme ab. Dies war zwar durchaus im Sinne der Kirche und der königlichen Verwaltung, aber es hatte vollkommen den Anschein, als ob die Bevölkerung der einzelnen Pfarreien instinktiv auf die mit einer steigenden Sterberate verbundenen Gefahren reagiert hätte.

Außer unter den Neugeborenen und Hochbetagten wütete der Tod mit Vorliebe unter den Kleinkindern. Tag für Tag starben so viele Kinder unter fünf Jahren, daß die Geistlichen – die über sämtliche Taufen gewissenhaft Buch geführt hatten – die unzähligen Kindsbestattungen oft gar nicht mehr alle registrierten. Sowohl den Geistlichen als auch den Eltern genügte die

Gewißheit, daß die gestorbenen Kinder das Sakrament der Taufe erhalten hatten, welches ihnen die Pforten des Himmels öffnete. Viele Kinder kamen bereits tot zur Welt, und die anderen starben sehr häufig während ihrer ersten Lebensmonate. Nicht einmal achtzig Prozent aller Kinder wurden ein Jahr alt, lediglich sechzig Prozent erreichten ein Alter von zehn Jahren und allenfalls die Hälfte eines ganzen Jahrgangs erreichten das durchschnittliche Heiratsalter von fünfundzwanzig Jahren. Die Lebenserwartung war demnach alles andere als hoch, obwohl Frankreich ein wohlhabendes Land war, dessen Kultur ein beachtliches Niveau erreicht hatte.

Um diese permanent hohe Kindersterblichkeit und die regelmäßig bei irgendwelchen Epidemien in die Höhe schnellende Sterberate auszugleichen, setzte man gewöhnlich mindestens sechs Kinder in die Welt. Hätte jede Familie sich mit weniger als fünf Kindern begnügt, so wäre die Bevölkerung des französischen Königreiches kontinuierlich zusammengeschrumpft. Wenn man bedenkt, wieviele Menschen damals nachweislich schon in jungen Jahren starben, bekommt man einen Eindruck davon, wie große Gefahren im siebzehnten Jahrhundert das menschliche Leben bedrohten. Und dabei wurde Frankreich kaum mehr von den drei größten Schrecken des Mittelalters – Pest, Krieg und Hungersnot – heimgesucht!

Wer jedoch das durchschnittliche Heiratsalter von fünfundzwanzig Jahren erreichte, der konnte damit rechnen, daß er noch einige Jahre vor sich hatte. Das Beispiel der Benediktinerinnen des Klosters Faremoutiers-en-Brie – die durchschnittlich mit zweiundsechzig Jahren starben – beweist, daß man unter günstigen Bedingungen relativ alt werden konnte.[156]

Die Abschnitte des Lebens

Man war damals fest davon überzeugt, daß Gott, der Herr über Leben und Tod, die Eckdaten des menschlichen Daseins bestimme und daß es sein höherer Ratschluß sei, wenn ein Neugeborenes gleich wieder starb. Die ersten sieben Lebensjahre wurden als „l'âge d'innocence" (Zeit der Unschuld) oder als „l'âge tendre" (zartes Kindesalter) bezeichnet, da man davon ausging, daß ein Mensch, der jünger als sieben Jahre sei, noch keine Sünde begehen könne. Mit sieben begann für die Jungen und Mädchen das „âge de raison", das heißt, sie wurden in religiöser Hinsicht mündig. Die Kirche vertrat die Auffassung, daß die Kinder nun durchaus zwischen Gut und Böse unterscheiden konnten und folglich genau wie die älteren Mitmenschen Sünden begingen, Reue empfanden und gute Taten vollbrachten.

Auch damals unterschieden sich Männer und Frauen in dem Tempo, in welchem sie heranwuchsen und in welchem sie alterten. Für die Jungen brach mit vierzehn die Pubertät oder das mannbare Alter – „l'âge nubile" – an; die Fünfzehn- und Sechzehnjährigen pflegte man als Jünglinge zu bezeichnen, während die Männer insgesamt bis zu ihrer Volljährigkeitserklärung – die mit fünfundzwanzig erfolgte – als junge Burschen galten. In Einzelfällen wurde diese Bezeichnung selbst noch für knapp Dreißigjährige verwendet. Der dreißigste Geburtstag stellte eine deutliche Zäsur dar: mit ihm ging unwiderruflich die Jugendzeit zu Ende. Der erwachsene Dreißigjährige befand sich fortan zwischen zwei Lebensaltern – „entre deux âges". Zwischen dem dreißigsten und dem fünfzigsten Geburtstag durchlief man das sogenannte Mannesalter, „la force de l'âge, l'âge mûr, l'âge viril"; ab fünfzig begannen die Männer sichtlich zu altern und wurden als Männer von mittleren Jahren oder fortgeschrittenen Alters und hin und wieder auch schon als „barbon" (Graubart) betitelt, eine Bezeichnung, die sich jeder Sechzigjährige gefallen lassen mußte. Dann brach mit dem „âge caduc" das eigentliche Alter an. Laut Furetière war ein Mann von sechzig Jahren unweigerlich alt; er wurde als betagter Mensch – „homme d'âge" – oder einfach als alter Mann bezeichnet und hatte höchstens noch einen Lebensabschnitt vor sich: das mit fünfundsiebzig einsetzende Greisenalter („l'âge décrépit").

Die Frauen wuchsen rascher heran und wurden auch früher alt; sie erreichten bereits mit zwölf Jahren das heiratsfähige Alter und wurden bis zu ihrem zwanzigsten Geburtstag liebevoll als Backfisch – „tendron" – bezeichnet. Bereits in diesem Alter waren die Mädchen zahlreichen Gefahren ausgesetzt, da die Graubärte sich mit Vorliebe für junges Blut interessierten. Mit zwanzig erblühten die Frauen zu ihrer vollen Reife, führten aber recht häufig das Dasein eines Mauerblümchens. Ab dreißig oder spätestens ab fünfunddreißig galten die Frauen nicht mehr als jung, und mit vierzig hatten sie die schönsten Jahre ihres Lebens bereits hinter sich. Laut Furetière war es mit vierzig um die Schönheit der Frauen geschehen, was sich in erster Linie darin äußerte, daß ihre Haut zu welken begann.[157] Die Frauen pflegten somit rund zwanzig Jahre früher als ihre Ehemänner – oder ihre Liebhaber – vom Alter eingeholt zu werden.

Während man im siebzehnten Jahrhundert zwar die menschliche Existenz minutiös in einzelne, genau fixierte Lebensabschnitte zu unterteilen pflegte, kannte man doch keine unüberwindlichen Altersgrenzen. In der Theorie konnte man zwar ab siebzig kein Amt mehr kaufen, es sind jedoch genügend Fälle überliefert, in denen Achtzigjährige als Käufer auftraten.

Etienne d'Aligre wurde 1672 im stolzen Alter von achtzig Jahren zum „Garde des sceaux" (Großsiegelbewahrer) ernannt. Zwei Jahre später wurde er Kanzler und übte dieses Amt noch drei Jahre lang aus, bis ihn mit fünfundachtzig der Tod ereilte. Dieselben Leute, die einen Sechzigjährigen als alten Mann bezeichneten, fanden nichts dabei, daß Duquesne 1684 im Alter von vierundsechzig Jahren die Schwadron befehligte, die Genua erstürmen sollte. Vom Marquis de Villette ist bekannt, daß er 1704 noch mit zweiundsiebzig in Velez-Malaga durchaus erfolgreich die Vorhut der Seestreitmacht des Grafen von Toulouse kommandierte. Andererseits pflegte man das für gewisse Positionen erforderliche Mindestalter recht großzügig auszulegen: man konnte – wie Bossuet – bereits mit elf Jahren Mönch werden und mit dreizehn als Freiwilliger zum Militär, mit sechzehn konnte man zum Oberst aufsteigen und mit achtzehn konnte man – wie Lamoignon – ein Amt erwerben, sofern man nicht eine Charge erbte wie Louvois, der im Alter von vierzehn Jahren Staatssekretär wurde.

An einzelnen Menschen schien die Zeit spurlos vorüberzugehen. Zu Beginn des Jahres 1702 hatte sich die damals siebenundfünfzigjährige Frau von La Vallière so stark verändert, daß sie kaum wiederzuerkennen war, und während die ruhmreiche Frau von Montespan mit sechzig schneeweißes Haar und eine ganz rote, von unzähligen Falten durchzogene Gesichtshaut hatte, sah die inzwischen sechsundsechzigjährige Marquise von Maintenon immer noch genauso aus wie mit sechsunddreißig. Selbst Liselotte von der Pfalz, die die zweite Gemahlin Ludwigs XIV. nicht ausstehen konnte, gab 1711 zu, daß sie immer noch sehr gut ausschaue.[158] Ihrer ehemaligen Freundin, der gleichaltrigen, aber weniger tugendhaften Ninon von Lenclos sah man ihr Alter noch weniger an. Die Vorsehung schien ihre Gaben auf rätselhafte Weise zu verteilen, da Frömmigkeit und ein gottgefälliger Lebenswandel nicht immer belohnt wurden.

Die Kindheit

Im siebzehnten Jahrhundert war – bevor der Herz-Jesu-Kult aufkam – der kindliche Christus Gegenstand einer intensiven Verehrung. Kardinal Bérulle hatte Christus wieder zum zentralen Glaubensgegenstand erhoben, sodaß das einfache Volk dazu überging, das Jesuskind besonders zu verehren. Dieser Kult verdankte seine Entstehung in erster Linie den Visionen der Marguerite du Saint-Sacrement, einer kleinen Karmeliterin aus Beaune; 1632 – mit dreizehn Jahren – hatte sie eine Vision: der Heiland erschien ihr in Kindsgestalt und forderte sie auf, darum zu beten, daß Ludwig XIII. ein Thronerbe geschenkt werde; 1635 teilte ihr das Jesuskind mit, daß die Königin einen Sohn erwarte.[159] Die zahlreichen Darstellungen des göttlichen Kindes, die das Volk in Form von Gemälden, Skulpturen und Gravuren ständig vor Augen hatte, trugen dazu bei, daß man den Kleinen mehr Liebe entgegenbrachte und sie vielleicht sogar ernst nahm. Im übrigen wurde das Jesuskind weiterhin zusammen mit seiner Mutter Maria und seinem Ziehvater Joseph abgebildet. Die Heilige Familie wertete die Kindheit auf und bildete gleichzeitig das Urmodell einer christlichen Familie.

Die darin enthaltene Botschaft schien auch durchaus verstanden zu werden. Ein von F. Guérard signierter Stich aus dem Jahre 1701 zeigt eine junge Kaufmannsfamilie: das Familienoberhaupt weist aus dem Fenster seines Büros hinaus auf den Hafen, die Quais und die Schiffe, die die Quelle seines Wohlstandes sind. Auf dem Tisch vor ihm liegen ein Geldbeutel und ein Rechenbrett. Daneben wiegt seine Frau einen Säugling in den Schlaf und beaufsichtigt gleichzeitig einen kleinen Jungen. Das Bild trägt eine Unterschrift, die gut zu der Idylle paßt:

Heureux qui du Ciel suit la loi
Et met le plus beau de sa vie
A bien servir son Dieu, sa famille et son Roi.

Glücklich, wer dem Gesetz des Himmels treu ist
und das schönste Lebensziel darin erblickt,
seinem Gott, seiner Familie und seinem König
nach Kräften zu dienen.[160]

Etwa ab 1680 hatte die Kindheit eine ungeheure, bisher noch nie dagewesene Aufwertung erfahren. Sie spiegelt sich auch im „Dictionnaire universel", das die Kindheit und das Familienleben mehrfach ausführlich bespricht. Furetière war zwar realistisch genug, um auch Begriffe wie „le fouet" (Peitsche), „la férule" (Rute), „les verges" (Stock), und „les claques" (Ohrfeigen) in sein Nachschlagewerk aufzunehmen – immerhin hat er den letzten Ausdruck als unfein abqualifiziert. Der Gebrauch dieser Züchtigungsmittel wurde durch zwei allgemeingültige Aussagen untermauert: „Un père doit châtier ses enfants" (Ein Vater muß seine Kinder strafen) und „Un maître châtie ses écoliers" (Der Lehrer züchtigt seine Schüler). Furetière listete jedoch gleichzeitig eine Unmenge jener Kosenamen auf, mit denen viele Zeitgenossen ihre Kinder bedachten: „mon poupon" (mein

Püppchen), „mon petit poupard" (mein kleines Wickelkind), „ma mignonne" (mein Liebling), „mon petit cœur" (mein Herzchen) und „mon petit bouchon" (mein kleines Dickerchen); ferner gab das Lexikon den Eltern Anregungen, wie sie ihren Tadel in sanftere Worte kleiden könnten, und riet ihnen, doch lieber „petit espiègle" (kleiner Schelm) zu sagen, als „merdaille" (dreckiger Schmutzfink). Furetière nahm auch ironische Wendungen auf, wie beispielsweise „Allez à l'école fouetter le maître" (Geht in die Schule, euren Lehrer auspeitschen). Der Moralist ermahnte die Eltern außerdem, sie sollten ihre Kinder nicht zu sehr verwöhnen, und enthüllt uns damit einen vollkommen neuen Aspekt des siebzehnten Jahrhunderts. Er empfahl seinen Zeitgenossen, ihre Zuneigung nicht etwa wahllos zu zeigen, sondern ihre Kinder stets auf die Stirn zu küssen, und prangerte die Schwäche mancher Eltern an, indem er besonders den Müttern vorwarf, sie würden ihre Kinder zu sehr verwöhnen; Furetière betrachtete es als gefährlich und schädlich, wenn Kinder allzusehr verhätschelt und insbesondere mit Süßigkeiten vollgestopft wurden.

Dasselbe Lexikon – das ja bekanntlich Anspruch auf Universalität erhob – enthielt außerdem eine Reihe von Begriffen aus der Kindersprache, die über das ganze Werk verteilt waren: „bobo" (Wehweh), „bonbon", „dada" (Spielzeug), „dodo" (Heia), „maman téton" (Amme) und „papa mignon" (lieber Papa). Die Katze hieß noch nicht „minet" oder „minou", sondern hörte bis zum Ende des Zweiten Empire auf den Namen „minon". Furetière nahm auch viele Ausdrücke aus der Schülersprache auf, wie zum Beispiel „la bouffe", ein Wort, das im siebzehnten Jahrhundert keine Speise, sondern vielmehr die Rundung der Wange bezeichnete; rauflustige Knaben drohten ihren Mitschülern mit Ohrfeigen („leur donner sur la bouffe"); „avoir campos" bedeutete, daß der betreffende Schüler keinen Unterricht hatte, sondern das Schulgebäude verlassen und über die Felder streifen konnte. „Capon" war noch nicht gleichbedeutend mit Hasenfuß, sondern besagte soviel wie Spitzbube, Gauner oder Betrüger. Die Schüler verfügten ferner über eigene Wortschöpfungen, die von keinem Außenstehenden verstanden wurden und weder am Hof noch in der Stadt oder in den Marktflecken gebräuchlich waren: wenn die Lehrer oder auch die Schüler sich ein besonders leckeres Mahl gönnten, pflegte man von einer „compotation" zu sprechen. Der Ausdruck „croquignole" (Nasenstüber oder Maulschelle) ging dagegen nicht in die Literatur ein.

Das „Dictionnaire universel" enthält auch zahlreiche Spiele, mit denen sich die Kinder im Haus, im Garten oder in der Schule die Zeit vertrieben; die Spanne reicht von „poupard" – einer kleinen, armlosen Babypuppe, mit der die kleinen Mädchen spielten – bis hin zum Schaukeln auf der „escarpolette" (Strickschaukel); diese Schaukel verlangte größere Geschicklichkeit als jene aus der Zeit Bouchers oder Fragonards und war anscheinend bei Schülern wie bei Bediensteten sehr beliebt. Das Spiel „cochonet" gab es in zwei Varianten: zur ersten benötigte man eine Art elfenbeinernen oder knöchernen Würfel mit zwölf fünfeckigen Seiten, die mit Zahlen von eins bis zwölf durchnumeriert waren; die Spielregel war denkbar einfach: man versammelte sich um einen Tisch und versuchte beim Würfeln höhere Augen zu erzielen als die Mitspieler. Eine zweite Form wurde im Freien gespielt und war ein Vorläufer des heutzutage in der Provence beliebten „pétanque", also eine Art Boccia. Während der Schulpausen oder in ihrer Freizeit spielten die Kinder gewöhnlich mit einem aufblasbaren Ball (laut Furetière war das Ballspiel nur Sache der Schüler), veranstalteten Wettläufe – „barres" – oder Bockspringen; dieser Sport hieß noch nicht „saute-mouton", sondern „coupe-tête" (wörtlich: Kopfabschneiden), woraus jedoch keine Rückschlüsse auf die Geschicklichkeit gezogen werden dürfen. Im Winter wurde sehr gerne „crosse", ein direkter – wenn auch wesentlich einfacherer – Vorläufer des heutigen Eishockey gespielt: Furetière beschwert sich darüber, daß man winters ständig durch die Spieler belästigt wurde.

Selbstverständlich findet man im „Dictionnaire universel" auch viele häusliche Spiele wie zum Beispiel das „corbillon" (Körbchenspiel), bei welchem die Mitspieler lauter Reime auf ‚-on' finden mußten, oder das lärmende „colin-maillard" (Blindekuh); beim „colifichet" ging es dagegen ruhiger zu: aus Papier, dünnem Karton oder Pergament wurden Figuren oder Muster ausgeschnitten und anschließend auf Holz, Stoff oder ähnliches aufgeklebt. Schließlich durfte auch das Verstecken nicht fehlen, damals noch „Cache cache Mitoulas" geheißen. Obwohl Furetière diesen Namen unziemlich fand, erklärte er die Regel: man steckte irgendeinem Mitspieler etwas zu, das dieser in seinen Händen oder in seinen Taschen verbarg, und ein anderer Spieler mußte erraten, wer den Gegenstand besaß. Das Wort „Mitoulas" hatte sich – laut „Dictionnaire universel" – entwickelt aus „Mie tu ne l'as" (Du hast es nicht) beziehungsweise „tu ne l'as mie".

Auch damals waren die Kinder keine größeren Engel als heute und zeigten sich durchaus nicht immer von der Schokoladenseite. Sie kamen oft schmutzig („ébrenné") nach Hause, die kleinen Buben waren rechte Hitzköpfe und Windbeutel („éventé), die ihre Hosen zerrissen und mitunter von den Schulaufsehern in die „cédule", die Übeltäter-Kartei, aufgenommen wurden. Andererseits wurden sie von den Erwachsenen – insbesondere ihren Lehrern – durchaus ernstgenommen. Selbst Charles Perrault, Mitglied der Académie française und laut Nodier eines der größten Genies seit Homer, maß der Kindheit so große Bedeutung bei, daß er ein paar Ammenmärchen zu wahren Meistererzählungen umgestaltete.[161]

Standesgemäße Verbindungen und Mesalliancen

In dieser ständischen Gesellschaft, die auf dem Prinzip der Ungleichheit beruhte und als von Gott gegeben galt, legte man, sobald es ums Heiraten ging, großen Wert darauf, einen gleichen, das heißt ebenbürtigen Partner zu finden – ein Ideal, das vom Bürgertum übernommen worden war. Ein des Mädchenraubs Angeklagter wurde nicht nur dafür bestraft, daß er Gewalt angewendet hatte, sondern auch dafür, daß die geraubten Mädchen in nahezu allen Fällen einem anderen Stande angehörten. Aus demselben Grund geriet auch der Komponist Henri Desmarest in große Schwierigkeiten, als er sich anmaßte, ein gewisses Fräulein von Saint-Gobert ehelichen zu wollen.[162] Da fast jede heimliche Heirat eine nicht standesgemäße Ehe besiegelte, war man sehr bestrebt, derlei Auswüchsen Einhalt zu gebieten, indem man sich auf die Beschlüsse des Konzils von Trient berief, in denen ein dreimaliges Aufgebot gefordert worden war.

Obgleich die zeitgenössischen Lieder zahlreiche Liebesheiraten besangen, stand man einer solchen Verbindung eher mißtrauisch gegenüber. Zwar handelten mehrere Volkslieder davon, daß ein junges Mädchen gegen seinen Willen mit einem reichen, kränklichen alten Mann verheiratet wurde, obwohl es einen hübschen, aber mittellosen Jüngling liebte und ihm nichts anderes übrigblieb, als entweder ins Kloster zu gehen oder den Ehemann zu betrügen.[163] Sobald man jedoch die Traumwelt mit der Realität vertauschte, hielt man nur wenig von durch die Liebe zusammengefügten Verbindungen, da das Gefühl im allgemeinen keine Standesgrenzen respektierte.

Ein zu großer Altersunterschied zwischen den beiden Partnern erregte öffentliches Aufsehen. Im Kleinbürgertum, in Marktflecken und auf dem flachen Land mußten allzu ungleiche Paare einiges erdulden: man pflegte ihnen einen besonders lärmvollen Polterabend zu bereiten. Sogar bei Hofe löste eine Verbindung zwischen zwei Menschen, die nicht ein und derselben Generation angehörten, sehr häufig Familienzwiste, bissige Kommentare oder gar einen Rechtsstreit aus. Selbst wenn dies wider Erwarten einmal nicht der Fall war, sahen sich die beiden Betroffenen doch dem Spott der gesamten Hofgesellschaft ausgesetzt. In einem Brief an die Prinzessin von Ursins mokierte sich der Marschall von Tessé am 17. Juli 1709 über die Hochzeit zwischen dem erst dreizehnjährigen Fräulein von Mailly und dem über fünfzig Jahre alten Vicomte von Polignac; als die Mutter des Mädchens ihren Schwiegersohn mit Tränen in den Augen darum bat, mit ihrem blutjungen Töchterlein schonend umzugehen, beruhigte sie dieser mit der Feststellung, das niedrige Alter der Braut werde durch das stattliche Alter des Bräutigams ausgeglichen![164]

Und doch stellte im damaligen Frankreich eine Mesalliance – eine Verbindung zwischen zwei Partnern ungleicher sozialer Herkunft – bei weitem kein so schlimmes Vergehen dar wie zur gleichen Zeit in Deutschland. Die Ursache hierfür ist darin zu suchen, daß die Aristokratie darüber zu befinden hatte, was statthaft und was nicht mehr zulässig war. Im Unterschied zu dem im Heiligen Römischen Reich Deutscher Nation gebräuchlichen Verfahren, bei dem sämtliche Vorfahren väterlicher- und mütterlicherseits aufgezählt werden mußten, wurde in Frankreich die Ahnenprobe stets nur in männlicher Linie abgelegt. Hier konnte daher im Extremfall ein Herzog eine Schäferin heiraten, sie als seine Gemahlin bei Hofe einführen und mit ihr künftige Herzöge in die Welt setzen. Wer eine unstandesgemäße Ehe einging, mußte deswegen nicht um seinen Adelstitel fürchten. Mit einer Mesalliance war freilich ein gewisser Verlust an Ansehen und Würde verbunden. Aber auch die Tatsache, daß beide Partner demselben Stand angehörten, schützte sie keineswegs vor einer Ungleichheit. Die Marquise von Sévigné zeigte sich gegen Ende des Jahres 1679 sehr besorgt darüber, daß ihr Sohn Charles sich um die Hand eines adligen Fräuleins namens Sainte de la Coste bemühte, das bereits über dreißig Jahre alt und weder vermögend noch eine Schönheit war.[165]

Häufig bot jedoch eine nicht standesgemäße Heirat den einzigen Ausweg aus der Geldnot. Im siebzehnten Jahrhundert hatte man für solche Fälle die Redewendung „faire un boudin" (wörtlich: eine Blutwurst machen) parat – laut Furetière ein altes Sprichwort, das man gebrauchte, wenn ein Adeliger eine Frau bürgerlicher Herkunft ehelichte; denn der Mann brachte den Adelstitel in die Ehe ein und vertrat die Familie nach außen, während die reiche Frau dank ihres Vermögens das nötige Geld beisteuerte. In einigen besonders krassen Fällen freilich – zum Beispiel, wenn ein Aristokrat eine Kurtisane heiratete – wurde der adelige Freier für immer aus seinem Stande verstoßen.

Auf diese Weise pflegte man in einer Gesellschaft, in der die Würde das oberste Kriterium bildete, alle Verbindungen daraufhin zu überprüfen, ob sie standesgemäß waren oder nicht. Die Vertreter sämtlicher Stände – der Aristokratie ebenso wie des Bürgertums oder der Bauernschaft – achteten meist streng darauf, daß niemand unter oder über seinem Stand heiratete. Laut Furetière ging eine Herzogin, die einen ganz gewöhnlichen Adligen ehelichte, eine Mesalliance ein und durfte sich bei Hofe nicht mehr blicken lassen, während ein Bürgerlicher, der sich dazu herabließ, sein Dienstmädchen oder eine Frau von schlechtem Ruf zu heiraten, sein Ansehen einbüßte.

Wer sich keinen Ärger zuziehen mochte, sondern eine harmonische Verbindung anstrebte, die Familienangehörigen sowie die entfernteren Verwandten zufriedenstellen und kein öffentliches Ärgernis erregen wollte, mußte wohl oder übel eine Vernunftehe eingehen. Hierfür wurde der Partner mit großer Sorgfalt und unter den verschiedensten Kriterien ausgewählt, wobei man vor allem darauf achtete, daß beide Partner etwa gleich viel Vermögen in die Ehe einbrachten – ein Prinzip, dem man bis ins Jahr 1914 huldigte.

Die Heirat der „Geldsäcke" („sacs d'argent")

Selbst das schönste Mädchen der Welt ging – sofern es mittellos war – leer aus, während eine wirklich häßliche Frau, wenn sie über eine ansehnliche Mitgift verfügte, immer noch als eine gute Partie galt und viel umworben wurde. Nach Aussage Furetières war dieses Paradox nichts anderes als eine Folge der zeitgenössischen Sittenverderbnis sowie der Tatsache, daß man in reichen Familien stets nach ebenso wohlhabenden Schwiegersöhnen oder -töchtern Ausschau hielt und die „Geldsäcke" stets unter sich heirateten.[166] Wer jedoch beim Heiraten allzu sehr auf das Geld schaute, erlitt häufig Schiffbruch. Diese Erfahrung machte auch ein Landedelmann aus Burgund namens Charles Le Gouz de Morin, der 1697 in fortgeschrittenem Alter seine erst achtzehnjährige Cousine Marie-Anne Lopin vor den Traualtar führte, weil er sich davon eine Verdoppelung seines Vermögens von nahezu hunderttausend Livres versprach. Es stellte sich jedoch bald heraus, daß die kinderlos gebliebene junge Frau, die von ihrem Gatten nicht gerade zuvorkommend behandelt wurde, dessen verschwenderischen Lebenswandel und kostspielige Bauvorhaben nicht länger mittragen wollte und sich von ihm trennte; über die Frage der Gütertrennung kam es zu einem schier endlosen, von 1713 bis 1720 währenden Prozeß, den Le Gouz schließlich verlor.[167]

Die Heirat der "Geldsäcke"

In seinem meisterhaft geschriebenen, hautnah wirklichkeitsgetreuen "Roman bourgeois" (Bürgerlicher Roman) von 1666 erstellte Furetière gar eine Tabelle, aus der jedermann leicht ersehen sollte, wie hoch die Mitgift seiner Zukünftigen in etwa sein mußte:

Tarif oder Bewertung passender Partien, um leicht Heiraten schließen zu können[168]

Für ein Mädchen mit:	einen Mann, der ist:
2000 – 6000 fr.	Kaufmann im Palais, kleiner Schreiber, Gerichtsdiener, Winkeladvokat.
6000 – 12000 fr.	Seiden- oder Tuchhändler, Kunsttischler, Prokureur am Palais, Hausmeister oder Sekretär eines großen Herrn.
12000 – 20000 fr.	Prokureur am Parlament, Notar, Registrator.
20000 – 30000 fr.	Rechtsanwalt, Finanzrat oder Baurat, Substitut bei der Staatsanwaltschaft, Generalintendant des Münzwesens.
30000 – 45000 fr.	Auditeur beim Rechnungshof, Schatzmeister von Frankreich oder Rentenauszahler.
45000 – 75000 fr.	Obersteuerrat oder Regierungsrat.
75000 – 150000 fr.	Parlamentsrat oder Obersteuerrat.
150000 – 300000 fr.	Vorsitzender eines Steuergerichtshofes, Finanzintendant, Vortragender Rat, Steuerkommissionspräsident.
300000 – 600000 fr.	Parlamentspräsident, Marquis, Obersteuerintendant, Herzog und Pair.

Furetière äußerte sein Bedauern darüber, daß er – mangels entsprechender Anhaltspunkte – jene Männer nicht in seine Tabelle aufnehmen konnte, die ausschließlich von den Einkünften aus ihrem Grundbesitz lebten, und verurteilte sie kurzerhand zur Ehelosigkeit. Sie schienen vergessen zu haben, daß der Besitz eines Amtes eine wichtige Grundvoraussetzung für die Verehelichung darstellte – Furetière bezeichnete das Amt als "Sprungbrett zur Ehe"; die Franzosen, für die Galanterie und Liebe eine zweite Natur darstellten, seien so gierig auf Ämter geworden, daß jeder um jeden Preis einen Titel haben wolle – und sei es auch nur Kunsttischlermeister, Salzsackträger oder Kohlenkorbschlepper. Die Obergrenze für die zu erwartende Mitgift wurde ganz bewußt nicht höher als 600000 Livres angesetzt, da lediglich ein wohlhabender Bankier oder ein reicher Geschäftsmann eine so hohe Summe aufbringen könne; ihre Töchter jedoch pflegten – aufgrund ihrer niedrigen Geburt – nicht an den ranghöchsten und reichsten Freier vergeben zu werden und wurden – um mit Furetière zu sprechen – „nicht meistbietend versteigert wie die anderen, sondern mit Rabatt abgegeben".

Er machte ferner darauf aufmerksam, daß die Rahmenwerte seiner Tabelle durchaus gewissen Schwankungen unterliegen konnten: ein besonders schönes und tugendhaftes Mädchen etwa mochte – auch bei einer Mitgift von nur rund dreißigtausend Livres – eine Stufe höher bewertet und somit jenen gleichgestellt werden, deren Heiratsgut sich auf vierzigtausend Livres belief; bei den Männern lägen die Dinge allerdings etwas anders, denn hier gälten ein tugendhafter Lebenswandel und ruhmreiche Taten nichts, da man bei der Wahl des künftigen Schwiegersohnes lediglich auf seine gesellschaftliche Stellung sowie auf seinen Titel sehe.

Die Eheschließung

In bestimmten Fällen untersagte das kanonische Recht eine Eheschließung. Es gab dreizehn verschiedene Hindernisse, die einer Heirat im Wege stehen konnten: zu geringes Alter, Impotenz, Verwandtschaft, verschiedene Religionszugehörigkeit, die Mitgliedschaft in einem religiösen Orden, ein feierliches Gelübde, Mädchenraub, ein vorliegendes Verbrechen, Verschwisterung oder Verschwägerung, ein Verstoß gegen die Sittsamkeit, sodann Adoption oder Elternschaft.

Gegen ein nicht absolutes, sondern nur ein relatives Ehehindernis konnte der zuständige Bischof nach eingehender Prüfung eine Dispens erteilen und die Eheschließung ermöglichen. Die Unterlagen der Diözesanarchive liefern genügend Material für eine umfassende Analyse des damaligen Heiratsverhaltens, vor allem, was die einfache Bevölkerung anbelangte. Die in der Diözese Coutances erhaltenen Akten sind sehr aufschlußreich.[169]

Die Heirat diente in erster Linie der Versorgung. Ein Waisenmädchen, das häufig kein Zuhause mehr hatte, heiratete, um auf diese Weise in einem fremden Haus Unterschlupf zu finden. In der Normandie, wo lediglich die Söhne erbberechtigt waren, wurde ein junges Mädchen bestenfalls in einem Haus geduldet, das ihm nicht gehörte. In diesem Haus pflegte dann auch der Freier um die Hand des Mädchens anzuhalten, falls ihn seine Angebetete dazu ermutigt hatte. Wenn er freundlich aufgenommen wurde, schlossen die Verwandten und die Nachbarn daraus, daß seinem Verlangen stattgegeben worden war. Im Elternhaus der Braut wurde sodann die Unterzeichnung des Heiratskontrakts vorbereitet, was in den entsprechenden Akten etwa folgendermaßen festgehalten wurde: derselbe Mann hat seinen Neffen, den besagten Le Brun, vier- oder fünfmal in das Haus der besagten Jourdan begleitet, um mit deren Bruder den Ehevertrag auszuhandeln, da die Eltern beide schon verstorben waren (1697).

Die Bittsteller von Coutances begründeten ihren Heiratswunsch mit verschiedenen Argumenten: manche waren des Alleinseins überdrüssig oder konnten sich kein Haus vorstellen, in dem keine Frau schaltete und waltete, sei es die Mutter, Tochter, Schwiegertochter, die Ehefrau oder eine Dienerin. Diese Freier erwarteten von ihrer künftigen Gemahlin, daß sie ihnen zeitlebens eine treue Stütze sein werde, wünschten sich also eine charakterfeste Gattin und nicht etwa ein Mannweib. Der Kaufmann wollte eine verläßliche Frau heiraten, der er, sobald er auf Reisen ging, sein Haus anvertrauen konnte. Der Landwirt argumentierte ganz ähnlich: er wünschte sich ein Weib, das sich – während er auf dem Feld arbeitete – um Haus und Hof kümmern sollte. Diese unentbehrliche Ehefrau hatte zwar über alle häuslichen Angelegenheiten zu entscheiden, wurde von ihrem Mann jedoch häufig wie der letzte Dienstbote behandelt – mit dem Unterschied, daß sie für ihre Arbeit keinen Lohn erhielt.

Wenn eine Frau heiratete, bedeutete dies nicht nur, daß sie vom Elternhaus in das ihres Mannes zog; oft verschlug es sie in eine ganz andere Gegend, und zwei Drittel der Mädchen mußten zumindest die bisherige Gemeinde verlassen, während rund zwei Drittel der Männer innerhalb der selben Pfarrei starben und begraben wurden, in die sie auch hineingeboren worden waren. Die Heirat hatte also für die Frau fast stets eine Ortsveränderung zur Folge. Gegen Ende des Jahrhunderts ging aus dem in der Gegend von Saint-Pierre-Église gebräuchlichen Heiratsvertrag ausdrücklich hervor, daß das betreffende Mädchen – samt allen anschließend genannten Gütern – dem Bräutigam versprochen und übergeben werde. Auf der Halbinsel Cotentin pflegte man die Mitgift in bar auszubezahlen. Weiterhin brachte das Mädchen den sogenannten „don mobil" – eine zusätzliche Summe in bar – sowie eine Aussteuer in die Ehe ein, die von ärmeren Leuten in einer Truhe, von reicheren dagegen in einem Schrank aufbewahrt wurde; sie bestand aus Wäsche, Kleidungsstücken, Geschirr, häufig gehörten auch noch ein paar Stück Vieh dazu. Der Umzug ging keineswegs im Stillen vor sich, sondern fand unter großem Pomp am Tag vor der Hochzeit statt.

Bis zu ihrer Vermählung mußten sich die Verlobten in Zurückhaltung und Keuschheit üben; da jedoch offensichtlich viele Paare Verlobung und

Hochzeit zu verwechseln schienen, setzte der Bischof von Coutances durch, daß man sich erst nach der Veröffentlichung des Aufgebots verloben durfte! Diese Maßnahme sollte die jungen Leute vor einem Skandal und dem Verlust ihrer Ehre bewahren.

Die Mädchen aus dem nördlichen Zipfel der Normandie zogen es – wie vermutlich alle anderen auch – vor, einen jungen Mann aus ihrer Pfarrei zu heiraten, dessen Familie sie seit jeher kannten, obgleich sie dabei riskierten, daß ihnen die ganze Nachbarschaft nachspionierte. Die Geistlichen pflegten solche Verbindungen zu fördern, da auf diese Weise beide Brautleute der Gemeinde erhalten blieben. Wenn sich bisweilen der Dorfjunker einzuschalten pflegte, so geschah dies selbstverständlich in selbstloser Absicht und ausschließlich zum Wohle der Grundherrschaft sowie der Dorfgemeinde. Im Jahre 1678 erließ der Grundherr von Sainte-Mère-Église eine Bestimmung, die die Freiheit der Dorfbewohner stark einschränkte, da kein Untergebener seine älteste Tochter einem auswärtigen Manne zur Frau geben sollte, ohne vorher die Erlaubnis des Grundherrn eingeholt zu haben.[170]

Ein erwachsenes Mädchen hatte damals nur ganz wenige Rechte, dafür aber – weil man im allgemeinen erst relativ spät zu heiraten pflegte – genügend Muße, über seine Zukunft nachzudenken; wenn die jungen Dorfbewohnerinnen jedoch in ihrer Gemeinde bleiben wollten, durften sie nicht allzu lange warten, da die Burschen aus der Normandie die älteren Mädchen gerne den auswärtigen Freiern überließen.

Die bäuerlichen Ehen hielten sich meistens recht gut, zumindest werden in den bischöflichen Visitationsberichten nur ganz wenige Skandale erwähnt. Auf die oberen Gesellschaftsschichten traf dies hingegen nicht zu. Liselotte von der Pfalz stellte die Behauptung auf, bei Hofe gebe es kein einziges Ehepaar, wo nicht mindestens einer der Partner vom anderen betrogen werde oder beide einander vollkommen gleichgültig begegneten. Obwohl Madame bekanntlich etwas zur Übertreibung neigte, war diese Behauptung keineswegs aus der Luft gegriffen. 1697 schrieb Liselotte, es sei völlig aus der Mode gekommen, daß Ehepartner einander aufrichtig liebten, und wer gegen diese Regel zu verstoßen wage, werde belächelt oder gar verspottet; es sei vielmehr üblich, daß die Männer eine Geliebte hätten und ihre Frauen mit Verachtung behandelten. Bereits zehn Jahre zuvor war ein Sprichwort aufgekommen, das Anlaß zu Besorgnis gab; es lautete „Les cornards sont plus à la mode qu'ils n'étaient autrefois" – der Hahnrei kommt immer mehr in Mode.[171]

Der im Exil lebende Saint-Evremond behauptete gar – genau wie später

Stendhal –, daß seine Landsleute gar nicht zu leidenschaftlicher Liebe fähig seien, und berichtete gleichzeitig, daß man im Gegensatz hierzu in Spanien nur lebe, um zu lieben; in Frankreich pflege man nicht zu lieben, sondern nur von Liebe zu sprechen und sich aus Ehrgeiz und Eitelkeit auf irgendein Abenteuer einzulassen. Es muß aber doch ein paar Ausnahmen gegeben haben, denn die französische Sprache verfügte immerhin über mehrere Möglichkeiten, die Empfindungen eines Liebenden wiederzugeben, von „brûler" (vor Liebe brennen) bis „languir" (vor Liebe verschmachten).[172] Es ist eine seit jeher bekannte und vielbesungene Tatsache, daß es sich beim Liebeskummer um eine Krankheit handelt, die kein Arzt zu heilen vermag.

„Clysterium donare, Postea seignare, Ensuita purgare" – Medizin im Zeitalter des Sonnenkönigs

Nicht nur damals erweckten die Ärzte gerne den Anschein, halbe Zauberer zu sein: Das erhöhte ihr Ansehen, und die geheimnisvollen Posen, Gesten und Worte trugen dazu bei, das Vertrauen des Patienten in ihre Heilkünste zu stärken. In Molières „Malade imaginaire" (Der eingebildete Kranke) – seinem letzten, als Satire auf die Ärzte konzipierten Stück – werden die Mediziner des „grand siècle" als unfähige Quacksalber entlarvt, auf deren zweifelhafte Künste kein Verlaß ist: „Sie sprechen ein klassisches Latein; sie wissen von sämtlichen Krankheiten, wie sie auf griechisch heißen; sie können sie definieren und rubrizieren; nur wie sie zu heilen sind, davon verstehen sie nichts."[173] Es unterliegt zwar keinem Zweifel, daß Fagon – seines Zeichens Erster Arzt Seiner Majestät – am Tod des Königs schuld war, weil er dem Chirurg Mareschal kurzerhand die unvermeidliche Amputation verbot; doch es handelte sich um keinen Einzelfall, da eine ganze Reihe anderer Herrscher ebenfalls dank der Künste ihrer jeweiligen Leibärzte das Zeitliche segnete. Es wäre gewiß interessant, ein Verzeichnis all dieser tödlichen Kunstfehler anzulegen.

Die Vertreter der medizinischen Fakultät versahen die Arzneien mit griechischen Namen und unterhielten sich während der Behandlung auf Lateinisch („Quid dicis? Dico. Bene. Optime. Nego consequentium. Concedo."[174]). Ihre Entschuldigung: Primo war das Lateinische nach wie vor die Sprache der Gelehrten: der englische Arzt und Physiologe William Harvey hatte seine bahnbrechenden Erkenntnisse über den Blutkreislauf auf Lateinisch veröffentlicht („Exercitatio anatomica de motu cordis et sanguinis in animalibus", Frankfurt 1628). Secundo orientierte man sich immer noch an der Heilkunst der alten Griechen und Römer und ließ den großen Autoritäten Hippokrates und Galenos besondere Verehrung zuteil werden, mochte dies auch Probleme verursachen, da sich die beiden Ärzte in ihren Abhandlungen bekanntlich gegenseitig widerlegten; Regnard klagte 1704, der eine schreie stets „hü", der andere „hott". Somit gerieten auch die Aussagen der französischen Ärzte laufend in Widerspruch gegeneinander.

Das beliebteste Heilmittel der Zeit war der Aderlaß („Primum saignare"), der in der Fachsprache „phlebotomie" genannt wurde und darin bestand, daß man mit Hilfe einer kleinen Lanzette die Venen öffnete, um sie von verdorbenem oder überschüssigem Blut zu befreien. Die Pariser Ärzte unterzogen ihre Patienten allzu häufig dieser unangenehmen Prozedur, die bei einem Schlaganfall durchaus sinnvoll schien, da man auf diese Weise den Blutkreislauf wieder in Gang zu setzen hoffte. In anderen Fällen schien dieses Mittel jedoch – zumindest in den Augen eines Laien – weniger angebracht. Im Januar 1713 berichtete der Marquis von Tessé, man habe vor einigen Tagen die schwangere Herzogin von Berry zur Ader gelassen, weil sie angeblich überschüssiges Blut hatte[175]. Man sollte in diesem Zusammenhang jedoch nicht vergessen, daß der Aderlaß – der, obwohl längst überholt, immerhin noch bis zum Beginn des zwanzigsten Jahrhunderts praktiziert wurde – erst unter Ludwig XIV. richtig in Mode kam. Er war letztlich nichts anderes als die praktische Umsetzung von Harveys theoretischen Erkenntnissen, da lediglich ein Arzt, der an die Gesetzmäßigkeiten des Blutkreislaufs glaubte, zu einem solchen Verfahren greifen konnte. Ein guter Mediziner war freilich bestrebt, keinen übertriebenen Gebrauch von diesem Heilmittel zu machen und nicht jenem Quacksalber nachzueifern, der in den dreißiger Jahren des siebzehnten Jahrhunderts eine Patientin siebenundsiebzig Mal zur Ader ließ und sie nahezu allen Bluts beraubte[176], man wendete es aber ohne Bedenken an, um vor allem jene Patienten zu behandeln, die – wie der Kronprinz – unter starkem Bluthochdruck litten[177].

Brech- und Abführmittel pflegte man hingegen seit jeher zu verordnen („Purger"), und Molière hatte sich durchaus etwas dabei gedacht, als er einen der im „Malade imaginaire" auftretenden Ärzte mit dem Familiennamen Purgon bedachte. Die verschiedenen, sehr häufig verordneten Abführmittel dienten dazu, den Körper des Patienten von Giftstoffen zu befreien und zu entschlacken. Einige besonders um ihre Gesundheit besorgte Zeitgenossen nahmen sie sogar vorbeugend ein; auch der Sonnenkönig mußte sich einmal im Monat dieser Präventivmaßnahme unterziehen, aber nicht etwa deshalb, weil er eine übertriebene Angst vor Krankheiten hatte, sondern weil selbst dieser absolutistische Herrscher seinem Leibarzt auf Gedeih und Verderb ausgeliefert war.

Das Verabreichen von Abführmitteln (Deinde purgare) darf jedoch nicht mit dem Klistieren verwechselt werden, obwohl man dieses Verfahren bei Fällen hartnäckiger Verstopfung, Koliken oder Blähungen oft zusätzlich anwendete. Diese Spülungen, bei denen mit Hilfe des sogenannten Klistiers – einer riesigen Spritze – eine Flüssigkeit in den Darm injiziert wurde, sollten den Verdauungsapparat reinigen, den Druck im Unterbauch verringern, das Gewebe feucht und elastisch erhalten, den Stuhlgang fördern, Blähungen abbauen und schließlich sogar Geburten einleiten helfen sowie vieles andere mehr. Man pflegte zu diesem Zweck Lösungen aus Wasser, Milch, Kleie und Kräutersud zu verabreichen; während man ab 1680 den Lösungen keinen braunen Zucker oder irgendwelche Arzneien beimengte, erfreute sich Honig nach wie vor großer Beliebtheit. Laut Furetière kannte man eine ganze Palette von speziellen Klistierflüssigkeiten, die jeweils eine unterschiedliche Wirkung zeitigten: es gab Lösungen, die die Eingeweide dehnten oder festigten, Blähungen auslösten, abführten, Schmerzen linderten sowie auch neutrale Lösungen.

Während man diese Vorgänge heutzutage oft auf geradezu sträfliche Weise vernachlässigt, war man im Zeitalter des Sonnenkönigs so ängstlich darauf bedacht, eine harmonische Verdauung zu haben, daß man schon fast von einer fixen Idee sprechen könnte. Dangeau fertigte so ausführliche Notizen über die Verdauung Seiner Majestät an – ob der Stuhl die gewünschte Beschaffenheit aufwies (nicht zu hart, wie bei jemand, der unter Verstopfung litt, aber auch nicht zu flüssig, wie dies bei Koliken der Fall war) –, daß es einen beinahe wundert, daß er nicht auch noch die Farbgebung der königlichen Exkremente beschrieben hat.[178] Im siebzehnten Jahrhundert pflegten die Ärzte ihre Diagnosen in erster Linie anhand von Stuhlproben zu stellen sowie – den antiken Auguren oder Eingeweideschauern vergleichbar – die Exkremente ihrer Patienten regelmäßig zu besehen und zu analysieren. In einem oft zitierten Brief forderte die Marquise von Sévigné ihre Tochter, die Gräfin von Grignan, 1679 auf, sie möge ihr doch bitte den Verlauf ihrer letzten Kolik schildern, da dies doch ein überaus wichtiger Vorgang sei.

Doch damit nicht genug: man pflegte den Patienten schmackhafte medizinische Säfte einzuflößen, die man bezeichnenderweise nur noch unter dem Sammelbegriff „médicines" (Arzneien) zusammenfaßte, weil sie bei jeder Gelegenheit verabreicht wurden. Diese Säfte halfen nicht nur, alle möglichen Verdauungsprobleme zu lösen, sondern entschlackten den gesamten

Organismus. Sie wurden aus verschiedenen, der jeweiligen Krankheit angemessenen Ingredienzen gemixt; gegen Verstopfung pflegte man beispielsweise einen aus Blättern des chinesischen Zimtbaums, Sennesträuchern, Rhabarber, Tamarisken und anderen Elementen zusammengebrauten Trunk zu verordnen – eine aus so vielen exotischen Substanzen gewonnene Mixtur mußte doch wahre Wunder bewirken!

Zur Bekämpfung von Koliken pflegte man Berberitze zu verordnen, während Syphiliskranke ausschließlich mit Quecksilber behandelt wurden; bei allen möglichen Hautkrankheiten wurden die betroffenen Stellen mit einer Wachspaste bestrichen, während man jenen Patienten, die unter Blutarmut litten, eine nahrhafte Schlangenbrühe zu trinken gab. Im Jahre 1679 unterzog sich Frau von La Fayette einer solchen Kur, die ihr innerhalb kürzester Zeit zu neuen Kräften verhalf.[179] Einige Ärzte pflegten ihre Patienten gleichzeitig mit den unterschiedlichsten Arzneimitteln und Heilverfahren zu behandeln. Jene, denen sich im Jahre 1677 Frau von Sévigné anvertraute, nahmen ihr zunächst vier Becken voll Blut ab und verordneten ihr anschließend eine Unmenge von Arzneien. Als es der armen Marquise daraufhin sogar wieder besser ging, führte sie diesen Umstand auf die unzähligen Medikamente zurück, die sie während ihrer Krankheit eingenommen hatte. Die in kleineren Städten oder Marktflecken niedergelassenen Doktoren waren dagegen eher an Allheilmitteln wie der sogenannten „thériaque" interessiert, einem aus den verschiedensten Kräutern gebrauten Saft, der bei Erkältungskrankheiten getrunken werden mußte.

Gute Ärzte stimmten die Behandlung auf das Temperament des jeweiligen Patienten ab; ausgehend von viererlei körpereigenen Säften – Schleim, Blut, gelber und schwarzer Galle – unterschied man vier Temperamente: den Phlegmatiker, den Sanguiniker, den Choleriker und den Melancholiker. Ein gutes Heilmittel, das die Bezeichnung Medikament auch wirklich verdiente, mußte so beschaffen sein, daß es die angeborenen Neigungen des Patienten ergänzte oder kompensierte: den Melancholiker mußte es fröhlicher stimmen, den Choleriker besänftigen, den Phlegmatiker anregen etc. Ferner pflegte ein gewissenhafter Arzt keinen wahllosen Gebrauch von den unzähligen Mitteln der Apotheker zu machen: das Angebot reichte von anregenden, ausgesprochen stark wirkenden, krampflösenden, entschlackenden, wiederherstellenden, stärkenden Medikamenten über völlig harmlose oder nur zur Verdünnung anderer Substanzen bestimmte Säfte bis hin zu eiterziehenden oder die Narbenbildung fördernden Salben, Blähungen auslösenden oder überschüssiges Wasser entziehenden Arzneien, höchst gefährlichen Tinkturen und Betäubungsmitteln. Ferner kannte man Präparate, die bewirkten, daß sich die Muskulatur zusammenzog und dadurch härter oder daß sie im Gegenteil weicher wurde, auch ätzende, Sodbrennen auslösende Arzneien, harn- und schweißtreibende sowie Schwellungen abbauende und schmerzlindernde Medizin. Diese lange Aufzählung beweist, daß Argans Rede im „Malade imaginaire", in der Unmengen von Arzneimitteln aufgezählt werden, zwar ganz gewiß nicht der Komik entbehrt, aber keine Übertreibung war. Sie war im Gegenteil schlichte Realität.

Die einfachen Leute, die als einzige von den Künsten eines Diafoirus (Leibarzt Argans im „Malade imaginaire") verschont blieben, konsultierten irgendwelche Quacksalber, Kurpfuscher oder Scharlatane; im übrigen glaubte die bäuerliche Bevölkerung, daß unheilbare Krankheiten, bei denen der Betroffene elend dahinsiechte, die Folge irgendeines bösen Zaubers seien. Und doch waren sie zumindest in Hinsicht auf die ärztliche Versorgung besser dran als so mancher vornehme Zeitgenosse. Die Aufzeichnungen, die die Leibärzte Ludwigs XIV. anfertigten – vor allem zum Jahr 1686, als er wegen einer Fistel behandelt werden mußte –, lesen sich wie Berichte aus einer Folterkammer: der König mußte Unmengen von Abführmitteln schlucken, zahlreiche Einläufe und Aderlässe über sich ergehen lassen und während mehrerer chirurgischer Eingriffe wahre Folterqualen ertragen – dem mächtigsten Herrscher der Welt blieb nichts erspart.[180] Robert Challes, ein mit gesundem Menschenverstand begabter Zeitgenosse, schrieb zu Recht, je höher die gesellschaftliche Stellung und das Ansehen sei, das der einzelne genieße, desto mehr müsse er sich vor den Ärzten, Chirurgen und infamen Apothekern in acht nehmen.[181]

Medizinkritik, natürliche Heilkunst und Wundermittel

Auch die französischen Ärzte des siebzehnten Jahrhunderts mußten erleben, daß übertriebener Fanatismus und blinder Eifer häufig eine Rückbesinnung auf die Gebote der Vernunft auslösen: die diktatorische Macht, die einige Mediziner und Kurpfuscher über ihre Patienten ausübten, veranlaßte manchen Zeitgenossen zur Kritik. In den Augen des bereits zitierten Robert Challes war die damalige Chirurgie barer Unsinn, der allenfalls von den absurden Behandlungsmethoden der Ärzte selbst übertroffen wurde. Challes hatte während seiner Indienreise einen ständig mit lateinischen Brocken um sich werfenden Mediziner an Bord, mit welchem er – eigener Aussage zufolge – eine Unterhaltung führte, die des „Malade imaginaire" würdig gewesen wäre. Selbst der Herausgeber des „Dictionnaire universel" scheint von den zeitgenössischen Heilkünsten nicht allzusehr überzeugt gewesen zu sein, ohne freilich alle Hoffnung aufzugeben: wenn der Arzt einen Kranken schon nicht zu heilen vermochte, so konnte er ihm doch wenigstens Trost spenden; im übrigen würden die meisten Patienten ohnehin von alleine wieder gesund und verdankten ihre Genesung nicht den ärztlichen Kunstgriffen, sondern den heilsamen Kräften der Natur.

Die Kritik verschonte einige wenige Medikamente und Heilverfahren: die Brunnenkuren und Behandlungen mit Fieberrinde, denen sich die reichen Zeitgenossen unterzogen, sowie die alten Hausmittelchen und Wallfahrten, mit denen sich die einfachen Leute zu helfen suchten. Frau von Sévigné hielt sich mehrmals in Vichy auf, um von den dortigen Quellen zu trinken und über das Geschehen an dem beliebten Kurort zu berichten, während Frau von Montespan sich regelmäßig nach Bourbon-l'Archambault begab und der Marquis von Louvois Forges bevorzugte. Die Chinarinde, ein fiebersenkendes Mittel, das Jesuiten 1650 aus Peru mitbrachten, feierte noch viel größere Erfolge. Den Gipfel seiner Berühmtheit erlangte dieses Heilmittel im Jahre 1680, als selbst Ludwig XIV. regelmäßig die neue Medizin zu sich nahm, welche nach einem speziellen, von einem Engländer entwickelten Rezept zubereitet wurde. Die Prinzessin des Ursins zeigte sich zunächst skeptisch, mußte jedoch – nachdem sie dank der neuen Arznei von einem äußerst hartnäckigen Fieber geheilt worden war – eingestehen, daß dieses Mittel sehr gute Wirkungen zeitigte.[182] Dasselbe, immer noch nach Talbots Anweisungen zubereitete Medikament, half im Jahre 1682 dem fast achtzigjährigen Kanzler Le Tellier wieder auf die Füße, der unter einem so heftigen Fieber gelitten hatte, daß man ihn bereits verloren glaubte.[183]

Gerade in den achtziger Jahren waren auch verschiedene exotische Getränke sehr begehrt, welche man heiß zu sich nahm, die eine heilsame Wirkung verbreiteten und überdies auch sehr gut schmeckten. Lediglich Ludwigs Schwägerin Liselotte von der Pfalz schien sich für diese Mode nicht erwärmen zu können, denn sie schrieb, der Tee schmecke nach Heu und fauligem Stroh, der Kaffee hingegen nach Rauch und Kräutern, der Kakao sei widerlich süß, und sie habe ein schreckliches Heimweh nach einer deftigen Biersuppe.[184] Von Madame einmal abgesehen, schienen sich diese Getränke jedoch überall großer Beliebtheit zu erfreuen, und jeder, der sich's leisten konnte, pflegte große Mengen Tee, Kaffee und Kakao zu trinken. Speziell der Tee galt als ein wahres Allheilmittel, welches angeblich gegen Gicht und Gries half (im neunzehnten Jahrhundert behauptete man das genaue Gegenteil), Magenbeschwerden linderte, ernüchterte und die Wirkung des Alkohols neutralisierte, außerdem die Müdigkeit vertrieb, für einen klaren Kopf sorgte sowie schlagartig von Migräne und Bauchschmerzen befreite.[185] Vom Kaffee erzählte man sich, daß er die Gliedmaßen kräftige, übermäßigem Schwitzen vorbeuge, dem Körper einen angenehmen Duft verleihe, verstopfte Organe wieder durchgängig mache, die Menstruation auslöse, Hautkrankheiten abklingen lasse, für gutes Blut sorge und gegen Migräne sowie Wassersucht helfe; von den Mineralstoffen und schwefelhaltigen Substanzen, die er enthielt, behauptete man gar, sie würden traurige Menschen fröhlicher stimmen. Patienten, die am Gallenleiden litten oder zu Durchfall neigten, riet man allerdings von übermäßigem Kaffeegenuß ab.

Auch Kakao wurde gern getrunken, obwohl man ihm gewöhnlich weniger heilsame Kräfte zuschrieb als dem Tee oder Kaffee. Während Furetière über dieses Getränk nur berichtete, daß es die Verdauung fördere und dem Magen sehr guttue, pflegten passionierte Kakaotrinker in den höchsten Tönen von den Kräften zu schwärmen, die von dem braunen Saft ausgingen. Die Frau des französischen Botschafters in Spanien, die Marquise von Villars, tröstete sich 1680 in Madrid mit Hilfe von Kakao über ihre Langeweile hinweg, indem sie regelmäßig größere Mengen dieses angeblich gegen eine Unzahl von Krankheiten vorbeugenden Getränks zu sich nahm und prompt keine anderen Medikamente benötigte. Sie achtete allerdings auch darauf, daß die getrunkenen Mengen im Maß blieben und hat wohl das Getränk überdies recht dünn zubereiten lassen.

Im Grunde schienen viele Zeitgenossen dieselbe Überzeugung wie Liselotte von der Pfalz zu hegen: daß jedermann selbst ausprobieren müsse, welches Mittel ihm besonders gut bekomme. Frau von Villars schwor auf ihr tägliches Quantum Kakao, wohingegen die meisten Zeitgenossen zu irgendwelchen einfachen Hausmittelchen, Kräutern, Gesundheitstees, obendrein zu alkoholischen Getränken griffen. Robert Challes, der sich während seiner Schiffsreise durch den Indischen Ozean im Jahre 1691 vor Skorbut und Fieberkrankheiten schützen wollte, befolgte ein Rezept Bassompierres, das sogenannte „remède allemand" (deutsches Heilmittel), das angeblich wahre Wunder bewirkte: er trank auf nüchternen Magen über fünf Schoppen Wein, worauf er tüchtig ins Schwitzen kam und sich übergeben mußte, um anschließend in einen tiefen Schlaf zu sinken, aus dem er gegen alle Krankheiten gefeit erwachte.[186]

Wenn alle Mittel versagten, konnte man nur noch auf die göttliche Vorsehung hoffen oder nach dem Motto „Aide-toi, le Ciel t'aidera" (Hilf Dir selbst, so hilft Dir Gott) die wundertätigen Heiligen um ihren Beistand bitten. Mutige und noch einigermaßen rüstige Kranke pilgerten selbst zu den entsprechenden Wallfahrtsorten, um für ihre Genesung zu beten, während furchtsame, schwächliche und bettlägerige Patienten sich von dort Kostproben mitbringen ließen; bei einigen Devotionalienhändlern konnte man Wasser aus der Quelle der Heiligen Klara erstehen, das angeblich gegen Augenleiden half, sowie Wasser aus der Quelle der Heiligen Genoveva, welches vom Fieber kurierte – leider gab Furetière nicht an, wo diese wertvollen Substanzen bezogen werden konnten. Wer die berühmte Schutzpatronin der Hauptstadt, die Mutter Gottes, um ihre Fürbitte anflehen wollte, brauchte allerdings keinen Devotionalienhändler dazu, denn sie gab sich bereits mit ein paar „neuvaines" zufrieden, also mit neuntägigen Andachten.[187]

„Il faut mourir, madame, et tout à l'heure"[188] – der Tod im Zeitalter des Sonnenkönigs

Selbst im Angesicht des Todes pflegte man im siebzehnten Jahrhundert eine würdevolle Haltung zu bewahren – sofern man den entsprechenden Berichten Glauben schenken darf. Die Art und Weise, in der Frau von Sévigné die letzten Augenblicke des am 28. Januar 1672 verstorbenen Kanzlers schilderte, legt ein deutliches Zeugnis von der Großartigkeit des barocken Katholizismus ab. Séguier, nur noch ein Schatten seiner selbst, hatte noch einmal seinen ganzen Verstand wiedererlangt, um wie ein großer Mann zu sterben. In seinen letzten Tagen sprühte er geradezu vor Geist, er stellte sein hervorragendes Gedächtnis wie auch seine Beredsamkeit und große Frömmigkeit ein letztes Mal unter Beweis. Séguier glich einer Fackel, die noch einmal kurz auflöderte, bevor sie endgültig erlosch. Mascaron stand ihm bei und zeigte sich sehr erstaunt über die Antworten, die der Sterbende gab, sowie über die vielen Zitate, die ihm über die Lippen kamen. Sie sagten gemeinsam das „Miserere" und brachten damit alle Anwesenden zum Weinen; der Kanzler zitierte – besser als die ihn umgebenden Bischöfe – mehrere Passagen aus der Bibel und den Schriften der Kirchenväter, um anschließend – laut Frau von Sévigné – eines außerordentlich schönen Todes zu sterben.[189]

Sein Nachfolger Le Tellier lag mehrere Tage lang im Sterben und bat seine Angehörigen, nicht fortwährend um sein Lager herumzustehen, denn er wolle sich ganz bewußt von allen menschlichen Bindungen lösen. Als er sich später vor Schmerzen in seinem Bett aufbäumte, erklärte er mit zum

Himmel erhobenen Armen, er bitte nicht um die Erlösung von seinen Schmerzen, aber er wolle jetzt gerne vor seinen Herrn und Schöpfer treten. Kurz bevor er verschied, dankte er Gott noch einmal dafür, daß er ihn bis zuletzt bei klarem Verstand gelassen habe. Als das Ende nahte, begann er den 89. Psalm zu beten „Je chanterai éternellement les miséricordes du Seigneur" („Ich will singen von der Gnade des Herrn ewiglich") und verstarb mit diesen Worten auf den Lippen; dies veranlaßte Bossuet dazu, in seiner „Oraison funèbre" (Trauerrede) zu behaupten, der Kanzler habe, von den Engeln unterstützt, im Jenseits den Psalm zu Ende gebetet.[190] Frau Elisabeth Le Tellier geborene Turpin, die sich während der letzten Tage, die ihr Mann zu leben hatte, stundenlang in der Kirche aufhielt, um dort für sein Seelenheil zu beten, eilte schließlich an das Lager ihres Gatten zurück, um anhand dieses Beispiels zu lernen, wie man würdevoll starb. Am 28. November 1698 konnten sich Vertreter von Hof und Stadt davon überzeugen, daß sie ihre Lektion gut gelernt hatte: Sie hatte Gott stets um zwei Dinge gebeten: erstens, daß er sie bis zum Ende bei klarem Verstand belassen und zweitens ihr Todestag auf einen Freitag fallen möge; beide Wünsche gingen in Erfüllung, was der Marquis von Sourches darauf zurückführte, daß die Gebete der zahlreichen Armen, die von der Verstorbenen zeitlebens mit großzügigen Gaben bedacht worden waren, von Gott erhört worden seien.

Auch der alte Pussort, Ältester des Staatsrates und ein Onkel Colberts, verschied im Februar 1697 auf sehr würdevolle Weise: er ließ sein Schlafgemach reinigen, zog sich anschließend so an, als ob er ausgehen wolle und nahm – auf einem Betstuhl kniend – sozusagen als Wegzehrung das Heilige Abendmahl ein; dann ließ er sich die Letzte Ölung geben, legte sich wieder ins Bett und schlief ganz friedlich ein.[191]

Alle Franzosen, vom vornehmsten Hochadel bis zum einfachen Volk, ja selbst Menschen von liederlichem Lebenswandel oder auch unbeugsame Freidenker wie der Prinz von Condé wollten nach Möglichkeit eines würdevollen Todes sterben. Als Condé 1686 sein Ende nahen fühlte, sammelte er sich einen Augenblick lang, um anschließend zu erklären, daß er bereit sei und Gottes Wille geschehen möge. Als sein Beichtvater Bergier ihn daraufhin aufforderte, Davids Beispiel zu folgen und Gott um ein reines Herz zu bitten, legte der Prinz von Condé ein Glaubensbekenntnis ab, in dessen Verlauf er verkündete, daß er – entgegen allen anderslautenden Behauptungen – nicht einen einzigen Augenblick lang an der Religion gezweifelt habe; laut Bossuet verschaffte dieses klare Bekenntnis dem Prinzen von Condé größeren Ruhm als seine Siege bei Freiburg oder Rocroi.

Zehn Jahre zuvor hatte sich die mehrfachen Giftmordes angeklagte Marquise von Brinvilliers – die zu den wenigen Atheisten des siebzehnten Jahrunderts gehörte – am 17. Juli 1676, dem letzten Tag vor ihrer Hinrichtung, zum Glauben bekehrt. Selbst als sie zum Henker geführt wurde, zeigte sie sich so gefaßt, artig, gottesfürchtig und bußfertig, daß ihr Beichtvater Pirot zeitlebens an ihr Gesicht denken mußte, in welchem sich Reue, tiefe Zerknirschung sowie Hoffnung auf Vergebung all ihrer Missetaten spiegelten. Die zum Tode Verurteilte hatte sogar erklärt, sie würde am liebsten bei lebendigem Leibe verbrannt werden, um auf diese Weise den Wert ihres Opfers zu steigern.[192] Frau von Sévigné beobachtete, daß am Tag nach der Hinrichtung die sterblichen Überreste der reumütigen Mörderin eingesammelt wurden, da das Volk sie bereits als Heilige verehrte.

Dieser rasche Umschwung – der einen Geistlichen des zwanzigsten Jahrhunderts befremden mag – war für das Zeitalter der Gegenreformation nichts Ungewöhnliches. Noch hegte man die feste Überzeugung, Gott verzeihe jeden Fehltritt und selbst die schlimmsten Verbrechen, sofern der Sünder ihn um Verzeihung anflehe. Unbußfertige Lebemänner wie beispielsweise den Marquis François-Sicaire von Bourdeille, der sich 1672 selbst im Angesicht des Todes noch gegen die Religion versündigte, pflegte das einfache Volk dagegen mit seinem ganzen Haß zu verfolgen. Er hatte die Stirn besessen, keine Beichte ablegen zu wollen und sämtliche Anwesende – einschließlich seiner selbst – zum Teufel zu wünschen. Daß er dennoch in der Kirche Saint-Nicolas bestattet wurde, brachte dem zuständigen Geistlichen zahlreiche Vorwürfe ein, und als das Gerücht aufkam, daß die Seele des unverbesserlichen Sünders nachts fluchend in der Kirche umherspuke, wurde die Forderung laut, man solle seinen Leichnam in die Schindgrube werfen.[193] Dieselben Menschen aber glaubten fest daran, daß aufrichtige Bußfertigkeit einen Menschen innerhalb von zwei Sekunden von Grund auf verwandeln und ihm die Pforten des Himmels öffnen könne. Man pflegte den Sterbenden „Jésus Maria" zuzurufen, und der Betreffende vermochte selbst in der allerletzten Minute der göttlichen Gande teilhaftig zu werden. Dank dieser Auffassung konnten auch Menschen, die sich eines verschwenderischen und ausschweifenden Lebenswandels schuldig gemacht hatten – ein Luxus, der den oberen Bevölkerungsschichten vorbehalten war –, die Vergebung ihrer Sünden erlangen, sofern sie sich wenigstens an ihrem Lebensende bußfertig zeigten. Vor diesem Hintergrund muß die seltsam anmutende Tatsache gesehen werden, daß die öffentliche Meinung den Marquis von Bourdeille auf das schärfste verurteilte, die Giftmörderin Brinvilliers aber kurz entschlossen zur Heiligen erhob.

Mustergültige Testamente

Im Zeitalter Ludwigs XIV. pflegte man sich nach Möglichkeit beizeiten auf den Tod vorzubereiten. Zu keiner Zeit glichen die letztwilligen Verfügungen so sehr einem überschwenglichen Glaubensbekenntnis wie im siebzehnten Jahrhundert. Die damaligen Testamente – die von Pierre Chaunu eingehend untersucht worden sind[194] – lesen sich wie notariell festgehaltene Gebete, und ihr Inhalt gibt oft Anlaß zur Bewunderung. Es mag sich manchmal um eine rein äußerliche Anpassung an die zeitgenössische Mode gehandelt haben, die der Religiosität große Bedeutung beimaß (man lebte schließlich noch nicht im Zeitalter der Aufklärung) – in den meisten Fällen entsprang der stark religiöse Charakter der Testamente jedoch einer aufrichtigen, tiefgehenden Frömmigkeit. Selbst das kleinste Detail war wichtig. Schon allein die Wahl des Bestattungsortes erlaubte zahlreiche Rückschlüsse auf die Persönlichkeit des Betreffenden. Das Testament des äußerst frommen La Reynie, des am 14. Juni 1709 verstorbenen ehemaligen Polizeipräsidenten von Paris, lohnt eine aufmerksame Lektüre. Es zeugt von der christlichen Bescheidenheit des Verfassers, seinen unermüdlichen Bemühungen um eine Verbesserung der hygienischen Verhältnisse sowie von großem Geist und von der fürsorglichen Liebe, die ihn mit seiner Gemeinde verband. La Reynie wünschte in aller Stille in einem völlig schmucklosen, nicht einmal mit einer Inschrift versehenen Grab auf dem Friedhof seiner Kirchengemeinde und nicht etwa innerhalb des Gotteshauses beigesetzt zu werden; er wollte nämlich nicht, daß die von seinem verwesenden Körper ausgehenden Fäulnisgerüche jene Luft verunreinigten, in der die heilige Messe gelesen wurde und die Geistlichen den größten Teil ihres Lebens verbrachten. Die Gemeinde sollte aber dennoch die Summe erhalten, die eine Bestattung innerhalb der Kirche gekostet hätte.[195] Als es schließlich soweit war, wurde er seinem Wunsch gemäß auf dem bescheidenen Friedhof Saint-Joseph in der Pariser Pfarrei Saint-Eustache zur letzten Ruhe gebettet.

Ein Testament aus dem Zeitalter Ludwigs XIV. enthielt gewöhnlich eine Anrufung Gottes und der Heiligen (die meist einem Glaubensbekenntnis sowie einer Zusammenfassung sämtlicher Glaubensinhalte der römischen Kirche glich), einige Angaben, auf welche Art der Unterzeichner bestattet werden wollte, sowie gelegentlich eine Reihe von Verfügungen zur Sühne begangenen Unrechts; jedes Testament sah die Stiftung von Messen oder Gebeten zugunsten des Seelenheils des Verstorbenen vor sowie Schenkungen an die Armen und an Organisationen, die sich der Bedürftigsten annahmen.

Der letzte Wille der ehrenwerten Louise Gueguen, den die bettlägrig Kranke am 10. Februar 1664 in Kerbrat bei Locmaria (Gemeinde Ploabennec[195a] Diözese Léon) im Beisein ihres Notars niederschreiben ließ, darf als ein typisches Beispiel gelten[195b]. Das Testament begann mit den Worten „In nomine Domini amen" (Im Namen des Herrn Amen). Die Präambel enthielt unter anderem die Lebensweisheit „Connaissant qu'il n'y a rien de plus certain que la mort, ni plus incertain que l'heure d'icelle" (Wissend, daß nichts sicherer ist als der Tod und nichts ungewisser als die Stunde, in der er eintritt). Dann folgte die Anrufung Gottes und der Heiligen, die in vier Zeilen die Ergebnisse des Konzils von Trient zusammenfaßte; die Kranke empfahl ihre Seele Gottvater, der Jungfrau Maria und sämtlichen Heiligen und flehte sie an, bei Jesus Christus, dem Retter und Erlöser der ganzen Christenheit, ein gutes Wort für sie einzulegen. Andere Niederschriften waren insofern etwas genauer, als sie beispielsweise Maria als Muttergottes bezeichneten[196]; das Testament der Louise Gueguen enthielt jedoch alle zentralen Glaubensinhalte. Es war theozentrisch: Gottvater wurde als erster genannt und angerufen; es war – wie die ganze französische Theologie seit Bérulle – christozentrisch; und es betonte – wie der gesamte damalige Katholizismus – die Abgrenzung gegenüber dem Protestantismus: sämtliche Heilige, Maria vorneweg, fungierten als Fürsprecher. Es trug jedoch auch den Dekreten des Tridentinums Rechnung: es enthielt nichts, was auf die pelagianische Lehre hindeutete – nicht aufgrund guter Werke oder eines gottgefälligen Lebenswandels, sondern allein dank der Erlösung durch Jesus Christus gelangte man in den Himmel.

Dann folgten die näheren Bestimmungen, die das Begräbnis regeln sollten. Anders als La Reynie wünschte die Unterzeichnerin – wie nahezu alle damaligen Notabeln – in der Dorfkirche bestattet zu werden, und zwar direkt neben dem Grab ihrer Eltern. An dieser Stelle des Testaments pflegten gewöhnlich auch die für das Seelenheil der Verstorbenen gestifteten Messen aufgeführt zu werden, die sogenannten „annuels" (dreihundertfünfundsechzig Messen), „bouts de l'an" (alljährliche Messe am Todestag), „trentains" (dreißig Messen) und andere Gedächtnisfeiern, die das Fegefeuer des Verstorbenen verkürzen sollten. Bisweilen wurden „centaines" (hundert Messen) oder gar Tausende von Messen für das Seelenheil des Verstorbenen gestiftet. Im Unterschied zu den meisten Zeitgenossen beschränkte sich Louise Gueguen jedoch nicht auf in ihrer Pfarrkirche zu lesende Messen, sondern sie verteilte ihre Stiftungen nach einem genau festgelegten Schlüssel auf die umliegenden Kirchen im Bistum Morlaix, in Saint-Pol, ja sogar im Cornouaille[197] sowie im Bistum Vannes; insgesamt machte sie nicht weniger als einundsechzig Stiftungen, die zwischen fünf Sous und zwanzig Francs betrugen, und zählte mit großer Sorgfalt all die Bischofs-, Pfarr- und Wallfahrtskirchen, Kapellen und Klöster auf, in denen die Messen gelesen werden sollten. Als Gegenwert für umfangreichere Schenkungen erwartete Louise Gueguen zumeist dreihundertfünfundsechzig, mindestens jedoch dreißig Seelenmessen, während sie sich manchmal auch mit einem Gottesdienst zufriedengab. Eine häufig wiederkehrende Stiftung – die zum Beispiel für die Kirche Saint-François in Landerneau galt – sah die einmalige Lesung einer sogenannten „octave" (acht Totenmessen) sowie einer Seelenmesse am Tag des Heiligen Gregor, am Karfreitag, am Ostersonntag und am Todestag der Unterzeichnerin vor.

Im siebzehnten Jahrhundert wurden in sämtlichen Testamenten auch stets die Armen beschenkt. Louise Gueguen war zwar nicht allzu reich und hatte einen Großteil ihres Geldes für die Stiftung von Seelenmessen und Fürbittegebeten vorgesehen, aber die Bedürftigen sollten deshalb nicht leer ausgehen. Das Pariser Spital Hôtel-Dieu wurde mit einer Schenkung von sechs Livres bedacht, und ihre Schwester Jeanne erhielt den Auftrag, sechzig Francs an die Ärmsten der Armen zu verteilen. Diese „pauvres honteux" (verschämte Arme) – so genannt, weil sie ihr Elend zu verbergen suchten und um kein Almosen zu betteln wagten – wurden ebenso wie die „pauvres malades" (kranke Bedürftige) und die „pauvres prisonniers pour dettes" (in Schuldhaft befindliche Arme) in den unter dem Absolutismus verfaßten Testamenten mit auffallender Regelmäßigkeit bedacht. Bis dann die christliche Barmherzigkeit im Zuge der Aufklärung von der rationalistisch begründeten Wohltätigkeit und Menschenliebe abgelöst und der allmächtige Gott der Bibel durch das „Etre suprême" (höchstes Wesen)[198] ersetzt wurde, pflegte man in Frankreich bei der Testamentsabfassung stets sowohl Gottes als auch der Armen zu gedenken.

5. Kapitel: Das „grand siècle" als Epoche großer Frömmigkeit

> Disons sans déguisement la vérité. Jésus-Christ n'est pas obéi partout avec la fidélité qu'on lui doit. Mais Jésus-Christ ne laisse pas d'y être souverain.[199]
> R. P. CAMERET

Das siebzehnte Jahrhundert stand ganz im Zeichen des Gallikanismus und des Jansenismus, kannte jedoch – wie das Mittelalter – eine Vielzahl anderer religiöser Strömungen. Es war gleichzeitig das große Jahrhundert der katholischen Reform, denn Frankreich, das die Beschlüsse des Konzils von Trient (1545–1563) erst sehr spät übernommen hatte, machte diese Verzögerung durch besonders großen Eifer wieder wett. Im siebzehnten Jahrhundert war Frankreich die Vormacht der gesamten Christenheit, und zumindest die katholischen Nationen orientierten sich ausnahmslos an Frankreich, dem Land der bedeutenden Bischöfe, der frommen Nonnen, der großen Theologen – Bossuets Schriften zirkulierten zwei Jahrhunderte lang in ganz Europa – und der Missionare. Das französische Volk ging tagtäglich in die Kirche, um die Botschaft der Priester zu vernehmen, und selbst das Alltagsleben war in starkem Maße dem alles beherrschenden Einfluß der Kirche ausgesetzt. Sogar die wenigen Ungläubigen, die Wüstlinge, Frevler, Gotteslästerer und Schwarzkünstler hatten eine ganz spezielle, unbestreitbar von der Gegenreformation geprägte Art, den christlichen Glauben zu verleugnen, zu fluchen, dem Laster zu frönen und sich in Gotteslästerungen zu ergehen. Im übrigen wäre der christliche Glaube auch dann noch nicht gefährdet gewesen, wenn auf einen Heiligen tausend Gotteslästerer gekommen wären. Laut Bremond besteht die Geschichte der Kirche aus nichts anderem als aus dem Leben und Wirken der Heiligen, wobei der Begriff „Heiliger" in dem Sinne zu verstehen ist, den ihm die Apostel verliehen haben.[200]

Das Jahrhundert der Heiligen

Während man früher das gesamte siebzehnte Jahrhundert unter dem Begriff „das Jahrhundert der Heiligen" zusammenfaßte, sind seit ein paar Jahren die meisten Historiker dazu übergegangen, das Jahrhundert der Aufklärung mit dem Jahr 1680 zu beginnen und das der Heiligen 1660 enden zu lassen. Solche Einteilungen sind jedoch stets mit Vorsicht zu genießen: noch im Jahre 1710 machten der berühmte Mariologe und Volksprediger Louis-Marie Grignion von Montfort und seine fromme Schülerin Jeanne Delanoue auf eine Art von sich reden, die ebenso weit vom gelehrten Freidenkertum wie vom aufkommenden Rationalismus entfernt zu sein schienen. Jeanne Delanoue – die nicht das geringste auf das Gerede der Leute gab – bettelte auf der Straße nach Tours um Almosen. Wenn sie für Seelenmessen gestiftetes Geld in die Hände bekam, pflegte sie davon Nahrung für die Armen zu kaufen. Das Zeitalter der Aufklärung brach zwar bereits an, aber man konnte immer noch Beispiele außergewöhnlicher Frömmigkeit beobachten[201]. Aus der folgenden Tabelle geht außerdem hervor, daß die zweite Hälfte des siebzehnten Jahrhunderts der ersten in nichts nachstand:

Von Rom anerkannte Heilige der Jahre 1643–1715		
Todesjahr der heiligen Personen	Anzahl	davon wurden kanonisiert
1643–1660	10	2
1661–1678	4	
1679–1696	7	2
1697–1714	3	2
24		6

In diese Tabelle sind jene Personen aufgenommen worden, die Rom heilig- oder seliggesprochen hatte, beziehungsweise deren Seligsprechung unmittelbar bevorstand.[202] Die genannten Zahlen schließen daher weder Protestanten ein (die ohnehin jede institutionalisierte Heiligsprechung ablehnten) noch tatsächliche oder mutmaßliche Jansenisten: nach menschlichem Ermessen schien es sehr unwahrscheinlich, daß eines Tages Mutter Angélique, Arnauld von Andilly, der Priester von Sacy, der Bischof Henri Arnauld, Blaise Pascal, Caulet – der Bischof von Pamiers – oder sein Amtsbruder Pavillon – der Bischof von Alet – sowie andere große Jansenisten von Rom in den Kreis der Heiligen aufgenommen werden würden. Ferner strichen die Päpste auch die Oratorianer von der Liste der Heiligen – eine Maßnahme, die vielleicht darauf zurückzuführen war, daß sich die Oratorianer zu sehr an die Jansenisten angeglichen hatten, und der selbst ihr Gründer Pierre von Bérulle, der größte Geistliche der damaligen Zeit, zum Opfer fiel. Wenn Bossuets Wirkungszeit nicht ausgerechnet in die Phase des Gallikanismus[203] gefallen wäre und er nicht obendrein noch die Deklaration dieser Unabhängigkeitsbewegung formuliert hätte, wäre er mit Sicherheit in den Kanon der Heiligen aufgenommen worden. Weiter schien man in Rom wenig geneigt, die Seligsprechung eines Jean Mabillon, einer Cathérine von Bar, einer Frau von Miramion oder eines Abt von Rancé – des berühmten Reformators des Zisterzienserklosters La Trappe – zu betreiben. Wenngleich die umseitige Tabelle folglich alles andere als vollständig ist, läßt sie doch Rückschlüsse auf die damalige Frömmigkeit zu, sofern diese sich überhaupt irgendwie messen läßt.

Aus dem Verzeichnis geht ganz klar hervor, daß das Jahrhundert der Heiligen keineswegs schon mit dem Tod des heiligen Vinzenz von Paul im Jahre 1660 zu Ende ging. Frankreich brachte vielmehr auch noch während der restlichen Regierungsjahre Ludwigs XIV. eine stattliche Anzahl großer Geistlicher hervor, die nach ihrem Tode selig- oder heiliggesprochen wurden. Außerdem pflegte nicht etwa jedes Jahrhundert eine spezifische Frömmigkeit hervorzubringen, sondern ganz im Gegenteil[204]: die Heiligen prägten ihrerseits die Zeit, in welcher sie lebten. Keine Schmähschrift, keine verzerrende Darstellung des „grand siècle" kann darüber hinwegtäuschen, daß diese Zeit mehr oder minder deutlich durch das Wirken großer französischer Heiliger geprägt war: sie schärften das Empfindungsvermögen ihrer Mitmenschen, beeinflußten die inhaltliche Weiterentwicklung des christlichen Glaubens, lenkten die zeitgenössische Frömmigkeit in geordnete Bahnen und riefen ihren Mitmenschen wiederholt in Erinnerung, daß sie im Jenseits ein anderes Leben erwartete. Der Umstand, daß einerseits die Katholiken den führenden Protestanten, ja sogar den herausragenden Vertretern des Jansenismus die ihnen gebührende Achtung verweigerten und andererseits die Protestanten den formalistischen Charakter der katholischen Heiligenverehrung ablehnten, änderte nichts daran, daß das siebzehnte Jahrhundert ein ausgesprochenes Jahrhundert der Heiligen war.

Die Heiligen verkörperten gewissermaßen die unsichtbare, die Bischöfe hingegen vertraten die institutionalisierte Kirche. Im siebzehnten Jahrhundert arbeiteten sie jedoch nicht nur eng zusammen, sondern waren sogar oft identisch.

Die französischen Bischöfe

Die weit verbreitete Vorstellung eines blutjungen, dem Hochadel entstammenden, nicht übermäßig frommen Würdenträgers, der seine Diözese schmählich im Stich ließ, um in Versailles oder in Paris seine Karriere voranzutreiben oder irgendwelchen Vergnügungen nachzujagen, entsprach keineswegs der Realität. In Wirklichkeit bildete die Zugehörigkeit zum hohen Adel unter Ludwig XIV. durchaus keine unabdingbare Voraussetzung für die Zulassung zum Bischofsamt.[205] Die Bischöfe pflegten vielmehr den unterschiedlichsten Bevölkerungsschichten zu entstammen: Clermont-Tonnerre, Noailles, Beauvilliers, Fénelon und Harlay gehörten zwar dem hohen Adel an und La Bourdonnaye, Briqueville von la Luzerne sowie der Bischof von Argouges der alten Feudalaristokratie; die Familien Crillons und Forbins waren erst vor zweihundert Jahren in den Adelsstand erhoben worden; Colbert, Le Tellier, Phelypeaux, Bochart von Saron, Choart von Buzenval und Loménie von Brienne entstammten dem gehobenen Amtsadel, während die Familien der Bischöfe von Aquin, Verthamon und Malezieu dem Bürgertum nahestanden und Vallot, Anselin, Desclaux, Mascaron, Fléchier sowie Joly selbst bürgerlicher Herkunft waren. Diese Öffnung gegenüber dem Bürgertum, ja fast gegenüber dem einfachen Volk, war im übrigen keineswegs neu. Bereits Richelieu und Vinzenz von Paul – um nur diese beiden bedeutenden Männer zu nennen – hatten dafür gesorgt, daß auch dem Bürgertum entstammende Geistliche zu Bischöfen ernannt wurden, sofern sie für dieses Amt geeignet waren. Die bedeutendsten Bischöfe aus der Regierungszeit Ludwigs XIV. waren fast ausnahmslos schon vor 1661, teilweise sogar vor dem Jahr 1643 in ihr Amt eingeführt worden.

Es versteht sich von selbst, daß das 1516 zwischen der französischen Krone und Rom geschlossene Konkordat, welches vorsah, daß künftig allein der König über die Besetzung der französischen Bischofsstühle zu bestimmen habe, die Gefahr politischer Entscheidungen oder gar der Günstlingswirtschaft in sich barg. Und doch hat Ludwig XIV. in den meisten Fällen wirklich fähige Männer in dieses Amt berufen, was zweifellos darauf zurückzuführen ist, daß er diese Aufgabe sehr ernst nahm. In seinen für den Kronprinzen bestimmten Memoiren schrieb er in diesem Zusammenhang: „Aber vielleicht gibt es nichts Schwierigeres im ganzen Königsberufe".[206] Der König warnte den Thronfolger vor allzu raschen Entscheidungen und empfahl ihm, die Kandidaten einer eingehenden Prüfung zu unterziehen: „Ich war stets der Ansicht, daß man hierbei drei Dinge vor allem berücksichtigen müsse: das Wissen, die Frömmigkeit und das sittliche Betragen."[207] Indem Ludwig XIV. vor allem Theologieprofessoren der Sorbonne und begabte Kanzelredner zu Bischöfen machte, sorgte er dafür, daß die Inhaber dieser wichtigen Ämter auch die nötigen theologischen Kenntnisse besaßen, und durch die Wahl besonders religiöser Männer trieb er gleichzeitig die katholische Reform voran. Auch Furetière versicherte, daß das Ansehen der Bischöfe in erster Linie auf einem gottgefälligen Lebenswandel beruhe.[208]

Im vorrevolutionären Frankreich glich keine Diözese der anderen: während die Diözese Toulon eintausensiebenhundert Kirchengemeinden umfaßte, unterstanden dem Bischof von Agde lediglich neunzehn Pfarreien; während einige wenige Diözesen in der näheren Umgebung von Paris lagen, fühlten sich die restlichen Bischöfe wie im Exil. Selbst die Einkünfte, welche diese Pfründen abwarfen, waren höchst unterschiedlich: einige Bischöfe bezogen enorme Summen, wohingegen andere nicht einmal genug erhielten, um davon ihren Lebensunterhalt zu bestreiten. Ferner hatte jede Diözese ihr eigenes Gebetbuch, Missale (Meßbuch) und einen speziellen Katechismus. Jede Diözese wurde sehr stark durch die Persönlichkeit des Bischofs geprägt. Wenn dieser das Hofleben vorzog und sich infolgedessen so gut wie nie in seinem Bezirk aufhielt, hatte dies für seinen Amtsbereich denkbar nachteilige Folgen. Weil der Bischof von Autun sein Amt sträflich vernachlässigte, empfing Marguerite-Marie Alacoque – der später im Kloster von Paray-le-Monial wiederholt im Traum die Heilige Familie erscheinen sollte – im Herbst 1669 die Firmung erst im Alter von zweiundzwanzig Jahren, und zwar aus der Hand von Hochwürden von Maupeou, des Bischofs von Chalon, der für seinen pflichtvergessenen Amtsbruder einsprang.[209] Dabei bestand laut Furetière die wichtigste Aufgabe eines Bischofs darin, möglichst häufig die Pfarreien seiner Diözese zu besuchen.[210]

Valentin-Esprit Fléchier, ein berühmter Kanzelredner und Verfasser zahlreicher Schriften, empfand diese Aufgabe zwar als recht lästig, beugte sich jedoch dieser im kanonischen Recht verankerten Pflicht.[211] Man muß allerdings zugeben, daß die Betreuung seiner Diözese Nîmes dem jeweiligen Bischof besonders viel Zeit und Mühe abverlangte. Fléchier hatte zunächst das wohlgeordnete und leicht überschaubare Bistum Lavaur verwaltet, bis ihn Ludwig XIV. im Jahre 1687 zum Bischof von Nîmes machte – zum einen, weil er Fléchier auszeichnen, und zum anderen, weil er den zahlreichen dort ansässigen Protestanten einen Theologen gegenüberstellen wollte, der bereits aus zahlreichen Streitgesprächen siegreich hervorgegangen war. Als ihm zu dieser Auszeichnung gratuliert wurde, erwiderte Fléchier, übrigens auch Mitglied der Académie française, er könne keine ungetrübte Freude daran finden; seine bisherige Diözese und das beschauliche Leben, welches sie ihm ermöglicht habe, seien ihm so sehr ans Herz gewachsen, daß er sie höchst ungern verlasse und der einzige Reiz des neuen Bistums in der mit seiner Verleihung verbundenen Auszeichnung bestehe.[212] Die Ernennung zum Bischof von Nîmes glich damals in der Tat einer Berufung an die vorderste Front – ein der Militärsprache entlehnter Ausdruck, der in vielen Fällen durchaus angebracht war: sowohl Le Jay, der Bischof von Cahors, als auch Matha, der Bischof von Aire, erlagen 1693 beziehungsweise 1710 einem ansteckenden Leiden, welches sie sich bei Krankenbesuchen zugezogen hatten.

In einigen Fällen war es durchaus gerechtfertigt, daß sich ein Bischof vorübergehend aus seiner Diözese entfernte: manche Bischöfe waren maßgeblich an den regelmäßig in Paris tagenden Generalversammlungen des französischen Klerus beteiligt, welche die Höhe des „don gratuit"[213] festlegten und die Gesamtkirche verwalteten. Andere begaben sich an den Hof oder in die Hauptstadt, um Angelegenheiten ihrer Diözese zu regeln. Barillon, der Bischof von Luçon, starb in Paris, und nach Aussage des Marquis von Sourches verlor das Königreich mit ihm einen der besten und frömmsten geistlichen Würdenträger, die es je besessen hatte; der ehrwürdige Barillon hatte sich im Abstand von drei bis vier Jahren regelmäßig neun Monate lang in Paris aufgehalten, um dort die Interessen seines Bistums zu vertreten. Besonders eifrige Bischöfe setzten jedoch ihre ganze Ehre darein, sich so wenig wie irgend möglich aus ihrem Amtsbezirk zu entfernen: es ist hinreichend belegt, daß Nicolas Pavillon, der als „le saint Charles de l'Eglise de France" (Heiliger Karl der französischen Kirche) bezeichnet wurde und 1661 bereits seit zweiundzwanzig Jahren das Amt des Bischofs von Alet bekleidete, seine Diözese nur dann verließ, wenn das Zusammentreten der Provinzialstände dies erforderlich machte.[214] Henri Arnauld – der Bischof von Angers, und François-Etienne de Caulet, der Bischof von Pamiers, verhielten sich genauso. Der Zufall wollte es, daß all die genannten Bischöfe Jansenisten waren. Während der gesamten Regierung Ludwigs XIV. hatte es stets ein halbes Dutzend jansenistischer Prälaten gegeben, welche den Argwohn des Königs erregten und von den Jesuiten mit glühendem Haß verfolgt wurden, beim restlichen Klerus sowie beim Volk jedoch wegen ihres untadeligen und gottgefälligen Lebenswandels überaus beliebt waren.

Lancelot, der frühere Einsiedler von Port-Royal, weilte einige Zeit bei Nicolas Pavillon in Alet und hielt in seinen Memoiren die Eindrücke fest, die er im Lauf dieser Reise gewonnen hatte. Nach dieser Beschreibung glich das Zimmer des Bischofs einer Mönchszelle, die keinen normalen, mit einer Lehne versehenen Stuhl, sondern lediglich unbequeme Klapphocker enthielt. Pavillon hatte einst nicht einmal ein richtiges Zimmer bewohnt, sondern in einem Verschlag gehaust, um auf diese Weise näher bei seinen Dienstboten zu sein. Er pflegte sehr bescheidene Mahlzeiten zu sich zu nehmen: es gab weder Zwischengerichte noch im Backofen zubereitete Speisen oder Ragout, und an Fasttagen ernährte er sich ausschließlich von Gemüse und Eiern. Sobald sich ein Gast angesagt hatte, wurde ein Huhn geschlachtet, und wenn unerwarteter Besuch kam, wurden gebackene Süßwasserfische aufgetischt.[215]

Der Bischof stand sehr früh auf, um sein Morgengebet zu verrichten, und später wohnte er der Hauptmesse bei; sein Platz im Chor war nur durch einen winzigen violetten Teppich hervorgehoben, und er verließ ihn nur, um zu Beginn der Messe am Altar das „Confiteor" („ich bekenne"), die Formel des öffentlichen Schuldbekenntnisses, zu sprechen und um gegen Ende der Gemeinde seinen Segen zu erteilen. Den restlichen Tag verbrachte er damit, fromme Schriften zu lesen, die Bibel auszulegen, Arme oder Kranke zu besuchen, Beratungen abzuhalten, Audienzen zu gewähren und sich der Verwaltung zu widmen. Abends besuchte er den Vesper- und den täglichen Schlußgottesdienst und nahm ein leichtes Nachtmahl ein; hierauf folgte ein gemeinsames Gebet, an dessen Ende Pavillon allen Anwesenden seinen Segen erteilte. Damit war sein Tagwerk vollbracht, und sowohl der Bischof als auch etwaige Gäste begaben sich zu Bett.

Pavillon, der stets mit gutem Beispiel voranging und auch selbst Hand anlegte, hatte innerhalb von weniger als zwanzig Jahren seine Diözese von Grund auf reformiert. Als er dieses abgelegene Bistum übernahm, mußte er feststellen, daß es nahezu entvölkert war und daß die wenigen Menschen, welche er dort antraf, noch nie etwas von den Beschlüssen des Trienter Konzils gehört hatten (sein Vorgänger Polverel, ein ehemaliger Kavalleriehauptmann, hatte nichts von Theologie verstanden und überdies ein sehr lasterhaftes Leben geführt). Angesichts solch katastrophaler Verhältnisse mußte Pavillon mit seinem Reformwerk bei Null beginnen. Zunächst untersagte er den Priestern die Ämterhäufung, zog sämtliche Pfründen ein, um sie anschließend neu zu verteilen, und versetzte die Priester unter Berücksichtigung ihres Alters, ihrer Dienstbeflissenheit, ihrer finanziellen Mittel und ihrer geistlichen Bedürfnisse in eine andere Pfarrei. Er befreite einige Pfarrkirchen von der Bevormundung durch die zuständigen adligen Grundherren und zwang Adelige, die sich irgendwelcher Übergriffe schuldig gemacht hatten, dazu, die Gebote der christlichen Religion und die Gesetze des Staates zu achten, indem er sie wegen Inzucht, Mädchenraubs, Vergewaltigung oder gar wegen eines Duells exkommunizierte.

Um 1660 waren alle Mißstände beseitigt, und die einst so verwilderte Diözese glich nun einer Miniaturausgabe des Bistums Mailand beim Tod des heiligen Karl Borromäus. In der Stadt Alet ging es zu wie in einem riesigen Kloster: die Sonntagsruhe wurde so strikt eingehalten, daß nicht einmal Kutschen durch die Stadt fahren durften. Der Landadel hatte Pavillons Sittenreform wohl oder übel hinnehmen müssen, und die Bauern waren dem guten Bischof so dankbar dafür, daß er die adligen Grundherren in die Schranken verwiesen hatte, daß sie ihm bis ans Ende der Welt gefolgt wären. Vorderhand begnügten sie sich damit, ohne Murren die Untersagung sämtlicher Tanzveranstaltungen zu akzeptieren – der gestrenge Oberhirte bestand darauf, daß auch nicht während des Jahrmarkts, ja nicht einmal mehr im Rahmen des Kirchweihfestes das Tanzbein geschwungen werden durfte. Die Kunde von der Tugendhaftigkeit Pavillons drang sehr schnell über die Grenzen seines Bistums hinaus und machte ihn in ganz Frankreich berühmt. Im Jahre 1661 hielt der Minister Michel Le Tellier Ludwig XIV. von dem Vorhaben ab, Bischof Pavillon nach Paris zu zitieren – wie hätte man einem so mustergültigen Bischof, den das Volk bereits zu seinen Lebzeiten als Heiligen verehrte und der von allen ehrbaren Menschen unendlich geschätzt wurde, seine Sympathien für die Lehre des Jansenismus vorwerfen und ihn zur Verteidigung auffordern können?[216]

Das Grabmal eines heiligen Bischofs

Am 15. Oktober 1677 wurde Nicolas von einer tödlichen Krankheit befallen, welcher er am 8. Dezember erlag – ein Todesfall, der in ganz Frankreich große Trauer auslöste. Selbst während der sieben Wochen, die er krank im Bett lag, ging von diesem Manne sowie von den wenigen Worten und Gesten, zu denen er sich noch aufraffen konnte, eine ungeheure Wirkung aus. Als er von einem Geistlichen gefragt wurde, mit welchen Gefühlen er dem Tod entgegensehe, ob er des Lebens überdrüssig sei und ob er es kaum noch erwarten könne, bis er vor Gott treten dürfe, antwortete er nur mit einem einzigen Wort: „Soumission" (Unterwerfung)[217], um damit auszudrücken, daß er sich auch in dieser Angelegenheit ganz dem Willen des Schöpfers unterwerfe. Im Haus des todkranken Bischofs herrschte ein ständiges Gedränge – jeder wollte ihn noch einmal sehen und nach Möglichkeit eine an diesen frommen Mann erinnernde Reliquie davontragen, und man pflegte sich selbst von weit her nach seinem Befinden zu erkundigen. Pavillon bestellte in aller Ruhe sein Haus und regelte die näheren Umstände seines Begräbnisses. Das Heilige Abendmahl nahm er in aller Öffentlichkeit an, um noch ein letztes gutes Beispiel zu geben; er wünschte auf dem Friedhof – also nicht in der Kathedrale – beerdigt zu werden und ordnete an, daß seine letzte Ruhestätte keinen Grabstein erhalten sollte. Am 9. Dezember zelebrierte Caulet, der Bischof von Pamiers, die Totenmesse für seinen Freund und Amtsbruder und hielt vor einer riesigen Trauergemeinde die Leichenpredigt; er versicherte, der Verstorbene sei so tugendhaft gewesen, daß eine einzige Messe gar nicht ausreiche, um alle guten Eigenschaften und frommen Werke dieses großartigen Bischofs aufzuzählen, der mit Gewißheit bereits in den Himmel aufgenommen worden sei.[218]

Bischof Caulet war es auch gewesen, der unmittelbar nach Pavillons Tod – in Tränen aufgelöst und immer wieder von Schluchzen unterbrochen – die üblichen Gebete verrichtete. Dann hatte er das Testament öffnen und verlesen lassen, dessen Inhalt ganz der Lebensweise des Verstorbenen entsprach. Es begann mit den Worten „Au nom du Père, et du Fils et du Saint-Esprit, ainsi soit-il. Je, Nicolas, indigne évêque d'Alet, ai fait mon testament comme s'ensuit…"[219] (Im Namen des Vaters, des Sohnes und des Heiligen Geistes. Amen. Ich, Nicolas, unwürdiger Bischof von Alet, habe folgendes Testament aufgesetzt…). Zunächst bat er Gott, sich seiner Seele gnädig anzunehmen, und erflehte die Fürbitte der Jungfrau Maria, der Engel und sämtlicher Heiliger, woran sich das Bekenntnis anschloß, daß er allein im römisch-katholischen Glauben leben und sterben wolle. Das ganze Schriftstück atmete den Geist des barocken Katholizismus, was sich unter anderem in der Lobpreisung der Dreieinigkeit, in dem stark christozentrischen Charakter, in der Nennung der Heiligen als Fürbitter, der Verehrung der Jungfrau Maria, die – in Anlehnung an das Trienter Konzil – als „mère de Dieu" (Gottesmutter) bezeichnet wurde, sowie in der völligen Unterwerfung unter die Kirche äußerte. Dann folgten die Bestimmungen zum Begräbnis sowie eine Aufstellung jener Gaben, mit denen die Dienstboten, das Priesterseminar sowie die Lehrerinnen der geistlichen Schulen bedacht werden sollten; Pavillon betonte in diesem Zusamenhang, wie nützlich der Unterricht sei, den die Mädchen dort erhielten.

Das Testament schloß mit der Anordnung, daß sein restlicher Besitz – über einen Zeitraum von zwei Jahren hinweg – an die Ärmsten der Armen in seiner Diözese verteilt werden sollte. Das Testament war am 9. Oktober 1676 aufgesetzt und von Pavillon eigenhändig unterzeichnet worden.

Das Grab des hochverehrten Bischofs entwickelte sich zu einem richtigen kleinen Wallfahrtsort: bis in das zwanzigste Jahrhundert hinein wurde es von zahlreichen Pilgern aufgesucht; immer wieder reinigten sie das schlichte Grabkreuz vom Moos und hofften, des Glücks teilhaftig zu werden, das angeblich von dieser Stätte ausging. Die größten französischen Bischöfe der damaligen Zeit brachten ihrem Standesgenossen eine Huldigung dar. Der Bischof von Choiseul verkündete am 25. Januar 1678, Pavillon sei ein besonderer Heiliger, der zum Zeitpunkt seines Todes – das heißt als Achtzigjähriger – noch genauso unschuldig gewesen sei wie bei seiner Taufe; er sei fortwährend zur Buße bereit gewesen, habe sich ununterbrochen in den Dienst Gottes und seiner Mitmenschen gestellt und sei nicht ein einziges Mal in seiner Beständigkeit wankend geworden. Ferner ließ der Bischof von Choiseul verlauten, Pavillon habe mit an Sicherheit grenzender Wahrscheinlichkeit noch nicht einmal eine kleine Erlassungssünde wissentlich begangen, und er glaube sehr wohl, ja er habe förmlich erwartet, daß vom Grab eines so heiligen Mannes wundertätige Kräfte ausgingen.[220]

Das priesterliche Hirtenamt: schlechte und gute Seelsorger

Während so fromme und gewissenhafte Bischöfe von ihren Standesgenossen gerühmt wurden, dienten sie den gewöhnlichen Priestern als leuchtende Beispiele, denen man allerorten nachzueifern suchte. Ein Bischof vom Schlag eines Nicolas Pavillon lebte wie ein einfacher Dorfpriester. Er bewohnte keinen Palast, sondern ein ganz bescheidenes, den damaligen Pfarrhäusern ähnliches Gebäude: so war er gleichzeitig Schüler des Heiligen Augustinus und Vorläufer des Dorfpfarrers von Ars.[221] Außerdem bestand eine der wichtigsten Pflichten jedes Bischofs darin, die ihm unterstellten Priester – also seine Mitarbeiter auf Gemeindeebene – auszubilden, zu schulen und anzuspornen. Aus diesem Anlaß hielt Bischof Fléchier (1687–1710) auf der Synode von Nîmes eine ausführliche, herausragende Rede über die Aufgaben und Pflichten eines Dorfgeistlichen.[222] Diesem Vortrage, der im Geiste des Trienter Konzils gehalten wurde, kann man sehr gut entnehmen, was man im Frankreich Ludwigs XIV. von einem Priester erwartete. Fléchier schilderte zunächst die häufigsten Verfehlungen, um anschließend das Idealbild eines guten Hirten zu entwerfen.

Er tadelte jene Eindringlinge, welche aus reiner Macht- oder Habgier Priester geworden waren, ohne sich dazu berufen zu fühlen: sie hatten offenbar vergessen, daß Gott – und nicht etwa der Mensch – über die Berufung zum geistlichen Stand entschied. Diese unverschämten Priester waren fehl am Platz, ihre Amtsausübung glich einer fortwährenden Gotteslästerung, sie liefen große Gefahr, jeden moralischen Halt zu verlieren und ihre Schafe mit sich in den Abgrund zu reißen.

Ein Pfarrer, welcher sich nicht in seine Gemeinde einzufügen verstand oder vergaß, daß nicht die Kirche für den Priester, sondern der Priester für die Kirche da war, lud ebenfalls eine schwere Schuld auf sich, ebenso wie diejenigen seiner Amtsbrüder, die gegen die Residenzpflicht verstießen: was sollte die Gemeinde denn von einem Priester halten, der mit Regelmäßigkeit montags verschwand, um erst am Samstag wieder aufzutauchen? Bald zog er einfach ziellos durch die Lande und vertrödelte halbe Tage auf irgendwelchen Jahrmärkten, bald hielt er sich unnötig lange in der Stadt auf, um von einer Einladung zur anderen zu jagen und allen möglichen sonstigen Vergnügungen zu frönen. Selbst wenn dieser unstete Lebenswandel ihn nicht zur Sünde verleitete, hielt er ihn doch zumindest von der Erfüllung seiner Pflichten ab. Wann fand er denn noch Zeit, die ihm anvertrauten Menschen zu besuchen, Kinder zu unterrichten oder seine Sonntagspredigt vorzubereiten? Manche schwerwiegenden Unterlassungen – wenn etwa ein neugeborenes Kind ungetauft verschied oder ein Sterbender wegen der ständigen Abwesenheit des zuständigen Pfarrers keine Letzte Ölung erhielt – waren auf keine Weise wiedergutzumachen.

Fléchier rügte auch die faulen Priester, die sich höchst selten ihren Amtsgeschäften widmeten und allem Anschein nach den Standpunkt vertraten, ihr Amt sei eine Sinekure, das heißt eine Position, mit der nur Einkünfte und Ansehen, aber keine Pflichten verbunden waren. Sie fanden keine Zeit, um sich theologischen Studien zu widmen, eine Predigt auszuarbeiten, in der Heiligen Schrift zu lesen und noch viel weniger, um Werke der Barmherzigkeit zu verrichten. Der Sonntag war der einzige Wochentag, an welchem sie überhaupt etwas leisteten. Und selbst hier begnügten sie sich damit, in möglichst kurzer Zeit eine Messe herunterzuleiern, die keiner Anforderung genügte. Außerdem ließen sie sich so oft wie möglich durch Geistliche aus den Nachbargemeinden vertreten. Wenn sie jedoch wirklich selbst predigen mußten, so pflegten sie eine Stunde lang leere Phrasen zu dreschen und eine verworrene, theologisch bedenkliche Botschaft von sich zu geben.

Daneben gab es ausgesprochen frivole Pfarrer, die – als besonders schlechte Vorbilder ihrer Gemeinde – gleich mehreren Lastern frönten. Sie glaubten, daß es nur eine einzige – die fleischliche – Sünde gebe und gingen folglich den übrigen Versuchungen nicht aus dem Weg, sondern waren eitel, hochmütig, prozeßwütig, raffgierig und rachsüchtig. Gegenüber erst unlängst zur katholischen Religion übergetretenen Protestanten verhielten sie sich besonders streng, den Kindern erteilten sie einen äußerst mangelhaften Unterricht, und als Beichtväter waren sie ebenso wenig verschwiegen wie auf Milde bedacht. Vermutlich um ihre mangelnde Autorität durch Strenge auszugleichen, ließen sie ihren Launen freien Lauf und traten betont herrisch auf. Sie maßten sich auch an, Streitigkeiten unter den Gemeindegliedern zu schlichten, aber nicht etwa als gütige Vermittler, sondern als gestrenge Richter. Außerdem neigten sie meistens dazu, den Ortsadel zu umschmeicheln und vielleicht gar in seinen Lastern zu bestärken. Eines ihrer größten Vergehen bestand darin, daß sie sich – von einem eitlen Geltungsbedürfnis getrieben – fast nur mit reichen Leuten umgaben, während die Armen ihnen vollkommen gleichgültig waren.

Schließlich schalt Fléchier noch über furchtsame Priester, die nicht Manns genug waren, die ihnen bekannten Übel auszurotten, über die Moral ihrer Gemeindekinder zu wachen, die Sünde anzuprangern und die größten Mißstände zu beseitigen.

Im Gegensatz zu diesen vier Kategorien schlechter Priester entwarf Fléchier das Bild von einem wahrhaft guten Hirten im Sinne Jesu Christi. Genau wie er sollte der Geistliche die Gemeinde durch sein Wort überzeugen, gewissenhaft die Sakramente verwalten, seinen anvertrauten Schafen beistehen und einen beispielhaften Lebenswandel führen. Außerdem hatte er sich so selten wie irgend möglich aus seiner Gemeinde zu entfernen, um stets für die Gläubigen erreichbar zu sein, um Rat suchende Menschen zu empfangen oder sich seinerseits zu ihnen zu begeben, die Gemeindemitglieder zu unterrichten, ihnen beizustehen sowie sie materiell und ideell zu unterstützen. Diese zahlreichen Aufgaben hielten einen gewissenhaften Priester jedoch nicht davon ab, theologische Studien zu betreiben, die Heilige Schrift zu deuten, die Sonntagspredigt – den eigentlichen Höhepunkt seiner Arbeitswoche – zu entwerfen oder den Unterricht vorzubereiten.

Die Predigten des vorbildlichen Seelenhirten waren kurze, gründlich erarbeitete und leicht verständliche Ansprachen, in welchen die den jeweiligen Sonntag betreffende Bibelstelle ausgelegt wurde. Im Religionsunterricht brachte er den Kindern die nötigsten Grundkenntnisse bei, indem er ihnen vom Wirken der Apostel erzählte und die zentralen Glaubensinhalte – die Dreieinigkeit, die Menschwerdung und die Erlösung –, die Sakramente, die Zehn Gebote sowie das Vaterunser durchnahm.

Als gewissenhafter Verwalter der Sakramente pflegte ein guter Pfarrer sehr darauf zu achten, daß jedes neugeborene Kind unverzüglich getauft wurde und jeder Sterbenskranke die Letzte Ölung empfing. Auch war er ständig um eine Festigung des Glaubens bemüht und versuchte, ehemalige Protestanten für die katholische Auffassung vom Abendmahl zu gewinnen. Als guter Beichtvater war er bestrebt, den Büßern eher geduldig zuzuhören als sie auszufragen und lieber Milde walten zu lassen, als sie durch strenge Sanktionen zu verprellen.

Seine außerkirchlichen Pflichten pflegte der verantwortungsbewußte Geistliche mit derselben Gewissenhaftigkeit zu erfüllen; er war stets bemüht, möglichst viel Gutes zu tun und möglichst viel Schlechtes zu verhindern; schließlich mußte er sein ganzes Leben in den Dienst seines Amtes stellen und – wie der biblische gute Hirte – einzig und allein für die ihm anvertrauten Schafe leben. Er mußte mit gutem Beispiel vorangehen, sich in Bescheidenheit üben, geduldig, tugendhaft, sanft, barmherzig, umgänglich und entgegenkommend sein. Falls er einen Streit zu schlichten hatte, sollte er sich dieser Pflicht wie ein gütiger Vater und nicht wie ein gestrenger Richter entledigen. Sofern es zu Auseinandersetzungen zwischen der Dorfbevölkerung und den adligen Grundherren kam, sollte er nicht davor zurückschrecken, die einfachen Leute mit allen Mitteln gegen Unterdrücker zu verteidigen, ohne deshalb jedoch – einem blinden Prinzip folgend – automatisch die Sache der Pächter zu seiner eigenen zu machen oder aber von vornherein zum Grundherrn beziehungsweise zu seinen Bevollmächtigten zu halten. Ein guter Priester suchte stets den Schwachen Schutz und den Bedrückten Trost zu spenden. Denn an wen – so fragt Fléchier in seiner flammenden Rede – sollten sich die armen Bauern in ihrer Not wenden, wenn nicht an jenen, der für ihr geistiges und seelisches Wohl verantwortlich war und tagaus tagein vor dem Altar in ihrem Namen das heilige Meßopfer zelebrierte?

Aus Fléchiers Rede und seinen Vorwürfen ging deutlich hervor, welcher Vergehen sich im damaligen Frankreich manch oberflächlicher Priester schuldig machte und welche Anforderungen man an einen guten, gewissenhaften Seelsorger stellte. Fléchier hatte seine Rede wirkungsvoll auf diesem Kontrast aufgebaut. Die Frage, wieviele Geistliche sich damals eindeutig der einen oder der anderen Kategorie zuweisen ließen, ist selbst heute, aus dem Abstand von über dreihundert Jahren, nur sehr schwer zu beantworten. Zwischen den beiden extremen Gruppen der guten und der schlechten Priester existierte eine breite Grauzone; sie umfaßte jene durchaus achtbaren Seelsorger, die bei der Ausübung ihres Amtes zwar keinen übermäßigen Eifer bewiesen, sich aber auch keine gravierenden Verfehlungen zuschulden kommen ließen. In einer Zeit, in der die Geistlichen laufend weitergeschult wurden, die so stark von den Nachwirkungen des Konzils von Trient und den Schriften führender französischer Theologen geprägt war, pflegte das Streben nach priesterlicher Perfektion meist über die weltlichen Versuchungen zu siegen. Im übrigen reichte das Vorhandensein von ein paar wenigen guten Hirten vollkommen aus, um den Fortbestand der Kirche zu garantieren; und im Zeitalter des Sonnenkönigs lebten stets mehr als zehn Gerechte im französischen Sodom.[223]

Das Klosterleben – Theorie und Praxis der Ordensregel

Da gab es einen erwachsenen Mann, der sich mit dem Problem herumquälte, daß er zwar keine eindeutige Berufung zum geistlichen Stand verspürte, aus reinem Pflichtgefühl aber dennoch ins Kloster zu gehen erwog; ihm schrieb Fléchier, er sei in keiner Weise an das diesbezügliche Gelöbnis seiner Eltern gebunden; wenn jemand ins Kloster gehe, so müsse dieser schwerwiegende Schritt vielmehr auf seinem freien und persönlichen Entschluß beruhen, denn die Berufung komme von Gott und nicht von den Menschen. Gegenüber einer adligen Dame, welche sehr darüber betrübt war, daß ihre Tochter in den geistlichen Stand einzutreten wünschte, äußerte Fléchier dagegen, er könne das Verhalten des jungen Mädchens nur gutheißen; es habe die Stimme des Herrn vernommen und wolle seinem Ruf Folge leisten, ein Vorhaben, von welchem es nicht abgehalten werden sollte. Man vertrat also den Standpunkt, daß die Eltern in dieser wichtigen Angelegenheit die Entscheidung ihrer Kinder respektieren und keinerlei Druck auf sie ausüben oder sie gar zu etwas zwingen sollten. Der Entschluß sollte von der betroffenen Person selbst gefaßt werden, geleitet nicht von der verlockenden Aussicht auf eine fette Pfründe, sondern allein von der Stimme Gottes sowie von eigener reiflicher Überlegung und kompetenten Ratgebern.

Wenn der geistliche Stand in Frankreich um 1660 in der Tat 266 000 Personen – darunter über 180 000 Nonnen und Mönche – umfaßte, so kann man davon ausgehen, daß nicht alle von ihnen eine wahre Berufung verspürt hatten. Die Eltern kinderreicher Familien waren nur allzu gerne bereit, nachgeborene Söhne oder Töchter zum Eintritt in ein Kloster zu bewegen. Seit dem Konzil von Trient durfte man bereits mit sechzehn Jahren die Gelübde ablegen, das heißt in einem Alter, wenn die Heranwachsenden (zumindest damals) noch beeinflußt werden konnten. Colbert hatte sich vergebich um eine Anhebung dieser Altersgrenze bemüht. Auch Massillon hielt sie für gefährlich, zumal der Entschluß, auf dem die frühzeitige Einkleidung beruhte, oft schon einige Jahre zurücklag. In seiner berühmten Fasten-Predigt aus dem Jahre 1704 kritisierte er diese Unsitte: sie führe dazu, daß die Entscheidung zu einem Zeitpunkt gefällt werde, da die Jugendlichen oft noch nicht einmal ihre Tragweite erfassen, geschweige denn eine Wahl treffen könnten.[224] Die Zahl jener Fälle, in denen echter Zwang ausgeübt wurde, war – trotz der Kritik, welche sie fortwährend erregten – relativ gering; drei Grundtypen lassen sich dabei unterscheiden: ein selbstsüchtiger Vater oder eine verwitwete Mutter schickten ihr Kind ins Kloster, weil sie unabhängig sein wollten. Eine Witwe, die wieder heiratete, steckte ihre Kinder aus erster Ehe ins Kloster, um der Eifersucht oder dem Zorn ihres zweiten Mannes vorzubeugen. Manche Eltern wiederum beabsichtigten, ihrer Familie auf diese Weise eine Pfründe zu sichern. Im übrigen betrachtete man die Einkleidung in die Ordenstracht gewissermaßen als die Besiegelung einer Vernunftehe und war davon überzeugt, daß sich die notwendige Zuneigung mit der Zeit schon einstellen werde.

Aufrichtigen Ordenskandidaten, die einer göttlichen Berufung folgten, die erforderliche Tugend und Eignung besaßen, denen ein Bischof die Echtheit ihrer Berufung bestätigt hatte und die von redlichen Motiven geleitet wurden, boten sich damals gute Aussichten. Die traditionellen Orden hatten im Anschluß an das Konzil von Trient fast alle eine tiefgreifende Reform erfahren; die Mauriner etwa bemühten sich um die Wiederbelebung des benediktinischen Ordensideals und veranlaßten allein in der Normandie die Reformierung beziehungsweise den Wiederaufbau von siebenundzwanzig Klöstern. In der Abtei Saint-Germain-des-Prés begründeten sie ein einzigartiges Wissenschaftszentrum, zu dessen bahnbrechenden Veröffentlichungen die monumentalen „Acta Sanctorum" zählten. Das ursprüngliche Ordensideal erfuhr hier allerdings insofern eine gewisse Abwandlung, als die Mönche von Saint-Germain-des-Prés kaum mehr praktische Arbeiten verrichteten, sondern sich fast ausschließlich der wissenschaftlichen

Forschung widmeten. Sowohl ein gewisser Dom Claude Martin als auch einige Zeit später Mabillon hielten es für angebracht, ihre Brüder darauf hinzuweisen, daß die Ordensregel sie zu Schweigen, Einsamkeit und regelmäßigem Fasten verpflichtete.

Gleichzeitig wurden laufend neue religiöse Gemeinschaften ins Leben gerufen, die jedoch nie den Umfang des 1611 gegründeten Oratorianerordens, der Lazaristen (1625), der Sulpizianer (1641) oder der Eudisten (1643) erreichten oder die – im Unterschied zu den Ursulinerinnen – keine verbindliche Ordensregel kannten; es handelte sich vielmehr um eine Vielzahl winziger, ordensähnlicher Gemeinschaften, deren Gründung auf die Initiative von ein paar Menschen sowie auf die örtlichen Umstände zurückzuführen war. Mit der Zeit entstand ein weitgespanntes, dichtes Netz solcher Häuser, die sich in erster Linie dem Unterricht oder der Krankenpflege widmeten. Im Jahre 1661 gründete der Augustinerpater Ange Le Proust in der bretonischen Stadt Lamballe die Gemeinschaft der Schwestern zu Sankt Thomas von Villeneuve, welche die Versorgung der in den umliegenden Spitälern untergebrachten Kranken und Armen übernahmen. Wie die ebenfalls auf karitativem Gebiet tätigen Vincentinerinnen – von denen sie sich auch sonst kaum unterschieden – lebten sie in völliger Armut. Da sie jedoch vom Reiz der Neuheit profitierten – die Gründung der Vincentinerinnen lag immerhin schon über siebenundzwanzig Jahre zurück –, ein stärkeres Zusammengehörigkeitsgefühl entwickelten – die Schwestern stammten alle aus derselben Gegend – und ihr Gründer ein beachtliches Ansehen genoß, erhielten die Schwestern zu Sankt Thomas größeren Zulauf. Als Ludwig XIV. im Jahre 1671 die Rechtmäßigkeit der Gemeinschaft schriftlich bestätigte, unterhielt sie bereits zwölf Häuser. 1698, im Todesjahr ihres Gründers, belief sich die Zahl der Niederlassungen auf siebenundzwanzig. Abgesehen von dem Mutterhaus, das um 1700 nach Paris verlegt wurde, und von zahlreichen Spitälern trug die Gemeinschaft der Schwestern zu Sankt Thomas auch Zufluchtsstätten sowie Schulen.[225]

Gegen Ende des siebzehnten Jahrhunderts rief Abbé Bélard, der Priester von Alençon, die „Providence d'Alençon" ins Leben, deren Schwestern sich der Armen- und Krankenfürsorge widmen und den Mädchen aus dem einfachen Volk eine Berufsausbildung vermitteln sollten.[226] Zweihundert Jahre lang gab es in Frankreich zahlreiche Niederlassungen von Schwestern „de la Providence" (der göttlichen Vorsehung), wovon sich die einen zu Kongregationen zusammenschlossen, während die anderen selbständig blieben, die aber alle dieselbe Zielsetzung hatten. Sie erwiesen sich als ein wahrer Segen für die ländliche Bevölkerung.

Die Frömmigkeit und das tägliche Leben

Das zwanzigste Jahrhundert neigt dazu, alles vereinfachend darzustellen, eindeutig zuzuordnen, zusammenzufassen und auf wenige, prägnante Inhalte zu reduzieren – eine Betrachtungsweise, die dem siebzehnten Jahrhundert völlig unangemessen ist: die Franzosen aus der Zeit der Gegenreformation lassen sich nämlich in keine fest abgegrenzten Kategorien einordnen! Als Beweis hierfür mag die Gegenüberstellung zweier berühmter Zeitgenossen dienen: auf den allerersten Blick hatten Armand-Jean Le Bouthillier von Rancé, der Reformabt des Zisterzienserklosers La Trappe (geb. 1626, gest. 1700), und der Benediktiner Jean Mabillon aus der Abtei Saint-Germain-des-Prés eine ganze Reihe von Gemeinsamkeiten: beide standen in der Tradition des heiligen Benedikt von Nursia, waren sehr um Innerlichkeit bemüht, führten ein frommes Leben und starben eines würdigen Todes. Und doch vertraten sie in bezug auf die Wissenschaft diametral entgegengesetzte Standpunkte: während Rancé – der Verfasser von „De la sainteté et des devoirs de la vie monastique" (Von der Heiligkeit und den Pflichten des Klosterlebens) – den Mönchen jegliche wissenschaftliche Betätigung untersagte, verfocht Mabillon – selbst ein berühmter Gelehrter – das genaue Gegenteil.[227]

Alle Geistlichen legten großen Wert auf die äußere Form, auf Gestik und Symbolik. Während jedoch die einen schlichte, sachliche und einfache Gesten bevorzugten, neigten die anderen zu barockem Überschwang und Farbenpracht. Der Abt von Rancé und Jeanne von Matel beschritten in dieser Beziehung ganz unterschiedliche Wege. Der Abt war von solcher Schlichtheit und Bescheidenheit, daß er nicht einmal porträtiert werden wollte und zeitlebens nur auf einem Strohhaufen schlief.[228] Die 1670 verstorbene Matel, die Gründerin des „Ordre du Verbe incarné" (Orden des göttlichen Wortes), hatte dagegen eine ausgesprochene Vorliebe für symbolträchtige Farben. Sie vernahm regelmäßig himmlische Stimmen – diejenige Christi, der sich dabei ausschließlich der lateinischen Sprache bediente, die der Dreieinigkeit, der Jungfrau Maria, des Erzengels Michael, des heiligen Hieronymus sowie des heiligen Dionysius; auf den Aussagen dieser heiligen Personen fußten ihre theologische Doktrin sowie das Zusammenleben innerhalb des neugegründeten Ordens. Selbst die Kleidung der Nonnen – blaue Bluse, weißer Rock und roter Mantel – war symbolträchtig und nahm – zu einer Zeit, da die französische Fahne einfarbig weiß war – die Farbkombination der späteren Trikolore vorweg. Das Blau galt offensichtlich als Symbol für den Himmel, den himmlischen Vater, die Rechtschaffenheit

Die Frömmigkeit und das tägliche Leben 161

der Himmelsbewohner, die Reinheit Gottvaters und der Jungfrau Maria, die göttliche Abstammung Jesu Christi sowie für sein geronnenes Blut; die weiße Farbe versinnbildlichte die Reinheit, das ewige Licht, Gottsohn, das Gewand Christi zur Zeit des Herodes, die Erde, über welche Christus herrschte, sowie die Hoffnung; der rote Mantel symbolisierte die Kraft, den vor Liebe glühenden Heiligen Geist, aber auch die Menschwerdung Christi, den purpurnen Passionsmantel, die Hölle, aus der es kein Entrinnen gibt, sowie die Eifersucht des himmlischen Bräutigams.[229]

Während Marie-Henriette von Pontual, eine blinde Visitantin aus Nantes (gest. 1704), sich ganz in Gottes Hand gab, damit Sein Wille geschehe – „Je suis à mon Dieu pour qu'il fasse de moi selon sa volonté"[230], waren die beiden größten Bischöfe der Christenheit damit beschäftigt, sich wegen einer nachgeordneten Angelegenheit, dem sogenannten Quietismus, zu streiten; ein Umstand, welcher bei der Bevölkerung auf wenig Verständnis stieß, wie aus einem Volkslied von 1699 hervorgeht:

„Hé pourquoi tant écrire
De Cambrai et de Meaux
Quand on n'a rien à dire
De bon et de nouveau?
Il vaudrait cent fois mieux
Prier, gémir, se taire,
Se mettre en oraison,
Dondon,
Que de mettre à quia,
Lala,
Votre sacré confrère ...
Attachez-vous tous deux
A votre diocèse;
Vous verrez tout de bon,
Dondon,
Que le monde oubliera,
Lala,
Vos petites fadaises."[231]

„Was schreibt Ihr nur so
in Cambrai wie in Meaux,
wo doch keiner in der Tat
Wichtiges zu sagen hat!

Ihr tätet wirklich besser dran,
zu beten, seufzen und zu schweigen
und zum Gebet den Kopf zu neigen
als miteinander Euch zu zanken,
die Diözese wird's Euch danken!
Dann wird sich vielleicht schon morgen,
kein Mensch mehr um Euer Gerede sorgen."

Was auf den ersten Blick wie eine grundsätzliche Streitfrage aussah, entpuppte sich bei näherer Betrachtung oft als eine Frage des Temperaments. Unter Ludwig XIV. pflegte man aus den verschiedensten Gründen mit den Jansenisten aus Port-Royal oder mit den Anhängern des Jesuiten Molina zu sympathisieren. Die Haltung des einzelnen hing in erster Linie von seiner sozialen Stellung, seiner Erziehung und seiner Umgebung ab; der Zufall, unverhoffte Begegnungen, die Politik (Frau von Sévigné tendierte immer mehr zum Jansenismus), der Ehrgeiz und der Kampf für eine gemeinsame Sache spielten ebenfalls eine Rolle (die ehemaligen Frondeure gingen scharenweise zu den Jansenisten über). Den größten Ausschlag gab jedoch das Gemüt. Die Marquise von Sablé stellte 1678 fest, daß selbst die allein aus der Heiligen Schrift abzuleitenden Gebote der christlichen Religion von den Geistlichen je nach ihrem persönlichen Naturell auf ganz unterschiedliche Weise vermitteln würden: je nachdem, ob ein Priester mehr zur Sanftmut oder zur Strenge neige, pflege er eher die göttliche Gerechtigkeit oder die Barmherzigkeit in den Vordergrund zu stellen.[232] Das bedeutete jedoch noch lange nicht, daß Pierre Nicole ein Mann der Strenge und Pater Bourdaloue eher nachsichtig war – selbst innerhalb der scharf voneinander abgegrenzten Lager ließen sich noch Nuancen ausmachen.

Paradoxe Haltungen waren überall an der Tagesordnung. Die Jesuiten La Chaise und Le Tellier, welche nacheinander zum Beichtvater Ludwigs XIV. avancierten, beispielsweise zeigten sich gegenüber China von großer Liberalität – sie duldeten eine gewisse Anpassung der christlichen Botschaft an die Sitten und Gebräuche des Fernen Ostens –, während sie die Hugenotten und selbst die jansenistischen Katholiken unerbittlich verfolgten. Man muß allerdings zugeben, daß es den Menschen seit jeher schwerfällt, gerade diejenigen, die ihnen in der Tat am nächsten stehen, in die christliche Nächstenliebe mit einzubeziehen. Das Verhalten der Jesuiten war auch insofern widersprüchlich, als sie sich einerseits an das siebzehnte Jahrhundert anpaßten – indem sie den Sonnenkönig umschmeichelten – oder ihrer Zeit sogar voraus waren – indem sie in China zum

Synkretismus neigten –, während andererseits die Inhalte ihrer Philosophie schon seit vierhundert, ja seit zweitausend Jahren bekannt waren (sie beriefen sich vor allem auf Thomas von Aquin und auf Aristoteles).

Das Gebaren der Jansenisten war auch nicht immer logisch zu nennen. Sie waren mit Recht stolz auf ihren berühmten Verteidiger Blaise Pascal und kehrten ihm dennoch ständig den Rücken. Es war ihnen entgangen, daß der Verfasser der „Provinciales", der „Pensées", der „Opuscules" und der „Traités" nicht nur Physiker, Polemiker und Apologet, sondern auch Philosoph war; keiner von ihnen – nicht einmal der vielseitig begabte Antoine Arnauld – hatte die ungeheure Tragweite seiner Philosophie erfaßt: sie knüpfte einerseits unmittelbar an die Theologie an und konzipierte – indem sie nicht nur die Mathematik, sondern auch die Erkenntnisse der Physik einbezog – den Menschen als ein vielseitiges Wesen, während Descartes das menschliche Ich, die Welt und Gott auf die Geometrie und folglich auf den Rationalismus beschränkte. Gerade der Kartesianismus, der damals als sehr modern galt, sollte bald darauf die Fortentwicklung der französischen Geistesgeschichte hinauszögern, indem er das Verständnis des Newtonschen Ansatzes verhinderte.[233] Aus diesem Grund hätten zum Beispiel die stark zum Jansenismus tendierenden Oratorianer besser daran getan, in ihren Kollegien nicht die Lehre Descartes, sondern diejenige Pascals zu vermitteln; sie besaß nämlich obendrein den großen Vorzug, von einem tiefreligiösen Menschen verfaßt worden zu sein, während Descartes der Vater des Deismus war.

Selbst im Bereich der Frömmigkeit wimmelte es nur so von Widersprüchen. Vielleicht war dies ebenfalls eine Folge des oben dargestellten Paradoxons. Antoine Arnauld und Pierre Nicole schienen nicht begriffen zu haben, daß sie Weggenossen eines Richard Simon waren, der genau wie sie für eine vernunftgemäße Religion plädierte, die den Reliquienkult ablehnte, das Phänomen der Wunder anzweifelte und ein Feind des Mystizismus war. Fünfzig Jahre später, im Zeitalter der Aufklärung, resultierte hieraus das ebenso seltsame wie gefährliche Bündnis zwischen Jansenismus und Rationalismus, welches eine der Ursachen für den Ausbruch der Französischen Revolution und die treibende Kraft beim Erlaß der „Constitution civile du clergé" (Zivilverfassung des Klerus) war. Aufgrund dieser mangelnden Einsicht kritisierten die Freunde Pascals – welche die schöne Vorstellung des „Dieu sensible au cœur" (mit dem Herz erfaßbarer Gott) vergessen zu haben schienen – unaufhörlich an der Religion des Herzens herum. Der damals aufkommende Herz-Jesu-Kult – der sich gleichzeitig gegen den Unitarismus, den Deismus und den Rationalismus wendete –

flößte ihnen nichts als Verachtung ein. Sie überließen es den Jesuiten, die Nachricht von den Erscheinungen Christi im Kloster Paray-le-Monial zu verbreiten. Unter dem Vorwand einer verinnerlichten Religiosität und der Zurückweisung abergläubischer Vorstellungen beanstandeten sie den Reliquienkult und unterzogen sämtliche Wunder einer genauen Überprüfung, von welcher ihre eigene Reliquie – die „Sainte-Epine" (Der Heilige Dorn) – und der damit verbundene Wunderglaube allerdings verschont blieben.

Man sollte sich aber dennoch davor hüten, die Zeit um 1660 allzusehr aus dem Blickwinkel der Ereignisse von 1770 zu betrachten und nach Ursachen für die spätere Entwicklung abzuklopfen. Wer nämlich unentwegt Wurzeln freilegt, gräbt zwangsläufig einen ganzen Garten um und zerstört eine Landschaft, ein Umstand, auf den bereits La Fontaine in seiner Fabel vom Bauern und seinen Kindern hinwies. Im „grand siècle" waren die Gärten der Frömmigkeit von großer Schönheit, wenn sie auch nicht ganz dem Paradies auf Erden glichen; die Vielzahl der Bäume zeugte von einer unerschütterlichen Vitalität.

„Ad majorem Dei gloriam aliqua pugna"
– der fromme Kampf der Glaubenskongregationen

Ein ausgeprägter Korpsgeist kann unter anderem den Heldenmut fördern. Natürlich kämpften alle Kongregationen für die Ehre Gottes – der auf Ignatius von Loyola zurückgehende Wahlspruch der Jesuiten lautete: „Omnium ad majorem Dei gloriam" (Alles zur größeren Ehre Gottes). Im Zeitalter der Gegenreformation löste die Rivalität zwischen den Kongregationen jedoch nur lästige und kleinliche Querelen aus, die kein Ende zu nehmen schienen. Innerhalb der französischen Geistlichkeit hatten sich zwei einander bekämpfende Blöcke herausgebildet: die gallikanische und die ultramontane Partei. Oratorianer, Benediktiner und die Theologen der Sorbonne traten für eine französische Staatskirche ein, während Jesuiten und Sulpizianer auf der Bindung an das päpstliche Rom beharrten. Das Wesen der göttlichen Gnade war ebenfalls umstritten: während die Jansenisten – in Anlehnung an Augustinus – die Lehre von der „grace efficace", der wirksamen Gnade, verfochten, sprachen die Anhänger der Devotio moderna von der „grace prévénante", der zuvorkommenden Gnade. Die Oratorianer und die Benediktiner orientierten sich eher an Augustinus, die Jesuiten dagegen an Molina. Ferner stritt man darüber, ob die Theologie sich der Philosophie von Descartes anzupassen habe, oder ob sie unwiderruflich an das mittelalterliche Weltbild des Thomismus gebunden sei. Während Pater Malebranche und die übrigen Oratorianer sowie die von Arnauld und Nicole angeführten Jansenisten aus Port-Royal den Kartesianismus zur Grundlage der christlichen Religion machen wollten, hielten die Jesuiten an der mittelalterlichen Scholastik fest. Es gab noch eine Unmenge weiterer Fragen auf dem Gebiet der Dogmatik, der Liturgie, Pädagogik und der Andachtspraxis, über welche die Nachfolger Bérulles und die Anhänger Loyolas tagtäglich in Streit gerieten. Da war zunächst die Auseinandersetzung um die Kollegien. Die Jesuiten hatten den Oratorianern nicht verziehen, daß sie im Jahr 1625 das Kolleg in Nantes übertragen bekamen und theologische Vorlesungen anboten. Seither trachteten die Jesuiten unermüdlich danach, in Nantes ebenfalls ein Kolleg einzurichten, ein Vorhaben, das ihnen im Jahre 1665 gelang.[234] Während der letzten Regierungsjahre Ludwig XIV. bezichtigten sie die Oratorianer (teilweise zu Recht), Anhänger von Pater Quesnel und des Jansenismus zu sein, und führten dadurch den Niedergang des Theologieunterrichts herbei, während das Kolleg als solches bestehen blieb. Aus diesem Kollegienstreit gingen die Jesuiten eindeutig als Sieger hervor: im Jahr 1711 unterhielten sie in ganz Frankreich einhundertacht Institute, während sich die Zahl der von den Oratorianern betreuten Kollegien lediglich auf zweiundsiebzig belief.[235] Die Konkurrenz zwischen diesen Einrichtungen war umso härter, als sie sich in Bezug auf die zu unterrichtenden Zöglinge, den Fächerkanon und die vermittelten Lerninhalte kaum unterschieden. Im Gegensatz zur Auseinandersetzung zwischen Jansenisten und Jesuiten wurde dieser Konflikt nicht durch das Aufeinanderprallen zweier unterschiedlicher Bildungskonzepte ausgelöst, bei welchem die eine Seite ein elitäres, die andere dagegen ein breiter angelegtes Konzept vertrat. Im übrigen kam es durchaus vor, daß – ebenso wie die Übergänge zwischen Amtsadel und Feudalaristokratie fließend waren – ein Zögling vom einen Orden zum anderen überwechselte: der spätere Präsident Hénault besuchte im Jahr 1694 das Jesuitenkolleg Louis-Le-Grand in der Rue Saint-Jaques und durchlief zwischen 1700 und 1702 das Noviziat bei den Oratorianern.[236]

Dieser harte Konkurrenzkampf setzte sich auf dem Gebiet der bildenden Künste und der Literatur fort. Voltaire, dessen unparteiischem Urteil man trauen darf – obwohl auch er das Jesuitenkolleg in der Rue Saint-Jacques besucht hatte –, nannte unter den im „Zeitalter Ludwigs XIV." verewigten französischen Geistesgrößen fünfundsechzig Geistliche, unter anderem einen Kartäuser, einen Minimen,[237] zwei Zisterzienser, drei Dominikaner, vier Chorherren, sieben Benediktiner (die allerdings trotz ihrer soliden Bildung recht weit hinten rangierten), fünfzehn Oratorianer und nicht weniger als zweiunddreißig Jesuiten.[238] Allerdings gerieten die Jesuiten mit Ausnahme von Bourdaloue und Bouhours in Vergessenheit, während mindestens vier der fünfzehn Oratorianer heute noch bekannt sind: Pater Quesnel, ein hervorragender Theologe, Richard Simon (geb. 1638, gest. 1712), der Mitbegründer der modernen Bibelexegese, Massillon, der die berühmte Grabrede auf Ludwig XIV. verfaßte, und schließlich der Kartesianer Malebranche, dessen Lebensdaten (1638-1715) exakt mit jenen Ludwigs XIV. übereinstimmten und der „einer der tiefsinnigsten Denker, die je zur Feder gegriffen haben,"[239] war.

Am Hof des Königs von Frankreich allerdings schienen die Jesuiten keine Rivalen zu haben: in den Jahren 1654 bis 1715 waren die Beichtväter Seiner Majestät ausnahmslos Jesuiten. Die jeweiligen Amtsinhaber – die Patres Annat, Ferrier, la Chaise und Le Tellier – begnügten sich jedoch nicht damit, den König in seinem Vorgehen gegen die Jansenisten aus Port-Royal und die Protestanten zu bestärken, sondern erwiesen sich auch als erbitterte Feinde der Oratorianer. Die Beichtväter wurden nicht müde, sowohl beim Papst in Rom als auch in Paris, Versailles und Saint-Germain – also beim französischen König – die irrigen Lehren anzuprangern, welche die Anhänger Bérulles verbreiteten; die Oratorianer wurden meist des Jansenismus sowie häufig des Kartesianismus bezichtigt und nur selten als rechtgläubig geschildert. Diese Polemik trug zwar bald Früchte: Ludwig XIV. erteilte dem Ordensgeneral der Oratorianer einen Verweis[240], bewirkte jedoch ebensowenig die Auflösung des Ordens wie die Ausrottung des Jansenismus: im Jahre 1695 wurde Soanen, ein zum Jansenismus tendierender Oratorianer, zum Bischof von Senez erhoben!

Der Sieg der „Grands chapeaux" (große Hüte) über die Oratorianer

Übersicht über die Kanzelredner, die während einer gesamten Fasten- oder Adventszeit bei Hofe predigten

	Jesuiten	Oratorianer
von 1661 bis Ende 1674	4	12
von 1675 bis Ende 1688	10	8
von 1689 bis Ende 1702	13	7
von 1703 bis Sept. 1715	14	2
Insgesamt:	41	29

Der endgültige Sieg der Jesuiten, die Rache der königlichen Beichtväter an den Lesern der „Provinciales" und an anderen tatsächlichen oder vermeintlichen Jansenisten, kam – schon bevor Le Tellier dem betagten Herrscher das Versprechen entlocken konnte, daß sein Herz dereinst in der Jesuitenfiliale an der Rue Saint-Antoine bestattet werden solle – in der Wahl der Hofprediger zum Ausdruck. Die vorstehende Tabelle belegt hinreichend deutlich, wie die Oratorianer in der Gunst des Königs immer tiefer sanken.

Auch im siebzehnten Jahrhundert machte sich die Gesellschaft Jesu in Frankreich alle Welt zum Freund oder Feind – kaum jemand stand ihnen gleichmütig gegenüber. Im Oktober 1678 schrieb Frau von Sévigné an Bussy-Rabutin, die Jesuiten seien mächtiger und wütender denn je; sie hätten bewirkt, daß in den Kollegien der Oratorianer nicht mehr Descartes gelehrt werde und folglich auch das Blut nicht mehr im Körper zirkulieren dürfe. Sie hätten erneut ihre fünf Grundsätze verkündet, und jedermann habe sich aus Angst vor der drohenden Verhaftung notgedrungen ihren Forderungen gefügt.[241] Laut Richard Simon war der Umstand, daß zwei Drittel der Oratorianer zum Jansenismus tendierten, weniger auf eine innere Überzeugung als vielmehr auf ihre Erbitterung über die Jesuiten zurückzuführen.[242]

Nachdem das Kloster Port Royal 1709 zerstört und die Bulle „Unigenitus" verkündet worden war, übten die für Gott streitenden Jesuiten – deren Reich durchaus von dieser Welt war – in den letzten Regierungsjahren des Sonnenkönigs zwar eine große Macht aus, hatten sich aber gleichzeitig viele Feinde geschaffen. Innerhalb von drei Jahren büßte Ludwig XIV. aufgrund der Machenschaften seines Beichtvaters Le Tellier einen großen Teil seines Ansehens und seiner Beliebtheit ein. Die folgenden drei Verse geben die um das Jahr 1715 im französischen Volk vorherrschende Meinung wieder:

Vous auriez pu, grand roi,
Suivre Jésus et sa loi
Sans tant aimer sa Compagnie.[243]

„Ihr hättet doch – oh großer König –
Jesus und seiner Lehre folgen können,
ohne seine Gesellschaft[244] so sehr zu lieben."

Voltaire schrieb über die letzten, tristen Lebensjahre Ludwigs XIV.: „Es ist seltsam, daß ihm das Publikum, das ihm alle seine Mätressen verzieh, seinen Beichtvater nicht verzeihen wollte." [245]
Ganz so einfach lagen die Dinge zwar nicht: wenn der Einfluß der Jesuiten dem Ansehen ihres königlichen Beschützers in den letzten Jahren auch eher abträglich war, so hatten sie ihm doch in der vorangegangenen Zeit viele gute Dienste geleistet. Laut Le Gendre, dem Sekretär des Erzbischofs von Paris, hatten sich die Jesuiten seit 1648, spätestens jedoch ab 1659 auf die Unterstützung durch die französische Krone verlassen. Als Gegenleistung für die ständigen Gunstbeweise Ludwigs XIV. agierten die nahezu über die ganze Welt verstreuten Jesuiten als die Abgesandten oder Verbündeten des Königs.[246] Entgegen Pascals Aussagen in den „Lettres provinciales" waren keineswegs alle Anhänger Loyolas Kasuisten. Zwischen der laxen Moral eines Escobar und der soliden Doktrin eines Bourdaloue bestand ein enormer Unterschied. Auch unter den Jesuiten gab es verschiedene Ausrichtungen. Viele schlugen – nach dem Vorbild Bossuets und Ludwigs XIV. – die sogenannte „voie moyenne" (Mittelweg) ein. Außerhalb Frankreichs und Europas, vor allem in Neu-Frankreich (Kanada), widmeten sie sich unter großem Einsatz der Evangelisation und erlitten sogar manchmal den Märtyrertod. Aus diesem Grund bezeichnete selbst der zum Jansenismus tendierende Furetière die Gesellschaft Jesu als den am weitesten verbreiteten Orden, der durch seine Mission in Indien und durch seine Bemühungen auf dem Gebiet des Schulwesens der Kirche die größten Dienste erwiesen habe.[247] In Frankreich zogen die Jesuiten – welche in ihrem Unterricht großen Wert auf den Respekt vor dem König, ein ausgeprägtes Ehrgefühl und die besondere Stellung der öffentlichen Verwaltung legten – die besten und ergebensten Staatsdiener heran.[248]

Wallfahrtsorte, Kirchgang und Wunderglaube

Die pfälzische Herzogin von Orléans pflegte die französischen Katholiken mit abergläubischen Sekten zu vergleichen, die in Deutschland, Spanien und Italien ihr Unwesen trieben, und schrieb: „Man ist auch nicht obligiert, an Bagatellen und abgeschmackte Mirakel zu glauben [...]. Man hält nichts auf Wallfahrten und hundert dergleichen..."[249] Es handelt sich hierbei jedoch um ein spätes (1701 abgelegtes) und in doppelter Hinsicht falsches Zeugnis: die aus der protestantischen Pfalz stammende Schwägerin Ludwigs XIV. hatte sich zeitlebens nie mit dem katholischen Glauben anfreunden können, und das innerste Wesen der Franzosen war ihr völlig fremd geblieben. Das knapp drei Meilen von Paris gelegene Priorat Argenteuil wurde noch zu Beginn der Aufklärung von zahlreichen Pilgern aus der gesamten Diözese aufgesucht (in erster Linie von der einheimischen Bevölkerung, von Winzern, Bauern, Handwerkern, Kaufleuten, Nonnen und Mönchen), welche auf die Wunderkraft des dort aufbewahrten heiligen Gewandes vertrauten. Sechs Mal im Jahr, vor allem an Christi Himmelfahrt und Pfingstmontag, wurde das kostbare Stück in einer großartigen Prozession zur Schau gestellt. Eine 1695 wiederbegründete „Confrérie de la Tunique" (Bruderschaft zum heiligen Gewand) ermunterte die Gläubigen dazu, das von Benediktinern aus der Maurinerkongregation gehütete Heiligtum aufzusuchen. Im Jahre 1677 veröffentlichte der aus diesem Kreis stammende Dom Gerberon das Werk „Histoire de la robe sans couture" (Die Geschichte des ungenähten Gewandes). Man glaubte offensichtlich, dieses purpurfarbene, halbärmelige und wie ein Meßgewand geschnittene Kleidungsstück habe sich dem körperlichen Wachstum Christi angepaßt:

O vêtement inestimable
Qui d'une manière ineffable
Croissait autant que le Sauveur!

„Oh überaus kostbares Gewand,
das auf wunderbare Weise
ebenso wuchs wie der Heiland!"

Obwohl der weltweit bekannte Wallfahrtsort Trier den in der Bibel genannten ungenähten heiligen Rock[250] zu besitzen vorgab, obgleich Erzbischof Harlay die Verehrung des in Argenteuil aufbewahrten Heiligtums kaum förderte und ein gewisser Abbé Thiers gleichzeitig die Echtheit der „Sainte larme" (Heilige Träne) von Vendôme und des Gewands von Argenteuil anzweifelte, zog das Benediktinerpriorat – welches übrigens die Unterstützung des berühmten Mabillon genoß – weiterhin scharenweise Gläubige an. Die guten Mönche schrieben ihrer Reliquie nicht weniger als einhundertundachtzehn Wunder zu![251]

Gewiß, die von den damaligen Ärzten nur unzulänglich behandelten Kranken konnten in der Umgebung von Paris mehrere Wundertäter aufsuchen. Während jedoch der heilige Ouen insbesondere für Taube, der heilige Priscus für Lahme und der heilige Maurus für Krüppel zuständig waren, heilte die Reliquie von Argenteuil die verschiedensten Leiden. Da im Neuen Testament vorwiegend Blinde und Lahme von ihrem Leiden befreit werden, wundert es nicht, daß ein Viertel der auf eine Wallfahrt nach Argenteuil zurückgeführten Heilungen Erkrankungen des Gehapparates und ein weiteres Viertel Augenleiden betrafen. Ferner schrieb man dem heiligen Gewand die Auferweckung von fünf Menschen zu; es handelte sich hierbei um eine kurze Wiederbelebung totgeborener Kinder, die gerade lange genug anhielt, um ihnen das Sakrament der Taufe zu spenden. (Man sprach von den sogenannten „repits", einer Gnadenfrist für Neugeborene).

Niemals zuvor waren in Frankreich so viele Pilger und Wallfahrer unterwegs gewesen: alte und junge (mit dem Wort „miquelot" pflegte man einen jungen Bettler zu bezeichnen, der sich als Wallfahrer nach dem Mont-Saint-Michel ausgab [252]), Männer und Frauen, Bürger und Bauern; niemals zuvor hatte man unter den versammelten Gläubigen einen solchen Eifer und ein so grenzenloses Vertrauen auf die göttliche Allmacht bemerkt. Wenn die Pest besiegt, der Krieg weit entfernt war und weniger grausam tobte, gab es stets irgendwelche Anlässe für eine Wallfahrt. Das Aufsuchen und das Anflehen der Jungfrau Maria bedeuteten gleichzeitig eine Verhöhnung des Protestantismus (die reformierten Protestanten hatten ihrerseits den katholischen Wunderglauben zum Spott mit dem Adjektiv „miraclifique" bedacht [253]). In erster Linie wollten die französischen Katholiken – ganz gleich welchem Stand sie angehörten – mit diesen Handlungen einen Glauben beweisen, der seit dem Konzil von Trient wieder mit der Volksfrömmigkeit in Einklang stand.

Nicht genug damit, daß die Zahl der Pilger in den ersten Regierungsjahren Ludwigs XIV. keineswegs rückläufig war: zwischen 1660 und 1680 nahm sie sogar zu! Es entstanden neue Wallfahrtsorte, und die bereits bestehenden Heiligtümer konnten ihr Einzugsgebiet vergrößern. Selbst die als übertrieben mißtrauisch geltenden Jansenisten, welche stets vor der Gefahr des Aberglaubens warnten, bleiben von dieser Entwicklung nicht verschont. Am 24. März des Jahres 1656 interpretierten sie das Wunder des heiligen Dorns als Einschreiten des Himmels zu ihren Gunsten; 1662 feierte Philippe von Champaigne die Genesung seiner Tochter Cathérine von Sainte-Suzanne, einer Nonne aus Port-Royal, und stiftete eine wunderschöne Votivtafel.[254]

In der Provence bildeten sich gleichzeitig zwei Zentren der Marienverehrung heraus: Notre-Dame du Laus in den Alpen sowie vor allem Notre-Dame de Lumières in der Nähe von Apt. An dieser Stätte in der Pfarrei Goult ereignete sich 1661 das erste Wunder; nachdem die Kapelle wiederaufgebaut worden war und sich reformierte Karmelitermönche des Wallfahrtsorts angenommen hatten, erhielt er ungeheuren Zulauf. Im Jahre 1666 veröffentlichte der Karmeliterpater Michel du Saint-Esprit ein der Königin gewidmetes Buch mit dem Titel „Le Saint pèlerinage de Notre-Dame de Lumières" (Die heilige Wallfahrt zu Unserer Lieben Frau von Lumières). Zwischen Juni 1663 und Januar 1666 sollen sich – entweder am Wallfahrtsort selbst oder in der Heimat der Kranken – über zweihundertzwei Wunder ereignet haben! Das Jahr 1664 kann als typisch angesehen werden. Am ersten April dieses Jahres ließ sich Pater Michel du Saint-Esprit, gewissermaßen der Kronzeuge, am Ort des Geschehens nieder. Am 6. Mai wurde ein lahmes Mädchen namens Claude Meynaud aus Noves von seinen Familienangehörigen und einer ganzen Pilgerschar nach Lumières geleitet; das Wunder geschah: Claude erhob sich und konnte gehen, woraufhin die versammelten Pilger unverzüglich ein „Te Deum" anstimmten. Doch damit nicht genug: als die Familie Meynaud wieder in Noves angelangt war, zog sie samt ihren Nachbarn singend durch die Straßen des Dorfs; die Dankprozession wurde von einem der Gemeindeältesten angeführt, der selbst ein schwerkrankes Kind hatte. Und siehe da: man stellte alsbald fest, daß es während der Dankprozession urplötzlich geheilt worden war!

Am 7. Juni lernte ein Krüppel aus Tarascon namens Jean Baptiste in Lumières seine Beine zu gebrauchen. Bei seiner Ankunft hatte er sich nicht einmal aus eigener Kraft auf dem Rücken eines Esels halten können. Ein Freund hatte den Unglücklichen auf das Tier gebunden und nach Lumières transportiert.[255] Am 27. Juli wurde ein achtundsechzigjähriger Fliesenleger von einem inneren Leiden befreit, an dem er seit dreißig Jahren gelitten hatte. Wie stets in solchen Fällen pflegten die Betroffenen mit ihren Angehörigen, Nachbarn und Freunden die Heilung zu feiern. Die Kunde von den wunderbaren Ereignissen verbreitete sich bald in der ganzen Provence. Selbst aus den benachbarten Provinzen des Languedoc und der Dauphiné strömten von Mönchen oder Büßern begleitete Pilger herbei.

Eines der Wunder von Lumières bestand darin, daß die eifrigen, miteinander konkurrierenden und sich argwöhnisch belauernden Büßergemeinschaften dort in schöner Eintracht zum Gebet zusammenfanden. So führten zum Beispiel am 6. Juli 1664 sämtliche Bruderschaften aus Apt, Büßer im blauen, weißen und im schwarzen Hemd, ohne Rücksicht auf ihre unterschiedliche Ausrichtung gemeinsam eine große Menschenmenge in feierlicher Prozession bis an den Wallfahrtsort.[256] Bei einer Betrachtung der Votivtafeln von Lumières drängt sich eine zweite Feststellung auf, die für damals keineswegs ungewöhnlich war: die Pilger, welche hierher kamen, um die Muttergottes um ihre Hilfe anzuflehen oder ihr zu danken, gehörten den verschiedensten sozialen Schichten an. Unter hundert Stiftern von Votivtafeln waren dreizehn Notabeln und sieben Geistliche, fünfundzwanzig ganz einfache Leute sowie zweiundfünfzig Bürger. Gegen Ende des Jahrhunderts ließ man in Avignon zum Dank die Muttergottes in einem großartigen Gemälde verherrlichen, denn man wollte dem provenzalischen Wallfahrtsort dieselbe Bekanntheit wie dem picardischen Liesse oder gar die Berühmtheit des italienischen Loreto verschaffen. Das Bild zeigte die Kapelle, Maria mit Kind sowie Bußprozessionen und wurde von mehreren Medaillons umrahmt, die jeweils die Darstellung eines Wunders enthielten: die schlichten Legenden – „Les aveugles voient" (Die Blinden sehen), „Les estropiés marchent" (Die Krüppel gehen), „Ressuscitent des morts" (Die Toten werden wieder lebendig) und „Paralytique guéri" (Geheilter Lahmer) – wirkten wie Vorlagen für die hunderte von Votivbildern, die dem Wallfahrtsort bereits gestiftet worden waren oder die er noch erhalten sollte.[257]

Das eigentliche Wunder lag ferner in der erstaunlichen Vitalität dieser gemeinsamen Andachtsübungen begründet, denen die Kirchenoberen oft recht mißtrauisch gegenüberstanden; es grenzte auch fast an ein Wunder, daß trotz der vielen umherziehenden Pilger, der erfüllten oder unerhört gebliebenen Bitten, der zahlreichen Berichte oder Darstellungen berühmter, Wunder bewirkender Heiligtümer kaum abergläubische Vorstellungen aufkamen. Esprit Fléchier, der Bischof von Nîmes, schrieb 1707 anläßlich einiger Wunder, welche sich angeblich in der Nähe der Kathedrale ereignet haben sollten, das wahre – und jederzeit nachprüfbare – Wunder an dieser Begebenheit liege seiner Ansicht nach in dem Eifer, der Ehrfurcht, dem ergriffenen Schweigen und der vorbildlichen Ordnung begründet, durch welche sich die von überall herbeiströmenden Menschenmassen auszeichneten.[258] Man schrieb mittlerweile bereits das achtzehnte Jahrhundert, und die Beschlüsse des – 1563 beendeten – Konzils von Trient trugen immer noch Früchte. Hiervon zeugten auch die Missionsbestrebungen oder das – religiös begründete – zeitweilige Fernbleiben von der mondänen Gesellschaft, die feste Bestandteile des damaligen Alltagslebens waren.

Die Mission in Frankreich selbst

Unter Ludwig XIV. war das französische Königreich eine Hochburg der Volksmission. Aus drei Definitionen des „Dictionnaire universel" geht hervor, wie die Öffentlichkeit des Jahres 1685 darüber dachte: „Les missionnaires vont catéchiser les paysans dans les villages" (Die Missionare gehen in die Dörfer, um den Bauern den Katechismus beizubringen), „L'éloquence et le zèle de ces missionnaires ont fait grand nombre de conversions" (Durch ihren Eifer und ihre Beredsamkeit haben diese Missionare viele Menschen bekehrt), „Ce missionnaire prêche fort évangéliquement, c'est-à-dire l'Evangile tout pur, sans pompe et sans ostentation" (Dieser Missionar predigt sehr evangelisch, das heißt, er verkündet das reine Evangelium ohne irgendwelches Beiwerk)[259].

Die Aussage der ersten, schon fast stereotypen Definition traf in der Tat auf die Mehrzahl der Fälle zu. Die Städte wurden von den umherziehenden Wanderpredigern zwar nicht gemieden, aber die Mission erfolgte dort häufig im Rahmen der regulären Fasten- und Adventspredigten.[260] Es galt somit in erster Linie die Marktflecken und die Dörfer aufzusuchen, um sie der Unwissenheit, dem Aberglauben und der Gleichgültigkeit zu entreißen. Die Dorfgeistlichen verfügten meist über weniger theologische Kenntnisse oder Weltoffenheit. Die Prediger der missionierenden Orden – Lazaristen, Oratorianer, Jesuiten, Dominikaner, Eudisten, Kapuziner, Montfortaner etc. – konzentrierten sich daher vor allem auf die ländlichen Gebiete, deren Bewohner – also über achtzig Prozent der Bevölkerung – oft erst einmal der Katechismus beigebracht werden mußte.

Das Ziel der Mission bestand stets in einer Bekehrung: die Menschen sollten zu Gott, zu einer tieferen Gläubigkeit oder zu einer einsichtigeren Frömmigkeitspraxis bekehrt werden. Selbstverständlich galt es auch, die Protestanten zum Katholizismus zu bekehren. Sowohl vor als auch nach der Aufhebung des Edikts von Nantes wurden die überwiegend protestantischen Gegenden auf Wunsch des Königs und der Bischöfe systematisch von zahlreichen Missionaren durchkämmt, von denen nicht alle mit dem Zwangsmittel der Truppeneinquartierung arbeiteten: der Abbé de Fénelon, welcher in den Jahren 1685 und 1686 die Provinzen Aunis und Saintonge missionierte, suchte durch Gespräche, durch Sanftmut und Zugeständnisse zu überzeugen.[261]

Schließlich diente die Mission der Rückbesinnung auf das Evangelium – ein Ziel, das sie im allgemeinen auch erreichte. Die Ablehnung alles überflüssigen Beiwerks, prunkvoller Gesten und ostentativer Zurschaustellungen blieb jedoch ein Ideal, welches nirgendwo ganz verwirklicht wurde: es galt die Menschen zu rühren, und das einfache Volk liebte nun einmal Beiwerk, Gesten und Zurschaustellungen. Aus diesem Grund bemühten auch die Missionsprediger eine gewisse Prachtentfaltung. In der Umgebung von Avignon ließen im Jahre 1682 Oratorianer ein erbauliches Spiel mit dem Titel „Le Triomphe de l'enfant Jésus" (Der Triumph des Jesuskindes) aufführen: vier mit Meßhemden bekleidete Knaben trugen eine Lade, auf welcher eine figürliche Darstellung des göttlichen Kindes thronte, die von dem als Engel verkleideten Sohn des adligen Grundherrn bewacht wurde; so zog man durch das gesamte Dorf, wobei die entsprechenden Litaneien gesungen und bei jedem Halt von anderen Kindern Gebetsverse aufgesagt wurden. Es handelt sich nicht etwa um eine Maskerade, wie die Protestanten behaupteten, sondern um eine Darstellung der zeitgenössischen Theologie, um die praktische Umsetzung der Lehren Bérulles.[262]

Alle namentlich bekannten Missionare – so Michel Le Nobletz (geb. 1577, gest. 1652), der heilige Jean Eudes (geb. 1601, gest. 1683), der seliggesprochene Jesuit Julien Maunoir (geb. 1606, gest. 1683) sowie der heilige Grignion de Montfort (geb. 1673, gest. 1716) – ließen fromme Schauspiele aufführen. Maunoir machte die Prozession am letzten Tag seines vierwöchigen Aufenthaltes in den bretonischen Dörfern zum Höhepunkt seiner Mission. Das aufgewühlte, erwartungsvolle und gleichzeitig erschöpfte Publikum, welches ungefähr einhundert Predigten gehört hatte, mußte neuen Atem schöpfen und brauchte eine einprägsame Zusammenfassung der Glaubensinhalte. Zu diesem Zweck wurde die Passion aufgeführt, wobei Maunoirs eifrigste und gelehrigste Schüler die schönsten Rollen erhielten: sie durften die Jungfrau Maria, die Apostel und die Märtyrer darstellen. In feierlicher Prozession wurde eine geweihte Hostie durch das Dorf getragen, und die Gemeinde hatte unzählige Lieder zu singen, um anschließend die Hostie anzubeten. Dann hielt Maunoir – der die Zuhörer zu fesseln verstand – vor einer riesigen Menschenmenge seine einhundertunderste Predigt, welche von der Passion, von den Taten Christi und von der Schuld handelte, in welcher die Menschen gegenüber dem Heiland standen.[263]

Le Nobletz und Maunoir blieben stets innerhalb der Grenzen einer bestimmten Provinz, zogen immer wieder durch dieselben Bistümer und kehrten regelmäßig in dieselben Marktflecken zurück. Ein besonders interessanter Missionar, der Kapuzinerpater Honoré von Cannes (geb. 1632, gest. 1694), folgte in den zwanzig Jahren zwischen 1673 und seinem Tod dem Ruf verschiedener Bischöfe und predigte fast in sämtlichen Gegenden Frankreichs. Innerhalb von weniger als drei Wochen legte er – größtenteils

Die Mission in Frankreich selbst 175

zu Fuß – eine Entfernung von knapp zweihundert Meilen zurück: am 28. März 1684 brach er in Perpignan auf, und am 18. April traf er in Angers ein.[264] Er predigte in den Städten und vor ganz unterschiedlichen Zuhörern: in Semur sprach er bald in Gegenwart des Grafen von Bussy-Rabutin,[265] bald vor den Handwerkern der Stadt oder den Bauern aus der Umgebung. Der Ruf, welcher ihm vorauseilte, war so groß, daß man Meile um Meile wanderte, um ihn predigen zu hören. Als Pater Honoré im August 1684 in Saumur, einer Hochburg des Protestantismus, weilte, eilten so viele Gläubige herbei, daß die Stadt sie nicht mehr aufzunehmen vermochte. Sie kamen aus den Diözesen Poitiers, Tours, La Rochelle und Luçon. Viele von ihnen nächtigten unter dem Vordach eines Ladens oder völlig unter freiem Himmel. Man fand ohnehin nicht viel Schlaf, da ständig irgendwelche Kirchenlieder gesungen wurden. Den Protestanten, deren Kirchen man auf höheren Befehl für die Dauer der Mission geschlossen hatte, blieb nichts anderes übrig, als sich in Geduld zu fassen. Das war die Rache des von ihnen verunglimpften „Papismus". Die Kirche Saint-Pierre reichte nicht aus, um die begeisterten Gläubigen aufzunehmen: Pater Honoré mußte im Freien predigen und sich an den Loireufern der prallen Sonne aussetzen. Er versetzte ganz Frankreich in Wallung und bereiste fast alle Provinzen: die Küstenregion Flanderns, das Artois, die Picardie, das Beauvaisis, die Ile-de-France und Paris, die Normandie, Maine, das Anjou, die Touraine, die Bretagne, die Brie, die Champagne, Burgund, aber auch das Nivernais, das Bourbonnais, die Auvergne, das Limousin, das Angoumois, das Agenais, die Gascogne, das Bigorre, das Rouergue, Toulouse (1678), das Périgord, das Languedoc und die Grafschaft Venaissin, das Lyonnais und die Dauphiné sowie selbstverständlich die Provence, wo der berühmte Kapuziner seine ersten Predigten gehalten hatte.

Im Laufe seiner Reisen hatte Pater Honoré ein nahezu perfektes Missionsprogramm entwickelt. Jeder Tag ließ sich in vier Teile untergliedern: Unmittelbar nach der allmorgendlichen Messe wurde der sogenannte „sermon instructif" (lehrreiche Predigt) gehalten, dessen Stil dem einfachen, aus Handwerkern, Winzern, Bediensteten, Kaufleuten und Arbeitern bestehenden Publikum angemessen war. Am späten Vormittag konnten jene Menschen, die beruflich abkömmlich waren, an der sogenannten „méditation" teilnehmen, einer neuen Andachtsform, die den Kapuzinern sehr ans Herz gewachsen war. Dabei pflegte man zunächst den Zuhörern den äußeren Ablauf zu erklären, das heißt den ständigen Wechsel zwischen der Besprechung allgemeiner Themen und Phasen der Stille, in denen jeder einzelne sich seine eigenen Gedanken machte. Nach dem Mittagessen, das heißt am frühen Nachmittag, wurde die „conférence" (Verhandlung) abgehalten – sie galt als der angenehmste und attraktivste Teil des täglichen Programms und wurde von vielen als der nützlichste und der Mission am besten angemessene Abschnitt empfunden: einer der Missionare spielte den Unwissenden oder einen Sünder und wurde von einem anderen aufgeklärt. Die Dialoge fesselten die Aufmerksamkeit der Zuhörer und beeindruckten sie nachhaltig. Das Publikum glich weder der Menschenmenge vom frühen Morgen noch den gebildeten Zuhörern vom späten Vormittag. Es war vielmehr bunt gemischt und setzte sich häufig aus den Bewohnern der umliegenden Gebiete zusammen, da jene, die weit weg wohnten, nur an den über Mittag stattfindenden Veranstaltungen teilnehmen konnten. Abends folgte schließlich der „sermon du soir" (Abendpredigt), der für gewöhnlich das größte Publikum anzog und daher laut Pater Albert aus Paris von demjenigen Missionar gehalten werden sollte, der die beste Überzeugungskraft und das größte Ansehen besaß. Seine Predigt sollte leicht verständlich, salbungsvoll und mitreißend sein.[266] Pater Honoré pflegte auf seinen Wanderungen die Morgenansprache und die Verhandlung seinen Begleitern zu überlassen, während er sich die Meditation und die Abendpredigt vorbehielt.

Honoré war ein begabter und vielseitiger Redner. Wenn der zuständige Bischof es ihm erlaubte oder ihn – wie in Quimper – gar dazu ermunterte, unterstrich er seine Worte, indem er während der Predigt mit einem Bild oder mit einem Totenkopf herumfuchtelte – eine typische Gewohnheit des Barock. Den allgemeinen Modeerscheinungen paßte sich Honoré hingegen nicht an. Er bevorzugte klare Begründungen, geläufige Beispiele und der Vorstellungswelt des jeweiligen Publikums angemessene Gleichnisse. Ebenso wie der vom König geschätzte und von Saint-Simon verspottete Hofprediger Séraphin orientierte er sich sehr stark am Evangelium. Er sprach meist mit gedämpfter, ja schmeichlerischer Stimme, pflegte aber nach Aussage eines Augenzeugen bisweilen so kräftig und unerwartet loszudonnern, daß seine Worte geradewegs aus dem Himmel zu kommen schienen.[267]

Manchmal wurden gleichzeitig Exerzitien abgehalten, welche die Gelegenheit zur Wiederbelebung oder Neugründung frommer Vereinigungen – wie zum Beispiel der „Confrérie du Rosaire" (Rosenkranzbruderschaft) – und zur Erarbeitung weiterer Meditationsprogramme boten. Außerdem pflegten die missionierenden Mönche fromme Traktate, Erbauungsbüchlein und Heiligenbilder zu verteilen. Pater Honoré und die ihm nacheifernden Missionare umrahmten die Abnahme der Beichte mit pompösen

Gesten und Vorkehrungen. So fand am 30. Oktober des Jahres 1686, morgens um fünf, in Amiens ein ungewöhnlicher Kerzenzug statt; bei näherer Betrachtung konnten die Einwohner erkennen, daß es sich um dreißig Kapuziner handelte, welche sich zur Kathedrale begaben, um dort die Beichte abzunehmen. Um elf Uhr traten sie den Rückweg an, um das Mittagessen einzunehmen und nach einer dreiviertelstündigen Unterbrechung wieder in die Kirche zurückzukehren, wo sie bis fünf Uhr nachmittags ununterbrochen das Bußsakrament spendeten.[268] Diese Missionsbestrebungen zeitigten zum Teil großartige Erfolge – zumindest nach außen hin, denn ihren wahren Erfolg konnte ganz allein Gott beurteilen.

Exerzitien des Glaubens

Während durch die Volksmission die breite Masse angesprochen werden sollte, empfahl man den Mitgliedern der vornehmen Gesellschaft im Zeitalter der Gegenreformation den religiös motivierten, vorübergehenden Rückzug aus dem mondänen Leben. Auf diesem Gebiet waren die Jesuiten führend: sie praktizierten schon seit geraumer Zeit die vom Ordensgründer Ignatius von Loyola entwickelten „Exercices spirituels" (Geistliche Übungen). Diese berühmten Meditationen – über die Sünde, die Berufung durch den König aller Könige, das Leiden Christi, seine Auferstehung und seinen Ruhm – waren ursprünglich auf eine Dauer von vier Wochen ausgelegt, konnten jedoch auf ein paar Tage verkürzt werden. Neben ihren Kollegien gründeten die Jesuiten im ganzen Königreich Häuser, in welche man sich zu frommer Andacht und stiller Sammlung zurückziehen konnte. In Vannes geschah dies auf Betreiben von Pater Vincent Huby[269] und in der Normandie auf Anregung von Pater Louis de Valois.[270]

Dieser Bewegung schlossen sich auch fromme Frauen an, welche der Überzeugung waren, daß nur wenige Mädchen oder Frauen genug Willenskraft sowie die erforderlichen Kenntnisse und Fähigkeiten besaßen, um sich zuhause frommen Andachten zu unterziehen; zudem glaubten sie, daß einige Frauen, welche aus Scheu vor dem Urteil der Mitmenschen davor zurückschreckten, sich für einige Tage in ein Kloster zurückzuziehen, die Einrichtung spezieller Exerzitienhäuser dankbar begrüßen würden. In Vannes gründete Cathérine de Francheville, die schon einen beträchtlichen Teil ihres Vermögens unter die Armen verteilt hatte, ein Exerzitienhaus für Frauen. Dank der Unterstützung durch weltliche Mitarbeiterinnen – die „filles de la sainte Vierge" (Mädchen der heiligen Jungfrau) – konnte Ca-

thérine von 1672 bis zu ihrem Tode (1689) jedes Jahr rund zwanzig Exerzitien veranstalten und jeweils zwischen einhundert und zweihundert Frauen aus den verschiedensten Schichten in ihrem Haus aufnehmen.[271]
In Paris folgte die berühmte Frau von Miramion, welche von Frau von Sévigné als „mère de l'Eglise" (Mutter der Kirche)[272] bezeichnet wurde, dem Beispiel Cathérines. Ab 1658 führte sie alljährlich unter der Anleitung ihres Beichtvaters und in Anlehnung an Theresa von Avila oder Ignatius von Loyola Exerzitien durch. Am ersten Tag meditierte sie beispielsweise über die Aussage „la fin de l'homme est Dieu" (Der Endzweck des Menschen ist Gott); das irdische Leben war lediglich eine Durchgangstation auf dem Weg in den Himmel, und es galt folglich allem Weltlichen zu entsagen: „Tout n'est que vanité hors d'aimer et de servir Dieu" (Alles ist bloße Eitelkeit außer Gott zu lieben und ihm zu dienen). Am zweiten Tag befaßte die Miramion sich mit den „inclinations naturelles", den natürlichen Neigungen des Menschen, welche ihn vom rechten Weg abirren ließen, sowie mit dem Tod und dem Jüngsten Gericht. Am dritten Tag dachte sie über folgende Aussage nach: „La tiédeur est un plus grand mal que l'on ne pense" (Die Lauheit ist ein größeres Übel als man gemeinhin annimmt) und gelangte zu dem Schluß, daß folglich diejenigen, welche Gott hinlänglich zu dienen glaubten, sich einer Lüge schuldig machten. Am Schluß dieser Betrachtungen sann sie auf Mittel und Wege, der ewigen Verdammnis zu entgehen, und beschloß, hart gegen sich selbst zu sein, sich zu erniedrigen und sich vertrauensvoll dem göttlichen Willen zu unterwerfen.[273]
Im Jahre 1685 gründete Frau von Miramion in Paris ein Exerzitienhaus, und die Marquise von Maintenon erwirkte für sie die Zustimmung des Königs. Erzbischof Harlay war begeistert. Die Herzogin von Guise und andere Damen unterstützten diese Initiative durch großzügige Spenden, mit deren Hilfe am Quai de la Tournelle ein Gebäude im Wert von hunderttausend Francs errichtet wurde. Der Versammlungsraum und der Speisesaal faßten mindestens einhundertundzwanzig Personen, und in den darüber liegenden Stockwerken befanden sich fünfzig Schlafzimmer. An Weihnachten 1687 war das Haus fertig und konnte die ersten Frauen aufnehmen; es stand nicht nur Katholikinnen offen, sondern war auch für junge Protestantinnen bestimmt, welche sich mit den Glaubensinhalten der römisch-katholischen Religion befassen wollten. Jedes Jahr wurden zwei siebentägige Exerzitien für Damen der vornehmen Gesellschaft sowie vier fünftägige Exerzitien für Frauen aus einfacheren, ja ärmlichen Verhältnissen angeboten, wobei letztere sich in keiner Weise an den Unkosten beteiligen mußten. Im übrigen wies Frau von Miramion niemanden ab. Auf die Mitteilung,

daß eine Bewerberin einen liederlichen Lebenswandel geführt habe, pflegte sie zu entgegnen, daß diese ihr umso willkommener sei, denn die frommen Übungen seien schließlich gerade für die Sünder gedacht.

Als diese fromme Frau im Jahre 1696 im Sterben lag, tröstete ihr Beichtvater sie damit, daß sie zwar große Schmerzen ertragen müsse, daß aber das Glück, welches im Jenseits auf die Seelen der Gläubigen warte – und welches sie eines Tages kennenlernen werde – unendlich größer sei; woraufhin Frau von Miramion erwiderte, sie kenne es bereits.

6. Kapitel: Das öffentliche Schulwesen

> „Un sot savant est sot plus qu' un sot ignorant."[274]
> MOLIÈRE

> „La vie est très courte, l'entendement faible et limité. Appliquons la jeunesse à l'étude des choses nécessaires et fondées; non à des études vaines et peu réjouissantes."[275]
> OTTAVIO IMBERTI

> „Débourrer: apprendre à vivre à quelqu'un, le façonner dans le monde, l'avancer dans l'étude [...] Cet écolier s'est déjà débourré et commence à parler latin."[276]
> FURETIÈRE

Während man sich im achtzehnten Jahrhundert eingehend mit der Erziehungswissenschaft befaßte, stand das siebzehnte Jahrhundert ganz im Zeichen des Schulunterrichts. Diese neue Errungenschaft erfüllte die Zeitgenossen mit Stolz: laut Furetière schrieb ein aufmerksamer Beobachter im Jahr 1684, es sei erst ein knappes Jahrhundert her, daß die Unwissenheit aus Frankreich verbannt worden sei.[277] Unter Ludwig XIV. wurden überall Schulen eingerichtet und sämtlichen Bevölkerungsschichten zugänglich gemacht. In den Augen der (sich stetig vergrößernden) tonangebenden Gesellschaft waren Unterricht und Erziehung, Bildung und gute Gesittung untrennbar miteinander verbunden. Einen flegelhaften, ungehobelten und ungeschliffenen Lümmel bezeichnete man als „un enfant mal instruit" (ein schlecht unterrichtetes Kind), während man von einem „enfant bien instruit" (ein gut unterrichtetes Kind) Aufrichtigkeit, Anstand und gute Manieren erwartete.[278]

Die Schulbildung war nämlich nicht den Angehörigen der privilegierten Stände vorbehalten; vielmehr war ein öffentliches Schulwesen im Entstehen begriffen, das täglich weitere Fortschritte machte. Staat und Kirche wollten – in Zusammenarbeit mit den Einwohnern, großzügigen Stiftern und religiösen Gemeinschaften – in jedem größeren Ort eine allen Kindern offenstehende Schule einrichten, deren Besuch nur wenig oder gar kein Geld kosten sollte – ein Vorhaben, das nahezu überall in die Tat umgesetzt wurde. (In der Champagne konnten die Kinder um 1710 gegen ein monatliches Schulgeld von drei Sous lesen lernen; gegen die Entrichtung von fünf Sous wurde ihnen das Lesen französischer und lateinischer Texte beigebracht, und gegen sieben Sous lernten sie auch schreiben und rechnen). Das weiterführende Schulwesen wurde von den seit langem bestehenden Einrichtungen der Jesuiten und Oratorianer beherrscht, die auf ihre schulischen Erfolge und das damit verbundene Ansehen stolz waren. Die neuen Schulen wurden nach Bedarf gegründet und nahmen sich hauptsächlich der Kinder aus dem einfachen Volk an: die Gründung der „Christlichen Schulbrüder" durch den heiligen Jean-Baptiste de la Salle bildete den Höhepunkt jahrzehntelanger Bemühungen.

Der König und jene Bischöfe, die sich ihres Amtes würdig erwiesen, wollten überall – in den Städten, in den Marktflecken, ja selbst auf dem flachen Lande – Grundschulen einrichten. Es wurden entsprechende Gesetze erlassen, und die neu eingerichteten Schulen funktionierten bestens. Gegen Ende der Regierungszeit Ludwigs XIV. war das französische Schulwesen so gut ausgebaut, daß man getrost behaupten kann, nicht Jules Ferry, sondern Ludwig XIV. habe in Frankreich die allgemeine Schulpflicht eingeführt.[279]

Die Schulen in der Diözese Montpellier

Der Ausbau des Schulwesens war ein schwieriges Unterfangen, das nie als Selbstzweck betrieben wurde. Während Ministerpräsident Ferry im Jahre 1881 die Schulen unter weltliche Aufsicht stellte, war zwei Jahrhunderte früher unter Ludwig XIV. gerade die Religion die treibende Kraft beim Ausbau des Schulwesens. Die Gegner des Königs verhielten sich im übrigen nicht anders. Die Protestanten hatten als erste in Marktflecken und Dörfern Schulen eingerichtet. Viele Konsistorien hatten die Anhänger „de la Religion" (des reformierten Bekenntnisses) aufgefordert, die Schulmeister als jene eifrigen Lehrer zu bezahlen, welche die Heilige Schrift unter das Volk brachten.[280] In den katholischen Schulen wurde statt in der Bibel im Katechismus gelesen, aber die damit verfolgte Absicht war dieselbe. Der heilige Jean-Baptiste de la Salle (gest. 1719) behauptete in seinem Werk „Méditations à l'usage de toutes les personnes qui s'emploient à l'éducation de la jeunesse" (Leitfaden für alle, die sich mit der Ausbildung junger Leute befassen), Gott selbst habe die christlichen Schulen einrichten lassen.[281] In seinen Augen arbeiteten die Lehrer zusammen mit Jesus Christus für das Seelenheil der ihnen anvertrauten Kinder. Er verglich sie mit

Schutzengeln und bezeichnete ihre Aufgabe als heilig. Die Schulmeister übten – als Handlanger der Kirche – ein nützliches Amt aus, wofür sie einst im Himmel mit einer reichlichen Belohnung rechnen konnten; zunächst brachte es ihnen auf Erden viele Dankbezeigungen ein.

Schon im sechzehnten Jahrhundert ließ die geographische Verteilung der Schulen Rückschlüsse auf die religiösen Verhältnisse in den betreffenden Gebieten zu. Jene Landstriche, in denen planmäßig Schulen errichtet wurden, markierten den Grenzverlauf zwischen den Gebieten der Reformation und der Gegenreformation.[282] Es verwundert daher nicht, daß um 1670 im französischen Königreich der Höhepunkt der Auswirkungen des Konzils von Trient mit der Ausbreitung des öffentlichen Schulwesens zeitlich zusammenfiel. Das Zusammenwirken dieser beiden mächtigen Faktoren zeitigte selbst im südlichen Frankreich, wo zahlreiche Protestanten lebten und die schulische Situation noch viel zu wünschen übrigließ, erstaunliche Ergebnisse.

In der Diözese Montpellier wurde die Allianz von Thron und Altar auf schulischem Gebiet von starken Persönlichkeiten zielstrebig gefördert. 1677 amtierte dort der Intendant Henri d'Aguesseau, der 1685 von Nicolas de Lamoignon aus Basville abgelöst wurde. Das Bischofsamt hatte im Jahre 1677 Charles de Pradel inne, dessen Nachfolge 1697 der berühmte Colbert (de Croissy) antrat; er war ein überzeugter Jansenist und Verfasser eines „Catéchisme du diocèse de Montpellier" (Katechismus der Diözese Montpellier), welcher zwei Jahrhunderte lang Anwendung fand. Im Jahre 1677 verfügten mindestens achtunddreißig Pfarreien des Bistums über eine Schule; 1688 lag ihre Zahl bei fünfundsechzig, zehn Jahre später bei vierundsiebzig, und 1716 belief sie sich schätzungsweise auf achtundachtzig. Die Mädchenschulen – zunächst sehr vernachlässigt – holten diesen Rückstand erstaunlich schnell auf: 1677 gab es zwei, 1688 bereits dreizehn, 1698 sechzehn und 1716 sogar siebenundvierzig (sofern Bischof Colbert nicht einige seiner frommen Wünsche fälschlicherweise als bereits verwirklicht darstellte).[283]

Die Mehrzahl der damaligen Lehrer war nur vorübergehend und auf begrenzte Zeit beschäftigt. Die Schulen waren von der örtlichen Nachfrage abhängig: ein Lehrer wurde nur dann eingestellt, wenn die Zahl der angemeldeten Schüler entsprechend hoch war. Reiche Marktflecken verfügten über einen ständigen Lehrer, ärmere dagegen nur zeitweise, und auf den Dörfern leistete man sich fast nie einen Schulmeister. Die Bischöfe von Montpellier – Pradel ebenso wie Colbert de Croissy – setzten überall öffentliche Schulen durch. Unterstützt vom Intendanten – vor allem seit dem

Schuledikt von 1695 und der Erklärung von 1698 - führten sie die Unentgeltlichkeit des Unterrichts ein, rüttelten die Pfarrer wach und aktivierten die Bewohner der Dorfgemeinden. Seit 1698 waren nämlich offiziell die Pfarreien für das Schulwesen verantwortlich; sie mußten das Jahresgehalt der Lehrer über Steuern aufbringen, das nicht weniger als 150 Francs betragen durfte.

Diese Erklärung vom 13. Dezember 1698 war ein direkter Vorläufer der Gesetze von Jules Ferry; sie führte in sämtlichen Pfarreien Frankreichs die allgemeine Schulpflicht ein, sah aber keine Zwangmittel vor, weder gegenüber Schule noch Schülern, so daß es letztlich den Eltern überlassen blieb, ob sie ihre Kinder hinschickten oder nicht. Die Erklärung zeitigte aber dennoch sichtbare Erfolge: zwischen 1697 und 1715 wurden in den Bistümern Tréviers, Assas und Restinclières über achtzig Prozent, in Viols-le-Fort über zweiundsiebzig und in den Diözesen Montpellier, Baillargues und Frontignan zwischen sechzig und zweiundsiebzig Prozent der vorgesehenen Schulen eingerichtet. Lediglich die Bistümer Brissac und Cournonterral blieben unter der Sechzigprozentmarke.[284]

Eltern und Kinder gewöhnten sich schnell an die Person des Dorfschulmeisters, der den Bauernkindern das Lesen beibrachte und gleichzeitig dem Pfarrer oder Vikar hilfreich zur Seite stand.[285] Sofern er eine gute Stimme besaß, übernahm er das Amt des Kantors; war dies nicht der Fall, so konnte er sich immer noch als Küster nützlich machen. In den ersten Jahren stammten die Lehrer, welche in der Diözese Montpellier unterrichteten, in der Regel aus entfernten Gegenden - meist aus der Auvergne. Als das zunächst bescheidene Amt mit der Zeit ein größeres Ansehen gewann, fanden sich in zunehmendem Maße auch Einheimische dazu bereit, den Beruf eines Schulmeisters zu ergreifen.

Ein Lehrer, welcher in einer Stadt oder in einem großen Marktflecken unterrichtete - oft als Sohn einer Handwerkerfamilie - hatte eine feste Position inne und durfte sich zu den Honoratioren rechnen. Die Lage der Dorfschulmeister war weniger günstig: sie unterrichteten meist nur ein paar Monate lang und waren gezwungen, nebenher noch einen anderen Beruf auszuüben. In der Stadt konnte der Lehrer davon ausgehen, daß die Kinder die französische Sprache einigermaßen beherrschten, während die Kinder auf dem flachen Land oft nur die ortsübliche Mundart sprachen. Die ungünstigen Rahmenbedingungen - die Unregelmäßigkeit des Unterrichts, die verhältnismäßig große Gleichgültigkeit der Eltern, die Verpflichtung der Kinder zur anstrengenden Mitarbeit auf den Feldern sowie bei schönem Wetter die große Versuchung, die Schule zu schwänzen - führten dazu,

daß viele Kinder regelmäßig dem Unterricht fernblieben. Und obwohl die Lehrer keineswegs lauter Dummköpfe waren, lernten die Schüler oft kaum etwas.
Im übrigen besaßen die Dorfschulmeister in der Regel nur ein einziges Buch, nämlich den Katechismus. Er sollte dem jungen Katholiken das nötige Wissen und stichhaltige Argumente liefern und gleichzeitig den Konvertiten von der Wahrheit und Schönheit der römisch-katholischen Religion überzeugen; beide sollten sie anhand des Katechismus zu überzeugten Christen und guten Franzosen erzogen werden. Ein aufgeweckter und fleißiger Schüler begnügte sich jedoch nicht damit, im Unterricht die zentralen Glaubensinhalte vermittelt zu bekommen, sondern begann selbst im Katechismus zu lesen. In den Marktflecken und Dörfern war der Bildungsstand nämlich sehr unterschiedlich: viele Schüler konnten den Katechismus auswendig hersagen, gute Schüler lernten auch lesen, und die begabtesten oder am meisten geförderten Kinder konnten sogar schreiben.[286] Wer jedoch rechnen oder Latein lernen sowie andere Bücher benutzen wollte, mußte in die Stadt gehen, um dort eine weiterführende Schule zu besuchen.

Schulen für arme Mädchen

Im Lauf von fünfzig Jahren entstanden in ganz Frankreich Kongregationen, deren Hauptaufgabe in der Unterrichtung von Kindern aus einfachen Verhältnissen bestand. Vor allem bei der schulischen Ausbildung der Mädchen kam es zu bahnbrechenden Neuerungen.
Als Pater Barré – ein Minime – 1622 während der Fastenzeit in Sotteville bei Rouen predigte, bat er einige Mädchen, sie möchten sich während seiner Mission der armen Kinder annehmen, damit deren Eltern den Predigten lauschen könnten. Es handelte sich hierbei jedoch nicht nur um einen schlichten Kinderhort, sondern um eine richtige kleine Schule, welche die Kinder von den auf der Straße lauernden Gefahren fernhielt und in der sie beschäftigt wurden, Manieren beigebracht bekamen, ein bißchen lesen lernten und Religionsunterricht erhielten. Dieser Versuch – welcher sich über ein ganzes Jahr erstreckte – wurde von einigen großzügigen Spendern unterstützt.[287] Sieben Jahre später gründete derselbe Pater Barré die Gemeinschaft der „maîtresses des écoles chrétiennes et charitables" (Lehrerinnen an christlichen und mildtätigen Schulen); sie suchten die armen Frauen auf, nahmen kleine Mädchen aus mittellosen Familien bei sich auf

und unterrichteten sie. 1677 unterhielten sie in Rouen vier Schulen. Es handelte sich um Frauen aus weltlichem Stande, die nicht im Kloster lebten und keine Gelübde ablegten. Da ihre Tätigkeit nie offiziell genehmigt wurde, war ihre Lage überdies recht heikel. Die Statuten sahen vor, daß sich diese frommen Frauen vollkommen der göttlichen Vorsehung anvertrauen sollten, und die Bescheidenheit ihrer Einkünfte ließ ihnen auch gar keine andere Wahl. Sie waren in erster Linie Religionslehrerinnen und Erzieherinnen, die den Mädchen nebenbei das Alphabet beibrachten und sich dadurch große Verdienste erwarben.

Charles Démia (geb. 1637, gest. 1689), welcher derselben Generation angehörte wie Ludwig XIV., setzte in Lyon eine vergleichbare Initiative in Gang. Er hatte ursprünglich Jura studiert, war dann aber Priester geworden, um sich den Armen zu widmen; nach kurzer Zeit wurde ihm das Schulwesen der gesamten Diözese unterstellt, und 1666 veröffentlichte er seine berühmten „Remontrances" (Ermahnungen). Er betonte darin die Notwendigkeit und Nützlichkeit der christlichen Schulen, in welchen man den Kindern einfacher Familien ein gewisses Grundwissen vermittle.[288] Sein Werk wurde in ganz Frankreich mit großer Aufmerksamkeit gelesen.

Ganz wie Barré hatte sich auch Démia zunächst der Knaben angenommen, ging aber bald dazu über, in erster Linie die Einrichtung von Mädchenschulen zu fördern; die Ausbildung der Mädchen hielt er deshalb für besonders wichtig, weil er in ihnen die Mütter und Erzieherinnen von morgen sah. 1675 übernahm er die Schirmherrschaft über zwei Schulen für Mädchen aus ärmeren Schichten, die von frommen Frauen aus weltlichem Stande in Lyon gegründet worden waren. Zwei Jahre später stiftete er eine „Assemblée de dames de piété pour veiller à la perfection des écoles de ce sexe" (Vereinigung frommer Frauen zur Vervollkommnung des Mädchenunterrichts). Diese Frauen hatten – unter der Aufsicht eines „bureau des écoles" (Schulamt) – die Lehrerinnen auszusuchen und zu kontrollieren sowie für die erforderlichen Mittel zu sorgen. Die Lehrerinnen ihrerseits gründeten 1678 ebenfalls eine Vereinigung und mußten ab 1686 ein Noviziat durchlaufen, während dessen sie eine religiöse und pädagogische Ausbildung erhielten. Gegen Ende des Jahrhunderts war die Gemeinschaft in einem kräftigen Aufschwung begriffen. Die Mitglieder gehörten weiterhin dem weltlichen Stande an; sie legten nicht das dreifache Gelübde der Keuschheit, der Armut und des Gehorsams ab, sondern begnügten sich damit, diese Tugenden aus freiem Antrieb zu praktizieren. Hingegen verpflichteten sie sich dazu, dem Lehrberuf treu zu bleiben, denn in ihren Augen stellte das Unterrichten armer Kinder und vor allem der Religionsunterricht keine vorübergehende Beschäftigung oder gar einen mildtätigen Zeitvertreib für reiche Damen dar, sondern ein apostolisches Amt.

Ähnliches geschah – etwa gleich weit von Rouen und Lyon entfernt – in Reims unter der Schirmherrschaft des Chorherren Nicolas Roland. Er war im Jahre 1665 Scholaster des Domkapitels zu Reims geworden und nahm sich auch des entstehenden Volksschulwesens an. Roland unterstützte das Waisenhaus einer gewissen Frau Varlet und ließ am 27. Dezember 1670 Françoise Duval und Anne Lecœur, zwei von Barré ausgebildete Lehrerinnen, aus Rouen kommen. Sie richteten in Reims Schulen für mittellose Mädchen ein und bemühten sich gemeinsam mit Roland um die Gründung einer neuen Vereinigung. Ihr Unterricht war stets gut besucht sowie vollkommen unentgeltlich, und die Gemeinschaft orientierte sich an den von Barré ausgearbeiteten Statuten. Auch nach dem frühzeitigen Tod Rolands wurde sein Werk fortgesetzt, denn er hatte Jean-Baptiste de la Salle zu seinem Testamentsvollstrecker bestimmt.[289]

Die Gründung dieser Kongregationen und der große Widerhall, den sie fanden, sind ein deutliches Zeichen dafür, daß der im siebzehnten Jahrhundert so stark geförderte Religionsunterricht durch die mit ihm verbundene Alphabetisierung breiter Bevölkerungsschichten grundlegende Bedeutung erlangte: über zwanzig Jahre vor der Aufhebung des Edikts von Nantes schuf die katholische Kirche ein Schulwesen, das allen Franzosen gleichermaßen zugänglich war.

Die Ausbreitung der Priesterseminare

Wenn man den Schülern der geistlichen Schulen in erster Linie den Katechismus und die christliche Sittenlehre beibrachte, so geschah dies unter anderem auch in der Absicht, den nötigen Nachwuchs für Klöster und Pfarreien heranzuziehen. Die kirchlichen Seminare hatten zwar ein höheres Niveau als die christlichen Volksschulen, verfolgten aber dieselbe Zielsetzung.

Bereits während der Endphase des Konzils von Trient hatte man 1563 die Forderung erhoben, daß in jeder Diözese ein Seminar eingerichtet werden sollte: nach Auffassung der Konzilsväter sollten die angehenden Priester erstens geistig auf ihr künftiges Amt vorbereitet und zweitens nicht innerhalb des Universitätsbetriebes sich selbst überlassen werden sowie drittens eine spezielle geistliche Ausbildung erhalten. Seit 1643 wurde unter Ludwig XIV. in den meisten französischen Bistümern ein Priesterseminar ins Leben gerufen: in Saint-Malo wurde im Jahre 1645, in Clermont 1664, in Avranches 1666 und in Rennes 1672 ein Seminar eingerichtet. Selbst die kleine Diözese Vence mit ihren nur dreiundzwanzig Pfarreien erhielt ihr eigenes Seminar, dessen Leitung Bischof Godeau 1669 den Doktrinariern anvertraute.[290]

Manche Seminare beschränkten sich darauf, den angehenden Priestern vor ihrer Weihe alljährlich Exerzitien anzubieten. In Saint-Malo wurde zweimal jährlich – im Januar und im August – das Priesterexamen abgenommen. Da die Prüfung dort als besonders leicht galt, erstreckte sich das Einzugsgebiet dieses Seminars nicht nur auf die nördliche Normandie, sondern auch auf die gesamte Bretagne. Ein Teil der Kandidaten hatte an der Universität studiert, die Mehrzahl war hingegen vom Pfarrer ihrer Heimatgemeinde ausgebildet worden, der ihnen auch das erforderliche Sittenzeugnis ausgestellt und die nötigen Kenntnisse bescheinigt hatte. Die Prüfer wurden vom Bischof ernannt und befragten die Kandidaten über folgende Gebiete: Gesang, Kenntnis des Tridentiner Katechismus, der Heiligen Schrift sowie einiger theologischer oder philosophischer Werke.

Sechzig Prozent der Prüflinge bestanden das Examen. Aus den Prüfungsunterlagen geht jedoch hervor, daß sich manche wenig begabte Geistliche zehn oder fünfzehn Jahre lang immer wieder zur selben Prüfung anmeldeten, obwohl diese nicht gerade schwierig war. Der Fall des neununddreißigjährigen Diakons François Samson aus Guémené kann als ein typisches Beispiel gelten. Als er im Jahre 1713 die Prüfung schließlich bestand, erhielt seine Akte folgenden Vermerk: „On lui avait dit de se préparer sur l'explication seule. Il n'y a pas réussi et s'abrutit tous les jours; ne fera jamais mieux. Il fallait le recevoir ou le laisser pour toujours dans le diaconat. Admis."[291] (Man hatte ihm gesagt, er solle sich ausschließlich auf die Auslegung der Heiligen Schrift vorbereiten. Er fiel jedoch wieder durch und paukte unentwegt weiter. Da er nie eine bessere Leistung erbringen wird, stand man vor der Wahl, ihn entweder bestehen oder für immer Diakon sein zu lassen. Bestanden.). Im Jahr darauf versuchte ein neunundzwanzigjähriger Subdiakon namens Marc Orinel aus Quédillac, die Prüfung zum Diakon abzulegen, und wurde schließlich zugelassen, obwohl er offensichtlich ein äußerst schwacher Kandidat war: „A vu les Sacrements en général, les Lois et la Genèse; bonnes attestations. Ne chante point, explique mal [le catéchisme], répond un peu mieux sur les traités qu'il a étudiés à Rennes pendant une année entière. Reçu à cause qu'on a écrit qu'il ne pourra mieux faire. Admis, faible au dernier point." (Hat sich mit der Sakramentenlehre, der Offenbarung und der Genesis befaßt; verfügt über gute Zeugnisse. Kann nicht singen und den Katechismus nur unzulänglich erläutern; weiß etwas besser über die Abhandlungen Bescheid, mit denen er sich in Rennes ein ganzes Jahr lang beschäftigt hat. Man ließ ihn bestehen, weil in einem Schreiben mitgeteilt wurde, daß er nie eine bessere Leistung erbringen werde. Bestanden, äußerst schwacher Kandidat). Dieses miserable Zeugnis hielt Orinel jedoch nicht davon ab, sich mehrmals zum Priesterexamen anzumelden und durchzufallen.[292]

Die Bischöfe gingen zusehends dazu über, die schlimmsten Mißstände bezüglich der Priesterausbildung zu beheben. Je nach Umständen und ihren persönlichen Neigungen beauftragten sie die Jesuiten, Oratorianer, Doktrinarier, Sulpizianer (deren Gründer Olier großes Ansehen genoß), Lazaristen oder Eudisten mit der Leitung der Seminare. Besonders gewissenhafte Bischöfe nahmen die Angelegenheit oft selbst in die Hand. Der gelehrte Pierre-Daniel Huet, der einst den Thronfolger unterrichtet hatte und im Jahr 1690 das Bistum Avranches mit einhundertachtzig Pfarreien erhielt, gab dem Direktor des dortigen Seminars folgende Anweisungen: man sollte den angehenden Priestern eine gründliche Bibelkenntnis vermitteln; ein fähiger Lehrer hatte ihnen die Heilige Schrift zu erklären, sie zur eigenen Lektüre anzuhalten und darauf zu achten, daß jeder seine eigene Bibel besaß. Ferner sollten sie den von ihnen angestrebten geistlichen Stand kennenlernen und zu diesem Zweck über die Kirche und ihre Hierarchie unterrichtet werden. Bei der Prüfung sei in erster Linie darauf zu achten, daß die Kandidaten die lateinische Sprache verstünden, den Katechismus beherrschten und über die Beschaffenheit, die Aufgaben und die Würde des geistlichen Berufs unterrichtet seien sowie über die Sakramente Bescheid wüßten, ohne sich bei logischen Spitzfindigkeiten aufzuhalten, deren Verständnis für einen Geistlichen nicht unbedingt erforderlich sei. Es handelte sich hierbei um ein vernünftiges Ausbildungsprogramm, welches ein bißchen Philosophie (ohne die Auswüchse der Scholastik), eine kurze Einführung in die Bibel (die jedoch die eigene Lektüre nicht überflüssig machte) sowie einen – umfangreicheren – Lateinunterricht umfaßte. Man legte größeren Wert darauf, daß die angehenden Priester den Katechismus perfekt beherrschten, als daß sie ein spezielles theologisches Fachwissen hatten. Die eingehende Beschäftigung mit den Aufgaben eines Priesters und die Unterweisung in der Sakramentenlehre sollten zur Vorbereitung auf das künftige Hirtenamt dienen.

In mustergültig verwalteten Diözesen übernahmen die Bischöfe persönlich die Leitung der Seminare oder gar die Ausbildung ihrer künftigen Priester. Dies galt beispielsweise für die Diözese Alet, welche 1639 Nicolas

Pavillon (gest. 1677) übertragen wurde. Sofort nach seiner Investitur gründete Pavillon ein Seminar, obwohl die Diözese lediglich achtzig Pfarreien umfaßte, und widmete der Ausbildung des Priesternachwuchses zeitlebens große Aufmerksamkeit.

Der Bischof von Alet begrenzte die Zahl der Seminaristen auf dreißig. Er ließ sich von seinen Pfarrern geeignete junge Männer im Alter von achtzehn oder neunzehn Jahren schicken, bestärkte sie in ihrer Frömmigkeit, verschaffte ihnen eine pädagogische Ausbildung und sandte sie anschließend als Lehrer in die Pfarreien; während sie das ländliche Schulwesen aufbauen halfen, fanden sie Gelegenheit, sich von der Richtigkeit ihres Entschlusses zu überzeugen. Dann kehrten die jungen Männer nach Alet zurück und wurden am dortigen Seminar zwei Jahre lang auf das Priesteramt vorbereitet. Pavillon vertrat die Ansicht, daß ein Seelsorger gelehrt sein müsse; Gott habe die Priester dazu berufen, die Menschen aufzuklären, aber nur im Sinne Gottes, dessen Gesetze sie dem Volk verkünden sollten.[293] Aus diesem Grund schloß der Bischof die Scholastik von seinem Ausbildungsprogramm aus; er ließ die angehenden Priester stattdessen in jenen Dogmen unterrichten, die unmittelbar aus der Heiligen Schrift oder aus den Werken der Kirchenväter abzuleiten waren, und ließ ihnen eine Ethik vermitteln, die jeglicher Kasuistik entbehrte. Zur Vertiefung dieses Unterrichts stattete Pavillon jede Pfarrei mit einem „Rituel" (Kirchenhandbuch) aus, das zahlreiche Anleitungen und Erläuterungen zu den liturgischen Gebräuchen enthielt und von vielen anderen Diözesen übernommen oder nachgeahmt wurde; Priester und Gemeindemitglieder fanden in diesem Handbuch alles, was sie brauchten: Anregungen für ihre Predigten, praktische Hinweise für den Religionsunterricht und vieles mehr. Das Handbuch wirkte wie eine Art verlängertes Seminar und wurde selbst in den entferntesten Winkeln des Bistumsbezirks befolgt.

In vielen Diözesen schlug man eine Art Mittelweg zwischen der in Saint-Malo praktizierten Nachlässigkeit und dem gezielten Eifer des Bischofs von Alet ein. Die Kirche der Gegenreformation, welche aus heutiger Sicht ein einheitliches Bild abzugeben scheint, kannte in Wahrheit eine Vielfalt unterschiedlicher theologischer Ansätze, liturgischer Form, Arten des Religionsunterrichts, Synoden, kirchlicher Tagungen und Seminare. Wie es für eine elitäre Gesellschaftsform typisch ist, pflegte sich die breite Masse jedoch an führenden Modellen und leuchtenden Beispielen zu orientieren. Die Seminare von Alet, Pamiers, Châlons oder Angers entwickelten eine Ausstrahlung, die weit über die Grenzen des jeweiligen Bistums hinausreichte.

Ferner bemühte man sich darum, auch mittellosen Kandidaten den Eintritt in den geistlichen Stand und die erforderliche Ausbildung zu ermöglichen. Der Pariser Kirche Saint-Sulpice war eine Schule für wenig begüterte Seminaristen angegliedert, die von einem Diakon namens Chancierges geleitet wurde. Sie diente jenen beiden Chorherren als Vorbild, die 1684 in Rennes ein sogenanntes „petit séminaire" (kleines Seminar) oder auch „séminaire pour les pauvres écoliers" (Seminar für mittellose Schüler) gründeten. Die Schüler wurden von Jesuiten unterrichtet und waren – als Gegenleistung für die kostenlose Ausbildung – dazu verpflichtet, nach ihrer Priesterweihe jene Stellen anzutreten, für die der Bischof sie vorgesehen hatte. Das 1703 von Claude-François Poullart des Places in Paris begründete „Séminaire du Saint-Esprit" (Seminar zum Heiligen Geist) beruhte auf demselben Grundsatz. Poullart des Places war damals erst vierundzwanzig Jahre alt und hatte noch nicht die Priesterweihe empfangen; er nahm trotzdem das Wagnis der Gründung auf sich und wurde von den benachbarten Jesuiten aus der Rue Saint-Jacques unterstützt. Das Seminar wurde in der Rue des Cordeliers untergebracht und erhielt den symbolträchtigen Hausnamen „Au Gros-Chapelet" (Zum großen Rosenkranz). Wer in das Seminar aufgenommen werden wollte, mußte drei Voraussetzungen erfüllen: er mußte mittellos sein, über einen guten Leumund verfügen und zum Theologiestudium geeignet sein.[294] 1705 bewarben sich bereits so viele Kandidaten um die Aufnahme, daß das Seminar in ein größeres Gebäude verlegt werden mußte. Es zog in ein Haus in der Rue Neuve-Saint-Etienne, bei dessen Renovierung alle Lehrkräfte und Schüler Hand anlegten und das bald siebzig Seminaristen beherbergte. Sie erhielten freie Kost und Logis, wurden manchmal sogar neu eingekleidet und mindestens sechs, höchstens neun Jahre lang mit dem Notwendigsten versorgt. Die Mahlzeiten waren einfach, aber ausreichend, und jedermann stand bei Tisch ein großes Glas Wein zu. Poullarts Kostgänger besuchten den Philosophie- und Theologieunterricht der Jesuiten und zogen sich alljährlich zu Exerzitien ins Jesuitenkolleg Louis-le-Grand zurück.

Während ihres ersten Studienjahres befaßten sich die Schüler mit Logik, im zweiten mit Physik und Ethik und während des dritten mit Metaphysik. Dann folgte eine vierjährige Ausbildung in Theologie. Sowohl vormittags als auch nachmittags hatten sie je eine Stunde Unterricht, an welche sich stets eine Nachbereitung in Form einer Ausarbeitung oder „Répétition" (Rezitieren) des durchgenommenen Stoffs anschloß. Unterrichtssprache war Latein. Selbst samstags hatten die Schüler Unterricht, und zwar die sogenannte „Sabbatine" (samstägliche Übung); einmal pro Monat waren die

„Mensuelles" (monatlichen Übungen) angesetzt, und die angehenden Geistlichen mußten alljährlich öffentliche Streitgespräche führen. Diese Ausbildung wurde von drei am Seminar tätigen Repetitoren überwacht und gefördert. Ebenso wie in den Seminaren von Alet oder von Avranches war jedoch auch hier die seelsorgerische Ausbildung stets wichtiger als die Vermittlung wissenschaftlicher Kenntnisse und Fähigkeiten. Die Verantwortlichen wollten schließlich gute Seelsorger und fromme Priester heranziehen, und ihre Bemühungen waren durchaus von Erfolg gekrönt.

Die hohen Schulen

Die Universitäten konnten keine vergleichbaren Erfolge verbuchen. Paris – vor allem die Sorbonne – war für seine theologische und Bourges für seine juristische Fakultät berühmt. Die Mediziner freilich hatten keine Ahnung von Biologie: keine einzige Fakultät, weder in der Provinz noch in der Hauptstadt, erkannte damals die Gesetzmäßigkeit des Blutkreislaufs an![295] Söhne vornehmer Familien stiegen zwar häufig zu Gelehrten an der Sorbonne auf, widmeten sich aber nur selten der Medizin. Wenn sie für eine militärische Laufbahn bestimmt waren, pflegten sie, sobald sie das Kolleg hinter sich gebracht hatten, den Oberbefehl über eine Kompanie oder ein Regiment zu übernehmen; wenn sie in die Verwaltung gehen wollten, bemühten sie sich darum, möglichst schnell ein Jurastudium zu absolvieren. Im günstigsten Falle brauchte man hierzu – selbst mit Ausnahmegenehmigung – mindestens drei Jahre; es kam aber immer wieder zu Versuchen, diese Zeitspanne zu halbieren. Kanzler Pontchartrain (1699–1714) wetterte vergeblich gegen die überall zu beobachtende Unsitte, daß jedermann einen akademischen Abschluß erreichen wolle, ohne überhaupt studiert zu haben.[296] Wer sich Ausnahmegenehmigungen zu verschaffen wußte, konnte dennoch innerhalb eines Jahres – „per saltum" (durch Überspringen) – einen Universitätsabschluß in der Rechtswissenschaft erwerben.[297]

Ludwig XIV. bemühte sich als Förderer der Wissenschaften nach Kräften darum, das Niveau der Universitäten anzuheben. Das königliche Edikt vom April 1679 enthielt ein „Règlement pour l'étude du droit canonique et civil dans tout le royaume, et le rétablissement du droit civil en la faculté de droit canon en l'université de Paris"[298] (Vorschrift für das Studium des Kirchen- und Zivilrechts im ganzen Königreich sowie die Wiedereinführung des Zivilrechts an der kirchenrechtlichen Fakultät der Universität von Paris). In dieser Verordnung wurden die jeweilige Studiendauer festgelegt und die Voraussetzungen genannt, unter denen man den Lizentiaten- oder Doktorgrad im Fach Rechtswissenschaften erwerben konnte. 1707 erließ der König die Bestimmung, daß dem Medizinstudium ein zweijähriges Studium der Philosophie vorauszugehen habe.[299] Ludwig XIV. förderte jedoch in erster Linie die mit den Universitäten konkurrierenden Einrichtungen, von denen einige im siebzehnten Jahrhundert entstanden. Die Gebäude des Collège de France wurden erweitert, 1666 wurde die Académie des sciences (Akademie der Wissenschaften) und 1667 das Observatoire (Observatorium) gegründet. Ferner verwandelte Ludwig XIV. den in der ersten Hälfte des siebzehnten Jahrhunderts gegründeten „Jardin des plantes" in eine weiterführende Schule für Naturkunde, die später zum „Musée d'Histoire naturelle" umgestaltet wurde.

Diesem botanischen Garten, der unter Ludwig XIII. „pour la culture des plantes médicinales, et pour en faire la démonstration aux étudiants" (zum Anbau von Heilpflanzen und zu Unterrichtszwecken) angelegt worden war, widmeten Ludwig XIV. und Colbert große Aufmerksamkeit. Der Minister setzte alles daran, den Garten zu einer nützlichen und höchst lehrreichen Einrichtung zu machen.[300] Ab 1673 hielt Pierre Donis, der spätere Chirurg der Kronprinzessin, dort eine öffentliche und kostenlose Anatomievorlesung. Er belehrte seine knapp fünfhundert Zuhörer insbesondere über das Funktionieren des Blutkreislaufs, eine Entdeckung, die von der medizinischen Fakultät immer noch abgelehnt wurde.[301] Im botanischen Garten befanden sich ein Hörsaal, ein Labor, ein Arzneidepot und eine Skelettsammlung. Man arbeitete sehr eng mit der Akademie der Wissenschaften zusammen und verfügte auch über eine direkte Verbindung zum König, da der Leibarzt Seiner Majestät gleichzeitig „Surintendant des démonstrations intérieures des plantes et opérations médicinales"[302] (Oberintendant der botanischen Gärten und der medizinischen Eingriffe) war.

Die Instandhaltung des „Jardin royal des plantes rares" (Königlicher Garten seltener Pflanzen) kostete den Staat im Jahr 1689 die Summe von 16 950 Francs und 18 Sous. Man mußte neun Angestellte bezahlen; der Oberintendant dieses Gartens – Antoine d'Aquin, der Königlicher Knappe, Graf von Jouy, Gerichtsherr von Châteaurenard, erster Arzt Seiner Majestät und Verwalter der Kronprinzessin war – bezog ein Gehalt von dreitausend Livres. Sein Sohn hatte den Posten eines Pflanzenführers („démonstrateur") inne und erhielt eintausendfünfhundert Livres. Guy-Crescent Fagon – der spätere Nachfolger Antoine d'Aquins als Arzt Seiner Majestät und Oberintendant des Gartens – hatte gleich Anspruch auf zwei Gehälter: er erhielt 1500 Livres als „démonstrateur" und 1200 Livres als „sous-démonstrateur" (Unterpflanzenführer). Joseph-Guichard du Verney, der Mitglied der Akademie der Wissenschaften war und die Nachfolge von Pierre Donis antrat, bezog ebenfalls ein Gehalt von 1500 Francs. Er war Professor der Anatomie und Demonstrator. Jean Brement, der die schlichte Berufsbezeichnung „jardinier" (Gärtner) trug, war ein ausgezeichneter Botaniker; er wurde 1689 mit 2500 Livres besoldet und erhielt zusätzlich eine Gratifikation von 400 Livres „pour avoir herborisé" (für das Sammeln von Pflanzen). Der Apotheker Simon Boulduc, welcher Vorlesungen über Chemie hielt, empfing zwar kein festes Gehalt, aber der König ersetzte ihm sämtliche Materialkosten, und die Überschüsse erhielt Frau von Miramion für ihre frommen Werke. Ein Pförtner mit einem Gehalt von 450 Francs und zwei Laborgehilfen, die jeweils 200 Francs verdienten, vervollständigten das Personal dieser kleinen Hochburg der Naturkunde.

Ebenso wie das heutige „Musée d'histoire naturelle" auf den „Jardin royal" zurückgeht, existierte unter Ludwig XIV. auch bereits ein Vorläufer der „Ecole nationale d'administration" (ENA; staatliche Verwaltungshochschule): 1712 gründete der Marquis de Torcy die „Académie politique"[303], welche der Ausbildung von Botschaftssekretären diente und deren Statuten der Minister persönlich ausgearbeitet hatte. Wer in diese Schule aufgenommen werden wollte, mußte zwischen achtzehn und fünfundzwanzig Jahre alt sein. Abgesehen von den Gepflogenheiten, die bei der Anstellung bestimmter Pagen beachtet wurden, war dies das erste Mal, daß der Staat eine Altersgrenze verbindlich festsetzte. Die Anforderungen an Herkunft und Wissen der Kandidaten waren hingegen herkömmlich: sie sollten aus vornehmen Familien kommen, gute Manieren haben und – um ein standesgemäßes und unabhängiges Dasein fristen zu können – über ein ausreichendes Vermögen verfügen; außerdem sollten sie zumindest genügend Latein verstehen, um lateinische Akten, päpstliche Bullen, Breven und andere Schriftstücke übersetzen zu können. Die Leitung der Schule wurde Saint-Prest, einem ehemaligen Mitglied des Staatsrats, anvertraut, einem hervorragenden Kenner des öffentlichen Rechts. Er machte die bahnbrechende Erfindung der sogenannten „conférence entre élèves" (Rundgespräch unter den Schülern), einer Unterrichtsform, die zwei Jahrhunderte später wieder aufgegriffen wurde.

Dieses neue pädagogische Konzept beruhte darauf, daß der Lehrer nicht mehr nur fortwährend Vorträge hielt, sondern daß er die Schüler dazu ermunterte, ihm ihre Schwierigkeiten mitzuteilen und Fragen zum behandelten Stoff zu stellen, die entweder sofort oder im folgenden Lehrervortrag beantwortet wurden. Nach einer sechsmonatigen Einführungsphase mußten die Schüler selbst ein Referat halten, dessen Thema mit den Depeschen in Zusammenhang stehen sollte, welche sie gerade bearbeiteten. Es ließ sich nicht verleugnen, daß Torcy der Neffe Colberts war. Gemäß einer alten Familientradition hielt er nichts von abstrakten Übungen, sondern bevorzugte die Arbeit an konkreten Beispielen; er wollte nützliche Einrichtungen und einen pragmatischen Unterricht, der die Schüler unmittelbar auf das spätere Berufsleben vorbereitete. Er bereitete die angehenden Diplomaten durch eine ausgewogene Mischung aus Vorträgen und Übungen auf ihre künftigen Aufgaben vor. Sie wurden im öffentlichen Recht, in Vertragslehre, in diplomatischen Gepflogenheiten sowie in modernen Fremdsprachen unterrichtet und lernten Texte zusammenzufassen und Depeschen aufzusetzen. Neu war ferner die vorrangige Bedeutung mündlicher und schriftlicher Ausdrucksübungen.

Das ausgewogene Programm und seine gelungene Umsetzung führten dazu, daß dieser Vorläufer der heutigen „Ecole nationale d'administration" – der zweitwichtigsten der sogenannten „grandes écoles" – großen Zulauf hatte. Statt sechs wurden bald zwölf Schüler unterrichtet. Torcy pflegte die Schule gerne zu inspizieren. Während der letzten Regierungsjahre Ludwigs XIV. vollbrachte die „Académie politique" wahre Wunder.

Die Oratorianer

Zwischen Jesuiten und Oratorianern entwickelte sich ein erbitterter Konkurrenzkampf, der die Form eines regelrechten Grabenkriegs annahm. Die Jesuiten unterhielten mehr Häuser und genossen die besondere Gunst des Königs. Die Oratorianer verfügten über moderne Methoden und wurden von den Jansenisten unterstützt. Beide Bildungsangebote richteten sich an dieselben sozialen Schichten: sie unterrichteten sowohl adlige als auch bürgerliche Zöglinge und gewährten außerdem eine bestimmte Zahl von Stipendien. Beide Orden trugen in ihrem Unterrichtsprogramm der Tatsache Rechnung, daß der König und die Minister einer rein geisteswissenschaftlichen Ausbildung mißtrauisch gegenüberstanden. Sie erzogen ihre Schüler zu Männern von Welt, denen ihre Ehre über alles ging, brachten ihnen Genealogie sowie Heraldik bei und lehrten sie Fechten. Die Jünglinge wurden nicht nur theoretisch, sondern auch praktisch auf den königlichen Dienst vorbereitet: während des Unterrichts und der Festveranstaltungen wurden unzählige Lobreden auf die Monarchie und auf Ludwig XIV. gehalten, und die Schüler wurden – sowohl bei den Jesuiten als auch in den Kollegien der

Oratorianer – auch im Bau von Befestigungsanlagen (der sogenannten „castramétation") sowie in der Belagerungskunst („poliorcétique") unterrichtet.

Im Jahr 1676 eröffneten die Oratorianer gleich zwei Kollegien, eines im Süden und das andere im Norden des französischen Königreichs. Sie erfüllten eine Bitte von Bischof Fouquet und gründeten ein Kolleg in der kleinen südfranzösischen Bischofsstadt Agde. Fouquet hatte drei Oratorianerpriester zur Versorgung der Pfarrei Saint-André und drei weitere Oratorianer als Lehrer für ein Kolleg von drei Klassen – fünfte, vierte und dritte – angefordert, dessen Besuch kostenlos war. Die Schule endete zunächst mit der dritten Klasse. Der Lehrer, welcher die fünfte Klasse unterrichtete, betreute nebenher in einer Vorstufe – einer Art sechsten Klasse – Schüler, die bereits lesen und schreiben konnten.[304] Erst 1693 wurde das Kolleg von Agde um zwei weitere Klassen aufgestockt.

Ebenfalls im Jahr 1676 erhielten die Oratorianer das große Kolleg Saint-Nicolas in Soissons übertragen, das vom dortigen Domkapitel verwaltet und überwacht wurde. Der Vorsteher des Kollegs wurde vom Domscholaster in sein Amt eingeführt. Die Oratorianer erhielten vor Schuljahrsbeginn eine Liste ausgehändigt, auf welcher alle Autoren verzeichnet waren, die während des Unterrichts gelesen werden sollten, sowie das Programm und die Titel sämtlicher Werke, welche die Stipendiaten öffentlich vorzutragen hatten.[305] Es waren Stipendien für Internatsschüler vorgesehen. Das Domkapitel verpflichtete sich zu jährlichen Zahlungen in Höhe von 100 Livres, während das Kolleg von der Stadt alljährlich 300 Livres erhalten sollte (sie beteiligte sich außerdem an den Kosten für die Schulmöbel). Diejenigen Zöglinge, welche kein Stipendium erhielten, mußten 6 Livres im Jahr entrichten. 1682 wurde das Kolleg, das damals aus vier Grammatikklassen (sechste, fünfte, vierte und dritte) sowie einer altsprachlichen Klasse bestand, um eine Rhetorik- und zwei Philosophieklassen erweitert. Die Oratorianer sollten nicht nur darauf achten, daß der Unterricht stets in Latein abgehalten wurde, sondern daß die Schüler ab der dritten Klasse sogar in der Sprache Ciceros miteinander verkehrten!

Die Kollegien der Oratorianer orientierten sich alle an der „Ratio studiorum" (Studienordnung) von 1645 und ihrer Auslegung durch die Schule von Juilly, in der sie erstmals erprobt worden war. Sie mußten der lateinischen Sprache eine Vorrangstellung einräumen, da sonst ihre Schüler zu den Jesuiten übergewechselt wären; ab den sechziger Jahren vertraten sie jedoch in dreierlei Hinsicht einen ganz modernen Standpunkt: sie betonten die Bedeutung der französischen Sprache, setzten Geschichte als Unterrichtsfach ein und integrierten auch die Naturwissenschaften. Die Universität war recht erzürnt darüber, daß an den Kollegien die lateinische Sprache und gar auch auf Latein unterrichtet wurde; sie förderte daher die Tendenz der Oratorianer, das Lateinische in Kirche und Kolleg durch die französische Sprache zu ersetzen. Andererseits gaben ausgerechnet Oratorianer die erste lateinisch verfaßte Grammatik der französischen Sprache heraus. Anders als die Universität und im Gegensatz zu den Jesuiten betrachteten die Oratorianer das Lateinische als eine tote Sprache, die vor allem zur Beschreibung und zur Anpreisung des Französischen zu verwenden sei. Sie bevorzugten folglich die Herübersetzung aus dem Lateinischen (mit französischen Kommentaren) gegenüber der Hinübersetzung. Da die Oratorianer sich im Französischunterricht intensiv mit den Meisterwerken des siebzehnten Jahrhunderts befaßten, ergriffen sie im Rahmen der literarischen Auseinandersetzung zwischen „Anciens" (Anhängern des Altertums) und „Modernes" (Moderne) von vornherein die Partei der Modernen.

Die Universität beschäftigte sich so eingehend mit dem antiken Griechenland und dem alten Rom, daß sie keine Zeit fand, um auf die Ereignisse der neueren Geschichte einzugehen; paradoxerweise mußten sich die Studenten – auf Kosten des Christentums und der neuzeitlichen Monarchie – stundenlang mit der Welt der heidnischen Republiken, dem römischen Staat eines Brutus oder eines Cato befassen. Die Oratorianer hingegen suchten ihre Schüler gleichzeitig zur Ehrfurcht vor Gott und zur Vaterlandsliebe zu erziehen: sie führten in ganz Frankreich Geschichte als Unterrichtsfach ein. Ihre stark religiös geprägte und patriotische Geschichtsschreibung diente in erster Linie pädagogischen Zwecken. Die antike Mythologie wurde entmythisiert und die Literatur christianisiert. Man vertrat die Auffassung, daß unter der Vielzahl von Helden Chlodwig dem Griechen Jason, Roland dem Äneas und Karl der Große dem heißblütigen Achilleus vorzuziehen seien. Die Schüler sollten lernen, daß die mittelalterlichen Kreuzzüge ebenso bedeutend waren wie der Zug der Argonauten und daß die Rückeroberung Jerusalems die Belagerung Trojas an Wichtigkeit übertraf.

Pater Lecointe (geb. 1611, gest. 1681), der am Kolleg von Vendôme unterrichtete, war der große Wegbereiter dieser neuen Geschichtsauffassung, welche der Entwicklung des eigenen Landes besondere Bedeutung beimaß.[306] Er erzählte seinen Schülern von den Wirren des Dreißigjährigen Krieges; er schilderte ihnen Europa zur Zeit des Westfälischen Friedens oder unmittelbar nach dem Vertrag von Nimwegen (1679). Auch das französische Elsaß war Gegenstand seines Unterrichts. Gegen Ende des Jahrhunderts verfiel sein Ordensbruder Claude d'Urfé aus Condom auf den Gedanken, die französische Geschichte und Geographie den Schülern anhand von Spielkarten beizubringen: er schlug vor, man solle von Zeit zu Zeit – im Beisein sämtlicher Lehrer, des ganzen Kollegs oder gar einiger Herren aus der Stadt – kleine Wettspiele veranstalten, in deren Verlauf die Schüler beweisen sollten, was sie alles gelernt hätten; zu diesem Zweck solle man Spielkarten anfertigen, auf denen sämtliche französischen Könige abgebildet seien, und die Schüler jeweils eine Karte ziehen sowie die Taten des betreffenden Herrschers schildern lassen. Pater Sauvage hielt 1715 in Juilly einen nüchternen Geschichtsunterricht, der eher einer gelehrten Vorlesung glich. Aus einem überlieferten Schülerheft geht hervor, daß er innerhalb eines Schuljahres die französische Geschichte von Philipp dem Kühnen (1363–1404) bis gegen Ende der Regierungszeit Heinrichs II. (1559) durchnahm. König Ludwig XI. (1461–1483) beurteilte er folgendermaßen: „C'était un grand génie, fécond en ruses et en expédients; mais son mauvais cœur, ses basses finesses, ses défiances et ses fourberies ne le laisseront jamais placer au nombre de nos plus illustres rois"[307] („er war ein genialer Mensch und nie um eine List oder ein Mittel verlegen; wegen seines schlechten Charakters, seiner niederen Gesinnung, seines ewigen Mißtrauens und seiner Schurkenstreiche wird er jedoch niemals zu den berühmtesten Königen Frankreichs gezählt werden"). Dieses Beispiel zeigt, daß Pater Sauvage den Stoff Wort für Wort diktierte, während die Schüler mitschreiben mußten. Ferner wird deutlich, daß die Geschichte ebensowenig wie Latein oder die französische Literatur als bloßer Selbstzweck vermittelt wurde: jede Geschichtsstunde war gleichzeitig eine Lektion in Religion, Moral, Psychologie und Logik.

Im Gegensatz zu einer häufig vorgebrachten Behauptung standen die Oratorianer mit ihrem neuen Ansatz keineswegs allein. Am Kolleg von Thoissey – das 1680 von der grande Mademoiselle, der Nichte Ludwigs XIV., gegründet worden war und von Philbert Girié, einem keiner Kongregation angehörenden Priester geleitet wurde – unterrichtete man die Schüler ebenfalls über die Geschichte ihrer Heimat, des Pays de Dombes, und zwar auf Französisch, während man sich in den anderen Fächern der lateinischen Sprache bediente.[308]

Das Konzept der Oratorianer war auch insofern neuartig, als es den Naturwissenschaften große Bedeutung beimaß. Als Schüler von Descartes unterrichteten sie ihre Zöglinge auch in Mathematik. 1675 veröffentlichte Pater Prestet das Werk „Elements de mathématiques" (Grundlagen der

Mathematik), und Pater Duhamel war Mitglied der Akademie der Wissenschaften sowie ein bekannter Astronom. In der Bibliothek von Juilly standen Abhandlungen über die Integralrechnung oder über die Berechnung von Kegelschnitten. Da die Oratorianer ihre Erkenntnisse sehr gern in die Praxis umsetzen, nimmt es auch nicht Wunder, daß der erste französische Lehrstuhl für Gewässerkunde 1665 am Kolleg von Dieppe ausgerechnet von einem Oratorianer, dem Abbé Guillaume Denis, begründet wurde, der drei Jahre später die Abhandlung „L'Art de naviguer par les nombres" (Die Kunst, mit Hilfe von Zahlen zu segeln) herausgab.

Der Schulalltag

Es gab keinen grundlegenden Unterschied zwischen den oben beschriebenen Kollegien, in denen die Schüler so viel lernten und in welchen fast nur Lateinisch gesprochen wurde, und den damaligen Klöstern: an beiden Orten wurde der Tagesablauf durch die verschiedenen Phasen Studium, Gebet und Entspannung geprägt. Im Gegensatz zu den Externen trugen Stipendiaten und Internatszöglinge eine Schuluniform. Es handelte sich um ein langes Gewand, wobei die Schüler des in Paris gelegenen Collège de Beauvais zunächst in Blau oder Violett gekleidet waren, während sie ab 1666 Schwarz trugen.

Wie heute umfaßte das Vorlesungsverzeichnis ein tägliches Pensum von fünf Stunden; der Zeitplan war jedoch wesentlich straffer gehalten. In den Jesuitenkollegien wurden die Zöglinge um fünf Uhr morgens geweckt und fanden kaum Zeit, um sich zu waschen, denn um Viertel nach fünf mußten sie am gemeinsamen Gebet teilnehmen. Von dreiviertel sechs bis sieben Uhr folgte eine Phase der Stillarbeit, um viertel acht wurden die gelernten Lektionen aufgesagt, und anschließend nahm man das Frühstück ein. Von acht bis zehn Uhr war Unterricht, um zehn Uhr fand die tägliche Messe statt, und um dreiviertel elf wurde zu Mittag gegessen, woran sich eine lange, bis zwölf Uhr währende Mittagspause anschloß. Bis zwei Uhr hatten sich die Schüler erneut in Stillarbeit zu beschäftigen, und zwischen zwei und vier Uhr wurde der Nachmittagsunterricht abgehalten. Dann folgte eine viertelstündige Pause, an welche sich eine weitere Stunde der Stillarbeit anschloß. Danach wurde rasch das Abendessen eingenommen, und von viertel sieben bis viertel acht war wieder Pause, nach welcher die Schüler noch einmal arbeiten und ihre Lektionen vortragen mußten. Anschließend wurde das Abendgebet verrichtet, und um neun Uhr wurde in den

Schlafsälen – den sogenannten „Chambres communes" (Gemeinsame Zimmer) – das Licht gelöscht. Nur wenige privilegierte Zöglinge – die Söhne von Herzögen, von einflußreichen Mitgliedern der Hofgesellschaft oder die Nachkommen reicher Vertreter des Amtsadels – besaßen ein eigenes Zimmer, welches sie sich mit einem Erzieher und einem Diener teilten. Die Schüler verfügten auch über Freizeit: der schulfreie Donnerstag ist eine Schöpfung des siebzehnten Jahrhunderts. Es gab aber keine einheitlichen Sommerferien; die Schüler der höheren Klassen hatten länger Ferien als die der unteren.[309] In den Kollegien der Doktrinarier dauerten die Sommerferien bis zur vierten Klasse zwanzig, für die Drittklässler fünfundzwanzig, für die Zöglinge der altsprachlichen Klasse vierunddreißig und für die der Rhetorikklasse neununddreißig Tage, während die Schüler der Logikklasse zweiundfünfzig und die der Physikklasse sogar achtundachtzig Ferientage hatten. Der Ferienbeginn war zeitlich gestaffelt, während der feierlich begangene Schuljahresanfang für sämtliche Klassen in der Regel auf den 18. Oktober, den Lukastag, fiel. Die Ferien konnten folglich zur Weinlese genutzt werden, schlossen auch den Michaelstag[310] ein (an dem die Pachtverträge verlängert und die Dienstboten eingestellt wurden) und überschnitten sich zu zwei Dritteln mit den Parlamentsferien. Zusätzlich gab es noch kleinere Ferien, die – je nach Kolleg – entweder um Weihnachten, in der Fastenzeit oder um Ostern lagen.

Gemäß den damaligen Idealvorstellungen hätte in den Kollegien ein strenges Schweigegebot herrschen müssen. Laut Furetière galten Schüler, die während des Unterrichts schwatzten, als ungezogen.[311] Diese Disziplin war das A und O des Anstands, den man den Schülern beibrachte. Laut Rollin, der die Geschicke des Collège de Beauvais zu Paris lenkte, sollten die Zöglinge in drei Bereichen – den Wissenschaften, den zeitgenössischen Sitten und Gebräuchen sowie der Religion – unterrichtet werden. Die Erzieher des siebzehnten Jahrhunderts verlangten von ihren Schülern aber nur während des Lehrervortrags absolutes Schweigen und während des restlichen Unterrichts ein artiges Benehmen. Da im Rahmen der gesamten Ausbildung der Redekunst große Bedeutung zukam, die Schüler ständig zu Besprechungen und Streitgesprächen sowie zum Halten von Reden ermuntert wurden, konnte man ihnen für die unterrichtsfreie Zeit schwerlich ein Redeverbot auferlegen[312]. Ein solches Verbot ließ sich allenfalls noch in den kleinen Schulen von Port-Royal einführen, die nur von wenigen, nach sehr strengen Gesichtspunkten ausgewählten Schülern besucht wurden; in den großen Kollegien hätte man es nie durchsetzen können.

Dem Rektor oblag die Leitung und Verwaltung des Kollegs; der Präfekt war gleichzeitig Studiendirektor und Oberaufseher. Ihm standen der Vorsteher und die sogenannten „Préfets des chambres" (Zimmerpräfekten) zur Seite. Letztere vereinten die Aufgaben eines Repetitors, eines Disziplinarvorgesetzten sowie eines Internatsaufsehers. In den großen Jesuitenkollegien – in welchen eine fast preußische Disziplin herrschte – kannte man auch noch den Posten eines umherziehenden „Préfet des mœurs" (Sitteninspektor). Er war ständig unterwegs, um irgendwelche Verderbtheiten ausfindig zu machen, derer es laut Racine in den meisten Kollegien allzu viele gab.[313]

Auch die Schüler mußten für die allgemeine Disziplin sorgen: sie wurden regelmäßig als Aufseher oder Repetitoren eingesetzt; mit dieser Maßnahme sollte ihr Verantwortungsbewußtsein gefördert, vielleicht aber auch ihre vollkommene Unterwerfung erreicht werden.[314] Die Lehrer wurden von Schülern unterstützt, die den römischen Titel „Decurio" trugen und denen keine ganze Klasse, sondern lediglich eine Dekurie (Zehnergruppe) zugeteilt war. Sie mußten besonderen Eifer beweisen, stets vor ihrer Truppe in den Klassenräumen erscheinen sowie bestimmte Lektionen vortragen lassen und benoten. Ferner war es ihre Aufgabe, die Faulpelze zu kontrollieren und dem Lehrer zu melden. Da man im siebzehnten Jahrhundert über wenig Lehrkräfte verfügte und die Klassen sehr groß waren, sahen sich die Kollegien unbedingt auf die „décurions" – und die Mädchenpensionate auf die „décurionnes" – angewiesen. Die Jesuiten, deren Ausbildungssystem recht militärisch organisiert war, kannten noch andere Grade wie beispielsweise den sogenannten „famulus", also eine Art Pedell, der das Klassenzimmer aufzuschließen, die Tische aufzuräumen und das Beichtverzeichnis zu führen hatte. Der „censeur" (Zensor) mußte die Abwesenheitsliste betreuen, die Namen der Nachzügler notieren sowie genau darüber Buch führen, wer bereits abgehört worden war, damit kein Schüler vergessen wurde. Der sogenannte „vigile" (Polizeispitzel) fungierte als Spion des Lehrers, den er von sämtlichen Verstößen unterrichtete. Der Inhaber dieses Postens wurde als einziger von der Lehrerschaft ausgesucht, während alle anderen von der Gesamtheit der Schüler gewählt wurden.[315]

Das Schuljahr endete mit einer Versetzungsprüfung, welche die Kenntnisse und Fähigkeiten jedes einzelnen Schülers auf die Probe stellte. Die endgültige Entscheidung lag jedoch nicht bei den Lehrern, sondern beim Präfekten. Manche Kollegien händigten den Eltern ihrer Zöglinge Zeugnisse aus, die auch einige Randbemerkungen über den allgemeinen Wissensstand, das Betragen (manchem Schüler wurden „mœurs douteuses" – zweifelhafte Sitten – vorgeworfen) sowie über die Religiosität der Schüler enthielten. Es gab zwei Gliederungsprinzipien: das eine Kolleg stellte eine Rangfolge innerhalb der einzelnen Klassen auf, andere verteilten Preise unter die gesamte Schülerschaft. Man ging jedoch nicht gerade verschwenderisch mit den Belobigungen um: pro Klasse durften höchstens drei bis vier Preise vergeben werden. Dank zahlreicher Spenden konnte man jedoch den Preisträgern wertvolle Buchgeschenke machen. Für das Collège Louis-le-Grand in der Rue Saint-Jacques – das frühere Collège de Clermont – pflegte der König persönlich die Preise auszusetzen. Sowohl in Paris als auch in den Provinzen waren die Preisverleihungen stets Anlaß zu feierlichen Festakten, an welchen die führenden Geistlichen, Ratsherren und Richter der jeweiligen Stadt teilnahmen. Sie wohnten mit großem Genuß den literarischen Darbietungen und den Theaterstücken bei, die das Rahmenprogramm bildeten.

Man suchte den Schüleralltag menschlicher zu gestalten, indem man zwar nicht völlig von körperlichen Züchtigungen absah, aber nur mäßigen Gebrauch von ihnen machte. Man verfocht den Grundsatz, daß die Strafe dem Vergehen angemessen sein müsse. Ein Doktrinarier schrieb, daß ein guter Lehrer stets eher die Liebe als die Furcht seiner Schüler zu erwecken suche. Die Jesuiten pflegten ihre Zöglinge nicht selbst zu züchtigen, sondern hatten zu diesem Zweck spezielle Korrektoren angestellt. Größere Zugeständnisse konnte man jedoch nicht machen, da die Schüler zuviel Ungestüm besaßen; sie trugen einen Degen, pflegten manchmal zu rebellieren, oder – vor allem die älteren – gaben sich Ausschweifungen hin. 1683 wurde die Stadt Brive von einem Skandal erschüttert: man entdeckte, daß zwei Schüler der Philosophieklasse mit Frauen von zweifelhaftem Ruf zusammenlebten. Der Rektor des Kollegs erhob Klage vor dem Seneschall des Limousin, der die beiden Prostituierten festnehmen ließ.[316]

Sobald die nötige Ordnung hergestellt war und die erforderliche Disziplin herrschte, machten sich die stets aufmerksamen Lehrer und Präfekten daran, die ihnen anvertrauten Zöglinge zu erziehen: laut Furetière wurden in guten Kollegien den Knaben erfolgreich die Anstandsregeln beigebracht.

7. Kapitel: Soldaten und Matrosen

> Mars Christianissimus[317]
> LEIBNIZ

Im Frankreich des Sonnenkönigs war – wie später im Preußen Friedrichs des Großen – die Armee die wichtigste Industrie des Staates. Der Bau der als „ceinture de fer" (eiserner Festungsgürtel) bezeichneten, von Vauban entworfenen Befestigungsanlagen, des Arsenals von Rochefort, der großen Kriegsschiffe, die Herstellung von schweren Geschützen und Schiffskanonen sowie der Ausbau und die Befestigung der französischen Häfen ließen riesige Baustellen entstehen. Wenn auch die Lazarette erst gegen Ende der Regierungszeit Ludwigs XIV. aufkamen, so verfügte man im siebzehnten Jahrhundert bereits über ein gut funktionierendes Versorgungssystem und Etappenwesen: Damals bildete sich nämlich jenes Phänomen heraus, das heute mit dem schrecklichen Ausdruck Logistik bezeichnet wird. In den Jahren 1643 bis 1691 wurden von Le Tellier, dessen Sohn Louvois, dem Marquis de Chamlay, von Colbert und dessen Sohn Seignelay, von Usson de Bonrepaus sowie von den für Armee und Marine zuständigen Intendanten und Kriegskommissaren des Heerwesens und der Marine ungeheure, für die damalige Zeit einzigartige Leistungen vollbracht.

Um die Kriegsmaschinerie in Gang zu setzen, hatte man zunächst ganz gezielt den Ausbau einer weitverzweigten Verwaltung, der sogenannten „plume" (Feder), gefördert. Ludwig XIV. räumte den Verwaltungsbeamten sogar Vorrang vor den Angehörigen des Schwertadels – „l'épée" – ein. Die letzte Entscheidung lag jedoch nach wie vor in den Händen der Kämpfenden – vom jungen Rekruten bis hin zum Vizeadmiral oder zum Marschall. Sie waren es auch, die die patriotische Gesinnung pflegten und förderten.

Sie eilten zu den Fahnen

„Avis aux jeunes gens amateurs de la gloire et de l'argent!"

Machavide:
Venez tous trois; je paye à chacun sa chopine.
Allons aux Entonnoirs.

Trottanville:
C'est de l'argent du Roi;
Je ne suis pas si sot que de boire avec toi,
Tu nous enrôlerais sans y songer peut-être.[318]

„Eine Nachricht für alle jungen Männer, die Ruhm und Reichtum erwerben wollen!"

Machavide:
Kommt mit, ich lade Euch alle drei zu einem Schoppen Wein ins Wirtshaus „Aux Entonnoirs" (Zu den Trichtern) ein.

Trottanville:
Du wirst mit dem Geld des Königs bezahlen; Ich bin nicht so dumm, mit Dir trinken zu gehen und mich unversehens anwerben zu lassen.

Diese Szene – aus einer zur Zeit des Kriegs gegen die Augsburger Allianz verfaßten Komödie – sollte naive Jünglinge vor dem raffinierten Vorgehen der Söldnerwerber warnen. Zu diesem Zeitpunkt standen im französischen Königreich zweihunderttausend Mann unter Waffen, und 1710 waren es bereits über dreihunderttausend; dazu kamen noch die fünfzigtausend Matrosen der französischen Kriegsflotte. Das Ancien régime kannte aber noch keine allgemeine Wehrpflicht – ihre Einführung hätte selbst einen so mächtigen Monarchen wie Ludwig XIV. unweigerlich den Thron gekostet. Man mußte folglich auf fremdländische Söldner zurückgreifen und – einem alten Brauch gemäß – innerhalb des Königreiches Freiwillige anwerben, Zwangsrekrutierungen durchführen oder das Los entscheiden lassen.

Während des Winterhalbjahres – des sogenannten „Quartier d'hiver" (Winterquartier) – suchte jedes Regiment die Lücken aufzufüllen, die sich in den einzelnen Kompanien aufgetan hatten: zu diesem Zweck wurde eine gewisse Anzahl von Offizieren – vor allem Hauptleute und Leutnants – als Werber ausgeschickt. Sie erhielten eine bestimmte Summe Geld ausgehändigt und versprachen, bis zum 1. April eine feste Zahl Söldner beizubringen. Die Werber suchten in erster Linie ihre Heimatgegend auf, da die Freiwilligen sich eher von ihrem Dorfjunker als von irgendeinem Unbekannten anwerben ließen. Im allgemeinen pflegten die Soldatenwerber – vor allem die Hauptleute – ihre Aufgabe gewissenhaft zu erfüllen. Laut Aussage eines Zeitgenossen richtete sich das Ansehen der französischen Hauptleute ausschließlich nach der Schlagkraft und der Mannschaftsstärke ihrer Kompagnien. Ein Hauptmann, der die entstandenen Lücken vor der Musterung mit unechten Söldnern, den sogenannten „passe-volants" (Krümpersoldaten), auffüllte, riskierte damit die Degradierung. Die Werber hatten folglich allen Grund, ihre Kampagne möglichst ernsthaft zu betreiben.

Allerdings konnten die Offiziere nicht jeden beliebigen Kandidaten anwerben; der König hatte vielmehr genau festgelegt, welche Voraussetzungen die künftigen Söldner zu erfüllen hatten: laut einer Ordonnanz Ludwigs XIV. durften nur Freiwillige geworben werden, die außerdem (durch Beurlaubung) von früheren Verpflichtungen zu entbinden waren; die angehenden Soldaten mußten „regnicoles" (Reichseinwohner), das heißt französische Staatsbürger, sein, über eine kräftige Gesundheit verfügen, die erforderliche Größe besitzen (alle Gardemitglieder waren mindestens fünf Fuß und vier Zoll groß), einen einwandfreien Körperbau vorweisen und durften keine Gebrechen haben. Ferner mußten sie alle einen Nachweis ihrer Identität erbringen, auch jene, die sich anschließend einen Beinamen zulegen wollten.

Trotz dieser Bestimmungen gehörte dem Regiment von Vaudemont im Jahre 1709 eine gewisse (!) Thérèse Gaumé an, während im Regiment von Bourbon eine Jeanne Boursa diente, welche den Beinamen „le soldat Joli-Cœur" (Soldat Schwerenöter) trug. Ein Kriegskommissar, der am 9. Januar 1711 die Truppen in Philippeville inspizierte, erstattete dem Minister einen ungewöhnlichen Bericht, aus welchem hervorging, daß er von einem Rekruten namens Saint-Louis, einem ungefähr dreiundzwanzig Jahre alten Burschen, um Entlassung aus der Armee ersucht worden sei. Besagter Soldat habe seit zehn Monaten als Dragoner in der Kompagnie von Genestoux gedient, welche dem in Philippeville stationierten Dragonerregiment von Rennes angehörte, und habe als Begründung angeführt, daß er sich, da er weder ein Bursche noch ein erwachsener Mann, sondern vielmehr eine Frau sei, nach Meudon zurückziehen wolle. Dem Kriegskommissar blieb nichts anderes übrig, als sich von der Richtigkeit dieser Behauptung zu überzeugen und den vermeintlichen Dragoner zu entlassen.[319]

Sobald der Freiwillige seine Werbungsakte unterzeichnet hatte, war er Soldat des Königs. Die Werbungsprämie betrug meist zwischen 3 und 40 Francs, in einzelnen Fällen belief sie sich auf bis zu 100 Francs. Die Gesetzgebung sah jedoch weder eine Altersgrenze noch eine zeitliche Beschränkung des Kriegsdienstes vor. Man konnte sein ganzes Leben lang Soldat bleiben. Sobald allerdings nach einem Feldzug die Truppen wieder verringert wurden, pflegte der König als erste die ältesten Söldner zu entlassen. Ab 1682 verpflichtete man sich von vornherein auf drei Jahre, eine

Zeitspanne, die mehrmals verlängert werden konnte. In der Praxis kam die Entlassung aus der Armee allerdings eher einem Privileg als einem Recht gleich.

Ein häufig zu beobachtender Auswuchs dieses Systems war die sogenannte „débauchage", die Abwerbung. Manche Soldaten wandten diesen Trick an, um eine zweite Werbungsprämie zu kassieren, und einige Hauptleute fanden es bequemer, auf Heimat- oder Genesungsurlaub befindliche Söldner abzuwerben als dreißig bis vierzig neue Rekruten aufzutreiben. Dieses Vergehen wurde jedoch mit der Degradierung, mit Haftstrafen und mit Geldbußen geahndet. Ein Soldat, der auf illegale Weise in ein anderes Regiment überwechselte, wurde wie ein Deserteur behandelt und mußte nicht nur damit rechnen, lebenslänglich auf eine Galeere verbannt zu werden, sondern er riskierte obendrein noch, daß ihm Ohren und Nase abgeschlagen wurden! Die Praxis sah so aus, daß der betreffende Hauptmann mit einer Geldbuße davonkam, während der abgeworbene Söldner straffrei ausging und entweder bei der neuen Kompagnie verblieb oder in sein früheres Regiment zurückversetzt wurde. Derart auffällige Unterschiede zwischen Theorie und Praxis waren im siebzehnten Jahrhundert völlig alltäglich, ja sie stellten geradezu ein Charakteristikum des Ancien régime dar.

Die größte Schwierigkeit barg der eigentliche Vorgang des Werbens, ganz gleich ob es sich um einfache Soldaten, um Dragoner oder Kavalleristen handelte. Die Methode war genau festgelegt: der werbende Offizier mußte zuerst die Genehmigung der zuständigen Behörden einholen, bevor er Plakate anbringen, die Trommel rühren oder in die Trompete blasen durfte; diese Erlaubnis wurde allerdings kaum einmal verweigert. Nachdem diese Voraussetzung erfüllt war, sah sich der Hauptmann nach einem tüchtigen Kerl um, der kräftig die Trommel zu rühren und die „grivois de bonne volonté" (tüchtige Freiwillige) anzuwerben verstand. Der klassische Aufruf dieses Propagandisten begann für gewöhnlich mit folgenden, in enormer Lautstärke verkündeten Worten „Avis à la belle jeunesse"[320] (Mitteilung an alle kräftigen Jugendlichen). Denselben Wortlaut hatten die von reichen Offizieren bevorzugten Anschläge – sofern sie nicht offiziellen Charakter besaßen wie jenes Plakat, das 1702 für die Aufstellung einer angeblich neuen Einheit, des „régiment de mousquetaires de monseigneur le duc de Bourgogne" (Musketierregiment des Herzogs von Burgund) warb; es begann mit der in großen Lettern geschriebenen Formel „De par le Roy" (Im Namen des Königs) und war in einem sehr verlockenden Ton gehalten:

„On fait assavoir à tous gentilshommes ou autres jeunes gens de famille, vivant noblement, bourgeois de connaissance, se faisant connaître, depuis l'âge de 18 ans jusqu'à 30, au-dessus de cinq pieds de hauteur, qui désirent de servir le Roi; ils n'ont qu'à s'adresser à l'hôtel de Carignan, rue des Vieilles étuves, proche la Croix du Tiroir; ils trouveront le commandant qui leur donnera toute sorte de satisfaction ..."

„Allen Edelleuten oder anderen jungen Männern aus vornehmen Familien, die einen adligen Lebenswandel führen, und gebildeten Bürgern, die sich ausweisen und zwischen 18 und 30 Jahre alt sowie mehr als fünf Fuß groß sind und die dem König dienen wollen, soll hiermit bekanntgegeben werden, daß sie sich nur zum Hôtel de Carignan nahe des „Croix du Tiroir" in der Rue des Vieilles étuves zu begeben brauchen, um dort vom Kommandanten nähere Auskünfte zu erhalten..."

Links neben dem Text war das Wappen der Bourbonen abgebildet, und oberhalb sah man einen mit Perücke und Federhut bekleideten Musketier ein tänzelndes Pferd reiten.

Wer diesen mündlichen oder schriftlichen, marktschreierischen Anpreisungen Glauben schenkte, mußte den Eindruck gewinnen, daß es keinen ehrenvolleren, angenehmeren und besser bezahlten Beruf gebe als den des Soldaten. Obwohl nur wenige diesen Verlockungen in der Tat glaubten, hielten doch viele junge Leute inne, um den Worten des Ausrufers zu lauschen oder die Plakate zu lesen, und gingen in die Falle. Sobald sie sich auf die Werbeliste für das angebliche Musketierregiment des Herzogs von Burgund eingetragen hatten, erfuhren sie, daß es in Wirklichkeit gar keine Einheit dieses Namens gab. Sie existierte lediglich in der Phantasie des Sieur Duplessis, der als Hauptmann eine Kompagnie des Infanterieregiments von Montboissier befehligte[321]. Die Kavallerie zog viel mehr Freiwillige an als die Infanterie, und da die Dragoner zwar zur Infanterie zählten, größere Strecken jedoch zu Pferd zurückzulegen pflegten, machten sich die Werber diese Doppeldeutigkeit zunutze; man konnte sich jederzeit darauf berufen, daß man die geworbenen Söldner nicht durch die Abbildung eines Musketiers getäuscht habe, da sie – nach seinem Vorbild – ebenfalls mit einer Muskete ausgestattet würden. Der häufigste Trick bestand allerdings darin, einen jungen Mann zu einem Schoppen Wein einzuladen und ihn mit Hilfe einer üblen Wortverdreherei zu werben. Wenn jemand (auf Kosten des Königs) mit einem Werber auf das Wohl Seiner Majestät anstieß, galt er fortan als Soldat des Königs und fand sich unversehens in einem königlichen Regiment wieder. Eine andere List beruhte darauf, daß der Werbeoffizier einem jungen Mann einige Schoppen Wein einflößte und ihm heimlich ein Geldstück zusteckte, um anschließend steif und fest zu behaupten, daß sein Gegenüber die Werbeprämie angenommen habe. Der Staat pflegte diese unlauteren Praktiken stillschweigend zu dulden und die Werber nur dann zur Rechenschaft zu ziehen, wenn sie sich allzu dreister Übergriffe schuldig gemacht hatten. Er störte sich nicht daran, wenn Söldner für die Kavallerie oder ein Dragonerregiment angeworben wurden und sich plötzlich in der Infanterie wiederfanden; auch der Trick mit dem Trinkspruch wurde nicht geahndet. Die von Hauptmann Duplessis geworbenen Rekruten gewannen dagegen ihre Freiheit wieder, da sich herausstellte, daß das Regiment der Musketiere des Herzogs von Burgund in Wirklichkeit gar nicht existierte, obgleich seine Mitglieder angeblich doppelten Sold erhalten, Rechnen und Schreiben lernen sowie von einem Fechtmeister, einem Vorfechter, einem Tanzlehrer, zwei Chirurgen und zwei Barbieren betreut, ja sogar über drei Oboebläser verfügen sollten.

Auch gegen die zahlreichen Fälle von Zwangswerbungen, die auf dem Land recht häufig waren und große Empörung, ja regelrechte Kämpfe auslösten, schritt das Kriegsministerium nur selten ein. Die Behörden griffen nur dann durch, wenn ein Betroffener offiziell Klage erhoben hatte, was nur selten geschah. Für Maßnahmen gegen die Zwangswerbung waren die Intendanten zuständig, die jedoch kaum etwas ausrichten konnten, da die Zuwiderhandelnden nach vollbrachter Tat eiligst die entsprechende Provinz zu verlassen suchten. Diese allgemeine Nachsicht war – vor allem während des letzten Kriegs unter Ludwig XIV. – durch den enormen Bedarf an Soldaten bedingt; schließlich mußte die französische Armee damals nahezu allein zwei Königreiche gegen das restliche Europa verteidigen. Im übrigen dienten die Tricks der Werber zur allgemeinen Belustigung, an der bisweilen selbst die Opfer teilhatten. Ganz Frankreich – vom Hof bis in das kleinste Dorf – genoß ein ständiges Schauspiel, dessen Komik immer wieder amüsierte. Man fand den Vorgang des Werbens insgesamt so erheiternd, daß man gern einige dramatische Zwangswerbungen in Kauf nahm.

Die freiwilligen Meldungen und die durch List oder Zwang rekrutierten Söldner reichten jedoch nicht aus, um den Bedarf zu decken, weshalb der König sich dazu gezwungen sah, andere Methoden anzuwenden und auf Notbehelfe zurückzugreifen.

Die Rekrutierung zusätzlicher Soldaten

Da sich ein Teil der tauglichen jungen Männer als Protestanten, Vagabunden, Deserteure und Schmuggler in Vorbeugehaft befand, um anschließend auf die Galeeren verschickt zu werden, oder wegen übermäßiger Verschuldung festgenommen worden war, pflegten die Werber auch vor den Gefängnistoren zu lauern. Besonders gefragt waren die Salzschmuggler, da sie große Entbehrungen zu ertragen verstanden und als sehr kämpferisch galten. Der König wollte jedoch nicht allzu viele Spitzbuben in seiner Armee haben. Die Entscheidung über die einzelnen Fälle lag bei den Intendanten, die aber – sobald es sich um Schmuggler handelte – die Genehmigung des Generalkontrolleurs einholen mußten. 1712 verurteilte der Intendant von Moulins, Turgot, einen Salzschmuggler dazu, sieben Jahre lang in der königlichen Armee zu dienen![322] Die Protestanten waren weniger begehrt, da man sie nicht in die Nähe der Grenze lassen – und ihnen auf diese Weise die Flucht ermöglichen – wollte. Auch Diebe nahm man nur ungern auf, da man um die Ehre der Regimenter besorgt war. Die Vagabunden hingegen schienen recht gute Soldaten abzugeben, denn man ging dazu über, sie scharenweise aufgreifen zu lassen. Im April 1705 teilte das Stadtoberhaupt von Lyon, Chamillart, mit, daß er jeden umherstreifenden Landstreicher ergreifen lasse und dem erstbesten Offizier überantworte. Das Erstaunlichste ist, daß es den Armeeführern gelang, aus diesem lichtscheuen Gesindel brauchbare Soldaten zu machen. Im Jahre 1712 nahm die Armee mit königlicher Erlaubnis zweitausend Sträflinge aus Marseille in Empfang und verteilte sie auf die verschiedenen Einheiten, um die Verluste auszugleichen. Selbst das stolze Kronregiment, das diese Lösung zunächst abgelehnt hatte, nahm schließlich einhundertundsechsundachtzig Galeerensträflinge in seine Reihen auf.

Seit 1688 existierte in Frankreich als Vorläufer der allgemeinen Wehrpflicht das von Louvois begründete Bürgerheer. Louvois übernahm das seit zwanzig Jahren erprobte, von Colbert für die Marine entwickelte Prinzip der Klasseneinteilung. Fortan sollte das gesamte Volk direkt an den Kriegslasten beteiligt werden; die Söldner, Freiwilligen und führenden Adligen des französischen Königreichs waren nicht länger von der Kriegssteuer befreit. Auf Wunsch des Intendanten mußten die Gemeinden aus ihrer Mitte einen Milizsoldaten wählen und zwei Jahre lang zur Verfügung stellen; zwei Jahre später wurde der Wahlvorgang durch das Losverfahren ersetzt. Während des Krieges gegen die Augsburger Liga wurden die Milizsoldaten fast immer im Landesinneren oder in Festungen eingesetzt. Sie bildeten

Die Rekrutierung zusätzlicher Soldaten 209

spezielle Einheiten, die nicht in der regulären Armee aufgingen. Das Winterhalbjahr verbrachten sie zuhause, lediglich an den Sonntagen mußten sie zu Übungszwecken ausrücken. Trotz dieser Privilegien pflegten sie sich aber ständig zu beklagen, und ihre Disziplin sowie vor allem ihre patriotische Gesinnung ließen viel zu wünschen übrig. Ganze Landstriche protestierten gegen die Aufstellung des Bürgerheeres, und als 1697 kurz nach Kriegsende die Miliztruppen aufgelöst wurden, ging eine Welle der Erleichterung durch das gesamte Königreich.

1701 wurde das Bürgerheer durch eine königliche Ordonnanz wieder eingeführt und modifiziert. Man versuchte erstmals, Freiwillige und Wehrpflichtige, Hilfstruppen und Berufssoldaten miteinander zu verschmelzen. Die Milizsoldaten wurden nicht mehr in Regimentern, sondern in Bataillonen zusammengefaßt, und jedes dieser Bataillone wurde – zumindest formell – einem regulären Infanterieregiment unterstellt und auf weitentfernten Kriegsschauplätzen – in Italien oder Spanien – eingesetzt. Dieses Mal mußten die Milizsoldaten folglich an der Front kämpfen und konnten manchmal nicht einmal Winterquartier beziehen. Sie waren zu einem mindestens dreijährigen Dienst verpflichtet, und man pflegte sie nur höchst ungern wieder zu entlassen. Deshalb neigten sie trotz einiger Privilegien – wie beispielsweise einer Steuerbefreiung auf acht Jahre – dazu, ständig zu klagen und zu murren. Daß Frankreich nunmehr über eine nationale Streitmacht verfügte, konnte ihnen keine große Begeisterung entlocken. Sie litten darunter, daß sie fern der Heimat weilten, in der das Land verödete, daß sie einer strengen Disziplin unterworfen wurden und großen Gefahren ausgesetzt waren, aus denen sie vielleicht nicht mehr zurückkehrten. Selbst der machtvolle Sonnenkönig hätte durch die Einführung der allgemeinen Wehrpflicht eine Revolution heraufbeschworen. Schon die Einrichtung der Miliz hatte seiner Beliebtheit beträchtlichen Schaden zugefügt. Innerhalb von zwölf Jahren (1701–1712) dienten insgesamt 260 695 Männer im Bürgerheer, jedes Jahr wurden ungefähr zweiundzwanzigtausend Milizsoldaten eingezogen (1701 waren es dreiunddreißig- und 1711 fast neununddreißigtausend Mann).

In Frage kamen alle Männer zwischen achtzehn und vierzig Jahren, die mindestens fünf Fuß (1,62 Meter) groß waren und unter keinen Gebrechen litten. Anfangs wurden nur Ledige eingezogen; da in der Folgezeit die Zahl der Eheschließungen jedoch sprunghaft in die Höhe schnellte, sah sich die Regierung bald gezwungen, dieser Entwicklung Einhalt zu gebieten. Zum Beispiel nahm im Jahre 1702 der Pfarrer des bei Rouen gelegenen Dorfes Bois-Guillaume einhundertundsechzig Trauungen vor, während zur Milizauslosung nur ganze acht Kandidaten erschienen! Die Angehörigen der privilegierten Stände (Aristokraten, Geistliche, Beamte sowie Gesellen und Meister der städtischen Handwerksbetriebe) waren meistens von der Dienstpflicht im Bürgerheer ausgenommen. Die Milizsoldaten stammten daher in erster Linie aus ländlichen Gebieten und waren in der Regel Bauernburschen oder Handwerker.

Sobald eine Truppenaushebung bevorstand, setzte auf dem flachen Land eine wilde Flucht ein. Manche junge Männer brachten sich absichtlich Verstümmelungen bei oder täuschten schwere Gebrechen vor, die meisten suchten jedoch durch Flucht der Einziehung zur Miliz zu entgehen. 1701 berichtete der Intendant von Angoulême, daß sich alle jungen Männer versteckten, sobald eine Aushebung angeordnet wurde. Bisweilen kam es zu regelrechten Bevölkerungsverschiebungen: Bauern aus der Beauce wanderten nach Paris ab, die Bewohner der Champagne begaben sich nach Lothringen, die Provenzalen flüchteten in die päpstliche Grafschaft Venaissin und die Landbewohner aus Béarn gingen nach Spanien. Dieses Phänomen griff so sehr um sich, daß Ludwig XIV. als strenger Gesetzgeber fortwährend die Landflucht zu unterbinden suchte und somit laufend Begnadigungen gewährte. Diese Milde barg jedoch ebenfalls große Gefahren: wenn den Verweigerern der Dienst im Bürgerheer erlassen wurde, so fügte man damit den anderen, die sich nicht der Einberufung zu entziehen suchten, eine schreiende Ungerechtigkeit zu. Aus diesem Grund ging die Regierung dazu über, die Gesetze wieder streng zu handhaben. Eine im Dezember 1705 erlassene Ordonnanz besagte, daß alle Männer, die nach Bekanntgabe der Truppenaushebung in eine andere Pfarrei gezogen seien und das entsprechende Alter sowie die erforderliche Größe besäßen, zu ergreifen und statt den Burschen oder verheirateten Männern der betreffenden Gemeinde der Miliz einzugliedern seien.[323]

Während man kaum die beabsichtigte Zahl von Rekruten überhaupt auftreiben konnte, fiel es den Offizieren noch schwerer, die einberufenen Milizsoldaten ihrem Bestimmungsort zuzuführen. Obwohl die Geleitzüge oft unter Polizeischutz standen, wurden sie nämlich von Hauptleuten verfolgt, die die Männer abzuwerben suchten. Mancher Oberst pflegte die Werber angesichts des großen Mangels an Soldaten – „la disette de soldats" (1704) – gar zu diesem verwerflichen Tun zu ermuntern. Sogar die begleitenden Offiziere fanden sich – gegen ein heimliches Lösegeld von dreißig bis hundertfünfzig Livres! – dazu bereit, ein paar der ihnen anvertrauten Milizsoldaten laufen zu lassen. Das löste bei Minister Chamillart natürlich große Empörung aus. 1705 prangerte er die Verfehlungen vieler Offiziere an, welche ihre Soldaten verkauften oder gegen eine Abfindung nach Hause zurückkehren ließen und sie als Deserteure meldeten.[324] Das größte Wunder bestand darin, daß es gelang, aus den unter solchen Umständen einberufenen Männern tüchtige Soldaten zu machen. Um sie einigermaßen mit den regulären Truppen verschmelzen zu können, mußte man schon das Genie eines Herzogs von Vendôme besitzen, dessen in Italien stationierte Truppe als Sammelbecken für Milizsoldaten diente. Die Ankunft dieser bedauernswerten Rekruten stärkte den Korpsgeist und den Stolz der Berufssoldaten, und dies war zum damaligen Zeitpunkt sehr wichtig: das französische Heer war jetzt 350 000 Mann stark, und sowohl Offiziere als auch einfache Soldaten mußten sich sehr darum bemühen, jene großartige Solidarität herzustellen, welche einst in Turennes 20 000-Mann-Armee geherrscht hatte, die für ihren Befehlshaber durch das Feuer gegangen wäre...

Die Offiziere und ihre Soldaten

Aus dem offiziellen Verzeichnis der „Victoires de l'armée française" (Siege der französischen Armee) geht hervor, daß Turenne mit neun Siegen der erfolgreichste französische Feldherr des siebzehnten Jahrhunderts war, gefolgt von Condé – seinem Vetter zweiten Grades[325] –, vom Marschall von Luxemburg (sieben Siege), Vendôme (sechs), Créqui (fünf) und Villars (vier). Catinat taucht in dieser Liste zweimal auf, ebenso wie Lorge, du Plessis-Praslin (aus dem Hause Choiseul), Noailles, Schomberg und Vauban. Allerdings waren diese Siege von unterschiedlicher Bedeutung und Wichtigkeit. So läßt sich etwa die Schlacht bei Pforzheim (17. September 1692), wo der Marschall von Lorge den Prinzen Karl von Württemberg gefangennehmen konnte, nicht mit jener von Villaviciosa (1710) oder von Denain (1712) vergleichen, in welchen der Herzog von Vendôme und der Marschall von Villars jeweils ein Königreich vor dem Untergang bewahrten und das Schicksal ganz Europas beeinflußten! Vendôme wurde nur ein einziges Mal besiegt, und zwar bei Oudenaarde 1708, weil man ihm ungeschickterweise den jungen und unfähigen Herzog von Burgund an die Seite gestellt hatte. Auch Villars unterlag nur ein einziges Mal, nämlich ein Jahr darauf bei Malplaquet, aber diese mörderische Schlacht, die den Gegnern Frankreichs doppelt so hohe Verluste bescherte, war für das Königreich von größerer Bedeutung als ein mehrmaliges Übersetzen über den Rhein. Die Soldaten Ludwigs XIV. wurden offensichtlich von fähigen Feldherrn angeführt. Auf vier wenig begabte Höflinge – La Feuillade, Tallard, Villeroy und Tessé – kam ein ganzes Dutzend hervorragender Generäle. Das Ansehen des Befehlshabers war bereits auf Regimentsebene von allergrößter Wichtigkeit. In der Geschichtsschreibung nimmt man gern Anstoß an den sogenannten „colonels à la bavette" (Obristen mit Lätzchen), jungen Männern oder Heranwachsenden aus der Hofgesellschaft, die, oft erst zwischen vierzehn und zwanzig Jahre alt, über fünfzigjährige Oberstleutnants sowie Tausende von altgedienten Soldaten befehligten. In Wirklichkeit war der Chef einer Einheit umso beliebter, je jünger und vornehmer er war und je mehr er der Selbstachtung seiner Offiziere aller Dienstgrade sowie seiner Soldaten schmeichelte. Denn ein Oberst pflegte an der Spitze seiner Truppe in die Schlacht zu reiten. Er war stets großen Gefahren ausgesetzt, wurde häufig verwundet und manchmal sogar getötet. Der Ausdruck „Blutzoll" war keine leere Formel. Dangeaus Tagebuch gleicht einem langen Nekrolog. Allein für den Krieg gegen die Augsburger Allianz führt er namentlich 320 Mann Verluste beziehungsweise 346 Gefallene oder Verwundete auf. Die Differenz zwischen den beiden genannten Zahlen rührt daher, daß dreiundzwanzig Kriegsteilnehmer – darunter der Graf von Saillant und der Marquis von Thianges – zwei oder gar drei Mal aufgeführt werden.[326] Innerhalb von zwei Jahren – zwischen Juli 1690 und August 1692 – verlor das Haus Hocquincourt drei Angehörige, die alle drei Obristen waren.[327]

Das Verhalten des Feldherrn war ausschlaggebend für die Moral seiner Truppe. Laut Aussage des Marschalls von Sachsen hätte Turenne niemals seinen erfolgreichen Elsaßfeldzug von 1674 durchführen können, wenn er sich nicht zuvor um seine Truppe gekümmert, eine strenge Disziplin durchgesetzt und das uneingeschränkte Vertrauen seiner Soldaten erworben hätte. Daher kann man – ohne den Ruhm des Enkels Wilhelms des Schweigers (von Oranien) zu verringern – behaupten, daß die französische Infanterie alle anderen europäischen Truppen an Disziplin und Ausdauer übertraf; wie hätte sie sonst solche glänzenden und langen Feldzüge unternehmen und Siege erringen können, die für jede andere Armee unerreichbar gewesen wären? Es ist bekannt, daß Turenne mit seiner Truppe Eilmärsche zurücklegte, zu welchen heutzutage niemand in so kurzer Zeit fähig wäre.

Turenne mag ein noch so guter Stratege gewesen sein – wenn seine Truppe nicht so absolut zuverlässig und gehorsam gewesen wäre, hätte er mit Sicherheit keine so glänzenden Erfolge erringen können.[328] Es kam durchaus vor, daß ein Offizier seine Truppe nicht motivieren konnte – der

Hof, die Minister und die Generäle hatten in den Jahren 1702 bis 1712 mehrmals Gelegenheit, diese Beobachtung zu machen; die rangniederen Offiziere sowie die einfachen Soldaten gewannen jedoch sofort wieder Mut, wenn die Feldherrn mit ihnen umzugehen verstanden. Catinat, der wie ein alter Rechtsanwalt aussah, und Villars mit seiner direkten und prahlerischen Ausdrucksweise wurden von den einfachen Soldaten vergöttert. Was dem Herzog von Burgund nie gelingen sollte, hatte sein Vater, der Kronprinz, auf Anhieb fertiggebracht: er verstand es, die Truppen zu fesseln und für ein Vorhaben zu begeistern. Um ein solches Einverständnis herstellen zu können, durfte ein General nicht nur großartige Reden halten, sondern er mußte auch entsprechend mutig sein, eine Voraussetzung, die beinahe ausnahmslos erfüllt wurde. Der feindliche Feldherr Prinz Eugen und der Franzose Villars stürzten sich unentwegt an der Spitze ihrer Truppen in das Kampfgetümmel; so manches Pferd brach tot unter ihnen zusammen, und sie zogen sich zahlreiche Verwundungen zu. Sie konnten auf diese Weise zwar keinen Überblick über das gesamte Schlachtfeld gewinnen oder ihre Truppen kommandieren, gewannen dafür aber ein Ansehen, von dem man sich höchstens dann einen Eindruck machen kann, wenn man es mit jenem der besten Offiziere Napoleons – eines Murat, Ney oder Lannes – vergleicht.

Der Herzog von Vendôme war der tapferste Feldherr unter Ludwig XIV. Der Apfel fällt nicht weit vom Stamm: er war der Neffe des Herzogs von Beaufort, eines weitläufigen Neffen Ludwigs XIV., und der Urenkel König Heinrichs IV. Auf Wunsch Seiner Majestät wurde Vendôme im Jahre 1694 in die Liste der Prinzen von Geblüt aufgenommen, wo er hinter dem Herzog von Maine und dem Grafen von Toulouse rangierte. Der Herzog erinnerte sehr stark an seinen Urgroßvater: er war ebenso klug und tapfer, stolz auf seine Abstammung, aber vertraulich im Umgang, hochfahrend und aufwieglerisch, patriotisch gesonnen und eigensinnig; er war nachlässig gekleidet und ein Genußmensch, aber dennoch ein großartiger Mann. Seine Persönlichkeit war so stark, daß sie selbst durch die heftigen Angriffe durchschimmerte, die der unbedeutende Herzog von Saint-Simon gegen ihn richtete. Am 8. Februar 1702 verließ Vendôme Marly, um das Kommando über die Italien-Armee zu übernehmen. Vier Jahre lang verteidigte er unter enormem Einsatz die dortige Front, indem er selbst während der ungünstigen Jahreszeiten Störmanöver unternahm, um den Feind zu irritieren. Die anderen Truppen bezogen ein Winterquartier – Vendôme sah davon ab. Solche Begebenheiten sprachen sich – erst in der Armee, dann auch in der Zivilbevölkerung – recht schnell herum. Als Vendôme im Februar

1706 von Ludwig XIV. an den Hof zurückbeordert wurde und aus diesem Grunde Frankreich durchquerte, glich seine Fahrt einem Triumphzug: viele Straßen waren von einer jubelnden Menschenmenge gesäumt.[329] In Paris wurde ihm am 12. Februar ein rauschender Empfang bereitet, und das Volk rannte hinter seiner Postkutsche einher. Seine Beliebtheit war so groß, daß sie sich laut Saint-Simon allenfalls mit jener vergleichen ließ, die der Herzog von Guise in der Hauptstadt unmittelbar nach dem Barrikadenaufstand der Heiligen Liga genoß.[330] Der Feldherr, der achtundvierzig Monate lang erfolgreich die französischen Grenzen nach Italien hin verteidigt hatte, kam um sieben Uhr abends in Marly an. Die Diener sowie alle Mitglieder der Hofgesellschaft, vorneweg die Prinzen von Geblüt, eilten ihm entgegen. Nachdem er sich rasch umgezogen hatte, betrat er den Salon. Der Kronprinz ließ das dort stattfindende Konzert pausieren, um seinen ruhmreichen Vetter zu umarmen. Als Ludwig XIV. von der Ankunft Vendômes benachrichtigt wurde, unterbrach er seine Arbeitssitzung mit Chamillart, um seinen Neffen genau an derselben Stelle zu empfangen, wo er ihn vier Jahre zuvor verabschiedet hatte, und ihm in feierlichen Worten für seine großartige Leistung zu danken.

Der Subaltern-Offizier Chevalier de Quincy hat mehrere entzückende kleine Porträts von Vendôme hinterlassen. Er trug durchaus auch dessen Schwächen Rechnung, indem er beispielsweise beklagte „Ce prince avait malheureusement une trop grande confiance en lui" (dieser Prinz litt leider unter einem übertriebenen Selbstvertrauen), und bewunderte die ungeheure, fast römisch anmutende Tugend des Feldherrn, der seine Ehre daransetzte, das Kriegshandwerk auf edle Weise zu betreiben und niemals – nicht einmal als Vergeltungsmaßnahme – ein besetztes Land zu verwüsten.

Als Quincy in der Schlacht bei Cassano (August 1705) Vendôme aufsuchen wollte, ließ er sich von französischen Offizieren den Weg zu ihm zeigen. Sie teilten ihm jedoch mit, daß dort so viele Tote, Verwundete und umgestürzte Fuhrwerke umherlägen, daß er unmöglich hinreiten könne; Quincy stieg daher ab, vertraute sein Pferd einem verwundeten Soldaten an und setzte seinen Weg zu Fuß fort. Als er schließlich bei Vendôme anlangte, stand dieser gerade im Begriff, erneut zum Angriff auf den Feind zu blasen, um ihn über den Ritorto zurückzutreiben. Er kämpfte zu Fuß, das Schwert in der Hand – da sein Pferd unter ihm getötet worden war – und war über und über mit Staub und Tabak bedeckt. Die Kaiserlichen befanden sich in Reichweite der Kanonen, und das feindliche Feuer schien kein Ende zu nehmen.[331] Quincy schildert auf sehr lebendige Weise, wie Vendôme zum Angriff überging: das Regiment attackierte erneut den Feind, der sich auf der Insel zwischen den beiden Brücken von Cassano befand, und der Herzog preschte, nun wieder zu Pferd, vorneweg. Man trug Fahnen vor ihm her, die man dem Feind abgenommen hatte und die allesamt mit Blut befleckt waren. Vendômes Rock und Weste waren aufgeknöpft, sein Gesicht völlig in Schweiß gebadet und sein Hemd mit Staub und Tabak verschmutzt; er wirkte wie ein Abbild des Kriegsgottes Mars. Man kann mit Fug und Recht behaupten, daß der Feldherr durch seine feste Entschlossenheit, sein gutes Augenmaß und seine große Tapferkeit der Schlacht die entscheidende Wendung gab und sowohl die Armee des Königs als auch die französischen Besitzungen in Italien rettete.

Anschließend beschrieb Quincy die Abenddämmerung über dem Lager von Cassano (1705) und das Beisammensein Vendômes mit seinem Bruder – eine Szene, die ebensogut hundert Jahre später (1806) im Quartier von Napoleons Marschall Davout hätte spielen können: Nach Anbruch der Dunkelheit nahm Vendôme zusammen mit seinem Bruder, einem bekannten Prior, das Abendessen ein, welches lediglich aus Kommißbrot und einem kleinen Stück Käse bestand. Der Tisch, an welchem sie speisten, war ein grober Holzklotz, auf den man ein Bajonett aufgepflanzt hatte, an dessen Spitze eine Kerze befestigt worden war, um das nötige Licht zu spenden. Diese Schilderung ist ein deutlicher Beleg dafür, daß die Armeen Ludwigs XIV. keineswegs nur von unfähigen Höflingen befehligt wurden.

Ferner berichtet Quincy, daß Vendôme sich auf den Feldzügen wie ein Held, ein großartiger und wirklich vornehmer Mann gebärdete und den Weitblick sowie die Kühnheit eines Condé besaß. Er war von tiefer Liebe zu seinem Vaterland erfüllt, seinem königlichen Herrn treu ergeben und diente ihm so uneigennützig, daß seine Privatangelegenheiten großen Schaden nahmen. Vendôme wurde von seinen Soldaten abgöttisch verehrt und kämpfte ausschließlich für seinen eigenen Ruhm, den des Königs und des Vaterlandes.[332] Als er 1712 starb, erhielt er ein Grabmal, das dieses barocken Kriegsgottes würdig war: Philipp V. von Spanien ließ ihn aus Dank für seine großartigen Leistungen im Escorial, der Grablege der spanischen Könige, bestatten.

Fünfhunderteinundvierzig Tage auf See

Am 10. Juli 1690 errang der Chevalier de Tourville in der Schlacht von Bézeviers (Beachy Head) einen Sieg über die englische und holländische Flotte. Voltaire kommentierte dieses sensationelle Ereignis folgendermaßen: „Nun trat das ein, was Ludwig XIV. seit zwanzig Jahren wünschte, was aber so wenig wahrscheinlich erschienen war: Er hatte die Herrschaft auf dem Meer."[333] Im darauffolgenden Jahr kreuzte Tourville von Ende Juni bis Mitte August fünfzig Tage lang durch den Ärmelkanal und lähmte die Initiative seiner Gegner durch eine „campagne du large" (Feldzug auf hoher See).

Derartige ruhmreiche Schlachten und großartige Machtentfaltungen bildeten jedoch die große Ausnahme. Wer das Alltagsleben der französischen Matrosen beobachten wollte, tat – laut Empfehlung von Robert Challes – besser daran, sich für eine längere Fahrt an Bord eines nicht zu großen Schiffes zu begeben. Challes war nicht nur „écrivain principal" (ein dem Marinekommissar unterstellter Verwaltungsbeamter) und ein Freund des Ministers Seignelay, sondern auch ein begabter Schriftsteller. Sein „Journal d'un voyage aux Indes orientales"[334] (Tagebuch einer Ostindienfahrt) ist ein lebendig verfaßter, exakter und farbenfroher Reisebericht. Er handelt von der Unternehmung einer königlichen Flottendivision, die Ludwig XIV. der „Compagnie des Indes" (Indische Handelskompanie) zur Verfügung gestellt hatte. Die Reise fand in der Blütezeit der französischen Marine statt. Am 24. Februar 1690 stachen die Kriegsschiffe bei Lorient in See, und am 19. August 1691 liefen sie in den Hafen von Groix ein.

Das kleine Geschwader wurde von Abraham Duquesne-Guitton, einem Neffen des Siegers von Agosta, befehligt und bestand aus vier mittelgroßen Schiffen („Le Gaillard" [Der Prachtkerl], „L'Oiseau" [Der Vogel], „Le Florissant" [Der Blühende], „L'Ecueil" [Die Klippe]) sowie aus zwei Vierundzwanzigtonnern („Le Dragon" [Der Drache] und „Le Lion" [Der Löwe]). Duquesne hatte eine vierfache Aufgabe: erstens einige Mandarine nach Siam zurückzubringen und dort einige Missionare an Land zu setzen; zweitens den indischen Niederlassungen Frankreichs weiteres Kriegsmaterial zu liefern; drittens Engländer und Holländer an der Abwicklung ihrer Handelsgeschäfte zu hindern und viertens Westindien verteidigen zu helfen. Lediglich die zweite und die vierte Aufgabe wurden jedoch erfüllt. Duquesne versenkte das 54-Kanonen-Kriegsschiff „Philip Herbert" und feuerte rund viertausend Kanonenschüsse auf Madras ab, erbeutete jedoch nur zwei holländische Schiffe: ein Transportschiff von 600 Tonnen und einen Fünfunddreißigtonner. Dieses mittelmäßige Ergebnis liefert den Beweis dafür, daß Challes' Seereise keine Heldentat, sondern ein eher durchschnittliches Unternehmen darstellte.

Die äußeren Umstände der Schiffsreise waren aufschlußreich, da es sich um ein gemischtes Geschwader handelte – ähnlich dem, mit welchem Duguay-Trouin 1711 nach Rio de Janeiro segelte –, doch war Duquesne bereits vor Frankreichs Niederlage bei La Hougue (1692) auf den Weltmeeren unterwegs: Gemäß einem Verfahren, das unter Pontchartrain und dessen Sohn zur Regel wurde, pflegte Ludwig XIV. seine Schiffe samt Offizieren, Matrosen und Kanonen den Handelsgesellschaften zu leihen oder für Expeditionen zur Verfügung zu stellen, die in erster Linie den Belangen des Handels dienten; im vorliegenden Fall war die Indische Handelskompanie der Nutznießer – man müßte eigentlich eher sagen der Leidtragende – dieser Entwicklung. Es handelte sich um keinen Kaperkrieg im engeren Sinn des Wortes, sondern um einen ausgedehnten, halbamtlichen Streifzug, in dessen Verlauf freilich manches feindliche Schiff gekapert wurde.

Die Stabsoffiziere, welche diese Kriegsschiffsdivision befehligten, boten ein einheitlicheres Bild als jene der sechziger Jahre. Als damals Colbert innerhalb eines Jahrzehnts die französische Flotte von zehn auf hundert Schiffe ausbaute, mußte er notgedrungen Befehlshaber der Landstreitkräfte, Kapitäne von Handelsschiffen, Seewölfe und Höflinge, Adlige und Angehörige des Bauernstandes unter die Stabsoffiziere aufnehmen. Inzwischen war eine neue Generation herangewachsen: unter Seignelay waren die Besatzungen der französischen Kriegsflotte wesentlich seetüchtiger und erfahrener – und es herrschte eine größere Disziplin. Die Mehrzahl der unter Duquesne dienenden Offiziere waren Aristokraten, Fregattenkapitäne, Leutnants oder Schiffsfähnriche. Das Schiff „L'Ecueil", mit dem Challes die Reise zurücklegte, unterstand zunächst dem Kommando eines gewissen Hurtain, der schon älter war und aus der Saintonge stammte. Er war ursprünglich Protestant gewesen, neigte etwas zum Alkoholismus, legte keinen großen Wert auf Disziplin und war bei der Mannschaft beliebt. Als er starb, wurde der gestrengere Chevalier de Porrières – der dem berühmten Haus Glandèves entstammte und Mitglied des Malteserordens war – Kommandant. Porrières verwies einen unfähigen und anmaßenden Maat namens de Bouchetière – einen Schützling der Marquise de Maintenon – in die Schranken. Die Seeleute pflegten solche von hochstehenden Persönlichkeiten begünstigten Landratten als „bâtards du cotillon" (Schürzenbastarde) zu bezeichnen. Man befand sich so lange Zeit auf hoher See und die Reise schien so unendlich weit, daß selbst Stabsoffiziere bisweilen gegen die Disziplin verstießen. Die Ordnung, welche auf dem Schiff oder im Geschwader herrschte, hing sehr stark von der Persönlichkeit und dem Gebaren des Kommandierenden ab.

Sowohl an Land als auch auf hoher See gerieten die Vertreter der Feudalaristokratie und des Dienstadels beim geringsten Anlaß unweigerlich aneinander. Der auf dem Flaggschiff mitreisende Kommissar und der an Bord von „L'Ecueil" befindliche Challes hatten oft Auseinandersetzungen mit dem Kommandanten oder den Leutnants des jeweiligen Schiffes. Die Deckoffiziere schienen dagegen ihr Handwerk gut zu beherrschen. Challes rühmte das Geschick des Steuermanns, der nach einer siebzigtägigen Reise quer durch den Atlantik (während der man lediglich die Kapverdischen Inseln angelaufen hatte) mühelos jenen Kurs ansteuerte, auf dem man das Kap der Guten Hoffnung gefahrlos umschiffen konnte. Die damaligen Steuerleute – die oft auf bestimmte Gegenden, etwa den Indischen Ozean, die Antillen oder Neu-Frankreich spezialisiert waren – wogen, obwohl ihr Geschick lediglich auf Erfahrung beruhte, tüchtige Navigationsoffiziere auf.

Die Matrosen stammten – zumindest was die Besatzung des „Ecueil" anbelangte – aus der Bretagne oder der Normandie. Bei jeder Gelegenheit mußten sie in ein „Vive le Roi!" (Es lebe der König!) ausbrechen, und vor allem die Bretonen schienen sehr fromm zu sein. Bedauerlicherweise kam es zu einigen Diebstählen, was Challes zu der Schlußfolgerung veranlaßte, daß das Schiff offensichtlich ein paar fromme Diebe beherberge. Ferner gelang es einigen Matrosen, heimlich Waren zu schmuggeln, ohne daß die Kommissare oder die Schreiber die Schuldigen auszumachen vermochten. Angesichts des rauhen Lebens, das die Seeleute führen mußten, fielen all diese Vergehen jedoch kaum ins Gewicht. Ganz gleich, ob sie zwangsweise oder gemäß der von Colbert entwickelten Klasseneinteilung – einer Vorstufe der modernen Konskription für den Seedienst – angeworben waren, ob es sich um frühere Soldaten oder um ehemalige Galeerensträflinge handelte: nur ganz wenige Besatzungsmitglieder der königlichen Flotte waren freiwillig Matrosen geworden. Ihre Lebensbedingungen waren äußerst hart. Sie mußten schwere körperliche Arbeit leisten, bis sie fast vor Erschöpfung umfielen, waren Tag und Nacht großen Gefahren ausgesetzt und wurden im Vergleich zu den Arbeitern auf dem Festland schlecht ernährt, im Krankheitsfalle kaum gepflegt und obendrein manches Mal geschlagen! Challes drängte sich angesichts dieses harten Loses die Frage auf, ob die Matrosen denn weniger wert seien als die übrigen Menschen.[335] Für einen Seemann, der beim Setzen oder Einholen der Segel vom Mast stürzte, gab es nur selten Rettung, selbst wenn das Schiff daraufhin seinen Kurs änderte. Falls das Wasser im Frachtraum eine Höhe von sechs Fuß erreichte, mußten sechzehn Männer täglich zwölf Stunden lang pumpen.

Die Schiffe pflegten bei jeder Gelegenheit Tiere, frische Lebensmittel und Brot an Bord zu nehmen. Falls jedoch das Brot im Laderaum naß wurde, mußte man es entweder fortwerfen oder konnte es erst verzehren, nachdem es auf der Kommandobrücke getrocknet, dann mit Fett aufgekocht und mit Essig gewürzt worden war. Selbst der Zwieback, dessen Haltbarkeit größer war als die des frischen Brotes, wurde manchmal von dicken weißen Maden befallen und folglich ungenießbar. Die Mehrzahl der Matrosen teilte keineswegs den Standpunkt des Bretonen Le Gallic, der mit Vorliebe Ratten verspeiste und versicherte, sie schmeckten besser als Hasen; auch die Würmer im Zwieback störten ihn nicht im geringsten, sondern dienten ihm als Ersatz für Butter und Konfitüre: er pflegte sie laut Augenzeugenberichten genüßlich glattzustreichen, um sie anschließend samt dem Zwieback zu verspeisen!

Während dieser langen Seereisen fielen zahlreiche Besatzungsmitglieder todbringenden Krankheiten zum Opfer: Fieberepidemien, Pestgeschwüren und vor allem Skorbut. Um der Pest vorzubeugen, rührte Challes regelmäßig zerstoßenen Knoblauch unter seinen Schnaps und trieb auf diese Weise den Teufel mit dem Beelzebub aus („chasser le diable au nom de Belzébuth"[336]). Die müßigen Soldaten an Bord des Schiffes wurden eher von Krankheiten heimgesucht als die hart arbeitenden Matrosen, die aber auch nicht dagegen gefeit waren. Gegen Ende seiner Schiffsreise notierte Challes, er habe den Eindruck, daß sämtliche Matrosen an Skorbut erkrankt seien; das Zahnfleisch der Männer sehe fürchterlich aus. Die meisten Verluste der von Duquesne befehligten Division waren weniger auf das Kanonenfeuer der Feinde als vielmehr auf das Wüten schrecklicher Krankheiten zurückzuführen.

Selbst die kurzen Zwischenlandungen dienten nicht etwa der Erholung, sondern nahmen die Kräfte der Matrosen noch mehr in Anspruch als das Segeln auf hoher See: es galt Hunderte von Wassereimern an Bord zu schleppen, um die Süßwasservorräte aufzufrischen, und stundenlang Bäume zu fällen, um den Schiffszimmermann mit neuem Material zu beliefern. Im Vergleich hierzu muteten die wenigen Anlässe zur Freude fast lächerlich an. Wenn es nach einer Zwischenlandung die ersten frischen Lebensmittel gab, versetzte dies die Matrosen in kindliches Entzücken; ferner freuten sie sich auf das „border l'artimon" (,Besanschot an!'), das heißt auf die Ausgabe einer Extrarunde Schnaps nach einem besonders schwierigen Segelmanöver. Bei Windstille durften die Seeleute Haifische jagen, Schwertfische angeln und fliegende Fische fangen. Ferner wurden sie an der Beute beteiligt, wobei die Matrosen auf echten Freibeuterschiffen oft viel erhielten, jedoch auf Duquesne-Guittons Schiffen nahezu leer ausgingen ...

Schließlich kannte man noch das berühmte lärmende, komische, traditionelle, karnevalistisch anmutende und unbeschreibliche Treiben, das bei der Äquatortaufe („baptême de la ligne") losbrach. Nachdem der Kommandant seine Genehmigung erteilt hatte, übernahmen vorübergehend die Deckoffiziere (Maat, Bootsmann, Schiffszimmerleute etc.) die Befehlsgewalt. Sie schwärzten sich das Gesicht mit Ruß, legten falsche Bärte an, verkleideten sich, bewaffneten sich mit Küchenutensilien und tauften das Schiff, indem sie riesige Wassereimer entleerten. Dann gaben sie vor, den Bugspriet zu beschädigen, falls der Schreiber des Königs nichts spendieren wolle, woraufhin Challes ihnen großzügigerweise ein halbes Schwein zukommen ließ. Anschließend mußte sich jeder Passagier auf einen Hebebaum setzen, der über einem großen Wasserbehälter angebracht war, und wurde mit Wasser besprizt. Nur wenn sich die Mitreisenden großzügig zeigten, wurden sie nicht völlig in das Faß eingetaucht, ein Schicksal, aus dem es dann kein Entrinnen gab. Die gespendeten Nahrungsmittel wurden zu einem ‚kostbaren' Festessen, der sogenannten „gamelle" (Napf) verarbeitet. Hatten die Passagiere diese Zeremonie glücklich überstanden und wollten sie nicht naß werden, so taten sie gut daran, sich während mehr als einer Stunde nicht mehr an Deck blicken zu lassen. Denn dort tobte nun eine wilde Schlacht, bei der man sich eimerweise mit Wasser beschüttete. Mit Ausnahme der Geistlichen und des Kommandanten wurden sämtliche Anwesenden völlig durchnäßt. Gegen Ende des fröhlichen Treibens wurde das Schwein geschlachtet und dem Kommandanten gehuldigt, indem alle Beteiligten das „Vive le Roi et notre capitaine" (Es lebe der König und unser Kapitän) anstimmten.

Diese Mannschaftsfeste, auf denen alle Rangunterschiede hinfällig waren, stellten ein demokratisches Element dar, das klugerweise von den Führungskräften der königlichen Marine geduldet wurde.

„Dieu nous garde du chevalier de Forbin!" –
„Gott schütze uns vor dem Chevalier de Forbin!"

Trotz der Niederlage bei La Hougue versicherte Ludwig XIV. Tourville am 16. Juli 1692, daß er sowohl mit ihm als auch mit der französischen Marine sehr zufrieden sei; sie hätten zwar eine Niederlage hinnehmen müssen, aber dennoch zum Ruhme der Flotte und der französischen Nation beigetragen; der beklagenswerte Verlust einiger Schiffe könne sicherlich schon im kommenden Jahr wettgemacht und der Feind vernichtend geschlagen werden.³³⁷ Diese Voraussagung sollte sich in doppelter Hinsicht erfüllen. Erstens gelang es Tourville im Jahr 1693 tatsächlich, rund hundert Handelsschiffe zu kapern, und zweitens sicherte Ducasse, indem er im Atlantik die Schlacht um die Geleitzüge gewann, die Finanzierung des Spanischen Erbfolgekrieges und schuf auf diese Weise die Voraussetzung dafür, daß Philipp V. sich als König von Spanien behaupten konnte.

Die französische Flotte – welche um 1660 noch gar nicht existiert hatte – war zwischen 1671 und 1695 die mächtigste der Welt; in den Jahren 1696 bis 1704 war sie der „Royal Navy" ebenbürtig, welche sich im folgenden Zeitraum (1705–1715) als geringfügig überlegen erwies. Ludwig XIV. und Pontchartrain samt Sohn hatten eine äußerst geschickte und kluge Politik betrieben. Obgleich die finanzielle Lage sehr angespannt war und Frankreich schwer unter der Last des Landkrieges und der feindlichen Invasion litt, vollbrachten König und Minister wahre Wunder, indem sie die spanische Flotte mit Matrosen versorgten, die königlichen Schiffe bestimmten Reedern zur Verfügung stellten und zahlreiche taktische Kniffe anwandten: Sie bevorzugten den Wirtschaftskrieg, ließen fremde Handelsschiffe kapern, die kolumbianische Hafenstadt Cartagena plündern und vernichtende Streifzüge gegen die britischen Antillen unternehmen, vermieden aber nach Möglichkeit unnütze Zusammenstöße mit feindlichen Kriegsschiffen oder stellten – falls es keinen anderen Ausweg gab – in siegreichen Schlachten wie zum Beispiel bei Velez-Malaga die Schlagkraft der französischen Flotte unter Beweis.

In diesem Zusammenhang muß allerdings auch darauf hingewiesen werden, daß Ludwig XIV. und seine Minister von außergewöhnlich fähigen Schiffskommandanten vom Schlag eines Jean Bart, Duguay-Trouin, Chevalier de Saint-Pol oder Pointis unterstützt wurden. Außerdem hielten sowohl die Bewohner der am Ärmelkanal gelegenen Hafenstädte als auch die Siedler auf den Antillen zu Frankreich, um sich so gegen den englischen Machtanspruch zur Wehr zu setzen. Man arbeitete nicht nur mit einzelnen Seeräubern, sondern auch mit den berühmten und gefürchteten Korsaren von Santo Domingo zusammen. Gerade während jener Jahre, in denen die britische Flotte (welche 1709 über dreihundertunddreizehn Schiffe verfügte³³⁸) die französische Seestreitmacht (zweihundertundneun Schiffe) zu überflügeln begann, schienen die Franzosen kurioserweise die größten Erfolge zu erringen: Ducasse glückte die Verteidigung der Galeonen, Duguay-Trouin gelang 1711 der Streifzug gegen Rio de Janeiro, und Cassard war 1712/13 bei den Antillen sowie vor der Küste von Guyana außerordentlich erfolgreich.³³⁹ Zu keiner anderen Zeit verfügte Frankreich über so wagemutige, geschickte, verwegene und leistungsfähige Seeleute. Da sehr viel auf dem Spiel stand, pflegte man – wie z. B. 1661 bei der Ernennung der Marineoffiziere – wenig auf deren Abstammung und Ausbildung zu achten: Jean Cassard, der mit dreiunddreißig Jahren zum Kapitän ernannt wurde, hatte sich von ganz unten hochgedient; Duguay-Trouin hatte seine Karriere als Seeräuber begonnen, und Ducasse, der von Philipp V. mit dem wohlverdienten Goldenen Vlies ausgezeichnet wurde, war bürgerlicher Herkunft.

Es gab jedoch auch adlige Offiziere, die der Hofaristokratie entstammten und es an Kühnheit trotzdem mit den verwegensten Seeräubern aufnahmen. Um einen solchen handelte es sich beim Chevalier de Forbin-Gardanne, dessen Leben einem echten Abenteuerroman glich, in welchem nichts fehlte: er duellierte sich, wurde zum Tode verurteilt, begnadigt, lebte unter falschem Namen und wurde des Mädchenraubs angeklagt.[340] Er war zunächst Seeoffiziersanwärter, dann Musketier und schließlich Fähnrich zur See. 1685 weilte er als Mitglied der französischen Botschaft in Thailand. Seine Majestät der König von Siam fand Gefallen an Forbin, der daraufhin mit neunundzwanzig Jahren zum Leutnant zur See sowie unvermutet zum Großadmiral, General der königlichen Armeen und Gouverneur von Bangkok ernannt wurde und einen eigenen Amtssitz, 36 Sklaven sowie zwei Elefanten zu seiner Verfügung erhielt. Bald darauf wurde ihm der Titel „Opra fac di son Craam" verliehen, was etwa soviel bedeutete wie „Marschall von des Kriegsgottes Gnaden"; seine Amtseinführung erinnerte sehr stark an diejenige von Mamamouchi.[341] Mit Hilfe einiger portugiesischer Soldaten mußte er innerhalb einer Woche zweitausend siamesische Rekruten ausbilden und die Hauptstadt des Landes befestigen. Bereits 1689 befand er sich wieder auf hoher See. Gemeinsam mit Jean Bart ließ er sich vom Feind gefangennehmen, um einen Warentransport zu retten. Sie wurden in das Gefängnis von Plymouth gesteckt, aus dem sie entflohen und in einem Ruderboot den Ärmelkanal überquerten, um nach ihrer Rückkehr zu Schiffskapitänen ernannt zu werden. Forbin schlug sich anschließend bei Béveziers und Barfleur und war auf diese Weise unverzüglich vom Kapern fremder Schiffe in den Dienst des Königs und von den königlichen Schiffen zum Kaperkrieg übergegangen. Er kannte sämtliche Taktiken, und zu Anfang des Spanischen Erbfolgekrieges gab er sein Bestes.

In den Jahren 1701/1702 versetzte er mit Hilfe eines Linienschiffs und zweier leichter Fregatten mit zusammen siebenundsiebzig Kanonen die gesamte Adria in Schrecken. Da Venedig sich angeblich neutral verhielt, in Wirklichkeit jedoch auf Seiten der Kaiserlichen stand, unterzog Forbin sämtliche venezianische Schiffe einer genauen Überprüfung, setzte einige von ihnen in Brand, zerstörte im Hafen von Malamocco ein englisches 50-Kanonen-Schiff, bombardierte Triest und zwang dadurch die Republik Venedig zur Wahrung einer echten Neutralität. Forbin wurde so sehr zum Schrecken aller Schiffsbesatzungen, daß er in der Seerepublik sprichwörtlichen Ruhm erlangte. Wenn die Venezianer zur See fuhren, empfahlen sie sich zunächst der Fürsorge des heiligen Markus und pflegten sich anschließend gegenseitig zuzurufen „Iddio ci guardi della bollina e del cavaliere di Forbino"[342] („Gott schütze uns vor dem Sturm und vor dem Chevalier de Forbin!"). Dies hielt Forbin jedoch nicht davon ab, Fiume zu brandschatzen und Brindisi einzunehmen. Die ihm untergebenen Matrosen waren sehr geschickt, mutig und diszipliniert; sie zeigten sich zwar etwas räuberisch veranlagt, machten sich jedoch keiner allzu großen Übergriffe schuldig.

Diese großartigen Verteidiger Frankreichs genossen bei Volk und König enormes Ansehen. Als im Jahre 1675 der Leichnam des gefallenen Marschalls Turenne in kleinen Etappen vom Elsaß in die Kirche von Saint-Denis überführt wurde, beweinte die gesamte Nation den toten Helden. Als der betagte Ludwig XIV. im Jahre 1712 dem erfolgreichen Feldherrn Villars seine letzte große Armee anvertraute, sprach er nicht wie ein Monarch oder der Chef eines Generalstabs, sondern wie ein treuer Patriot, ja wie der erste Diener und Untertan seines Staates. Der König bat Villars um seine Meinung und versicherte ihm, daß er wohl wisse, daß die Überquerung der Somme einige Schwierigkeiten bereite und nur an ganz bestimmten Stellen möglich sei. Er – Ludwig XIV. – wolle sich nach Péronne oder Saint-Quentin begeben, um dort die ihm verbliebenen Truppen zu sammeln, gemeinsam mit Villars einen letzten verzweifelten Angriff zu wagen und entweder das französische Königreich zu retten oder unterzugehen; denn er werde es niemals dulden, daß der Feind sich der Hauptstadt nähere. Der Marschall erwiderte, das Vorhaben Seiner Majestät zeuge von edelster Gesinnung und großer Klugheit, aber er hoffe, daß Gott es nicht so weit kommen lassen werde, daß man diesen Plan in die Tat umsetzen müsse.[343] Seine Hoffnung trog ihn nicht: Drei Monate später wendete sich in der Schlacht bei Denain das Kriegsglück zugunsten Frankreichs.

8. Kapitel: Die Provinzen des Königreichs

> Par toutes les provinces, le peuple parle un jargon différent de la langue des honnêtes gens.[344]
> FURETIÈRE
>
> Je quitte ce lieu à regret, ma fille (...) Je ne sais ce que je vais faire à Paris.[345]
> FRAU VON SÉVIGNÉ

Am 4. Juli 1700 war es ein Gesprächsthema in wohlunterrichteten Versailler Kreisen: Der König habe im Staatsrat den Ausbau der Landstraßen angekündigt – sowohl zu seinem eigenen Ruhme als auch um das Reisen zu erleichtern und die Not der Armen zu lindern.[346] Schon seit dreißig Jahren hatte die Regierung große Summen in den Straßenbau investiert, in erster Linie in die Verkehrsadern zwischen Paris und Fontainebleau bzw. Versailles sowie diesem und Saint-Germain. Es handelte sich nicht nur um Straßen, die in bevorzugte Jagdgebiete führten oder jene Orte miteinander verbanden, an denen sich der König besonders gerne aufzuhalten pflegte; das Edikt von Juni 1680 sprach vielmehr von den „avenues de la ville de Paris"[347] (Zufahrtsstraßen von Paris), das heißt von jenen Landstraßen, welche aus den Provinzen – der Normandie, Picardie, Champagne, aus Burgund, dem Orléanais und der Touraine – nach Paris führten und in der Hauptstadt zusammenliefen. Aus den Unterlagen des Straßenbauamtes geht deutlich hervor, wie stark die Pariser Region bevorzugt wurde; im Jahre 1718 gab der Staatsrat jedoch zu bedenken, daß der Ausbau des Pariser Straßennetzes auch den Provinzen zugute komme: sie wurden auf diese Weise besser mit der Hauptstadt, also dem Handelszentrum des gesamten Königreichs, verbunden.[348]

Trotz dieser Bestrebungen ließen die Verkehrswege noch viel zu wünschen übrig, und nachdem Colbert im Jahre 1683 gestorben war, wurde der Straßenbau nicht mehr so zielstrebig vorangetrieben wie zuvor. In der Folgezeit wunderte man sich immer wieder darüber, daß eine Epoche, in der so viele großartige Werke ersonnen und ausgeführt wurden, sich mit einem so miserablen Straßennetz zufriedengab. Im Jahre 1698 kritisierte Vauban den schlechten Zustand der Landstraßen in der Champagne, und einige Zeit später bezeichnete er das gesamte französische Straßennetz als „extraordinairement négligé" (außerordentlich vernachlässigt). Als sich der Abbé de

Saint-Pierre 1706 in die Normandie begab, mußte er auf so schlechten Wegen reisen, daß seine Kutsche umstürzte und die Pferde im Morast stecken blieben. Außerdem schienen die Landstraßen auch nicht allzu sicher gewesen zu sein, denn besagter Abbé gab 1715 ein Werk heraus mit dem Titel „Mémoire pour perfectionner la police sur les chemins"[349] (Denkschrift zum Ausbau der Straßenpolizei).

Wer nur selten reiste, störte sich nicht am miserablen Zustand der Straßen, während jene Zeitgenossen, die große Entfernungen zurücklegen mußten, sich zwar beklagten, aber dennoch ihre Pferde, Karossen, Postkutschen oder gar ihre Reiterschwadron einigermaßen unversehrt über Straßen zu lenken vermochten, mit denen sich selbst Seine Majestät zufriedengab.

Unterwegs – Reisen im Frankreich Ludwigs XIV.

Während der Zustand der Landstraßen zu wünschen übrig ließ, war es um das Transportwesen besser bestellt. Seit Louvois im Jahre 1668 die „surintendance et contrôle des postes et relais de France" (Oberaufsicht über die französischen Poststationen) übernommen hatte, entwickelte sich nicht nur die Postzustellung zur schnellsten und sichersten in ganz Europa.[350] Auch die Postkutschen legten ein rascheres Tempo vor, und ab 1670 wurden die ersten festen Linien eingerichtet.

Dieser Fortschritt kam dem Hotel- und Gaststättengewerbe zugute. Im Jahre 1695 wurden die Pariser Wirte anläßlich der Erhebung der Kopfsteuer in die siebzehnte und achtzehnte Klasse eingeteilt, das heißt ihre Einnahmen wurden genauso hoch veranschlagt wie die Bezüge von am Parlament tätigen Rechtsanwälten oder von Hauptleuten der Kavallerie. Die Wirte der Provinzstädte sowie die Inhaber jener Schenken, in welchen man auch eine Mahlzeit einnehmen konnte –, „les cabaretiers donnant à manger à pot et assiette" –, rangierten in der neunzehnten Klasse, gleich hinter den Hauptleuten der Infanterie.[351] Um 1680 pflegte man mit dem Begriff „Hôtel" noch fast ausschließlich ein prächtiges Adelspalais oder gar ein königliches Schloß zu bezeichnen und nur höchst selten – in bezug auf möbliert zu vermietende Häuser oder berühmte Wirtshäuser und Gasthöfe – von einem Hotel im modernen Sinne zu sprechen.[352] Die europäische – und besonders die französische – Gastronomie schien damals nicht sehr auf das Wohl der Gäste bedacht. Die niederländischen Wirtshäuser genossen den schlechtesten Ruf: man berichtete sich fortwährend, daß in ihnen die Kunden ausgenommen und um ihr Geld geprellt würden („Les hôteliers de Hollande rançonnent, écorchent les passagers"). Die französischen Gastwirte waren allerdings auch keine Heiligen. 1675 warnte Frau von Sévigné ihre Tochter, sie möge sich vor den Gastwirten in acht nehmen und ihnen kein Geld für die Unterbringung von Besuchern zahlen, da die Wirte jene ebenfalls zur Kasse bäten und somit doppelte Einnahmen verbuchten. Anstatt auf solche Betrügereien hereinzufallen und unnötig Geld auszugeben, solle sie sich lieber ein paar Hunde und Katzen zulegen.[353]

Glücklicherweise pflegte man im Frankreich Ludwigs XIV. – einer Epoche großer Geselligkeit und Frömmigkeit – sehr gastfreundlich zu sein. Besonders die Geistlichen, aber auch sämtliche Laien nahmen bereitwillig Gäste bei sich auf. Als der Chevalier de Forbin im Jahre 1683 auf einem Postpferd von Paris nach Rochefort ritt, hatte er großes Pech mit seinen Vorreitern, aber viel Glück mit seinen Unterkünften. Laut eigenem Bericht war er bei großer Kälte aufgebrochen und hatte zehn Meilen von Blois so eisige Wege vorgefunden, daß sein Pferd mehrmals ausglitt und stürzte, ohne ernsthaften Schaden zu nehmen. Beim letzten Sturz war es so unglücklich mit dem Kopf auf den Boden aufgeschlagen, daß das Zaumzeug beschädigt wurde und ein Riemen riß; da Forbin nicht absitzen wollte, bat er den Vorreiter, von seinem Pferd zu steigen und den Schaden zu beheben. Der Postangestellte erwiderte jedoch barsch, Forbin solle den Riemen gefälligst selbst wieder in Ordnung bringen, da er durch das häufige Hinfallen den Schaden selbst verursacht habe. Forbin ahndete diese Unverschämtheit, indem er den Vorreiter mit dem flachen Schwert verdrosch. In der Poststation von Poitiers stieß er dafür mit einem anderen Grobian zusammen: als Forbin den Stall verließ, trieb er den Postillon in Anwesenheit des Postmeisters zu größerer Eile an, und als der daraufhin unverschämt wurde, packte Forbin die Wut und er drohte dem Widerspenstigen, er werde ihm eine Kugel durch den Kopf jagen, falls er sich noch einmal die geringste Unverschämtheit zuschulden kommen lasse. Diese schreckliche Drohung verfehlte ihre Wirkung nicht, und während der restlichen Reise verhielt sich der Postreiter äußerst zuvorkommend.[354]

Andererseits hatte Forbin während derselben Reise Gelegenheit, die Liebenswürdigkeit der Bevölkerung des Poitou kennenzulernen. Jedermann bereitete ihm einen freundlichen Empfang, der arme Bauer ebenso wie der hugenottische Edelmann, selbst wenn sie mitten in der Nacht aus dem Schlaf gerissen wurden. Der Hugenotte hieß übrigens de la Rivière und ließ mitten in der Nacht ein großes Feuer anzünden, damit sich der durchgefrorene Reisende aufwärmen konnte, und einige Zeit später – gegen elf Uhr abends – eine Hinterkeule sowie zwei Moorschnepfen auftragen. Dazu wurden ein guter Landwein und frisches Brot gereicht, eine ausgezeichnete Mahlzeit, die Forbin umso mehr mundete, als er den ganzen Tag noch nichts zu sich genommen hatte. Anschließend erhielt er ein gutes Bett zugewiesen, in welchem er vortrefflich schlief und sich von den Strapazen des Tages erholte.

Als er sich im folgenden Jahr von Rochefort nach Lyon begab, wurde Forbin von Kaufleuten verköstigt und beherbergt. Eines Abends war er zwischen Limoges und Clermont auf dem flachen Land in einem Gasthof abgestiegen und sprach – während er sich am Feuer aufwärmte – mit der Wirtin, als sechs Männer hereinkamen, die er im ersten Augenblick für Banditen hielt. Er erkundigte sich bei der Wirtin, wer diese Männer seien, und erfuhr, daß es sich um Kaufleute aus Saint-Etienne im Forez handelte. Sie befanden sich auf dem Rückweg vom Jahrmarkt in Bordeaux und pflegten jedes Jahr in diesem Gasthof einzukehren. Forbin war über diese Nachricht sehr erfreut und beeilte sich, den Kaufleuten seinen Gruß zu entbieten. Sie nahmen gemeinsam das Abendessen ein und legten den restlichen Weg zusammen zurück – ein deutlicher Beweis dafür, daß sich auf der Landstraße die Standesunterschiede verwischten. Der Seeoffizier war froh darüber, daß er die verschneiten Berghöhen in Gesellschaft dieser Kaufleute überschreiten konnte, welche die Gegend gut kannten. In Thiers hätten sich ihre Wege eigentlich trennen müssen, da Forbin nach Lyon wollte, während die Kaufleute den Weg nach Saint-Etienne einschlugen. Sie hatten jedoch soviel Gefallen aneinander gefunden, daß sie erst einmal zusammenblieben. Forbin wurde nach Saint-Etienne eingeladen, und da seine Begleiter ihn nachdrücklich davor warnten, sich ohne ortskundigen Führer auf die verschneiten Pfade zwischen Thiers und Lyon zu begeben, nahm er ihre Einladung an und war fünf oder sechs Tage lang ihr Gast, bis sich das Wetter wieder besserte.[355]

Die Provinz – nah und fern zugleich

Die Provinz begann vor den Toren von Paris. Die Winzer von Ivry galten bereits als Provinzbewohner. Obwohl die meisten Franzosen in der Provinz lebten und diese die wirtschaftliche Grundlage für das französische Königreich lieferte, orientierte sich die öffentliche Meinung stets an der Haltung der Pariser oder der Hofgesellschaft. In ihr kam unweigerlich die Überlegenheit der Hauptstadt und der königlichen Residenz über die Provinzen zum Ausdruck. Diese Vorstellung war damals weit verbreitet und schon fast zu einem Stereotyp geworden. Zunächst fällt auf, daß man schlechthin von *der* Provinz zu sprechen pflegte, und sich kaum der Tatsache bewußt zu sein schien, daß Dünkirchen und Marseille fünfhundert Meilen von einander entfernt lagen: Furetière stellte lediglich fest, daß man in Südfrankreich genügsamer sei als im Norden des Königreiches.[356] Ferner schien man kaum zu bemerken, daß dank der Eroberungskriege Ludwigs XIV. und der Eingliederung neuer Provinzen die französische Sprache um eine ganze Reihe von Wörtern bereichert wurde: So gebrauchte man plötzlich den Begriff „watregan" (der „ouatregan" ausgesprochen wurde), um einen mit Wasser gefüllten Graben oder Kanal zu bezeichnen, mit dessen Hilfe die Erbteile von einander abgegrenzt und der gleichzeitig als Verkehrsweg genutzt wurde. Daneben kamen ganz neue Sitten auf: laut Furetière genierte man sich in Flandern nicht, unter den Tisch zu speien!

Auf dem Gebiet der Sprache hob sich Paris am stärksten vom restlichen Frankreich ab. Das „Dictionnaire universel" konstatierte, daß die Provinzbewohner jeweils ganz anders zu sprechen pflegten als die vornehmen Leute in der Metropole oder bei Hofe. Die verschiedenen Mundarten und Dialekte wurden mit Geringschätzung, ja mit Verachtung zur Kenntnis genommen. Selbst ein Adliger oder Bürger aus der Provinz war bei Hofe oder in der Hauptstadt noch geraume Zeit an seiner besonderen Sprechweise zu erkennen, denn es dauerte lange, bis man den für die Gascogne oder die Normandie typischen Akzent ablegte. Die Pariser pflegten die Rückständigkeit des provinziellen Vokabulars zu betonen: sie mokierten sich darüber, daß man in den entfernteren Gegenden zu den Geschäftsräumen eines Notars noch „boutique" und nicht – wie in der Hauptstadt – „étude" sagte. Im Unterschied zu Paris, wo man den Ausdruck „garce" (Göre) nur noch im Zusammenhang mit Prostituierten verwendete, pflegte man damit in einigen Provinzen nach wie vor auch kleine Mädchen oder Kammerdienerinnen zu bezeichnen.[357] Die Provinz war weit entfernt und wirkte ein wenig verwildert, pflegte man dort doch von Zeit zu Zeit feierliche Sitzungen – „grands jours" – abzuhalten, um das tyrannische, erpresserische Gebaren des Landadels und der Provinzrichter zu ahnden.

Die Provinz schien von lauter Dummköpfen bewohnt zu sein, die offenbar nicht einmal alle den bereits vor hundert Jahren (1578) gestifteten „Ordre du Saint-Esprit" (Heiliggeistorden) kannten: Tallemant des Réaux berichtete, daß eines Tages ein Tölpel aus Chinon große Men-

Die Provinz – nah und fern zugleich 229

gen blauen Stoffs nach Paris gebracht und behauptet habe, es sei modern, ein blaues Band zu tragen – er hatte offensichtlich den König im Schmuck des Heiliggeistordens gesehen!³⁵⁸ In Wirklichkeit waren die Dummköpfe eher in Paris zu suchen. Gewiß, es gab wie immer eine Phasenverschiebung: es dauerte stets eine gewisse Zeit, bis sich neue Sitten, Wörter und Bräuche auch in der Provinz durchgesetzt hatten. Dort holte man den Vorsprung der Hauptstadt jedoch so schnell auf, daß dies aufmerksamen Zeitgenossen wohl kaum entgangen sein dürfte.

Im Frankreich Ludwigs XIV. herrschte ein erstaunlicher Zusammenhalt, welcher durch die Postverbindungen gefördert wurde. Sie ermöglichten es, daß die in der Provence lebende Frau von Grignan von ihrer Mutter regelmäßig über die neuesten Begebenheiten aus Paris oder Saint-Germain unterrichtet wurde, denn ein Brief benötigte lediglich fünf Tage, um von der Hauptstadt nach Südfrankreich zu gelangen. Bussy-Rabutin wurde in seinem burgundischen Exil nahezu täglich über die neuesten politischen und militärischen Nachrichten aus Frankreich und dem Ausland informiert. Auf diese Weise wurden die Provinzbewohner auf dem laufenden gehalten und ständig zur Nachahmung angehalten. Ein Landgerichtsrat aus der Provinz war unaufhörlich bemüht, seinem Amtskollegen aus dem regionalen Parlament nachzueifern, der wiederum – aufgrund jener Informationen, die er mit der Post empfing – die Denkweise, die Lektüre, das Gebaren und den Stil der Pariser Parlamentsräte nachzuahmen suchte, einschließlich einer gewissen jansenistischen Unbeugsamkeit, welche damals als der letzte Schrei galt. Die rund fünfundvierzigtausend Juristen stellten – systematisch über das gesamte Königreich verteilt – somit ein äußerst fein verzweigtes und gut funktionierendes Informationsnetz dar. Hinzu kamen noch einige Bischöfe, die sich vielleicht ein bißchen zu stark an Paris beziehungsweise Versailles orientierten. Welches bessere Kommunikationsmittel könnte man sich jedoch vorstellen, als dieses ständige Kommen und Gehen mit seinem fortwährenden Austausch zwischen der Hauptstadt und den hundert Bischofssitzen? Die Bischöfe überbrachten regelmäßig Neuigkeiten, trugen zur Verbreitung neuer Ideen bei und bewirkten eine gewisse geistige Öffnung.

Sprachliche Neuerungen erreichten auch den entferntesten und winzigsten Marktflecken, und zwar genau innerhalb jenes Zeitraums, den eine Postkutsche benötigte, um die entsprechende Entfernung zurückzulegen. Die neuen Wörter – „savoir son monde" (sich zu benehmen wissen), „savoir vivre" (Lebensart haben) – drangen unverzüglich bis in die abgelegensten Gegenden des Königreiches vor, da die vornehmen Provinzbewohner sich alljährlich in die Hauptstadt begaben und von dort die letzten Neuigkeiten mitbrachten.[359] Diesen Einflüssen waren jedoch nicht nur die Aristokratie und das Bürgertum ausgesetzt, sondern auch die einfachen Provinzbewohner orientierten sich in vielerlei Hinsicht an Paris. Die Wirkung der kleinen Erbauungsbüchlein zum Beispiel darf nicht unterschätzt werden. Sie prägten auch die einfachsten Menschen und beeinflußten nicht nur deren Seelenleben, sondern auch das Verhalten und die Sprechweise. Als Pellisson neue Gebetsbücher verfaßte oder alte überarbeitete, erfüllte er gleichzeitig eine der wichtigsten Aufgaben der Académie française: er verteidigte und veranschaulichte die französische Sprache,[360] ohne den Kontakt mit dem einfachen Volk zu verlieren.[361]

Fünfundzwanzig Jahre vor Jean-Baptiste de la Salle wurde ein volkstümlicher, durch solche Patenschaften veredelter Katholizismus zum Vehikel feiner, keineswegs sinnentleerter Umgangsformen. Im übrigen erhielt das einfache Volk durch den Dorfjunker, dessen Beauftragte, die vornehmsten Gemeindemitglieder, Schöffen, Rechtsgelehrte sowie Kaufleute bis hin zu den Hausierern täglich neue Informationen. Die Bewohner der Marktflecken und des Umlandes waren dank der Hirtenbriefe, die der Dorfpfarrer auf der Kanzel verlas, über das französische Tagesgeschehen und die Kriegsentwicklung unterrichtet. Der Ausbau des Schulwesens und die Verbreitung kleiner Anstandsbüchlein führten dazu, daß die gesamte Bevölkerung – Bürger und Bauern ebenso wie Handwerker und Arbeiter – über einen Sittenkodex verfügte, kaum einfacher als der der Aristokratie. Schon ein gutes Lexikon trug entscheidend zur Verfeinerung der Umgangsformen bei: der Leser erfuhr, daß es – im Unterschied zu früher – ab sofort nicht mehr gestattet war, sich in die Finger oder gar in den Ärmel zu schneuzen und daß es sich für die Frauen nicht mehr ziemte, anders als im Damensitz zu reiten. Man lernte das Verb „applaudir" (Beifall klatschen) nur noch im übertragenen Sinne zu gebrauchen, denn nur unter Schülern und im niederen Volk sei es noch üblich, wirklich in die Hände zu klatschen. Der Anstand gebot, daß jemand, der seine Aufwartung machen wollte, sich vor der betreffenden Person verneigte, dabei einen Fuß nach hinten streckte und gleichzeitig den Hut lüftete. Standesgenossen, welche niesen mußten, oder lästigen Besuchern, die man loswerden wollte, sollte man sagen „Dieu vous soit en aide!"[362] (Gott stehe Ihnen bei).

Die bei Hofe oder in der Hauptstadt aufkommenden Anstandsregeln setzten sich unweigerlich überall durch und gelangten selbst dem einfachen Volk sehr schnell zur Kenntnis. Außerdem wurden regelmäßig Militärs von erstaunlich hoher Bildung, Straßenbauingenieure, Steuerbeamten und andere gebildete und wohlerzogene Staatsdiener von der Hauptstadt in die Provinz entsandt, allen vorneweg die Gouverneure – hochgestellte und angesehene Militärs – sowie die Intendanten – sorgfältig aus den fähigsten Vertretern des Dienstadels ausgesuchte Männer.

Die Intendanten

Im Jahre 1715 wurde Frankreich von einunddreißig Intendanten der Justiz, der Polizei und Finanzen verwaltet. Die „pays d'élections"[363], in welchen die Steuern direkt vom Staat eingezogen wurden, verfügten über achtzehn Intendanturen: Paris, Amiens (Picardie und Artois), Soissons, Châlons (Champagne), Lyon, Montauban, Bordeaux (Guyenne), Limoges, Poitiers, La Rochelle, Orléans, Tours, Bourges, Moulins, Riom (Auvergne), Rouen, Alençon und Caen. Die restlichen dreizehn Intendanten waren für die „pays d'états"[364], wo die Ständeversammlung über die Höhe der Steuern entschied, oder für die neugeschaffenen Provinzen in den eroberten Gebieten zuständig: Bretagne, Burgund, Dauphiné, Provence, Languedoc, Pau, Flandre maritime, Lille, Maubeuge (Hennegau), Metz, Franche-Comté, Elsaß und Roussillon. Drei dieser insgesamt einunddreißig Intendanten (auch „commissaires départis" [über das Land verteilte Beauftragte] genannt) waren Mitglieder des Staatsrates – zu ihnen gehörte unter anderem der berühmte Lamoignon de Basville, der Bürgermeister von Montpellier; die überwältigende Mehrzahl (siebenundzwanzig) waren „maîtres des requêtes" (für Appellationen und Bittschriften zuständige Sekretäre des Königs) und legten großen Eifer an den Tag, weil sie sich eine Beförderung erhofften. Lediglich der Intendant von La Rochelle hatte diesen Sekretärsposten nicht inne, während sein Amtskollege aus dem Roussillon auch noch für die katalonische Armee zuständig war.[365]

Der Intendant war damals – zu Beginn des achtzehnten Jahrhunderts, in dessen Verlauf diese Einrichtung ihre Blüte erleben sollte – der wichtigste Mann innerhalb der Provinzverwaltung. Seit 1661 war es den Intendanten – teils aus eigenem Antrieb, teils auf entsprechende, vorsichtig formulierte Anweisungen der Regierung hin – gelungen, mehr tatsächliche Macht und bisweilen auch mehr Ansehen zu erlangen als die ihnen übergeordneten Gouverneure. Die Bischöfe waren die direkten Vertreter in ihren Diözesen, und die Gouverneure blieben weiterhin die wichtigsten Mitarbeiter des Königs in den Provinzen, aber die Intendanten vertraten den König innerhalb der „généralité", die nun zum eigentlichen Verwaltungsbezirk wurde. Aufgrund ihres Auftrags (die Intendanten waren jederzeit absetzbar), ihrer Vollmachten, ihrer Befehlsgewalt und der ihnen anvertrauten Kompetenzen vertraten diese privilegierten Verwaltungsbeamten in erster Linie die Belange des Königs. Um die Intendanten stets an diese Priorität zu gemahnen und eine gegenläufige Entwicklung zu verhindern, hatte Colbert Ludwig XIV. zwanzig Jahre lang dazu bewegen können, die überaus mächtigen Amtsträger nicht zu lange auf ein und demselben Posten zu belassen. In der Folgezeit wurden sie jedoch seltener versetzt: Basville z. B. war dreißig Jahre lang (1685-1715) Intendant des Languedoc. Dadurch kam es, daß die Intendanten nicht mehr nur der verlängerte Arm der königlichen Zentralregierung waren, sondern sich – wie später im Zeitalter der Aufklärung – in zunehmendem Maße mit der jeweiligen Provinz verbunden fühlten und auch deren Interessen vertraten. Solange diese zweite Funktion nicht die Oberhand über die erste gewann, verfügten die Intendanten über einen beachtlichen Handlungsspielraum, der übrigens umso größer war, je weiter ihr Amtssitz von Versailles entfernt lag.

Die Intendanten der erst vor kurzem eroberten Provinzen, die an der Grenze lagen und oft umkämpft waren, sahen sich in besonderem Maße von der königlichen Zentralgewalt abhängig. Dies geht aus dem jahrelangen Briefwechsel zwischen dem Kriegsminister Marquis de Louvois und Le Peletier de Souzy, dem Intendanten der Flandre wallone, hervor.[366] Die Familie Le Peletier gehörte zu den Vasallen des Hauses Le Tellier de Louvois – ein Umstand, der den persönlichen, fast vertraulichen Charakter, welchen die dienstlichen Beziehungen damals häufig anzunehmen pflegten, noch stärker hervortreten ließ. Dieser gefürchtete Minister, der manchen Monarchen an Macht übertraf, fand nichts dabei, einen Brief an seinen Untergebenen mit der Höflichkeitsformel „Je suis tout à vous" (Ganz der Ihrige) zu beschließen. Er beauftragte Souzy, ihm Nelkensetzlinge, einen Stier, Kühe, Truthähne, Hühnchen, Fasaneneier, ja selbst drei zum Umgraben von Rasenstücken bestimmte Hacken zukommen zu lassen. Er nahm kein Blatt vor den Mund und sprach Dinge an, die zum Privatleben gehörten: Als Le Peletier de Souzy über Gicht klagte, schrieb ihm Louvois, es gebe gegen dieses Leiden nur ein Mittel, nämlich die sexuelle Enthaltsamkeit.

Sobald der Minister jedoch auf die Politik zu sprechen kam, schlug er einen autoritären, ja schroffen Ton an; 1676 schrieb er seinem Untergebenen, er solle gefälligst bedenken, daß er nicht über die Kontributionen zu entscheiden, sondern lediglich die Befehle Seiner Majestät auszuführen habe. Le Peletier de Souzy hatte tatsächlich in der Zeit nach der Annexion von 1668 zu sehr auf die Wahrung der Privilegien geachtet, die bei der Kapitulation für die flandrischen Gebiete ausgehandelt worden waren. Damit hatte der Intendant einseitig die Interessen der ihm unterstellten Landstriche vertreten. Sämtliche Briefe des Ministers zielten nun darauf ab, den pflichtvergessenen Intendanten an seine eigentliche Aufgabe zu erinnern und dafür zu sorgen, daß er wieder in erster Linie die Belange des Königs verfocht. Da der Intendant auch für die Polizei zuständig war, hatte er die königlichen Beamten zu schützen und für ihre Sicherheit zu sorgen (in diesem Zusammenhang wurde Souzy nicht von Louvois, sondern vom Finanzminister Colbert ermahnt) und durfte seinen Untergebenen kein übermäßiges Vertrauen entgegenbringen. Als Intendant der Justiz mußte er sich sagen lassen, daß gegen seine Urteile durchaus Berufung eingelegt werden konnte, daß er nicht den Vorsitz des obersten Gerichtshofes in Tournai übernehmen durfte und daß die Übergriffe der Soldateska nicht in seine Zuständigkeit fielen.

Als Gegenleistung für seine völlige Unterordnung konnte sich Souzy fest darauf verlassen, daß das Ministerium ihn jederzeit vorbehaltlos unterstützte. Louvois weigerte sich, die Beschwerden des Stadtrates von Lille anzuhören, der seine althergebrachten Vorrechte gegen den Intendanten zu verteidigen suchte. Er rügte den Gouverneur von Cambrai, Montbron, weil er sich in der Öffentlichkeit mit Souzy gestritten und ihm Schwierigkeiten bereitet habe, obwohl dem Intendanten aufgrund seines hohen königlichen Amtes mit großer Achtung zu begegnen sei. Denn mit dem Amt des Intendanten war – wie mit allen Verwaltungsposten im Ancien régime – ein bestimmtes gesellschaftliches Ansehen verbunden. Während der Gouverneur aufgrund seines hohen militärischen Ranges und seiner vornehmen Abstammung der meistgeachtete Mann der Provinzhauptstadt war, verliehen dem Intendanten seine juristische Ausbildung, die Mitgliedschaft im königlichen und manchmal sogar im Staatsrat ein großes Prestige. Wenn er darüber hinaus noch Lamoignon, d'Ormesson, d'Aguesseau, Bignon, Feydeau de Brou, Maupeou, Turgot oder Harlay hieß, womöglich mit den vornehmsten Familien Frankreichs verwandt war und dem alten Feudaladel entstammte, genoß er ein noch größeres Ansehen. Da die Intendanten in der Regel aus sehr wohlhabenden Familien kamen, vermochten sie einen aufwendigeren Lebenswandel zu führen, als dies allein aufgrund ihrer Gehälter möglich gewesen wäre. Diese freilich waren auch nicht gerade dürftig. Der Intendant von Montauban bezog 18 000 und sein Amtskollege im Elsaß 12 000 Livres sowie 4000 Francs für seine Tätigkeit als „maître des requêtes".[367] Hinzu kamen noch königliche Gratifikationen oder Einnahmen aus lokalen Abgaben.

1689 wurde de Pomereu wegen seiner Weltgewandtheit und seiner fast diplomatischen Flexibilität zum ersten Intendanten von Rennes ernannt, da es galt, die recht mißtrauischen Bewohner dieser Provinz enger an die Krone zu binden.[368] Seine Nachfolger setzten diese Tradition fort. Ferrand, 1705–1715 Intendant der Bretagne, befleißigte sich einer Lebenshaltung, die jener des Oberkommandierenden in nichts nachstand, und pflegte fortwährend Gäste zu empfangen. Im übrigen weiß man, daß ihm ein Sekretär, zwei Angestellte, ein Haushofmeister, sieben Lakaien, ein Türsteher, zwei Kutscher, ein Reitknecht, ein Leibdiener, eine Hausverwalterin, ein Chefkoch, zwei Serviermädchen und zwei Küchenhilfen zur Seite standen, während seine Gattin über vier weitere Kammerdienerinnen verfügte. Eine solche Lebenshaltung entsprach den repräsentativen Aufgaben, welche das Amt mit sich brachte. Der Intendant besaß im allgemeinen ein größeres Vermögen, mehr Weltgewandtheit, Bildung, Geschmack und eine offenere Geisteshaltung als die meisten in seinem Amtsbezirk lebenden Provinzadligen und pflegte diese Überlegenheit ganz gezielt auszunutzen. Es gab keine strikte Trennung zwischen seiner Amtstätigkeit und seiner enormen Gastfreundschaft. Daher konnte er – was sich in der Bretagne förmlich anbot – die Ständeversammlungen oder die Provinzparlamente ebenso sehr oder sogar durch Schmeicheleien besänftigen und für sich einnehmen als durch die Pflege der mit seinem Amt verbundenen offiziellen Beziehungen.

Um seine Amtsgeschäfte wahrnehmen zu können, benötigte der Intendant entsprechende Räume und Mitarbeiter, die er oft – zumindest teilweise – von seinem eigenen Gehalt bezahlen mußte. Dies war zum Beispiel bei Jacques de la Grange der Fall, als er sich 1681 in Straßburg niederließ.[369] Anderswo gewährte man den Intendanten zu diesem Zweck entweder einen Kredit, oder sie verwendeten den Erlös aus irgendwelchen örtlichen Abgaben dazu, ihre Mitarbeiter zu bezahlen. Es gab jedenfalls keine feste Regelung bezüglich ihrer Angestellten. Allein der Intendant entschied, wieviele Mitarbeiter – und um welches Gehalt – er beschäftigte, und er konnte nach persönlichem Gutdünken Neueinstellungen und Entlassungen vornehmen. Im übrigen hielt sich die Zahl der Mitglieder stets in kleinem Rahmen. Im Jahre 1710 bestand der Verwaltungsapparat in Straßburg (ohne die Schreibergehilfen) insgesamt aus fünf Personen, nämlich aus zwei Sekretären und drei Schreibern. Die Intendantur der Bretagne kam sogar mit einem einzigen „cadre supérieur" (Leitender Angestellter) – dem ersten Sekretär – aus. Der Intendant de Pomereu (1689-1691) hatte in den ersten Jahren die meisten Briefe eigenhändig verfaßt.

Ein Intendant, der einen großen Amtsbezirk zu verwalten hatte, benötigte vor Ort sitzende Mitarbeiter, welche er mit Verwaltungsaufgaben betrauen konnte. Diese zunächst nur vorübergehend eingestellten, bisweilen „correspondants" (Berichterstatter) genannten Mitarbeiter entwickelten sich mit der Zeit zu einer ständigen Einrichtung und erhielten die Amtsbezeichnung „commissaires subdélegués" (untergeordnete Kommissare) oder schlicht „subdélegués". Ihre Zahl war sehr unterschiedlich: zu Beginn des achtzehnten Jahrhunderts gab es im Elsaß fünf, in der Bretagne dagegen nicht weniger als 83 solche Unterbeamten! Zu diesem Zeitpunkt waren die aufgrund eines momentanen Bedarfs der Intendanten eingestellten Mitarbeiter bereits zu einer überall anzutreffenden, dauerhaften Institution geworden. Der „subdélégué" (der meist noch irgendein Amt innerhalb der Rechtssprechung ausübte) war kein zeitweiliger Gehilfe mehr, sondern ein mit großen Vollmachten ausgestatteter, für einen bestimmten Bezirk zuständiger Mitarbeiter des Intendanten; diesem neuen Sachverhalt wurde in einem 1707 überarbeiteten Edikt von 1704 offiziell Rechnung getragen.

In den Jahren 1679 bis 1715 beschäftigten sich die Intendanten – neben militärischen Fragen, der Aufstellung der Miliz und der Beseitigung manchmal dramatischer Engpässe in der Nahrungsmittelversorgung – vor allem mit dem Problem des Protestantismus. Die Art und Weise, auf welche man sich gegenüber den „prétendus réformés" (Anhängern der vorgeblich reformierten Religion) zu verhalten pflegte, hing sehr stark von der Persönlichkeit und der Einstellung des jeweiligen Intendanten ab. Der Amtsinhaber in Poitiers, Marillac, setzte ohne zu zögern überall das grausame Druckmittel der Dragonaden[370] ein; Le Gendre – der Intendant von Montauban – ließ zwischen 1700 und 1704 unzählige Protestanten inhaftieren, mit einer Geldbuße belegen, beleidigen und fortwährend bedrohen.[371] Basville hingegen mußte – entgegen einer sich hartnäckig haltenden Legende – ständig sein Mitgefühl im Zaume halten. Aus seinen Briefen geht hervor, zu welch hochherziger Gesinnung und zu welchem Edelmut ein hoher Beamter des grand siècle imstande war.[372]

Basville hatte nichts von einem Folterknecht, ja nicht einmal von einem religiösen Eiferer an sich. Seinen Bruder ließ er wissen, daß er niemals der Aufhebung des Edikts von Nantes zugestimmt hätte und daß er nicht einmal um seine Meinung gefragt worden sei. Während des Kamisardenaufstandes vertraute er einem Amtskollegen an, er suche stets die Herzen der Protestanten zu gewinnen und werde nie Gewalt anwenden. Der Intendant lehnte die vom Marschall de Montrevel empfohlenen schrecklichen Repressalien ab und zeigte große Erleichterung darüber, daß nicht dieser, sondern Villars in seinen Amtsbezirk entsandt wurde. Er hielt die Revokation des Edikts von Nantes für unklug, meinte aber, daß der König – aus Rücksicht auf sein Ansehen bei den Untertanen und im Ausland – die Aufhebung nicht mehr widerrufen könne. Daher gelte es, das diesbezügliche Edikt von Fontainebleau mit Entschlossenheit, Verstand und Milde anzuwenden. Trotz offenkundiger Loyalität und der großen Gewissenhaftigkeit, mit welcher Basville sein Amt versah, konnte er manchmal nicht umhin, seiner Enttäuschung Ausdruck zu verleihen; er schrieb, er werde alles tun, um diese traurige Aufgabe zu erfüllen, und an anderer Stelle beklagte er sich, es sei eine widerwärtige Angelegenheit für einen altgedienten Verwaltungsbeamten, die Häuser der ihm anvertrauten Menschen in Brand stecken zu lassen. Gegenüber Fléchier, dem Bischof von Nîmes, äußerten Seine Gnaden Nicolas de Lamoignon, Freiherr von Basville, Marquis von la Motte, Graf von Launay-Courson, Intendant des Languedoc und Mitglied des Staatsrates, die Intendanten müßten neuerdings so schreckliche Aufgaben erfüllen, daß er, sofern er noch einmal die Wahl hätte, ganz bestimmt einen anderen Beruf ergreifen würde; während seiner dreiundzwanzigjährigen Amtszeit habe er fortwährend Grund zur Sorge gehabt, sei ständig mit großen Schwierigkeiten konfrontiert worden und habe nie einen einzigen Moment der Ruhe und Beschaulichkeit gefunden; jenes Glücksgefühl, das sich einstelle, sobald man mit sich und der Umwelt zufrieden sei und welches das eigentliche Lebensziel darstelle, kenne er schon gar nicht mehr.[373] Dieser betagte Corneille'sche Held der königlichen Verwaltung besaß in der Tat die Empfindsamkeit eines Racine.

Frankreichs Eroberungen und Annexionen – Ludwig XIV. als geschickter Außenpolitiker

Unter Ludwig XIV. gelangen Frankreich einige Eroberungen, die es teilweise später wieder verlor – die Gegend um Tournai, Lothringen, Philippsburg, Breisach und Pinerolo – oder behaupten konnte – das Artois, das Roussillon, das Elsaß, die Franche-Comté, Flandern und den Hennegau. Die neuerworbenen Städte und Gebiete stellten aber für das französische

Königreich eine größere Belastung dar als viele Provinzen im Landesinneren. Die Schwierigkeiten im Bereich der Wirtschaft – Zollvorschriften, Truppenverpflegung –, die militärischen Probleme – Errichtung von Festungen, Stationierung französischer Soldaten –, die religiösen Auseinandersetzungen sowie bisweilen – etwa im Elsaß – der sprachliche Partikularismus erschwerten dem König die Verwaltung der eroberten Territorien.

Außerdem können wir heute – aufgrund des großen zeitlichen Abstands – die damalige Situation viel besser als Ludwig XIV. selbst einschätzen; uns ist bekannt, daß die lothringischen Herzöge in der Folgezeit (zunächst) wieder in ihre Rechte eingesetzt wurden und daß Frankreich Pinerolo (in Piemont) wieder verlor. Unmittelbar nach der Besetzung dieser Gebiete konnte jedoch noch niemand ahnen, was die Zukunft bringen werde. Niemand vermochte zu sagen, ob Frankreich an den (1667/68 eroberten) flandrischen Gebieten festhalten und ihren Besitz behaupten werde; ferner war es ungewiß, ob man die 1668 zum ersten Mal eroberte, anschließend wieder abgetretene und 1674 erneut eingenommene Franche-Comté annektieren werde oder nicht. Kein Mensch konnte damals voraussehen, ob die Réunion Straßburgs in den Friedensverträgen bestätigt werde, denn niemand – weder die Vertreter der Besatzungsmacht noch die Bewohner der besetzten Gebiete – konnte damals wissen, ob es zu einer endgültigen Annexion komme oder nicht.

Diese Ungewißheit, die in solch vagen Situationen unerläßliche Vorsicht sowie das bewußte Einkalkulieren der unterschiedlichsten Entwicklungen veranlaßten Ludwig XIV. dazu, zunächst Milde walten zu lassen, um die Bevölkerung der besetzten Gebiete für sich einzunehmen und durch großzügige Versprechungen für die französische Sache zu gewinnen. Sowohl Dole als auch Besançon kam man 1668 beziehungsweise am 15. Mai 1674 anläßlich ihrer Kapitulation sehr weit entgegen. Die Stadt Besançon hatte siebenundzwanzig Tage lang erbitterten Widerstand geleistet, und die Festung hatte sich noch nicht ergeben. Wenn eine Stadt sich so zäh verteidigte, erfolgte die Kapitulation stets in zwei Schritten. Es kam jedoch nicht alle Tage vor, daß der Belagerer einer Stadt mitten im Krieg die Aufrechterhaltung ihrer kostbaren Privilegien verbriefte. Im Falle Besançons wurden Stadt und Bewohner weitestgehend geschont. Die Angehörigen der Miliz und die Freiwilligen sollten zwar vorübergehend festgenommen, aber nicht weiter behelligt oder zu Kriegsgefangenen gemacht werden. Außerdem sollten die Einwohner weder direkt noch indirekt gegen die Zitadelle eingesetzt und ihre Waffen zwar unter Kontrolle gehalten, aber nicht konfisziert werden. Auch an der Salzsteuer sollte sich nichts ändern. Ferner wurden sämtliche Privilegien – des Erzbischofs, der Chorherren und übrigen Geistlichen, des Kommandanten, der anwesenden Adligen, des städtischen Rates und der Einwohnerschaft – im einzelnen aufgeführt und bestätigt. Gleich der erste Artikel der Kapitulationsurkunde enthielt jedoch das größte Zugeständnis an die sehr stark von Spanien geprägte Stadt: die katholische Religion sollte in ihrem vollen Umfang beibehalten und kein anderer Kult eingeführt werden.[374] Diese Klausel bedeutete, daß die Franche-Comté selbst im Falle einer endgültigen Annexion niemals den Bestimmungen der im Edikt von Nantes verankerten Religionsfreiheit unterworfen würde. Im äußersten Fall hatte dieser Artikel zur Folge, daß die Prediger bestimmter auswärtiger Regimente Seiner Majestät in Besançon keinen Sonntagsgottesdienst abhalten durften.

Man pflegte die althergebrachten Privilegien so lange zu respektieren, bis die Bewohner der eroberten Gebiete für die französische Sache gewonnen waren oder zumindest die neu eingerichteten Verwaltungsbehörden vorsichtige, aber unaufhaltsame Fortschritte erzielen konnten. Im Jahre 1668 schrieb der Marquis de Louvois dem in Lille residierenden Intendanten des wallonischen Flandern, es gelte so lange die vom König zugesicherten Privilegien peinlich genau zu achten, bis die Bewohner der eroberten Gebiete durch ihr Verhalten einen Vorwand lieferten, um gegen die verbrieften Vorrechte zu verstoßen.[375] So kam es, daß in Flandern, dem Hennegau und in der Franche-Comté erst im Jahre 1693 das in Frankreich überall verbreitete und nahezu unumgängliche Übel der Ämterkäuflichkeit eingeführt wurde. Nachdem die französische Krone die neuerworbenen Gebiete mehr als zehn Jahre lang geschont hatte, schickte sie sich jedoch irgendwann an, die betreffenden Territorien ins Königreich zu integrieren. Frankreich unterschied sich grundlegend von dem bunten Flickenteppich des Heiligen Römischen Reiches Deutscher Nation, und im Gegensatz zu den holländischen Generalstaaten duldete es nicht, daß die einzelnen Gebiete verschiedene Rechte geltend machen konnten. Unter Ludwig XIV. strebte das französische Königreich nach Einheitlichkeit, um nicht zu sagen nach Gleichförmigkeit.

Während der zweiten Etappe der Französisierung machten die Beauftragten des Sonnenkönigs kein Hehl aus ihren Absichten. Diese offene Haltung war jedoch teilweise darauf zurückzuführen, daß die Bewohner der neuen Provinzen entweder bereits für die französische Sache gewonnen waren oder kurz davor standen. 1682 teilte Colbert dem erwähnten Intendanten des wallonischen Flandern mit, Ludwig XIV. wünsche, daß die dort herrschenden Gepflogenheiten kontinuierlich an die im französischen Königreich üblichen Sitten und Gebräuche angepaßt würden.[376] Die eigentlichen Reichsbewohner bekamen viel stärker die Macht und das Ansehen der französischen Krone zu spüren als die unmittelbaren Nachbarn Frankreichs. In den Augen eines Bewohners der Franche-Comté, des Hennegaus oder der Gegend um Roubaix war der König von Spanien ein Monarch, vor dem man sich kaum fürchten mußte, da er in einem fernen Land residierte und seine große Macht durch diese enorme Entfernung fast nicht mehr zum Tragen kam. Ludwig XIV. dagegen war ein in nächster Nachbarschaft lebender, äußerst regsamer Monarch, der ständig Krieg führte und Eroberungen machte. Er verfügte über einen modernen und folglich drückenderen Verwaltungsapparat, ein ausgeklügeltes und daher effektiveres System der Steuereinziehung sowie über eine Armee, die stets einen riesigen Bedarf zu decken hatte und aus diesem Grund gerne zu dem Mittel der Zwangsaushebung oder der Auslosung von Milizsoldaten griff. Dieses vor Vitalität überschäumende Frankreich erregte alles in allem durchaus Besorgnisse. Die Territorien, die sich in dieses blühende Königreich einbezogen sahen, mußten ihr Privileg teuer bezahlen. Jahrelang waren spanische Agenten damit beschäftigt, die Bevölkerung von Dole bis Tourcoing gegen Frankreich aufzuhetzen. Das am schwersten wiegende Argument, welches sie vorbrachten, war, daß die allerkatholischste Majestät (der König von Spanien) stets ein treuer Sohn der Kirche gewesen sei und den Geboten Jesu Christi sowie den Weisungen seines irdischen Stellvertreters, des Papstes, Folge geleistet habe, wohingegen die allerchristlichste Majestät (der König von Frankreich) von mangelhafter und zweideutiger Religiosität sei und seit dem Jahre 1598 in seinem Königreich die Ketzerei geduldet habe. Wer ihm gehorche oder gar die Treue schwöre, unterstütze daher unwillkürlich das Unwesen der Häresie.

Wenn Ludwig XIV. schließlich die Eingliederung und Einbeziehung der Randprovinzen gelang, so verdankte er diesen Erfolg vielleicht seiner geschickten Politik und seinen fähigen Verwaltungsbeamten, die mit umsichtiger Entschlossenheit handelten. Den größten Ausschlag gab jedoch sein Vorgehen gegen die Protestanten. Wenn die Aufhebung des Edikts von Nantes auch nicht in sämtlichen Provinzen die religiöse Einheit herstellte, so trug sie doch entscheidend – fast von einem Tag auf den anderen – dazu bei, die Bewohner der ehemals spanischen Provinzen zu treuen (manchmal sogar eifrigen) Anhängern des französischen Königs zu machen. Die Durchsetzung der bourbonischen Erbfolge in Spanien bildete dann den glanzvollen Abschluß fünfunddreißigjähriger Bemühungen.

Pierre-Ignace Chavatte – ein Franzose wider Willen

Man neigte damals sehr dazu, der Haltung der Notabeln aus den besetzten Provinzen allzu große Bedeutung für das Gelingen oder Scheitern einer dauerhaften Annexion beizumessen. Der gemeine Mann wurde nur selten um seine Meinung gefragt: man war überzeugt, er werde schon dem Beispiel der Notabeln folgen. Abgesehen von ein paar Massenaufständen, pflegte das einfache Volk seine Haltung ohnehin nur selten kundzutun. Zufällig verfügt man für die Stadt Lille über ein mit Sorgfalt über sechsunddreißig Jahre hinweg geführtes Tagebuch. Sein Verfasser war einer jener Menschen, die aufgrund der Eroberungen und Friedensverträge Untertanen des französischen Königs wurden; der bescheidene Chronist, ein einfacher Arbeiter namens Pierre-Ignace Chavatte (geb. 1633, gest. 1693), verdiente seinen Lebensunterhalt als „sayetteur" (Sayettweber).[377] Er mochte wohl die Meisterprüfung abgelegt haben, besaß aber nicht genügend Mittel, um sich selbständig zu machen. So verdingte er sich als Tagelöhner und bezeichnete sich treuherzig als „pauvre merchinaire bon marché" (armer, billiger Lohnarbeiter). Seine Arbeit – die „sayetterie" – bestand darin, aus gekämmter Wolle leichte, billige Stoffe herzustellen. Die in Lille ansässigen Textilhersteller pflegten Wolle aus Spanien, Holland sowie aus dem Artois zu beziehen und ihre Erzeugnisse nach Frankreich, Italien, Spanien beziehungsweise Lateinamerika zu verkaufen. Die „sayetteurs" stellten einfache Stoffe aus reiner Wolle her, der kein Hanfgarn oder Leinen beigemischt wurde.

Wenn es zu Streitereien kam, dann kaum zwischen verschiedenen sozialen Schichten: es führte nicht sehr weit, wenn der Arbeiter den Meister kritisierte oder den Händler beneidete. Die Spannungen äußerten sich vielmehr innerhalb der gesellschaftlichen Schicht: die „bourgeteurs" (Wollweber)[378] betrachteten die Sayettweber als ihre größten Feinde und umgekehrt. Wenn man – wie Chavatte – in einer Stadt lebte, deren Einwohnerschaft zu fünfundfünfzig Prozent in der Tuchherstellung tätig war, und außerdem in einer Straße wohnte, in welcher allein fünfundfünfzig Prozent sämtlicher Arbeitskräfte in der „sayetterie" beschäftigt waren, hatte man allen Grund dazu, sein Urteil von dem Wohlergehen der Tuchindustrie abhängig zu machen. Nun hatte die Annexion Lilles durch das französische Königreich aber zur Folge, daß die Stadt von den Spanischen Niederlanden durch eine hohe Zollschranke abgetrennt wurde und der Preis der aus Holland eingeführten Wolle in die Höhe schnellte, während sich Paris und Madrid bekriegten, nur wenige oder gar keine Erzeugnisse ausgeführt werden durften und die Tuchherstellung in das System des von Colbert eingeführten Merkantilismus einbezogen und folglich streng überwacht wurde. Diese unzähligen Schwierigkeiten führten dazu, daß Chavatte alles andere als ein begeisterter Anhänger Frankreichs war.

Als der Devolutionskrieg ausbrach, fühlte sich der damals vierunddreißigjährige Chavatte als treuer Untertan des spanischen Königs, dessen Herrschaft er auch weiterhin unterstehen wollte. Er beteiligte sich aktiv an der Verteidigung seiner Heimatstadt. Im übrigen wurde die Straße, in welcher er wohnte, von Turennes Artillerie unter Beschuß genommen, so daß er sich – ebenso wie seine Nachbarn – eine neue Bleibe suchen mußte. Wie viele Einwohner der Stadt Lille warf der Tagebuchschreiber dem Stadtrat vor, den Kampf vorschnell aufgegeben und die Ortschaft an die französische Krone verkauft zu haben.[379] Chavatte hoffte, trotz der Übergabe der Stadt Untertan des spanischen Königs bleiben zu können, und war daher über den Frieden von Aachen zutiefst enttäuscht, welcher Lille dem französischen Königreich zusprach. Der Weber berichtete von den zahlreichen Zusammenstößen, welche sich in den Wirtshäusern wie auf offener Straße zwischen seinen Landsleuten und der „Soldateska" der französischen Besatzungstruppen ereigneten. Seine Aufzeichnungen zu 1674 und 1692 waren ebenso bissig, was wohl daran lag, daß in jenen Jahren der Krieg erneut ausbrach und wiederum spanische Truppen von der französischen Armee angegriffen wurden. Chavatte klagte darüber, daß Louvois die Deserteure oder jene Bewohner von Lille, die Soldaten der spanischen Armee geworden waren, so ungeheuer streng behandle. Dagegen äußerte er sich erfreut über die Verbreitung heimlich herausgegebener Zeitungen, sammelte eifrig die sogenannten „canards" (Käseblätter) und fertigte seitenweise Abschriften an.

Ganz gleich, ob es sich um den holländischen oder um den darauffolgenden Krieg handelte, Chavatte pflegte ausschließlich die Bündnispartner zu loben und schien – obwohl ein guter Katholik – darüber gar zu vergessen, daß Wilhelm von Oranien der schlimmste Gegner der katholischen Kirche war. Für Chavatte war Ludwig XIV. ein Monarch ohne Treu und Glauben; das Tagebuch warf dem französischen König vor, einen Jansenisten zum Bischof von Tournai gemacht, sich nicht an der Verteidigung des christlichen Europa gegen die Türken beteiligt und fortwährend gegen das Kriegsgesetz verstoßen zu haben; außerdem machte es Ludwig XIV. für die Wirtschaftskrise verantwortlich, unter der Flandern zu leiden hatte.

Mindestens bis 1685 pflichtete Chavatte den Beschwerden der meisten Geistlichen bei und schöpfte aus seinem glühenden, kämpferischen Katholizismus manches Argument, um dem König von Frankreich mit Mißtrauen oder Haß zu begegnen. Gilbert de Choiseul-Praslin, der neue Bischof von Tournai, war nicht nur Jansenist, sondern obendrein Verfechter der gallikanischen Idee und suchte daher die ihm anvertrauten Gläubigen weniger auf Rom und Spanien als vielmehr auf die französische Spielart des Katholizismus hin zu orientieren. Woher sollte ein einfacher Sayettweber in der Lage sein, zu erkennen, daß Frankreich damals über die aufgeschlossenste, gesündeste, gelehrteste und aktivste Kirche der ganzen Welt verfügte, welche obendrein die meisten Missionare entsandte? Chavatte plapperte einfach das nach, was die Kapuziner oder die ländlichen Gemeindepriester predigten. Er hielt – ohne sich ihrer Tragweite bewußt zu werden – die Anstrengungen fest, welche Ludwig XIV. unternahm, um die eifrigen Katholiken Flanderns für die französische Sache zu gewinnen. In der Kapitulationsurkunde von Lille war im dritten Artikel ausdrücklich festgehalten worden, daß in besagter Stadt sowie in sämtlichen Vororten nie die Glaubensfreiheit eingeführt und stets nur die katholische Religion geduldet werden dürfe und der König ersucht werde, ausschließlich katholische Gouverneure, Offiziere und Soldaten nach Lille zu entsenden. Im Jahre 1671 zeigte sich Chavatte hingegen sehr davon beeindruckt, daß Ludwig XIV. an einer Sakramentsprozession teilnahm.

Die Aufhebung des Edikts von Nantes war ganz in Chavattes Sinne. Er betrachtete den Erlaß des Edikts von Fontainebleau jedoch als einen so normalen Vorgang – welcher ohnehin schon längst fällig gewesen wäre –, daß er von ihm berichtete, ohne in jene Begeisterungsschreie auszubrechen, wie man sie damals im Landesinneren von ebenso einfachen Leuten vernehmen konnte. Das Tagebuch vermerkte lediglich in ein paar knappen Sätzen, daß König Ludwig XIV. von Frankreich künftig keine Häretiker mehr in seinem Lande dulden wolle. Der Weber verwendete weniger Worte auf dieses bedeutende Ereignis als auf den Titel seiner Chronik, welcher folgendermaßen lautete: „Chroniques générales des choses mémorables, copie du livre de Mahieu Manteau, augmenté de plusieurs choses de par moi Pierre Ignace Chavatte, fait en deux livres, et durera jusqu' à deux siècles, si Dieu me fait la grâce depuis l'an 1500" („Allgemeine Chronik denkwürdiger Begebenheiten, um einige Anmerkungen bereicherte Abschrift des Buches von Mahieu Manteau, in zwei Bänden verfaßt von Pierre Ignace Chavatte, welche um 1500 einsetzt und – so Gott will – über einen Zeitraum von zweihundert Jahren berichten wird").

Da Chavatte bereits 1693 vom Tod ereilt wurde, verfehlte er sein Ziel um sieben Jahre. Dank der Bemühungen Alain Lottins wird er auch dreihundert Jahre später noch gelesen.[380] Bei seiner Lektüre wird man unter anderem gewahr, daß im Frankreich Ludwigs XIV. eine öffentliche Meinung existierte, der man durchaus Gehör schenkte, auf welche selbst der absolutistische König häufig Rücksicht nahm und die sich nicht immer mit den Ansichten der gesellschaftlichen Elite deckte. Was die eroberten Provinzen betraf, so vermochte das Frankreich des Sonnenkönigs trotz der abweisenden Haltung eines Chavatte sein Vorhaben zu verwirklichen. Der Krieg, die Beschlagnahmungen und die Grenzkorrekturen hinderten die Bewohner der besetzten Gebiete nicht daran, sich dareinzufügen, daß sie nun dem französischen Königreich angehörten und an seinem Druck wie an seinem Ruhm teilhatten. Es war ein Flame, ein Parlamentsrat aus Douai, welcher im Jahre 1712 die Armee Villars anführte und den Sieg von Denain ermöglichte.

Das Wunder Europas – die Kanäle des Midi

Obwohl die Bevölkerung Nordfrankreichs zahlreicher, besser gebildet und fleißiger war, wurden die weniger begünstigten Provinzen vom Staat nicht sich selbst überlassen. Ein Beweis hierfür war der Bau des als „la merveille de l'Europe" (Wunder Europas) bezeichneten Kanals, welcher das Mittelmeer mit dem Atlantik verband. Um ein so großartiges Unternehmen durchführen zu können, waren – wie später beim Bau des Suez- oder des Panamakanals – unumgänglich: das Zusammenwirken einer privaten Initiative und einer staatlichen Unterstützung, umfangreiche technische Vorarbeiten sowie eine solide finanzielle Basis und vor allem eine fortwährende Berücksichtigung der örtlichen Gegebenheiten.

Im vorliegenden Falle ging die Initiative von einem genialen Mann namens Pierre-Paul Riquet (geb. 1604, gest. 1680) aus. Er stammte aus bescheidenen Verhältnissen (sein Vater war Anwalt, sein Großvater hatte nicht einmal dem Bürgertum angehört[381]), hatte jedoch durch sein Amt als Salzsteuereinnehmer im Roussillon großen Reichtum erworben und die Denkweise der großen Bankiers übernommen. Riquet träumte davon, Toulouse mit dem Etang de Thau, das heißt den Atlantik mit dem Mittelmeer, zu verbinden. Seiner Ansicht nach mußte man hierzu lediglich über eine Summe von mehreren Millionen Francs sowie über tatkräftige Unterstützung und genügend Zeit verfügen, einen etwa sechzig Meilen langen Kanal ausheben, zahlreiche Brücken und Schleusen errichten sowie seitlich der neuen Wasserstraße zusätzliche Gräben ziehen lassen (um das darin befindliche Wasser erneuern zu können) und etwa zehntausend Männer für die Erdarbeiten anstellen. Die Zukunft sollte zeigen, daß diese Voraussetzungen allesamt erfüllt werden konnten. Es galt jedoch zwei Hindernisse zu überwinden: zum einen die natürliche Barriere des „montagne Noire" (Schwarzer Berg) genannten Höhenzuges – die Wasserscheide des Seuil de Naurouze lag einhundertzweiunddreißig Meter über dem Meeresspiegel! – und zum anderen die ablehnende Haltung des Ministers Colbert. Ganz gleich in welchem Umfang der Staat sich zu beteiligen gedachte, solange der Minister nicht von der Zweckmäßigkeit des Vorhabens zu überzeugen war, durfte nichts unternommen werden.

Im Jahre 1662 konnte Riquet große Erfolge verbuchen. Monseigneur d'Anglure de Bourlemont, der Erzbischof von Toulouse, erkannte, welche Vorteile ein solcher Kanal dem westlichen Languedoc und vor allem der Gegend um seinen Amtssitz bringen würde, und erwirkte für Riquet eine Audienz bei Colbert. Der Minister zeigte sich den wirtschaftlichen Überlegungen empfänglich, welche Riquet bei der Planung des Kanals beflügelt hatten; da Colbert für den Staatshaushalt verantwortlich war, untersuchte er jedoch auch die finanzielle Seite des Unternehmens und kam zu dem Ergebnis, daß die von den Kanalbenutzern erhobenen Gebühren zunächst zur Deckung der Konstruktionskosten verwendet werden könnten und anschließend eine gute Einnahmequelle darstellen würden. Obwohl Colbert noch nicht offiziell zum Marineminister ernannt worden war, übte er bereits die entsprechenden Funktionen aus und wußte durchaus die strategischen Vorzüge zu schätzen, welche ein solcher Kanal barg: die Kriegsschiffe, die sich von Toulon nach Brest begeben wollten, müßten nach der Fertigstellung des „Canal du Midi" nicht mehr das feindliche Spanien umsegeln. Ferner dachte er auch an die Handelsschiffe, welche ebenfalls von der direkten Verbindung Bordeaux–Marseille profitieren würden. Die Argumente des Ministers und des finanzkräftigen Planers widersprachen sich nicht, sondern ergänzten sich gegenseitig. Künftig setzte sich Colbert innerhalb der Regierung für Riquets Vorhaben ein, während der Erzbischof von Toulouse dessen Anliegen mit großem Eifer bei den Provinzialständen des Languedoc vorantrieb. Anfang 1663 beschloß der Staatsrat, daß königliche Kommissare ernannt werden sollten, und ein Jahr später gingen die Stände des Languedoc eine vorläufige Verpflichtung ein; am 19. Januar 1665 gab die zuständige Kommission ein positives Gutachten ab, und im Oktober 1666 wurde der Bau des Kanals per Edikt genehmigt und Riquet vom König in den Adelsstand erhoben. Am 2. März 1681 war es dann soweit: in einem feierlichen Festakt eröffnete der Intendant d'Aguesseau die neue Wasserstraße.[382]

Der Ausbau des Kanals von Sète hatte eine Million und die Fertigstellung des „Canal du Midi" rund fünfzehn Millionen Francs gekostet. Ein Drittel dieser Summe stammte aus der königlichen Kasse; die Stände des Languedoc hatten 8 400 000 Livres beigesteuert. Riquet seinerseits hatte fast zwei Millionen Livres aufbringen müssen, was ihm dank unermüdlicher Bemühungen gelang: er vermochte die Unterstützung großer Bankiers zu gewinnen und nahm persönliche Kredite in solcher Höhe auf, daß seine Familie auf fünfzig Jahre hinaus verschuldet war.

Seignelay, der die Nachfolge seines Vaters Colbert als Marineminister antrat, war nicht allzu sehr von den strategischen Vorzügen des „Canal du Midi" überzeugt, versprach sich von ihm jedoch große Einnahmen. Im Jahr 1684 wurde am Kanal entlang im Abstand von jeweils einer Meile eine Pyramide aus Stein errichtet, mit deren Hilfe man die Gebühren berechnete. Pro zurückgelegter Meile mußte für jede Ware ein bestimmter Betrag an den Staat abgeführt werden, und zwar für Korn, Gemüse und Mehl sechs Heller pro Zentner, für in Fässer abgefüllten Wein drei Sous pro sechs Zentner und für Marmor acht Heller pro Kubikfuß.

Diese Tarife ermöglichten dem Staat umfangreiche Einnahmen, während die Händler vierzig Prozent der früheren Transportkosten einsparen konnten und folglich ihre Waren nicht mehr auf den Landstraßen, sondern auf dem Wasser beförderten. Die neue Wasserstraße wurde jedoch auch von Reisenden benutzt, welche laut königlichem Tarif dreißig Sous pro Tag und Passagier oder drei Sous pro Meile entrichten mußten – anhand dieser Tarife läßt sich die durchschnittliche Geschwindigkeit errechnen, mit welcher die Schiffe den Kanal befuhren. Großzügigerweise gewährte der König Bediensteten, Angehörigen der Marine und Soldaten eine Ermäßigung von fünfzig Prozent.[383]

Die Bewohner des südlichen Languedoc hatten zwar keine allzu große Begeisterung gezeigt, die Gegend um Toulouse, welche die Kornkammer ganz Südfrankreichs war, profitierte jedoch von der neuen Wasserstraße. Im Jahre 1688 wurde der Kanal bereits von ungefähr hundert Schiffen befahren, eine Zahl, die in den Jahren 1681 bis 1708 weder zu- noch abnahm, sondern sich konstant in dieser Größenordnung bewegte. Der „Canal du Midi" trug entscheidend zur Erschließung des nördlichen Languedoc bei. Letztendlich kam jedermann auf seine Kosten – der König ebenso wie die Provinzialstände des Languedoc, die einzelnen Diözesen und Städte, durch welche der Kanal führte, die Fahrgäste, Kaufleute und die Schiffsbesitzer; vor allem die Getreideanbauer – ganz gleich welcher Bedeutung – profitierten von der neuen Wasserstraße: da sie ihre Erzeugnisse auf sichere und kostengünstige Weise transportieren und mit großem Gewinn verkaufen konnten, gingen sie nun vermehrt zum Maisanbau über. Die Erben Riquets konnten dank der Bemühungen ihres Vorfahren ein riesiges Vermögen ansammeln, sich eine gefälschte Stammtafel zulegen und wurden hoffähig[384], zumal keiner an dieser legitimen Bereicherung Anstoß nahm.

Die Städte: Rangfolge, Bedeutung, Institutionen

Heutzutage pflegt man die Städte nach ihrer Einwohnerzahl zu ordnen. Wendet man dieses Prinzip auf das Frankreich Ludwigs XIV. an, so ergibt sich folgendes Bild: die größte französische Stadt war Paris (530 000 Einwohner), gefolgt von Lyon (97 000), Marseille (75 000), Rouen (60 000), Lille (55 000 Einwohner) sowie von Bordeaux, Nantes, Orléans, Toulouse, Caen, Amiens, Angers, Dijon, Tours und Metz.[385] Geht man von der Bedeutung als Handelszentren aus, so müßte die Reihenfolge teilweise abgeändert werden. Keines dieser beiden Kriterien hatte im siebzehnten Jahrhundert jedoch die Wichtigkeit, welche man ihm heutzutage beizumessen pflegt.

Die Einwohnerzahl spielte vor allem im Zusammenhang mit Paris eine große Rolle, das – gleich riesigen Tentakeln – seine Fühler in das gesamte Königreich ausstreckte, womöglich die größte Stadt der damaligen Welt war und dessen Bedeutung von den teils bewundernden, teils beunruhigten Zeitgenossen überschätzt wurde: Germain Brice veranschlagte die Einwohnerschaft der Hauptstadt auf 70 000 Seelen.

Unter Ludwig XIV. richtete sich das Ansehen der einzelnen Städte nach der Anzahl und der Bedeutung der Institutionen, welche sie beherbergten. Dieser Grundsatz spiegelt sich in der 1695 vorgenommenen Veranlagung zur Kopfsteuer – „le tarif de capitation" – wider[386]: Paris wurde als ein besonderer, einzigartiger Fall behandelt, welcher sich in keine normale Kategorie einordnen ließ. Die übrigen Städte teilte man in drei Klassen ein. Zu den „villes du premier ordre" (erstrangigen Städten) gehörten jene, die über ein Parlament verfügten (Aix, Besançon, Bordeaux, Dijon, Lyon [Dombes], Tournai, Grenoble, Metz, Pau, Rennes, Rouen und Toulouse), dann die, in welchen ein Finanzgerichtshof – „chambre des comptes" – ansässig war (Blois, Dole, Montpellier, Nantes, Rouen), sowie die Städte, welche einen Steuergerichtshof – „cour des aides" – (Clermont, Bordeaux, Montauban) oder einen obersten Gerichtshof „conseil supérieur" – (Breisach, Pinerolo und Perpignan) in ihren Mauern beherbergten. Die prächtigen und imposanten Fassaden der großartigen Parlamentsgebäude in Montpellier, Dijon, Aix oder Besançon sind noch heute ein Beleg dafür, in welchem Maße der für Geselligkeit, Mäzenatentum und Gelehrsamkeit empfängliche Amtsadel die französische Provinz und das gesamte Königreich prägte. Das Vorhandensein eines derartigen Gerichtshofes führte außerdem dazu, daß sich in der betreffenden Stadt ein ganzes Heer von Justizangestellten – Gerichtsdiener, Registratoren, Verteidiger, Staatsanwälte, Notare, Gerichtsleute („gens de la basoche") und Rechtsgelehrte – sowie von Bediensteten und Kaufleuten niederließ; hinzu kamen jene Menschen, die sich samt ihren Familien vorübergehend in der Stadt aufhielten, um einen Prozeß aus nächster Nähe zu verfolgen, und den Wirten und Vermietern möblierter Häuser zu guten Einnahmen verhalfen.

Die mittlere Kategorie umfaßte die „villes du second ordre" (zweitrangige Städte), zu welchen trotz seiner zahlenmäßig großen Bevölkerung neben Angers, Angoulême, Chartres, Provins oder Riom auch Marseille gehörte und in denen mindestens eine Rentkammer – „bureau des finances" – oder ein Landgericht tagte.

Die Institution der Rentkammer, die den sogenannten „trésoriers de France" (Schatzmeister Frankreichs) unterstand, war damals bereits etwas aus der Mode gekommen, nachdem sie zwischen 1552 und 1652 den Höhepunkt ihrer Entwicklung erreicht hatte; die Rentkammern waren für Finanz- und Domänensachen zuständig und führten die Aufsicht über das Wegeamt. Ab 1661 war Colbert fortwährend bestrebt, die Kompetenz der Rentkammern zu beschneiden, und viele ihrer bisherigen Befugnisse wurden den Intendanten übertragen. Mit dem Amt eines „trésorier de France" war jedoch die Erhebung in den Adelsstand verbunden. Sie erfolgte zwar erst recht spät – in der zweiten Generation –, dafür aber in allen Ehren; im Unterschied zu der – ebenfalls in den Adelsstand erhebenden – Charge eines königlichen Sekretärs erweckte dieses Amt nämlich nicht den Eindruck einer mit keinerlei Pflichten verbundenen Pfründe, der dazu führte, daß viele Chargen von den Zeitgenossen als „savonnettes à vilain" (von dem Makel niedriger Herkunft reinwaschende Seife) bezeichnet wurden. Aus diesem Grund kam den Rentämtern nach wie vor große gesellschaftliche Bedeutung zu.

Mit den Landgerichten („présidiaux") verhielt es sich ganz ähnlich – auch diese Einrichtung war mittlerweile veraltet. Sie waren 1552 zur Entlastung der Parlamente ins Leben gerufen worden und sollten verhindern, daß die Untertanen allzu weite Entfernungen zurücklegen mußten, sobald sie bei Gericht vorstellig wurden, vermochten jedoch nie etwas gegen die feindselige Haltung der oberen Gerichtshöfe auszurichten. Um 1690 oder um das Jahr 1700 stellte ein Landgericht nichts anderes dar als eine Art gehobene Baillage. Wenn die Landgerichte somit auch keine großen Vollmachten besaßen, so galten sie in gesellschaftlicher Hinsicht dennoch als Miniaturausgabe der Parlamente. Auch die Präsenz eines Landgerichts hatte zur Folge, daß sich eine Vielzahl von – häufig entbehrlichen – Registratoren, Anwälten und Gerichtsdienern in der betreffenden Stadt ansiedelte; diese Behörden ließen ebenfalls die Bevölkerung der Stadt anwachsen, indem sie zahlreiche weitere Menschen anzogen: es galt die Tagungsräume des Landgerichts auszugestalten, die Stadt wurde von Prozeßführenden aufgesucht, es wurden viele Bedienstete angestellt sowie Handel und Gaststättengewerbe gefördert. Dank unermüdlicher Bemühungen hatten die Vorsitzenden der Landgerichte schließlich erreicht, daß sie mit königlicher Erlaubnis den begehrten Titel „président premier" (Erster Präsident) führen durften. All dies genügte, um eine Stadt gewaltig anwachsen zu lassen und das Gesellschaftsleben spürbar zu bereichern. Jenes Angoulême, in dem Molière spaßeshalber seine „Comtesse d'Escarbagnas" (Die Gräfin von Escarbagnas) spielen ließ, war nicht von ungefähr sehr stolz darauf, daß es in seinen Mauern ein Landgericht beherbergte.

Wenn die Rentmeister und die Juristen am Landgericht besonders wenig zu tun hatten, pflegten sie untereinander Streitigkeiten anzuzetteln, in denen es vor allem um Fragen der Etikette ging. Dann mußte sich der „conseil des parties" (eine richterliche Sektion des Staatsrats) mit der betreffenden Angelegenheit befassen, obwohl er – im Gegensatz zu den obengenannten Organen – wahrhaft Dringenderes zu erledigen hatte, und zwischen den beiden Parteien zu vermitteln suchen. So regelte beispielsweise der Erlaß vom 16. April 1680 die Rangfolge unter den Mitgliedern der beiden in Amiens ansässigen Körperschaften. Er legte in aller Ausführlichkeit fest, daß bei sämtlichen Versammlungen und Festveranstaltungen die Präsidenten und der königliche Stellvertreter („lieutenant général") des Landgerichts den Vortritt vor den Präsidenten und Schatzmeistern der Rentkammer von Amiens haben sollten. Diese wiederum hatten den Vortritt vor dem für Strafsachen zuständigen Richter („Lieutenant criminel") und sämtlichen weiteren am Landgericht beschäftigten Magistraten.[387] Hieraus geht deutlich hervor, daß die königliche Regierung durchaus nicht in allen Fällen die Adligen vorrangig behandelte.

Die dritte, am häufigsten anzutreffende Kategorie der französischen Städte stellten – zumindest in den Augen des Königs – die „petites villes" (kleine Städte) oder „villes du troisième ordre" (Städte dritten Ranges) dar. Auch sie leiteten ihre Bedeutung von dem Umstand ab, daß sie Sitz irgendeiner juristischen Körperschaft, Mittelpunkt einer „bailliage" (Ballei), „élection" (eine der Diözese entsprechende Verwaltungseinheit) oder „maîtrise des eaux et forêts" (Königliches Forst- und Gewässeramt) beziehungsweise Sitz eines Admiralitätsgerichts waren. Selbst innerhalb der Verwaltung vermochte man nicht genau zu sagen, wo die Grenze zwischen den kleinen Städten und den „bourgs clos", den geschlossenen Marktflecken, verlief, die sich wiederum von den restlichen Marktflecken und selbstverständlich auch von den einfachen Dörfern abhoben.

Obwohl unter Ludwig XIV. die französische Wirtschaft einen deutlichen Aufschwung nahm, wurde die Bedeutung der Städte folglich nach wie vor anhand der Institutionen gemessen, welche sie bargen. Und obgleich die damalige Verwaltung bereits moderne Züge trug und in manchen Bereichen bürgerliche Beamten wichtigere Funktionen bekleideten als Vertreter des Amtsadels, kam den Gerichtshöfen und Rechtsprechungsorganen die größte Bedeutung zu. In diesem Zusammenhang muß allerdings darauf hingewiesen werden, daß sich im Laufe der Zeit in den betreffenden Städten immer mehr Institutionen ansammelten. Rouen, das als einzige in der Normandie der Kategorie der „villes du premier ordre" (erstrangige Städte) angehörte, beherbergte drei Gerichtshöfe (ein im fünfzehnten Jahrhundert eingerichtetes Parlament, einen Finanzgerichtshof [„chambre des comptes"] und ein Zollgericht [„cour des aides"]) sowie eine Berufungsinstanz für die Admiralitätsgerichte und für jene Fälle, die vor einem Forst- und Gewässeramt verhandelt worden waren. Außerdem war es Amtssitz des Gouverneurs der Provinz Bretagne sowie eines Generalstatthalters, ferner Sitz des Intendanten der „haute Normandie", eines Erzbischofs und eines Vertreters der Handelskammer („bureau du commerce"). Desweiteren gab es in Rouen eine Rentkammer, ein Landgericht, eine Münze, ein Steueramt, ein königliches Forst- und Gewässeramt sowie ein Admiralitätsgericht. Caen, das der zweiten Kategorie zuzurechnen war, begnügte sich nicht mit den entsprechenden Statussymbolen (Landgericht und Rentkammer), sondern beherbergte außerdem einen Generalstatthalter, einen Intendanten, eine Münze, ein Steueramt, ein Admiralitätsgericht, ein Forst- und Gewässeramt sowie eine berühmte Universität. Aus diesem Grund besaßen die Parlamente, Landgerichte und Balleien nicht nur praktische, sondern auch symbolische Bedeutung.

Wenn die Institutionen in der damaligen Zeit höher bewertet wurden als der Handel und wenn der Generalkontrolleur der Finanzen bei der Veranlagung zur Kopfsteuer – selbst auf die Gefahr eines Verlustes hin – die Beamten der königlichen Verwaltung stets höher einstufte als die Großkaufleute oder Manufakturbesitzer, so geschah dies nicht etwa aufgrund einer etwas abgestandenen Tradition. Dieses Verhalten entsprang vielmehr der gegen Ende des siebzehnten Jahrhunderts in Frankreich vorherrschenden Auffassung, daß die Wirtschaft sich nicht gerade durch bewundernswerte Modernität auszeichnete. Diese pflegte man vielmehr den staatlichen Einrichtungen zuzuschreiben, das heißt jener bahnbrechenden Verwaltung, deren Ausbau Ludwig XIV. und seine Minister ab 1661 mit größter Aufmerksamkeit vorantrieben und die im achtzehnten Jahrhundert von den aufgeklärten Fürsten Europas mehr oder weniger stark verändert übernommen wurde.[388]

Rouen – eine ruhige Stadt

Es gab Hafenstädte, welche durch die Kaperei, den Sklavenhandel und den Warenaustausch mit den Südseeinseln zu großem Reichtum gelangten. In manchen Städten – Dünkirchen, Saint-Malo und Nantes – herrschte ein reges, pulsierendes Leben. Einige Häfen expandierten selbst in Krise und Krieg im großen Maßstab – so zum Beispiel Marseille. Seine Kaufleute tätigten niemals so gute Geschäfte wie in den Jahren zwischen 1700 und 1715, in denen sie ihre Handelsbeziehungen ausdehnten, Gewinne anhäuften und sich die Vorteile zunutze machten, welche sich für sie aus dem Spanischen Erbfolgekrieg ergaben: die Kaperfahrten, den Handel mit den spanischen Besitzungen in Amerika, den Transport von Edelmetallen und die neuen Seewege durch den Indischen Ozean. Diese Städte bildeten jedoch Ausnahmen. Es ist vielleicht eher angebracht, das Leben in einer weniger vom Schicksal begünstigten Stadt wie Rouen zu untersuchen. Seine Einwohnerschaft war von 80 000 auf 60 000 Seelen gesunken: seine Handelsbeziehungen, sein Gewerbe und seine Bevölkerung hatten unter einem wirtschaftlichen Rückgang gelitten, welcher in den sechziger Jahren eingesetzt hatte. In den Jahren 1693/1694 und 1709/1710 war es schweren Versorgungskrisen ausgesetzt, die zu einem großen Teil für die Abwanderung der dort ansässigen Protestanten verantwortlich waren; trotz allem handelte es sich bei Rouen um eine bedeutende, interessante und für die Wirtschaftsbeziehungen von Paris unentbehrliche Stadt, die zahlreiche Verwaltungsbehörden, Industriebetriebe, Handelsunternehmen beherbergte und als große Provinzhauptstadt galt.[389]

Rouen konnte auf eine ruhmreiche Vergangenheit zurückblicken, denn es hatte während des Mittelalters zu den fünf oder sechs größten Städten ganz Europas gehört. Die Einwohner waren sehr stolz auf diese Tradition und pflegten jeden Besucher darauf hinzuweisen. Im siebzehnten Jahrhundert wurde seine tatsächliche Bedeutung gewöhnlich überschätzt. Wenn Jean Oursel Rouen im Jahre 1700 als eine der schönsten Städte des Königreichs bezeichnete, so hatte er damit zweifellos recht, während die Behauptung, Rouen sei nach Paris die reichste Stadt Frankreichs, mit Sicherheit übertrieben war.[390] Im Jahre 1668 wurde seine Bevölkerung auf 150 000 Seelen geschätzt, während es in Wahrheit nicht einmal mehr über 80 000 Einwohner verfügte.

Oben wurde bereits beschrieben, wieviele Verwaltungseinrichtungen in Rouen, der Hauptstadt der Normandie, ansässig waren. Was die Wirtschaft betraf, so beherrschte Rouen sein Umland, das schon zu Beginn des achtzehnten Jahrhunderts in hohem Maße städtisch geprägt war. Die Kaufleute aus Rouen beschäftigten eine Vielzahl von ländlichen Haushalten, die in ihrem Auftrag vor allem grobe Stoffe, aber auch Tuche aus Leinen und Hanf herstellten. Die Produktion wurde nach Nord- und Südamerika, in die französischen Gebiete Amerikas, nach Neu-Frankreich oder nach Spanien exportiert, das sie seinerseits nach Lateinamerika weiterleitete. Im übrigen war Rouen durch die Seine und zwei Straßen mit der Hauptstadt Paris und folglich mit einem Verkehrsnetz verbunden, das man ab 1680 auf Anordnung Colberts ausbaute und vervollständigte.

Die Stadt selbst wurde von einem Stadtrat vorbildlich verwaltet, der aber nicht mehr so viele Mitglieder umfaßte wie einst (einen Bürgermeister und sechs Stadtschöffen, einen Stadtsyndikus, einen Schreiber, einen Steuereinnehmer und einen Zunftmeister). Rouen verfügte 1701 zwar erst über eine einzige Feuerlöschpumpe, während die meisten Häuser aus Holz gebaut waren, und auch die Straßenbeleuchtung – deren Einführung man 1697 beschlossen hatte – war gegenüber jener der Hauptstadt um dreißig Jahre im Rückstand, aber um 1700 wurden die Straßen Rouens dennoch bereits von achthundert Laternen beleuchtet. Der Stadtrat hatte die Aufsicht über das Manufakturgericht inne, welches in erster Instanz als Arbeitsgericht fungierte und die Streitigkeiten zwischen Meistern und Gesellen beilegte. Die vom Stadtrat ernannten Richter, deren Zuständigkeit sich auch auf die Vororte und die unmittelbare Umgebung erstreckte, pflegten innerhalb kürzester Zeit ihr Urteil zu fällen und sich auf wirksame Weise Gehorsam zu verschaffen, ohne jemals zu repressiven Maßregeln zu greifen – Tugenden, die ihresgleichen suchten!

Auch die karitativen Einrichtungen unterstanden der Stadt. Das 1681 umgestaltete „hôpital général" (Armenhaus) glich in manchem den entsprechenden Institutionen anderer Städte. Man versuchte die Insassen zu nützlichen Arbeiten anzuhalten: die Armen und Alten mußten den Hof des Rathauses, die Quais an der Seine und die Brücke sauberhalten. Das „Hôtel-Dieu" (Krankenhaus) nahm vor allem mittellose Kranke auf, die unentgeltlich gepflegt wurden, und beherbergte gegen Ende des siebzehnten Jahrhunderts rund zweitausendsechshundert Kranke, die jeweils zu zweit in einem Bett untergebracht wurden und von denen weniger als sechzehn Prozent starben. Es diente ferner als Entbindungsheim und konnte alljährlich fast 205 Geburten verzeichnen. In Zeiten großer Krisen waren diese Zahlen enormen Schwankungen unterworfen. In den Jahren 1693 und 1694 mußte die Einrichtung über vierzehntausend Kranke aufnehmen, von denen mehr als ein Viertel starben. Es herrschte eine solche Enge, daß man – ohne Rücksicht auf die Ansteckungsgefahr – bis zu vier Patienten in einem einzigen Bett unterbrachte.

Innerhalb der Stadt hatten angesehene Notabeln eine führende Stellung inne, die teils der Feudalaristokratie, teils dem Amtsadel der Parlamente sowie reichen Kaufmannsfamilien entstammten oder dank des Besitzes gutgehender Manufakturen zu Reichtum und Ansehen gelangt waren. Wenn man die Kaufleute einer bestimmten Größenordnung hinzuzählt, so stellte das Patriziat der Stadt Rouen im weiteren Sinne rund 21% der Bevölkerung. Die Vertreter des alten Schwertadels, zu welchen beispielsweise die Familie Canouville de Raffetot zählte, die eines der schönsten Wohnhäuser Rouens besaß, glichen ihren Standesgenossen in den übrigen Provinzhauptstädten: wie diese standen sie vor der schwierigen Entscheidung, ob sie lieber in der Provinz – wo ihnen niemand ihre führende Stellung streitig machte – bleiben oder sich an den Hof begeben sollten. Die Parlamentsräte unterschieden sich kaum von ihren Kollegen in Aix, Dijon und Bordeaux: sie suchten wie diese ihre gesellschaftliche Stellung auszubauen und zu steigern und wurden durch die Ausübung ihres Amtes davon abgehalten, sich an den Hof zu begeben. Um sich Ansehen zu verschaffen, zeigten sich die Parlamentsräte von Rouen als überzeugte Gegner des Protestantismus und führten die königlichen Anordnungen und die Erlasse des Staatsrats mit großer Strenge aus.

Damals war Thomas Le Gendre (gest. 1706) der größte Kaufmann von Rouen. Seine Handelsbeziehungen reichten in alle Welt, er hatte Vettern in den verschiedensten Gegenden des Königreichs sowie in Neu-Frankreich, den Generalstaaten, in Großbritannien und handelte mit allen möglichen Waren: mit spanischer Wolle und mit Tuchen aus der Normandie, mit Seife, Alaun, Getreide und Nippsachen.[391] Le Gendre hatte Anteile an mehreren Schiffen erworben, verfügte aber trotzdem über genügend Kapital, um – zur Krönung seines kometenhaften Aufstiegs – auch noch Lehen und Ländereien erstehen zu können. Nachdem er zum Katholizismus übergetreten war, wurde er im März 1685 durch eine Urkunde in den Adelsstand erhoben, die ihn als einen der größten Kaufmänner des ganzen Königreiches bezeichnete.[392] Einer seiner Söhne wurde General, ein anderer Parlamentsrat.

Trotz der Auswirkungen des Krieges blieb Rouen ein zentraler Handelsplatz („emporium"). 1699 legten im Hafen der normannischen Stadt 1148 Handelsschiffe an, die insgesamt ein Ladevolumen von 60 000 Tonnen besaßen. Rouen führte Tuche aus und importierte Baumwollstoffe. Hier in Rouen erfand im Jahre 1694 ein einfallsreicher Tuchfabrikant die sogenannte „siamoise", ein Mischgewebe aus Baumwolle und Seide, das der Stadt zu großem Reichtum verhalf.

Das Kleinbürgertum – Ladenbesitzer und Handwerker – machte rund 26% der Einwohnerschaft von Rouen aus, den Rest stellte das einfache Volk. In diesen nordfranzösischen Gegenden spiegelten sich die sozialen Unterschiede jedoch nicht unbedingt im Bildungsstand wider. Gegen Ende des siebzehnten Jahrhunderts setzten sämtliche Notabeln, 85% der Ladenbesitzer, 75% der Handwerker und 38% der Arbeiter Heiratsverträge schriftlich auf. Im übrigen enthielten mindestens 40% aller Nachlässe eine Bibliothek! Rouen war nicht umsonst die Heimatstadt eines Corneille und eines Fontenelle.[393]

9. Kapitel: Das Leben der kleinen Leute

„Comme la cherté du pain augmentait tous les jours, il y eut à Versailles une sédition contre les boulangers, et l'on eut bien de la peine à apaiser le peuple en faisant mettre en prison pour le contenir un de ces malheureux, dont la marchandise fut presque toute pillée."[394]
MARQUIS DE SOURCHES

„Les jurandes ont été bien inventées et établies, et maintenant ce n'est qu'abus, monopole, et ivrognerie."[395]
FURETIÈRE

Man pflegte unter Ludwig XIV. gerne vom „petit peuple" oder „menu peuple" (einfachen Volk) zu sprechen, ohne sich genauer darüber auszulassen, was man darunter verstand. Um keine anachronistischen Vorstellungen aufkommen zu lassen, empfiehlt es sich, ein weiteres Mal die Veranlagung zur Kopfsteuer („tarif de la capitation") zur Hand zu nehmen und die unteren Steuerklassen zu betrachten. Im Jahre 1695 umfaßte die zweiundzwanzigste und letzte französische Steuerklasse: einfache Soldaten und Matrosen, Handwerker und Tagelöhner, die Mehrzahl der Hausangestellten (die vornehmsten unter ihnen rangierten in der neunzehnten oder zwanzigsten Klasse), Handwerkslehrlinge (die Handwerker selbst wurden in der achtzehnten, neunzehnten, zwanzigsten oder einundzwanzigsten Klasse aufgeführt), Schäfer, Fuhrknechte und andere landwirtschaftliche Gehilfen, Pächter und einfache Landbewohner sowie – in den Städten – die Gehilfen der Chirurgen, Apotheker, Barbiere, Perückenmacher und Wirtsleute.[396] Die städtischen Gesellen und Arbeiter fanden keine Berücksichtigung, sie wurden wahrscheinlich den Handwerkern zugerechnet.

Bei den Steuerpflichtigen der untersten Klassen handelte es sich indes ausnahmslos um Menschen, die einen Beruf ausübten, so bescheiden er auch gewesen sein mag. Dieser Umstand hob sie deutlich ab von der Masse der Asozialen, Stromer, Vagabunden, Bettler und des herrenlosen Gesindels, das abseits vom ‚eigentlichen' Volk lebte. Die einfachsten Bediensteten – Postkutscher, Stallknechte und Lakaien – sowie die in Kleinstädten, Marktflecken und Dörfern lebenden Hausangestellten wurden in die zweiundzwanzigste Klasse eingeteilt. Die Kammerdiener dagegen rangierten in der zwanzigsten, die „demoiselles suivantes" (Kammermädchen) und Köche in der neunzehnten, die Haushofmeister in der achtzehnten Klasse und so weiter ... Viele Hausangestellte gehörten also dem Kleinbürgertum an. Die am stärksten gefährdete und am schlechtesten bezahlte Position hatten – sowohl in der Stadt als auch auf dem Land – die Hilfsarbeiter, Handlanger und Tagelöhner inne. Im Vergleich zum Schicksal dieser einfachen Menschen führten die Manufakturarbeiter ein wahrhaft beneidenswertes Dasein.

Die Arbeiter von Saint-Gobain

Aufgrund einer hartnäckigen Legende werden die Fabrikarbeiter aus der Zeit der ersten Industriebetriebe häufig als kasernierte Sklaven dargestellt. Die Zeitgenossen sahen das Los der Manufakturarbeiter jedoch mit ganz anderen Augen. Es kam oft vor, daß die angeblichen Sklaven diese Tätigkeit von dem Vater auf den Sohn vererbten, ihre Frau und Kinder im selben Betrieb unterbrachten und manchmal richtige Dynastien begründeten. Ebenso wie in den alten Regimentern, auf den Schiffen der königlichen Flotte und innerhalb der Juristenvereinigungen herrschte auch unter der Belegschaft der Manufakturen ein gewisser Korpsgeist. Ein deutliches Beispiel hierfür lieferte die 1692 unter der Schirmherrschaft von Louvois gegründete pikardische Manufaktur von Saint-Gobain, welche im Jahre 1695 mit den königlichen Glasmanufakturen zu Reuilly und Tourlaville vereinigt wurde.

Der im gleichnamigen Wald errichtete Betrieb von Saint-Gobain hatte für die damaligen Verhältnisse eine riesige Größenordnung[397]: im Jahr 1700 beschäftigte er achthundert Personen – während in Reuilly vierhundert Menschen arbeiteten. Das höhergestellte Personal wurde auf Kosten der Gesellschaft untergebracht und verpflegt. Es umfaßte – von unten nach oben, nach der Höhe des jeweiligen Gehaltes: Türsteher und Lageraufseher, die bis zu vierhundert Livres pro Jahr verdienten, Kontoristen (achthundert Livres), leitende Angestellte – Geistliche, Ärzte, Architekten, Chirurgen etc. – (zwölfhundert Livres) und einen Generaldirektor, welcher – unabhängig von einer Gewinnbeteiligung – ein Gehalt von 2400 Livres bezog. Die leitenden Angestellten erhielten eine Rente, waren bis zu ihrer Pensionierung jedoch zu ständiger Anwesenheit verpflichtet: ein Betrieb, in welchem Tag und Nacht gearbeitet wurde, bedurfte eben der ständigen Überwachung.

Qualifizierte Arbeiter – die sogenannten „semainiers" (Wöchner), welche alle acht Tage ausgezahlt wurden – erhielten damals einen Jahreslohn zwischen 310 und 620 Livres. Diese enorme Spanne – der eine Arbeiter verdiente immerhin den doppelten Lohn des anderen – war nicht nur auf die unterschiedliche Spezialisierung zurückzuführen. Innerhalb der Mannschaft, welche an einem Gießofen arbeitete, gab es selbstverständlich eine genau festgelegte Rangfolge: der Ofenmeister stand höher als der Gießer, der wiederum dem Heizer übergeordnet war, welcher seinerseits auf den Aschenräumer herabblickte und den „gamin" (Handlanger) sehr von oben herab behandelte.

Der an die Person gebundene Lohn richtete sich jedoch auch nach Dienstalter, Geschicklichkeit sowie Arbeitsmarktlage. Die Arbeiter in den Hallen stellten Spiegel her und beaufsichtigten gleichzeitig den Guß- und den Blasofen. Die „ouvriers de la cour" (Hofarbeiter) beschickten die Öfen mit Brennstoffen, stellten das erforderliche Material bereit und betrieben Reparaturwerkstätten. Die Hallenarbeiter verrichteten die schwierigste und anstrengendste, aber auch am besten bezahlte Tätigkeit. Wenn gegossen wurde, mußten alle Arbeiter Hand anlegen; während der übrigen Zeit lösten sie sich ab – wie die Matrosen eines Schiffes. Man bezeichnete in diesem Zusammenhang die einander ablösenden Mannschaften jedoch nicht als „bordées" (Breitseiten), sondern als „gardes" (Wachmannschaften) oder „mues" (Mauser). Jeden Sonntag legte ein „capitaine de garde" (Wachhauptmann) die Mannschaft für die kommende Woche fest, die dann nicht mehr von ihrem Arbeitsplatz wich, sondern des Nachts auf Strohsäcken in den Hallen schlief und die schwierige, nie endende Aufgabe hatte, für die Sicherheit des Betriebs zu sorgen sowie Unfällen und Feuersbrünsten vorzubeugen, bis sie in der darauffolgenden Woche von der nächsten Schicht abgelöst wurde.

Neben diesen wichtigen und qualifizierten Arbeitern nahmen sich die im Hof Tätigen wie dahergelaufene Burschen aus; die Holzhacker und -säger, die saisonweise angestellt und wöchentlich entlohnt wurden, stellten gewissermaßen das einfache Volk innerhalb des Betriebes dar. Ihre Lage war jedoch nicht allzu schlecht: sie wurden jeweils für ein Jahr eingestellt, und viele von ihnen waren gleichzeitig Bauern; aus diesem Grund fiel es ihnen in Krisenzeiten nicht sehr schwer, ein neues Auskommen zu finden. Mit den niedrigsten Arbeiten und den am ehesten gefährdeten Posten pflegte man Hilfsarbeiter oder Tagelöhner zu betrauen, die – wie der Name besagt – täglich entlohnt wurden. Für Erdarbeiten wurden Männer eingestellt, man beschäftigte aber auch Frauen – zum Beispiel als Lagerverwalterinnen – und selbst Kinder im Alter zwischen sechs und zwölf Jahren. Der Betrieb

Die Arbeiter von Saint-Gobain 257

stellte mit Vorliebe die Ehefrauen, Witwen oder Töchter der Manufakturarbeiter ein. Die angeheuerten Kinder wurden unter der Obhut ihrer Väter in den Hallen beschäftigt, und die paar Sous, welche sie verdienten, bedeuteten eine willkommene Aufbesserung des elterlichen Einkommens. Die Direktoren der Manufaktur dachten keineswegs daran, diese Jungen auszubeuten, sie sollten vielmehr bereits im Kindesalter auf ihren späteren Beruf vorbereitet werden. Im Jahre 1700 stellte die Betriebsleitung eine Berechnung an, wonach die Ausbildung eines Arbeiters die Firma ungefähr zehntausend Francs kostete!

Diese Investition lohnte sich jedoch in den meisten Fällen, da es häufig vorkam, daß gute Arbeiter dreißig Jahre lang einem Betrieb treu blieben. Das Schicksal dieser Menschen gilt es zu untersuchen, wenn man mit der Legende von der Sklaverei aufräumen will.

Wie bei sämtlichen Legenden gibt es auch bei dieser einen konkreten Anknüpfungspunkt. Die Arbeiter mußten bei ihrer Einstellung einen auf ein oder zwei Jahre befristeten, jederzeit verlängerbaren Vertrag unterschreiben, den sie nicht fristlos beziehungsweise lediglich gegen Zahlung eines Abstandsgeldes kündigen konnten. Sie durften sich durch keinen anderen Betrieb abwerben lassen, ein Vergehen, welches damals hart bestraft wurde: ein Erlaß des Staatsrats vom 18. März 1713 besagte, daß ein flüchtiger, unbeurlaubter Arbeiter mit körperlichen Züchtigungen zu bestrafen sei. Der Leitung des abwerbenden Betriebes konnte eine Geldbuße bis zu dreitausend Francs auferlegt werden. Die Glasmanufakturen ahndeten mit besonderer Strenge, da die ständig brennenden Öfen niemals unbeaufsichtigt bleiben durften. Daher verbot man den Arbeitern von Saint-Gobain, sich mehr als eine Meile von der Manufaktur zu entfernen. Im Jahre 1693 verstießen drei Ofenmeister des Nachts wiederholt gegen diese Bestimmung und entfernten sich unerlaubt von ihrem Arbeitsplatz; sie wurden von den Dragonern des benachbarten Marktfleckens ergriffen und ins Gefängnis gesteckt. Dies waren die Schattenseiten, die Verpflichtungen, welche der Beruf des Fabrikarbeiters mit sich brachte.

Das Arbeitsverhältnis bot jedoch auch große Vorteile. Die Farbrikarbeiter waren abgesichert: wenn sie alt oder nur noch begrenzt erwerbsfähig waren, wurden sie als Veteranen oder Invaliden weiterbeschäftigt. Im Ruhestand bezogen sie eine Rente, die sich mindestens auf die Hälfte ihrer früheren Bezüge belief, manchmal aber auch um einiges höher war. Auch die gewohnte Umgebung wurde als positiv empfunden: der Heizer, Gießer oder Glasbläser war häufig in der unmittelbaren Nähe seines künftigen Wirkungsortes als Sohn oder Enkel eines dort beschäftigten Arbeiters zur

Welt gekommen. Er hatte sich bereits im Kindesalter am Gießofen als Handlanger betätigt und schon mit sieben Jahren erfahren, welche Disziplin und Solidarität in den Hallen herrschte. Er erhielt eine Unterkunft zur Verfügung gestellt, wurde von dem Fabrikarzt betreut und in einigen Fällen sogar vom Betrieb ernährt. Wenn er ins heiratsfähige Alter kam, ehelichte er mit großer Wahrscheinlichkeit die Tochter eines älteren Arbeitskollegen. Seine Mutter, seine Frau und seine Kinder arbeiteten in seiner Nähe; dieser Umstand wirkte sich sehr günstig auf das Familieneinkommen aus und ließ eine Geselligkeit aufkommen, die den Einzelnen stärker an seinen Arbeitsplatz band, als dies ein Vertrag oder die Furcht vor den Dragonern jemals vermocht hätte.

Im übrigen wurden die Arbeiter gut bezahlt. Sie erhielten zwischen 16 und 34 Sous am Tag, und diese Einkünfte waren – ein unschätzbares Privileg – nicht der Taille (Einkommenssteuer) unterworfen! Außerdem wurden Holzschuhe, Handschuhe und Stoff für Schutzkleidung zur Verfügung gestellt. Schließlich knauserte der Betrieb nicht mit zusätzlichen Gratifikationen, die in guten Jahren einem dreizehnten Monatsgehalt gleichkamen. Zusätzliche Vergütungen erhielt man, wenn man einen Kran aufstellen half, den Ofen reinigte, die Balken der Halle fegte oder Neuankömmlingen das Glasblasen beibrachte. Wer besonders große Glasstücke fertigte, erhielt eine Sonderzulage, welche ebenfalls anläßlich der „fête des ouvriers" (Arbeiterfest) verteilt wurde. Wenn Frankreich von einer Hungersnot heimgesucht wurde, ließ die Betriebsleitung Geld oder Nahrungsmittel an die Belegschaft verteilen.[398] Dies war die Lage der Manufakturarbeiter in einer Spitzenindustrie unter dem Sonnenkönig. Ein Bursche, welcher seine Freiheit über alles schätzte, mochte sich freilich an der Eingeengtheit stören:

„Die Kette? fragte der Wolf. Also bist du nicht frei? – Nicht immer [sagte der Hund], doch was ist daran gelegen? – So viel, daß ich dein Glück, all deine Schwelgerei verachte!"[399]

In den harten Wintern von 1693 und 1694 war diese Gebundenheit jedoch von unschätzbarem Wert: ein Arbeiter, der seine Aufgabe pflichtbewußt und gewissenhaft versah, mußte sich keine Sorgen um die Ernährung seiner Familie machen. Im übrigen war die Spiegelmanufaktur so sehr auf eine hinlängliche Versorgung ihrer Arbeiter bedacht, daß sie deswegen regelmäßig in finanzielle Schwierigkeiten geriet.

Selbst der König stand als Arbeitgeber hinter der Manufaktur von Saint-Gobain zurück. Von den Arbeitern in den staatlichen Werkstätten erhielten lediglich qualifizierte Fachkräfte vergleichbare Sozialleistungen, während die Tagelöhner und Hilfsarbeiter leer ausgingen.[400] Den Arbeitern, welche die königlichen Bauvorhaben ausführten, gewährte Ludwig XIV. bei Verletzungen eine einmalige Unterstützung, die jedoch nie in eine lebenslängliche Pension umgewandelt wurde. (Am 31. Dezember 1664 erhielten verschiedene im Dienst des Königs stehende Arbeiter aufgrund eines Erlasses vom 21. Dezember desselben Jahres insgesamt eine Summe von 260 Livres ausbezahlt, weil sie auf Baustellen verunglückt waren, und ein Mann namens Desjardins wurde mit 60 Livres bedacht, weil er sich bei der Arbeit in den königlichen Werkstätten den Oberschenkel gebrochen hatte.)

Arbeitsrhythmus und Entlohnung

Während man heutzutage den Arbeiter des siebzehnten Jahrhunderts zu bedauern pflegt, der in der Tat ein erschöpfendes tägliches Arbeitspensum zu bewältigen hatte, vertraten die Zeitgenossen eher die Ansicht, daß an zu wenig Tagen im Jahr gearbeitet werde. Diese beiden Fragen hängen eng miteinander zusammen. Die Arbeitsbedingungen waren – von der industriellen Herstellung bis zur Heimarbeit – je nach der betreffenden Zeit, dem Ort, den entsprechenden Bestimmungen und dem Verhältnis von Angebot und Nachfrage – so unterschiedlich, daß man sich vor Verallgemeinerungen hüten sollte. Außerdem muß man der Fragwürdigkeit mancher Zeugnisse Rechnung tragen. Auch der so häufig zitierte Vauban ist nicht immer eine verläßliche Quelle.

Laut Vauban verdienten die meisten Handwerker – Tuchweber, Tuchscherer, Wollgarnhersteller, Hutmachergesellen, Schlosser und Menschen, die einen ähnlichen Beruf ausübten – in den „bonnes villes" („guten Städten": Paris, Lyon, Rouen etc.) zwischen fünfzehn und dreißig Sous pro Tag. Da in den übrigen Städten viele Arbeiter jedoch wesentlich weniger erhielten, betrachtete Vauban das Beispiel eines zwölf Sous verdienenden Webers als durchschnittlichen Fall: er berichtete von einem Weber, der zwölf Sous erhielt, sofern er an einem Werktag sechs Ellen Stoff produzierte. Es gab 52 Sonn- und rund 38 Feiertage pro Jahr, doch damit nicht genug: dem 1707 erschienenen Werk „Dîme royale" („Der Königszehnt") ist zu entnehmen, daß selbst an Werktagen nicht immer gearbeitet werden konnte; Vauban ging davon aus, daß allein 50 Arbeitstage dem Frost zum Opfer fielen, 20 Tage für notwendige Besorgungen (Messen, Jahrmärkte und ähnliches) aufgewendet werden mußten und kalkulierte einen weiteren Arbeitsausfall von 25 Tagen ein, der entweder durch Krankheit oder durch das Anzetteln des gewobenen Stoffes bedingt war. Aufgrund dieser Berechnungen gelangte Vauban zu dem Ergebnis, daß de facto nur an 180 Tagen im Jahr gearbeitet wurde, was zur Folge hatte, daß ein Weber im Durchschnitt 108 Livres pro Jahr – das heißt etwas weniger als sechs Sous pro Kalendertag – verdiente. Dies war ein magerer Lohn für einen Menschen, der von seiner Hände Arbeit lebte, die Miete für ein Haus bezahlen, seine Familie und sich selbst einkleiden sowie Frau und Kinder ernähren mußte, die oft kaum etwas zum Familieneinkommen beisteuern konnten.[401] Aus einer Randbemerkung Vaubans geht hervor, daß es sich bei dem von ihm beschriebenen armen Schlucker, der von seinen kümmerlichen sechs Sous auch noch Salz kaufen und Steuern an den König abführen mußte, offensichtlich um einen Weber aus dem Morvan handelte, der nebenher noch eine kleine Landwirtschaft betrieb.

Vaubans Darstellung weist allerdings einige Schwachstellen auf: so kann zum Beispiel jemand, der sich mit der Geschichte der französischen Landwirtschaft befaßt hat, nicht nachvollziehen, wie er zu der Behauptung gelangte, daß die Bauern im Durchschnitt 25 Tage pro Jahr krank waren. Wie dem auch sei, fest steht, daß der Statistiker und Wirtschaftstheoretiker Vauban das Arbeitsjahr zu kurz fand. Er vertrat die Auffassung, daß die unteren Schichten mühelos die geforderten Steuern erbringen könnten, wenn der Staat zugunsten der städtischen Handwerker und der Bauern auf dem flachen Lande die Hälfte der – unbezahlten – Feiertage abschaffen und somit das Arbeitsjahr um rund 15 bis 18 Tage verlängern würde.

Wenn man davon ausgeht, daß das Jahr damals in Wirklichkeit jedoch nicht 180, sondern 250 Arbeitstage umfaßte, konnte ein Arbeiter mit einem Tageslohn von 15 Sous eine Familie ernähren, ohne auf Nebeneinkünfte angewiesen zu sein. Im Jahre 1687 verdienten die Maurergesellen, welche in der Provinz Maine mit dem Bau der Kirche Notre-Dame (Unserer Lieben Frau) zu Avesnières beschäftigt waren, 15 Sous pro Werktag. Wenn sie 250 Tage im Jahr arbeiteten, konnten sie von diesem Lohn mühelos eine vierköpfige Familie unterhalten. Ein nahrhaftes Vollkornbrot bildete die wichtigste, aber keineswegs einzige Grundlage ihrer Ernährung. Ein Geselle mit einem Jahreslohn von 200 Livres konnte 63 Scheffel Roggen kaufen (um Brot zu backen) und sich drei Fässer Most, 156 Pfund Fleisch, 52 Pfund Butter und 200 Reisigbündel leisten. Wenn er ferner eine Miete von 25 Livres entrichten mußte, hatte er immer noch 60 Livres pro Jahr übrig und konnte seine Familie ausreichend versorgen.[402]

Diese Berechnungen trafen allerdings nur dann zu, wenn keine Arbeitslosigkeit herrschte, die Nahrungsmittelpreise nicht sprunghaft in die Höhe schnellten und sich die Familie nicht übermäßig vergrößerte. Sobald eine dieser Voraussetzungen nicht mehr erfüllt war, wurde das Gleichgewicht gestört, und die Familie geriet – sofern Frau und Kinder nicht nach Möglichkeit zum Lebensunterhalt beitrugen – in Bedrängnis.

Was heute jedoch am meisten erstaunt, sind die ungeheuer langen Arbeitszeiten. In den Manufakturen von Saint-Gobain mußten Männer, Frauen und Kinder vierzehn Stunden pro Tag arbeiten. Selbst wenn man hiervon zweieinhalb Stunden für die drei täglichen Mahlzeiten abrechnet, bleiben immer noch neuneinhalb Stunden reine Arbeitszeit übrig.[403] Der Arbeitstag der in den Schiffswerften beschäftigten Zimmerleute begann im Winter um sieben Uhr morgens und endete um sechs Uhr abends; im Sommer nahmen sie um fünf Uhr ihre Arbeit auf und hatten erst um acht Uhr Feierabend. Aufgrund eines Erlasses von 1689 standen ihnen folgende Pausen zu: eine halbstündige Pause am Vormittag, während derer sie im Park ihr Frühstück einnehmen durften, eine einstündige Mittagspause ab elf Uhr, die sie wahlweise an Ort und Stelle, im Wirtshaus oder zu Hause verbringen konnten (was die Vermutung nahelegt, daß man es mit der Einhaltung dieser Pause nicht allzu genau nahm), sowie eine weitere halbstündige Unterbrechung am Nachmittag, welche der Einnahme der sogenannten „collation" (Zwischenmahlzeit, Vesper) diente.[404] Nichtsdestoweniger mußten die Zimmerleute je nach Jahreszeit neun beziehungsweise dreizehn Stunden am Tag und zwischen 265 und 270 Tage pro Jahr arbeiten. Als Gegenleistung für ihre harte Arbeit (und für die Tatsache, daß auf dem Gelände der Werft kein Wirtshaus eröffnet werden durfte) wurden sie auf Kosten Seiner Majestät ernährt und ärztlich betreut.[405]

Die Arbeitszeit war in den meisten Betrieben annähernd gleich geregelt – die königlichen Unternehmen und die großen Manufakturen waren Extremfälle; man hielt in etwa dieselben Pausen ein, und es lassen sich kaum Aussagen über die effektive Arbeitszeit machen. Wer die Gerichtsakten studiert, wird mit Bestürzung feststellen, daß viele der mit einem Totschlag endenden Streitereien im Wirtshaus ihren Anfang nahmen. Meister und Gesellen waren auffallend oft unter diesen Streithähnen vertreten. Die Trunksucht war ein weitverbreitetes Übel, und der Arbeitstag wurde nicht nur durch die Essenspausen, sondern häufig auch durch eine Reihe von Trinksprüchen untergliedert.

Von den neun, elf oder zwölf Arbeitsstunden müssen folglich mehrere Pausen abgezogen werden, die sich insgesamt über knapp zwei Stunden erstreckten und meist im Wirtshaus verbracht wurden. Man ging im übrigen nicht nur in die Schenke, um sich zu betrinken, sondern fand dort gleichzeitig Entspannung. Im Wirtshaus entkam man für einige Zeit den Mühen des täglichen Arbeitslebens. Jeder erdenkliche Anlaß wurde genutzt, um eine Pause zu machen, etwas zu trinken und zu singen. Wenn ein neuer Geselle in die Werkstatt aufgenommen wurde, fand er sich alsbald von Arbeitern umringt, die folgendes Lied anstimmten:

„Sitôt qu'un camarade
Vient travailler ici,
Il doit payser rasade
A ses nouveaux amis.
A cet antique usage
Nous nous conformons tous.
Espérons qu'il s'ra sage
Et fera comme nous ..."

„Sobald ein neuer Geselle
hier antritt eine Stelle,
muß er die Kameraden
zu einer Runde laden.
Diesem alten Brauch
huldigt alles hierzuland
Wir hoffen, er tut's auch
und feiert seinen Einstand."

Dann marschierte man in feierlichem Aufzug ins Wirtshaus. Die Kameraden brachten nun keinen Reim mehr zustande, schienen aber den Grund für diese Unfähigkeit zu kennen:

„Emmenons la victime au comptoir,
Emmenons la victime!
Arrosons-nous la noque, la noque,
Arronsons-nous la noque du cou!
Encore un p'tit goupillon pour nous r'mettre,
Pour nous r'mettre à la raison."

„Bringt das Opfer an die Theke,
Bringt das Opfer!
Gießen wir uns einen hinter die Binde,
lassen wir uns den Hals vollaufen!

Die geheime Organisation der Gesellen 263

Noch ein kleines Fläschchen, um uns wieder,
um uns wieder zur Vernunft zu bringen."
Es hing von dem Neuankömmling ab, in welchem Umfang er auf diese Forderung einging. Wenn er nur wenig Wein spendierte, rückten ihm die Kameraden erneut zu Leibe und grölten ihm ins Ohr:

„O rat! ô rat! ô rapiapia!
O rat! ô rat! ô rat ... pro nobis!"[406]

„Du Knicker, du Knauser, du Pfennigfuchser!
Du Knicker, du Knauser, ... pro nobis!"

Die damalige Arbeitswelt unterschied sich von der heutigen weniger durch die längere Arbeitszeit als vielmehr durch die wesentlich niedrigeren Löhne und das Fehlen eines sozialen Netzes. Im Jahre 1984 mußte ein durchschnittlicher französischer Arbeiter nämlich 39 Stunden pro Woche und 47 Wochen (das entspricht 1833 Stunden) pro Jahr seiner Beschäftigung nachgehen, während der von Vauban angeführte Weber aus dem Morvan an 185 Tagen im Jahr jeweils effektiv zehn Stunden und folglich 1850 Stunden pro Jahr arbeitete. Der große Unterschied zwischen den damaligen und den heutigen Arbeitsbedingungen besteht darin, daß es im siebzehnten Jahrhundert keinen bezahlten Urlaub gab. Wer damals 185 Tage im Jahr arbeitete, wurde auch nur für 185 Tage bezahlt und nicht etwa für 365.

Ritus, Ordnung, Revolte – die geheime Organisation der Gesellen

Am 14. März 1655 verurteilte die theologische Fakultät zu Paris die gottlosen, frevlerischen und abergläubischen Praktiken, welchen sich die Schuhmacher-, Schneider-, Hutmacher- und Sattlerlehrlinge zu unterziehen hätten, um in den Gesellenstand aufgenommen zu werden; dieses fragwürdige Ritual werde als „devoir" (Pflicht) bezeichnet und seit kurzer Zeit von mehreren Mitgliedern der genannten Zünfte anerkannt, ja gefördert.[407] Im Jahre 1661 überwachte die „Compagnie du Saint-Sacrement" („Die Brüder vom Orden des Heiligen Sakraments") die Werkstätten der Schuhmacher, welche man der Bildung verbotener Gesellenbruderschaften verdächtigte. Zwölf Jahre später drohte Nicolas Colbert, der Bischof von Auxerre, den „bons cousins" („Gute Vettern"), einer Vereinigung der Schmiedegesellen seiner Diözese, mit der Exkommunikation. 1683 bezichtigte man die Tuchscherer zahlloser unschicklicher sowie blasphemischer Handlungen und warf ihnen vor, durch ihre geheimen Rituale das Sakrament der Taufe entweiht zu haben. Zwischen 1667 und 1704 griffen die städtischen Behörden zwölfmal ein und suchten diesem unliebsamen Treiben Einhalt zu gebieten. Die Gesellenbruderschaften schienen jedoch weder den Zorn der Kirche noch die Sanktionen der weltlichen Institutionen allzusehr zu fürchten.

Bei diesen Gesellenbruderschaften handelte es sich, um die Wahrheit zu sagen, um sonderbare, geheimnisvoll anmutende Vereinigungen. Sie traten nie an die Öffentlichkeit und schöpften ihre Kraft und ihren Zusammenhalt aus einem Sammelsurium der seltsamsten Mythen.[408] Häufig bestand das Initiationsritual darin, daß man den Neuaufgenommenen die Salomolegende erzählte (laut ihr soll Hiram, der Baumeister des unter Salomo neu errichteten Tempels zu Jerusalem, mit den besten Maurern der berühmten Baustelle ausgesucht und ganz seltene Schlüsselwörter vereinbart haben); auch die Legende vom Meister Jakob (einem Kollegen Hirams, der nach der Fertigstellung des Tempels mit dreizehn Gesellen und vierzig Lehrlingen in Marseille an Land gegangen sein und – bevor er im Geruche der Heiligkeit aus dem Leben schied – als Meister aller Steinmetze, Maurer und Tischler ein ganzes Netz von Nachfolgern aufgebaut und die Grundregeln für die Aufnahme in diese Zunft ausgearbeitet haben soll) sowie die Soubiselegende (Soubise soll ebenfalls maßgeblich am Bau des Jerusalemer Tempels beteiligt gewesen sein und sich nach dessen Vollendung mit einer ganzen Schar von Gesellen nach Bordeaux begeben haben) erfreuten sich bei diesen Bruderschaften großer Beliebtheit. Von diesen Legenden existierte jeweils eine Variante, welche die drei Baumeister mit Jacques de Molay, seiner Verurteilung und den vermeintlichen Geheimnissen des Templerordens in Zusammenhang brachten.[409]

Die Vereinigungen, welche sich von der an Salomos Tempelbau anknüpfenden Legende aus dem Alten Testament herleiteten, übten aufgrund ihrer geheimnisvollen, elitären, packenden und absolut verbindlichen Initiationsriten eine große Anziehungskraft auf die Gesellen aus. In diesen Bruderschaften verband sich ein poetisch ausgeschmücktes, gnostisches, naives und buntschillerndes Dogma mit dem Streben nach beruflicher Perfektion. Auf dieser Grundlage entwickelte sich bald ein durch die Geheimhaltung besiegeltes Zusammengehörigkeitsgefühl unter den Gesellen, das durch die Verteidigung der gemeinsamen Interessen gegen die Anmaßungen der Arbeitgeber sowie durch die Rivalität zu anderen Gesellenbruderschaften noch verstärkt wurde. Die „dévoirants" (Pflichterfüller) haßten beispielsweise die „gavots" (Alpenländler), welche zunächst unter dem Verdacht standen, auch Protestanten in ihre Reihen aufgenommen zu haben.

Die in den Gesellenbruderschaften gebräuchlichen Formeln und Sprüche waren allerdings weder katholischen noch protestantischen Ursprungs; ihr Verhältnis zum modernen Christentum läßt sich mit demjenigen der apokryphen Texte zur Heiligen Schrift vergleichen. Dies wird am Beispiel der im „devoir" zusammengeschlossenen Gesellen deutlich, die im Jahre 1655 zwar die dreifache Devise „Honneur à Dieu. Conserver le bien du maître. Maintenir les compagnons" („Gott zur Ehre. Dem Meister zum Wohlstand. Den Gesellen zum Wohlergehen") führten, von denen die Theologen der Sorbonne jedoch behaupteten, daß sie sich – in krassem Gegensatz zu dem obengenannten Wahlspruch – furchtbarer Gotteslästerungen schuldig machten, sämtliche Inhalte der christlichen Religion schmähten und den Ruin der Meister herbeiführten; ferner störten sich die Geistlichen daran, daß die „dévoirants" ihrer Vereinigung eine feste Form gaben, indem sie einen Vorsteher, einen Stellvertreter, einen Schreiber und einen Rechnungsführer wählten und mit den Handwerkern aus den anderen Städten in regem Austausch standen; schließlich warf man ihnen vor, daß sie ein Codewort benutzten, mit dessen Hilfe sie sich einander zu erkennen gaben und den außerhalb ihres Bündnisses stehenden Lehrlingen das Leben schwermachten, indem sie sie schlugen und mißhandelten. Die Vertreter der Kirche betrachteten es als eine frevelhafte Gotteslästerung, daß die Gesellenbruderschaft jedes neue Mitglied einen Eid auf das Evangelium schwören ließ, die Geheimnisse nicht einmal dem Beichtvater mitgeteilt werden durften und daß man – in Nachahmung der Taufe – innerhalb der Gemeinschaft einen Paten und eine Patin zugewiesen bekam.

Bei den Schuhmachergesellen ging die Aufnahme eines neuen Mitgliedes folgendermaßen vonstatten: Man nahm Brot, Wein, Salz und Wasser – die vier Grundnahrungsmittel des Menschen –, stellte die vier Substanzen auf einem Tisch bereit, an den der Neuling herantreten mußte, und ließ ihn im Angesicht dieser Gaben bei seinem Platz im Paradies, bei seinem Gott, seinem Salböl und seiner Taufe einen Eid ablegen; dann wurde er aufgefordert, einen neuen Namen anzunehmen und sich taufen zu lassen. Sobald der Kandidat sich einen Namen ausgesucht hatte, benetzte ein hinter ihm stehender Geselle sein Haupt mit einem Glas Wasser und verkündete dabei: „Je te baptise au nom du Père et du Fils et du Saint-Esprit" („Ich taufe dich im Namen des Vaters, des Sohnes und des Heiligen Geistes"), woraufhin die Paten sich feierlich verpflichteten, den Neuaufgenommenen in sämtliche Geheimnisse der Vereinigung einzuführen.[410] Diese Parodie grenzte hart an ein Sakrileg.

Den Wanderjahren, in denen die Gesellen das ganze Königreich durchstreiften, maß man so große Bedeutung bei, daß in ihnen vielleicht der Ursprung der Gesellenbruderschaften gesucht werden muß. Im Frankreich des siebzehnten Jahrhunderts begaben sich die meisten Gesellen auf Wanderschaft, und wer eine außergewöhnliche Qualifikation erwerben wollte, kam um diesen Schritt nicht herum. In jeder Provinz, ja fast in jedem Dorf beherrschte man spezielle Kunstgriffe und wandte Verfahren an, die in einiger Entfernung kaum oder überhaupt nicht bekannt waren. Aus diesem Grund pflegten die Gesellen – nicht ganz drei Monate, nachdem sie in die Bruderschaft aufgenommen worden waren – ihr Bündel zu schnüren. Man erkannte sie schon von weitem am knotigen Stock, geschulterten Bündel, umgehängter Feldflasche und ausgreifendem, regelmäßigem und gemessenem Schritt. Sie wurden von keinem Wegelagerer angefallen, da sie arm, aber kräftig waren und sich mit ihrem Stock gegen die besten Knüppel zu wehren vermochten. Ihr Gepäck war nie sehr umfangreich, enthielt jedoch alle Gerätschaften, welche sie zur Ausübung ihres Berufs benötigten. Während ihrer Wanderungen pflegten sie laut zu singen, um sich Mut zu machen – schließlich galt es riesige Entfernungen zu überwinden! Die gängigsten Lieder schienen ebenso lang zu sein wie die zurückzulegenden Strecken. Sie hatten unzählige Strophen, die den einzelnen Etappen gewidmet waren, so daß die Lieder einer Reiseanleitung glichen:

„Commençant mon voyage
Par Etampes je passe,
Le chemin d'Orléans,
Blois et Tours en Touraine,
Saumur, Angers de même
Et la Rochelle aussi."

„Zu Beginn meiner Wanderschaft
komme ich durch Etampes
und ziehe weiter nach Orléans,
Blois und Tours in der Touraine.
Mein Weg führt mich nach Saumur,
Angers und nach La Rochelle."

Oft enthielten die Lieder auch Werturteile – die einzelnen Aufenthaltsorte wurden miteinander verglichen:

„Carcassonne et Narbonne,
Ce sont des villes bonnes
Pour aller à Béziers.
Pézénas, la jolie,
N'a pas de jolies filles
Comme en a Montpellier."[411]

„Carcassonne und Narbonne
sind eine gute Station
auf dem Weg nach Béziers.
In Pézénas, der schönen Stadt,
es nicht so hübsche Mädchen hat
wie in Montpellier."

Sobald der Wanderbursche in einer Stadt anlangte, in der er länger bleiben wollte, begab er sich in eine eigens für seinesgleichen eingerichtete Unterkunft, welche „cayenne" genannt wurde und sich rein äußerlich durch nichts von einem Wirtshaus unterschied. Bei näherer Betrachtung entpuppte es sich als ein Haus, das von einer sogenannten „mère" (Mutter) geführt wurde und in welchem der Neuankömmling freundliche Aufnahme fand. Die erste und oft auch noch die zweite Mahlzeit und Nacht waren kostenlos. Diese beiden Tage genügten, um sich auszuruhen und gestärkt von dannen zu ziehen oder eine Stelle zu finden.

Die organisierten Burschen wurden innerhalb ganz Frankreichs und der von ihnen beherrschten Berufszweige in der Tat vorrangig eingestellt. Wehe dem Meister, der Arbeiter einzustellen wagte, die keiner Gesellenbruderschaft angehörten, obwohl andere zur Verfügung standen! Die Einstellung solcher Arbeitskräfte provozierte überaus heftige Konflikte, die durchweg von Mitgliedern des „devoir" angezettelt wurden. 1660 und 1667 begehrten die Maurergesellen auf, wobei die zweiten Unruhen auch auf andere Berufszweige übergriffen; 1680 rebellierten die Tischler-, 1681 die Dachdecker- und 1683 die Hutmachergesellen; ein Jahr später kam es zu erneuten Unruhen unter den Dachdeckern, 1691 wieder unter den Tischlern, 1692 abermals unter den Dachdeckern; in den Jahren 1695 und 1696 revoltierten die offenbar besonders unruhigen Tischler, und 1697 erhoben sich die Zimmerleute und Hufschmiede, während im Jahre 1699 die Hutmacher einen Aufruhr veranstalteten, der nicht auf die eigene Zunft begrenzt blieb. 1700 kam es zu erneuten Revolten der Zimmergesellen, 1702 erhoben sich die Schlosser und verschiedene andere Handwerker, 1704 begehrten die Schlosser und andere Gesellen auf, 1708 erhoben sich die Strumpfwirker und im Jahre 1710 gleich eine ganze Reihe von Bruderschaften.[412]

Diese Auseinandersetzungen der Gesellen mit den in Zünften organisierten Meistern oder mit den Kaufleuten nahmen gelegentlich das Ausmaß eines richtiggehenden Streiks an; aus Furcht vor Vergeltungsmaßnahmen bevorzugten die Gesellen jedoch in der Regel subtilere und wirksamere Taktiken. Es kam zum Beispiel vor, daß sie eine bestimmte Werkstatt für ein paar Tage oder Wochen mieden oder in einigen Fällen ein paar Monate oder gar mehrere Jahre lang boykottierten. Im Jahre 1677 ließ sich in drei Viertel der in Dijon ansässigen Tischlereien kein einziger Geselle blicken, und in Toulouse boykottierten sie 1682 sogar sämtliche Werkstätten. Dieses Verhalten erfüllte die Meister mit Schrecken. Einige von ihnen versuchten, eine Vereinigung zur Bekämpfung der Gesellenbruderschaften zu gründen und sich mit den übrigen in der Stadt ansässigen Meistern zu verständigen. Andere forderten die Behörden auf, diese geheimen Gesellschaften zu verbieten. Die Meister konnten sich jedoch nie auf ein gemeinsames Vorgehen einigen. In Dijon – einer von besonders vielen Unruhen erschütterten Stadt – trafen im Jahre 1698 vierundfünfzig Tischlermeister zusammen und berieten, was gegen die überzogenen Forderungen der Gesellenbruderschaften zu tun sei. Gegen Ende der Beratungen sprachen sich vierundvierzig Meister für die Abschaffung der Gesellenbruderschaften aus, während die übrigen zehn die Ansicht vertraten, daß der Bund des „devoir" fortbestehen müsse, zumal diese Einrichtung von einem Großteil der anwesenden Meister öffentlich anerkannt und bestätigt worden sei.[413] Man darf wohl annehmen, daß die Furcht vor Vergeltungsmaßnahmen die Ursache für diese liberale Haltung war.

Handwerksmeister und Gesellen

Das Verhältnis zwischen Meistern und Gesellen war jedoch nicht immer von solchen Zusammenstößen geprägt. Nicht alle Handwerksburschen gehörten einer Gesellenbruderschaft an, und nicht alle Vereinigungen waren so argwöhnisch und militant wie die „devoirants". Die zünftische Organisation, welche damals in voller Blüte stand, war noch nicht erstarrt und hatte durchaus gute Seiten – auch für die Gesellen. Sie wurden im allgemeinen in unmittelbarer Nähe der Werkstatt untergebracht und verpflegt. Ihr gemeinsamer Schlafraum war direkt an das Haus des Meisters angebaut, welcher in vielen Fällen auch nicht über mehr Wohnraum verfügte als seine Gesellen: sehr oft hauste er mit seiner Familie in einer einzigen Stube, die gleichzeitig als Küche, Wohn- und Schlafzimmer diente. Dieses Zusammenleben auf engstem Raum bot zwar vermehrten Anlaß zu Streitereien, förderte jedoch eine fortwährende Annäherung zwischen Arbeitgeber und Arbeitnehmer. Im übrigen pflegte der Meister nicht nur seine Angestellten bei der Arbeit zu beaufsichtigen, sondern auch selbst Hand anzulegen. Wenn er sein Handwerk gut beherrschte, genoß er großes Ansehen. Überdies war auch der Meister selbst letztlich nur ein „Angestellter" – zumindest insofern, als er von einem Händler abhängig war, der oft seine gesamte Produktion abnahm und eine monopolartige Stellung besaß. So erschien der Meister häufig nur als verlängerter Arm eines Handelsunternehmens.

Innerhalb der ungeheuer vielfältigen, sehr stark von Ritualen geprägten Welt des Handwerks grenzten sich die einzelnen Berufe viel deutlicher voneinander ab als Meister und Gesellen innerhalb derselben Zunft. In Paris blickten die „Six-Corps" (Sechs Zünfte) mit Verachtung auf sämtliche Handwerker herab, die nicht ihrem erlauchten Kreise angehörten, und in der Provinz behandelten die wohlhabenden Zünfte die weniger angesehenen Handwerker mit großer Herablassung. Selbst die Trödler sahen voll Verachtung auf die Schneider und riefen ihnen zu:

„Donc, ô tailleurs d'habits, vous n'êtes qu'artisans,
Et nous qui les vendons, nous sommes les marchands."[414]

„He, Ihr Schneider, ihr seid bloß Handwerker,
und wir, die wir Eure Produkte verkaufen, sind die Kaufleute!"

Innerhalb der Zünfte und Gilden hielt man trotz unterschiedlicher sozialer Stellung zusammen, die meisten Konflikte spielten sich gegenüber anderen Vereinigungen ab: das Zusammengehörigkeitsgefühl innerhalb einer Korporation war stärker als irgendwelche „Klassengegensätze".

Wenn man bedenkt, daß es in manchen Sparten kaum mehr Gesellen als Meister gab und letztere meist recht bescheiden lebten, nimmt es nicht wunder, daß sie in der Regel gut miteinander auskamen.

Die Lehrlinge gehörten – ganz gleich ob ihre Ausbildung kostenlos erfolgte oder ob sie Lehrgeld bezahlten – zum Haushalt des Meisters und hatten Anspruch auf „pain, pot, lit et maison"[415] („Kost und Logis"). Die Meister – Kaufleute und Handwerker – waren gehalten, die ihnen anvertrauten Lehrlinge wie Söhne zu behandeln. Dies bedeutete jedoch nicht, daß sie die jungen Burschen verwöhnen oder verhätscheln sollten – ein guter Familienvater achtete vielmehr in erster Linie darauf, daß die Jugend eine sorgfältige Ausbildung erhielt. Sämtliche Lehrlinge – ganz gleich welchen Beruf sie erlernten – waren verpflichtet, die Werkstatt beziehungsweise den Laden des Meisters sowie den Vorplatz sauberzuhalten, von den Gesellen vergessene Werkzeuge und sonstige herumliegende Gerätschaften des Meisters oder der Gesellen einzusammeln, die Gesellen mit allem Notwendigen zu versorgen, sich als Handlanger zu betätigen und ihnen Essen und Trinken zu bringen.[416] Daher die Klage eines Lehrlings, der an den Wünschen der Gesellen verzweifelte:

„Celui-ci veut du blanc, celui-là du bourgogne.
Si je tarde un peu trop, ils me cherchent la rogne
Sans songer que souvent, pour leurs demi-septiers,
Il faut aller quêter chez dix cabaretiers."

„Der eine will Weißwein, der andre Burgunder.
Wenn ich mich verspäte, gibt es gleich Zunder.
Die Gesellen scheinen nicht zu bedenken,
daß ich wegen der Weine muß in zehn Schenken."

Die Lehrlinge mußten den Gesellen, die sich bisweilen wie Tyrannen gebärdeten, unbedingten Gehorsam leisten, ihre Wünsche so schnell wie möglich erfüllen und sich bei ihnen beliebt machen, denn sie wurden in erster Linie von den Gesellen und weniger vom Meister auf ihren Beruf vorbereitet.

Während ihrer Ausbildung mußten sich die Lehrlinge mit allem möglichen befassen: die Strohsäcke der Gesellen aufschütteln, für den Meister einholen gehen und – wenn sie unentgeltlich ausgebildet wurden – Geschirr spülen, die Kinder beaufsichtigen, Schuhe putzen und andere niedrige Arbeiten verrichten, die von den Lehrlingen, welche die Ausbildung bezahlten, abgelehnt wurden. Anscheinend erfüllten sie diese Pflichten ohne allzu großes Murren und trösteten sich damit, daß sie ja am Ende ihrer Lehrjahre einen Beruf vorweisen konnten. Es kam nicht selten vor, daß ein Lehrling später den Betrieb übernahm – ein weiterer Grund für den Meister, sich ihm gegenüber wie ein gütiger Vater zu verhalten.

Das Berufsleben spielte sich übrigens nicht nur in der Werkstatt, im Laden oder der Wohnung des Handwerkers ab, sondern war auch in gesellschaftlicher Hinsicht von Belang. Dies wird am Beispiel der berufsspezifischen Bruderschaften deutlich. Es waren ursprünglich religiös motivierte Zusammenschlüsse, in denen die gesellige Seite allerdings bald die Oberhand gewann und die häufig die Vorstufe zur Einrichtung einer Zunft bildeten. Dies traf auf die „cordonniers" (Schuhmacher, das heißt Hersteller neuer Schuhe im Unterschied zu den als „savetiers" bezeichneten Flickschustern) von Castres zu. Ihre Bruderschaft, deren Statuten im Jahre 1673 vom Bischof bestätigt worden waren, wurde 1707 in eine Zunft umgewandelt, ohne deshalb den religiösen Charakter aufzugeben: sie verfügten weiterhin über eine eigene Kapelle in einer der städtischen Kirchen, und mancher Zunftgenosse wäre sicher erstaunt gewesen, wenn man nun plötzlich das Geistliche vom Weltlichen zu scheiden versucht hätte.[417]

In manchen Bruderschaften waren zwei oder drei verschiedene Berufe zusammengefaßt, und umgekehrt waren einige Erwerbszweige auf mehrere Bruderschaften verteilt. Die Schutzpatrone waren jedoch stets dieselben: die Schuhmacher beteten zu Crispinus, die Gold- und Hufschmiede zu Eligius, während die Bäcker und Soldaten den heiligen Michael verehrten und die Seeleute Nikolaus um seinen Beistand anflehten. Diese Schutzpatrone wurden jedoch nicht nur in der Stille der ihnen geweihten Kapellen angebetet, sondern flatterten auch auf den Bannern der betreffenden Vereinigungen. Während an der Spitze der Zünfte „jurés" (Geschworene) oder „syndics" (Syndizi) standen, wurden die Bruderschaften von „bâtonniers" (Vorstehern) geleitet. Häufig wurden die Geschworenen oder Zunftmeister aus dem Kreis der ehemaligen „bâtonniers" gewählt, und die Bruderschaften stellten oft nichts anderes mehr dar als eine Vereinigung von Handwerksmeistern. Ab 1660 wurden die religiösen Bruderschaften vom Staat anerkannt und derselben Kontrolle unterworfen wie die Zünfte und Gilden. Während die als „confréries" bezeichneten, religiösen Bruderschaften jedoch den Schutz von Kirche und Staat genossen, wurden die Gesellenbünde – die „compagnonnages" – zusehends umstürzlerischer Tendenzen bezichtigt und in die Geheimhaltung abgedrängt. Die bisweilen auftretenden Spannungen zwischen Meister und Gesell kamen symbolisch im Gegensatz zwischen dem Banner der „confrérie" und dem mit Schnitzereien verzierten Stock des „compagnon" zum Ausdruck.

Sie wanderten von Ort zu Ort

Als die rauhe Witterung der Jahre 1693, 1694 und 1709 die Ernten mißraten ließ, die Teuerung des Brotes eine allgemeine Unterernährung herbeiführte und die Epidemien aufgrund der Mangelkrankheiten unzählige Opfer forderten, bekamen die wohltätigen Einrichtungen alle Hände voll zu tun. Die Spitäler mußten plötzlich drei- bis viermal soviel Menschen aufnehmen wie in normalen Zeiten, die Behörden ließen Gaben verteilen und suchten die zahlreichen armen Landbewohner unterzubringen, die in die Stadt gezogen waren, um dort Arbeit und Nahrung zu suchen. Am 6. August 1709 ließ Ludwig XIV. in Paris zur Versorgung und Unterbringung der umherstreunenden Bettler „ateliers publics" (öffentliche Werkstätten) einrichten, denen jedoch kein größerer Erfolg beschieden war als den berühmten „ateliers nationaux" (Nationalwerkstätten) von 1848. Laut Aussage eines Zeitgenossen löste die Initiative des Königs in Paris eine Erhebung sämtlicher Bettler aus, die Arbeit mußte eingestellt und zum Schutz vor den hungrigen und plündernden Horden mußten viele Läden geschlossen werden, bis sich die Lage gegen Abend wieder entspannte.[418]

Es kam jedoch nur sporadisch zu solch traurigen Wanderungsbewegungen. Daneben waren seit dem Mittelalter regelmäßige Abwanderungen zu beobachten, von denen jedoch nicht arme Bettler, sondern kräftige Arbeiter aus den französischen Gebirgsgegenden betroffen waren. Gerade im siebzehnten Jahrhundert erreichte diese Entwicklung ihren Höhepunkt: immer mehr Männer aus den Bergen stiegen alljährlich in die Ebene hinab und begaben sich in die Städte, um sich dort zu verdingen und ihr Einkommen aufzubessern.[419] Wenn sie ihr Heimatdorf verließen, konnten die Arbeiter – bescheiden, wie sie lebten – große Rücklagen erwirtschaften. Dies erregte bald die Aufmerksamkeit der Verwaltung und vor allem der Finanzbeamten. In seinem Memorandum von 1698 bezifferte d'Herbigny, der Intendant von Lyon, die Summe, welche sechs- bis achthundert Erdarbeiter oder Säger aus dem Forez erwirtschafteten, auf zwanzig- bis fünfundzwanzigtausend Livres.

Diese Erdarbeiter oder Säger wurden nicht vom Hunger getrieben. Das Gebirge, wo man den Boden ganz vielfältig nutzen konnte, hatte weniger unter den Nahrungsmittelkrisen zu leiden als die Ebene. Gegen Ende des siebzehnten Jahrhunderts machten sich die französischen Intendanten ein Vergnügen daraus, die hochgewachsenen und robusten Gebirgsburschen den schwächlich und krank aussehenden Männern der Ebene – aus der Limagne oder dem Becken von Roanne – gegenüberzustellen, die ganz offensichtlich schlecht ernährt und von Malaria ausgezehrt waren. Die Berge wurden jedoch von mehr Menschen bewohnt, als die dortigen Böden ernähren konnten. Im übrigen waren die Familien dort größer als in der Ebene (sieben Personen pro Haushalt im Vergleich zu vier oder fünf) und die Erbteile entsprechend kleiner. Aus diesem Grund pflegten die kräftigen und mutigen jungen Burschen, die Geld verdienen wollten, um relativ jung heiraten und eine Familie gründen zu können, sich regelmäßig in die Ebene zu begeben und eine Arbeit zu suchen. Sie unterzeichneten eine Vollmacht und beauftragten eine Person ihres Vertrauens mit der Verwaltung ihrer Güter, dann schnürten sie ihr Bündel und brachen auf.

Wenn sie bereits verheiratet waren und sich für lange Zeit wegbegaben – zum Beispiel nach Spanien und bis nach Andalusien, um möglichst viel zu verdienen –, nahmen sie beträchtliche Risiken in Kauf. Hugues Benech aus dem Dorf Thièze in der Auvergne schickte sich im Jahre 1666 an, ein zweites Mal nach Spanien aufzubrechen. Da seine Ehefrau Jeanne Bompar ihn während seiner ersten Abwesenheit betrogen und einen liederlichen Lebenswandel geführt hatte, betraute Benech seinen Bruder – einen Priester – mit der Verwaltung seines Besitzes und berechtigte ihn dazu, in seinem Auftrag die Wiedergutmachung dieser Schmach zu betreiben, bis ein endgültiges Urteil gefällt würde.

Es gab jedoch auch Männer, welche – zumindest anfangs – wirklich nur für eine Saison ihr Heimatdorf verließen. Im Sommer strömten die Männer aus dem Quercy oder dem Rouergue nach Aquitanien und schlugen sich dort förmlich darum, beim Einbringen der Ernte mitarbeiten zu dürfen, und Schnitter aus dem Landstrich Comminges begaben sich in die Gegend um Toulouse, um bei der Heuernte zu helfen. Die Maurer, welche aus der Auvergne, dem Limousin und der Marche aufbrachen, blieben neun Monate lang der Heimat fern: sie verließen ihr Dorf im März und kehrten erst im November zurück. In den Jahren 1693 und 1709 blieben sie infolge des harten Frosts und der Nahrungsmittelknappheit daheim, um sich nach langer Zeit einmal wieder als Landwirte zu betätigen, die Felder zu bestellen und auf diese Weise dem Hungertod zu entgehen.

Wie die übrigen Wanderer taten sich auch die Maurer mit Vorliebe in Gruppen von fünf oder sechs Burschen zusammen, welche häufig derselben Familie angehörten oder aus demselben Ort stammten. Die lange Reise unternahmen sie unter der Führung eines „maître" (Meister), der gleichzeitig als Anführer und wegkundiger Begleiter fungierte. Die Maurergesellen aus der Marche, dem Limousin oder der Combrailles begaben sich über Bourganeuf, Pontarion und Aubusson nach Lyon und von dort aus über

Saint-Avit, Pontaumur, Pontgibaud, Clermont, Pont-du-Château, Thiers und Noirétable in die Auvergne oder gar über Fleurs noch weiter bis in das Forez.[420] Diese Cliquen schlugen immer wieder dieselben Routen ein und machten stets in denselben Wirtshäusern Halt, wichen aber hier und dort etwas von der üblichen Wegstrecke ab. Die Bewohner der Ortschaften, durch welche die Wanderer kamen, erkannten sie an der Regelmäßigkeit, mit der sie auftauchten, an ihrer ungewohnten Sprechweise, ihrer Kleidung und den Werkzeugen, welche sie mit sich trugen. Am 8. Januar 1694 beerdigte der Pfarrer von Verdilly-en-Champagne einen Fremden, den man in der Umgebung des Dorfes tot aufgefunden und anhand seiner Werkzeuge als einen Kesselschmied aus der Auvergne identifiziert hatte. Der Unglückliche war nicht nur ein Opfer der Kälte und vielleicht des Hungers, sondern auch der Einsamkeit geworden. Es empfahl sich, stets zu mehreren zu reisen. Im Jahre 1707 entging eine Gruppe von Sägern aus Allanche, die ins Languedoc unterwegs war, zweimal gerade noch ihrer Festnahme und Einkerkerung. Beim ersten Mal hielt man sie für Deserteure und beim zweiten Mal für Salzschmuggler!

Die fachlich nicht qualifizierten Wanderburschen kehrten nicht immer zurück. Zu Beginn des achtzehnten Jahrhunderts kam ein junger Mann mit dem summarischen Spitznamen „Lauvergnat" aus dem Dorf Saint-Christophe (Auvergne) in Lyon an. Im ersten Jahr zog er von Haus zu Haus und schlug sich als Messerschleifer durch. Dann verliebte er sich in eine Goldwirkerin und ließ sich nieder, um sie zu heiraten. Er bezog eine Wohnung in der Nähe der Krankenhausmetzgerei, die ihn mit Aufträgen versorgte. So war er zu einem seßhaften Handwerker geworden, der sich einen festen Platz innerhalb der Arbeitswelt eroberte und nicht mehr in die Berge zurückzugehen gedachte.

Die Säger aus dem Livradois kehrten alljährlich in ihre Heimatdörfer zurück, während die Maurer bisweilen mehrere Jahre in der Fremde blieben. Der Typus des Vater Barberin wurde nicht erst von Hector Malot erfunden. Schon zwei Jahrhunderte vor seinem Roman „Sans famille" (Ohne Familie; 1878) blieb so mancher Maurer aus dem Zentralmassiv in der Stadt hängen. Jean Deneuville aus Bertignat in der Auvergne freilich war ein Extremfall: er war 1680 aufgebrochen, kehrte nach sechzehnjähriger Abwesenheit zurück und erklärte, daß er sich von seiner Frau scheiden lassen wolle. Nachdem er sich die Sache noch einmal überlegt hatte, griff er zu einer radikaleren Lösung und brachte das arme Weib kurzerhand um.

Die Maurer, Schnitter, Kesselschmiede und Säger hatten – ganz gleich, ob sie nur saisonweise in die Fremde gingen oder längere Zeit der Heimat fernblieben – eine Gemeinsamkeit: sie übten allesamt zwei Berufe aus. All diese Männer waren ursprünglich und nebenher Tagelöhner oder Kleinbauern. Sie waren von der für das Ancien régime typischen beruflichen Zweigleisigkeit geprägt. Zumindest die ersten Reisen unternahmen sie in der Hoffnung, daß sie genügend Geld verdienen würden, um sich anschließend eine Klitsche kaufen oder ihren Besitz erweitern zu können. Diese Wanderburschen, welche angeblich die Untugenden der Stadtbewohner übernahmen und gelegentlich über die seßhaften Bauern spotteten, träumten im Grund von nichts anderem als vom Erwerb eines Bauernhofes.

10. Kapitel: Die bäuerliche Welt

> On appelle proprement manants ceux qui sont originaires du lieu; et habitants ceux qui y sont venus demeurer.[421]
> FURETIÈRE
>
> Chaque profession contribue, en sa manière, au soutien de la monarchie. Le laboureur fournit par son travail la nourriture à tout ce grand corps.[422]
> LUDWIG XIV.

Ist es eher angebracht vom „pauvre laboureur" (armer Bauer) oder vom fröhlichen Landmann zu sprechen? Diese Frage ist kaum zu beantworten. Schon allein hinter dem Begriff „laboureur" verbirgt sich eine Vielzahl von ganz unterschiedlichen Lebensbedingungen.[423] Im Pariser Becken, in Burgund und in Nord- sowie Ostfrankreich galt ein Bauer für gewöhnlich als ein Mann, der den im Norden üblichen großen Pflug sowie ein entsprechendes Gespann – mehrere Pferde oder Ochsenpaare – besaß. Ein solcher Bauer war Eigentümer des von ihm bewirtschafteten Hofes und gehörte zu den dörflichen Notabeln. In den bretonischen Kirchenbüchern tauchen die Begriffe „métayer" (Meier) und „domanier" (Gutsbesitzer), nicht jedoch „laboureur" (Bauer) auf. Wohlhabende Bauern pflegten lediglich ihren Vor- und Familiennamen, aber keine Berufsbezeichnung anzugeben. Die Dorfbewohner des Anjou, die in erster Linie Pächter waren, bezeichneten sich bis zu einem Besitz von zwölf Morgen Land als Kleinbauern und ab vierzig Morgen als Meier. Sowohl die Bezeichnungen als auch die Lebensbedingungen innerhalb des Bauernstandes waren höchst unterschiedlich. Im übrigen gilt es, den Bauern („manant") gegen den Dorfbewohner („habitant") abzugrenzen; der Bauer ist auf dem Land dasselbe wie der Bürger in der Stadt – er ist dort geboren und aufgewachsen –, während der „habitant" zugezogen ist.

Ist es überhaupt zulässig, die angesehensten Mitglieder der Dorfgemeinschaft – ganz gleich, ob es sich um Wirte, Hufschmiede oder Bauern handelte – mit den einfachen Tagelöhnern in einen Topf zu werfen, selbst wenn diese ein Stück Land ihr eigen nannten? Im ländlichen Frankreich glich keine Provinz der anderen, und ebensowenig gab es zwei einander vergleichbare Marktflecken. In jedem Dorf bildete sich aufgrund des unterschiedlichen Ansehens, Bildungsniveaus und Vermögensstandes ein fein

Die bäuerliche Welt 277

abgestufter Mikrokosmos heraus, in welchem sich die Sozialstruktur des gesamten Königreichs widerspiegelte. Und dennoch erliegen wir häufig der Versuchung, pauschale Urteile zu fällen, die Unterschiede außer acht zu lassen, den hierarchischen Aufbau der damaligen Gesellschaft zu verleugnen und von der Landbevölkerung schlechthin zu sprechen. Diese Untugend hat sich bereits vor langer Zeit eingebürgert. Es war einmal – und was nun folgt, ist keineswegs ein Märchen – ein gewisser Jean de la Bruyère, seines Zeichens Knappe, Schatzmeister im Finanzbezirk Caen (den er nie betrat) und Beamter des Prinzen von Condé (dessen Schloß er lediglich verließ, um sich nach Paris zu begeben). Dieser La Bruyère war durch und durch Städter und entwarf von der Landbevölkerung eine rasche und oberflächliche Skizze, von der er nicht ahnen konnte, daß sie bei der Nachwelt so gut ankommen würde. Sie war ebensosehr eine Karikatur wie das zweihundert Jahre später erschienene Buch „La Terre" (Das Land) von Emile Zola. Diese Beobachtung beweist, daß die Autoren sich kaum verändern, und bestätigt die Erkenntnis, daß die Stadtbewohner – auch wenn sie das Gegenteil behaupteten – überhaupt nichts vom Landleben verstanden.

In den achtziger Jahren des siebzehnten Jahrhunderts glaubte der vierzigjährige Jean de la Bruyère auf dem Lande „scheue Tiere"[424] (dieser Ausdruck zeugt eher von Verachtung als von Mitleid) zu entdecken. Er schilderte die Bauern als „dunkel, fahl und ganz von der Sonne verbrannt". Schon die krassen Widersprüche in diesem Klischee selbst hätten den Argwohn der Leser erregen müssen: wenn die Bauern in der Tat so schmutzig und sonnverbrannt waren, wie sollte man dann gleichzeitig die Blässe erkennen, welche La Bruyère den bedauernswerten Geschöpfen verlieh? Er setzte seine Beschreibung fort und berichtete, daß diese scheuen Tiere die Erde „mit zäher Beharrlichkeit durchwühlen und umgraben" (das war schließlich ihr Beruf; man verbrachte auf dem Land weniger Zeit mit Nichtstun und Maulaffen feilhalten als in der Stadt), in Höhlen hausten (mit diesem Wort pflegten die arroganten Städter die Bauernhäuser zu bezeichnen) und sich ausschließlich von „schwarzem Brot, Wasser und Wurzeln" ernährten (aus der bereits zitierten gastronomischen Abhandlung Massaliots[425] geht hervor, daß selbst der Herzog von Orléans zumindest während der Fastentage vegetarische Mahlzeiten zu sich nahm).

Bei einer Analyse von La Bruyères Charakteren gelangt man zu der Feststellung, daß dieser Text weniger über die ländliche Bevölkerung des damaligen Frankreichs als vielmehr über die Pariser und ihre selbstgefällige Eitelkeit Auskunft gibt. Was die Landbewohner betrifft, so erfährt man lediglich, daß sie robust gebaut sind, unentwegt arbeiten, genügsam leben und sich – mangels Fleisch (wenn man von den Hühnern, vom Schweinefleisch oder gelegentlichen Wildbraten absieht) – von Gemüse ernähren: alles Aussagen, die durchaus zutreffen und den Bauern zur Ehre gereichen.

Der besser über den Bauernstand orientierte, anonyme Verfasser des „Pauvre Laboureur" („Armer Bauersmann") besang zwar ebenfalls das harte und entbehrungsreiche bäuerliche Dasein, ohne die Feldarbeit jedoch in ausschließlich düsteren Farben zu schildern:

„Le pauvre laboureur,
Il a bien du malheur.
Du jour de sa naissance
L'est déjà malheureux.
Qu'il pleuv', qu'il tonn', qu'il vente,
Qu'il fasse mauvais temps,
L'on voit toujours, sans cesse,
Le laboureur aux champs!...

Le pauvre laboureur,
Il est toujours content.
Quand l'est à la charrue,
Il est toujours chantant.
Il n'est ni roi, ni prince,
Ni duque, ni seigneur,
Qui n'vive de la peine
Du pauvre laboureur."[426]

„Der arme Bauersmann,
Hart kommt ihn das Schicksal an.
Schon gleich bei der Geburt
holt ihn das Unglück ein.
Ob's regnet, donnert oder windet,
ob schlechte Wittrung herrscht
nur draußen man ihn findet,
wo er das Feld bestellt....

Der arme Bauersmann,
er ist stets zufrieden.
Wenn er hinterm Pflug einhergeht,
hört man ihn ständig Lieder singen.

Es gibt keinen König oder Prinzen,
keinen Herzog oder Edelmann,
der nicht ernähret wird
vom armen Bauersmann."

Die von La Bruyère als „wilde Tiere" bezeichneten Bauern besaßen auch eine Seele. Ihr nahmen sich die Dorfpfarrer im Auftrag der Kirche an und paßten sich dabei geschickt an die ländlichen Verhältnisse an.

Das Dorf der Heiligen

Abbé Bremond machte ein höchst interessantes, 1668 erschienenes Erbauungsbüchlein ausfindig, das folgenden Titel trug: „Nouveau recueil de vie des saints propres pour servir d'exemple à toutes sortes de personnes de quelque vacation qu'elles soient dans la campagne, où l'on ne fait point mention de leurs miracles, mais seulement des actions qu'un chacun peut imiter et de celles qu'il doit éviter en sa vacation" („Neue Zusammenstellung der Heiligenviten, verfaßt als Leitfaden für alle auf dem Land lebenden Personen, ganz gleich welchem Gewerbe sie nachgehen, und in welchem nicht die Wundertaten der Heiligen geschildert werden, sondern ausschließlich Handlungen, die jedermann vollbringen kann, beziehungsweise Dinge, die er bei der Ausübung seines Berufes unterlassen sollte").

Das Buch schildert ein französisches Dorf des siebzehnten Jahrhunderts, in welchem die einzelnen Berufe von lauter Heiligen ausgeübt werden: Cosmas und Damian sind Ärzte und Apotheker, der heilige Markus fungiert als Notar, Baldomerus als Hufschmied und Schlosser, Gentianus als Wirt, Homobonus als Kaufmann, Apronian als Schutzmann, Onuphrius als Weber, Arbogast als Türsteher etc. Diese heiligen Männer verkünden in einfachen Worten die Regeln für ein frommes und gottgefälliges Zusammenleben. Jeder Schutzpatron wendet sich an die von ihm vertretene Zunft und warnt vor den Versuchungen, welche die einzelnen Berufe mit sich bringen. Cosmas und Damian ersuchen ihre irdischen Kollegen, sich mehr Keuschheit aufzuerlegen. Der heilige Markus belehrt die Notare, daß jedes Schriftstück mit einer Frömmigkeitsformel zu beginnen und das Aufgeld an die Armen der Kirchengemeinde abzuführen sei. Gentianus erinnert die Wirte daran, keine ausschweifenden Veranstaltungen zu dulden und sämtliche Gastzimmer mit frommen Darstellungen zu schmücken. Ein guter Schutzmann durfte – laut Aussage des Apronian – bei Streitigkeiten nie

Partei ergreifen und konfiszierte auf keinen Fall etwa Gespanne oder andere für die Schuldner lebensnotwendige Güter. Baldomerus ermahnt die Schlosser, nicht den Versuchungen ihres Berufes nachzugeben und gar Nachschlüssel anzufertigen, um unerlaubt in fremde Häuser einzudringen. Die Weber sollten auf Geheiß des Onuphrius nur grobe Tuche und nicht etwa jene leichten Stoffe herstellen, welche die Sünde geradezu herausforderten!

Die Gesamtheit der Dorfbewohner wird aufgefordert, egoistische Wünsche und persönliche Profitgier zurückzustellen und in erster Linie Gott zu dienen: der christliche Kaufmann sollte für jeden abgeschlossenen Handel eine Spende darbringen, und der Winzer sollte dafür sorgen, daß stets genügend Meßwein vorhanden sei. Abbé Bremond berichtete, daß die Ermahnungen der Heiligen ihre Wirkungen nicht verfehlten, sondern bei vielen Menschen verfingen.[427] Die Vorkämpfer der Gegenreformation kannten keine Standesunterschiede – sobald es um die Ehre Gottes ging, war jedermann gleichermaßen aufgerufen, sein Bestes zu geben.

In der tiefsten Provinz

Anhand gut geführter Kirchenarchive lassen sich die Lebensbedingungen in der tiefsten Provinz des damaligen Frankreichs rekonstruieren. Die in der Diözese Sées aufbewahrten Akten sind sehr aufschlußreich. Das nicht gerade kleine Bistum mit seinen 498 Pfarreien umfaßte die südliche Normandie und die Perche – ein ländliches Bistum in einer ländlichen Gegend. Alençon, die Hauptstadt der Diözese, erfüllte keine wichtigen zentralen Funktionen; die wenigsten Menschen dort hatten etwas vom Streit zwischen Jesuiten und Jansenisten mitbekommen, dafür war die berühmte Zisterzienserabtei von la Trappe und ihr großer Abt de Rancé fast allen bekannt.

Am 4. Juni 1699 erhielt die Diözese Sées in dem jungen Monseigneur d'Aquin einen pflichtbewußten Bischof, der seine Aufgabe sehr ernst nahm. Gemäß den Vorschriften des Konzils von Trient visitierte er gewissenhaft die Gemeinden seiner Diözese – die ersten Visitationsreise unternahm er in den Jahren 1701 bis 1703, die zweite zwischen 1704 und 1709. Bevor er aufbrach, schickte er den Pfarrern der einzelnen Gemeinden einen Hirtenbrief, eine Anleitung, ein persönliches Schreiben sowie einen Fragebogen. Dieser war ein detailliertes Verzeichnis, in das der betreffende Geistliche sämtliche in seiner Pfarrei vorherrschenden Mißstände und Vergehen (Gefluche, Gotteslästerungen, Ehebrüche, Wucherei etc.) eintragen und in welchem er Angaben über die Einhaltung der religiösen Vorschriften – insbesondere der Sonntagsheiligung und der österlichen Kommunion – machen sollte. Die Antworten der Geistlichen und die Visitationsprotokolle sind für 419 der 498 Pfarreien erhalten und liefern für 294, in fünf Archidiakonaten zusammengefaßte Gemeinden genaue Angaben.[428] Diese mit Zahlenmaterial gespickten Informationen über die sichtbare Frömmigkeit der damaligen Zeit erlauben Rückschlüsse auf das Leben in einer französischen Provinz zu Beginn des achtzehnten Jahrhunderts.

Auch die Geistlichen mußten sich manche Kritik gefallen lassen; d'Aquin beklagte ihre mangelhaften Kenntnisse und tadelte mehrere Verstöße gegen die Residenzpflicht. Einige Dorfpfarrer beantworteten die schriftlich übermittelten oder anläßlich der Visitation gestellten Fragen nicht wahrheitsgemäß, und jene, die beim Ausfüllen des Fragebogens auf den Religionsunterricht einzugehen vergaßen oder schlicht vermerkten, daß die Kinder ihrer Gemeinde nicht zum Unterricht erschienen, ließen es zumindest am notwendigen Eifer fehlen. In einer von je zehn Pfarreien herrschten ausgesprochene Mißstände: im Jahre 1709 erregte sich der Bischof von Sées über einige Geistliche, welche das für die Armen bestimmte Geld unterschlagen hatten! Neben diesen schwarzen Schafen gab es jedoch sehr viele willige und pflichtbewußte Seelsorger. Die erstaunliche Frömmigkeit ihrer Pfarrkinder lag zu einem kleinen Teil an der Persönlichkeit der Gläubigen, zum größten Teil jedoch am Wirken der Geistlichen. Einige Gemeindehirten verfügten über genügend Autorität, um selbst unpopuläre Vorschriften – Ablehnung des Ehebruchs, Reduzierung der Prozesse, nur mäßiger Wirtshausbesuch, Einschränkung oder Verbot der Tanzveranstaltungen – durchzusetzen. Diese mustergültigen Priester standen ihrem Vorläufer Vinzenz von Paul näher als ihrem besorgniserregenden Amtsbruder und Zeitgenossen Meslier.

Der Adel war in der Diözese zahlreich vertreten: in jeder Pfarrei lebte mindestens ein Edelmann. Diese Aristokraten hielten sich in der Tat in ihren Herrensitzen auf (das Schloß von Versailles wurde schließlich nicht von Landadligen bevölkert). Sie besaßen die für ihren Stand charakteristischen positiven und negativen Eigenschaften. Die Junker legten ein herrisches Verhalten an den Tag und ließen sich weder von den Gemeindepfarrern noch vom Bischof einschüchtern. Wenn sie gegen die Bauern prozessierten, so geschah dies in der Absicht, ihre herrschaftlichen Rechte zu verteidigen: die sogenannte „réaction nobiliare" (aristokratische Reaktion) setzte keineswegs erst in den Jahren zwischen 1770 und 1780 ein, sondern war ein langwieriger Vorgang, in dessen Verlauf nur selten Gewalt angewandt wurde und sich nicht immer der Stärkere durchsetzte. Daß d'Ouilly, der Junker von le Destroit, vierzehn Jahre lang seine Osterpflicht vernachlässigte oder daß der Edelmann du Pont de Baise mit seiner Dienerin Bastarde gezeugt hatte, war im übrigen zwar bedauerlich – vor allem als schlechtes Vorbild – aber leider nur allzu menschlich. In den Streitigkeiten zwischen Junkern und Geistlichen ging es in der Regel um irgendwelche Ehrenrechte. Jene Edelleute, die in bezug auf die Pfründen ein Vorschlagsrecht besaßen oder bei der Besetzung der Pfarrstellen ein Wort mitzureden hatten, waren nicht gewillt, ihre Vorrechte an Bischof d'Aquin abzutreten. Dieser wiederum hatte es auf die notorischen Sünder und auf jene Junker abgesehen, die nicht der Osterpflicht genügten, und wollte sie gern ihrer Prärogativen berauben und diese Rechte selbst wahrnehmen.

Die Junker wollten in der Kirche dieselbe Vorrangstellung genießen wie innerhalb der Dorfgemeinschaft. Sie bemühten sich daher um einen Vikar für die Schloßkapelle – selbst sofern dort keine Messe gelesen werden durfte – und machten sich – wenn sie sich mit dem Pfarrer entzweit hatten – ein Vergnügen daraus, zahlreiche Bauern zu ihrem kleinen Schloßgottesdienst einzuladen; andererseits drehte sich in der Pfarrkirche oft genug alles um den Edelmann: Der eine wünschte eine Kirchenwand durchbrechen und mit einer Tür versehen zu lassen, damit er leichter vom Herrensitz an seinen Ehrenplatz in der Kirche gelangen könne; ein anderer Junker wollte nicht im Schiff, sondern im Chor begraben werden; ein dritter wünschte, daß sein Herz dereinst unter dem Altar bestattet werde; ein vierter fing mitten in der Kirche eine Schlägerei mit einem Standesgenossen an, der ihm seine Rechte streitig machte; ein fünfter Junker ließ die zwölf Stationen des Kreuzweges durch sein Wappen ersetzen; ein sechster wollte nicht dulden, daß der Geistliche die Messe in einer neuen Kirche las, in welcher er vielleicht nicht dieselben Ehrenrechte genoß; ein siebter besuchte zwar die Messe, ging jedoch – um den Priester zu ärgern – nie zur Kommunion; ein achter weigerte sich, seine neue Kirchenbank zu bezahlen; ein neunter wünschte den Kirchenschlüssel ausgehändigt zu bekommen; ein zehnter ordnete an, daß augenblicklich der Beichtstuhl versetzt werde; ein elfter namens Eustache-Laurent Heudine de Brécour, Grundherr der Pfarrei le Breuil, klagte beim Archidiakon von Exmois namens de Farcy seine Ehrenrechte ein und verlangte, der zuständige Pfarrer habe jeden Sonntag die Gemeindemitglieder für das Wohl der grundherrlichen Familie beten zu lassen und ihm eigenhändig den Weihwasserwedel zu reichen; diese Angelegenheit ging bis vor das Parlament, welches sogar ein für den Junker gün-

In der tiefsten Provinz

stiges Urteil fällte und seinen Forderungen stattgab.[429] Am Karfreitag des Jahres 1703 beanspruchte der weiter oben erwähnte d'Ouilly, der bekanntlich seit Jahren nicht mehr seinen Osterpflichten nachgekommen war, trotz seines nicht gerade vorbildlichen Lebenswandels das Recht, als erster das Kreuz anbeten zu dürfen – und zwar vor einer Dame seiner Wahl!

Es gab jedoch auch Junker, die Meßgeräte stifteten oder beträchtliche Summen für die Renovierung der Pfarrkirche spendeten; andere übernahmen die undankbare Bürde, welche die Verwaltung der Kirchenkasse bedeutete. Als infolge des strengen Winters von 1709 zahlreiche Familien verelendeten, appellierte Bischof d'Aquin nicht vergebens an die Grundherren, sie möchten der Armen gedenken und für sie spenden.

Die Vorwürfe, welche die Geistlichen der Diözese an die Adresse des Volkes (einschließlich des niederen und mittleren Bürgertums) richteten, schienen – trotz des bisweilen recht scharfen Tons – nicht sehr schwerwiegend zu sein. Man gebrauchte die Worte Korruption oder Ausschweifung, um alltägliche kleine Ausschreitungen wie Schlägereien oder Prügeleien zu bezeichnen, wie sie sich nach einem Wirtshausbesuch oder am Rande einer Tanzveranstaltung häufig ergaben. In Alençon währte der Karneval samt seinen Begleiterscheinungen – den Umzügen, Maskeraden und Ausschweifungen – manchmal bis zum Sonntag Septuagesima; dieses bunte Treiben mußte angesichts der beginnenden Vorfastenzeit den Zorn des Bischofs erregen, vor dessen Augen es sich abspielte.

Das Wirtshaus galt als die Wurzel allen Übels, dort nahm fast alles seinen Anfang. Die Gemeinde Notre-Dame de Mortagne zählte nicht weniger als acht Schenken! Diese Tavernen waren sonntags stets überfüllt und trotz des gesetzlichen Verbots bisweilen sogar während des Hochamts geöffnet. Während der Kirchweih gingen von ihnen die Wirren aus, welche diesen Festtag manchmal überschatteten. Die Wirtshäuser hatten seit jeher die Trunksucht gefördert, welche ihrerseits wieder zu heftigen Streitereien führte – manchmal mit tödlichem Ausgang. Auch die Tanzveranstaltungen erregten das Mißfallen der Geistlichen, die in ihnen die Quelle sexueller Ausschweifungen und den Anlaß für manchen Streit sahen. Es gab Priester, welche diese Übel mit allen ihnen zur Verfügung stehenden Mittel bekämpften. Drei Geistliche gingen selbst so weit, das Wirtshaus demolieren oder endgültig schließen zu lassen! Es gab jedoch auch Dorfbewohner, die sich der Bevormundung des Pfarrers entzogen, indem sie über die Huisne übersetzten und in der Nachbardiözese Chartres tanzen gingen.

Keine der beschriebenen Ausschweifungen nahm aber einen bedenklichen Umfang an. Auf fünfhundert Pfarreien kamen offensichtlich nur ein unbotmäßiger Schulmeister und eine Handvoll ungewollter Schwangerschaften, die man nachträglich durch Heiraten legitimierte. Gewiß, man konnte darüber Klage führen, daß jeder dritte Schatzmeister seine Aufgabe nicht mit der erforderlichen Sorgfalt erfüllte: die Buchhaltung mancher Pfarreien war um zwanzig Jahre im Rückstand. Diese Versäumnisse mochten die erneute Festigung einer leicht erschütterten Kirche verhindert oder hinausgezögert haben. Nicht eines dieser Vergehen erreichte jedoch ein wirklich beunruhigendes Ausmaß, nicht einmal das mehrfach zu beobachtende Schauspiel von Geistlichen, die in aller Öffentlichkeit und im Beisein eines talartragenden Priesters stundenlang zechten – wie es die lebenslustigen Chorherren von Saint-Mard-de-Réno belegt ist, deren Trinkgelage der Bischof förmlich untersagen mußte.

Vorbildliche Kirchgänger

Die Bewohner der Diözese Sées bekannten sich zu derselben Religion wie ihre in den Bistümern Rouen oder Nantes, in Burgund oder der Franche-Comté lebenden Zeitgenossen. Ihre Lage war für die damalige Zeit keineswegs ungewöhnlich, auch wenn ein Katholik des zwanzigsten Jahrhunderts zunächst vielleicht einen anderen Eindruck haben mag.

Sie vertraten bisweilen etwas konfuse Ansichten, waren jedoch alle von einer ungeheuren und tiefen Religiosität. Es gab einige Zauberkünstler und Hexenmeister, vor allem in der Umgebung von Saint-Denis-sur-Sarthon. In Bellavilliers lebte ein Wunderdoktor, der behauptete, er könne mittels eines bestimmten Gebets selbst aus der Ferne Menschen von Magenbeschwerden heilen; aber dieses heilbringende Gebet stellte vielleicht nicht einmal eine Gotteslästerung dar. Es sind elf Texte überliefert, welche mißbräuchliche und abergläubische Frömmigkeitspraktiken beklagen. Bischof d'Aquin zeigte sich darob sehr beunruhigt – aber wer vermochte mit Gewißheit die Grenze zwischen einer übersteigerten, sehr stark auf Gesten beruhenden Frömmigkeit und abergläubischen Handlungen auszumachen?

Im Jahre 1702 kam in Sées eine große Schar von Gläubigen zusammen, um das dortige Jubiläum zu feiern. Die zweiundzwanzig Gemeinden, welche ihre Kirche renovieren ließen, waren mit die ärmsten der ganzen Diözese: in Pomainville hatten beispielsweise alle Gemeindemitglieder zusammengelegt, um einen neuen Altar errichten zu lassen; anderswo stellten die Gläubigen Mittel zur Bezahlung eines Vikars bereit, den sie vom Bischof erbeten hatten. Alle Zeitgenossen wußten, welch große Bedeutung die römisch-katholische Kirche der unverzüglichen Taufe der Neugeborenen beimaß, und über zwei Drittel der Gläubigen befolgten die entsprechenden Anordnungen des Konzils von Trient (von 294 Gemeinden praktizierten 228 die Soforttaufe, in 37 Pfarreien taufte man die Säuglinge erst später, und 29 Geistliche machten keine Angaben zu diesem Punkt). Allen Zeitgenossen war bekannt, wie wichtig die Heiligung des Sonntags war. An diesem Wochentag durfte daher nicht gearbeitet werden, außer wenn im August die Ernte eingebracht werden mußte – eine Ausnahme, die von den Geistlichen bereitwillig geduldet wurde. Abgesehen von einigen städtischen Kaufleuten, den Herbergsvätern in den Städten, Marktflecken und Dörfern, den Gastwirten und Marktleuten wurde dieses Verbot allgemein eingehalten. Der Sonntagsmesse pflegten erstaunlich viele Menschen beizuwohnen (von den oben genannten 294 Pfarreien machten 22 Priester keine Angaben, in 191 dieser Pfarreien – das heißt 65% – besuchte die gesamte Gemeinde die Messe, in 49 Fällen waren nahezu alle Dorfbewohner anwesend, in 8 Gemeinden konkurrierte die Frühmesse mit dem Hochamt, und in 24 Pfarreien begaben sich viele Gemeindemitglieder nach auswärts, um die Messe zu besuchen).[430]

Die Messe stand im Mittelpunkt der damaligen Frömmigkeit. Franz von Sales bezeichnete sie als „le cœur de la dévotion"[431] („das Herzstück der Frömmigkeit"). Im Religionsunterricht wurden die Kinder über die Bedeutung, die Bestandteile und die symbolischen Handlungen der Messe belehrt. Wenn der König tagtäglich der Messe beiwohnte[432], so geschah dies in der Absicht, seine Untertanen zum sonntäglichen Kirchgang zu bewegen. Während der Messe pflegten die Gläubigen – Ludwig XIV. vorneweg – Rosenkränze zu beten. Einige Zeitgenossen lasen sogar eigens im Hinblick auf das Hochamt konzipierte Andachtsbüchlein („exercices pour la sainte messe"). Nach 1685 wurden zahlreiche französische Übersetzungen der ständigen Meßgebete herausgegeben (allein Monseigneur de Harlay, Erzbischof von Paris, ließ hunderttausend Exemplare drucken), die vor allem für die „nouveaux convertis", die bekehrten Protestanten, bestimmt waren.[433]

Manche Kirchgänger ließen es jedoch am nötigen Eifer fehlen: sie weigerten sich, während des Hochamtes hinzuknien, fachsimpelten mit ihrem Banknachbarn über die zu erwartende Ernte und schwatzten während der Kommunion. Die Frauen waren oft nicht besser als ihre Männer, und das Verhalten der Chorknaben lieferte Stoff für endlose Debatten.[434] Die Messe zog sich einfach zu lange hin – vor allem, wenn der Pfarrer eine umfangreiche Predigt hielt, schien sie gar kein Ende nehmen zu wollen. Bei dieser

Predigt handelte es sich jedoch nicht um eine aus dem Evangelium geschöpfte Ansprache oder gar um eine Predigt im Stile Bossuets, sondern um eine naive Mischung aus Ankündigungen, Verweisen und Predigtstücken; laut Furetière diente die sonntägliche Predigt dazu, die Pfarrkinder über die Fest- und Bußtage der kommenden Woche zu informieren, ihnen wichtige Mitteilungen zu machen und sie über den Inhalt der christlichen Religion sowie über ihre Pflichten aufzuklären.[435] 214 von 253 Pfarrern gaben auf dem Fragebogen der Diözese Sées an, sie seien mit dem Verhalten der Gemeinde während der Messe vollauf zufrieden, 28 Geistliche berichteten, daß die Gemeinde sich im großen und ganzen ordentlich verhalte, beklagten sich jedoch über den mangelnden Anstand ihrer Pfarrkinder.[436]

Die Frömmigkeit und die Ausdauer ließen sich auch an der Bedeutung ablesen, die dem Religionsunterricht beigemessen wurde. In einigen wenigen Ortschaften – in der Umgebung von Saint-Pierre-sur-Dives – schienen Pfarrer und Eltern gleichermaßen nachlässig zu sein. Das Hüten des Viehs war ein willkommener Vorwand für Pfarrer und Schulmeister, ihre Versäumnisse zu entschuldigen. Dennoch ließ die Teilnahme am Religionsunterricht in 62% der Gemeinden nur wenig zu wünschen übrig (in 59 Pfarreien war er leidlich gut besucht, in 10 nahmen fast alle und in 114 Gemeinden wirklich sämtliche Kinder an ihm teil). Es wäre sehr schön, wenn irgendein Zauberer uns die Gesuche und Antworten jener Pfarreien (36 von 294) übermitteln könnte, in denen der Religionsunterricht nur spärlich besucht wurde. Denn es war stets schwierig, die Bauernkinder zum Kommen zu bewegen. Diese Erfahrung mußte auch Fräulein von Aumale, ein Schützling der Marquise von Maintenon, machen. Sie erteilte im Jahre 1708 den Mädchen aus dem Dorf Avon (bei Fontainebleau) Religionsunterricht und mußte zu ihrem großen Leidwesen feststellen, daß ihre Schülerinnen sich eher für neue Kleider als für die göttliche Gnade interessierten und nach einer einstündigen Unterweisung auf die Frage nach dem Wesen Gottes nur mit einem einfachen „Oui" („Ja") antworteten.[437] Tallemant des Réaux berichtete eine wahre (oder zumindest wahrscheinliche) Begebenheit, der zufolge ein Schiffer auf die Frage, ob Jesus Christus mit Gott gleichzusetzen sei, in aller Naivität antwortete: „ – Il le sera, quand le bonhomme sera mort!"[438] („Ja – wenn er erst einmal gestorben ist!").

Die Pfarrkinder der Diözese Sées kauften sich – wenn man so sagen darf – von ihren Sünden los, indem sie mit peinlicher Genauigkeit ihre Osterpflicht erfüllten und sich zur Kommunion begaben. In den 134 Gemeinden, welche detaillierte Angaben machten, zählte man 26 165 regelmäßige Kirchgänger – lediglich 103 Pfarrkinder (0,39%!) verstießen gegen diese Pflicht. Bei ihnen handelte es sich um fahrendes Volk – „ambulants" –, Landstreicher – „divaguants" – oder um notorische Sünder, die entweder aus eigenem Antrieb der Kirche fernblieben oder vom Pfarrer exkommuniziert worden waren. Ferner gehörten zu ihnen auch jene „nouveaux convertis" (zum Katholizismus bekehrte Hugenotten), die im Innersten ihrer Seele immer noch am protestantischen Bekenntnis festhielten: 1699 zählte man in Alençon 474 solcher Konvertiten.[439]

Reichtum in Bauernhand

Auch die in Mitry – in der Nähe von Tonnerre – ansässige Familie des Nicolas Rétif de la Bretonne, welche er in seinem Werk „La Vie de mon père"[440] (Das Leben meines Vaters) beschrieb, gehörte zu jenen frisch bekehrten Protestanten. Dieses Buch verdient vor allem wegen seines rührend naiven Stils und des großen historischen Wahrheitsgehalts gelesen zu werden. Der einer Küfersfamilie entstammende Vater des Romanhelden, Pierre Rétif, war mehr als nur ein angesehener Mann innerhalb des Dorfes – er war ein reicher Bauer und besaß mehr Bildung sowie bessere Umgangsformen als viele Bürger. Er hatte sich etwas über seinem Stand verheiratet – seine Frau Anne Simon war mit Parlamentsräten aus Dijon verwandt. Pierre Rétif war geistreich, ein gerngesehener Gast und ein amüsanter Unterhalter. Um zu gefallen, befleißigte er sich eines aufwendigen Lebenswandels, der sich negativ auf seinen Betrieb auswirkte. So geriet er beispielsweise während des strengen Winters von 1709 in Schwierigkeiten: da seine teure Lebensweise große Summen verschlang und er infolgedessen unter chronischem Geldmangel litt, hatte er sein gesamtes Getreide frühzeitig verkauft und konnte daher nicht von den Höchstpreisen profitieren, zu denen es sechs Monate später gehandelt wurde; im Gegenteil: da er sehr knapp kalkuliert und nur soviel Getreide zurückbehalten hatte, wie er bis zum Einbringen der Winterfrucht benötigte, mußte er sogar zwei Monate lang selbst wieder Getreide kaufen. Dieser Bauer, der so wenig auf die Gesetzmäßigkeiten der Wirtschaft achtete, war jedoch ein gefürchteter „pater familias" und Patriarch, der seine Familie terrorisierte: er war sehr grob zu seinem Sohn sowie zu seinen drei Töchtern, seine Frau hatte sich ihm vollkommen untergeordnet und betete ihn förmlich an. Sie las ihm jeden Wunsch von den Lippen ab, und wenn sie alle Befehle ausgeführt hatte, erntete sie von ihrem Mann nur ein gebieterisches „Ma femme, reposez-vous" („Ruht Euch aus, meine Frau"), über das sie sich jedoch freute wie ein Höfling über den Ritterschlag.[441]

Im Jahre 1692 wurde ihnen ein Sohn – Edmond Rétif – geboren, ein intelligentes, fleißiges und feinfühliges Kind. Er hatte Respekt vor seinem Vater – obwohl er insgeheim manches an ihm kritisierte – und machte kein Hehl daraus, daß er seine Mutter abgöttisch verehrte. Im übrigen hatte er das Glück, daß sich sehr früh zwei achtbare Persönlichkeiten seiner Erziehung annahmen: der Pfarrer und der Schulmeister von Nitry, beide ein wahrer Segen für ihre Gemeinde.

Der ehrwürdige Lehrer – welcher eine große Familie zu ernähren hatte – lebte von den drei Sous (beziehungsweise fünf Sous für jene Schüler, die auch schreiben lernten), die er allmonatlich von den Eltern seiner Schüler bekam. Ferner erhielt er von der Gemeinde fünfzehn Scheffel Weizen und ebensoviel Gerste pro Jahr, was in etwa einer Summe von siebzig oder zweiundsiebzig Livres entsprach. Für dieses lächerliche Gehalt brachte der Schulmeister den Kindern das allernotwendigste Wissen sowie den größeren Jungen und Mädchen etwas Umgangsformen bei, ein Unterricht, der – in Absprache mit dem Pfarrer – durch die Unterweisung in der christlichen Religion abgerundet wurde. Das Schuljahr endete am 30. Juni und begann am 20. Oktober, nach der Weinlese. An diesen beiden Tagen pflegte der Lehrer jeweils eine Ansprache zu halten. Im Juni, wenn die Ernte bevorstand, machte er seine Schüler darauf aufmerksam, daß sie sich glücklich schätzen konnten, weil sie – selbst wenn sie den Eltern helfen mußten – den ganzen Tag an der frischen Luft waren und die Wälder durchstreifen konnten, während sich die Lehrlinge in der Stadt in einer mit stickiger Luft gefüllten Werkstatt abrackern mußten. Die Rede zu Schuljahrsbeginn bestand aus zwei Teilen: zunächst erinnerte der Lehrer seine Schüler an sämtliche Vergehen, deren sie sich im Laufe des Sommers schuldig gemacht hatten; anschließend ermunterte er sie, die Zeit, welche sie in der Schule verbrachten, möglichst sinnvoll zu nutzen, und wies ihnen ihre Plätze im Klassenzimmer an, wobei er die schwächsten Kinder in die vordersten und die guten Schüler in die hinteren Bankreihen setzte. Wenn er eine Strafpredigt halten mußte, geschah dies in entschlossener, aber sanfter Form, und die Schüler pflegten selbst hierbei noch etwas zu lernen.

Über fünfzig Jahre lang formte Meister Berthier auf diese Weise die Dorfjugend und zog drei Generationen ehrbarer Bauern heran. Sein Einfluß machte sich noch zu Beginn der Regierung Ludwigs XVI. dadurch bemerkbar, daß die Bewohner von Nitry eine viel korrektere Sprache benutzten als die der umliegenden Dörfer – eine Reinheit, welche sich auch in den Sitten widerspiegelte. Der vorbildliche Lebenswandel des Edmond Rétif war in vieler Hinsicht sein Werk. Hatte der Schulmeister den Jungen aufgefordert, seinen Eltern zu helfen? Man weiß es nicht. Mit sechzehn Jahren erfand Edmond jedenfalls ein landwirtschaftliches Verfahren, das seine Familie vor dem sicheren Ruin rettete, und verwandelte den väterlichen Hof in einen vorbildlichen Betrieb. Als er die Schäden begutachtete, welche der strenge Winter von 1709 angerichtet hatte, stellte er fest, daß der Boden durch den Frost so stark aufgelockert worden war, daß er nur auf die Saat zu warten schien. Ohne erst die Erlaubnis seines Vaters einzuholen, pflügte er die Felder und säte anschließend in möglichst großen Abständen eine Mischung aus Gerste und Hafer. Sein Vater schalt ihn zwar, aber Edmonds Freunde taten es ihm nach. Das Korn gedieh prächtig, und man brachte eine hervorragende Ernte ein – das Dorf war gerettet.

Pierre Rétif zog hieraus die Konsequenzen: angesichts der offenkundigen Begabung seines Sohnes beschloß er, ihm eine zusätzliche Ausbildung angedeihen zu lassen. Im Herbst des Jahres 1709 wurde er daher seinem Onkel anvertraut, der Rechtsanwalt in Noyers war. Die sechs Wintermonate verbrachte er fortan in der Stadt, während er sommers heimkehrte, um die Arbeit auf den Feldern zu überwachen. Dieses geschickt auf die Bedürfnisse eines reichen Bauernsohnes abgestimmte Programm sorgte dafür, daß der junge Mann seinen unverdorbenen Charakter bewahren konnte, indem er während der Sommermonate die schädlichen Einflüsse der Stadt wieder ausglich. Als er im April 1710 nach Hause zurückkehrte, befand sich das elterliche Anwesen dennoch in einem beklagenswerten Zustand: während seiner sechsmonatigen Abwesenheit war alles verkommen; die Zugtiere waren abgemagert und krank, die Scheunen und Ställe in schlechtem Zustand. Edmond hatte ein reiches Stadthaus verlassen und fand nun eine immense Arbeit vor. Und dennoch gelang es ihm, binnen acht Tagen die Gebäude zu reparieren und innerhalb von zwei Wochen das Vieh wieder auf die Beine zu bringen. Als Belohnung für seine Mühen glaubte er der Stimme seines Herzens folgen und seiner Liebe freien Lauf lassen zu dürfen, indem er einem gutherzigen und fleißigen jungen Mädchen namens Catherine Gautherin den Hof machte. In der Familie eines angesehenen Bauern, der dazu noch Amtmann und Dorfrichter war, gehörte es sich jedoch, daß der Sohn zunächst die Erlaubnis des Vaters einholte, bevor er ein Mädchen freite. Pierre Rétif erfuhr auf Umwegen, daß sein Sohn ein Techtelmechtel mit Catherine hatte. Er sagte zunächst nichts, aber als Edmond am nächsten Tag sein Pferd bestieg, um sich auf die Felder zu begeben, trat sein Vater auf ihn zu, bat ihn um seine Peitsche und zog ihm damit drei so kräftige Hiebe über, daß sein Hemd in Fetzen ging und von Blut tropfte. Der Sohn hatte zuviel Respekt vor seinem Vater, um zu protestieren, er wagte nicht einmal etwas zu seiner Verteidigung vorzubringen, sondern stieß nur einen tiefen Seufzer aus. Sein Vater gab ihm gelassen seine Peitsche zurück und schärfte ihm dabei ein, sich dies eine Lehre sein zu lassen. Edmond arbeitete trotz seiner Wunden, als ob nichts gewesen wäre. Als er abends heimkehrte, stieß seine Mutter einen Schrei des Entsetzens aus und erkundigte sich, was denn vorgefallen sei. Edmond berichtete ihr lediglich, daß er vom Vater Hiebe bekommen habe, ohne den Anlaß zu nennen. Während sie sich noch unterhielten, kam der „pater familias" heim. Dieses eine Mal wagte die schüchterne Ehefrau ihren Mann sogar dafür zu schelten, daß er den Sohn so übel zugerichtet hatte, woraufhin der Vater die lakonische Antwort gab, dies sei seine Art, mit Verliebten umzuspringen.

Als Edmond kurze Zeit später den Garten aufsuchte, fand er dort einen in Tränen aufgelösten Vater vor und begriff, daß dieser ihn bei aller Strenge liebte. Zum ersten Mal in seinem Leben (er war immerhin schon achtzehn Jahre alt) wurde er von seinem Vater zärtlich „Mon fils ..." („Mein Sohn") genannt ...

Diese patriarchalischen Sitten erscheinen aus heutiger Sicht ungewöhnlich. Sie waren rauh, aber edel. Das Ehrgefühl – ganz gleich, ob richtig oder falsch verstanden – war zu keiner Zeit ein ausschließliches Monopol der Aristokratie. In einer Gesellschaft, in welcher die wohlerzogenen jungen Burschen nicht einmal ihre Braut alleine aussuchen durften, mußte ein Mädchen, das ein uneheliches Kind bekam, zwangsläufig großes Ärgernis erregen. Man vertrat den Standpunkt, daß ein Mädchen, welches bereits vor der Hochzeit schwanger wurde, für sein ganzes Leben entehrt war: es hatte seine Ehre verspielt. Wenn er aus vornehmer Familie stammte, ging auch der Verführer seiner Ehre verlustig.

Wir können hier den Werdegang Edmond Rétifs nicht weiter verfolgen, da er in die Zeit König Ludwigs XV. fiel und Nicolas de la Bretonne außerdem dazu neigte, das Leben seines Vaters zu glorifizieren – gerade als ob es sich nicht mehr zwischen Auxerre und Tonnerre, sondern auf der Insel Utopia abgespielt hätte. Eines verdient jedoch noch erwähnt zu werden: im Jahre 1712 sandte der alte Pierre Rétif seinen Sohn nicht mehr nach Noyers, sondern nach Paris, wo er Schreiber eines am Parlament beschäftigten Rechtsanwalts namens Meister Molé wurde. Dieses Detail reicht aus, um die Authentizität des Buches zu bezeugen. Ein reicher Dorfbewohner konnte verschiedene Ziele anstreben: das halbwollene Zeug gegen Serge (Kammgarn) zu vertauschen, die Jacke gegen den Rock, das Schwarzbrot gegen das Weißbrot der Städte, das Frikassee gegen Ragout, und statt des Aschenkuchens Zwischengerichte zu essen. Er konnte – wie Pierre Rétif –

durch Ämterhäufung auch Beamter des Grundherrn werden oder – wie viele andere – nebenher Geld verleihen und „esse-mathieu" (Wucherer) werden. In erster Linie träumte er jedoch davon, seinem ältesten Sohn den Aufstieg zu ermöglichen und einen städtischen Herrn beziehungsweise Schreiber aus ihm zu machen. Der sicherste Weg zu diesem Ziel bestand darin, ihm Zutritt zur „Basoche" (Gerichtsvolk) zu verschaffen.

Ein Sprichwort besagt, daß ein bretonischer Bauer die Zukunft seiner Familie dann als gesichert betrachtete, wenn sein ältester Sohn Anwalt und der zweitälteste Priester war. Man pflegte in diesem Fall zu sagen, daß er den jüngeren Gott und den älteren dem Teufel anvertraut habe. Spitze und lasterhafte Zungen behaupteten jedoch, der Teufel beherrsche sein Handwerk so gut, daß alle beide für ihn arbeiteten; worauf tiefreligiöse Zeitgenossen beteuerten, daß auch unter den Rechtsgelehrten ehrliche Menschen seien. In den Gebetsbüchern von Rennes und von Vannes fand sich – in einer dem heiligen Ivo gewidmeten Hymne – folgende Strophe:

„Sanctus Ivo erat Brito
Advocatus et non latro
Res miranda populo." [442]

„Der heilige Ivo war Bretone,
Anwalt aber kein Betrüger
worüber alle Welt staunte."

Der Landadel

Der Landjunker hatte kaum höhere Ambitionen als die Bauern. Wenn er den Werdegang seiner Söhne zu beeinflussen suchte – und sie auch auf ihn hörten –, strebte der durchschnittliche Provinzedelmann für einen Sohn den Rang eines Hauptmanns der Infanterie an (die Kavallerie kam nicht in Frage, weil sie eine teure Ausrüstung voraussetzte) und bestimmte einen anderen Sohn für die geistliche Laufbahn.

Der typische Landadlige – den wir uns für gewöhnlich recht farbenprächtig ausmalen, dessen Lebensumstände und Erscheinungsbild in Wirklichkeit jedoch so unterschiedlich waren, daß er sich kaum aus der allgemeinen Masse hervorzuheben schien – ist uns im Laufe dieses Buches schon mehrmals flüchtig begegnet. In der Diözese Alet führte er eine Art Kleinkrieg gegen die Reformbestrebungen des Bischofs;[443] im Bistum Sées kämpfte er mit aller Macht um die Wahrung seiner Ansprüche – vor allem seiner Ehrenrechte. Ferner schien dieser Landadel – der im sechzehnten Jahrhundert verklärt und im achtzehnten Jahrhundert mit zärtlicher Geringschätzung betrachtet wurde – mitten im siebzehnten Jahrhundert eine gewisse Ungeschliffenheit zu verkörpern. Seine Vertreter wurden häufig als „gentillâtres" („Strohjunker") oder – mit spöttischem Unterton – als „hobereaux" bezeichnet, was ebenso „Junker" wie „Baumfalke" (ein kleiner Raubvogel) bedeutete. Die Landadligen galten als wenig weltgewandt und pflegten samt ihren Gattinnen in Paris sofort aufzufallen und den Spott der Zeitgenossen zu erregen. Im übrigen begaben sie sich höchst selten in die Hauptstadt des Königreiches. Die Junker neigten offenbar so sehr zur Häuslichkeit, daß manche von ihnen sogar das Kriegshandwerk aufgegeben hatten, das doch die für ihren Stand typische Beschäftigung war. Mancher Junker suchte seinem verblaßten Wappen aber wieder mehr Glanz zu verleihen. Aus diesem Grund war die Provinzaristokratie so sehr auf die Wahrung ihrer Ehren- und Nutzungsrechte bedacht. Die meisten Grundherren pflegten – unter dem Vorwand, daß sie die Wege, Brücken und Straßen instandhalten müßten – auf ihren Ländereien Wegezoll zu erheben. Um ihren Lebensunterhalt bestreiten zu können, mußten sie ihre Güter bewirtschaften. Die Ärmsten unter ihnen kümmerten sich teilweise persönlich darum, achteten jedoch darauf, daß sie dabei nicht ihres Adelstitels verlustig gingen; ein Aristokrat durfte nämlich höchstens zwei Morgen Land selbst bewirtschaften, den Rest mußte er verpachten. Jene Junker, die nicht selbst Hand anlegen wollten oder nicht den erforderlichen Unternehmergeist besaßen, vegetierten unwissend und träge vor sich hin. Viele Aristokraten – und zwar nicht jene, die in der Stadt lebten – bildeten sich auf ihre Unwissenheit sogar noch etwas ein! Es kam durchaus vor, daß ein Junker dreißig Jahre lang nur untätig auf seinem Herrensitz herumlungerte. Die Gebildeten unter den armen Landadligen betätigten sich für gewöhnlich als „nouvellistes" (Neuigkeitskrämer) oder als Familienforscher. Zu Beginn des achtzehnten Jahrhunderts stellten sie den idealen Nährboden für de Boulainvilliers Thesen über die Aristokratie dar. Ferner gab es noch – eine Stufe unterhalb – jene Junker, die laut Furetière nichts als Parasiten und Schmarotzer waren.[444]

So hart dieses aus der Sicht der Städter gefällte Urteil auch gewesen sein mag – die Bürger pflegten die Landadligen stets schärfer und boshafter zu kritisieren als Pächter oder andere Finanziers, denn eine vornehme Abstammung rief damals mehr Neid hervor als großer Reichtum –, das Verhalten der Junker war durchaus dazu geeignet, die Städter in ihren

Der Landadel

Vorurteilen zu bestätigen. Nicht von ungefähr kam damals eine ganze Reihe von Redewendungen auf, die alle die übertriebene Häuslichkeit jener Landadligen aufs Korn nahmen, die ihren Herrensitz so gut wie nie verließen und keiner ernsthaften Beschäftigung nachgingen: „planter des choux" („Kohlköpfe pflanzen"), „garder les poulets d'Inde" („indische Hühner hüten") oder besser noch „aller cousiner deçà et delà" („hier und da einen Vetter besuchen gehen"); die Bürger vertraten nämlich die Ansicht, daß sämtliche Aristokraten miteinander verwandt seien und unter einer Decke steckten.

Ferner machten sich die Junker anscheinend einen Sport daraus, ihre Vasallen zu schikanieren. Diese Vorstellung war so verbreitet, daß man selbst zwanzig Jahre, nachdem den Übergriffen der Landadligen gerichtlich Einhalt geboten worden war (1665), immer noch die Behauptung hören konnte, daß dieser oder jener Junker seinen Hintersassen Abgaben und Dienste abverlange, welche durch nichts gerechtfertigt seien, daß die Landadligen sich wie kleine Tyrannen gebärdeten und die Bevölkerung unter ihren Launen zu leiden habe. Diese Vorstellung schlug sich in einer Vielzahl von Sprichwörtern nieder: „Les paysans sont toujours ennemis des nobles, et surtout des nobles de campagne" („die Bauern sind stets die Feinde der Adligen und vor allem der Landjunker") und „Le vilain hait naturellement le noble" („der einfache Bauer haßt unweigerlich den Edelmann").[445] Diese Redewendungen stammen keineswegs aus der Zeit um 1788, sondern wurden bereits 1688 gedruckt.

Wenn man die verschiedenen Wendungen betrachtet, in welchen eine offenbar einhellige Meinung zum Ausdruck kommt, wird man die von Ludwig XIV. und Colbert verfolgte Politik um so besser verstehen. Die zweimalige Erstellung eines Adelskalenders hatte jeweils die Wirkung eines Peitschenhiebes, der einen verschlafenen Stand wieder aufrüttelte: die wahren oder falschen Aristokraten, welche in der königlichen Armee dienten, erhielten einen befristeten Aufschub. Der König wünschte dem niederen Adel verstehen zu geben, daß erstens adlige Lebensweise nicht mit Müßiggang gleichbedeutend, zweitens seine Privilegien nur dann gerechtfertigt waren, wenn er sich in den Dienst des Staates stellte, und daß diese Aristokratie drittens kein Interesse daran haben konnte, verwandtschaftliche Beziehungen zum unechten Adel zu knüpfen und mit ihm gemeinsame Sache zu machen. Die Rechnung Ludwigs XIV. ging einigermaßen auf. Die Armee konnte aus einer Adelsschicht, die weniger dem Müßiggang ergeben war und größere Bildung besaß, viel von ihrem provinziellen Charakter abgestreift hatte und sich auszeichnen wollte, jene Offiziere zur besonderen

Verwendung – und bisweilen sogar höhere Offiziere – rekrutieren, die der König immer dringender benötigte. Nicht alle um 1680 über den Landadel gemachten Aussagen sind so negativ wie die oben zitierten. Es wäre im übrigen verwunderlich, wenn der französische Landadel als einziger Stand nicht von der allgemein zu beobachtenden Verfeinerung der Sitten profiziert hätte. Frau von Sévigné – die insofern die Haltung des achtzehnten Jahrhunderts vorwegnahm, als sie den Landadel mit liebevollem Spott betrachtete – wurde in der Gegend von Orléans durch einen Junker aus einer Panne befreit. Ihrer Beschreibung nach handelte es sich um einen Landedelmann, der geradewegs Molières Komödie „George Dandin" entstiegen zu sein schien und gleichzeitig an die „bergeries" von Racan erinnerte. In einem Brief an ihre Tochter berichtete Frau von Sévigné, daß inmitten einer wunderschönen Landschaft die Achse ihres Wagens gebrochen sei und ein Junker ihr geholfen habe, der so sehr im Landleben verwurzelt sei, daß er die „Georgica" von Vergil verfassen könnte, wenn es sie nicht schon gäbe. Er stellte ihr seine Gattin vor, die aus dem Hause la Prudoterie stammte, „où le ventre anoblit" („wo der Bauch Adel verlieh"). Frau von Sévigné verbrachte in der Gesellschaft dieses Paares zwei schöne Stunden, während deren sie vor allem den ungewöhnlichen Gesprächsstoff und die andersartige Sprache genoß. Sie dachte lange über die vollkommene Zufriedenheit dieses Landedelmannes nach, von dem man sagen konnte:

„Heureux qui se nourrit du lait de ses brebis
Et qui de leur toison voit filer ses habits."[446]

„Glücklich ist, wer von der Milch seiner Schafe lebt
und aus ihrer Schurwolle seine Gewänder webt."

Der Intendant Basville beschrieb in seinen Memoiren die rund 4485 Adligen des Languedoc, welche seiner Aussage nach von recht niedrigen Renten lebten: fünfzehn von ihnen bezogen Einkünfte in Höhe von fünftausend bis zwölftausend Livres; die meisten mußten jedoch mit weniger als dreitausend auskommen. Diese Knappheit der Mittel war der Grund dafür, daß man hin und wieder eine Angélique de Sotenville, deren Mutter eine geborene La Prudoterie war, einem reichen Bauern von der Art eines George Dandin zur Frau gab, der in den Augen seiner ruhiger veranlagten zukünftigen Frau zu sehr darauf aus war, seinen sozialen Aufstieg möglichst schnell durch eine entsprechende Heirat zu besiegeln.

Die letzten Aufstände der Bauern

Molières „George Dandin" war insofern eine Ausnahme, als er den bürgerlichen Stand gleich übersprang. Wenn man die Einstellung der Landbevölkerung gegenüber dem Junkertum erforschen will, muß man eine Stufe tiefer ansetzen. Die Pariser der Jahre um 1680 erweisen sich hierbei als schlechte Führer. Nachdem Ludwig XIV. innerhalb von fünfzehn Jahren vier Bauernaufstände recht schnell und effektiv niedergeschlagen hatte, glaubten die Hauptstädte, daß Volksaufstände wie Gewitter seien, die sich schnell wieder legten. Weil das Gesetz gesiegt hatte, wünschte man diese Erhebungen nicht zu verklären und duldete keine Legendenbildung. Daher die Verachtung, welche aus vielen zeitgenössischen Sentenzen spricht: „Les paysans qui se révoltent ne sont que des pauvres croquants"[447] („die Bauern, welche sich erheben, sind alle arme Schlucker"; hinter dem Begriff „manant" verbarg sich bisweilen ein reicher Bauer, während man mit dem Ausdruck „croquant" bettelarme Landbewohner bezeichnete).

Die Wirklichkeit sah jedoch ganz anders aus. Die Mehrzahl jener Volkserhebungen, die das Königreich – vor allem den Südwesten – in den Jahren zwischen 1624 und 1670 erschütterten, waren durch den enormen Steuerdruck ausgelöst worden. Es waren jedoch keineswegs die fast besitzlosen Tagelöhner, die nahezu die gesamte Steuerlast – vor allem die Taille – im damaligen Frankreich trugen, sondern jene Bauern, die mehr schlecht als recht vom Ertrag ihrer Böden lebten: wenn die Ernte gut ausfiel, hatten sie ihr angenehmes Auskommen, sobald sie jedoch mißriet, kamen sie in Not.[448] Gerade die wohlhabenderen Landwirte und Pächter sowie die Großbauern neigten am ehesten zum Aufruhr. Die französischen Bauernaufstände des siebzehnten Jahrhunderts glichen Verzweiflungstaten, die stets dadurch ausgelöst wurden, daß die Bauern aufgrund äußerer Ereignisse vom sozialen Abstieg bedroht waren. Bisweilen wurden diese Revolten gegen einen als tyrannisch und ungerecht empfundenen Staat gar von einfachen Landjunkern angeführt oder unterstützt: so schlug sich in den Landes ein Adliger namens Audijos auf die Seite der aufständischen Bauern, während im Vivarais ein gewisser Baron du Roure als Rädelsführer auftrat.

Der planmäßige Ausbau der Verwaltung zeitigte zweierlei Folgen. Dadurch, daß die Intendanten sich größeren Gehorsam zu verschaffen wußten, sofort die Ordnung wiederhergestellt und die Einziehung der Taille in regelmäßige Bahnen gelenkt wurde, war der Staat nicht mehr Zielscheibe ununterbrochener Kritik. Die Verwaltung wurde nicht mehr als eine feindliche Einrichtung betrachtet. In bestimmten Fällen übte sie sogar eine Schutzfunktion aus. Sie bürgte häufig für jene Gerechtigkeit, die man vom König erwartete und auf die man unentwegt hoffte. Andererseits führte der Colbertismus zu einer stärkeren Verteidigung und Wahrnehmung der adligen Herrschaftsrechte. Am meisten erboste die Bauern das „droit de colombier" (Recht auf ein Taubenhaus), da die Tauben sich auf das reife Korn zu stürzen pflegten.[449] Die unter Ludwig XIII. recht freizügig gehandhabten Jagdrechte wurden jedoch einer strikten Regelung unterworfen. Ferner bemängelten die Bauern, daß die Junker immer größeren Einfluß auf die Wahl der Schöffen, Gemeindevorsteher und Syndizi nahmen, was in Südfrankreich eine Flut von endlosen Prozessen auslöste.

Da die neuerdings allgegenwärtige, väterlich auftretende Staatsgewalt nun nicht mehr als Symbol von Unterdrückung, Tyrannei und Ungerechtigkeit galt, mußten sich die von einer Krise betroffenen oder vom sozialen Abstieg bedrohten Bauern einen neuen Sündenbock suchen, an dem sie ihre Wut abreagieren konnten. Diese Funktion übernahm nun – wie im sechzehnten Jahrhundert – häufig die Provinzaristokratie. Denn ihre Rechte waren – abgesehen von jenen, die wie das Recht auf Taubenhaltung und auf Jagd den Ernteertrag schmälerten – gar nicht so ungeheuerlich. Balzac verglich sie mit den Bearbeitungsgebühren der modernen Finanzverwaltung. Und doch lösten diese Abgaben Empörungen aus, da sie eine zusätzliche Belastung darstellten, die zu jenen Summen hinzukam, die an den Staat abgeführt werden mußten. Als die Taille noch unregelmäßig erhoben wurde, galt der adlige Grundherr als raffgierig; seit sie regelmäßig entrichtet werden mußte, wurden die grundherrlichen Abgaben als noch lästiger empfunden. Man muß allerdings zugeben, daß diese Pflichten je nach Region höchst unterschiedlich ausfielen: während sie in Burgund und in der Bretagne eine schwere Belastung darstellten, fielen sie im südlichen Languedoc gering und in den übrigen Provinzen erträglich aus.

Der letzte große Bauernaufstand – jener, der im Jahre 1675 die Bretagne erschütterte und ebenfalls als Protest gegen die Steuerpolitik begann (daher: „révolte du papier timbré" [Stempelpapieraufstand]) – richtete sich auch gegen die adligen Grundherren. Am 11. Juli zogen beispielsweise mehrere tausend Bauern vor das Schloß von Kergoat nahe Carhaix im bretonischen Landstrich Saint-Hernin, um der Marquise von Trévigny ihre Forderungen zu übermitteln. Die Notabeln des Dorfes und ihre Gemeindepfarrer waren mit ihnen gekommen. In der Bretagne stellten die Abgaben an den Grundherrn eine schwere Belastung dar, während der Kirchenzehnt gemäßigt ausfiel und die Pfarrer gern gemeinsame Sache mit den Bauern machten. Trotz der anwesenden Geistlichen schlugen die Bauern kräftig drauflos. Am Tag darauf fand der Notar von Carhaix beim Schloß den Leichnam des Sieur de Kervilly, eines Unterhändlers der Marquise, und ein paar Schritte weiter lag der tote Kutscher. Als der Notar in den Hof des Schlosses trat, stieß er auf einige Unbekannte, welche die verschiedensten Gegenstände und Möbel aus dem Schloß abtransportierten. Nachdem er den beiden ihn begleitenden Bauern erklärt hatte, daß die Sachen nicht abtransportiert werden dürften, da die Marquise ihnen in sämtlichen Forderungen nachgebe, hielten diese ihre Standesgenossen von der Entfernung weiterer Gegenstände ab. Insgesamt hatte der Aufstand nicht zwei, sondern vier Menschenleben gefordert. Die von der Marquise unterzeichnete Verzichterklärung sicherte den Bauern die Abschaffung der Frondienste und die Senkung der Abgaben zu, was eine Minderung ihrer Pflichten, nicht jedoch ihre Aufhebung bedeutete. Die gewalttätigen Bauern hatten nicht die Abschaffung der Grundherrschaft gefordert, sondern lediglich die Stabilisierung eines aus dem Gleichgewicht geratenen Systems. Eines ihrer Hauptanliegen lief darauf hinaus, daß ihre Lehen anläßlich der Erneuerung der Pachtverträge nicht geteilt werden sollten.[450]

Diese aufrührerischen Bretonen – die man als „bonnets rouges" (Rotmützen) bezeichnete – appellierten an den König und baten ihn untertänigst, er möge die in ihren Augen nicht mehr gewährleistete Gerechtigkeit wiederherstellen. Sie brachten ihre Forderungen in einer Schrift mit dem Titel „Requête de la populace de cette révolte" („Eingabe des an diesem Aufstand beteiligten Volkes") zum Ausdruck, in welcher sie sich darüber beklagten, daß sie von allen Seiten in den unterschiedlichsten Angelegenheiten bedrängt würden und daß ihnen keine Gerechtigkeit zuteil werde. Aus diesem Grund sähen sie sich gezwungen, sich gegen die Verwaltung und gegen den Adel zur Wehr zu setzen ... Gegen Ende der Schrift appellierten sie erneut an ihren guten König – „Notre bon Roi" –, der große Gerechtigkeit bewiesen und weise Ordonnanzen erlassen habe, die leider in ihrem Land nicht befolgt würden.[451] Es stimmt, daß die Bretagne damals noch nicht durch einen Intendanten verwaltet wurde – ein solcher wurde erst im Jahre 1689 eingesetzt. Infolgedessen hatten die Vertreter der staatlichen Verwaltung, der Gouverneur und das Parlament, sowie jene des Adels – welche im Rahmen der bretonischen Provinzialstände tagten – vielleicht zu viele gemeinsame Interessen.

Der Bauernaufstand wurde jedoch unverzüglich niedergeschlagen. Frau von Sévigné schrieb am 16. August, man werde den um Vergebung bittenden Rebellen wohl erst dann verzeihen, wenn man einige von ihnen hingerichtet habe. Am 24. September berichtete sie, daß die armen Bretonen sich anscheinend in Haufen von vierzig oder fünfzig Personen zusammenrotteten, die Felder durchstreiften und, sobald sie eines Soldaten ansichtig würden, auf die Knie fielen und „mea culpa" („[durch] meine Schuld!") riefen, das einzige französische Wort, welches ihnen geläufig sei ...; man fahre unermüdlich fort, die armen Rebellen aufzuknüpfen, die um etwas zu trinken und um Tabak bäten sowie vor allem darum, daß man sie nicht erst lange auf ihre Hinrichtung warten lassen möge.[452]

Gemessen an einer so langen Regierungszeit und an der Größe des französischen Königreichs fielen diese Erhebungen und ihre Niederwerfung kaum ins Gewicht. Selbst in der Bretagne – um die Episode der „bonnets rouges" abzuschließen – gerieten die Aufstände ziemlich bald wieder in Vergessenheit. Wenn dem nicht so gewesen wäre, gäbe es keine Erklärung für die erstaunliche Solidarität, welche 118 Jahre später unter den Rebellen der Chouannerie[453] herrschte.

Die Dorfgemeinschaft

Die damalige Dorfgemeinschaft war der Vorläufer unserer modernen Gemeinden und der Garant für den Zusammenhalt, durch den sich noch heute sämtliche französischen Dörfer auszeichnen[454]. Die dörfliche Gemeinschaft als Ausdruck des menschlichen Geselligkeitstriebes war eine von der Pfarrgemeinde zu unterscheidende Einheit, welche ihre Mitglieder vor eventuellen Übergriffen der Grundherren schützte und – sei es auch nur teilweise oder unbeabsichtigt – die zunehmende Einmischung der staatlichen Verwaltung in die Belange der Dorfbewohner minderte. Wenn die Grenzen der Dorfgemarkung nicht mit denen der Kirchengemeinde übereinstimmten, gab es zwei miteinander konkurrierende Versammlungen: der Rat der Kirchengemeinde kümmerte sich um deren weltliche Angelegenheiten, und die Gemeindeversammlung verwaltete die gemeindeeigenen Ländereien und trieb die Steuern ein. Waren die kirchliche und die weltliche Gemeinde deckungsgleich, so verfügte die gemeinsame Versammlung über beachtliche Vollmachten. Sie konnte allerdings nicht von selbst zusammentreten, sondern mußte entweder von dem zuständigen Grund- und Gerichtsherrn einberufen werden oder erst die Erlaubnis des Intendanten einholen. Sie verkörperte eine Art dörfliche Selbstverwaltung; ab 1659 wurden die Gemeinden jedoch vom Staat zunehmend in ihren Rechten beschnitten und einer strikten Kontrolle unterworfen. Die Bauern versuchten ihre Selbständigkeit zu wahren, indem sie der Verwaltung schmeichelten. In bestimmten Protokollen ließen sie ausdrücklich festhalten, daß sie nicht aufgrund irgendeines Privilegs tagten, sondern zusammengetreten seien, um die Angelegenheiten der Gemeinde zu regeln.

Im Falle einer Katastrophe – wenn ein schweres Gewitter tobte, ein Hagelsturm einsetzte oder eine Feuersbrunst wütete – trat die Gemeindeversammlung unverzüglich zusammen; in normalen Zeiten dagegen tagte sie sonntags im Anschluß an den Kirchgang (Messe oder Vespergottesdienst). Im allgemeinen versammelte man sich mitten auf dem Dorfplatz unter der Linde oder – sofern vorhanden – in den Markthallen. An diesem Platz spielte sich übrigens das gesamte dörfliche Leben ab: Hier pflegten sowohl die Männer – unter der Linde und im Wirtshaus – als auch die Frauen – im Waschhaus und am Bannofen – regelmäßig zusammenzutreffen. Auch die Kirche war ein fester Bestandteil des Dorfplatzes. Dies alles verlieh der Gemeindeversammlung ein erhöhtes Ansehen und hatte für die Bauern praktische Vorteile. Viele Kirchen verfügten über eine mit Bänken ausgestattete Vorhalle, welche mancherorts „galinière" oder „caquetoir" (Klatschecke) genannt wurde. Die Versammlung stand sämtlichen Familienoberhäuptern – Männern und Witwen – offen. Gemäß dem alten Grundsatz „dix habitants font un peuple" („Zehn Einwohner stellen ein Volk dar") mußten mindestens zehn Mitglieder anwesend sein, damit die Versammlung beschlußfähig war. Wenn es über eine Anleihe abzustimmen galt, mußten jedoch zwei Drittel aller Haushaltsvorstände präsent sein, und wenn es um die Gemeindeländereien ging, mußten sich gar alle Mitglieder vollzählig versammeln.

In vielen Gegenden – zum Beispiel im Beaujolais – durften an der Kommunalversammlung nur Hofeigentümer teilnehmen; anderswo hatten nur die aus dem Dorf stammenden oder seit Generationen hier lebenden Bauern Zutritt, während die erst vor kurzem zugezogenen Dorfbewohner von der Gemeindeversammlung ausgeschlossen blieben. Überall waren die Versammlungen nur spärlich besucht – sei es, daß nur die Notabeln zusammentraten, sei es, daß die einfachen Bauern Angst hatten, sie könnten sichs bloßstellen. Wenn es sich darum handelte, Soldaten für die Miliz zu stellen, stoben die Männer gar auseinander wie eine Schar aufgescheuchter Spatzen.

Die durch ihre Gemeindeversammlung oder durch den von ihr gewählten Syndikus repräsentierte Dorfgemeinnde hatte eine regional unterschiedliche Stellung und Macht: In einigen Pyrenäentälern, in denen bis zu achtzig Prozent des gesamten Ackerbodens Gemeindeeigentum waren, stellte sie eine demokratische Einheit dar und war ihrerseits in eine Talgemeinschaft eingebunden. In den nördlichen – vormals spanischen – Provinzen des französischen Königreiches hatten die Grundherren alle Macht an sich gezogen, so daß die Kommunen fast keine Funktion mehr hatten. Im Pariser Becken ernannte die Dorfversammlung einen Syndikus sowie den „messier" (Feldhüter), einen Kuhhirten, bisweilen einen Förster und vor allem die „asséeurs" (Steuereinnehmer), welche die Steuern umzulegen und einzutreiben hatten. All diesen Gemeindevertretern – einschließlich des Syndikus – wurde jedoch keine echte Vollmacht übertragen. Sie waren lediglich Beauftragte des Dorfes und mußten bei jedem wichtigen Problem erst einmal ihre Auftraggeber konsultieren.[455] Die Landgemeinden Südfrankreichs verfügten über die solidesten Verfassungen. In der Provence pflegte das Parlament von Aix die Kommunalstatuten abzusegnen und ihre Anwendung zu schützen. Die Konsuln wurden vom gesamten Gemeinderat gewählt und nicht vom Grundherrn bestimmt. Viele Gemeinden hatten drei Konsuln, von denen der erste aus dem Kreis der Bürger, der zweite aus dem der Kaufleute und der dritte aus der Gruppe der Handwerker und Viehzüchter gewählt wurde.

Denn das ländliche Frankreich wurde keineswegs nur von Bauern bewohnt. Vor allem in der Provence fand man in vielen Dörfern nicht nur einen Notar, einen Anwalt und Kaufleute, sondern auch Bürger und – häufig sehr bescheiden lebende – Rentiers, welche auf ihre Bildung stolz waren und eine natürliche Verbindung zwischen Stadt und Land herstellten. In Nordfrankreich fungierte meist der angesehenste Notabel gleichzeitig als Notar; oft wurde dieses Amt auch vom Finanzprokurator oder vom grundherrschaftlichen Richter ausgeübt. Dann kam – sofern vorhanden – der Chirurg, gefolgt vom Wirt und vom Hufschmied. Neben wohlhabenden Bauern, Pächtern und Halbpächtern umfaßte die Dorfgemeinschaft außerdem einen Wagner, einen Maurer, einen Zimmermann, einen Schreiner, einen Metzger, einen Schneider sowie einen Schulmeister und einen Küster. Diese eigene kleine Welt, deren Bedeutung nicht unterschätzt werden darf – sie repräsentierte schließlich das eigentliche Frankreich! – verfügte über eine spezifische Struktur und Hierarchie, die – je nach der Gegend, nach dem Ansehen der einzelnen Berufe und den Persönlichkeiten, aus denen sie sich zusammensetzte – recht unterschiedlich ausfallen konnte. Auch auf dem Land bildete – ebenso wie in Paris oder in der Stadt – das Geld keineswegs das einzige Kriterium. Das Ansehen war am wichtigsten. Aus diesem Grund war im Marktflecken oder Dorf der Pfarrer tonangebend und wurde der Küster manchmal eher beneidet als ein wohlhabender Wagner.

Die Arbeit im Wechsel der Jahreszeiten

Nicht nur die Bauern, auch die Marquise von Sévigné wußte, was Heu machen bedeutete. Sie jagte einen Bediensteten davon, der den Stolzen gespielt und sich aus Verachtung für die Landarbeit geweigert hatte, beim Heuen zu helfen.[456] Die Heuernte, das Pflücken des Obstes, die Kornernte und die Weinlese stellten die vier Belohnungen für die Mühen des Landwirts dar. Von diesen Ernten hing bisweilen die Zukunft einer ganzen Familie ab. In der Erntezeit wurde daher auch sonntags gearbeitet – eine Ausnahme, die selbst die Pfarrer duldeten. Im übrigen setzten die Bauern alles daran, den Himmel gnädig zu stimmen. Vor Christi Himmelfahrt wurden nämlich die „rogationes" („Bittage") begangen, an welchen man in speziellen Gebeten und Flurprozessionen um eine gute Ernte bat. Für die Winzer kamen diese Bittgebete manchmal zu spät, da die „Saints Vendangeurs" („Heilige Weinleser") ihnen oft großen Schaden zufügten. Laut Furetière handelte es sich um ein Dutzend Heilige – unter anderem um den heiligen Georg, den heiligen Markus etc. –, deren Fest auf Ende April oder in die ersten Tage des Monats Mai fiel – eine Phase, in der die Weinstöcke vom letzten Frost bedroht wurden. Es soll Winzer gegeben haben, die die Festtage dieser Heiligen auf die Zeit nach der Weinlese zu verlegen wünschten – eine Bitte, der offensichtlich nicht entsprochen wurde. Die Landwirtschaft des zwanzigsten Jahrhunderts unterliegt immer noch dem Einfluß dieser gefürchteten Heiligen, die im Süden Frankreichs den Namen „Cavaliers" („Ritter") und im Norden die Bezeichnung „Saints de glace" („Eisheilige") tragen.

Die nahezu ewig gleiche Feldarbeit folgte ebenfalls einem festen jahreszeitlichen Rhythmus, der im Gebiet um Toulouse so aussah: Im Januar wurden die Äcker gepflügt. Im Februar wurde erstmals gesät – zumindest Hafer und Gerste. Ferner wurden in diesem Monat die Reben beschnitten und ausgeputzt. Im März ging die Aussaat weiter, und es galt gleichzeitig jene Felder vorzubereiten, die erst im Herbst eingesät werden sollten. Der April war der entscheidende Monat. In ihm mußten die Weinberge gehackt, die Weizenfelder gepflügt und der Mais gesät werden. Diese Getreidesorte – laut Villèle das schönste Geschenk der Neuen Welt an das alte Europa – vereinigte unschätzbare Vorzüge: sie galt als „plante nettoyante" (reinigende Pflanze), welche den Boden vorbereitete und auflockerte; außerdem dauerte ihr Wachstum lediglich sechs Monate. Bereits im sechzehnten Jahrhundert wurde in Bayonne Mais angebaut; 1667 erfreute er sich im Angoulême großer Beliebtheit; ab 1652 half diese neue Getreidesorte die Nahrungsmittelkrisen in Toulouse mildern, und gegen Ende des siebzehnten Jahrhunderts wurde auch im südlichen Quercy Mais angebaut. In der Umgebung von Toulouse und von Castelnaudary entwickelte sich der bisweilen als „gros millet" (grobe Hirse) oder „millet d'Espagne" (spanische Hirse) bezeichnete Mais zum Grundnahrungsmittel, so daß die dortigen Bauern ihr restliches Getreide mit großem Gewinn verkaufen konnten.[457]

Im Mai und Juni wurden erneut die Weizenfelder gepflügt und die mit Mais bebauten Äcker sorgfältig gejätet. Im Juli wurde gleichzeitig Heu gemacht und Getreide geerntet. Dann kam der August, in dem das Korn gedroschen, ein viertes Mal gepflügt, der Hanf geerntet, die Felder mit Mist gedüngt und die wertvollen Maisrispen eingeholt werden mußten. Im September hatten die Bauern alle Hände voll zu tun: die Weizenfelder wurden ein fünftes Mal gepflügt, und die mit doppelter Ungeduld herbeigesehnte Zeit der Weinlese sowie der Maisernte brach an. Im Oktober galt es, den geernteten Mais in die Scheune zu bringen und die mit großem Aufwand vorbereiteten Felder mit Weizen, Roggen und Hafer sowie mit Saubohnen und Lein einzusäen. Ebenfalls im Oktober pflegte man Schweine und Gänse zu kaufen, um sie zu mästen. Im Dezember wurden Bäume gepflanzt und die Maisfelder umgepflügt. Einzig der November war ein Ruhemonat – sowohl für den Boden als auch für die Menschen.

Zwischen Wohnhaus und Kneipe

Die Bauern pflegten sich an zwei Orten auszuruhen: in der Wohnung und in der Schankwirtschaft. Die Wohnhäuser besaßen noch nicht jenen – begrenzten – Komfort, der unter Ludwig XV. aufkam. Die Häuser armer Leute hatten keine Fensterscheiben, und die Wände wiesen nicht immer die erforderliche Dauerhaftigkeit auf – sie waren oft das Werk eines sogenannten „bousilleur" („Lehmklecker"), eines ländlichen Maurers, der aus Stroh und Lehm Häuser baute. Die Winzer von Montlhéry verfügten über eine kleine, anderthalb bis zwei Räume umfassende Hütte, in welcher sie gleichzeitig schliefen und ihr Getreide lagerten. Wenn sie die nötigen Mittel besaßen, errichteten sie in einer Ecke ihres Vorplatzes einen kleinen, ebenfalls mit Stroh gedeckten Schuppen und hielten sich dort eine Kuh.[458]

Die wenigen Möbel, welche man kannte, waren ganz einfacher Bauart. Truhen erfreuten sich der größten Verbreitung, während ein Schrank bereits als Symbol des sozialen Aufstiegs galt. Die Betten wurden stets von mehreren Menschen gleichzeitig benutzt. Daher mußte ein Bauer aus dem Saintonge, bei welchem Forbin im Jahre 1683 um ein Nachtquartier anfragte, den Besucher mit der Begründung abweisen, daß er leider nur über ein armseliges Bett verfüge, welches er bereits mit Frau und Kindern teile.[459] Wenn im Winter das Herdfeuer nur noch vor sich hinglomm und keine große Wärme mehr ausstrahlte, hatte dieses enge Beieinander auch seine Vorteile.

Während der langen Abende pflegte man auf – häufig in die Wand gehauenen – Bänken um das Feuer herumzusitzen. Die gußeiserne Platte des „contre-cœur" (Kaminrückwand) reflektierte die Wärme des Herdfeuers. In bestimmten Gegenden wurde mit dem Herdfeuer gleichzeitig der angrenzende Raum beheizt, welcher „poêle" (Ofen) genannt wurde, selbst wenn er gar keine Feuerstelle enthielt. Arme Leute heizten ausschließlich mit Torf oder mit „bûchettes", das heißt mit kleinen Zweigen, welche sie im Wald auflasen, nachdem dort das Holz gemacht und das Reisig gebündelt worden war.[460]

Die Spinnstubenabende, die vor allem im Winterhalbjahr stattfanden, waren ein althergebrachter Brauch, welcher die Geselligkeit im Dorf förderte. Man pflegte einander abwechselnd einzuladen, und gute Erzähler waren überall gefragt. Manche bezogen ihr Wissen aus einem Almanach oder erzählten kurze Geschichten aus der „bibliothèque bleue" nach, welche sie von einem Hausierer erstanden hatten.[461] Sie kannten die Geschichten von „Peau d'âne" („Eselshaut") und die Possen der Irrlichter („follets"), welche angeblich die Pferde striegelten, nächtlichen Lärm verursachten und an Vorhängen und Bettdecken zupften. Auch der „moine bourru" (Knecht Ruprecht) war ihnen vertraut – jener Poltergeist, der laut Volksglaube in der Adventszeit durch die Straßen zog und schreckliche Schreie ausstieß.[462]

Die Mahlzeiten der Bauern waren nicht so kärglich, wie man heutzutage oft annimmt. Das für eine Woche oder noch länger im voraus gebackene Brot bildete zwar einen wichtigen Bestandteil ihrer Ernährung, doch nur sehr arme oder sich bewußt kasteiende Bauern lebten von trockenem Brot. Dieses diente als Beilage zu einer Gemüsesuppe, die nicht unbedingt vegetarisch war, wie aus einem zeitgenössischen Rezept hervorgeht: „Pour faire une bonne soupe, le secret est de faire bien mitonner le pain dans du jus de viande" („das Geheimnis einer guten Suppe besteht darin, das Brot gründlich im Fleischsaft kochen zu lassen"). Selbst das altbackenste Brot wurde noch zu einer leckeren Speise namens „miaulée" (Weinmährte) verarbeitet, indem man es in Wein, Most oder ein anderes Getränk „stippte". Dieses

Gericht war bei den Bauernkindern überaus beliebt. An Festtagen gab es statt des Brotes „fouace" („Aschenkuchen") und statt der Gemüsesuppe häufig eine Kraftbrühe („brouet"), die nichts mit der in Sparta üblichen Suppe gemein hatte. Die aus Eiern, Milch und Zucker hergestellte Mischung von Suppe und Süßspeise wurde auch als Brautsuppe verwendet, die man am Tag nach der Hochzeit den Neuvermählten feierlich zu überbringen pflegte. Während die Eier ebenso wie die Butter nicht zu den alltäglichen Nahrungsmitteln gehörten, sondern in erster Linie auf den Markt gebracht und verkauft wurden, hatte man sehr viel Käse zu essen, wie aus folgendem Sprichwort hervorgeht:

„Fromage, poire et pain,
Repas de vilain."

„An Käse, Birnen und Brot
Leidet der Bauer nie Not."

Selbst wenn man davon ausgeht, daß es nur an kirchlichen Feiertagen einen richtigen Festschmaus gab, sollte man bedenken, daß sonntags gerne ein Frikassee aus Hühnerfleisch, Eiern, Erbsen und anderen Gemüsesorten aufgetischt wurde.

Die Getränke bildeten die Schwachstelle in der Ernährung der ländlichen Bevölkerung, obwohl beispielsweise die Winzer ihren Nachwein ausbauten, die Bauern der Normandie, der Grafschaft Perche und der Bretagne Apfelmost herstellten und jene, welche einen Kirschbaum besaßen, meist nicht der Versuchung widerstehen konnten, eine Art Kirschenschnaps namens „clairette" zu fabrizieren; für dieses Getränk wurden einfach Kirschen, Zucker sowie ein paar weitere Zutaten miteinander vermischt und anschließend in die Sonne gestellt. War ein Bauer zu sehr dem Trunk ergeben, so schalt ihn die Frau des Hauses regelmäßig aus und trieb ihn im Grunde ins Wirtshaus – es sei denn, sie teilte die Schwäche ihres Mannes wie im folgenden Trinklied:

„Ma femme boit comme une éponge
Et moi, comme un trou d'été,
Qui fait que jamais elle ne songe
A notre nécessité." [463]

"Mein Weib trinkt wie ein Schwamm,
Ich selbst gar wie ein Loch,
So daß sie niemals denkt dran,
Uns zu versorgen für die Woch'."

Wer ungestört ein paar Schoppen zu sich nehmen wollte – „chopiner" –, begab sich am besten in einen Weinausschank, in welchem man so lang nach Herzenslust trinken konnte, bis die Barschaft aufgebraucht war. Denn der Wirt räumte seinen Kunden nur ungern Kredit ein. Sowohl im Wirtshaus als auch im Kramladen hing häufig ein Schild mit der Aufschrift „CRÉDIT EST MORT" („Vater Kredit ist tot") und einer entsprechenden Illustration. Im Wirtshaus gaben sich die Männer des Dorfes ein Stelldichein – es war das Gegenstück zum Waschhaus. Die wohlhabenden Dorfbewohner gaben eine Runde aus und machten so manchen Trunkenbold glücklich. Auch die „nouvellistes" (Neuigkeitskrämer), welche die in der Stadt oder im Marktflecken aufgeschnappten Meldungen, Nachrichten und Gerüchte im Dorf verbreiteten, kamen auf ihre Kosten. Die im siebzehnten Jahrhundert als „merciers de campagne" (ländliche Krämer) bezeichneten Hausierer hielten die Bauern ebenfalls auf dem laufenden. Sie verkauften Bilder, Bestecke, Scheren, Schnürsenkel und andere Kurzwaren, welche sie in ihrem Koffer mit sich herumtrugen, der auch als „layette" (Lade) oder „boutique" (Bude) bezeichnet wurde. Auch die Schornsteinfeger aus Savoyen pflegten nebenbei alle möglichen Artikel zu verkaufen und verfügten über große Geduld, denn es machte ihnen nichts aus, wegen einer einzigen Schere ihr ganzes Sortiment auszubreiten.

Dörfliche Feste

„Quand nous plantons le mai,
Dans notre village,
Rien n'est si plaisant, rien n'estsi gai
Que notre badinage."

„Wenn wir den Maibaum pflanzen
In unserm Dorf zur Frühlingszeit
Und dabei scherzen und tanzen,
Gibt es nichts Schöneres weit und breit."

Aus der nächsten Strophe dieses Liedes hört man die gleichmäßigen Bewegungen der Tanzenden und den Rhythmus des Händeklatschens:

„Et sur la mousse
L'on se trémousse,
L'on s'entrepousse
Comme des fous."[464]

„Und auf dem Moos
Ist gar viel los –
Klein und groß
Tanzt mit Getos'."

Diese Tradition des Maibaumpflanzens, der die Mitglieder der Basoche mit großem Pomp vor dem Justizpalast gedachten, wurde fast nur noch auf dem Land gepflegt. Laut Furetière pflanzte man in der Nacht zum ersten Mai vor dem Wohnhaus besonders geschätzter Dorfbewohner einen frisch gefällten Baum, woraufhin die solchermaßen geehrte Person zu Essen, Trinken und Tanz einlud.[465]

Daneben gab es eine Anzahl weniger harmloser Feste, die häufig zu Streitereien, wenn nicht gar zu handfesten Schlägereien ausuferten. Im Jahre 1671 gerieten während des Karnevals die Burschen von Saint-Jean-de-Luz wegen irgendwelcher Glöckchen mit den Bewohnern von Ciboure aneinander und zettelten eine Prügelei an. Während der närrischen Tage hatten die in verschiedenen Gruppen – „bacheliers" (Studierte), „bouviers" (Kuhhirten) und „la jeunesse" (Jugendliche) – zusammengefaßten Dorfburschen das Sagen, die sich dabei von aus ihrer Mitte gewählten „Königen" oder „Prinzen" anführen ließen. Sie versperrten zum Beispiel einem Brautpaar den Weg zur Kirche und gaben ihn erst frei, wenn die beiden sich losgekauft hatten. Dieser mit dem Polterabend vergleichbare Brauch hieß „cherevesse" (Spektakel) oder Charivari (Katzenmusik). Die jungen Burschen liebten den Lärm und veranstalteten großen Krach, ohne jedoch gewisse Grenzen zu überschreiten. Die Behörden pflegten diese Umtriebe im allgemeinen zu dulden und schritten nur dann ein, wenn die traditionellen Betteleien überhandnahmen. Anläßlich des Karnevals, des ersten Mais oder des Osterfestes zogen die jungen Burschen nämlich von Haus zu Haus und nötigten sämtlichen Dorfbewohnern Geldspenden und Nahrungsmittel ab.

Die Feste des Winterhalbjahres erfreuten sich großer Beliebtheit: Weihnachten – das trotz der gelegentlich an Heiligabend vorkommenden Exzesse ein christliches Fest blieb –, der Dreikönigstag (laut Frau von Sévigné ein besonders schönes Fest), auf den am 2. Februar Mariä Lichtmeß mit feierlicher Kerzenprozession folgte, sowie der Karneval. Letzterer war das Gegenstück zu der durch ihn eingeleiteten Fastenzeit: die gewohnte Ordnung wurde für kurze Zeit außer Kraft gesetzt, es war erlaubt, gegen tradierte Verhaltensnormen zu verstoßen, und die Narren bemühten sich, die ganze Welt auf den Kopf zu stellen, indem beispielsweise Männer Frauenkleidung trugen (der umgekehrte Vorgang hätte zu großen Anstoß erregt!). Manchmal übernahm gar ein Narrenprinz – „prince de haute folie" – einen Tag lang die Macht, die Dorfjugend formierte sich zu einem Narrengericht, und das bunte Treiben erreichte seinen Höhepunkt.

Wenn die Grenzen des Anstandes zu weit überschritten wurden, griffen jedoch die Geistlichen ein. Sie suchten vor allem die häufig mit der Kirchweih einhergehenden Fressereien, Trinkgelage und unzüchtigen Handlungen zu unterbinden. Selbst das Fronleichnamsfest drohte damals zur Maskerade zu entarten! Am 21. Juni des Jahres 1671 schrieb Frau von Sévigné ihrer Tochter – welche ihr ein Fronleichnamsfest geschildert hatte –, die erwähnten Vorgänge seien von einer solchen Profanität, daß sie sich darüber wundern müsse, wie ein frommer Erzbischof sie dulden könne. Sie erklärte sich die Haltung des Kirchenmannes damit, daß er aus Italien und somit aus jenem Land stammte, das auch die von ihr beanstandeten Unsitten hervorgebracht hatte.[466] Während der Messe, des Vespergottesdienstes und der Prozessionen mußten doch zumindest die Wirtshäuser geschlossen bleiben, und an kirchlichen Festtagen sollten auch keine Tanzveranstaltungen stattfinden. Es wurde bereits dargestellt, daß strenge Bischöfe und zum Jansenismus neigende Dorfpfarrer der Bevölkerung etwas mehr Disziplin beizubringen suchten – und das war nicht gerade ein leichtes Unterfangen!

Wenn die Franzosen – vor allem die Bewohner des flachen Landes – damals in der Tat so arm und die Bauern wirklich so bedauernswert gewesen wären, wie vielfach behauptet wird, hätten wohl kaum so viele Hirtenbriefe – über deren Wirksamkeit wir keine Aussage wagen können – vor den allzu häufigen Festen mit ihren zahlreichen Versuchungen warnen müssen. Die regelmäßig mit großem Aufwand abgehaltenen Feiern dürfen als Beweis für die wirtschaftliche Blüte der Ortschaften und das Wohlergehen ihrer Einwohner gelten.[467]

11. Kapitel: Andersgläubige und Außenseiter

> – C'est la communauté des croyances qui fait les peuples forts.
> – Ce qui est vrai, répliqua M. Bergeret, c'est que les hommes animés d'une foi commune n'ont rien fait de plus pressé que d'exterminer ceux qui pensent différemment, surtout quand la différence est très petite.[468]
> ANATOLE FRANCE

> En une république bien policée on doit punir les fainéants.[469]
> FURETIÈRE

Die von der damaligen Regierung angestrebte Einheit des französischen Königreiches beruhte auf einem gewissen Sittenkodex. Es gibt jedoch keine Moralvorstellung, die nicht aus der Religion abgeleitet worden ist. Im Jahre 1701 galt das Vagabundentum als ein strafbares Vergehen. Während die seßhaften Bettler, deren Bedürftigkeit aktenkundig geworden war, von der Verwaltung unterstützt wurden, pflegte man die Vagabunden – jene umherziehenden Menschen, die keinen Beruf gelernt hatten oder ausübten, weder über einen festen Wohnsitz noch über Vermögen verfügten und keinen guten Leumund vorweisen konnten – zu verfolgen.[470] Das Bekenntnis zur R.P.R., der „religion prétendue réformée" („vorgeblich reformierte Religion"), welche seit dem Edikt von Fontainebleau (Oktober 1685) verboten war, stellte zur selben Zeit ein Verbrechen dar, das mit lebenslänglicher Galeerenhaft geahndet wurde.

In beiden Fällen wurde der Delinquent von der Polizei ergriffen und unverzüglich von einem sog. Prevotalgericht abgeurteilt. Jedesmal hatte der Übeltäter große Chancen – wenn dieser Ausdruck angebracht ist –, in dem gefürchteten Konvoi der sogenannten „chaîne" (Kette) nach Marseille geschickt zu werden; die Sträflinge, welche diesen mörderischen Marsch überstanden, wurden als Ruderer in eine königliche Galeere gesetzt und konnten nur noch auf eine ungewisse Freilassung hoffen.

Glanz und Elend der Galeeren

Die glänzende und gleichzeitig gefürchtete, fremdartig anmutende Welt der Galeeren steckte voller Gegensätze und Widersprüche. Der König schenkte diesen Schiffen große Aufmerksamkeit, und seine Minister pflegten sich noch intensiver mit ihnen zu befassen; ein Teil jener Soldaten, die in der neugegründeten königlichen Marine dienten, wurde auf die Ruderkriegsschiffe kommandiert. Im Jahre 1679 ließ der Intendant Brodart anläßlich eines Besuches des Marquis von Seignelay in den Werften von Marseille vor dessen Augen innerhalb von vierundzwanzig Stunden eine Galeere zusammenbauen.[471] Viele junge Aristokraten hatten auf Malta das Schiffsführungspatent, die sogenannte „caravane", erworben und trachteten anschließend danach – vor allem wenn sie aus der Provence stammten –, auf einer Galeere unterzukommen. Der Dienst auf dieser Kriegsschiffgattung war damals überaus begehrt. Während die Offiziere der Segelschiffe sich bezüglich ihrer gesellschaftlichen Stellung und ihrer Herkunft deutlich voneinander unterschieden – es waren nahezu alle Stände vertreten –, wurden die Galeeren ausschließlich von Angehörigen des hohen Adels befehligt. Es kam höchst selten vor, daß ein Offizier von einer Galeere auf ein Segelschiff überwechselte. Wenn unter Ludwig XIV. ein Korpsgeist existierte und die Vorstellung von einer besonders angesehenen Einheit gepflegt wurde, dann innerhalb des Führerkorps der Galeeren.

Gewiß – wahre Kämpfernaturen vergingen auf diesen Schiffen beinahe vor Ungeduld: die Galeerenflotte des französischen Königs – die im Jahre 1690 schließlich über vierzig Einheiten verfügte und die spanische Flotte darin endgültig übertraf – wurde nur selten in die Schlacht geschickt. Sie trug jedoch zur Entlastung der übrigen Marine bei, deren Segelschiffe teils in Toulon, teils in Brest vor Anker lagen, schreckte die Seeräuber ab und sicherte Frankreich die Seeherrschaft im westlichen Mittelmeer. Bereits im Jahre 1669 vertrat der Marineintendant die Ansicht, die französische Galeerenflotte sei das schönste Geschwader weit und breit. 1675 trachtete sein Sohn und Nachfolger vor allem danach, ein ebenso prächtiges Admiralsschiff vom Stapel laufen, takeln und ausschmücken zu lassen wie jenes, das Ihre Katholische Majestät, der König von Spanien, besaß. Wenn zu Beginn der schönen Jahreszeit – im März oder April – die Galeerenflotte Seiner Majestät mit all ihren Schirmwänden, Vorhängen und Sonnendächern aus Damast (welche wie die damastenen Wimpel und Fahnen mit goldenen Lilien übersät waren) sowie den neueingekleideten Galeerensträflingen und Soldaten in See stach, bot sie ein herrliches Schauspiel.[472] Und die Seereise war für das Königreich nicht ohne Nutzen: die großartige Prozession tüchtiger Schiffe, guter, mit zusätzlichen Rudern versehener Segler, wirkte, während sie die Gewässer durchfuhr, wie ein Symbol der königlichen Macht; die Intendanten der französischen Marine – als gebildete Verwaltungsbeamte – scheuten nicht davor zurück, die königlichen Galeeren mit den Triumphwagen der Römer zu vergleichen.

Je mehr der König seine Galeerenflotte ausbaute, desto schwieriger wurde es, kräftige Männer und freiwillige Ruderer aufzutreiben. Man mußte daher zunehmend auf Sträflinge zurückgreifen. Zwischen 1680 und 1715 wurden insgesamt 36 000 Strafgefangene – über 1 000 pro Jahr – auf die Galeeren geschickt. Nahezu bei der Hälfte dieser Männer handelte es sich um Deserteure der königlichen Armeen. Die Galeeren dienten folglich in erster Linie als eine Art militärisches Zuchthaus. Ein Viertel der Galeerensträflinge war wegen Schleichhandels oder Salzschmuggels verhaftet worden (unter ihnen befand sich – ohne daß das Gericht davon wußte – ebenfalls eine ganze Anzahl Deserteure). Die restlichen Männer waren wegen Mordes, Diebstahls, Landstreicherei und verschiedener anderer Delikte verurteilt worden.

Über die Hälfte der Sträflinge verstarb auf den Galeeren – weniger wegen der harten Arbeit als wegen der räumlichen Enge und der mit ihr verbundenen Ansteckungsgefahr. Da die meisten Todesfälle innerhalb der ersten drei Jahre eintraten, waren paradoxerweise gerade die kleinen Verbrecher am stärksten betroffen. Entgegen einer anderslautenden Legende stellte die höchst anstrengende Arbeit des Ruderns nicht die schlimmste Belastung für die Galeerensträflinge dar. Im übrigen waren die Galeeren Segelschiffe – die Ruder wurden vor allem beim An- und Ablegen, während einer Windstille und in der Schlacht zur Unterstützung der Segel eingesetzt. Außerdem setzte man lediglich junge und kräftige Gefangene als Ruderer ein. Von den ungefähr 11 000 in Marseille internierten Sträflingen fuhr mindestens jeder zehnte nie zur See. Die alten und schwächlichen Verbrecher wurden in der Werft eingesetzt. Einige von ihnen arbeiteten in der Segelmacherei, andere in der Seilerei, die meisten wurden jedoch der Tuchherstellung zugeteilt: sie spannen und woben die Stoffe für die Ausstattung der Galeeren und fertigten die Jacken für die Besatzung an. Das ständige Kommen und Gehen, welches unter den Werftleuten und vor allem unter den Hilfsarbeitern herrschte, gab den armen Zuchthäuslern Gelegenheit zu kleinen Tauschgeschäften.

Daneben wurden mehrere hundert Sträflinge an private Unternehmer – vor allem Manufakturbesitzer und Handwerker – ausgeliehen. Sie konnten auf diese Weise etwas Geld verdienen, nach Komplizen Ausschau halten und erfuhren manchmal große menschliche Anteilnahme. Die Einwohner von Marseille begegneten diesen Ausgestoßenen mit mehr Aufgeschlossenheit als mancher Vorarbeiter in der Werft oder mancher Mitgefangene. Die Sträflinge zeichneten sich nämlich vor allem durch zwei Eigenschaften aus: sie galten zwar als Außenseiter, waren jedoch keineswegs von der Stadt abgeschnitten, und man glaubte, daß sie alle zusammenhielten, während sie in Wirklichkeit völlig verschiedene Interessen hatten, miteinander stritten und sich teilweise sogar haßten.

Manchmal profitierte die Verwaltung von diesen Spannungen, und vielleicht wurden manche Rivalitäten von ihr sogar bewußt gefördert. Sämtliche Sträflinge waren in einer sorgfältig geführten Kartei erfaßt und – je nach ihrer angeblichen Gefährlichkeit – in drei verschiedene Kategorien eingeteilt: die erste Gruppe umfaßte die „forçats recommandés" (mit besonderer Aufmerksamkeit zu bewachende Gefangene), deren Namen das Ministerium dem Intendanten auf einer besonderer Liste übermittelte. Die zweite Kategorie bestand aus Gewohnheitsverbrechern und Wiederholungstätern, die auch als „Chevaux de retour" („zurückkehrende Pferde") bezeichnet wurden. Die dritte Gruppe schließlich umfaßte die „forçats de la Religion" – jene Menschen, die wegen ihrer Zugehörigkeit zur „vorgeblich reformierten Religion" festgenommen worden waren. Im Jahre 1704 waren die Untergebenen des Intendanten gehalten, von Jahr zu Jahr die Namen der Menschen in diese Liste einzutragen, welche unbeirrt am protestantischen Bekenntnis festhielten und sich als halsstarrig oder gefährlich erwiesen, sowie auch sämtliche Abenteuer, die ihnen zustießen.[473]

Diese „galériens pour la foi" („Galeerensträflinge aus Glaubensgründen" – so pflegten sie sich selbst zu bezeichnen), die nun – genau wie in der Bibel beschrieben – gezwungenermaßen mit mehr gottlosen als guten Schächern zusammenleben mußten, machten auf die Zeitgenossen zu Recht einen tiefen Eindruck. Man pflegte sie so sehr zu bedauern, daß ihre Zahl bald viel zu hoch – auf das Zehn- oder gar das Hundertfache – veranschlagt wurde. In Wahrheit betrug sie „nur" 1450 – etwas weniger als fünfzig pro Jahr.[474] Aber auch das waren genau 1450 zuviel. Auf hoher See genossen die „galériens de la Religion" bei den Offizieren und selbst bei den Rudermeistern ein gewisses Wohlwollen. In den Hafenstädten pflegte man die eigens für diese Kategorie von Sträflingen getroffenen Regelungen genau zu befolgen. Sie wurden nur selten an Manufakturen oder Handwerksbetriebe in der Stadt ausgeliehen, und man vermied nach Möglichkeit, ihnen auch nur vorübergehend ihre Ketten abzunehmen. In den Jahren 1699 und 1700 nötigten die Offiziere und die Schiffsgeistlichen der Galeeren „La Superbe", „La Favorite" und „La Magnanime" die protestantischen Galeerensträflinge, während der Messe hinzuknien und ihre Mütze abzunehmen (statt auf ihrer Ruderbank zu dösen). Es handelte sich um die „affaire du bonnet" (Mützenaffäre), bei der es für die Widerspenstigen brutale Schläge hagelte. Die reformierten Galeerensträflinge hielten jedoch trotz dieser Schikanen durch. David Serres, einer ihrer Anführer, schrieb kurz vor der Jahreswende 1709/10 nach Holland. Er wünschte seinen dortigen Freunden und Glaubensgenossen ein gutes neues Jahr und berichtete, sie seien nun schon seit fünfundzwanzig Jahren in Gefangenschaft, denn man habe sie im Oktober beziehungsweise im November des Jahres 1685 festgenommen; sie hofften zwar das Ende dieser Gefangenschaft zu erleben, aber dieser Tag scheine aufgrund göttlichen Ratschlusses noch in weiter Ferne zu liegen. Der Brief endet mit einer Anrufung Gottes: „Son Saint Nom soit béni!"[475] („gelobt sei Sein Name!").

Serres und seine Freunde hatten eine heimliche Organisation der protestantischen Galeerensträflinge aufgebaut. Diese 1699 gegründete Geheimgesellschaft verfügte über Mittelsmänner in Marseille, über die sie Briefe, Bibeln und protestantische Streitschriften aus Holland beziehen konnte: die leidenschaftlichen Ergüsse eines Jurieu wurden in der Werft förmlich verschlungen. Die eifrigsten Mitglieder dieses Geheimbundes sorgten nicht nur dafür, daß jene Brüder, deren protestantischer Glaube noch nicht die nötige Festigkeit besaß, regelmäßig Religionsunterricht erhielten; sie machten selbst katholische Zeitgenossen mit ihrem Glauben vertraut. Sie gewährten ihren Leidensgefährten Unterstützung und sandten Schreiben nach Holland, in welchen sie das Funktionieren der „Eglise des confesseurs" („Kirche der Bekenner") sowie das Leben auf den Galeeren schilderten. Auch sie führten eine Kartei, deren Wertmaßstäbe allerdings das genaue Gegenteil von jenen Kriterien waren, die in der Intendantur berücksichtigt wurden. Der Geheimbund unterstand einem siebenköpfigen, mit ungeheurer Macht ausgestatteten Direktorium. Der König von Frankreich, welcher den protestantischen Gemeinden nie verziehen hatte, daß sie einen Staat im Staate bildeten, hätte sich im Jahre 1685 wohl nicht träumen lassen, daß sein gewaltsames Vorgehen gegen die Hugenotten innerhalb kürzester Zeit dazu führen würde, daß sich in Marseille und auf seinen prachtvollen Galeeren die stärkste und am straffsten gegliederte dieser Kleinrepubliken herausbildete – die „Eglise des confesseurs qui souffrent pour la vérité de l'Evangile"[476] („Kirche der Bekenner, welche für die Wahrheit des Evangeliums leiden").

Der Protestantenhaß

Um 1670 – als Straßburg noch nicht französisch war – bekannten sich in Frankreich rund 900 000 Menschen zur „vorgeblich reformierten Religion". Die Calvinisten wurden im französischen Königreich nicht als „protestants" (Protestanten), sondern als „ceux de la R.P.R." („Anhänger der vorgeblich reformierten Religion"), „ceux de la Religion" („Anhänger der Religion") oder als „Les religionnaires" (Reformierte) bezeichnet – Benennungen, die – unbewußt – eine gewisse Anerkennung zum Ausdruck brachten! Der Begriff „protestant" hingegen wurde damals laut Furetière auf jene deutschen Ketzer angewandt, welche der ‚Irrlehre' Luthers folgten, sowie um einen Mann zu bezeichnen, der um die Hand einer Dame anhielt und ihr die Treue versprach[477] – die Freier der Penelope waren folglich in gewisser Hinsicht „Protestanten".

Die französischen Reformierten verfügten über einige Niederlassungen im Norden des Königreiches: sie waren in Sedan vertretern, und in der Normandie gab es annähernd sechzig protestantische Stützpunkte. Die Calvinisten aus der Umgebung von Paris begaben sich zum Gottesdienst nach Charenton, dem einzigen Ort, an welchem sie ihre Religion ausüben durften. Die Schwerpunkte der Reformierten lagen jedoch südlich der Loire: im Saintonge betrug ihre Zahl 100 000, im Poitou 90 000, in der südlichen Guyenne 100 000, im Vivarais 48 000 und in der Dauphiné 83 000.[478]

Seit dem – 1598 erlassenen – Edikt von Nantes genossen die französischen Reformierten Gewissens- und Kultfreiheit, wohingegen die politischen und militärischen Bestimmungen des Edikts 1629 infolge der Aufstände in Südfrankreich zurückgenommen worden waren. Entgegen ihrem Krönungseid, in welchem sie sich ausdrücklich zur Ausrottung sämtlichen Ketzertums verpflichteten, fuhren die französischen Könige zunächst fort, gegen den weltweit anerkannten Grundsatz „cuius regio, eius religio" („wessen Herrschaft, dessen Glaube") zu verstoßen. Seit dem Jahre 1621, in welchem die ersten Reformierten auswanderten, begann sich das Verhältnis zwischen französischen Katholiken und Protestanten jedoch zu verschlechtern.

Ein Teil der gesellschaftlichen Elite hatte erfaßt, daß die beiden Konfessionen dieselben Glaubensinhalte hatten und durch das Trienter Konzil mehrere der von den Reformatoren an Rom kritisierten Punkte hinfällig geworden waren. Einige Zeitgenossen wußten oder ahnten, daß die katholische Religion sich wieder auf die göttliche Allmacht (Loyolas Devise „Ad maiorem Dei gloriam" [„Zur größeren Ehre Gottes"] und Calvins „Soli Deo gloria" [„Allein Gott zur Ehre"] waren einander verblüffend ähnlich) besonnen, zur positiven Theologie und zur zentralen Bedeutung der Erlösertat Christi zurückgefunden hatte. Die Protestanten ihrerseits machten die Feststellung, daß bei Beerdigungen durchaus eine gewisse Liturgie angewandt werden durfte und daß das Fasten keine verwerfliche Frömmigkeitsübung war. Der große Irrtum Ludwigs XIV. bestand jedoch darin, daß er annahm, ein Küfer aus der Guyenne, ein Fährmann auf der Durance oder ein Schmied aus den Cevennen werde dieselben Schlüsse ziehen wie der Marschall von Turenne, welcher im Jahre 1668 zum katholischen Glauben übertrat.

Der Konflikt zwischen der katholischen Kirche und den reformierten Gemeinden, welche die römische Hierarchie zu verhöhnen schienen, wurde vom einfachen Volk noch geschürt. Kein protestantischer Pfarrer hätte seine Gemeinde davon zu überzeugen vermocht, daß Rom kein neues Ninive oder Babylon war, daß der Papst sich nicht für eine Art lebendigen Gott hielt, die ‚papistische' Messe keine Gotteslästerung, die katholische Form des Abendmahls kein Sakrileg und der Heiligenkult keinen frevlerischen, die Ehre Gottes verletzenden Aberglauben darstelle. Die ‚Papisten' galten als Heiden, welche Bilder anbeteten, die Jungfrau Maria als Göttin verehrten, vor Brotstücken niederknieten und den Inhalt der Heiligen Schrift ignorierten. Jene Kamisarden, die im Jahre 1702 Kruzifixe zerstörten, Hostien mit Füßen traten und Kirchen in Brand steckten, waren fest davon überzeugt, im Sinne Gottes zu handeln.

In den Augen der einfachen Katholiken – weltlichen oder geistlichen Standes – waren die Reformierten halsstarrige Gotteslästerer und Ketzer, welche die Heilige Schrift verdrehten und für ihre Zwecke mißbrauchten sowie die Ehre Gottes schmälerten, indem sie Maria erniedrigten, die Verehrung der Heiligen, ihrer Bilder und Reliquien ablehnten. Die Reformierten verleugneten angeblich die heilige Wandlung und vertraten die Ansicht, daß Jesus Christus während des Abendmahles nicht körperlich, sondern nur geistig anwesend sei. Außerdem verstießen sie gegen die Befehle Jesu, indem sie den Nachfolger Petri nicht als Christi Stellvertreter anerkannten. Sie wagten es, die heilige lateinische Messe durch Gottesdienste zu ersetzen, während deren man sich ausschließlich des Französischen – der Sprache des niederen Volkes – bediente. Sie erzürnten die wahren Gläubigen jeden Tag aufs neue, indem sie der in feierlicher Prozession umhergetragenen Hostie die gebührende Verehrung vorenthielten. Gleichwohl trugen sie eine aufreizende Überlegenheit zur Schau und befleißigten sich eines „patois de Canaan" („kanaanäisches Kauderwelsch"): ihre Sprache war stets mit vollkommen unbekannten Bibelzitaten durchsetzt.

Im Süden Frankreichs – wo die Protestanten zahlreich vertreten waren – traf es sich oft, daß der wohlhabende Bauer, der Grundherr des Dorfes oder der Leiter des Betriebes sich zur protestantischen Religion bekannte, während die Katholiken in Armut lebten. Unter diesen Bedingungen fiel es dem Dorfpriester oder einem Mönch aus einem benachbarten Kloster nicht schwer, die katholische Bevölkerung gegen die „hérétiques" (Häretiker) aufzuhetzen. Ganz allgemein läßt sich feststellen, daß die Reformierten – angespornt durch das Alte Testament, bestimmte Stellen in den Schriften des heiligen Paulus sowie durch die jüdisch-christliche Vorstellung, daß die Arbeit eine heilige Pflicht sei und Reichtum eine Belohnung des Himmels darstelle – wohlhabender waren als die Katholiken, weil sie aktiver waren, stärker zusammenhielten und – angetrieben durch die Tatsache, daß sie auf nationaler Ebene eine Minderheit darstellten – besonderen Fleiß bewiesen. Sie neigten dazu, mit Herablassung auf die ‚Papisten' – diese wenig gebildeten Ketzer – zu blicken, die keine Ahnung von der Bibel hatten und gelegentlich ihre Faulheit unter dem Deckmantel der Armut für heilig erklärten.

Vor diesem Hintergrund muß die Bekämpfung des Protestantismus gesehen werden. Die geschilderten Vorurteile wurden von Generation zu Generation vererbt, im Religionsunterricht und in der Bibelschule durch Dorfpfarrer beziehungsweise Prediger noch verstärkt und brachen anläßlich der geringsten Reibereien beruflicher oder gesellschaftlicher Art vehement hervor; sobald eine Prozession durch die Straßen zog oder katholische Missionare in die Stadt kamen und die Protestanten zu bekehren suchten, kam es zu erbitterten Auseinandersetzungen. Daß die beiden Konfessionen einander letztlich sehr nahestanden, trug nicht etwa dazu bei, die Mißverständnisse zu beseitigen, sondern förderte sie im Gegenteil noch. Man stritt lieber über zweitrangige Fragen – die Priesterehe, das Abendmahl in beiderlei Gestalt, das Totengebet und das Fegefeuer – als über die zentralen Glaubensinhalte. Und sobald ein reformierter Romeo eine römisch-katholische Julia zu heiraten beabsichtigte, brachen der angestaute Groll und die tief sitzende Bitterkeit mit der Vehemenz eines wilden Gebirgsbaches hervor. Der König folgte hierin lediglich dem Beispiel seines Volkes.

Die Protestantenverfolgung

Ab 1660 begann man die Protestanten zu verfolgen. In jenem Jahr hatte der König die Abgesandten der Nationalsynode der reformierten Kirchen mit eisiger Kälte empfangen. Gute Beobachter wußten, daß Ludwig XIV. im Verlauf seiner Salbung nicht umsonst geschworen hatte, die Häresie mit Stumpf und Stiel auszurotten. Die Vernichtung der Ketzer war ihm ein persönliches Anliegen, in dem er von allen Seiten – von seinem jesuitischen Beichtvater, vom französischen Klerus und vom einfachen Volk – bestärkt wurde. Außerdem trachtete der König danach (oder träumte davon), Frankreich zu einem einheitlichen Staatswesen zu machen, und zweifelte gleichzeitig am Patriotismus der Hugenotten; schließlich mußten einem absoluten Herrscher die reformierten Pfarreien zwangsläufig ein Dorn im Auge sein, da sie sich dem Zugriff der Verwaltung entzogen und in Form von kleinen calvinistischen Republiken jeweils einen „Staat im Staate" bildeten.

Unter Ludwig XIV. pflegte alle Welt – die Protestanten ebenso wie die Katholiken – den heiligen Augustinus zu bewundern; das bedeutete, daß jedermann die Anwendung von Zwangsmaßnahmen billigte, sofern sie einem guten und frommen Zweck dienten. Dem Vorbild dieses Kirchenvaters folgend, der als ein überzeugter Gegner der Donatisten das – aus dem Gleichnis vom großen Abendmahl[479] hergeleitete – Prinzip „Compelle intrare" („Nötige sie hereinzukommen") prägte, hätten die Hugenotten die Unitarier und Antitrinitarier am liebsten zwangsweise bekehrt. Ludwig XIV., seine Minister und die gallikanische Kirche wünschten ihrerseits die Reformierten unter Einsatz sämtlicher Mittel für die ihrer Ansicht nach einzig und allein seligmachende katholische Religion zu gewinnen. Was bedeutete denn schon ein wenig Rücksichtslosigkeit, wenn man dafür im Jenseits die Hölle gegen das Paradies eintauschte?

Es lassen sich drei Phasen der Zwanganwendung unterscheiden. Während der sechziger und siebziger Jahre suchte man die Protestanten mit Hilfe von stichhaltigen Argumenten zu bekehren. Die protestantische Minderheit in einem Marktflecken oder in einer kleinen Stadt tat gut daran, sich vor den bekehrungswütigen Landpfarrern in acht zu nehmen. Diese glaubten ein gutes Werk zu tun und Gott zu dienen. Sie widmeten sich mit ganzer Kraft dieser wichtigen Aufgabe und setzten ihre Ehre darein, möglichst viele Protestanten zu bekehren. Mißtrauen war auch gegenüber jenen Mitmenschen aus dem Kleinbürgertum angebracht, welche die gütliche Bekehrung und die Ausübung von psychologischem Zwang zu ihrem zweiten

Beruf machten. In Saint-Maixent lebte ein berüchtigter „convertisseur" („Bekehrer") namens Jean Drouhet (geb. 1617, gest. 1681), der gelernter Apotheker war. Sein Name findet sich in sämtlichen Kirchenbüchern: einmal fungierte er als Zeuge einer feierlichen Abschwörung, ein andermal übernahm er eine Patenschaft für die Kinder von frischbekehrten Protestanten. Sein religiöser Eifer trieb ihn sogar dazu, sich als – im Dialekt des Poitou schreibender – Schriftsteller zu betätigen. Er begann seine literarische Karriere damit, daß er die Bekehrung des reformierten Predigers Cottiby besang und ihn gegenüber seinen Verleumdern in Schutz nahm. Besagter Samuel Cottiby – Prediger und Sohn eines Predigers – hatte im Jahre 1659 den Ansprachen des Pater Adam, eines Jesuitenmissionars, gelauscht und war am 25. März 1660 zum Katholizismus übergetreten, was in der Nationalsynode große Empörung auslöste. Die Reformierten verfolgten ihn nun mit ihrem ganzen Haß. Um ihn vor der Armut zu bewahren, hatte man ihn zum königlichen Advokaten am Landgericht von La Rochelle ernannt – ein Posten, der ihm achthundert Livres pro Jahr einbrachte.[480] Der Austritt aus der reformierten Kirche zog nämlich oft den Verlust des Geschäftes, des elterlichen Erbteils und sämtlicher Arbeitsmöglichkeiten nach sich. Aus diesem Grund wurde im Jahre 1676 die „caisse des conversions" („Konversionskasse") gegründet, die, vom König und der Kirche unterstützt, durch das Akademiemitglied Pellisson, einen konvertierten Protestanten, verwaltet und aus dem Erlös von an die Krone (also an die Staatskasse) zurückgefallenen Kirchengütern gespeist wurde.

Bald darauf setzte eine neue, sturmflutartige Bekehrungswelle ein, während der man die Protestanten mit Argumenten förmlich überhäufte. Ein Vierteljahrhundert lang suchte man die Reformierten durch beeindruckende und fesselnde Predigten (Fénelon missionierte das Saintonge) sowie durch eine Flut von Schriften zu gewinnen, welche das Bekehrungswerk der Prädikanten aus allen möglichen Orden und Kongregationen abrunden sollten. Mit dem Edikt von Fontainebleau hörten die Mission und die Verteilung entsprechender Schriften keineswegs auf – ganz im Gegenteil: Zwischen Oktober 1685 und Januar 1687 belieferten beispielsweise siebzehn Pariser Buchhändler die königliche Verwaltung und die Missionare mit über einer Million Büchern: mit 160 000 Katechismen, 128 000 Exemplaren des Werkes „L'imitation de Jésus-Christ", 148 000 „katholischen" Übersetzungen des Neuen Testaments sowie mit 126 000 Psaltern (als Ersatz für die protestantische Bibel, in der eben nicht 95 Prozent des Alten Testaments der Zensur zum Opfer fielen[481]). Die Drucker machten glänzende Geschäfte. An diesen Zahlen läßt sich jedoch auch die erdrückende Intensität der katholischen Propaganda ablesen. Wer in dem nahe bei Aigues-Mortes gelegenen Vauvert lebte und den Schutz eines ebenfalls reformierten Gerichtsherrn genoß, konnte sich über den riesigen Aufwand an Tinte und Papier lustig machen; von jenen Protestanten, die in einem katholischen Marktflecken oder in einer Stadt lebten, in welcher beide Konfessionen vertreten waren, konnten jedoch einige für die katholische Religion gewonnen werden. Die glaubenstreuen Hugenotten dagegen sahen sich bald einer dritten Bekehrungswelle ausgesetzt.

Während der dritten, 1681 durch den Intendanten Marillac im Poitou eingeleiteten Phase suchte man die Protestanten mittels Truppeneinquartierungen unter Druck zu setzen. Da es noch keine Kasernen gab, war die Zivilbevölkerung nämlich verpflichtet, Soldaten bei sich aufzunehmen und zu verköstigen. Während man mit dieser Maßnahme bislang vor allem gegen säumige Steuerzahler vorgegangen war, ging man nun dazu über, bei Protestanten, die zäh an ihrem Glauben festhielten, Truppen einzuquartieren – ein Vorgang, für den alsbald die Bezeichnung „dragonnade" (Dragonade) aufkam. Die Dragoner gehörten nicht zur Kavallerie, sondern zur berittenen Infanterie – die größere Strecken zu Pferde zurücklegte, aber stets zu Fuß kämpfte – und waren wegen ihrer draufgängerischen Kampfweise gefürchtet. Frau von Sévigné verwendete das Wort „dragon" in der Bedeutung von „großer Kummer", „drückende Sorge". Die Dragoner waren jeodch nicht nur wegen ihrer rohen Landsknechtsmanieren gefürchtet, sondern auch deshalb, weil sie oft samt ihren Pferden in die Häuser eindrangen. Die Bischöfe schien diese Vorgehensweise nicht weiter zu stören, und Frau von Sévigné bescheinigte ihr große Effektivität. Der Marquis von Sourches seinerseits schien im Rahmen seiner Beschreibung der schon vor Aufhebung des Edikts von Nantes durchgeführten Dragonaden bereits zu ahnen, daß dieses Zwangsmittel weniger auf die Gegenwart als auf künftige Generationen abzielte; er berichtete, daß die Dragoner im Juli des Jahres 1685 innerhalb von acht Tagen mehr Protestanten bekehrt hätten als die Missionare im Lauf eines ganzen Jahres. Er räumte ein, daß diese Art der Bekehrung etwas ungewöhnlich sei, hielt jedoch dagegen, daß sie unaufhörlich beachtliche Erfolge zeitige und daß man auf diese Weise zumindest der Kinder der oft halbherzig bekehrten Väter habhaft werden könne.

In den Jahren 1660 bis 1685 wurden – als Ergänzung zu diesen „Überredungs-" und Einschüchterungspraktiken – die Rechte der französischen Protestanten durch eine ganze Anzahl von Gesetzen beschnitten, welche zunächst den reformierten Kult und die Prediger, dann die Gesamtheit der

Gläubigen und schließlich die von Protestanten ausgeübten Berufe zum Gegenstand hatten. Der „vorgeblich reformierte" Kult unterlag gewissen Einschränkungen, welche in den Klauseln des Edikts von Nantes und des Gnadenedikts von Alès verankert waren. Gottesdienste durften nur in jenen Ortschaften abgehalten werden, die eine bestimmte Anzahl von protestantischen Einwohnern vorweisen konnten. Die Bestimmungen konnten mit Strenge oder mit Nachsicht gehandhabt werden – eine Alternative, von der die französische Verwaltung hin und wieder aus taktischen Erwägungen Gebrauch machte; in der Regel pflegte man sie jedoch rigoros anzuwenden. Im Poitou wurden laufend protestantische Kirchen abgerissen – am 13. September 1663 diejenige von Champdeniers und am 5. Mai 1682 das Gotteshaus von La Mothe-Saint-Héraye. Im Juli 1682 wurden – unter dem Vorwand, daß sie gegen das Edikt von Nantes verstießen – pro Woche zwei bis drei evangelische Gotteshäuser zerstört! Im September desselben Jahres warf der Intendant von Paris den dort ansässigen Hugenotten vor, daß sie in ihrer – einzigen – Kirche zu Charenton auch Lutheraner, Anglikaner und Zwinglianer tolerierten, obwohl doch innerhalb des französischen Königreiches lediglich der calvinistische Glaube zugelassen sei.[482]

Auch die protestantischen Prediger wurden zunehmend unter Druck gesetzt. Ein Edikt vom März 1683 verbot ihnen bei drohender öffentlicher Abbitte und Verbannung, den Übertritt von Katholiken zur reformierten Religion zu dulden. Eine Erklärung vom 22. Mai 1683 besagte, daß in sämtlichen protestantischen Gotteshäusern eine bestimmte Anzahl Plätze für Katholiken (besser gesagt für Spione) zu reservieren seien. Im August 1684 wurde per Edikt festgelegt, daß kein protestantischer Pfarrer länger als drei Jahre an ein und demselben Ort wirken durfte. Ein Edikt vom 21. August besagte, daß die Konsistorien nur noch in Anwesenheit eines vom König ernannten Richters beraten durften. Die Deklaration vom 26. Dezember 1684 verbot – gewissermaßen als Weihnachtsbotschaft – die Abhaltung öffentlicher protestantischer Gottesdienste in jenen Ortschaften, in denen nicht mindestens zehn hugenottische Familien ansässig waren (die Veranstaltung privater Gottesdienste wurde erst recht nicht geduldet). Im Februar 1685 belegte man jene Priester mit Strafen, die insofern gegen ein königliches Gebot verstießen, als sie Menschen in ihr Gotteshaus aufnahmen, welche dieses laut Befehl Seiner Majestät gar nicht betreten durften, und ordnete die Schließung der betreffenden Kirchen an. Eine Deklaration vom 18. Juni 1685 befahl die Zerstörung jener Gotteshäuser, in welchen Mischehen eingesegnet oder aufrührerische Reden gehalten worden seien.

Im August 1685 wurde jedem reformierten Franzosen förmlich verboten, Predigten zu halten und theologische Bücher oder Streitschriften zu verfassen. Ab dem 6. August 1685 durften sich die protestantischen Pfarrer und Vikare nur noch in mindestens sechs Meilen Entfernung von jenen Orten niederlassen, an denen der reformierte Kult untersagt war. Am 17. Oktober schließlich wurde das Edikt von Fontainebleau veröffentlicht, in dem das Edikt von Nantes widerrufen und die protestantischen Prediger vor die Wahl gestellt wurden, entweder zum katholischen Glauben überzutreten oder innerhalb kürzester Zeit das Land zu verlassen.[483]

Auch jene Protestanten, denen zunächst – weil sie entweder zu sehr mit sich selbst beschäftigt oder zu gleichgültig waren – mehrere der gegen ihre Prediger gerichteten Maßnahmen entgangen waren, mußten recht bald feststellen, daß auch sie in diese restriktive Gesetzgebung einbezogen wurden. Das Edikt vom April 1663 untersagte den erst kürzlich zum Katholizismus übergetretenen Protestanten, diese Entscheidung rückgängig zu machen. Im August 1669 verwehrte das erste in einer langen Serie von Edikten den französischen Protestanten die Emigration. Mehrere Erlasse aus dem Jahr 1679 belegten jene Konvertiten mit hohen Strafen, die rückfällig oder abtrünnig wurden, und regelten die öffentliche Abschwörung bis in das letzte Detail. Im Juni 1680 wurde den Katholiken per Edikt der Übertritt zur reformierten Religion untersagt. Im November desselben Jahres wurden die Richter aufgefordert, kranken Protestanten einen Besuch abzustatten und sie zu bekehren zu suchen (im Jahre 1681 wurde diese Bestimmung dahingehend ergänzt, daß der Richter im Falle seiner Verhinderung durch den Syndikus oder den Bürgermeister des Ortes zu vertreten sei). Im April 1681 gab man bekannt, daß zum Katholizismus übertretende Protestanten zwei Jahre lang von Truppeneinquartierungen verschont bleiben sollten! Am 17. Juni ordnete der König an, daß die Kinder der reformierten Franzosen bereits im Alter von sieben Jahren zum Katholizismus übertreten konnten und ihre Eltern nicht das Recht hatten, ihnen im Ausland eine protestantische Erziehung angedeihen zu lassen. Eine Königsurkunde vom 31. Januar 1681 legte fest, unehelich geborene Kinder von Protestanten seien im katholischen Glauben zu erziehen. Am 14. Juli 1682 wurde das Auswanderungsverbot bekräftigt und für den Fall einer Zuwiderhandlung die Konfiszierung des gesamten Besitzes angeordnet. Eine Erklärung vom 30. August 1682 untersagte den Protestanten, sich außerhalb der Kirche und ohne Prediger zu versammeln: Frankreichs führende Katholiken schienen private Zusammenkünfte der Hugenotten – sowohl in religiöser als auch in politischer Hinsicht – für noch gefährlicher zu halten als öffentliche Gottesdienste. Am 16. Juni 1685 wurde sämtlichen Untertanen der französischen Krone die Heirat im Ausland verboten. Ein Erlaß vom 9. Juli besagte, daß protestantische Franzosen keine katholischen Bediensteten mehr einstellen durften. Am 25. Juli wurde ihnen mitgeteilt, daß sie nur noch an Gottesdiensten innerhalb jener Bailliage teilnehmen durften, zu der ihr Wohnort gehörte. Ab dem 14. August 1685 war den Kindern protestantischer Franzosen kein Vormund eigener Konfession mehr erlaubt. Am 20. August wurde auf die Anzeige von ins Ausland geflohenen Protestanten eine Belohnung – die Hälfte ihrer Besitzungen – ausgesetzt.[484] Der Schraubstock war so deutlich immer stärker angezogen worden, daß die Aufhebung des Edikts von Nantes zwei Monate später eigentlich niemanden mehr überrascht haben dürfte.

Die Protestanten verfügten nun über keinerlei Freiraum mehr. Schritt für Schritt wurden immer mehr Tätigkeiten den ‚Papisten' vorbehalten und die französischen Protestanten und Protestantinnen von einer ganzen Reihe von Berufen ausgeschlossen: seit dem 20. Februar 1680 durften sie nicht mehr als Hebamme, seit dem 15. Juni 1682 nicht mehr als Notar, Staatsanwalt, Amtsdiener oder Polizeibeamter arbeiten und seit dem 16. Juni nicht mehr als Beisitzer oder Gerichtsdiener fungieren; am 21. August 1684 wurde ihnen die Betätigung als Gutachter, am 10. Juli 1685 der Beruf des Notar- oder Rechtsanwaltsgehilfen untersagt, am Tag darauf wurden sie vom Rechtsanwaltsberuf ausgeschlossen und ab dem 6. August 1685 durften sie sich nicht mehr als Ärzte betätigen.

Angesichts dieser mißlichen Situation traten viele Hugenotten zur katholischen Religion über und begnügten sich damit, innerlich am protestantischen Bekenntnis festzuhalten und in ihren eigenen vier Wänden private Gottesdienste zu feiern; 173 000 französische Protestanten begaben sich in das sogenannte „Refuge", indem sie vor allem nach Holland, Großbritannien und Brandenburg-Preußen flüchteten; 1450 wurden auf die Galeeren geschickt. Die übrigen in Frankreich verbliebenen Hugenotten leiteten die zweihundertjährige Geschichte der „Eglise du désert" („Kirche der Wüste") ein.

Das Justizwesen: Verbrechen und Strafe

Der Umstand, daß der König jedes Jahr etwa 42 Protestanten als Galeerensträflinge nach Marseille schickte, trug zwar nicht allzu viel zur Vergrößerung seiner Levanteflotte bei; in den Augen Ludwigs XIV. besaß dieser Akt jedoch doppelten Symbolcharakter: er brachte die Macht der französischen Krone sowie die Allianz von Thron und Altar zum Ausdruck. Aus diesem Grund stand es niemals zur Debatte, ob die widerspenstigen Protestanten als politische Gefangene zu behandeln seien; sie wurden stets nach gemeinem Recht verurteilt.

Ebenso wie die englische bot auch die französische Rechtsprechung des siebzehnten Jahrhunderts ein Bild voller Gegensätze. In der Theorie ging es zwar sehr streng zu – sowohl das Strafgesetzbuch als auch die Strafprozeßordnung zeichneten sich durch große Härte aus –, die Praxis zeigte jedoch, daß viele Verbrecher und Delinquenten (vor allem die Protestanten) ihrer Strafe entgingen. Von der Straffreiheit zum Galgen war es nur ein einziger Schritt, der jedoch nicht sehr schnell und in manchen Fällen nie vollzogen wurde. Im Grunde war sich auch der König samt seinen Ministern und Intendanten dieser Tatsache bewußt. Sie waren sich jedoch gleichzeitig darüber im klaren, daß der Mensch von Natur aus zur Sünde neigte, die Gesetze ihre Grenzen hatten und viertausend Polizisten nicht imstande waren, sämtliche Straftaten zu ahnden oder gar zu vereiteln. Jene Verbrecher, deren man habhaft wurde, mußten für alle büßen. Der ausgesprochen feierliche Charakter der Rechtsprechung, die Öffentlichkeit und Anziehungskraft des Strafvollzugs: Galgen, Richtblock, Rad, Drehkreuz, öffentliche Abschwörung etc. – dies alles erweckte den Anschein einer speziellen Liturgie, die einem doppelten Zweck diente. Es galt dem schaulustigen Volk, das sich keine Hinrichtung entgehen ließ, vor Augen zu führen, daß sich ein Verbrechen nie auszahlte und die königliche Justiz stets obsiegte.

Die öffentliche Abschwörung pflegte die Zuschauer am nachhaltigsten zu beeindrucken. Am 13. September 1679 entschied das Parlament von Flandern, daß Madeleine Allard, eine arme Bettlerin aus Fourmies, in Vollstreckung eines vor dem Gericht der Bailliage Avesnes gegen sie ergangenen Urteils auf dem Kirchplatz der „église de la Maladrerie" wegen Hexerei hinzurichten sei. Zunächst mußte sie eine Bußzeremonie über sich ergehen lassen: die lediglich mit einem Hemd bekleidete Verurteilte hatte – den Strick um den Hals – niederzuknien, eine brennende, zwei Pfund schwere Kerze zu halten sowie öffentlich zu erklären und zu bekennen, daß sie aus Vermessenheit und Boshaftigkeit auf die Taufe verzichtet, des nachts mehrmals Hexenversammlungen besucht, sich mit dem Teufel eingelassen, Hexensalbe empfangen und eine gewisse Marie Boulenger sowie Marie Rousseau verhext habe; zuletzt sollte Madeleine Allard ihre Reue bekunden und Gott, den König und die Justiz um Vergebung ersuchen, um anschließend erhängt zu werden; ihr Leichnam sollte verbrannt und die

Asche in alle Winde zerstreut werden.⁴⁸⁵ – Ab dem Jahr 1670 warf freilich Colbert sein ganzes Gewicht in die Waagschale, um die Zahl der Hexenprozesse einzuschränken und die grausamen Urteile abzumildern.

Dennoch erscheint die im August 1670 zu Saint-Germain-en-Laye erlassene „ordonnance de Louis XIV, roy de France et de Navarre pour les matières criminelles" („Strafgerichtsordnung Ludwigs XIV., König von Frankreich und Navarra") aus heutiger Sicht furchtbar hart. Ludwig XIV. billigte darin den Einsatz der Folter – obwohl Lamoignon, der Präsident des Pariser Parlaments, große Anstrengungen unternahm, um ihre Abschaffung durchzusetzen. Bis zum Vorabend der Französischen Revolution pflegte man daher die Angeklagten zunächst einer „question préparatoire" („vorbereitende Folter") zu unterziehen, um ihnen ein Geständnis abzuringen; am Tag vor der Hinrichtung fand dann die „question préalable" („vorhergehende Folter") statt, mit deren Hilfe man die Namen von Komplizen zu erfahren suchte. Die Strafgerichtsordnung von 1670 enthielt lediglich ein paar Einschränkungen: wenn genügend stichhaltige Beweise vorlagen, sollte dem Angeklagten die erste Folter von nun an erspart bleiben – die zweite mußte er allerdings nach wie vor über sich ergehen lassen: Paragraph 19 Absatz 3 der Strafgerichtsordnung besagte, daß im Rahmen eines Todesurteils die „question préalable" zur Entlarvung der Komplizen angeordnet werden dürfe.⁴⁸⁶

Jedes Parlament hatte sein spezielles Folterverfahren: in Rennes pflegte man die Fußsohlen der Angeklagten mit glühenden Kohlen zu versengen, in Rouen wurden sie in Wasser getaucht, in Besançon setzte man den Wippgalgen ein, und in Paris verwendete man nach wie vor das Folterinstrument „Der spanischen Stiefel". Dabei wurden dem Angeklagten schwere Beinschrauben aus Eichenholz angelegt, in welche man mittels Hammerschlägen eine bestimmte Anzahl Keile hineintrieb.⁴⁸⁷

Der hier behandelte Zeitraum umfaßt die Jahre 1660 bis 1715 – Beccaria kam erst im Jahre 1738 zur Welt, aber Voltaire – der spätere Verteidiger von Jean Calas – wurde in dieser Zeit geboren und wuchs zu einem jungen Mann heran.

Die ersten Sklavenhändler

Im Prinzip war das französische Königreich ein Land der Freiheit; laut Furetière erlangte ein Sklave, der den Boden des französischen Königreichs betrat, automatisch die Freiheit.⁴⁸⁸ Angesichts des enormen Bedarfs an Arbeitskräften, welcher auf den Antillen herrschte, ging die französische Krone jedoch dazu über, den Sklavenhandel unter Ludwig XIII. zu genehmigen und unter Ludwig XIV. planmäßig zu organisieren, bis schließlich die französische Guineakompagnie durch seinen Enkel Philipp V. von Spanien das Privileg des „asiento" (span. „Abkommen, Vertrag") verliehen bekam (in welchem sie sich dazu verpflichtete, die spanischen Kolonien in Amerika innerhalb von zehn Jahren mit fünfzigtausend Sklaven zu beliefern). Im Jahre 1670 unterhielt die französische Westindische Handelskompagnie eine bestimmte Anzahl von Sklavenschiffen, welche die Antillen mit Arbeitskräften versorgen sollten. Colbert entzog ihr jedoch das Sklavenhandelsmonopol, und aus dem folgenden Bericht ist deutlich zu entnehmen, daß der Minister sich keineswegs irrte, wenn er an der Leistungsfähigkeit der Kompagnie zweifelte.

Im Frühjahr 1671 verließ der 150–200 Tonnen fassende Frachter „Saint-François" („Heiliger Franziskus" – ein seltsamer Name für ein Sklavenschiff!) den Hafen von Dieppe. Er gehörte der Westindischen Handelskompagnie und war auf das Geschäft mit Negersklaven spezialisiert. Der Kapitän des Schiffes – ein gewisser Mallet – war alles andere als ein Chorknabe: er war ein richtiger Seewolf, ein brutaler und habgieriger Mensch. Sein Schreiber oder Superkargo – ein Angestellter der Handelskompagnie – hieß Antoine Six. Wie in derlei Fällen üblich, verfügten beide – Kapitän und Frachtbegleiter – jeweils über einen „port-permis" (Lizenz), welche sie dazu berechtigte, einen bestimmten Teil des Frachtraums für ihre privaten Geschäfte zu benutzen. Zwischen Mallet und Six kam es bald zu einem Konflikt, in dessen Verlauf sie sich gegenseitig beschuldigten, diese Grenze überschritten und mehr Ware an Bord genommen zu haben, als ihnen erlaubt war. Diesen Streitigkeiten verdanken wir den von Six verfaßten Bericht über die Seereise, welche sie von Dieppe – über Benin und Cayenne – zu den Antillen führte. Der Bericht muß allerdings überprüft sowie in manchen Punkten abgeschwächt werden und ist in einer dermaßen linkischen Schrift verfaßt, daß er nur in moderner Orthographie wiedergegeben werden kann. Dennoch stellt er laut Gabriel Debien die älteste in Frankreich erhaltene Quelle zum Sklavenhandel dar.[489]

Die für die damalige Zeit typische Auseinandersetzung zwischen dem Kapitän und seinem Superkargo entsprach haargenau jenen Spannungen, welche innerhalb der königlichen Marine zwischen den Offizieren aus der Feudalaristokratie und aus dem Dienstadel herrschten. Mit dem Unterschied, daß Colbert die Querelen zwischen Schwert- und Dienstadel zugunsten des letzteren beilegte, während die Westindische Handelskompagnie versäumt hatte, das Verhältnis zwischen der Leitung des Schiffes und dem Begleitpersonal zu klären. Auf dem Frachter „Saint-François" warf Six dem Kapitän vor, einen Bauern, der keine Ahnung von Medizin hatte, zum zweiten Schiffsarzt ernannt zu haben (das Vorhandensein eines zweiten Arztes bewies, daß man um die kostbare Fracht besorgt war); Mallet rächte sich, indem er Six die Buchführung entzog und statt seiner den ersten – offensichtlich relativ kundigen – Arzt mit dieser Aufgabe betraute. Man erfährt weder etwas über den Zweiten Offizier noch über den Bootsmann. Die Matrosen waren ebenfalls nicht ganz harmlos: sie fungierten nicht nur als Galeerenaufseher, sondern betätigten sich nebenbei noch unter Mallets Befehl als Soldaten und Häuseranzünder. Sie hielten sich mit großer Wahrscheinlichkeit dadurch schadlos, daß sie ebenfalls unerlaubte Geschäfte abschlossen.

An Waren pflegte man vor allem „manilles" (Schäkel) mitzuführen: diese Kupferteilchen, mit deren Hilfe man auf den Schiffen Ketten oder Taue zusammenfügte, wurden in Afrika zu begehrten Armbändern verarbeitet und in den Küstengebieten des Königreichs Benin gar als Zahlungsmittel verwendet. Darüber hinaus hatten die Sklavenschiffe stets eine große Anzahl Eisenstangen, einige Kupferbarren sowie Glasperlen an Bord, welche in Afrika „rassades" genannt wurden. Antoine Six für sein Teil – der Elfenbein und Goldstaub heimzubringen gedachte – führte die verschiedensten Tauschgegenstände mit sich, unter welchen sich auch eine Trompete und eine Muskete befanden.

Das Sklavenschiff „Saint-François" steuerte zunächst Kap Blanco an und segelte von dort aus nach Sierra Leone, wo es Ende Juni in der Mündung des Sainte-Anne Flusses vor Anker ging, um die Süßwasservorräte zu ergänzen und das Ende der Schlechtwetterperiode abzuwarten. Hier lieferte der Kapitän einen Beweis seiner Brutalität: er ließ sich in einem Boot den Flußlauf bis zum Dorf Sherbro hinaufrudern, das er in Brand steckte und von wo er vier Neger mitbrachte, die laut Meinung des Frachtbegleiters gewaltsam verschleppt worden waren. Mit dieser Tat wollte der Kapitän gewiß von irgendeinem Schleichhandel ablenken. Six vertrat die Ansicht, daß derartige Vorgehensweisen die Handelsgesellschaft in Verruf brächten und auch den übrigen französischen Schiffen Schaden zufügten. Außerdem lohne es sich nicht, auf eigene Faust Sklavenjagd zu betreiben – die beste Methode bestehe immer noch darin, sich mit den Stammeshäuptlingen zu verständigen und möglichst umfassende Übereinkünfte zu treffen.

Dies geschah in Calabar, im Königreich Benin, wo das Sklavenschiff offensichtlich erwartet wurde und der Machthaber sein „bois d'ébène" („Ebenholz") bereits zusammengetrieben hatte. Six wurde als Bevollmächtigter der Handelsgesellschaft vom König und seinem Gefolge freundlich empfangen und begann mit ihm zu feilschen. Als der König ihm anbot, innerhalb von sechs Wochen vierhundert Sklaven zum Preis von 244 „manilles" pro Mann beziehungsweise 224 pro Frau zu liefern, mischte sich plötzlich der jähzornige Mallet in den Handel ein. Aus dem Bericht geht nicht hervor, weshalb er so aufgebracht war – er mochte dem Frachtbegleiter seinen Erfolg neiden, die vereinbarte Lieferfrist zu lang oder den Preis überhöht finden: jedenfalls machte er den Kauf rückgängig, beschimpfte die eingeborenen Geschäftspartner, steckte ein Dorf in Brand und drohte damit, das gesamte Königreich mit Krieg zu überziehen. Diese Brutalität zeitigte erstaunliche Erfolge, zumindest auf kurze Sicht. Nach Ablauf weniger Tage – selbst Antoine Six schätzte die verflossene Zeit lediglich auf achtundvierzig Stunden – konnte die „Saint-François" am 7. Oktober mit 356 Sklaven an Bord den Anker lichten – einer ungeheuren ‚Ladung', wenn man sich die Ausmaße des Sklavenschiffes vor Augen hält.

Die Insel Principe bildete das nächste Ziel. Wegen ihrer günstigen Lage pflegten hier die Schiffe ein letztes Mal Station zu machen und sich mit dem Notwendigen zu versehen, bevor sie den Atlantik überquerten. Für gewöhnlich wurden die im Zwischendeck oder im Frachtraum zusammengepferchten Sklaven dort mehrmals an die frische Luft gelassen. Diesmal handelte sich der Kapitän jedoch eine beträchtliche Verspätung ein, weil eine ganze Anzahl Neger der Ruhr zum Opfer fiel. Nun trat die Unfähigkeit der Ärzte offen zutage, und der Vorrat an Medikamenten war bereits deutlich zusammengeschmolzen. Zumindest in diesem Punkt war also die Kritik des Superkargo berechtigt. Der Kapitän eines Sklavenschiffes durfte sich nicht wie ein launischer Tyrann gebärden; er hatte vielmehr darauf zu achten, daß die Sklaven innerhalb kürzester Zeit und in gutem Gesundheitszustand an ihren Bestimmungsort kamen. Er mußte sie daher ausreichend ernähren, sie regelmäßig an die frische Luft lassen, ihren Gesundheitszustand überwachen und ihnen nötigenfalls medizinische Versorgung angedeihen lassen.

An Bord der „Saint-François" standen die Dinge aber nicht gerade zum Besten. Am 22. Januar 1672 stach Mallet kurzerhand in See, ohne zuvor jemand von seinem Entschluß in Kenntnis gesetzt zu haben. Nach einer dreiwöchigen, durch schlechtes Wetter erschwerten Schiffahrt gelangte er nach Gabun und ging am Kap Lopez vor Anker. Dies geschah zweifellos in der Absicht, irgendwelche dunklen Geschäfte zu tätigen; Mallets Vorhaben scheiterte jedoch daran, daß er mit den Eingeborenen nicht einig wurde und sich überdies mit zwei holländischen Konkurrenten überwarf, so daß er am 19. Februar unverrichteter Dinge wieder den Anker lichtete. Am 5. April kam das Sklavenschiff schließlich in Cayenne an. Die Verluste an Sklaven stellten sich als erschreckend hoch heraus und übertrafen die schlimmsten Befürchtungen der Handelskompagnie um ein Mehrfaches: von den 356 Sklaven, welche Mallet in Afrika an Bord genommen hatte, kamen lediglich 167 an ihrem Bestimmungsort an.

Die Siedler pflegten in Naturalien, und zwar im allgemeinen viertausend Pfund Rohzucker pro Sklave, zu bezahlen. Diesen Preis erzielten allerdings lediglich junge, gesunde Neger, die keine Narben aufwiesen und noch über ihr komplettes Gebiß verfügten; die anderen mußten zu entsprechend niedrigeren Preisen abgegeben werden. Der Gouverneur von Guyenne war ebenfalls Plantagenbesitzer und erhielt – zweifelsohne gegen ein ordentliches Schmiergeld – einen Sonderpreis zugestanden, so daß er statt viertausend nur dreitausend Pfund Rohzucker pro Sklave zahlte. Als Antoine Six den Kapitän daraufhin zur Rede stellte, tobte Mallet vor Wut und behandelte den Frachtbegleiter laut dessen eigener Aussage schlimmer als einen Sklaven; er warf ihm einen Teller an den Kopf, verjagte ihn von seinem Tisch und erklärte ihn in Acht. Es lag auf der Hand, daß beide – Kapitän und Superkargo – sich gegenseitig verdächtigten und jeder vom anderen glaubte, daß er die Gesellschaft durch Schleichhandel schädige.

Als das Sklavenschiff „Saint-François" im Mai bei Saint-Pierre de la Martinique vor Anker ging, war es bereits seit vierzehn Monaten unterwegs. Gleich bei der Ankunft suchte Kapitän Mallet den Intendanten der „Inseln über dem Winde", Pallu du Ruau, auf, um sich über den Frachtbegleiter zu beschweren und ihn des unerlaubten Handels anzuklagen. Als Six hiervon erfuhr, griff er zur Feder und übersandte am 29. August dem Vorstand der Handelsgesellschaft ein Rechtfertigungsschreiben. Nun lag es an diesen Herren, herauszubekommen, wieviel ‚Elfenbein' – „dents d'olifant" (Elefantenstoßzähne) – der Kapitän oder der Superkargo jeweils unterschlagen hatten. Die Westindische Handelskompagnie steckte damals in großen finanziellen Schwierigkeiten: noch ein paar solche Fehlschläge wie die lange und verlustreiche Fahrt unter Kapitän Mallet, und ihr Schicksal war besiegelt. Das Grundproblem bestand darin, daß man schlecht einerseits Menschen für unlautere Geschäfte anheuern und andererseits an ihren Anstand und ihr Pflichtbewußtsein appellieren konnte.

Das Armen- und Arbeitshaus

Seit dem Jahre 1666 wurde das „hôpital général" (Armenhaus, Spital) mit Vorliebe als Rumpelkammer benutzt und diente als Verwahrungsort von aufgegriffenen Landstreichern und lichtscheuem Gesindel sowie zur Abschiebung unliebsamer Personen: mittels sogenannter „lettres de cachet" („Haftbriefe") pflegten die Intendanten jene Menschen einzuweisen, die einen liederlichen Lebenswandel führten oder öffentliche Skandale ausgelöst hatten. Dabei war diese Einrichtung noch gar nicht so alt.
Während der Fronde war immer wieder die Forderung nach einem Spital laut geworden. In Nantes richtete im Jahre 1650 eine anonyme Schrift das Augenmerk der Behörden auf die Boshaftigkeit sämtlicher Bettler – der echten und der falschen. Dieses Gesindel in einer eigens hierzu bestimmten Einrichtung hinter Schloß und Riegel zu bringen, bedeutete in den Augen des Verfassers ein „frommes Werk zum Ruhme Gottes und zum Wohl des Nächsten" („une sainte entreprise pour la gloire de Dieu et le bien du prochain"). Nicht genug damit, daß sich die Bettler offensichtlich nie zur Kommunion begaben – sie knieten sich während der Messe nicht hin und kamen überhaupt nur in die Kirche, um das fromme Volk beim Gottesdienst zu stören („pour troubler le divin service et la dévotion du peuple"). Die Burschen wurden schon in jungen Jahren zu Dieben, die Mädchen gaben sich der Prostitution hin, und alle miteinander betranken sich regelmäßig. Die Bettler waren oft halbnackt oder nur mit ein paar Lumpen bekleidet, von Ungeziefer befallen sowie mit Geschlechtskrankheiten infiziert und schliefen in Markthallen, unter Ladenvordächern, in Heuschobern oder in Ställen. Wäre es da nicht geradezu ein frommes Werk, diese Menschen aufzunehmen, zu säubern, vom Ungeziefer zu befreien, neu einzukleiden und mit ordentlichen Betten – einschließlich Laken und Decken – zu versorgen?[490]
Die erste und für alle anderen beispielgebende Einrichtung dieser Art wurde jedoch nicht in Nantes, sondern in Paris ins Leben gerufen: Im April 1656 ordnete der König per Edikt die Einrichtung eines Spitals beziehungsweise Armen- und Arbeitshauses an, um sämtliche Bettler der Stadt hinter Schloß und Riegel zu bringen.[491] Kurze Zeit später begann Le Vau – unterstützt von Le Muet – mit dem Bau der „Salpêtrière" (Salpetersiederei), der ab 1670 von Libéral Bruant beaufsichtigt wurde. Dieses riesige, von den Zeitgenossen mit einer Stadt verglichene Gebäude diente in der Folgezeit der Unterbringung von Bettlern und Hausierern (deren es in Frankreich und in Europa unzählige gab), notleidenden Arbeitslosen, Vagabunden,

Prostituierten, ausgesetzten Kindern und bisweilen von Geisteskranken. Für dieses bunt zusammengewürfelte Volk hatte die Krone ein aufwendiges Gebäude errichten lassen. Die „Salpêtrière" galt denn auch als Vorbild jener als „hôpital général" (Armen- und Arbeitshaus, Spital) bezeichneten wohltätigen Einrichtungen, welche die Vorstufe zur heutigen Sozialfürsorge bildeten. Bevor sich der Staat in die Armenfürsorge einschaltete, hatten viele Privatleute Initiativen ergriffen. Präsident Pomponne de Belièvre, die Herzogin von Aiguillon, Vinzenz von Paul und die Compagnie du Saint-Sacrement hatten Mazarin manche Anregung sowie Geldspende zukommen lassen und waren ihm mit Rat und Tat zur Seite gestanden.

Im Zeitalter Ludwigs XIV. erregte die Salpêtrière allgemeine Bewunderung. Auf Wunsch des Königs war ein besonders großer und prachtvoller Bau errichtet worden – allein die achteckige Kapelle war ein Meisterwerk der Architektur. Die Salpêtrière und der Invalidendom (welcher den spanischen Escorial zum Vorbild hatte) gehörten zu den schönsten Bauwerken des damaligen Paris. Der König hatte es offenbar für angebracht gehalten, in den Gebäuden dieser karitativen Institutionen auch die Macht der Krone darstellen zu lassen, um auf diese Weise gleichzeitig das Evangelium und die Monarchie zu verherrlichen. In seiner Grabrede für die Herzogin von Aiguillon brachte Fléchier die öffentliche Meinung zum Ausdruck, als er das „hôpital général", welches so viel Großmut und gleichzeitig so viel Elend beherberge, als eine der wichtigsten Errungenschaften des Jahrhunderts bezeichnete.[492]

Im siebzehnten Jahrhundert wurden in sämtlichen Städten Europas solche „enfermeries" („Bewahranstalten") eingerichtet. Das ewig am Hungertuch nagende Spanien, welches als nahezu einziges Land die Bettler frei umherlaufen ließ, erregte Staunen und Empörung.[493] Im übrigen Europa betrachtete man die Einweisung der Bettler in Armenhäuser keineswegs als schlimm. Wenn heute behauptet wird, daß die Betroffenen durch diese Maßnahme von der Außenwelt abgeschnitten wurden, so gerät dabei meist in Vergessenheit, daß diese Einrichtung, in welcher die Außenseiter der damaligen Gesellschaft – freiwillig oder gezwungenermaßen – Aufnahme fanden, dazu bestimmt war, die Insassen wieder zu nützlichen und geachteten Mitgliedern der menschlichen Gesellschaft zu machen. Wenn man die Bettler in den Spitälern unterbrachte, so geschah dies nicht nur in der Absicht, die Straßen zu befrieden und der Bevölkerung ihren Anblick zu ersparen, sondern gleichzeitig in der Hoffnung, daß man dort – mit den Bettlern und für sie – eine neue, bessere und edlere Gemeinschaft gründen könne als jene der „truanderie" (Gaunerwelt) oder der „cours des miracles"[494] (Verbrecherwelt).

Angesichts der Erfolge, die man mit diesem Experiment erzielte, beschloß die Krone, in ganz Frankreich entsprechende Häuser einrichten zu lassen. Eine Deklaration vom Juni 1662 sah vor, daß alle Städte und größeren Marktflecken nach dem Vorbild der Hauptstadt ebenfalls ein „hôpital général" erhalten sollten. Die Städte entsprachen dem Wunsch des Königs mit unterschiedlichem Eifer, und die Armenhäuser in der Provinz ahmten das Pariser Vorbild mit unterschiedlichem Erfolg nach. Gewiß – wenn man die überlieferten Hausordnungen dieser Spitäler studiert, fühlt man sich zunächst an ein Gefängnis oder an ein Kloster erinnert. Sie hatten jedoch gleichzeitig etwas von einem Kolleg oder einer Schule an sich. In einem gut geführten Armenhaus wurden die Insassen nämlich gleichzeitig zu tugendhaftem Lebenswandel erzogen: man brachte ihnen Ordnung, Pünktlichkeit, Gehorsam sowie gewisse Kenntnisse bei und suchte fromme, wißbegierige Menschen aus ihnen zu machen, welche sich ständig mit nützlichen Dingen befaßten.

Der Alltag im Spital von Mantes

Das im Jahre 1668 gegründete und im September 1688 durch eine königliche Urkunde bestätigte Spital von Mantes war ein stattliches, zweigeschossiges Gebäude; abgesehen von einer prächtigen, direkt auf das Haus zuführenden Ulmenallee verfügte es über einen achtzig Ruten großen Garten sowie über zwei Weinberge. Seine Aufgabe bestand darin, die Armen der Stadt zu ernähren, mit allem Notwendigen zu versehen und im Geiste des Christentums zu erziehen. Geleitet wurde es von einem vierköpfigen – aus dem Vorsteher der Diözese (namens de Chartres), dem Statthalter der Bailliage, dem königlichen Prokurator und dem Bürgermeister der Stadt bestehenden – Direktorium, das zu seiner Entlastung fünf Verwalter ernannte. Die Einrichtung beherbergte nie mehr als vierzig Arme (junge und alte beiderlei Geschlechts), denen ein Rektor und zwei Gouvernanten zur Seite standen.[495]

Anhand der Statuten dieses dem heiligen Lazarus geweihten Spitals läßt sich das Alltagsleben der Insassen gegen Ende der Regierungszeit Ludwigs XIV. rekonstruieren. Die Glocke gab nicht nur über die Tageszeit Auskunft, sondern rief auch zur Arbeit, zum Gebet und – allerdings seltener – zur Erholung. Greise und Kinder, Männer und Frauen, Knaben und Mädchen pflegten den Winter über um sechs und im Sommer um fünf Uhr morgens aufzustehen. Sie hatten eine halbe Stunde Zeit, um sich anzuziehen (vom Waschen ist nirgends die Rede) und die Betten zu machen, wobei die Erwachsenen den Kindern behilflich waren. Dann versammelten sich alle im Arbeitsraum, um dem Gebet zu lauschen, das von einem lesekundigen Jungen oder Mädchen laut und deutlich vorgetragen wurde, woraufhin jene Jugendlichen, die am betreffenden Tag Dienst hatten, die Schlafsäle aufräumten und fegten, während sich die Erwachsenen zur Arbeit – in diesem Fall in eine Spinnereiwerkstatt – begaben. Die übrigen blieben im Arbeitsraum, um sich bis zum Gottesdienst im Lesen und Schreiben zu üben. Um halb neun läutete es zur Messe, und alles marschierte in wohlgeordnetem Zug zur Spitalkirche. Nachdem die Messe beendet und das „De profundis"[496] gebetet worden war, begaben sich die Erwachsenen erneut an die Arbeit, und die Kinder lasen wieder in ihren Fibeln, wobei jeder eine angemessene Portion Brot als Frühstück mitbekam.

Im Arbeitsraum herrschte eine Fleißatmosphäre. Träumereien waren hier fehl am Platze. Niemand durfte das Zimmer verlassen, ohne vorher den Schulmeister, die Gouvernante oder eine sonstige Aufsichtsperson um Erlaubnis gefragt zu haben. Die Kinder pflegten schweigend zu lernen und sich allenfalls mit gedämpfter Stimme fromme Sprüche vorzusagen oder Choräle zu singen. Um halb zwölf Uhr versammelten sich alle Insassen im Speisesaal, um das Mittagessen einzunehmen. Während der Mahlzeit sprach ein junger Zögling das Tischgebet, und die Speisen wurden stets von – einander abwechselnden – Hausbewohnern auf- und abgetragen. Sowohl während des Mittag- als auch während des Abendessens pflegte man aufmerksam den Worten eines männlichen oder weiblichen Heranwachsenden zu lauschen, der auf Geheiß der Gouvernante aus einem Erbauungsbuch vorlas. Wenn das Mahl beendet war, stand man auf, wandte sich dem Kruzifix zu und verrichtete das Dankgebet (die „grâces"), an welches sich ein „De profundis" (das zweite am Tage) anschloß, in welchem der Wohltäter des Hauses gedacht wurde. Hernach kehrte jedermann zu seiner tagtäglichen Beschäftigung zurück.

Um zwei Uhr sangen die Kinder – ohne ihre Schreibpulte zu verlassen – das Vespergebet und das Komplet; anschließend erhielten sie ein Stück Brot und durften eine halbstündige Pause machen. Um halb fünf standen weitere Frömmigkeitsübungen auf dem Programm: die Kinder mußten, in zwei Gruppen aufgeteilt, abwechselnd einen Rosenkranz beten. Danach fanden sie kaum genügend Zeit, um eine längere Arbeit zu beginnen, denn im Winter um fünf und im Sommer um sechs Uhr begab man sich bereits wieder in die Kapelle, um der Abendandacht beizuwohnen und das Abendgebet zu verrichten. Dann wurde zu Abend gegessen und nach einer Pause noch einmal bis um neun Uhr gearbeitet. Um diese Zeit suchte man den Schlafsaal auf und begab sich in aller Stille zu Bett (auch in diesem Zusammenhang ist nirgends vom Waschen die Rede); beim Zubettgehen hatten sich die Hausbewohner möglichst sittsam zu verhalten und jegliche Unziemlichkeit sorgsam zu vermeiden („avec une grande modestie, évitant la moindre indécence").

Die Frömmigkeit der Insassen kam jedoch nicht nur darin zum Ausdruck, daß sie täglich die Messe besuchten und die Stundengebete verrichteten: die jungen Hausbewohner, welche noch nicht an der Kommunion teilnehmen durften, legten vier Mal pro Jahr die Beichte ab; von den restlichen Insassen erwartete man, daß sie – nachdem sie am Vorabend gebeichtet hatten – jeden ersten Sonntag im Monat und an hohen Feiertagen zur Kommunion gingen. Die Sonntagsruhe wurde so sehr respektiert, daß für diesen Tag kein Ausgang vorgesehen war und das Hochamt am Morgen, der Religionsunterricht, der nachmittägliche Schulunterricht und das Vespergebet die einzige Abwechslung darstellten.

Im übrigen pflegte man nur selten das Spitalgelände zu verlassen. Wer dies zu tun wünschte, benötigte hierzu eine ausdrückliche Genehmigung, ganz unabhängig davon, um was für einen Tag es sich handelte; wer gar außer Hauses übernachten wollte, mußte vorher eine Ausnahmegenehmigung einholen. Im Spital selbst war den Insassen nicht viel erlaubt. Handel und Tauschgeschäfte waren untersagt, und Artikel 13 der Statuten verbot strengstens, ein Wirtshaus zu besuchen und sich zu betrinken; Zuwiderhandelnde mußten damit rechnen, entlassen oder mit Schimpf und Schande davongejagt zu werden. Ganz allgemein läßt sich feststellen, daß der religiöse Charakter der Anstalten eine sehr strenge Hausordnung zur Folge hatte. Streitereien, Beleidigungen, ja selbst schlichte Vorwürfe wurden nicht geduldet. Wenn gegen diese Regel verstoßen wurde, pflegte der Rektor oder die erste Gouvernante verständigt zu werden, welche dann ihrerseits die Administratoren von dem Vorfall benachrichtigten, damit diese den Schuldigen bestrafen konnten. Da die Verwalter jeden Samstag im Spital zusammenkamen, um sich mit den anfallenden Problemen zu befassen, mußten die Delinquenten nie allzu lange auf den Urteilsspruch warten (über hundertzwanzig Jahre vor dem Erscheinen von „Oliver Twist" wurde hier bereits das System des „Workhouse" vorweggenommen). Sobald ein Hausbewohner eines liederlichen Lebenswandels verdächtigt wurde oder gar öffentliches Aufsehen erregt hatte, verständigte der Rektor das Direktorium, und die betreffende Person lief Gefahr, in Verachtung entlassen zu werden. Insassen, welche sich kleinerer Vergehen schuldig gemacht hatten, wurden nicht des Hauses verwiesen, sondern erhielten – sei es auf Anordnung der Verwalter, des Rektors oder der ersten Gouvernante – Strafen auferlegt.[497]

Aus heutiger Sicht – mit dreihundert Jahren Abstand – kann man natürlich leicht die Strenge dieser Bestimmungen verurteilen und geltend machen, daß der Speiseplan des Spitals zugunsten von etwas mehr Fleisch besser auf das Beten von ein paar Rosenkränzen verzichtet hätte. Diese heutzutage so verrufenen Einrichtungen haben jedoch vielen Menschen das Leben gerettet. Nicht nur in den Jahren 1693, 1694 und 1709 – den schlimmsten Krisenjahren der gesamten Neuzeit –, sondern in jedem etwas strengeren Winter haben die Schlafsäle und die heißen Suppen, mit denen die Armen in den Spitälern versorgt wurden, viele arme Schlucker und Landstreicher vor Hungertod und Erfrieren bewahrt. Es war immer noch besser, übermäßig viele „De profundis" beten zu müssen, denn als umherirrender Vagabund in irgendeinem Hohlweg sein Leben auszuhauchen.

12. Kapitel: An der Schwelle zur Aufklärung

„Et si vous faites grâce aux tourbillons de Descartes, qui sont malheureusement la base de la ‚Pluralité des mondes', si vous ôtez quelques plaisanteries déplacées, a-t-on jamais traité la philosophie avec plus de netteté et d'agréments que dans ce même livre de la ‚Pluralité des mondes', production du siècle de Louis XIV, dans un goût absolument nouveau?"[498]
VOLTAIRE

„Watteau a donné la grâce au siècle de Louis XIV, comme Le Brun lui avait donné la grandeur."[499]
GEORGES MATHIEU

Offiziell begann das achtzehnte Jahrhundert am 1. Januar 1701 – ein Datum, an das sich jedoch kein Mensch hält. Manche Historiker lassen das achtzehnte Jahrhundert erst im September 1715 – mit dem Tod des alten Königs – beginnen; andere wiederum setzen seinen Anfang viel früher – 1690, 1685 oder gar 1680 – an. Alle miteinander vergessen jedoch, daß die ersten Ansätze zur Aufklärung durchaus noch in die letzten Regierungsjahre Ludwigs XIV. fielen und daß es keinen Grund gibt, welcher dagegen spricht, die Anfänge dieser Epoche in dessen Zeitalter zu verlegen und manchmal sogar auf diesen Monarchen zurückzuführen. Über dieses Thema könnte man mehrere Bücher schreiben. Hier sollen jedoch lediglich in ein paar Skizzen nacheinander die körperlichen und geistigen Lebensbedingungen der damaligen Franzosen untersucht werden, wobei der Autor keineswegs für sich in Anspruch nimmt, ein so umfassendes und vielschichtiges Thema damit erschöpfend abgehandelt zu haben.

Erste Ansätze einer Hygiene

Ab der Mitte des siebzehnten Jahrhunderts nahm die moderne Hygiene ihre ersten Anfänge. Das Badezimmer der Königin – mit seinen in vergoldeten Kapitellen auslaufenden Marmorsäulen, seinen Balustraden und den auf Goldgrund aufgetragenen Tuschegemälden an der Decke – war laut

Brice[500] ein überaus kostbar ausgestattetes Gemach und eine der Sehenswürdigkeiten des Louvre. Ab dem Jahre 1671 ließ Ludwig XIV. im Erdgeschoß von Versailles das berühmte, von den Zeitgenossen bewunderte Badezimmer einrichten, in welches er sich nach Fertigstellung gerne zurückzog, um sich mit seinen Mätressen zu treffen. Ein riesiger Marmorblock war zu einer achteckigen, fünfzehntausend Livres teuren Wanne behauen worden, die im übrigen eher einem Schwimmbad als einer Badewanne glich. Neben diesem beeindruckenden Becken wurden nach 1678 zwei längliche Wannen aus weißem Marmor aufgestellt, welche vor allem Frau von Montespan benutzte. Ludwig XIV. selbst freilich badete höchst ungern und pflegte seine Wanne nur dann zu besteigen, wenn die Ärzte es ihm empfohlen hatten. Normalerweise begnügte er sich damit, sich – allerdings mehrmals täglich – von Kopf bis Fuß mit Duftwasser einreiben zu lassen.

Die Privatpersonen entwickelten ein höchst unterschiedliches Verhältnis zur Hygiene. Es gab einige gefallsüchtige Damen, welche mit Vorliebe in Rosenwasser oder in Milch badeten. Es gab jedoch auch schmutzige und übelriechende Zeitgenossen, die völlig zurecht als „vilains pouacres" („elende Dreckfinke") bezeichnet wurden. Während auf dem Lande die Hygiene noch kaum Einzug gehalten hatte, gab es in den Städten bereits verschiedene, der Körperpflege dienende Einrichtungen wie Badestuben und Dampfbäder. Die zur Zunft der Perückenmacher gehörenden Bader waren allerdings weitaus weniger zahlreich als im Mittelalter. Zum Glück besaßen die wohlhabenden Städter oft eine eigene Badewanne oder einen jener hölzernen Zuber, die damals „demi-bains" („halbe Wannen") genannt wurden. Ferner badeten viele Menschen regelmäßig – aber je nach Person in ganz unterschiedlichen Abständen – kurzerhand im Waschtrog. Demjenigen, der damit umzugehen verstand, blieb schließlich immer noch die gute alte Waschschüssel samt dem zugehörigen Krug, um sich zu säubern.

Die damaligen Bäder pflegten die Haut allerdings eher aufzuweichen als zu reinigen. Die Seife („savon") wurde fast ausschließlich zum Wäsche waschen benutzt und die Toilettenseife („savonnette") zum Rasieren sowie zum Reinigen von Gesicht und Händen. Von den übrigen Körperpartien ist bei Furetière[501] nirgends die Rede. Die Pflege von Ohren, Haaren und Zähnen wird an anderer Stelle besprochen: laut Furetière dienten die Kämme dazu, die Köpfe vom Schmutz zu befreien; das Gebiß pflegte man mit Hilfe von „curedents" (Zahnstochern) zu reinigen, während Zahnpasta („dentifrice" oder „opiates") ein Arzneimittel war, welches nur auf ärztliche Anordnung verwendet wurde; der sogenannte „cureoreille" (Ohrlöffel) wurde dazu gebraucht, die Ohren von Talg oder Ohrenschmalz zu befreien.[502] Für heutige Begriffe waren dies recht bescheidene Ansätze zu einer umfassenden Hygiene. Worauf es ankam, war jedoch, daß sich ab den Jahren 1670/1680 eine ununterbrochene Kampagne gegen die Unreinlichkeit entfesselte. Furetière war nicht nur Zeuge dieser Bestrebungen, sondern unterstützte sie auch, indem er in sein „Dictionnaire universel" immer wieder Sätze wie „La malpropreté dégoûte" („mangelnde Reinlichkeit stößt ab"), „La saleté est dégoûtante" („Unreinheit ist abstoßend") aufnahm und seine Leser belehrte, daß man von einem Schmutzfink zu sagen pflege, daß er sich von den Läusen auffressen lasse („il se laisse manger aux pous"). Ein weiterer Fortschritt bestand darin, daß die körperliche Reinheit zu einem wichtigen Faktor innerhalb des Gesellschaftslebens wurde. Wenn von zurückliegenden, weniger zivilisierten Epochen die Rede war, sprach man gerne von jenen Zeiten, zu denen man sich noch in den Ärmel schneuzte. Wenn ein Autor schrieb, daß ein Kind noch zu klein sei, um sich die Nase putzen zu können, so setzte er stillschweigend voraus, daß das Taschentuch mittlerweile nicht mehr selten war.

Die Tatsache vollends, daß plötzlich so viele Begriffe zur Bezeichnung jenes Ortes auftauchten, der heute Toilette genannt wird, weist darauf hin, daß man von nun an – zumindest in den Städten – nicht mehr einfach überall seine Notdurft verrichtete. Der hierfür vorgesehene Ort hieß „garderobe", „privé", „aisement", „retrait", ja sogar „cabinet" (Abtritt, heimliches Gemach). So sagte Molière beispielsweise im „Misanthrope" („Der Menschenfeind") von einem miserablen Sonett, daß es allenfalls dazu tauge, ins „cabinet" (Abtritt) geworfen zu werden.[503] Die Toilette wurde auch als „affaires" bezeichnet, und laut Furetière war „aller à ses affaires", „faire ses affaires" gleichbedeutend mit „aller à la garde-robe" (den Abort aufsuchen). Letzterer schien im übrigen kein sehr angenehmer Aufenthaltsort zu sein, denn ein Sprichwort besagt: „Cela pue comme un privé" („hier stinkt es wie auf einem Abort"). Manche Wohnhäuser sowie einige Schlösser verfügten gar über zweisitzige Abtritte; in der Normandie gab es sogar eine dreisitzige Toilette, deren mittlerer, etwas erhöhter Sitz offensichtlich derjenige des Schloßherrn war, während auf den seitlichen Plätzen wohl Kinder oder Tischgenossen saßen.

Gerade auf dem Gebiet der Hygiene sollte man sich vor Anachronismen hüten. Es ist ein Leichtes, sich über den Bericht zu mokieren, den Frau von Sévigné über eine heiße Dusche verfaßte, welcher sie sich im Mai 1676 in Vichy unterzog. Sie schilderte die Dusche als einen Vorgeschmack auf das

Fegefeuer – der arme, geschundene Leib werde mit einem kochend heißen Wasserstrahl traktiert; nachdem der ganze Körper auf diese Weise in Wallung gebracht worden sei, würden die leidenden Gelenke einer speziellen Behandlung unterzogen; man müsse diese Prozedur geduldig über sich ergehen lassen und trage dabei keine Verbrennungen davon. Dann werde man in ein warmes Bett gesteckt sowie tüchtig zum Schwitzen gebracht und fühle sich nach dieser Behandlung in der Tat besser.[504] Es bedarf keiner großen Nachforschungen, um festzustellen, daß das Wort „douche" (Dusche) Furetière nicht bekannt war. Ein aufschlußreicheres und der damaligen Zeit weitaus eher gerecht werdendes Verfahren besteht darin, zu untersuchen, welcher Platz und welche Bedeutung der Reinlichkeit in Jean-Baptistes de la Salles Werk „Les Règles de la bienséance et de la civilité chrétienne" („Die Regeln des Anstands und der christlichen Umgangsformen") eingeräumt wird. Dieses berühmte, 1703 veröffentlichte und 1715 erneut aufgelegte Handbuch, welches sich im achtzehnten Jahrhundert zu einem regelrechten „Bestseller" entwickelte, verdankte diesen Erfolg seinem universellen Charakter. Es zielte viel stärker auf die Verfeinerung der Sitten ab als Courtins „Civilité française" („Französisches Sittenbüchlein") von 1671 oder das im Jahre 1685 unter dem Titel „Traité de la civilité" („Sittenlehre") erschienene Werk. Die als Anstandsbuch, ja fast als Katechismus zu verwendende Schrift präsentierte sich als bescheidenes Lesebuch, welches die bei Hofe und in Paris üblichen Umgangsformen auf die restliche Bevölkerung übertrug. In diesem Werk wird der Forderung nach Reinlichkeit wiederholt große Bedeutung beigemessen, und es enthält nicht die Spur abergläubischer Vorstellungen.

Der Verrat der Kleriker

Die Romantiker werteten ihre Begeisterung für das Höchste Wesen, ihre Dankbarkeit gegenüber dem Schöpfer aller Dinge, dem Beherrscher der Natur, häufig als Überwindung der göttlichen Offenbarung und als Fortschritt gegenüber der positiven Theologie. Auch wenn sie Christus noch erwähnten – und bisweilen eine gewisse Sympathie für ihn zu empfinden schienen –, kann man nicht mehr mit Sicherheit davon ausgehen, daß sie einen Gott in ihm sahen. Sie verfochten vielmehr die These von einem „christianisme sans Christ"[505] („Christentum ohne Christus").

Man vertrat einst die Auffassung, diese religiöse und geistige Umwälzung sei auf die aufklärerische Philosophie des achtzehnten Jahrhunderts und letzten Endes auf die Schriften Voltaires und Rousseaus zurückzuführen. Später stellte man jedoch fest, daß die Philosophie der Aufklärung – zumindest was ihre führenden Köpfe anbelangte – bereits im Jahre 1680 ausgebildet war.[506] Einige Historiker warfen schließlich die Frage auf, ob das Vorgehen des französischen Staates gegen die Protestanten (um das Jahr 1685) nicht den Wendepunkt von der Epoche der Gegenreformation zum Zeitalter der Aufklärung darstelle.[507] Unter dieser Voraussetzung müßten die Ursachen für die oben geschilderte Entwicklung viel früher angesetzt werden: dann läge die Schuld nicht mehr bei Voltaire, sondern bei Bayle oder in dem politischen Augustinismus Ludwigs XIV. – eines erklärten Gegners dieser theologischen und philosophischen Richtung – oder in dem unbewußten Kartesianismus dieses Herrschers, der gleichzeitig die Lehre Descartes ablehnte.

Die letzten fünfunddreißig Regierungsjahre Ludwigs XIV. waren von vielen widersprüchlichen Strömungen und Wirren geprägt. Das gewisse Maß an Bigotterie, welches sich mit der Marquise von Maintenon bei Hofe durchsetzte, und die verhältnismäßig gut funktionierende Zensur bildeten lediglich die Oberfläche des französischen Geisteslebens, unter der es fortwährend brodelte. Nicht einmal die traurige Tatsache, daß man schwankende „nouveaux convertis" an der Kommunion teilzunehmen zwang, zeitigte jene schrecklichen Konsequenzen, die ein solches Vorgehen sonst oft nach sich zieht.

Seit 1964 wissen wir jedoch, daß Pierre Bayle (gest. 1706) nicht für die Verwässerung der christlichen Religion verantwortlich zu machen ist, daß Bayle nicht mit Voltaire verwechselt werden darf und daß er Fideist war.[508] Der Philosoph Bayle wünschte, daß die Menschen in sämtlichen Geisteswissenschaften – in der Philosophie, der Geschichte, der Philologie und der Politik – die Gottesgabe der Vernunft zum Maßstab aller Dinge machen, die Offenbarungen der Bibel jedoch weiterhin kritiklos übernehmen sollten. In den Augen Bayles ließ sich eine Philosophie der Vernunft durchaus mit einer positiven – auf der Heiligen Schrift beruhenden – Theologie in Einklang bringen.

Die Schuld muß vielmehr bei anderen Kartesianern gesucht werden, und zwar bei Katholiken, ja sogar bei einigen Geistlichen. Manche Kleriker hatten sich – zweifellos ohne sich der Tragweite ihres Tuns bewußt zu sein – mit der Philosophie Descartes' befaßt, ohne die Warnung Pascals zu beobachten (der Descartes vorwarf, daß er Gott bewußt aus seinem System auszuklammern gesucht habe). Wirklich bibelfesten Theologen wie Arnauld oder Quesnel konnte dieses Wagnis nichts anhaben. Die übrigen Geistlichen dagegen gingen aufgrund der Beschäftigung mit Descartes dazu über, einen größeren oder kleineren Teil der Offenbarung der Vernunft zu opfern. Dies traf sowohl auf Malebranche als auch auf Richard Simon zu, welche beide dem Oratorianerorden angehörten – ein Beweis dafür, daß letzterer in der Gegenreformation eine größere Rolle spielte als die Societas Jesu. Die bisweilen an dem von Pierre Bayle herausgegebenen „Dictionnaire historique et critique" („Historisches und kritisches Wörterbuch") beanstandeten Punkte waren bereits in der 1678 erschienenen Schrift „Histoire critique du Vieux Testament" („Kritische Geschichte des Alten Testaments") von Richard Simon enthalten. Dieses von Nicole, Bossuet, Arnauld und dem Ordensgeneral der Oratorianer verurteilte, 1682 schließlich – unter dem Vorwand, daß es zu sehr gegen den Protestantismus hetze – auf den Index gesetzte Werk leitete die lange Geschichte der kritischen Bibelexegese ein. Im siebzehnten Jahrhundert wurde Simons Schrift als ein Angriff auf den Kern der christlichen Religion, als die Schändung des Allerheiligsten empfunden.

Richard Simon blieb zwar zeitlebens ein Einzelfall, fuhr aber fünfundzwanzig Jahre lang – und ohne Frankreich zu verlassen – damit fort, kritische Kommentare zu verfassen. Im übrigen fühlte sich, unabhängig von diesem Extremfall, aufgrund der Lektüre von Descartes' „Discours de la méthode" („Abhandlung über die Methode") eine ganze Generation dazu verpflichtet, die religiösen Bräuche und den Gesichtspunkt der Vernunft einer genauen Prüfung zu unterziehen. Vor diesem Hintergrund müssen Bossuets feindselige Haltung gegenüber Frau Guyon, die Vorbehalte der Jansenisten angesichts des neu aufkommenden Herz-Jesu-Kults, die Zurückhaltung der Bischöfe gegenüber dem Wunderglauben und die vom Bischof von Grasse erlassene Regelung bezüglich der Votivtafeln gesehen werden.[509] Ein Jahr nach Simons ketzerischer Schrift – 1679 – erschien der von einem Geistlichen namens Thiers verfaßte „Traité des superstitions selon l'Ecriture sainte, les décrets des conciles, et les sentiments des saints Pères et des théologiens" („Abhandlung über den Aberglauben gemäß der Heiligen Schrift, den Dekreten der Konzile sowie den Stellungnahmen der Kirchenväter und der Theologen"). Auch diese Schrift wollte keineswegs den Wunderglauben als solchen beseitigen, sondern am Wesentlichen festhalten und lediglich die Auswüchse beschneiden; auch in diesem Fall schien sich der Autor in keiner Weise der Tragweite seines Vorgehens bewußt zu sein. Es kam vielleicht nicht von ungefähr, daß das Register der „Confrérie de la sainte tunique" („Bruderschaft zum Heiligen Gewand") mit dem Jahr 1680 abrupt endete und daß die Mönche von Argenteuil –

welche offensichtlich eine Reliquie hüteten, an deren Echtheit sie nicht
mehr glaubten – ab 1689 keine angeblich auf diese zurückzuführenden
Wunder mehr aufzeichneten.[510]
   Um 1680 trat auch im Stil jener Erbauungsbüchlein, welche das Volk mit
dem Leben der Heiligen vertraut machen sollten, ein spürbarer Wandel ein:
sie wiesen nicht mehr jene naive Anmut, den ernsten Eifer und die Öffnung
gegenüber dem Erhabenen auf, durch welche sie unter Ludwig XIII. geprägt gewesen waren.[511] Die Heiligen wurden zunehmend als Menschen
dargestellt, mystische Erlebnisse überhaupt nicht mehr geschildert und
Glaubensfragen kaum mehr erwähnt. Der im Stil seiner Zeit schreibende
Jesuitenpater Bouhours beschrieb das Leben des heiligen Ignatius von
Loyola und des heiligen Franz Xaver, als ob es sich jeweils um einen Kaiser
von China gehandelt hätte. Im Jahre 1691 veröffentlichte er eine Biographie der Äbtissin von Bellefonds, in welcher er diese großartige Frau, deren
Beichtvater er immerhin gewesen war und die er zweifelsohne verehrte, seinen Lesern nicht etwa näherbrachte – das pflegten Männer seines Schlages
nie zu tun –, sondern im Gegenteil sogar noch entrückte. Er schilderte sie
als eine düstere, eiskalte und geradezu abstrakt wirkende Persönlichkeit.
Wenn sie je so gewesen sein sollte, drängt sich unwillkürlich die Frage auf,
was sie überhaupt in diesem Kloster zu suchen hatte, und man bekommt im
nachhinein Mitleid mit den ihr unterstellten Nonnen, Novizen und Internatsschülerinnen, die unter tödlicher Langeweile gelitten haben müssen.
Wer diese Darstellung las, erfuhr zwar nichts über die Person der Äbtissin
und das Leben in Bremond, konnte dafür jedoch den abgezirkelten Stil
Bouhours bewundern, der seine Worte auf die Goldwaage zu legen und
den damaligen Zeitgeschmack genau zu treffen schien.[512]
   Selbstverständlich vermochte die katholische Reform die Menschen
nicht in einem fortwährenden Spannungszustand zu halten. Unweigerlich
mußte es zu Rückschlägen kommen. Eine fromme Hand (vielleicht sogar
die Marquise von Maintenon persönlich) schrieb um das Jahr 1714 die im
folgenden wiedergegebene Schrift „Badinage sur les moeurs du temps"
(„Scherzhafte Darstellung der gegenwärtigen Sitten"), eine rein äußerlich
den Zehn Geboten nachempfundene Gesellschaftskritik:

„Père et mère mépriseras et les verras très rarement;
De ton mari tu railleras avec tous indifféremment;
La nuit et le jour passeras à jouer ton bien follement;
Amis et parents livreras pour montrer ton discernement;
Aucun devoir ne rempliras qu'en cas de divertissement;

Tes affaires tu ruineras sans y réfléchir un moment;
Les dimanches la messe ouïras pour montrer ton ajustement;
Quand à la table tu seras tu t'y tiendras très longuement;
Le jour et la nuit tu boiras de tous vins généralement;
Jamais à Dieu ne penseras et ne le craindras nullement;
Réflexions tu ne feras de peur de penser tristement."[513]

„Du sollst Vater und Mutter verachten und nur selten nach ihnen fragen;
Deinen Mann sollst du verhöhnen und anderen nachjagen;
Tag und Nacht sollst Du beim Spiel Dein Vermögen forttragen;
Freunde und Eltern sollst Du verraten, um Dich klug zu betragen;
Pflichten sollst Du nur erfüllen, um die Langeweile zu verjagen;
Dein Hab und Gut sollst Du verprassen, ohne zu zagen;
Zur Messe sollst Du nur gehen, um Deinen Schmuck zur Schau zu tragen;
Bei Tisch sollst Du Dir stundenlang füllen den Magen;
Tag und Nacht sollst Du Wein trinken aus den verschiedensten Lagen;
An Gott sollst Du nie denken, oder gar aus Furcht vor ihm verzagen;
Du sollst nicht grübeln, denn traurige Gedanken könnten Dich plagen."

Gewiß – Fontenelle, der Autor der „Dialogues des morts" („Totengespräche") und der „Histoire des oracles" („Geschichte der Orakel"), war beim Tode Ludwigs XIV. bereits achtundfünfzig Jahre alt, und Le Sage verfaßte damals die ersten sechs Bücher seiner „Histoire de Gil Blas de Santillane" („Die Geschichte des Gil Blas aus Santillana"); beides waren jedoch keine Geistlichen. Um 1710 pflegten pessimistische Zeitgenossen zwar über die wachsende Zahl der Freidenker zu jammern – eine Klage, welche später wieder aufgegriffen und häufig ins Positive gewendet wurde –, aber selbst diese Freidenker waren keine Atheisten. Diese Tatsache schien Abbé Gassault, der Autor der „Réflexions sur les différents caractères" („Überlegungen zu den verschiedenen Charakteren"), im siebzehnten Jahrhundert am besten erfaßt zu haben. Er machte darauf aufmerksam, daß die Freidenker im allgemeinen nicht so weit gingen, die Existenz der christlichen Religion zu leugnen, sondern sich lediglich weigerten, nach deren Gesetzen zu leben. Er war fest davon überzeugt, daß sie sehr wohl wußten, woran ein Christ zu glauben und was er zu tun habe; für sich selbst setzten sie dieses Wissen jedoch nur teilweise in die Praxis um, indem sie zwar an Gott glaubten, aber die daraus resultierenden Pflichten nicht erfüllten.[514] Und selbst wenn der eine oder andere Freidenker über das Ziel hinausschoß, fiel dies insofern nicht ganz so sehr ins Gewicht, als sich keine Geistlichen unter ihnen befanden. Frankreich machte – nahezu unbemerkt – eine innere Krise durch, die im Herzen der Kirche wütete. Als Beweis hierfür mag das Beispiel der berühmten Abtei Faremoutiers in der Brie genügen.[515] Dieses angesehene Benediktinerkloster und Zentrum der katholischen Reform galt im Zeitalter Ludwigs XIV. als ein wahrer Hort der Frömmigkeit. Die Äbtissinnen des ehrwürdigen Klosters waren Françoise de la Châtre (gest. 1643), welche große Verehrung genoß, sowie deren Nichte (es lebe der Nepotismus!) Jeanne-Anne de Plas (gest. 1677), laut Thibault eine der großartigsten Äbtissinnen des siebzehnten Jahrhunderts. Ab 1630 führte man im Kloster Faremoutiers ein detailliertes Sterberegister, in welchem nicht nur das Todesdatum, das Alter der Verstorbenen und die Todesursache, sondern vor allem auch ihre besonderen Tugenden vermerkt wurden. Dieses Register wirkt wie eine Heiligengeschichte der Abtei Faremoutiers im siebzehnten Jahrhundert. Man erfährt aus ihm, daß die am 6. Dezember 1679 verstorbene Schwester Marie Charles, genannt Sainte-Geneviève, von überaus großer Frömmigkeit war und trotz ihrer schweren körperlichen Gebrechen die Vorschriften der Benediktinerregel mit peinlicher Genauigkeit befolgte; daß die am 11. April 1681 verstorbene Schwester Madeleine Guilloire, genannt Saint-Walbert, ihre Lähmung achtundzwanzig Jahre lang mit großer Geduld ertrug; daß die am 10. Mai 1681 verstorbene Schwester Angélique de Courtenay, genannt Saint-Martin, trotz ihrer stark angeschlagenen Gesundheit und ihrer zahlreichen Gebrechen stets von großer Sanftmut und Freundlichkeit war; daß die am 7. Dezember 1683 im Alter von neunundzwanzig Jahren verschiedene Schwester Gabrielle Le Long, genannt Sainte-Scholastique, die Klosterregel gewissenhaft befolgte und sich besonders oft zur Messe begab; schließlich erfährt man, daß die am 2. August 1686 im Alter von vierundsiebzig Jahren und nach fast dreiundfünfzigjähriger Klosterzugehörigkeit verstorbene Schwester Anne de Formont, genannt Saint-Joachim, ein sehr sanftes Gemüt besaß, jedermann zu gefallen suchte und sehr wohltätig war. Dann fallen jedoch, obwohl das Register fortgeführt wurde, diese lobenden Worte ganz plötzlich weg – die betagte Schwester Saint-Joachim war die letzte, derer man in dieser Form gedacht hatte. Von den nach ihr verstorbenen Schwestern wurde nur noch der Todestag, nicht mehr hingegen ihre besonderen Tugenden – die ständige Beschäftigung mit Gott, die genaue Befolgung der Ordensregel, die Selbstvergessenheit, der Gehorsam, die liebenswürdige Geduld, die große Barmherzigkeit sowie die große Andacht und die innere Sammlung – festgehalten. In dem von Bossuet als „Faremoutiers la sainte" („Das heilige Faremoutiers") bezeichneten Kloster pflegte man von nun an so zu leben und zu handeln, als ob der menschliche Respekt fortan das göttliche Ideal überrunden, als ob das Gebet in Gegenwart der Vernunft verstummen sollte und als ob die katholische Kirche ihre künftigen Heiligen nicht stets anhand von Heiligenviten in den Glauben eingeführt hätte. Die strahlende Kirche der Gegenreformation schien sich ihrer selbst zu schämen. Jedes Mal, wenn sie durch eigenes Verschulden eine Unze Terrain verlor, kam dies der Aufklärung zugute.

Von Ninon de Lenclos bis Thérèse de Lambert
– die Stellung der Frau im Zeitalter Ludwigs XIV.

Obwohl es um 1700 noch keine feministische Bewegung gab, waren die Frauen damals keine Sklavinnen und erweckten keineswegs den Eindruck von furchtsamen und unterwürfigen Geschöpfen. Saint-Evremond warf ihnen vor, daß ihre Gespräche sich gar zu oft um theologische Dinge drehten. Frau von Maintenon, die sich nicht der Bedeutung bewußt zu sein schien, die ihre Position als ungekrönte Königin für die Stellung der Frau hatte, lieferte 1696 ein – allerdings tadelndes – Zeugnis von dem unerschütterlichen Selbstbewußtsein, welches ihre Geschlechtsgenossinnen an den Tag legten; sie kritisierte, daß die Frauen sich überall einmischten und sich über alle möglichen Dinge – über Bücher, Predigten, Regierungen, den weltlichen und geistlichen Stand – ein Urteil anmaßten; die Bescheidenheit sei völlig aus der Mode gekommen.[516] Sechs Monate zuvor war Frau von Sévigné und 1693 Frau von La Fayette gestorben – die beiden bedeutendsten Französinnen des siebzehnten Jahrhunderts, zumindest was den weltlichen Stand anbelangte. Ihre geistreiche Art sowie die Raffinesse, die Umgänglichkeit und die Schlagfertigkeit der Françoise d'Aubigné haben nicht wenig zur wachsenden Bedeutung der Frauen beigetragen.

Hiergegen läßt sich einwenden, daß es sich keineswegs um ein neues Phänomen handelte: Christine de Pisan, Agnès Sorel, Diane de Poitiers, Gabrielle d'Estrées, Marion de Lorme und selbst die junge Frau Scarron haben für ihr Geschlecht mehr erreicht, als eine Reform des Privatrechts jemals vermocht hätte.

Es waren die schönen und geistreichen Frauen, die kurzlebigen Königinnen des schnell wechselnden Geschmacks, welche dem Hofe Ludwigs XIV. seine Farbe verliehen. Der Name der Herzogin von La Vallière ist untrennbar mit dem Versailles Le Vaus und Le Nôtres und derjenige der Marquise von Montespan mit Clagny verbunden, während der „Grand Trianon" der bevorzugte Aufenthaltsort der morganatischen Gattin des Monarchen war. Indem Ludwig XIV. den Hof von Paris nach Versailles verlegte, beraubte er die führenden Damen der Salons ihrer Stellung. Von 1665 – dem Todesjahr der Frau von Rambouillet – bis 1699 – dem Jahr, in welchem die Herzogin von Maine ihre berühmten Zusammenkünfte in Sceaux abzuhalten begann – war Ludwig XIV. der alleinige Herrscher über das französische Gesellschaftsleben, eine Situation, die bis zum Tod des alten Monarchen nicht wiederkehren sollte.

Bereits im Jahre 1690 eröffnete die Marquise von Lambert in Paris einen mit dem Hof zu Versailles konkurrierenden Salon. 1698 erwarb sie das Hôtel de Nevers in der Rue neuve Colbert.[517] Dort pflegte sie fortan dienstags und mittwochs Aristokraten und Schriftsteller um sich zu scharen; ab 1710 galt sie als die Frau, deren Bekanntschaft man unbedingt machen mußte, wenn man in die Académie française gewählt werden wollte. Frau Vatry widmete ihr folgenden Alexandriner:

„Sous le nom de Lambert, Minerve tient sa cour."
„Unter dem Namen Lambert hält Minerva Hof".

Die „petite cour" („kleiner Hof") der Herzogin von Maine präsentierte sich zu gleicher Zeit als weniger von Literaten und stärker von Aristokraten besuchter, oberflächlicherer und fröhlicherer Zirkel (im Haus der Herzogin von Maine ging es fröhlicher zu als im Hôtel de Nevers und in Versailles). In den Jahren 1699 bis 1718 versammelte diese Enkelin des großen Condé die jüngsten Höflinge ihres Schwiegervaters Ludwig XIV. in ihrem Pariser Salon. Die Schriftsteller von vornehmer Herkunft verkehrten – wie Bernard le Bovier de Fontenelle – in Sceaux oder in der Rue Colbert. In Sceaux pflegte man sich nicht nur zu unterhalten, sondern auch zu spielen – was im Salon der Marquise von Lambert untersagt war –, Theaterstücke aufzuführen und zu tanzen. Im Jahre 1708 schrieb der „Mercure galant", in Sceaux seien das Spiel, der Frohsinn und die Dichtkunst zu Hause, die Prachtentfaltung übe man dort stets auf sehr geistreiche Weise aus. In den Jahren 1714 und 1715 veranstaltete die Herzogin von Maine nach den Friedensschlüssen sechzehn rauschende Feste, bei denen Park und Schloß von Sceaux prächtig beleuchtet, Tänze und Allegorien aufgeführt sowie Gesangsstücke und Gedichte vorgetragen wurden.[518] An der Organisation dieser Feste war neben vielen Männern auch eine Frau – die geistreiche Rose Delaunay, spätere Frau von Staal-Delaunay – maßgeblich beteiligt.

Zehn Jahre vorher war in Paris eine Frau gestorben, deren außerordentlicher Charme sich nur bruchstückhaft im folgenden Vierzeiler widerspiegelt:

„L'indulgente et sage nature
A doté la belle Ninon
De la volupté d'Epicure
Et de la vertu de Caton."[519]

„Die gnädige und weise Natur
verlieh der schönen Ninon
die Sinnlichkeit eines Epikur
und die Tugend eines Cato."

Epikur wäre mit Sicherheit ihrem Charme erlegen. Ninon hatte zahlreiche Liebhaber, bei denen es sich um hochgestellte, in ganz Europa bekannte Persönlichkeiten vom Marschall d'Albret bis hin zum polnischen König Johann II. Kasimir Wasa handelte. Selbst im Alter von sechzig Jahren gewährte sie um 1680 ihre Gunst noch dem Abbé de Châteauneuf.[520] Ninon de Lenclos (einst eng mit Frau Scarron befreundet, die sich allerdings bald von ihr distanziert hatte) gehörte in gewisser Weise auch zu den Freidenkern der damaligen Zeit und hatte sich intellektuell emanzipiert. In ihrem Haus waren sowohl Molière und Saint-Evremond als auch – einige Zeit später – Fontenelle und Voltaire ein- und ausgegangen. Bei ihrem Tod vermachte sie dem jungen Arouet, den sie bereits zu Lebzeiten gefördert hatte, zweitausend Francs für Bücherkäufe! Eine großzügige Geste, die tiefen Eindruck auf den jungen, vielversprechenden Mann machte, der später unter dem Namen Voltaire berühmt wurde. Er pflegte die schönste und geistreichste Frau des siebzehnten Jahrhunderts nur „ma bienfaitrice" („meine Wohltäterin") zu nennen.

Was spricht eigentlich dafür, den Beginn der Aufklärung erst mit dem Tod des betagten Königs (am 1. September 1715) zusammenfallen zu lassen, wo doch Bayle schon 1706 und Ninon de Lenclos – der Prototyp der modernen Frau – bereits im Jahre 1705 verstarben?

Die Literatur auf ihrem zweiten Höhepunkt

Unlängst behauptete ein Historiker, daß sämtliche großen literarischen Meisterwerke aus der Zeit Ludwigs XIV. (von der 1677 uraufgeführten „Phèdre" einmal abgesehen) in den Jahren zwischen 1661 und 1672 entstanden seien.[521] Voltaire – der den dreifachen Vorzug bietet, daß er die fragliche Zeitspanne aus eigener Anschauung kannte, selbst Schriftsteller war und den Ausdruck „Le siècle de Louis XIV" („Das Zeitalter Ludwigs XIV.") prägte –, gab hingegen die Jahre 1655 und 1704 als Eckdaten an.[522]

Voltaire trug der Tatsache Rechnung, daß auch nach 1672 jedes Jahr mindestens ein Meisterwerk erschien, ganz zu schweigen von den wissenschaftlichen Abhandlungen aus dem Bereich der Archäologie, Theologie etc.. Selbst wenn man nur die literarischen Werke berücksichtigt, ergibt sich schon eine beeindruckende Liste: 1678 erschienen Buch VII und VIII der Fabeln La Fontaines sowie der berühmte Roman „Princesse de Clèves" („Die Prinzessin von Clèves") der Frau von La Fayette. Ein Jahr später kamen das neunte, zehnte und elfte Buch der erwähnten Fabeln heraus sowie Bossuets „La Politique tirée des propres paroles de l'Ecriture sainte" („Die Politik nach den Worten der Heiligen Schrift selbst"). 1680 erhielt Ludwig XIV. eine eigens für ihn bestimmte Ausgabe der Briefe der Frau von Sévigné, 1681 wurde Bossuets „Discours sur l' histoire universelle" („Abhandlung über die Weltgeschichte") herausgegeben, 1683 veröffentlichte Malebranche seinen „Traité de morale" („Sittenlehre") und Bossuet und Fléchier publizierten jeweils ihre „Oraison funèbre de Marie-Thérèse d'Autriche" („Grabrede auf Maria-Theresia von Österreich"[523]); ferner hielt mit Fontenelles „Dialogues des morts" („Totengespräche") und mit Pierre Bayles „Pensées sur la comète" („Verschiedene Gedanken anläßlich des Kometen") der Nonkonformismus Einzug in die Literatur. Im Jahr darauf begann Bayle die Zeitschrift „Nouvelles de la république des lettres" („Neuigkeiten aus der gelehrten Welt") herauszugeben. 1685 hielt Bossuet seine berühmte „Oraison funèbre d'Anne de Gonzague" („Trauerrede auf Anna von Gonzaga"); 1686 verfaßte sowohl Bossuet als auch Esprit Fléchier einen Nachruf auf Michel Le Tellier („Oraison funèbre de Michel Tellier"), während Fontenelle seine „Entretiens sur la pluralité des mondes" („Unterhaltungen über die Vielzahl der Welten") veröffentlichte. 1687 erschienen neben Bossuets „Oraison funèbre du prince de Condé" („Grabrede auf den Prinzen Condé") Fontenelles „Histoire des oracles" („Geschichte der Orakel") sowie die Komödie „Le Chevalier à la mode" („Der modebewußte Ritter"), welche zweifellos zu den kleineren Meisterwerken der französischen Literatur gezählt werden darf. Im Jahre 1688 wurden die erste Auflage der „Caractères" („Charaktere") von La Bruyère, die „Histoire des variations des Eglises protestantes" („Geschichte der protestantischen Konfessionen") sowie bezeichnenderweise Fontenelles „Digression sur les Anciens et les Modernes" („Exkurs über die Alten und die Modernen") gedruckt – die sogenannte „Querelle des Anciens et des Modernes" [524] leitete nämlich einerseits die Aufklärung ein und betonte andererseits die Einzigartigkeit des Zeitalters Ludwigs XIV. 1689 wurde Racines Tragödie „Esther" uraufgeführt (ohne „Esther" und „Athalie" wäre Racines Gesamtwerk unvollständig) und verfaßte der Bischof von Meaux seine „Panégyrique de saint Bernard" („Lobrede auf den heiligen Bernhard"). Im Jahre 1690 veröffentlichte Bossuet, dem wir ja schon mehrfach begegnet sind, seine Schrift „Lettre sur les psaumes" („Brief über die Psalmen"), Fléchier verfaßte einen Nachruf auf seinen Freund und Förderer, den Herzog von Montausier („Oraison funèbre du duc de Montausier"), und die postum erscheinende Ausgabe von Furetières „Dictionnaire universel" („Universalwörterbuch") bewies der Académie française, wie töricht sie gehandelt hatte, als sie den Autor eines so hervorragenden Werkes aus ihrer Mitte verstieß. Im übrigen gab es keine ernsthaften Überschneidungen zwischen dem Wörterbuch Furetières und jenem, an dem die „Quarante" – die vierzig „Unsterblichen" – arbeiteten: während die Académie die Aufgabe hatte, ein Wörterbuch der französischen Sprache herauszugeben und ständig zu überarbeiten, glich das monumentale Opus Furetières – sechzig Jahre vor dem Erscheinen der von Diderot und d'Alembert herausgegebenen „Encyclopédie" – eher einem enzyklopädischen Nachschlagewerk, bei dem die Veranschaulichung der französischen Sprache ein Nebenprodukt bildete, das durch den hervorragenden Stil des Autors bedingt war.

1691 wurde Racines Tragödie „Athalie" uraufgeführt. Die übermäßige Zurückhaltung, die Racine sich dabei auferlegt hatte, hielt die Kenner jedoch nicht davon ab, zu ahnen, daß der mittlerweile so devot gewordene Dramaturg, der sich immer mehr vom Theater zurückzog, mit dieser Tragödie den absoluten Höhepunkt seines Schaffens erreicht hatte. Bossuets 1694 erschienene Schrift „Maximes et réflexions sur la comédie" („Maximen und Gedanken über die Komödie") trug sicherlich dazu bei, daß Racine sich vollends vom Theater abkehrte und nicht einmal mehr Stücke religiösen Inhalts verfaßte. Ebenfalls 1694 veröffentlichte La Fontaine das letzte Buch seiner Fabeln. Im Jahre 1695 erschien das „Dictionnaire historique et critique" von Pierre Bayle, welches – obgleich nicht in Frankreich, sondern im Ausland (Rotterdam) herausgegeben – fast zum Kanon der klassischen französischen Literatur gehört, zumal der Verfasser Ludwig XIV. zutiefst verehrte. 1696 – im Todesjahr von La Bruyère und Frau von Sévigné – standen die Memoiren des Grafen Bussy-Rabutin und die Uraufführung von Régnards Komödie „Le joueur" („Der Spieler") im Zentrum des literarischen Geschehens. Das Jahr 1697 brachte größere Ereignisse: nun erschienen die „Lettres" („Briefe") von Bussy-Rabutin, der „Traité de l'amour de Dieu" („Abhandlung über die göttliche Liebe") sowie die unvergleichliche Märchensammlung „Contes de ma mère l'Oie" („Erzählungen von meiner Mutter, der Gans"), das Meisterwerk Charles Perraults. 1699 wurden veröffentlicht: Bossuets „Panégyrique des saints Jean de Capistran et Pascal Baylon" („Lobrede auf den heiligen Johannes von Capistrano und den heiligen Paschalis Baylon") sowie Fénelons „ad usum Delphini" (für den Dauphin bestimmter) Roman „les Aventures de Télémaque" („Die Abenteuer des Telemach"); in diesem Werk konnte ein aufmerksamer Leser zwischen den Zeilen manche Seitenhiebe auf Ludwig XIV. entdecken, die fast auf eine Karikatur des Königs hinausliefen. Im Jahre 1700 schließlich erschien Bossuets „Mémoire sur l'état présent de l'Eglise" („Denkschrift über den gegenwärtigen Zustand der Kirche"). Der kirchenfeindliche Voltaire ließ das Zeitalter Ludwigs XIV. – in literarischer Hinsicht – ausgerechnet mit dem Jahr 1704, dem Todesjahr der beiden größten Kanzelredner der Zeit, Bossuet und Bourdaloue, zu Ende gehen.

Voltaire hätte die Jahre bis zum Tod Ludwigs XIV. ohne weiteres noch in seine Darstellung einbeziehen können. Während dieser Zeitspanne pflegte zwar nicht mehr alljährlich ein literarisches Meisterwerk zu erscheinen, aber trotz dieser leicht rückläufigen Tendenz kann man keinesfalls von einem Niedergang der französischen Literatur sprechen. Zwischen 1704 und 1715 wurden – postum – die Werke Bourdaloues veröffentlicht (1707, 1709 und 1711[525]) und der letzte Teil von Pierre Nicoles „Essais de morale" („Abhandlungen über die christliche Moral"; 1714) herausgegeben. Ferner erschienen die Predigten Jean-Baptiste Massillons sowie seine „Oraison funèbre de Mgr le Dauphin" („Grabrede auf Seine Durchlaucht den Kronprinzen"; 1712). Schließlich wurde in jenen Jahren die brillante Komödie „Le Légataire universel" („Der Universalerbe"; 1708) von Jean-François Régnard uraufgeführt und die Werke von Alain-René Le Sage – „Le Diable boiteux" („Der hinkende Teufel") 1707, „Turcaret" 1709 und „Histoire de Gil Blas de Santillane" („Die Geschichte des Gil Blas aus Santillana") 1715 – veröffentlicht. Diese zweite Generation von Schriftstellern, der Regnard, Dancourt, Le Sage und Fontenelle angehörten, konnte in Bezug auf die literarische Qualität ihrer Werke durchaus mit der ersten mithalten. Sie hob sich nur dadurch von den Vorgängern ab, daß sie weniger auf Versailles, aber dafür stärker auf Paris ausgerichtet und unabhängiger war – typische Eigenschaften für das gesamte Zeitalter der Aufklärung!

Im übrigen hat das französische Geistesleben im achtzehnten Jahrhundert – dem Jahrhundert der Akademien, in welchem die Provinz zu noch nie dagewesenen quantitativen und qualitativen Höchstleistungen angeregt wurde – nichts wirklich Neues hervorgebracht. Die überwiegende Mehrzahl dieser Einrichtungen war bereits unter Ludwig XIV. ins Leben gerufen worden: 1679 wurde die Akademie von Villefranche im Beaujolais gegründet, 1682 jene zu Nîmes und im Juni 1685 die zu Angers. Im Jahre 1689 trat erstmals die Akademie von Arles zusammen, deren Mitglieder in erster Linie der Aristokratie entstammten, und im September 1694 machte eine königliche Urkunde die Dichtergesellschaft der „jeux floraux" („Blumenspiele") zu Toulouse zur Akademie. Die zunächst aufgrund einer spontanen Initiative entstandene Akademie der Naturwissenschaften und der Literatur zu Lyon wurde im Jahre 1700 bestätigt. Vom Januar 1705 datiert die Gründungsurkunde der Akademie der Literatur und der Bildenden Kunst zu Caen,[526] vom Februar 1706 die der königlichen Gesellschaft der Naturwissenschaften zu Montpellier und aus dem Jahr 1713 die der Akademie der Literatur, Naturwissenschaften und Bildenden Kunst zu Bordeaux.

Zu einer Zeit, da die unsinnigsten Spottlieder kursierten:

„Des Pontchartrains, des Chamillards,
Des Beauvilliers, des Noaillistes,
Des faux dévots, des papelards,
Des missionaires, des jésuites,
En France on en a à foison
Grâce à la vieille Maintenon."[527]

„Männer wie Pontchartrain und Chamillard,
Wie Beauvilliers oder Noailles,
scheinheilige Fromme und Heuchler fürwahr,
Missionare, Jesuiten und derlei,
gibt es in Frankreich zu viele schon
Dank der alten Maintenon."

konnte ein zeitgenössischer Beobachter anhand der erscheinenden Bücher, der Theaterstücke und der im ganzen Land entstehenden Akademien unschwer feststellen, daß das Goldene Zeitalter der Literatur keineswegs zu Ende war, sondern sich fortsetzte – allerdings mit verschiedenen Änderungen. Das Frankreich der Jahre 1680 bis 1715 bot kein verknöchertes oder erstarrtes Bild – es lebte, es entwickelte sich weiter und entfaltete nach wie vor eine große Ausstrahlung.

Montesquieus „Lettres persanes" – ein Stück zeitgenössische Gesellschaftskritik

Den fiktiven Reisebericht der beiden vornehmen und feinfühligen Perser Usbek und Rica, welche sich ab 1711 angeblich in Paris aufhielten, kann man nicht oft genug lesen – kommt in ihm doch die Meinung des Parlamentspräsidenten Montesquieu zum Ausdruck. Die „Lettres persanes" („Persische Briefe") erschienen sechs Jahre nach dem Tod des Sonnenkönigs, und zwar – entsprechend den bei Pamphleten üblichen Vorsichtsmaßnahmen – in Holland. Dank dieses Vorgehens brauchte sich der Verfasser zumindest bei der Darstellung der Regierungszeit Ludwigs XIV. keine große Zurückhaltung aufzuerlegen – bei der Schilderung der „Régence" [528] war dies schon eher angebracht. Montesquieu kritisierte zwar alle Auswüchse der damaligen Zeit und versetzte jedem Stand ein paar Seitenhiebe, von denen auch die Höflinge und die Theologen nicht verschont blieben, ohne jedoch ein tristes, am Boden liegendes, von der Prüderie der Frau von Maintenon oder dem blinden Eifer eines Pater Le Tellier sowie der trübsinnigen Resignation der Untertanen geprägtes Frankreich zu schildern. Im Gegensatz zu manchen auf Irrwege geratenen Romantikern neigte er nicht dazu, alles nur in den düstersten Farben zu schildern – ein Umstand, der seine Aussagen umso glaubwürdiger erscheinen läßt. Welch passenderen Schluß könnte man sich für eine Darstellung des französischen Alltagslebens zur Zeit Ludwigs XIV. denken als eine Auswertung dieses fiktiven Reiseberichts?

Wer jedoch nach der Lektüre der „Lettres persanes" die in diesem Werk enthaltenen Aussagen anhand der in den darauffolgenden Jahrzehnten erschienenen Werke zu überprüfen sucht, wird sehr bald feststellen, daß der Vorromantiker Louise-Sébastien Mercier in seinem berühmten „Tableau de Paris" [529] („Ein Gemälde von Paris") die Pariser ganz ähnlich schilderte. Zwei Autoren, welche zu verschiedener Zeit lebten, unterschiedlicher Herkunft und Empfindsamkeit waren sowie mit ihrem Werk jeweils ein ganz anderes Ziel im Auge hatten, die jedoch beide als Provinzbewohner die Pariser Gesellschaft durchaus mit leichtem Spott betrachteten, lieferten Porträts, welche fast wortwörtlich durchaus übereinstimmten. Die herrlichen Skizzen Montesquieus können daher getrost an das Ende unseres Buches gestellt werden.

1713 – der Friede von Utrecht war zwar unterzeichnet, aber der sich endlos hinziehende Krieg wütete immer noch, und Usbek hätte keinen ungünstigeren Zeitpunkt für seine Frankreichreise wählen können. Und dennoch sprach aus seinen Briefen keineswegs jene dumpfe Verdrossenheit, schwermütige Resignation und hoffnungslose Niedergeschlagenheit, welche angeblich während der letzten Regierungsjahre Ludwigs XIV. in Frankreich herrschte. Usbek schrieb im Gegenteil: „die Männer haben in Persien nicht die Lebenslust der Franzosen. Man bemerkt an ihnen keineswegs diese geistige Freiheit und das zufriedene Wesen, die ich hier in allen Ständen und Berufen vorfinde."[530] So sah die Wirklichkeit in Paris aus, das zwar eine gewisse Sonderrolle gespielt haben mag, aber dennoch zum Gesamtbild gehörte.

Die Pariser – ein ganz spezieller Menschenschlag, der schon allein aufgrund der Größe seiner Heimatstadt wie eine Karikatur wirkte – werden in den „Lettres persanes" als spontane, geistig und körperlich rege Menschen geschildert, die sich in jeder Beziehung nur im Laufschritt fortbewegen. Einem der Perser wurde bei diesem Tempo in der französischen Hauptstadt ganz schwindlig: „Seit einem Monat, den ich hier bin, habe ich noch niemand gehen sehen [...] Ein Mann, der hinter mir kommt und mich überholt, zwingt mich zu einer halben Kehrtwendung, und ein anderer, der mich von der andern Seite kreuzt, dreht mich plötzlich wieder so, wie mich der erste angetroffen hatte."[531] Jener alte Mann, der sich auch im hohen Alter noch ein Übermaß an Arbeit aufbürdete, nur um für spätere Zeiten etwas auf die hohe Kante legen zu können, löste bei den Persern ebenfalls Befremden aus. In der riesigen Stadt herrschte – laut Aussage der beiden Reisenden – eine emsige Betriebsamkeit, die jedoch dank der ausgeprägten Schaulust der Pariser sehr schnell ins Stocken kam, wenn es irgendwo etwas zu sehen gab. „Die Pariser zeigen eine Neugier, die bis zur Extravaganz geht. Bei meiner Ankunft wurde ich begafft, als ob ich ein Abgesandter des Himmels wäre [...] Wie kann man nur aus Persien sein?".[532] Sobald die erste Überraschung verflogen war, wurden die Fremden jedoch allseits schnell akzeptiert.

Die in Paris lebenden Franzosen charakterisierte Rica als besonders leutselig und gesellig: von den als umgänglich und zuvorkommend beschriebenen Parisern wird berichtet, daß sie großen Wert auf die „Freundschaft, diese zarte Verpflichtung des Herzens, die hier die Süße des Lebens ausmacht",[533] legten und „einzig für die Geselligkeit geschaffen"[534] zu sein schienen. Außerdem erfährt man, daß die Pariser alle Menschen, die ihnen auf der Straße begegneten, „nach dem Woher und dem Wohin"[535] zu fragen pflegten. Ein Blinder aus dem Spital der „Quinze-Vingts" („Fünfzehn mal zwanzig") führte einen der beiden Perser gar aus freiem Antrieb vom Palais-Royal zum Stadtviertel des Marais! Rica berichtet von einem Hauptstädter, den seine grenzenlose Geselligkeit zugrunde richtete; sein Lebenslauf liest sich wie eine Statistik: in seiner Schulzeit prägte er sich 118 Zitate zu allen möglichen Anlässen ein; als Erwachsener legte er sich ein Repertoire von 365 Erzählungen zu und nahm – da er überall ein gern gesehener Gast war – an 2688 Taufen sowie an 530 Beerdigungen teil.

Gegenüber dem ‚schwachen Geschlecht' verhielten sich die Pariser offensichtlich sehr zuvorkommend. Stanislas Leszinski staunte darüber, daß die Franzosen ihren Frauen nahezu alles zugestanden, bis auf das Recht, ihre Männer zu kommandieren – eine Einschränkung, die in Paris anscheinend keine Gültigkeit besaß: aus den „Lettres persanes" kann man entnehmen, daß die Frauen einen „Staat im Staate" bildeten, „das Heft in der Hand haben und nicht nur im großen, sondern auch im einzelnen untereinander alle Autorität teilen".[536] Zu einem späteren Zeitpunkt äußerte Montesquieu, daß eine Frau, welche sich einmal in Paris aufgehalten habe, nirgends anders mehr leben könne.[537] Die ihre Frauen oder Mätressen anbetenden Pariser fanden sich allesamt bereit, über deren Untreue hinwegzusehen: „Ein Mann, der im allgemeinen die Untreue seiner Gemahlin duldet, findet durchaus keine Mißbilligung; im Gegenteil, man lobt ihn wegen seiner Klugheit!"[538] Diese Haltung stellte die Anwendung der aus der Beobachtung des turbulenten Großstadtlebens gewonnenen Erkenntnisse auf die häusliche Sphäre dar. Die Perser staunten außerdem über die in Paris zu beobachtende Unbeständigkeit des Vermögens: „Alle zehn Jahre treten Umwälzungen ein, die den Reichen ins Elend stürzen und den Armen mit schnellen Flügeln auf den Gipfel des Reichtums erheben".[539]

Montesquieu war nicht der Ansicht, daß die Pariser eine Moralpredigt verdient hätten, da man dort gar nicht genügend Zeit habe, um Laster und Tugenden kennenzulernen, sondern sich gewissermaßen seiner Seele entäußere.[540] In der Hauptstadt des französischen Königreiches galt die Eitelkeit nicht als Verfehlung, sondern als liebenswürdige Gewohnheit: „Wenn ich einige gute Eigenschaften habe, dann ist Bescheidenheit die, von der ich am meisten Aufhebens mache".[541] Der Neid, welcher in dieser großen Stadt herrschte, führte dazu, daß alle Bewohner miteinander wetteiferten:

„Jeder erhebt sich über den, der einen andern Beruf ausübt, entsprechend der Idee, die er sich von der Überlegenheit des seinen machte"[542] – eine Tendenz, von der selbst die einfachsten Handwerker erfaßt wurden. Dies hinderte die Pariser jedoch nicht daran, gerissen oder naiv zu sein. Wer durch die Straßen der Hauptstadt ging, war fortwährend den verlockenden Verheißungen irgendeines Hellsehers, Alchimisten oder Wunderheilers ausgesetzt. Hier wurde bereits der Boden für einen Saint-Germain, Cagliostro oder Mesmer bereitet.

Im übrigen pflegte man in der Hauptstadt von Bagatellen in einem Ton zu sprechen, als ob es sich um ernste Angelegenheiten handelte, und wichtige Dinge auf eine Weise anzugehen, als ob es sich um die geringsten Nebensächlichkeiten drehte.[543] Es war für das Frankreich Ludwigs XIV. – welches man sich nur allzu gerne als ernsthaft, gekünstelt und nüchtern ausmalen würde – geradezu charakteristisch, daß man immer und überall, sogar im Staatsrat, ungezwungen zu plaudern pflegte. Diese Gewohnheit machte vieles leichter und bewahrte Frankreich vor allem vor der Pedanterie: „Die Wissenschaften werden hier intensiv betrieben; doch weiß ich nicht, ob man ein großes Wissen besitzt".[544] Man wollte lieber zu den fünfzigtausend Menschen gehören, die nur zu wissen glaubten, als zu den zwanzig Spezialisten einer Wissenschaft.[545] Die Pariser bemühten sich also nicht etwa, eine große Gelehrsamkeit zu entwickeln, sondern litten unter der „Sucht!...! Geist zu haben"[546], und wenn jemand eine Fähigkeit nicht vorweisen konnte, überspielte er diesen Makel, indem er die betreffende Fertigkeit verachtete. Die Hauptstädter pflegten alles anhand des oberflächlichen und von einem Tag auf den anderen wechselnden Maßstabs der Mode zu messen: „Eine Frau, die heute Paris verläßt, um sechs Monate auf dem Land zu verbringen, kommt ebenso altmodisch von dort zurück, als ob sie sich dreißig Jahre dort verloren hätte."[547] Über die Franzosen im allgemeinen und die Pariser im besonderen ließ sich folgende Aussage machen: „Freimütig geben sie zu, daß andere Völker vernünftiger sind, wenn man ihnen nur zugibt, daß sie selbst besser angezogen sind. Sie wollen sich gerne den Gesetzen einer rivalisierenden Nation unterwerfen, wenn nur französische Perückenmacher als Gesetzgeber über die Form ausländischer Perücken zu entscheiden haben. Nichts scheint ihnen so schön, als wenn sie sehen, wie der Geschmack ihrer Köche vom Norden bis zum Süden regiert und die Rezepte ihrer Haarkünstlerinnen in alle Toiletten Europas getragen werden."[548] Statt der Logik der beginnenden Aufklärung bevorzugten die Pariser die rasch wechselnden Launen der Mode, die sie mit dem allergrößten Ernst befolgten.

Wenn man Ricas Urteil „Die Franzosen ändern ihre Sitten nach dem Alter ihres Königs"[549] gelten läßt, gelangt man zu dem Schluß, daß der fünfundsiebzigjährige König das genaue Gegenteil des despotischen Sultans war: seine Untertanen hatten ihre Lebhaftigkeit, ihren Frohsinn, ihre Spontaneität behalten, und Frankreich war kein geknechtetes Land. Zu Lebzeiten Ludwigs XIV. („Paris, den 9. des 2. Gemmadi-Monds 1715"[550]) verfaßte Usbek einen Brief, aus welchem hervorgeht, daß das Königtum Ludwigs XIV. bereits auf jenen Prinzipien beruhte, die später zum Programm demokratischer Staatswesen werden sollten: „In Paris" so schrieb Usbek, „herrscht Freiheit und Gleichheit".

Schlußbemerkung

Das Reich, über welches Ludwig XIV. herrschte, war weitläufig, dicht bevölkert und vielgestaltig. Aus diesem Grund hatte auch das Leben im damaligen Frankreich tausend Gesichter. Um all diesen Spielarten gerecht werden und sie im Detail schildern zu können, bedürfte es mehrerer Bücher, ja mehrerer Menschenleben. Der Leser wird daher verstehen, daß eine gewisse Auswahl getroffen werden mußte. Im großen und ganzen stand der Autor bei der Abfassung dieses Buches vor folgender Alternative: entweder alle Bereiche anzusprechen und eine Art Handbuch zu verfassen oder eine bestimmte Anzahl von Beispielen herauszugreifen und dem Publikum eine ganze Reihe von Schattenrissen zukommen zu lassen. Im vorliegenden Buch wurde der zweite Weg eingeschlagen.

In beiden Fällen würden Autor und Leser jedoch unweigerlich zu denselben Schlußfolgerungen gelangen. Man kann die Vielfalt des damaligen Frankreichs hervorheben, eine erschöpfende Beschreibung dieser Mannigfaltigkeit ist jedoch schlechthin unmöglich. Wenn man bedenkt, welche Schwierigkeiten schon allein die Inventarisierung von Baudenkmälern birgt, bekommt man eine Ahnung von den Problemen, die sich bei einer Analyse der verschiedenen Mentalitäten ergeben! Auch wenn Nordfrankreich die übrigen Gebiete in bezug auf Reichtum, Bevölkerungsdichte, Bildung und Regsamkeit übertroffen haben mag, war es doch das Languedoc, welches „la merveille de l'Europe" („das Wunder Europas") konzipierte, finanzierte und verwirklichte, indem es das Mittelmeer mit dem Atlantik verband.

In Frankreich gab es nicht nur drei Gesellschaftsgruppen – Geistliche, Adlige sowie Bürger und Bauern – und noch viel weniger zwei einander feindlich gegenüberstehende Lager – „Unterdrücker" gegen „Unterdrückte" –, sondern mehrere hundert Rangstufen (im Zusammenhang mit der Festsetzung der Kopfsteuer, 1695, werden allein 569 erwähnt) oder – wenn man kein vertikales Schema anlegt, sondern die horizontale Untergliederung betrachtet – hunderterlei Zünfte, korporative Vereinigungen, Bruderschaften, Berufsgenossenschaften oder Gesellschaften. Jede Institution – vom Versailler Hofstaat bis hin zur „basoche" („Schreibervolk") des Parlaments von Dombes, die in der königlichen Kanzlei beschäftigten Sekretäre ebenso wie die Konsuln von Saint-Papoul oder Mirepoix – bildete in gesellschaftlicher Hinsicht eine Welt für sich. Das ganze Leben bestand aus Geselligkeit. Als guter Christ galt man nur dann, wenn man nicht nur ein rühriges Mitglied der Kirchengemeinde war, sondern darüber hinaus noch der Rosenkranzbruderschaft oder der „Compagnie du saint sacrement" („Bruderschaft zum heiligen Sakrament") angehörte. Ein guter Arbeiter war in der Regel in einer Gesellenbruderschaft organisiert und hatte sich demzufolge auf eine Wanderschaft begeben, die ihn nahezu durch das ganze Königreich führte. Im damaligen Frankreich wurde dem Zusammenhalt innerhalb der verschiedenen Gruppierungen – die fast alle irgendein Privileg besaßen – große Bedeutung beigemessen. Ein nur auf sich gestellter, einsamer Mensch drohte in dieser Gesellschaft zugrunde zu gehen! Selbst die Vagabunden, Bettler, Gauner und „caimands" (Landstreicher) waren in Geheimbünden organisiert und verfügten über besondere Erkennungszeichen. Klerus und Aristokratie waren von der „Taille personnelle" (einer Art persönlicher Einkommenssteuer) ausgenommen – ein Privileg, das sie sich jedoch mit abertausend Bürgerlichen wie den Bürgern von Paris, den meisten Gerichts- und Finanzbeamten (deren es über vierzigtausend gab) und vielen Würdenträgern teilen mußten; dabei spielte es keine Rolle, ob letztere tatsächlich ein Amt ausübten oder lediglich Inhaber eines entsprechenden Titels waren. Ferner waren auch die in den Münzstätten und in der königlichen Spiegelmanufaktur zu Saint-Gobain beschäftigten Arbeiter sowie auf begrenzte Zeit auch die ehemaligen Milizsoldaten von der „Taille personnelle" befreit.

Diese zahlreichen Zusammenschlüsse hatten jedoch keinerlei Zwangscharakter. Die Franzosen des siebzehnten Jahrhunderts verfügten über eine aus heutiger Sicht unvorstellbare Freiheit und Unabhängigkeit. Eines der wenigen Fehlurteile, die Ludwig XIV. unterliefen, bezog sich auf seine reformierten Untertanen, von denen er glaubte, daß sie aufgrund ihrer religiösen Absonderung einen Staat im Staate bildeten, und die er folglich um jeden Preis zu integrieren suchte. Die Wirklichkeit sah jedoch anders aus: die Protestanten mochten noch so weit von ihren ‚papistischen' Nachbarn entfernt sein; sie mochten deren ‚Aberglauben' noch so sehr verachten, die Jungfrau Maria erniedrigen und die Messe in Frage stellen – all dies änderte nichts daran, daß sie durch und durch Franzosen waren. Wenn die Verfolgung der französischen Protestanten diese noch in ihrem Glauben bestärkte und an biblische Zeiten erinnerte, dann lag dies nicht nur daran, daß sie sich eben als Protestanten betrachteten, sondern auch darin, daß sie Franzosen und halsstarrige Individualisten waren, welche sich nichts aufzwingen ließen.

Schlußbemerkung 357

Diese Gesellschaft, deren Mitglieder nicht nur als schlichte Staatsbürger lebten, sondern in der sich zum Beispiel ein Spiegelpolierer nicht nur durch seine Tätigkeit, sondern auch durch seine Zugehörigkeit zu einem Gesellenbund, einer Bruderschaft, einer Pfarrgemeinde oder – sofern er in Saint-Gobain arbeitete – zu der Gruppe der von der Taille Befreiten definierte; in der ein Bürger von Paris gleichzeitig Vorsteher der Kaufmannszunft, Richter am Handels- und Gewerbegericht, Grundbesitzer, Küster zu Saint-Eustache und – sofern er Ähnlichkeit mit Jourdain besaß – ein „bourgeoisgentilhomme", eine Mischung zwischen Bürger und Edelmann, war – bot aufgrund der großen Mobilität, welche ihr innewohnte, bei weitem kein so erstarrtes Bild, wie es auf den ersten Blick erscheinen mag. Was die Entrichtung der Kopfsteuer anbelangte, so fanden sich die Prinzen von Geblüt auf einer Stufe mit den reichen Bankiers – nämlich in der ersten Steuerklasse – wieder, während weiter unten die Jagdhüter in derselben Kategorie rangierten wie verarmte Aristokraten. Der König duldete, ja förderte häufig geradezu den Aufstieg in eine höhere Gesellschaftsschicht. Viele Bischöfe entstammten dem Kleinbürgertum. Der Seemann Ducasse, welcher in den Orden vom Goldenen Vlies aufgenommen wurde, war nicht einmal adliger Herkunft. Jean Racine, der aus ganz bescheidenen Verhältnissen stammte, genoß als Hofhistoriograph und Vorleser des Königs das Privileg der „premières entrées".[551] Auf Wunsch des Königs erhielt Herr von Catinat das blaue Ordensband verliehen, obwohl seine Ahnenprobe einige Lücken aufwies. Die Marschallswürde bildete so wenig ein Monopol der Herzöge, daß einige von ihnen zeitlebens nie über den Rang eines Obersten hinausgelangten; diese schmerzliche Erfahrung mußte auch der Herzog von Saint-Simon machen (der sich daraufhin in seinen postum erschienenen Memoiren an Ludwig XIV. rächte). Fortan wurde bei der Ämtervergabe nicht mehr in allen Fällen die adelige Herkunft zur Voraussetzung gemacht, und die Abstammung allein bildete kein ausreichendes Kriterium mehr. Der König nutzte sämtliche ihm zur Verfügung stehenden Mittel – Gnadenbeweise (und Gunstentzug)[552], Ernennungen, Beförderungen, Erhebungen in den Adelsstand, Titelverleihungen, Aufnahme in Ritterorden und Verleihung der Pairswürde –, um verdiente Untertanen zu ehren.

Abraham Duquesne hatte sich in den Augen des Königs so sehr um sein Vaterland verdient gemacht, daß er dessen Festhalten am calvinistischen Glauben respektierte und ihn von den Bestimmungen des Edikts von Fontainebleau ausnahm; die Verdienste des Herzogs von Villars erschienen dem Herrscher so groß, daß er gegen sämtliche Vorschriften der Etikette verstieß, um ihm nach seiner Verwundung in der Schlacht bei Malplaquet eine besondere Ehre zuteil werden zu lassen. Dieser Armeeführer wurde von Ludwig XIV. mit einer Zuvorkommenheit behandelt, wie er sie ab 1661 niemand sonst, nicht einmal einem fremden Monarchen angedeihen ließ. Das Verdienst war jedoch die praktische Umsetzung der Ehre. In den Jahren zwischen 1643 und 1715 lernte Frankreich begreifen, daß man zwar eine Elite brauchte, daß diese aber durchaus auch Menschen einfacher Abstammung umfassen konnte; die Ehre war die Stärke der Monarchie, nicht jedoch das Monopol des Adels. Dank der unermüdlichen Bemühungen Ludwigs XIV. beugte sich die französische Gesellschaft nicht nur diesem großartigen Programm, sondern machte es zu ihrem eigenen und förderte die damit verbundene Umwälzung. Die zentralen Inhalte des Ehrbegriffs, das Ideal vom „honnête homme", wurden nach und nach von sämtlichen Gesellschaftsschichten bis hin zu den Gaunern und Bettlern übernommen. In welch anderem Land befleißigte man sich eines derart höflichen Umgangstons, daß selbst ein Bettler, der die Hand ausstreckte, um eine milde Gabe zu erbitten, diese Geste mit den Worten begleitete – „Je vous prie de m'étrenner d'un pauvre sou"[553] („ich ersuche Sie, mich mit ein paar Groschen zu beschenken")? Ganz Frankreich – bis hin zur tiefsten Provinz – rezipierte die dauerhaftesten Inhalte des höfischen Ehrbegriffs, paßte sie den jeweiligen Gegebenheiten an und unterwarf sie zahlreichen Wandlungen. Der Ehrbegriff wurde vor allem in die christliche Religion eingebunden – ein Beweis dafür, welche Nachwirkungen das Konzil von Trient noch in den Jahren zwischen 1661 und 1715 zeitigte und in welch starkem Ausmaß es sich auf das damalige Alltagsleben niederschlug.

Der Katholizismus der Gegenreformation, der ebenso wenig zum Aberglauben neigte wie Ludwig XIV., hemmte die Fortentwicklung der französischen Gesellschaft in keiner Weise, sondern ebnete den Übergang zum lichtvollen Zeitalter der Aufklärung, dessen Name – „âge des Lumières" – zwar blendet und betört, das jedoch – trotz seiner Anmaßung – den strahlenden Glanz des „grand siècle" niemals überschatten wird.

Anmerkungen

[1] Frankreich – nach dem himmlischen das schönste Königreich.
[2] Einer der bedeutendsten Könige aller Zeiten.
[3] Voltaire, François-Marie, Das Zeitalter Ludwigs XIV., München o.J., S. 6.
[4] „Wenn einst Dich Gott zu seinem Reiche, was allein besser ist als das Deine...": Des Hugo Grotius drei Bücher über das Recht des Krieges und Friedens. Aus dem Lateinischen des Urtextes übersetzt von J. H. v. Kirchmann, Bd. 1, Berlin 1869, S. 19.
[5] Tresch, Mathias, Evolution de la chanson française savante et populaire, Bd. 1 Des origines à la révolution française, Brüssel – Paris 1926.
[6] Hof, Residenz eines Königs... steht auch für die Person des Königs und die ihn beratenden Gremien, ... steht ferner für sämtliche Bedienstete und die Gefolgschaft ... der Begriff „Hof" wird außerdem gebraucht, um höfische Lebensart zu bezeichnen.
[7] Die Sitten und Gebräuche der Franzosen ändern sich mit dem Lebensalter ihres Königs.
[8] Ludwig XIV., Memoiren, autorisierte Übertragung von Leopold Steinfeld, Basel 1931, Betrachtungen über den Herrscherberuf, S. 295 ff.
[9] Bossuet, Jacques-Bénigne de, Œuvres, Paris 1961.
[10] Bezard, Yvonne, Les portes-arquebuses du Roi, Versailles 1925.
[11] Vgl. Furetière, Antoine, Dictionnaire universel s. v. „cour".
[12] In Spanien war der Handkuß dagegen sehr verbreitet.
[13] Vgl. Bouhours, Dominique, Entretiens d'Ariste et d'Eugène, Paris 1920.
[14] Einige Menschen führen in jeder Hinsicht ein dermaßen vorbildliches Leben und pflegen einen so guten Umgangston, daß jemand, der ein „Honnête homme" werden will, besser daran tut, diese Menschen genau zu beobachten und sich hin und wieder mit ihnen zu unterhalten, als bei Hofe alt zu werden.
[15] Vgl. Bluche, François – Solnon, Jean-François, La véritable hiérarchie sociale de l'ancienne France. Le tarif de la première capitation (1695), Genf 1983.
[16] Bluche, François, La vie quotidienne de la noblesse française au XVIIIe siècle, Paris 1980.
[17] „Service se dit aussi des secours et assistances qu'on donne au roi, à l'Etat, au public, tant en guerre qu'en paix."
[18] Vgl. Furetière, Dictionnaire universel, s. v. „serviteur".
[19] Ludwig XIV., Memoiren, S. 295.
[20] Vgl. Vorsanger, Michel, Quand Louis XIV. disgraciait, Nanterre 1983.
[21] Boufflers war ein Maréchal de France, der sich während des Spanischen Erbfolgekrieges hervortat (Anm. d. Übers.).
[22] Der „lieutenant général du royaume" (Generalstatthalter) konnte vorübergehend auf Befehl des Königs – und stellvertretend für diesen – den militärischen Oberbefehl übernehmen (Anm. d. Übers.).
[23] Vgl. Anselme, Pierre de Guibours, dit le Père, Histoire généalogique de la maison royale de la France, Paris 1726–1733.
[24] Vgl. Bluche, François, Les magistrats du Parlement de Paris au XVIIIe siècle, Paris 1960.
[25] Furetière, Dictionnaire universel s. v. „cavalier": „cavalier signifie aussi un gentilhomme qui porte l'épée, et qui est habillé en homme de guerre [...] Cavalier se dit aussi d'un galant qui courtise, qui mène une dame."

[26] Vgl. Ebenda s. v. „cheval": „Un cheval, pour être bon, doit avoir trois parties correspondantes à trois de la femme, la poitrine, le fessier et les crins, c'est-à-dire poitrine large, croupe remplie et les crins longs."
[27] Halali, halali, vorbei ist die Pirsch, gefaßt ist der Hirsch. – Vgl. Morin, J.-B., La chasse du cerf, pour soli, trompes de chasse, chœurs et orchestre, dir. Jean-François Paiilard, disques Erato STU 70 541.
[28] Vgl. Tessé, René de Froulay, maréchal de, Lettres, Paris 1888.
[29] Vgl. Société des professeurs d'histoire ... Régionale de Besançon. Textes et documents sur l'histoire de la Franche-Comté, Bd. 2 XVIe et XVIIe siècle, Besançon 1965.
[30] Vgl. La Rochefoucauld, Jean de, Maximes et réflexions diverses. Chronologie, introduction, établissement du texte, notes et variantes, index par Jacques Truchet, Paris 1977, S. 138: „Les plus sages savent employer à leur salut le temps qu'il leur reste".
[31] Vgl. Sourches, Louis-François du Bouchet, marquis de, Mémoires ... sur le règne de Louis XIV 13 Bde., Paris 1882–1893.
[32] Vgl. Vorsanger, Quand Louis XIV.
[33] Vgl. Griselle, Eugène, Bourdaloue, Lille 1901.
[34] Ludwig XIV., Memoiren, S. 100.
[35] Vgl. Villars, Marie Gigault de Bellefonds, marquise de, Lettres de Mme de Villars à Mme de Coulanges (1679–1681), Paris 1868.
[36] Vgl. Furetière, Dictionnaire universel.
[37] Vgl. Dancourt, Florent Carton, sieur, Théâtre choisi, Paris 1884.
[38] Montesquieu, Charles-Louis de Secondat, baron de, Persische Briefe. Übersetzt von Fritz Montfort, Wiesbaden 1947, S. 106 f.
[39] Vgl. Sévigné, Marie de Rabutin Chantal, marquise de, Correspondance, 3 Bde., Paris 1972–1978.
[40] Anm. d. Übers.
[41] Vgl. Furetière, Dictionnaire universel, s. v. „hoc".
[42] Vgl. Ebenda s. v. „bassette".
[43] Vgl. Die Briefe der Liselotte von der Pfalz, Frankfurt 1982.
[44] Vgl. Furetière, Dictionnaire universel, s. v. „lansquenet".
[45] Vgl. Massialot, Le cuisinier roïal et bourgeois, Paris 1691.
[46] La Fontaine, Jean de, Fables. Chronologie et introduction par Antoine Adam, Paris 1966, S. 53.
[47] La Fontaine, Jean de, Fabeln. Aus dem Französischen übertragen von Ernst Dohm, Augsburg 1979, S. 17.
[48] Meyers Großes Taschenlexikon Bd 21, Mannheim 1981, sv. „Tabak" S. 298.
[49] Vgl. Furetière, Dictionnaire universel, s. v. „tabac".
[50] Molière (Jean-Baptiste Poquelin), Don Juan. Ein tragisches Lustspiel in 4 Aufzügen, übersetzt und für die deutsche Bühne eingerichtet von Max Grube, Leipzig 1912, S. 13.
[51] Vgl. Liselotte von der Pfalz, Briefe.
[52] Vgl. Furetière, le roman bourgeois, ouvrage comique, in: Romanciers du XVIIe siècle, Paris 1958, S. 899–1104.
[53] Vgl. Ebenda.
[54] Vgl. Choisy, François-Timoléon, abbé de, Mémoires, Paris 1979.
[55] Vgl. Sévigné, Correspondance.
[56] Vgl. Des Ursins, Anne-Marie de la Trémoille, princesse, Lettres inédites, Paris 1859.
[57] Montesquieu, Persische Briefe S. 185 f.
[58] Ebenda, S. 205.
[59] Vgl. Furetière, Dictionnaire universel, s. v. „mouche".
[60] Vgl. Chandernagor, Françoise, L'allée du Roi, Paris 1981.
[61] Vgl. Furetière, Dictionnaire universel.
[62] Vgl. Montesquieu, Persische Briefe.

[63] Vgl. Des Ursins, Lettres inédites.
[64] Vgl. Wilhelm, Jacques, La vie quotidienne des Parisiens au temps du Roi-Soleil, Paris 1977.
[65] La Bruyère, Jean, Die Charaktere oder die Sitten des Jahrhunderts, neu übertragen und herausgegeben von Gerhard Hess, Wiesbaden 1947, S. 119.
[66] Vgl. Hautecœur, Louis, Histoire de l'architecture classique en France, Bd. 2 Le règne de Louis XIV, Paris 1948.
[67] Vgl. Rials, Stéphane, La lumière à Paris au siècle des lumières, Nanterre 1973.
[68] Laterne = auf eine Kuppel gesetztes, von Fenstern durchbrochenes Türmchen (Anm. d. Übers.).
[69] Vgl. Pris, Claude, La manufacture royale des glaces de Saint-Gobain, Lille 1975.
[70] Verlet, Pierre, Les meubles français du XVIIIe siècle, Paris 1982.
[71] Die wirklich feinen Leute leben in Paris.
[72] Es heißt, Paris sei das Paradies der Frauen, das Fegefeuer der Männer und die Hölle der Pferde.
[73] Eine Sektion des „Conseil privé", dem der König als oberster Richter vorstand (Anm. d. Übers.).
[74] Königliche Sekretäre, die Appellationen und Bittschriften zu prüfen hatten und gleichzeitig Gerichtshof für privilegierte Personen waren (Anm. d. Übers.).
[75] Vgl. Almanach royal pour l'an mil sept cent quinze, Paris 1715.
[76] Vgl. Martin, François, L'organisation corporative de la France d'ancien régime, Paris 1938.
[77] Vgl. Bluche – Solnon, La véritable hiérarchie.
[78] „Sinnig" = vom Schweinebandwurm befallen (Anm. d. Übers.).
[79] Vgl. Chaunu, Pierre, La civilisation de l'Europe classique, Paris 1970.
[80] Vgl. Furetière, Dictionnaire universel, s. v. „conseiller du Roi".
[81] Jourdain = Hauptrolle in Molières „Le bourgeois gentilhomme" (Der Bürger als Edelmann); verkörpert den Typus des ehrsüchtigen und formal gebildeten Besitzbürgers; seine Vorliebe für die adlige Welt wird ihm zum Verhängnis (Anm. d. Übers.).
[82] Vgl. Peyrefitte, Alain, Le mal français, Paris 1976.
[83] Vgl. Furetière, Le roman bourgeois.
[84] Vgl. Perrault, Charles, Les contes de Perrault, Paris 1971.
[85] Französische Märchen, herausgegeben und übersetzt von R. Soupault, Düsseldorf 1963, S. 68.
[86] Vgl. Chaunu, Pierre, La mort à Paris, XVIe, XVIIe et XVIIIe siècles, Paris 1978.
[87] Vgl. Pronteau, Jeanne, Les numérotages des maisons de Paris du XVe siècle à nos jours, Paris 1966.
[88] Vgl. Tresch, Evolution.
[89] Vgl. Furetière, Dictionnaire universel, s. v. „jargon".
[90] Vgl. Ebenda s. v. „coupe-jarret".
[91] Vgl. Tresch, Evolution.
[92] Vgl. Weckerlin, Jean-Baptiste-Théodore, L'ancienne chanson populaire en France (XVIe et XVIIe siècles), Paris 1887.
[93] Vgl. Tresch, Evolution.
[94] Vgl. Lachèvre, Frederic, Scarron et sa Gazette burlesque (14 janv–22 juin 1665) Paris 1929.
[95] Châtelet = Stadtfestung in Paris, bis 1789 Sitz der königlichen Verwaltung der Hauptstadt sowie Gefängnis. Anfang des 19. Jahrhunderts abgerissen (Anm. d. Übers.).
[96] Vgl. Furetière, Dictionnaire universel, s. v. „boueurs".
[97] Vgl. Sourches, Mémoires.
[98] Vgl. Ferrière, Claude-Joseph de, Dictionnaire de droit et de pratique, 4e éd. Paris 1768.
[99] Vgl. Quétel, Claude, De Par le Roy. Essai sur les lettres de cachet, Toulouse 1981.
[100] Manon Lescaut = Hauptfigur im 1731 erschienenen Roman „Histoire du chevalier Des Grieux et de Manon Lescaut" von Antoine François Prévost d'Exiles, die den Chevalier in voll-

kommene Abhängigkeit von sich bringt, sich aufgrund ihrer Geldnöte und Vergnügungssucht jedoch laufend anderen Männern zuwendet (Anm. d. Übers.).

[101] Vgl. Quétel, De Par le Roy.
[102] Vgl. Saint-Simon, Louis de Rouvroy, duc de, Mémoires, 7 Bde., Paris 1953–61.
[103] Vgl. Chaunu, Pierre, La mort à Paris.
[104] Vgl. Pris, Claude, La manufacture royale des glaces de Saint-Gobain, 2 Bde., Lille 1975.
[105] Vgl. Furetière, Dictionnaire universel, s. v. „millesoudier".
[106] Vgl. Ebenda, s. v. „mercerie".
[107] Vgl. Ebenda, s. v. „gagne-petit".
[108] Vgl. Wilhelm, La vie quotidienne.
[109] Vgl. Furetière, Le roman bourgeois.
[110] Vgl. Olivier-Martin, François, L'organisation corporative de la France d'ancien régime, Paris 1938.
[111] Vgl. Bluche, François, La vie quotidienne au temps de Louis XVI, Paris 1980.
[112] Vgl. Dubech, Lucien – Espezel, Pierre d', Histoire de Paris, Paris 1926.
[113] Vgl. Furetière, Dictionnaire universel, s. v. „ouvertures de la ville".
[114] Vgl. Ebenda, s. v. „muguet".
[115] Vgl. Wilhelm, La vie quotidienne.
[116] Vgl. Ebenda.
[117] Vgl. Griselle, Bourdaloue.
[118] Vgl. Sévigné, Correspondance.
[119] Vgl. Griselle, Bourdaloue.
[120] Vgl. Le Gendre, Louis, Mémoires de l'abbé Legendre, Paris 1863.
[121] Laut Aussage von Jean Pierre Landry, eines ausgewiesenen Bourdaloue-Spezialisten.
[122] Vgl. Griselle, Bourdaloue.
[123] Vgl. Sévigné, Correspondance.
[124] Vgl. Voltaire, François-Marie Arouet de, Œuvres historiques.
[125] Vgl. Sévigné, Correspondance.
[126] Vgl. Le Gendre, Mémoires.
[127] Vgl. Sévigné, Correspondance.
[128] Vgl. Guerlac, Othon, Les citations françaises, 4ᵉ édition, Paris 1953.
[129] Vgl. Liselotte von der Pfalz, Briefe.
[130] Vgl. Furetière, le roman bourgeois.
[131] Vgl. Boquet, Guy, „Naissance d'une troupe, génèse d'un répertoire" in: Revue d'histoire du théâtre 1980, S. 105–126.
[132] Vgl. Boquet, Guy, „Les comédiens italiens à Paris au temps de Louis XIV" in: Revue d'histoire moderne Bd. 26 (1979), S. 422–438.
[133] Vgl. Ebenda.
[134] Vgl. Boquet, naissance.
[135] Vgl. Ebenda.
[136] Vgl. Ebenda.
[137] Vgl. Boquet, „Les comédiens".
[138] Vgl. Ebenda.
[139] Vgl. Ebenda.
[140] Vgl. Guiffrey, Jules, Comptes des bâtiments du Roi sous le règne de Louis XIV, 5 Bde. Paris 1881–1901.
[141] Vgl. Ebenda.
[142] Vgl. Hautecœur, Louis, L'histoire des châteaux du Louvre et des Tuileries ... sous le règne de Sa Majesté le roi Louis XIV, Paris 1927.
[143] Vgl. Ebenda.
[144] Vgl. Ebenda.

Anmerkungen 363

145 Menippos = griechischer Popularphilosoph aus dem 3. Jh. vor Christus; verfaßte Satiren über die Nichtigkeit und Fragwürdigkeit der Dinge und der Philosophen sowie die Torheiten der Menschen (Anm. d. Übers.).
146 Aules Flaccus Persius = römischer Satiriker des 1. Jhs. nach Christus (Anm. d. Übers.).
147 Juvenalis = römischer Satiriker des 1./2. Jhs. nach Christus (Anm. d. Übers.).
148 Vgl. Liselotte von der Pfalz, Briefe.
149 Vgl. Le Gendre, Mémoires.
150 Wozu heiratet man eigentlich? – In erster Linie, um dem Staat Bürger, der Kirche Kinder und dem Himmel Bewohner zu schenken.
151 Vgl. Furetière, Dictionnaire universel.
152 Vgl. Dupaquier, Jacques, La population française aux XVIIᵉ et XVIIIᵉ siècles, Paris 1979.
153 Vgl. Boislisle, Arthur Michel de, Mémoires des intendants sur l'état des généralités dressés pour l'instruction du duc de Bourgogne, Bd. 1, Paris 1881.
154 Der Chirurg Mauquest de la Motte berichtet in einer Abhandlung über Geburtshilfe aus dem Jahre 1698.
155 Vgl. Dupaquier, La population.
156 Vgl. Thibault, Dom Raymond, Ames saintes du grand siècle. Abbesses et religieuses de Faremoutiers, Paris 1931.
157 Vgl. Furetière, Dictionnaire universel.
158 Vgl. Liselotte von der Pfalz, Briefe.
159 Vgl. Bremond, abbé Henri, Histoire littéraire du sentiment religieux en France, 12 Bde., Paris 1916–36.
160 Vgl. Ariès, Philippe, L'enfant et la vie familiale ... dt.: Geschichte der Kindheit. Mit einem Vorwort von Hartmut von Hentig. Aus dem Französischen von Caroline Neubaur und Karin Kersten, München 1975, S. 484.
161 Vgl. Perrault, Charles, Les Contes de Perrault, Paris 1971.
162 Vgl. Antoine, Michel, Henry Desmarest (1661–1741), Paris 1965.
163 Vgl. Tresch, Evolution.
164 Vgl. Tessé, Lettres.
165 Vgl. Sévigné, Correspondance.
166 Vgl. Furetière, Roman bourgeois.
167 Vgl. Bézard, Yvonne, Au secours d'une dot. Une séparation de biens en Bourgogne sous l'ancien régime, Dijon o.J.
168 Furetière, Roman bourgeois; dt.: Furetière, Unsere biederen Stadtleut, übersetzt von E. Meyer, Leipzig 1905, S. 18.
169 Vgl. Gouesse, Jean-Marie, „Migrations féminines et mariages. Quelques exemples bas-normands." In: Annales de démographie historique (1976), Paris – La Haye 1978, S. 319–339.
170 Vgl. Gouesse, Migrations.
171 Vgl. Furetière, Dictionnaire universel.
172 Vgl. Saint-Evremond, Charles de Marguetel de Saint-Denis de, Critique littéraire, Paris 1921.
173 Molière, Jean Baptiste, Le malade imaginaire. dt.: Molières Meisterwerke. In deutscher Übertragung von Ludwig Fulda, 5., vermehrte Aufl. Stuttgart 1911, Bd. 2, S. 307.
174 „Was sagst Du? Ich sage gut, sehr gut. Ich lehne es ab. Ich stimme zu."
175 Vgl. Tessé, Lettres.
176 Vgl. Quétel, Claude – Morel, Pierre, Les fous et leurs médecines de la Renaissance au XXᵉ siècle, Paris, 1979.
177 Vgl. Dangeau, Philippe de Courcillon, marquis de, Journal, 19 Bde., Paris 1854–60.
178 Vgl. Sévigné, Correspondance.
179 Vgl. Vallot, Antoine – d'Aquin, Antoine – Fagon, Guy-Crescent, Journal de la santé du roi Louis XIV, de de l'année 1647 à l'année 1711, Paris 1862.
180 Vgl. Challes, Robert, Voyage aux Indes d'une escadre française (1690–1691), Paris 1933.

181 Vgl. Des Ursins, Lettres inédites.
182 Vgl. Sourches, Mémoires.
183 Liselotte von der Pfalz, Briefe.
184 Vgl. Furetière, Dictionnaire universel.
185 Vgl. Challes, Voyage.
186 Vgl. Furetière, Dictionnaire universel.
187 „Sie müssen sterben, Madame, und zwar bald."
188 Miserere = „Erbarme Dich": Anfang und Ende des 51. Psalms (Bußpsalm) in der Vulgata (Anm. d. Übers.).
189 Vgl. Sévigné, Correspondance.
190 Vgl. Bossuet, Bénigne, Œuvres, Paris 1961.
191 Vgl. Sourches, Mémoires.
192 Vgl. Funck-Brentano, Frantz, Le drame des poisons, Paris o.J. dt.: Funck-Brentano, Franz, Die Giftmord-Tragödie nach den Archiven der Bastille, München 1903.
193 Vgl. Sévigné, Correspondance.
194 Vgl. Chaunu, La mortà Paris.
195 Vgl. Thibault-Payen, Jacqueline, Les morts, l'Eglise et l'Etat, Paris 1977.
195a heute: Plabennec im Pays de Léon (nordwestl. Bretagne) (Anm. d. Übers.).
195b Vgl. Croix, Alain, La Bretagne au XVIe et XVIIe siècles. La vie, la mort, la foi, Paris 1981.
196 Vgl. Chaunu, La mort à Paris.
197 Cornouaille = südwestl. Teil der Bretagne (Anm. d. Übers.).
198 Der von Robespierre proklamierte Kult des „höchsten Wesens" sollte die christliche Religion ablösen und für den nötigen Zusammenhalt unter den Revolutionären sorgen (Anm. d. Übers.).
199 Jesus Christus wird zwar nicht überall der ihm gebührende Gehorsam entgegengebracht, dies ändert jedoch nichts an der Tatsache, daß er über alle Menschen herrscht. Vgl. Brenond, Abbé Henri, Histoire littérée du Sentiment.
200 Vgl. Ebenda.
201 Vgl. Religieuses (Les) enseignantes. Actes de la quatrième rencontre d'histoire ecclésiastique de la France (utilisée de 1935 à 1983).
202 Vgl. Histoire et sainteté. Actes de la cinquième rencontre d'histoire religieuse tenue à Angers et à Fontevraud, Angers 1982.
203 Gallikanismus = politisches und nationales Bestreben, eine vom Papst unabhängige französische Nationalkirche zu schaffen (Anm. d. Übers.).
204 Vgl. Histoire et sainteté.
205 Vgl. Taveneaux, René, Le catholicisme dans la France classique 1610-1715, 2 Bde., Paris 1980.
206 Ludwig XIV., Memoiren, S. 140.
207 Ebenda, S. 141.
208 Vgl. Furetière, Dictionnaire universel.
209 Vgl. Revue de l'histoire de l'Eglise de France.
210 Vgl. Furetière, Dictionnaire universel.
211 Vgl. Fléchier, Esprit, Œuvres complètes, 2 Bde., ²Le Petit-Montrouge 1856.
212 Vgl. Ebenda.
213 „Don gratuit" = die Abgabe der Kirche an den König (Anm. d. Übers.).
214 Vgl. Racine, Jean, Abrégé de l'histoire de Port Royal, Paris 1926.
215 Vgl. Taveneaux, René, La vie quotidienne des jansénistes aux XVIIe et XVIIIe siècles, Paris 1973.
216 Vgl. Ebenda.
217 Vgl. Dejean, Etienne, Un prélat indépendant au XVIIe siècle. Nicolas Pavillon, évêque d'Alet (1637-1677), Paris 1909.
218 Vgl. Ebenda.

Anmerkungen 365

[219] Vgl. Ebenda.
[220] Vgl. Dejean, Un prélat.
[221] Ars = Ars-sur-Formans bei Bourg-en-Bresse; der dortige Dorfpfarrer Jean-Baptiste-Marie Vianney wird als Heiliger verehrt.
[222] Vgl. Fléchier, Œuvres complètes.
[223] Anspielung auf 1. Mose 18.19, Vers 32–33: „Nicht zehn Gerechte hat der Herr in Sodom gefunden. Darum mußte die Stadt dem Gericht verfallen." (Anm. d. Übers.).
[224] Vgl. Vocation (La) religieuse et sacerdotale en France, XVII^c–XIXe siècles. Actes de la deuxième rencontre d'histoire religieuse de Fontevraud, Angers 1979.
[225] Vgl. Revue d'histoire de l'Eglise.
[226] Vgl. Ebenda.
[227] Vgl. Bremond, Histoire littéraire.
[228] Vgl. Saint-Simon, Memoiren.
[229] Vgl. Bremond, Histoire littéraire.
[230] Vgl. Revue d'histoire de l'Eglise.
[231] Vgl. Tresch, Evolution.
[232] Vgl. Barthélemy, Edouard de, Madame la comtesse de Maure, sa vie et sa correspondance, Paris 1863.
[233] Vgl. Chaunu, Pierre, La civilisation.
[234] Vgl. Revue d'histoire de l'Eglise.
[235] Vgl. Viguerie, Une œuvre d'éducation sous l'ancien régime. Les pères de la doctrine chrétienne, Paris 1976.
[236] Vgl. Hénault, Charles-Jean-François, Mémoires, Paris 1911.
[237] „Minime" = Paulaner („Ordo fratrum *minorum*"), 1454 in Kalabrien vom Heiligen Franz von Paula gegründeter Orden; offizieller Name „Eremiten vom Heiligen Franz von Assisi", da die Regel sich an der Franziskanerregel von 1223 orientierte (Anm. d. Übers.).
[238] Voltaire, Das Zeitalter Ludwigs XIV., S. 516 ff.
[239] Ebenda, S. 571.
[240] Vgl. Lallemand, Paul, Histoire de l'éducation dans l'ancien oratoire de France, Paris 1889.
[241] Vgl. Sévigné, Correspondance.
[242] Vgl. Bremond, Histoire littéraire.
[243] Vgl. Raunié, Emile, Recueil Clairambault-Maurepas. Chansonnier historique, Bd. 1, Paris 1879.
[244] Anspielung auf die offizielle Bezeichnung der Jesuiten = Societas Jesu (Gesellschaft Jesu) (Anm. d. Übers.).
[245] Voltaire, Das Zeitalter Ludwigs XIV., S. 327.
[246] Vgl. Le Gendre, Mémoires.
[247] Vgl. Voltaire, Œuvres historiques.
[248] Vgl. Schimberg, André, L'éducation morale dans les collèges de la compagnie de Jésus en France sous l'ancien régime, Paris 1913.
[249] Vgl. Liselotte von der Pfalz, Briefe.
[250] Vgl. Joh. 19,23: „Der Rock aber war ungenäht."
[251] Vgl. Cabanel, Claire, Le culte de la saint-tunique à Argenteuil au XVIIe siècle, Nanterre 1980.
[252] Vgl. Furetière, Dictionnaire universel.
[253] Vgl. Ebenda.
[254] Vgl. Cousin, Bernard, Le miracle et le quotidien. Les ex-voto provençaux sous Louis XIV, Aix-en-Provence 1983.
[255] Vgl. Cousin, Bernard, „Deux cents miracles en Provence sous Louis XIV" In: Revue d'histoire de la spiritualité Bd. 52 (1976), S. 225–243.
[256] Vgl. Ebenda.
[257] Vgl. Cousin, Bernard, Le miracle.

[258] Vgl. Taveneaux, Le catholicisme.
[259] Vgl. Furetière, Dictionnaire universel.
[260] Vgl. Taveneaux, Le catholicisme.
[261] Vgl. Ebenda.
[262] Vgl. Ebenda.
[263] Vgl. Croix, La Bretagne.
[264] Vgl. Sceaux, Raoul de, „Le père Honoré de Cannes, capucin missionnaire au XVIIe siècle" In: XVIIe siècle Nr. 41 (1958), S. 349–374.
[265] Vgl. Sévigné, Correspondance.
[266] Vgl. Sceaux, Le père Honoré.
[267] Vgl. Ebenda.
[268] Vgl. Ebenda.
[269] Vgl. Revue de l'histoire de l'Eglise.
[270] Vgl. Bonneau-Avenant, A., Mme de Miramion, sa vie et ses œuvres charitables, Paris 1873.
[271] Vgl. Revue de l'histoire de l'Eglise.
[272] Vgl. Sévigné, Correspondance.
[273] Vgl. Bonneau-Avenant, Mme de Miramion.
[274] „Ein gelehrter Dummkopf ist einfältiger als ein unwissender Dummkopf."
[275] „Das Leben ist sehr kurz, das menschliche Auffassungsvermögen schwach und begrenzt. Laßt uns daher die Jugendzeit zum Erlernen notwendiger und vernünftiger Dinge nutzen und nicht mit sinnlosen und wenig ergötzlichen Studien verbringen." Vgl. Viguerie, Une œuvre d'éducation.
[276] „Abhobeln: jemand Lebensart beibringen, ihn auf den gesellschaftlichen Umgang vorbereiten, in seinen Studien vorwärtsbringen. [...] Dieser Schüler hat sich schon seine Hörner abgestoßen und beginnt lateinisch zu sprechen."
[277] Vgl. Furetière, Dictionnaire universel.
[278] Vgl. Ebenda, s.v. „instruction".
[279] Viguerie, Jean, de, L'institution des enfants. L'éducation en France, XVIe–XVIIIe siècles, Paris 1978.
[280] Vgl. Furet, François – Ozouf, Jacques, Lire et écrire. L'alphabétisation des Français de Calvin à Jules Ferry, Paris 1977.
[281] Vgl. La Salle, Saint Jean-Baptiste de, Textes choisis, Namur 1957.
[282] Vgl. Chaunu, La civilisation.
[283] Vgl. Furet-Ozouf, Lire et écrire.
[284] Vgl. Ebenda.
[285] Vgl. Furetière, Dictionnaire universel, s. v. „magister".
[286] Vgl. Furet-Ozouf.
[287] Vgl. Religieuses (Les) enseignantes.
[288] Vgl. Ebenda.
[289] Vgl. Ebenda.
[290] Vgl. Giraud, Yves, „La bibliothèque d'Antoine Godeau, évêque et académicien (1666)" In: Revue française d'histoire du livre Bd. 5 (1975), S. 143–175.
[291] Vgl. Michel, Joseph, Claude-François Poullart des Places, fondateur de la congrégation du Saint-Esprit, 1679–1709, Paris 1962.
[292] Vgl. Ebenda.
[293] Vgl. Dejean, Un prélat indépendant.
[294] Vgl. Michel, Claude-François Poullart.
[295] Vgl. Viguerie, L'institution.
[296] Vgl. Montesquieu, Charles-Louis de Secondat, (baron de), Cahiers (1716–1755), Paris 1941.
[297] Vgl. Bluche, Les magistrats.
[298] Vgl. Honoré, Mme S., Catalogue général des livres imprimés de la bibliothèque nationale. Actes royaux, Bd. 2 (1610–1665), Bd. 3 (1666–1699), Bd. 4 (1700–1715), Paris 1938–1950.

Anmerkungen 367

[299] Vgl. Bezard, Les porte-arquebuses du Roi.
[300] Vgl. Brice, Germain, Description de la ville de Paris, 4 Bde., Paris 1752.
[301] Vgl. Viguerie, L'institution.
[302] Vgl. Guiffrey, Comptes.
[303] Vgl. Thuillier, Guy, L'E.N.A. avant l'E.N.A., Paris 1983.
[304] Vgl. Lallemand, Histoire de l'éducation.
[305] Vgl. Ebenda.
[306] Vgl. Ebenda.
[307] Vgl. Ebenda.
[308] Vgl. Revue de l'histoire de l'Eglise.
[309] Vgl. Viguerie, L'institution.
[310] Michaelstag = 29. September (Anm. d. Übers.).
[311] Vgl. Furetière, Dictionnaire universel, s. v. „immodeste".
[312] Vgl. Viguerie, L'institution.
[313] Vgl. Racine, Histoire de Port-Royal.
[314] Vgl. Viguerie, L'institution.
[315] Vgl. Ebenda.
[316] Vgl. Ebenda.
[317] Der allerchristlichste Kriegsgott.
[318] Vgl. Girard, Georges, Racolage et milice (1701–1715), Paris 1922.
[319] Vgl. Ebenda.
[320] Vgl. Ebenda.
[321] Vgl. Ebenda.
[322] Vgl. Ebenda.
[323] Vgl. Ebenda.
[324] Vgl. Ebenda.
[325] Vgl. Durye, Pierre, La généalogie, Paris 1961.
[326] Vgl. Havel, Evelyne, L'impôt du sang d'après le journal du marquis de Dangeau, Nanterre 1975.
[327] Vgl. Dangeau, Journal.
[328] Vgl. Saxe, Maurice, maréchal de, Mémoires sur l'art de la guerre, Dresden 1757, dt.: Sachsen, Moritz, Graf von, „Einfälle über die Kriegskunst".
[329] Vgl. Sourches, Mémoires.
[330] Vgl. Dangeau, Journal.
[331] Vgl. Quincy, Joseph sevin, chevalier de, Mémoires, 3 Bde., Paris 1898–1901.
[332] Vgl. Ebenda.
[333] Voltaire, Das Zeitalter Ludwigs XIV., S. 150.
[334] Vgl. Challes, Voyage aux Indes.
[335] Vgl. Ebenda.
[336] Vgl. Ebenda.
[337] Vgl. Dangeau, Journal.
[338] Vgl. Meyer, Jean, „Louis XIV et les puissances maritimes" In: XVIIe siècle, Bd. 31 (1979), S. 155–172.
[339] Vgl. Taillemite, Etienne, Dictionnaire des marins français, Paris 1982.
[340] Vgl. Forbin, Claude, Comte de, Mémoires du comte de Forbin, Paris 1934.
[341] Mamamouchi = fiktiver türkischer Adelstitel, den Cléante seinem Schwiegervater Jourdain im „Bourgeois gentilhomme" verleiht (Anm. d. Übers.).
[342] Vgl. Forbin, Mémoires.
[343] Vgl. Vogue, Melchior, marquis de, Villars d'après sa correspondance et des documents inédits, 2 Bde., Paris 1888.
[344] „In sämtlichen Provinzen spricht man ein Kauderwelsch, das sich von der Sprache der vornehmen Leute unterscheidet."

[345] „Ich verlasse diesen Ort ungern, meine Tochter (...) Ich weiß nicht, was ich in Paris anfangen soll."
[346] Vgl. Sourches, Mémoires.
[347] Cavaillès, Henri, La route française, Paris 1946.
[348] Vgl. Ebenda.
[349] Vgl. Ebenda.
[350] Vgl. Corvisier, André, Louvois, Paris 1983.
[351] Vgl. Bluche-Solnon, La véritable hiérarchie.
[352] Vgl. Furetière, Dictionnaire universel.
[353] Vgl. Sévigné, Correspondance.
[354] Vgl. Forbin, Mémoires.
[355] Vgl. Ebenda.
[356] Vgl. Furetière, Dictionnaire universel.
[357] Vgl. Ebenda.
[358] Vgl. Tallemant des Réaux, Gédéon, Historiettes, 2 Bde., Paris 1960–61.
[359] Vgl. Bouhours, Entretiens.
[360] Anspielung auf das Werk „Défense et illustration de la langue française" („Verteidigung und Bereicherung der französischen Sprache") von Joachim Du Bellay (1549) (Anm. d. Übers.).
[361] Vgl. Bremond, Histoire littéraire.
[362] Vgl. Furetière, Dictionnaire universel.
[363] „Pays d'élections" = in Frankreich bis 1789 Provinzen ohne eigene Ständeversammlung. (Anm. d. Übers.).
[364] „Pays d'états" = in Frankreich bis 1789 Provinzen mit eigener Ständeversammlung („états provinciaux"), die das Recht der Steuerbewilligung hatten. (Anm. d. Übers.).
[365] Vgl. Almanach royal.
[366] Vgl. Lottin, Alain, „La fonction d'intendant vue par Louvois" In: Mélanges historiques et littéraires sur le XVIIe siècle, offerts à Georges Mongrédien, Paris 1974, S. 63–69.
[367] Vgl. Livet, Georges, L'intendance d'Alsace sous Louis XIV. (1648–1715), Strasbourg 1956.
[368] Vgl. Fréville, L'intendance de Bretagne (1689–1790), 3 Bde., Rennes 1953.
[369] Vgl. Livet, L'intendance.
[370] „dragonades" = durch einquartierte Dragoner ausgeübte Gewaltmaßnahmen zur Bekehrung der französischen Protestanten. (Anm. d. Übers.).
[371] Vgl. Lizerand, Georges, Le duc de Beauvillier, Paris 1933.
[372] Vgl. Armogathe, Jean-Robert – Joutard, Philippe, „Basville et la guerre des camisards" In: Revue d'histoire moderne, Bd. 19 (1972), S. 45–72.
[373] Vgl. Ebenda.
[374] Vgl. Société des professeurs d'histoire, Textes et documents.
[375] Vgl. Lottin, La fonction d'intendant.
[376] Vgl. Ebenda.
[377] Vgl. Lottin, Alain, Chavatte, ouvrier lillois, un contemporain de Louis XIV, Paris 1979.
[378] Vgl. Ebenda.
[379] Vgl. Ebenda.
[380] Vgl. Ebenda.
[381] Vgl. Bluche, François, L'origine des magistrats du Parlement de Paris au XVIIIe siècle, Paris 1956.
[382] Vgl. Frêche, Georges, Toulouse et la région Midi-Pyrénées au siècle des lumières, Paris 1974.
[383] Vgl. Ebenda.
[384] Vgl. Bluche, Les honneurs de la cour, 2 Bde., Paris 1957.
[385] Vgl. Dupaquier, Jacques, La population française aux XVIIe et XVIIIe siècles, Paris 1979.
[386] Vgl. Bluche-Solnon, La véritable hiérarchie.

Anmerkungen 369

387 Vgl. Ebenda.
388 Vgl. Ebenda.
389 Vgl. Bardet, Jean-Pierre, Rouen aux XVIIe et XVIIIe siècles, 2 Bde. Paris 1983.
390 Vgl. Ebenda.
391 Vgl. Ebenda.
392 Vgl. Arundel de Condé, G. comte d', Dictionnaire des anoblis normands (1600–1790), Rouen 1976.
393 Vgl. Bardet, Rouen.
394 Da das Brot mit jedem Tag teurer wurde, kam es in Versailles zu einem Aufstand gegen die Bäcker, und es kostete riesige Anstrengungen, das Volk zu beschwichtigen, welches sich erst zufriedengab, als einer dieser Unglücklichen ins Gefängnis gesteckt und fast sein gesamtes Warenlager geplündert worden war.
395 Die Berufung der Geschworenen war eine sinnvolle und gute Idee, und nun herrscht nichts als Mißbrauch, Monopol und Trunksucht.
396 Vgl. Bluche-Solnon, La véritable hiérarchie.
397 Vgl. Pris, La manufacture royale.
398 Vgl. Pris, La manufacture royale.
399 La Fontaine, Fabeln. Vollständige Ausgabe übertragen von Ernst Dohm, München ²1979, S. 20 (Buch 1, Fabel Nr. 5: „Der Wolf und der Hund").
400 Vgl. Mémain, René, La marine de guerre sous Louis XIV. Le matériel. Rochefort, arsenal modèle du Colbert, Paris 1937.
401 Vgl. Vauban, Sébastien Le Prestre, maréchal de, Paris 1933.
402 Vgl. Morineau, Michel, „L'alimentation en Europe du XIVe au XVIIIe siècle" In: Revue d'histoire économique et sociale Bd. 54 (1976), S. 258–263.
403 Vgl. Pris, La manufacture.
404 Vgl. Mémain, La marine de guerre.
405 Vgl. Ebenda.
406 Vgl. Tresch, Evolution.
407 Vgl. Cornaert, Emile, Les compagnonnages en France du moyen âge à nos jours, Paris 1966.
408 Vgl. Ebenda.
409 Jayques de Molay (1243–1314) = letzter Großmeister des Templerordens, 1307 auf Befehl Philipps IV. verhaftet und 1314 nach Widerruf seines (falschen) Geständnisses verbrannt (Anm. d. Übers.).
410 Vgl. Cornaert, Les compagnonnages.
411 Vgl. Tresch, Evolution.
412 Vgl. Cornaert, Les compagnonnages.
413 Vgl. Ebenda.
414 Vgl. Cornaert, Emile, Les corporations en France avant 1789, Paris 1941.
415 Vgl. Ebenda.
416 Vgl. Ebenda.
417 Vgl. Ebenda.
418 Vgl. Honoré, Catalogue.
419 Vgl. Poitrineau, Abel, Remues d'hommes. Essai sur les migrations montagnardes en France aux XVIIe et XVIIIe siècles, Paris 1983.
420 Vgl. Ebenda.
421 „Als Bauern („manants") im engeren Sinne pflegt man jene Menschen zu bezeichnen, die im betreffenden Ort geboren wurden, während die Zugezogenen „habitants" (Einwohner) genannt werden."
422 „Jeder Stand trägt auf seine Art dazu bei, die Monarchie zu stützen. Der Landmann liefert durch seine Arbeit dem ganzen großen Körper Nahrung." Ludwig XIV., Memoiren, S. 231.

[423] Vgl. Goubert, Pierre, „Remarques sur le vocabulaire social de l'ancien régime" In: Ordres et classes, colloque d'histoire sociale, Saint-Cloud ... 1967, Paris – Den Haag, 1973.
[424] La Bruyère, Die Charaktere oder die Sitten des Jahrhunderts, übersetzt von Gerhard Hess, Wiesbaden 1947, S. 272 f.
[425] Vgl. Zweites Kapitel.
[426] Vgl. Tresch, Evolution.
[427] Vgl. Bremond, Histoire littéraire.
[428] Vgl. Flament, Abbé Pierre, „Les mœurs des laïques au diocèse de Séez sous l'épiscopat de monseigneur d'Aquin (1699–1710)" In: Revue d'histoire de l'Eglise de France, Bd. 41 (1955), S. 235–281.
[429] Vgl. Ebenda.
[430] Vgl. Ebenda.
[431] Vgl. Histoire de la messe, XVIIIe–XIXe siècles. Actes de la troisième rencontre d'histoire religieuse de Fontevraud, Angers 1980.
[432] Vgl. Choisy, Mémoires.
[433] Vgl. Histoire de la messe.
[434] Vgl. Flament, Les mœurs.
[435] Vgl. Furetière, Dictionnaire universel, s. v. „prône".
[436] Vgl. Flament, Les mœurs.
[437] Maintenon, Françoise Scarron, née d'Aubigné, marquise de, Lettres historiques et édifiantes, 2 Bde., Paris 1856.
[438] Vgl. Tallemant des Réaux, Historiettes.
[439] Vgl. Flament, Les mœurs.
[440] Vgl. Rétif de la Bretonne, Nicolas de, La vie de mon père, Paris 1970.
[441] Vgl. Ebenda.
[442] Vgl. Challes, Voyage aux Indes.
[443] Vgl. Fünftes Kapitel.
[444] Vgl. Furetière, Dictionnaire universel.
[445] Vgl. Ebenda.
[446] Vgl. Sévigné, Correspondance.
[447] Vgl. Furetière, Dictionnaire universel.
[448] Neveux, Hugues, „Dimension idéologique des soulèvements paysans français au XVIIe siècle" In: Bulletin de la société d'histoire moderne, 82. Jahr (1983), Nr. 18, S. 2–12.
[449] Vgl. Bercé, Yves-Marie, Croquants et nu-pieds. Les soulèvements paysans en France du XVIe au XIXe siècle, Paris 1974.
[450] Vgl. Ebenda.
[451] Vgl. Neveux, Dimension.
[452] Vgl. Sévigné, Correspondance.
[453] Chouannerie = Royalistische Aufstände während der Französischen Revolution (Anm. d. Übers.).
[454] Gutton, Jean-Pierre, L'Etat et la mendicité dans la première moitié du XVIIIe siècle, Saint-Etienne-Lyon, 1973.
[455] Vgl. Ebenda.
[456] Vgl. Sévigné, Correspondance.
[457] Vgl. Frêches, Toulouse.
[458] Vgl. Dauvergne, Robert, La vigne dans les environs de Paris au temps de Louis XIV, Paris 1966.
[459] Vgl. Forbin, Mémoires.
[460] Vgl. Furetière, Dictionnaire universel, s. v. „bîcjette".
[461] Vgl. Bollème, Geneviève, La bibliothèque bleue. La littérature populaire en France du XVIIe au XIXe siècle, Paris 1971.

462 Vgl. Furetière, Dictionnaire universel, s.v. „moine bourru".
463 Vgl. Weckerlin, L'ancienne chanson populaire.
464 Vgl. Ebenda.
465 Vgl. Furetière, Dictionnaire universel, s.v. „mai".
466 Vgl. Sévigné, Correspondance.
467 Vgl. Bercé, Yves-Marie, Fête et révolte. Des mentalités populaires du XVIᵉ au XVIIIᵉ siècle, Paris 1976.
468 „Der gemeinsame Glaube ist es, welcher den Völkern Stärke verleiht. – Die Wahrheit ist, erwiderte Herr Bergeret, daß die von einem gemeinsamen Glauben beseelten Menschen nichts Eiligeres zu tun hatten, als Andersdenkende auszurotten, vor allem dann, wenn der Unterschied nur sehr gering war."
469 „In einem wohlgeordneten Staatswesen werden die Faulenzer bestraft."
470 Vgl. Gutton, L'Etat et la mendicité.
471 Vgl. Zysberg, André, „Galères et galériens en France à la fin du XVIIᵉ siècle: une image du pouvoir royal à l'âge classique" In: Criminal Justice History, Bd. I (1980), S. 49–115.
472 Vgl. Ebenda.
473 Vgl. Ebenda.
474 Vgl. Marteilhe, Jean, Mémoires d'un galérien, Paris 1982.
475 Vgl. Ebenda.
476 Vgl. Ebenda.
477 Vgl. Furetière, Dictionnaire universel, s.v. „protestant".
478 Vgl. Dupaquier, La population.
479 Vgl. Lukas 14, 23; „Und nötigte sie hereinzukommen" im „Gleichnis vom großen Abendmahl".
480 Vgl. Drouhet, Jean, Les œuvres de Jean Drouhet, maître apothicaire à Saint-Maixent, Poitiers 1878.
481 Vgl. Martine, Henri-Jean, Livre, pouvoirs et société à Paris au XVIIᵉ siècle, 2 Bde., Paris 1969.
482 Vgl. Sourches, Mémoires.
483 Vgl. Honoré, Catalogue.
484 Vgl. Ebenda.
485 Vgl. Muchembled, Robert, La sorcière au village (XVᵉ–XVIIIᵉ siècle), Paris 1979.
486 Vgl. Ordonnance de Louis XIV, roy de France et de Navarre, pour les matières criminelles, Paris 1670.
487 Vgl. Marion, Marcel, Dictionnaire des institutions de la France au XVIIᵉ et XVIIIᵉ siècles, Paris 1923, s.v. „brodequins".
488 Vgl. Furetière, Dictionnaire universel.
489 Vgl. Debien, Gabriel, „Documents sur la traite" In: Centre de recherches sur l'histoire de la France atlantique, Enquêtes et documents, Bd. 2, Nantes 1972, S. 185–226.
490 Vgl. Croix, La Bretagne.
491 Vgl. Honoré, Catalogue.
492 Vgl. Fléchier, Œuvres complètes.
493 Vgl. Villars, Lettres.
494 Cour des miracles = Behausung von Bettlern und Gaunern in mehreren Stadtvierteln von Paris; Fig.: Treffpunkt von Gaunern (Anm. d. Übers.).
495 Vgl. Jaudeau, Jacques, Les établissements charitables à Mantes, de l'ancien régime au milieu du XIXᵉ siècle (1668–1856), Nanterre 1982.
496 „De profundis" = „Aus der Tiefe rufe ich, Herr, zu Dir", Bußgebet (130. Psalm) (Anm. d. Übers.).
497 Vgl. Jaudeau, Les établissements.
498 „Wenn man von Descartes Wirbeldoktrin absieht, auf welcher die „Vielzahl der Welten" leider basiert, und ferner ein paar unpassende Scherze außer acht läßt, so muß man zugeben, daß es

kaum eine klarer abgefaßte und angenehmer zu lesende philosophische Abhandlung gibt als eben jene „Vielzahl der Welten", ein im Zeitalter Ludwigs XIV. in einem vollkommen neuartigen Stil abgefaßtes Werk."

[499] „Watteau hat dem Zeitalter Ludwigs XIV. seine Anmut verliehen, gerade wie Le Brun seine Großartigkeit geprägt hat."

[500] Vgl. Brice, Description.
[501] Vgl. Furetière, Dictionnaire universel.
[502] Vgl. Ebenda, s. v. „cureoreille".
[503] Vgl. Ebenda, s. v. „cabinet".
[504] Vgl. Sévigné, Correspondance.
[505] Vgl. Bluche, François, „Le Dieu de Monte-Christo et de Jane Eyre. Un christianisme romantique sans Christ?" In: Revue d'histoire et de philosophie religieuses, Bd. 49 (1979), S. 161–186.
[506] Vgl. Hazard, La crise de la conscience européenne 1680–1715, Paris 1935.
[507] Vgl. Orcibla, Jean, Louis XIV. et les protestants, Paris 1951.
[508] Vgl. Labrousse, Elisabeth, Pierre Bayle, hétérodoxie et rigorisme, Den Haag 1964.
[509] Vgl. Cousin, Le miracle.
[510] Vgl. Cabanel, Le culte de la sainte tunique.
[511] Vgl. Bremond, Histoire littéraire.
[512] Vgl. Ebenda.
[513] Vgl. Maintenon, Lettres.
[514] Vgl. Fléchier, Œuvres complètes.
[515] Vgl. Thibault, Dom Raymond, Ames saintes du grand siècle. Abbesses et religieuses de Raremoutiers, Paris-Maredsous 1931.
[516] Vgl. Maintenon, Lettres.
[517] Vgl. Dauvergne, Robert, La marquise de Lambert à l'hôtel de Nevers, Paris 1947.
[518] Vgl. Staal-Delaunay, Marguerite-Jeanne-Rose, Cordier de Launay, dame de, Mémoires, Paris 1970.
[519] Inschrift eines Kupferstichs aus dem 18. Jh.
[520] Vgl. Voltaire, Œuvres historiques.
[521] Vgl. Goubert, Louis XIV.
[522] Vgl. Voltaire, Œuvres historiques.
[523] Die erste Gemahlin Ludwigs XIV. (Anm. d. Übers.).
[524] „Querelle des Anciens et des Modernes" = literarischer Streit Ende des 17. Jhs., bei dem sich die Verfechter der absoluten Mustergültigkeit der antiken Autoren (Boileau, La Fontaine, Racine) und die Verteidiger der Überlegenheit der modernen, das heißt vor allem der zeitgenössischen „klassischen" Dichtung (Perrault, Fontenelle) gegenüberstanden (Anm. d. Übers.).
[525] Vgl. Bourdaloue, Louis, Œuvres complètes, Agen 1864.
[526] Vgl. Honoré, Catalogue.
[527] Vgl. Lizerand, Georges, Le duc de Beauvillier.
[528] „Régence" = 1715–1723: Regentschaft des Herzogs von Orléans vom Tod Ludwigs XIV. bis zur Volljährigkeit Ludwigs XV.
[529] Vgl. Mercier, Louis-Sébastien de, Tableau de Paris, Amsterdam 1783–1789.
[530] Montesquieu, Persische Briefe, S. 66.
[531] Ebenda, S. 48/49.
[532] Ebenda, S. 61.
[533] Ebenda, S. 67.
[534] Ebenda, S. 165.
[535] Ebenda, S. 166.
[536] Ebenda, S. 202.
[537] Vgl. Montesquieu, Cahiers.
[538] Montesquieu, Persische Briefe, S. 105.

Anmerkungen

[539] Ebenda, S. 183.
[540] Vgl. Montesquieu, Cahiers.
[541] Montesquieu, Persische Briefe, S. 95.
[542] Ebenda, S. 80.
[543] Vgl. Montesquieu, Cahiers.
[544] Montesquieu, Persische Briefe, S. 123.
[545] Vgl. Montesquieu, Cahiers.
[546] Montesquieu, Persische Briefe, S. 124.
[547] Ebenda, S. 185.
[548] Ebenda, S. 187.
[549] Ebenda, S. 186.
[550] Ebenda, S. 167.
[551] Vgl. Erstes Kapitel.
[552] Vgl. Vorsanger, Quand Louis XIV. disgraciait.
[553] Vgl. Furetière, Dictionnaire universel.

Der Führer durch Frankreichs Geschichte

Die Spuren der vielschichtigen Vergangenheit im heutigen Frankreich begegnen uns auf Schritt und Tritt. Um die französische Gegenwart besser zu verstehen, z. B. den Zentralismus im Staatsaufbau oder die Sonderrolle des bretonischen Kulturkreises, ist es notwendig, die Geschichte heranzuziehen.

Der Frankreich-Ploetz, das nützliche übersichtliche und knappe Orientierungsmittel von angesehenen Historikern verfaßt.

Eingeleitet und zusammengestellt von Wilfried Loth unter Mitwirkung weiterer Fachleute.
224 Seiten, zahlreiche Grafiken, Tabellen, Karten und Abbildungen.
(Nr. 40304)

Die geschickte Konzeption dieses Bandes hält Ereignisse und Personen der französischen Geschichte in chronologischen Einzelheiten verfügbar; zugleich eine kontinuierliche Ereignisgeschichte, gegliedert in einzelne Großkapitel mit informativen Epocheneinführungen.
Reichhaltige Tabellen, Schaubilder und Abbildungen unterstützen die Anschaulichkeit. Mit dem 20 Seiten umfassenden Register werden die Fakten leicht erschlossen. Ein überaus nützliches Kompendium für den Frankreich-Interessierten.

Verlag Ploetz Freiburg · Würzburg